Nikodim
Johannes XXIII.

Nikodim
Metropolit von
Leningrad und Nowgorod

Johannes XXIII

Ein unbequemer Optimist

Herausgegeben von
Robert Hotz

Mit einem Geleitwort von
Franz Kardinal König

Benziger

Titel des Originals «Ioann XXIII, Papa Rimskij»
Aus dem Russischen übertragen von
Heinz Gstrein und Robert Hotz SJ

Zürich, Einsiedeln, Köln
Herstellung: May & Co, Darmstadt
Umschlaggestaltung: Atelier Blumenstein & Plancherel,
Zürich
ISBN 3 545 24051 7

Inhalt

Geleitwort

Die Worte, die dieses Buch bei seinem Erscheinen begleiten sollen, sind - so hat es Gott gefügt - zu einer Totenklage um einen orthodoxen Christen und Metropoliten von besonderem Format geworden, einem Mann, der mit heißem Herzen, mit gläubigem Sinn, aber auch mit ungestümem Wollen die Einheit der Christen suchte. Metropolit Nikodim ist am 5. September 1978 beim persönlichen Gespräch mit dem neugewählten Papst Johannes Paul I. infolge eines neuerlichen Herzinfarktes gestorben.

Das Sekretariat für die Einheit der Christen hat unmittelbar nach dem Tod des Metropoliten Nikodim folgende Erklärung veröffentlicht:

«Während vieler Jahre der Tätigkeit als Präsident des kirchlichen Außenamtes des Moskauer Patriarchats und später als Präsident der Synodalkommission für ökumenische Angelegenheiten hat der verstorbene Metropolit Nikodim mit diesem Sekretariat enge Verbindung aufrechterhalten, um die Beziehungen zwischen katholischer und russisch-orthodoxer Kirche zu intensivieren.

Die Entsendung von Beobachtern zum II. Vatikanischen Konzil im Jahr 1962 und der erste Besuch des Metropoliten Nikodim in Rom im Jahr 1963 haben den Weg geöffnet für zahlreiche Kontakte zwischen den beiden Kirchen und für den Beginn von theologischen Gesprächen, die 1967 begannen und bis heute in steigendem Maß ihre Fortsetzung finden.

Der Metropolit hat sich immer in verschiedener Weise interessiert für die innere Erneuerung der katholischen Kirche. Er hat sich bemüht, die katholische Kirche seiner Kirche begreiflich und verständlich zu machen und war gleichzeitig bemüht, den Katholiken den Reichtum des religiösen Lebens der orthodoxen Kirche in Rußland zu erschließen. Bei allen seinen Tätigkeiten haben wir in ihm einen Mann gefunden, der sich ganz dem Dienst seiner Kirche und seines Volkes gewidmet hat, der treu ergeben war den authentischen Überlieferungen der orthodoxen Kirche, dabei aufgeschlossen dem Bemühen um tieferes Eindringen in die christliche Offenbarung, um dadurch einen Beitrag zur vollen Vereinigung der Kirchen zu leisten.»

Das Buch des Metropoliten Nikodim ist dem Andenken von Papst Johannes XXIII. gewidmet, der zum Symbol der Erneuerungskraft der Kirche geworden ist – manchmal überhöht in der Rückschau – in dessen Person sich aber die Hoffnungen und die Sehnsüchte, der Glaube und die Liebe von Millionen von Menschen bündelten, von Christen und Nichtchristen, von Katholiken, evangelischen Christen und Orthodoxen. Nikodim war einer der führenden Männer der russisch-orthodoxen Kirche.

Ein Buch eines russisch-orthodoxen Bischofs über einen Papst der römischen Kirche, geschrieben mit so viel Wärme, mit so viel Liebe, mit so viel Verständnis, wäre noch vor wenigen Jahrzehnten unmöglich gewesen. Das mag man staunend, daß muß man dankbar anerkennen.

Die Tatsache, daß ein solches Buch geschrieben werden konnte, ist ein Beweis wider den Kleinglauben in uns und um uns, den Kleinglauben, der allen Ökumenismus versandet und versackt zu sehen meint. Daß gerade Metropolit Nikodim dieses Buch über Johannes XXIII. und das Konzil geschrieben hat und schreiben konnte, ist aber auch ein Beweis dafür, daß die großen Bewegungen in der Welt immer einem brennenden Herzen entstammen, daß die Liebe weiter reicht als Verstand und Logik.

Nikodim hat Johannes geschätzt und geliebt und mit ihm auch dessen Kirche. Er hat sich als verwandte Seele, als verwandte Natur des Johannes-Papstes gefühlt. Nikodim war ein Christ voll Glaube, Liebe und Hoffnung, wie Johannes. Die Wertschätzung, die Verehrung, die Liebe, die Nikodim zu Johannes hatte, begründete auch sein Interesse an der Kirche des Papstes, der katholischen Kirche.

Im Vergleich zu anderen Darstellungen handelt es sich bei der vorliegenden Würdigung um Leben und Werk des großen Konzilspapstes, um die wohl ausführlichste, eingehendste und umfassendste. Der russisch-orthodoxe Metropolit schreibt und urteilt von einer neuen Perspektive aus. Dies zeigt sich unter anderem darin, daß er sehr viele Texte und Fakten herausgreift, die man sonst nirgends findet und die insbesonders auch in der offiziellen Kirchenpresse völlig vergessen wurden. In einem gewissen Sinn ist das vorliegende Buch auch eine – orthodoxe – Antwort auf das, was der Papst wollte. Hier scheut der Autor keineswegs vor kritischen Vergleichen mit orthodoxen und kommunistischen Standpunkten zurück.

Kaum wurde jemals von russisch-orthodoxer Seite eine so positive Einführung in die katholische Theologie gegeben wie hier, ein solch mitfühlendes und mitdenkendes Verständnis für die kirchliche Situation im Zusammenhang mit dem II. Vaticanum aufgebracht. Daß das besondere Interesse des Metropoliten Nikodim der katholischen Soziallehre gilt, ist aus seiner Herkunft zu erklären: Metropolit Nikodim ist ein orthodoxer Christ, ein Bürger der Sowjetunion. Das schlägt auch in diesem Buch durch. Nicht jede Formulierung dieses Werkes, jedes Urteil über eine Person oder eine Situation wird allgemeine Zustimmung finden, einiges wird auch dem Urteil der Geschichte nicht standhalten. Immer aber sollte man seine Stellung als russischer Christ in einem atheistischen Staat respektieren, auch wenn man manche daraus fließende Urteile nicht teilt. Man muß sich vor Augen halten, daß Nikodim unter Bedingungen schreiben mußte, die es ihm oft schwer gemacht haben, alles zu sagen, was er gern hätte sagen wollen.

Stil und Sprache des Buches zeichnen sich durch Einfachheit aus. Nur gelegentlich wirkt der Text russisch und breit, wobei allerdings nicht übersehen werden darf, daß prägnante Kürze auch nicht zu den bevorzugten Stilmitteln von Johannes XXIII. gehörten. In diesem Punkt - und zweifellos nicht nur hier allein - haben sich anscheinend zwei kongeniale Charaktere getroffen. Die Geistesverwandtschaft Nikodims mit dem römischen Papst wird in vielen Details immer wieder augenfällig.

Dieses Buch ist in russischer Sprache geschrieben und sollte von Russen in Rußland gelesen werden. Es ist sicherlich ein Symptom für die tragische Situation der russisch-orthodoxen Kirche, daß dieses Buch nicht russisch, sondern in deutscher Übersetzung erscheint. Die Hoffnung aber, die das ganze Lebenswerk Nikodims und so auch dieses Buch durchzieht, sollte es uns nicht für unmöglich erscheinen lassen, daß auch einmal die russischen Christen es in ihrer russischen Heimat lesen können.

Metropolit Nikodim war Bischof der russisch-orthodoxen Kirche und Staatsbürger der Sowjetunion. Zuerst war er aber ein Christ, der die

Einheit der Christen liebte. Es ist von bezwingender Symbolik, daß die ersten Gebete für den toten Nikodim im Vatikan der Papst der römischen Kirche und der Präsident des Weltkirchenrates gemeinsam sprachen. Sein Buch hier auf Erden und sein Gebet im Himmel werden zur Einheit der Christen weiterhelfen.

† Kardinal König

Vorwort

Schon während der Studienzeit an der Geistlichen Akademie von Leningrad empfand der Autor der vorliegenden Arbeit eine besondere Wertschätzung für einen der rangältesten Professoren, Sergej Alekseewitsch Kupressow, der ein Mann von hoher Gelehrsamkeit und ein talentierter Theologe und glänzender Pädagoge war. In seinem Vorlesungszyklus über die *Geschichte der abendländischen Konfessionen*, denen der inzwischen verstorbene Professor auch seine Feder gewidmet hatte, zitierte er Betrachtungen eines Reisenden, der als Besucher des Heiligen Landes in tiefster Seele von der Feindseligkeit getroffen wurde, die dort zwischen den Christen der verschiedenen Bekenntnisse herrschte. Dem Reisenden drängte sich die Frage auf: «Wird jemals eine Zeit kommen, in welcher alle Christen aus einem Munde und mit geeinten Herzen ihren himmlischen Vater preisen?» Und er gelangte zur enttäuschenden Schlußfolgerung, daß dies erst dann eintrete, wenn nach den Worten des Apostels Paulus «als letzter Feind der Tod vernichtet wird» (1 Kor 15, 26).

Jahrhunderte gegenseitiger Entfremdung verstärkten die Feindseligkeit, verursachten Zusammenstöße und Konflikte und begünstigten die Herausgabe von unseriöser, polemischer Literatur. Als Vorsteher der Russischen Geistlichen Mission in Jerusalem bekam der Verfasser dieser Zeilen die Last und Bitterkeit der Spaltung sowie die Spannungen in den Beziehungen zwischen den Christen der verschiedenen Konfessionen zum Teil selber zu spüren. Doch ausgerechnet dort hörte er am 28. Oktober 1958, wie plötzlich die Glocken aller katholischen Kirchen in der Stadt gleichzeitig zu ungewohnter Stunde festlich zu läuten begannen. Er schaltete den Radioapparat ein und vernahm, daß kurz zuvor Kardinal Canali von der Loggia des Petersdoms herab verkündet hatte: «Habemus Papam!»

Nach dem unlängst verstorbenen Papst Pius XII. war der in den breiteren christlichen Kreisen kaum bekannte Patriarch von Venedig, Kardinal Roncalli, zum römischen Papst erkoren worden. Die ersten Fotografien des Neugewählten zeigten einen wohlbeleibten Mann mit einem guten, freundlichen Gesicht, einen Bauern seiner Herkunft nach.

Schon bald nach der Wahl begann sich im Verhältnis der Katholiken zu ihren «getrennten» christlichen Brüdern eine deutliche «Klimaveränderung» abzuzeichnen. Anfänglich konnte man nur von einer «Erwärmung», dann von einer Verbesserung des gegenseitigen Einvernehmens sprechen. Schließlich kamen Beobachter der russisch-orthodoxen Kirche zum Zweiten Vatikanischen Konzil. Die gegenseitigen offiziellen und offiziösen Kontakte zwischen Katholiken und Orthodoxen wiederholten sich und waren vom Geiste echter Brüderlichkeit durchdrungen. Und zu guter Letzt ergriff während der Feier der göttlichen Liturgie im Dezember 1967 auf dem Ambo der Leningrader Kathedrale ein katholischer Bischof, Msgr. Jan Willebrands, das Wort zu einer Predigt und spendete zum Schluß einigen Tausenden von orthodoxen Gläubigen, die betend vor ihm standen, seinen erzbischöflichen Segen, während der Chor mit dem in der byzantinischen Liturgie üblichen Segenswunsch für die Bischöfe antwortete: «Eis polla eti Despota – Auf viele Jahre!»

«Ein Mann trat auf, von Gott gesandt. Sein Name war Johannes» (Jo 1, 6). So ehrerbietig äußerte sich Patriarch Athenagoras von Konstantinopel über Papst Johannes XXIII. Und in der Tat gibt das gesamte kirchliche Leben der vergangenen Jahre Zeugnis von der nur zu gerechtfertigten Anwendung dieser Worte des Evangeliums auf den verstorbenen Papst. Die tiefe Überzeugung von der Exklusivität der historischen Rolle von Papst Johannes XXIII. hat auch den Verfasser veranlaßt, zur Feder zu greifen und die Wirksamkeit dieses wahrhaft Heiligen Vaters der römischen Kirche zu beschreiben. Die russische Orthodoxie bewahrt diesem Hierarchen eine gute Erinnerung. Das Leben dieses päpstlichen Friedensstifters, eines Friedensstifters im allerweitesten Sinne des Wortes, ist jedoch vergleichsweise nur wenig bekannt. Der Verfasser bemühte sich daher, das geistige Profil dieses außergewöhnlichen Menschen, Christen, Herrenjüngers und Oberhirten der römisch-katholischen Kirche, ohne in Lobhudelei zu verfallen, so objektiv wie möglich wiederzugeben.

Am 4. November 1958 ergriff Papst Johannes XXIII. anläßlich seiner Krönung im Petersdom das Wort. Die bei der Zeremonie dieses Morgens Anwesenden berichten, daß sich in den Reihen der Kardinäle, Bischöfe, Geistlichen und vatikanischen Spezialisten des Protokolls Unruhe und Erstaunen bemerkbar machten, als der Papst nach der Verkündigung des Evangeliums von seinem Throne zu sprechen begann. Noch nie war von den Päpsten bei ihrer Krönungsfeier eine Rede gehalten worden. Laut Programm und entsprechend alter Tradition hatten auf die Verlesung des Evangeliums unmittelbar die Fürbitten zu folgen. Ganz gegen diese Gewohnheit hielt Papst Johannes XXIII. eine Ansprache, die nach einer regelrechten programmatischen Erklärung klang. Zunächst sprach er darüber, daß er ein anderer Papst als sein Vorgänger sein werde. Diejenigen, welche in ihm einen geschickten Diplomaten und Staatsmann erwarteten, befänden sich – wie derPapst bemerkte – auf einem Irrweg, weil sie sich ein Papstideal vorstellten, das der wahren Idee keineswegs entspreche. «Der neue Papst stellt in sich vor allem jenes wunderbare Bild des Evangeliums dar, das der Evangelist Johannes mit den Worten des göttlichen Erlösers selber vom Guten Hirten gibt.»

In seiner Botschaft an die Welt vom 29. Oktober (dem seiner Wahl folgenden Tag) nannte der Papst bereits einige Prinzipien, von denen er sich in seiner Tätigkeit leiten lassen wollte und die später in seinen Enzykliken ihren Niederschlag fanden. Unverzüglich brachte er sein Programm der Allgemeinheit zur Kenntnis. So konnte nur ein Mann handeln, der klare und während langer Zeit ausgereifte Ideen zu verwirklichen trachtete. Schon bei seinen allerersten Auftritten sprach er viel vom Frieden. Dabei nahm er nicht zu abstrakten Überlegungen Zuflucht, sondern betonte eine Friedensidee, die sich von der Gerechtigkeit nicht trennen läßt.

In seiner Krönungsansprache verkündete der Papst: «Uns liegt das Amt des Hirten der ganzen Herde ganz besonders am Herzen. Alle anderen menschlichen Qualitäten – Wissen, Geschicklichkeit, diplomatischer Takt und organisatorische Fähigkeiten – können das Hirtenamt ergänzen und schmücken, können es aber niemals ersetzen.» Papst Johannes XXIII. hatte genau verstanden, daß sich die Kirche einem Wendepunkt ihrer Geschichte näherte, an dem sie der Welt ihr mütterliches Antlitz zu enthüllen hatte, ihre Fürsorge für die alltäglichen Nöte und Sorgen der Menschen sowie ihre innige Liebe, die alle Leute so notwendig brauchen. Sein persönlicher Lebensstil war darauf ausgerichtet, den Vorhang wegzureißen, hinter dem die Päpste zu leben schienen, isoliert von allen Sterblichen, unzugänglich in den Tiefen des Vatikanpalastes. Mit den Worten des päpstlichen Privatsekretärs Loris Capovilla ausgedrückt: «Der Heilige Vater trachtete aus dem Nachfolger des Fischers vom See Genezareth einen Menschen zu machen, der all jenen gleicht, deren Führung ihm aufgetragen ist und welche alle seine Kinder, Schafe aus seiner Herde sind.»

Tatsächlich wurde Papst Johannes XXIII. in verhältnismäßig kurzer Zeit sehr populär. Er wurde durch die stürmischen Begrüßungen, die sein Erscheinen in den Straßen von Rom begleiteten, einfach überrumpelt, da er dies für überflüssig hielt. Als er am 8. Dezember 1958 inmitten tosender Willkommenrufe der Menge die Basilika von Santa Maria Maggiore aufsuchte, da sagte er zu einem Prälaten: «Ich brauche darauf nicht stolz zu sein. Pius IX. ist gleichfalls einmal hierhergekommen, und alles rief: ‹Hoch lebe Pius IX.!› Aber es verging nur eine kurze Zeit, da begannen sie zu schreien: ‹Weg mit Pius IX., weg mit Pius IX.!›»

Einmal besuchte der Papst eine römische Kinderklinik, wo ihm die Schwestern auf einem kleinen Kissen einen weißen Zucchetto (ein Papstkäppchen) überreichten, um diesen gegen den seinigen auszutauschen. So war es zu Zeiten von Papst Pius XII., der die Gewohnheit hatte, allein beim Durchschreiten des Petersdomes zehn bis fünfzehn Zucchetti auszutauschen, gang und gäbe gewesen. Er nahm von den Gläubigen immer neue Käppchen entgegen, setzte diese für einige Sekunden auf sein Haupt und gab sie wieder zurück. Papst Johannes XXIII. hingegen erteilte eine Absage: «Mein Käppchen», entgegnete er den Krankenschwestern, «verweigere ich Euch aus zwei Gründen: Erstens wünsche ich nicht, daß sich eine spezielle Hutindustrie zur Herstellung meiner Zucchetti entfaltet, und zweitens will ich schon gar nicht, daß eine solche Praxis in Euch eine Neigung zum Aberglauben weckt.»

Der Papst war voller Herzensgüte und Barmherzigkeit, doch niemals sah ihn jemand seine Güte eigenhändig demonstrieren oder gar den Verteilungsaktionen von Unterstützungsmitteln und Hilfsgütern beiwohnen, selbst wenn diese von ihm persönlich angeordnet waren. Bei diesem Papst konnte niemand jene Posen beobachten, die der Erringung billiger Beliebtheit dienen.

In der Fastenzeit des Jahres 1963, der letzten seines Lebens, begab sich dieser achtzigjährige Greis ohne jede Rücksicht auf die Müdigkeit und seinen schlechten Gesundheitszustand jeden Sonntag in eine Arbeiterpfarrei im Umkreis der Stadt, womit er unter Beweis stellte, daß er auch Bischof von Rom war und das nicht vergaß. Auf dem Rückweg des päpstlichen Konvois versammelte sich jeweils eine Menge Volk. Zwei, drei Male warteten sie bei schneidendem Wind. Lange vor dem Auftauchen der päpstlichen Limousine brach stürmischer Applaus los, «Evviva»-Rufe, Hup-Konzerte. All dies steigerte sich noch, wenn sich dann Papst Johannes XXIII. näherte, im roten Mantel aufstand und grüßte. Dichtgedrängt standen die Leute auf den Balkonen und an den Hausfenstern. Da und dort ließ der Papst anhalten, griff zum Mikrofon und wandte sich mit einer seiner improvisierten Ansprachen, welche irgendwie die Mitte zwischen einem Katechismusunterricht und einem freundschaftlichen Gespräch hielten, an die Anwesenden. Manchmal reizte ein witziges Wort die Menge zu stürmischem Gelächter. Er gab den Segen und fuhr davon, begleitet von einem Chor der Dankbarkeit. Es sei vermerkt, daß in Rom seit vielen Jahren nicht mehr mit solcher Bewunderung von einem Papst gesprochen wurde.

Es war der größte Wunsch von Papst Johannes XXIII., die Menschen zur Liebe Christi hinzuführen. Er wußte, daß dies nicht nur dem wahren göttlichen Auftrag entspricht, sondern sich heutzutage als besonders notwendig erweist. Die Kirche allen Menschen guten Willens zu öffnen, die Kirche soweit möglich menschlicher, zugänglicher, verständlicher und zugleich erhabener zu machen, die christliche Barmherzigkeit allen zu etwas Selbstverständlichem werden zu lassen, darin lag, wie er selbst mehrfach betonte, die grundlegende Aufgabe seines Pontifikats. Der nüchterne Sinn und die gefühlvolle Herzensgüte, die sich in der Persönlichkeit von Papst Johannes XXIII. verbanden, brachten einen Politiker guten Willens hervor. Man sagte von ihm, er sei der Papst, «der in der Welt aufs neue das Lächeln in Mode zu bringen vermochte». Der Papst war überzeugt, daß die Kirche künftighin nur dann Erfolg haben würde, wenn sie den Prinzipien der Liebe und Güte treu bleibe. Diese neue Aufgabenstellung verlangte von Papst Johannes XXIII. auch ein neues Aktionsprogramm, das darin bestand, mit Gewohnheiten und Routine zu brechen, um rasch auf dem Wege dringender Reformen voranzukommen, sowie Begegnungen und Kontakte zu beschleunigen. «Es ist wichtig», sagte er in einer Ansprache bei der Audienz vom 20. März 1960, «immer in Bewegung zu bleiben und nicht auf überkommenen Bahnen auszuruhen, stets nach neuen Kontakten zu suchen und immerzu auf der Höhe zu sein für die legitimen Forderungen der Zeit, in welcher wir berufen sind zu leben, damit Christus auf jede Weise verkündet und erkannt werde.»

«Die Welt bewegt sich», erklärte er bei anderer Gelegenheit. «Es ist notwendig, mit jugendlichem und vertrauensvollem Herzen den richtigen Zugang zu ihr zu finden und nicht die Zeit mit Gegenüberstellungen zu verschwenden. Ich ziehe es vor, mit dem, der geht, Schritt zu halten, statt mich abzusondern und es zuzulassen, daß man an mir vorbeigeht.»

Man muß sich an die lebenslange Abneigung von Papst Johannes XXIII. gegen den «Amtsschimmel» und die Bürokratie erinnern. Er entlarvte den kleinlichen und traditionalistischen Geist, der gelegentlich die Struktur einer nützlichen Einrichtung ins Gegenteil verkehrt. Er glaubte an die Richtigkeit einer Augenblickseingebung, schneller Entscheidungen und an einen Empirismus eigener Art. So ernannte er am 15. Dezember 1958 ohne Dekret 23 neue Kardinäle und überschritt damit die seit dem 16. Jahrhundert traditionell feststehende, von Papst Sixtus V. dekretierte Höchstzahl um zwölf. Kurz darauf verkündete er überraschend in der Basilika San Paolo extra muros vor zwanzig Mitgliedern des Kardinalskollegiums seinen Entschluß zur Einberufung des Konzils. Dazu sagte der Papst in einer Privataudienz, welche er Etienne Gilson gewährte: «Am Ende des Gottesdienstes, nachdem ich den Gläubigen den Segen gespendet und mich von ihnen verabschiedet hatte, befand ich mich allein mit einigen Kardinälen. Man sollte auch ihnen irgend etwas sagen, nur wußte ich nicht, was. In derartigen Situationen ist es immer wichtig anzufangen. Nun gut, sagte ich, ich bin froh, euch hier beisammen zu sehen. Ich erblicke Italiener, Franzosen, Deutsche, sogar Amerikaner. Plötzlich kam mir ein Gedanke: Weshalb denn, sage ich zu ihnen, machen wir kein Konzil? Ich beobachte sie, keiner sagt ein Wort, und ich dachte: Anscheinend war das kein sehr guter Einfall?! Das sagte ich dann dem Kardinal-Vikar, doch er entgegnete mir: ‹Im Gegenteil, sie waren überrascht, und deshalb schwiegen sie, doch alle dachten, dies sei eine großartige Idee.›»

Äußerlich erwecken diese Fakten den Eindruck von Improvisation. Dennoch darf man sie nach unserer Ansicht nicht für etwas Spontanes halten, denn sie erwiesen sich alsbald als Frucht angespannter geistiger Tätigkeit und sorgfältiger Abwägung aller «Für» und «Wider». Nach dem Zeugnis von Personen, welche Papst Johannes XXIII. kannten, ließ er sich in allem von seinem Gespür für das Konkrete, Mögliche und Realisierbare leiten. Viele waren geneigt, ihn für einen Modernisten oder Reformatoren zu halten, gleichzeitig aber zeigte sich, daß der Papst während seines Pontifikats keine einzige Person aus dem ihr anvertrauten Amt entließ oder ihr Vollmachten entzog, um sich auf diesem Wege die Erreichung seiner festgesetzten Ziele zu erleichtern.

Im Gegenteil! So verkündete er beispielsweise, daß sich die neuen Strukturen ungehindert zusammen mit den alten entfalten sollten, um diese allmählich zu ersetzen. Papst Johannes XXIII. vermochte der Kirche jenen maximalen Dynamismus mitzuteilen, den die moderne Zeit erfordert, zum Teil dadurch, daß er die innere Freiheit und Gerechtigkeit, die zuvor entstellt waren, wiederherstellte, hauptsächlich jedoch deshalb, weil er die moderne Zeit nicht mit dem ängstlichen Mißtrauen seines Vorgängers, sondern mit menschlichem Realismus betrachtete.

Bisweilen führte das Verhalten des Papstes jene irre, die ihn nur unzureichend kannten. Und einige glaubten sehr lange an seine Charakterisierung vom «gutmütigen Dicken» ohne besondere Begabung. Bereits als Nuntius in Paris war Msgr. Roncalli in den Ruf eines Mannes gelangt, der immerzu redet, nie still sitzen kann, seinem Gesprächspartner kaum zuhört, ständig vom Thema abkommt, und der doch, während er über seine eigenen Späße lacht, eine unglaubliche Fähigkeit beweist, rechtzeitig das rechte Wort fallenzulassen. «Aber derjenige, den die Leute für einen unaufmerksamen Schwätzer hielten», schrieb der Privatsekretär des Papstes, «konnte ihnen das wiederholen, was sie ihm vor einem halben Jahr erzählt hatten, und was er gar nicht gehört zu haben schien. Diejenigen jedoch, die ihn gut kannten, meinten keineswegs, daß er zu viel rede und lache. Erstaunlich klarsichtig durchschaute er auch das Wesen und die Geisteshaltung der Leute. Mit Maß aber Festigkeit beurteilte er die Dinge, die ihm wesentlich erschienen.»

In seinem Führungsstil vermied Papst Johannes XXIII. jede Selbstherrlichkeit, welche nach seinen eigenen Worten «die Wahrheit in einer starren, äußerlichen Disziplin erstickt, die Aktivität hemmt, weitsichtige Meinungen nicht zuläßt und Unbeugsamkeit mit Halsstarrigkeit verwechselt». Bei aller äußeren Leutseligkeit vermochte dieser Mann jedoch den Sinn für Distanz zu bewahren. Es wurde sehr rasch deutlich, daß er bei weitem nicht jener Papst war, den man leichthin führen konnte, und daß sich jene, welche in ihm einen «Landpfarrer» und eine «liebenswürdige Feiertagsfigur» zu sehen vermeinten, schwer verrechnet hatten. Einer treffenden Bemerkung von Msgr. Capovilla zufolge, der den Papst aus der Nähe kannte, durfte niemand darauf hoffen, Papst Johannes XXIII. – und wäre es geringfügig – mit Worten zu beeinflussen, denn er war niemand anders als der Vater aller.

Die christliche Liebe, die den Papst zutiefst erfüllte, war für ihn bei weitem kein abstrakter Begriff. Es ist nicht einfach, die Menschen nüchtern zu beurteilen, sie gut zu kennen und gleichzeitig zu lieben. Doch bei ihm geschah dies völlig selbstverständlich. Und gerade in dieser Kombination von realistischem Scharfblick und Herzensgüte liegt die Größe und der Zauber seiner Persönlichkeit. Natürlich konnte auch er sich über eine Fülle böser Neuigkeiten entsetzen und tiefen Kummer empfinden. Er litt unter dem schwachen Glauben der Christen, ihrer Gewissenlosigkeit, unter ihrer sentimentalen und phantastischen Frömmigkeit sowie unter dem Mißverhältnis zwischen den Bedürfnissen der Kirche und der modernen Welt. Er litt unter der Handlungsweise gewisser Geistlicher, die wenig Eifer zeigten, weder Liebe noch Pietät besaßen und gleichzeitig nach einem gefährlichen Aktivismus strebten. Solchen Leuten riet er, «lebendig wie Feuer zu werden und sich in erster Linie um die Seele zu kümmern».

Wahrhaft einzigartig und unnachahmlich jedoch ist das Bild der Wirksamkeit von Papst Johannes XXIII.! Wahrscheinlich war er dogmatischer als Papst Pius XII. und beinahe so dogmatisch wie Papst Pius X. Aber wie die anderen Päpste, so verfügte auch er über Charakterzüge, die nur ihm eigen waren. Dies wird vor allem aus jenen Worten von Papst Johannes XXIII. deutlich, welche das besondere Kolorit seiner Persönlichkeit zum Ausdruck brachten. «Vereinfache das Komplizierte und kompliziere nicht das Einfache», dieses Rezept teilte er bei jeder Gelegenheit mit. Als ihm einmal ein Prälat seine Verzagtheit klagte, in die ihn seine Aufgabe stürze, erwiderte der Papst: «Mein

Freund, weshalb haben Sie Bedenken? Schreiten Sie voran wie ich, nehmen Sie sich selbst nicht zu ernst!»

In den vorangegangenen hundert Jahren war kein einziges Pontifikat so kurz gewesen. Aber es läßt sich schwerlich eines nennen, das in seiner Art und in seinen Zielsetzungen origineller und für die katholische Kirche bedeutsamer gewesen wäre. In diesen nicht ganz fünf Jahren wurde ihr ein neuer Weg gewiesen, dem sie von da an folgen mußte. Wahrscheinlich wäre heute manches anders, wenn nicht im Konklave vom Herbst 1958, für viele unerwartet, ein beleibter, lächelnder Mann Papst geworden wäre, über welchen viele in der Presse geschrieben hatten, daß er ein «Übergangspapst» sein werde, dessen Pontifikat nur eine Art Pause im Wirken der Kirche nach dem so fruchtbaren Pontifikat von Papst Pius XII. darstellen könne.

Man sollte sich hierbei der Worte des deutschen Theologen Karl Rahner entsinnen, welcher sich etwa folgendermaßen ausdrückte: Der Papst der Übergangszeit zum Neuen hat die Kirche gezwungen, auf den Weg der Zukunft überzuwechseln.

Von diesem römischen Papst als Jünger Christi, Christ und Mensch soll auch in unserem Bericht die Rede sein.

1. Kapitel

KURZER LEBENSLAUF DES PAPSTES BIS ZUR BESTEIGUNG DES RÖMISCHEN STUHLES

«Ich komme aus bescheidenen Verhältnissen», sagte Papst Johannes XXIII., «Gottes Gnade hilft mir, niemals mein Dorf und Tal zu vergessen, wo sich meine Verwandten in Einfachheit und Vertrauen abmühen, indem sie zur Sonne aufblicken, die Gottes erhabene Größe widerspiegelt.»

Papst Johannes XXIII., Angelo Giuseppe Roncalli, wurde am 25. November 1881 in dem malerischen Dörflein Sotto il Monte (was übersetzt «Unterhalb des Berges» bedeutet) zu Füßen der Alpen, in der norditalienischen Provinz Bergamo, in einer Bauernfamilie geboren. Onkel Saverio, ein eifriger Christ, eilte, ohne auf den eisigen Wind zu achten, zur benachbarten Pfarrkirche, um den Kleinen taufen zu lassen, wie es seine Pflicht als Pate verlangte. Der Pfarrer war nicht dort. Endlich stürmte der Priester zusammen mit einem frostigen Windstoß in die Kirche und taufte alsbald den Knaben.

Angelo war das dritte Kind der Familie, die in der Folgezeit sehr zahlreich wurde. Zuletzt zählte sie zehn Kinder. Sein Vater – der Bauer Giovanni Battista Roncalli – und seine Mutter – Marianna Giulia Mazzola – hatten 1877 geheiratet.

Um sich die Kindheit des künftigen Papstes von Rom besser vorstellen zu können, muß man mit der Örtlichkeit, wo er aufwuchs, und der Geschichte der Familie, aus der er stammte, näher vertraut werden.

Sotto il Monte ist tatsächlich «Unterhalb des Berges» gelegen, am sanften Abhang der ersten Hügelkette, die aus der Großen Lombardischen Ebene ins Alpenvorland aufsteigt. Das Dorf ist eines der kleinsten unter einer Vielzahl ähnlicher, die über die Hügel verstreut sind. Die Adda, welche aus dem See von Como fließt, bildet zugleich die Grenze zwischen den Provinzen Bergamo und Mailand. Ungeachtet seiner engen Nähe zum mächtigen Herzogtum Mailand wurde Bergamo, nachdem es zu Beginn des Mittelalters ein freies Gemeinwesen gebildet hatte, im Jahre 1428 zur westlichsten Provinz der Republik Venedig. Beider Schicksal blieb bis zur politischen Einigung Italiens eng verknüpft. In religiöser Hinsicht bestanden diese Bindungen bis in die Gegenwart fort; und als Kardinal Roncalli 1953 Patriarch von Venedig und damit Metropolit von neun Bistümern wurde, da hatte er die Empfindung, als wäre er zu sich nach Hause zurückgekehrt.

Hoch gelegen erinnert die Stadt Bergamo durch die Proportionen der Paläste und durch die Anordnung der Plätze und Straßen an eine mittelalterliche Akropolis. Es sei erwähnt, daß die Bewohner dieser Stadt immer sehr begeisterungsfähig waren. So im Jahr 1862, als sich ihr Landsmann Nullo zur Beteiligung am polnischen Freiheitskampf aufmachte. Die Bergamasker stellten ihm für dieses riskante Unternehmen ein recht starkes militärisches Kontingent zur Verfügung. Es sei ebenfalls daran erinnert, daß die Stadt Bergamo Anfang des 20. Jahrhunderts eine Art Wiege des sozialen Katholizismus bildete und großen Einfluß auf die Denkweise des künftigen Bischofs von Rom ausübte. In diesem alten, von Weingärten bedeckten Land hatte sich zu Beginn des 15. Jahrhunderts, als die Herrschaft Bergamo aus dem Machtbereich des Herzogs von Mailand in die Hoheit der Venezianischen Republik überging, ein gewisser Martino Roncalli mit dem Beinamen «Maitino» niedergelassen, ein Zuwanderer aus dem nahegelegenen Imagna-Tal.

Maitino erwarb ein Stück Land am Abhang des Hügels von San Giovanni, auf dem die erste Pfarrkirche von Sotto il Monte stand, und baute sich um die Mitte des Jahrhunderts ein eigenes Haus. Ein fahrender Künstler schmückte die Wände des Gebäudes mit einigen frommen Bildern: der Jungfrau Maria mit dem Jesuskind, dem hl. Antonius und dem hl. Bernhard von Siena, einem bevorzugten Heiligen der damaligen Zeit.

Die Fresken sind bis heute erhalten. Hier wurde auch das erste Familienwappen der Roncalli abgebildet, das als Hauptemblem einen zinnenbewehrten Turm zeigt. Johannes XXIII. hat dieses Kennzeichen in sein päpstliches Wappen übernommen.

Die Nachkommen Maitinos lebten mehr als anderthalb Jahrhunderte in diesem Haus, dann trennte sich die Familie: Ein Zweig blieb in Sotto il Monte, die übrigen verteilten sich über die Provinz Bergamo oder zogen in andere Gegenden. Anfang des 17. Jahrhunderts wohnte in dem Haus der Priester Don Bernardo Roncalli, ein Abkömmling Maitinos. Nach seinem Tod kam das Anwesen in fremde Hände. Sein Besitz wechselte der Reihe nach in den Familien der Becchi, Macassoli, Mangili und schließlich der Scotti, die bis in neuere Zeit darin lebten, das Haus aber am 3. März 1925 Monsignore Angelo Roncalli zu dessen Bischofsweihe schenkten.

Giovanni Roncalli, der Vater des künftigen Papstes, konnte nahe der umliegenden Ländereien ein Haus erwerben, wo auch Angelo zur Welt kam. Sein Vater arbeitete hart, konnte es aber nie zu Wohlstand bringen. Die Brüder des Papstes bestätigten nach dessen Erwählung in ihren Aussagen die Armut der Familie Roncalli. Einer von ihnen sagte zu den Journalisten, die Sotto il Monte belagerten:

«Mein Vater war nicht wohlhabend, und wir hatten nicht viel zu essen.»

«Ich stamme aus bescheidenem Milieu», erinnerte sich der Papst, «ich wurde in wahrhaft gesegneter Armut erzogen, die wenig verlangt, aber zur Entwicklung von edelsten und höchsten Tugenden befähigt und auf die großen Prüfungen des Lebens vorbereitet.»

Der Junge wuchs in der Familie bei einfacher Kost kräftig und gesund heran. Sein Bruder Saverio erinnerte sich:

«Er war rüstig, fröhlich, ohne sich je über etwas zu ärgern, mochte es sein, was es wollte, mit einem offenen und herzlichen Charakter; gern erzählte er uns davon, was er gerade in der Schule machte, sprach von Büchern, die er eben las . . . Er hatte ein gutes Gedächtnis. Er brauchte einen Menschen nur einmal zu sehen (oder eine Zeile zu lesen), um sich für immer daran zu erinnern.»

Freilich war er keine Art «Wunderkind», war nicht übergescheit und ohne Tadel. Er war einfach so, wie die anderen auch, «normal in allem und jederzeit», bekräftigte sein Bruder.

Voll und ganz trat aber schon damals ein Zug hervor, der den kleinen Angelo über seine Altersgenossen hinaushob: sein Wunsch, Gott zu dienen.

«Ich erinnere mich an keine Minute», bestätigte Papst Johannes, «in der ich Gott nicht als Priester dienen wollte.» Als Fünfjähriger pflegte Angelino die Messe nicht nur sonntags, sondern zuweilen auch an

Werktagen zusammen mit den erwachsenen Familienmitgliedern zu besuchen, obwohl Schuhe und Festtagskleider für den Kirchenbesuch geschont werden mußten, um jahrelang zu reichen. Bald begann der Junge am Altar zu dienen und durfte dem Pfarrer bei der Taufe der Säuglinge assistieren. Die Kirche lag nur wenige Schritte die Straße hinab, Angelino konnte sie vom Fenster des Zimmers aus sehen, das er mit Onkel Saverio teilte. Viele Jahre später beantwortete der Papst eine Frage nach dem Ursprung seines Priesterberufs mit dem Hinweis, daß diese Gnade wahrscheinlich auf ihn gekommen sei, als er durch dieses Fenster beobachtete, wie ehrerbietig die Dorffrauen Don Rebuzzini grüßten, wenn er seiner Kirche zusteuerte. – 1888 ging Angelo Roncalli mit sieben Jahren zur Erstkommunion, im folgenden Jahr spendete ihm Bischof Gaetano Camillo Guindani die Firmung.

Wie die meisten Jungen seines Alters trat Angelo 1889 in die Grundschule im Nachbardorf Camaitino ein, doch er ging bald in eine andere Schule, die sich in der Ortschaft Monasteropolo befand. Trotz seines guten Gedächtnisses und einer natürlichen Auffassungsgabe waren die Leistungen in den ersten Klassen nicht glänzend.

Die Familie Roncalli war außergewöhnlich religiös. Als Angelino seine Absicht aussprach, Priester zu werden, stieß dieser Wunsch auf keinen Widerspruch. Zur Verwirklichung seines Vorhabens mußte sich der Junge jedoch zuerst mit den Grundkenntnissen des Lateins vertraut machen. Der Parocco (Pfarrer) Don Luigi Bonardi übernahm seine Unterweisung, später war es Don Pietro Bolis. Mit viel Humor pflegte er viel später als Nuntius in Paris zu erzählen, wie mühsam für ihn das geringste Gemurmel in der Sprache Ciceros gewesen sei und daß ihm der Priester auf Anraten seines Vaters Ohrfeigen zu erteilen begann, um ihn zur Erlernung der Sprache zu zwingen.

Im Jahr 1891 sandten die Eltern den jungen Roncalli auf Rat von Pfarrer und Lehrer ins Bischöfliche Gymnasium von Celana. Von seiner Einschreibung an mußte er täglich sechs Kilometer zu Fuß über die Berge wandern. «Sentimentale Schriftsteller» – bemerkt *Alden Hatch* (A Man Named John, Image Books 1965), selbst einer der Johannes-Biographen – «lieben es, Papst Johannes mit dem hl. Pius x. zu vergleichen, der auch barfuß zur Schule ging und erst an der Klassentür in die Schuhe schlüpfte. Selbstverständlich stapfte Angelo ebenfalls barfuß dahin, weil er die Lederschuhe zu schonen hatte; überdies fühlte er sich gewiß ohne diese viel bequemer.» Den tagtäglichen Schulweg machte er zusammen mit seinem Freund Pierino Donizetti, dem späteren Bürgermeister von Sotto il Monte. Donizetti erinnerte sich, daß sein Gefährte immer mit tief in ein Buch vergrabener Nase einherging und auf diese Weise die Hausaufgaben zu wiederholen suchte.

Der Weg von Sotto il Monte nach Celana und zurück nahm Angelo wenigstens vier Stunden im Tag in Anspruch. Ermüdet kam er häufig erst bei Einbruch der Dunkelheit heim und mußte dann noch seine Hausaufgaben erledigen. Auf die Hilfe der Eltern konnte er nicht rechnen, da diese nie Latein gelernt hatten. Das führte schließlich dazu, daß sich seine körperliche Erschöpfung in den schulischen Leistungen widerzuspiegeln begann. Der Junge wurde zerstreut und verlor jenen Feuereifer, mit dem er sich früher hinter die Hefte gesetzt hatte. Seine Eltern wußten nicht, was sie tun sollten. Schließlich verfielen sie auf die Idee, ihn vom Priester des Nachbardorfes ausschelten zu lassen. Der Vater verfaßte einen entsprechenden Brief und vertraute ausgerechnet Angelo die Überbringung an. Unterwegs begann dieser aber Böses zu ahnen, brach den Umschlag auf, überflog die Schreckensbotschaft und riß sie in Stücke. Angelo streute die Papierfetzen in den Wind, aber die Lehre war heilsam für sein ganzes Leben: künftig brauchte er nicht mehr zur Arbeit angehalten zu werden (vgl. Kurt Klinger, Ein Papst lacht, Frankfurt/M. 1963, S.16f.).

Im Oktober 1893, Roncalli war knapp zwölf Jahre alt, wurde er aufs Knabenseminar der Diözese Bergamo gesandt. An diesem studierte er sieben Jahre, legte aber schon 1898 das Zölibatsversprechen ab, das damals in der katholischen Kirche noch vor der Weihe zum Subdiakon geleistet werden mußte. – Angelo hatte ein recht schüchternes und sanftes Wesen. Seine Fortschritte am Seminar waren nicht gerade glänzend, die von ihm erworbenen Kenntnisse jedoch solid und tiefgehend. Als er in seinem vierzehnten Jahr die Soutane anlegte und aus dem «Kleinen» ins «Große» Seminar übersiedelte, da begann er die Entfernung von der «Welt» stärker zu spüren. Seine Angehörigen und Freunde in Sotto il Monte sahen, daß er bereits eine große Strecke zurückgelegt hatte. Sie sprachen ihn nicht mehr mit «Du» an, sondern begannen ihn «Don Angelo» zu nennen. Trotzdem sonderte sich der

Seminarist nicht von seinen Kameraden ab und spielte sich auch nicht auf.

Das waren Lehrjahre, Jahre, um neue Erfahrungen zu sammeln. Er entwickelte sich zu einem Priester, der jenem Porträt entsprach, das Monsignore Montini, sein Nachfolger auf dem Stuhl Petri, entworfen hat:

«Priester – das ist ein Mann Gottes, und zwar ein solcher Mann Gottes, für den Leben bedeutet: Gott ehren, Gott suchen, Gott studieren, mit Gott sprechen, von Gott sprechen, Gott dienen, . . . ein religiöser Mensch, ein heiligmäßiger Mensch, . . . Mittler zwischen Gott und den Menschen, . . . eine Brücke, Repräsentant Gottes vor den Menschen und der Menschen vor Gott.»

Das Seminar von Bergamo schloß Angelo im Jahr 1900 ab, worauf ihn der Ortsbischof auf das berühmte Päpstliche Seminar Sant' Apollinare in Rom schickte. Dem Regens des Seminars von Bergamo war es gelungen, dem jungen Roncalli das Stipendium «Cerasola» zu verschaffen. (Flaminio Cerasola, ein römischer Kanoniker aus Bergamo, hatte im 18. Jahrhundert zu Rom ein Studienstipendium zugunsten seiner Landsleute gestiftet. Heute wird es an das Römische Päpstliche Seminar vergeben.)

Hier müssen einige Worte über das Studienkonzept erwähnt werden, in das Don Angelo nun einbezogen war: Besonders begabte Jünglinge aus allen Schichten pflegen zur Vollendung ihrer Ausbildung und zur Erlangung akademischer Grade nach Rom gesandt zu werden. Aus ihrem Kreis werden oft Bischöfe, Kardinäle oder sonstige führende Persönlichkeiten für die weitverzweigte Organisation ausgewählt, als welche sich die katholische Kirche darstellt. «Diese sieht nicht darauf, ob ein Priester der Sohn eines Prinzen oder eines Weinbauern, wie unser Angelo Roncalli, ist, aber sie stellt die Forderung, daß die wirklichen Befehlsstellen Männern anvertraut werden, die von Jugend an im Schatten des Vatikans herangebildet wurden.» (Andrea Lazzarini, Johannes XXIII., Basel 1958, S. 25 f.).

Auf dem Weg ins römische Seminar von Sant' Apollinare besuchte der junge Mann die von den Katholiken hochverehrten Wallfahrtsorte Assisi und Maria Loreto. Als sich später Papst Johannes XXIII. an diese seine erste Pilgerfahrt nach Loreto erinnerte, erzählte er: «Man schrieb den 20.September 1900. Die Stadt prangte übermäßig im italienischen Flaggenschmuck. Die Freimaurer feierten dieses Datum (das an das Ende des Kirchenstaates von 1870 erinnerte, A.d.Ue.) als einen Sieg über das Papsttum, und ich wunderte mich, im Dom so wenig Menschen zu sehen. Überhaupt keine Männer, nur ein paar alte Frauen. Nach der Andacht wurde ich auf den Straßen wegen meines geistlichen Gewandes bespöttelt und bewitzelt. Manche Worte waren übelste Schmähungen . . . Ich kann Euch sagen, ich fühlte mich sehr elend. Die Schmach konnte ich nicht verwinden, und ich schrieb noch am gleichen Abend in mein Tagebuch: ‹Gebenedeite Madonna von Loreto, ich verehre und liebe Dich wirklich. Ich will auch versprechen, Dir als guter Seminarist in Rom immer die Treue zu halten. Es tut mir leid, Dir sagen zu müssen, daß Du mich hier nie wieder sehen wirst›» (K. Klinger, op.cit., S.130).

Im Studienjahr 1900 war Monsignore Bugarini Regens des Römischen Seminars, während Monsignore Eugenio Pacelli (der spätere Papst Pius XII.) Kirchenrecht dozierte. Der junge Roncalli machte sich mit Feuereifer ans Studium, allmählich legte er seine bäurischen Umgangsformen ab, seine Denk- und Ausdrucksweise wurde viel gewandter.

Am 25.Juni 1901 erwarb Angelo Roncalli das theologische Bakkalaureat und erhielt dabei in Bibelhebräisch die beste Note von allen Studenten. Doch dann mußte er sein Studium einige Zeit unterbrechen: Schon am 30.November desselben Jahres hatte er zur Armee einzurücken. Die militärische Dienstzeit, die er beim 73.Infanterie-Regiment, das in Bergamo stationiert war, absolvierte, versetzte Angelo zurück in den Kreis seiner Altersgenossen, die in der «Welt» geblieben waren. Der Kontakt mit den «weltlichen Vertretern» seiner Generation erwies sich für den jungen Seminaristen als eine Quelle zur Vervollständigung der Lebenserfahrung. Am 31.Mai 1902 wurde er zum «Caporale» (Gefreiten) und am 30.November zum «Sergente» (Unteroffizier) befördert. Doch damit war auch der Wehrdienst zu Ende, und der junge Mann konnte das unterbrochene Studium fortsetzen. Bei seiner Rückkehr nach Rom bezeichnete Roncalli dieses Dienstjahr als «Babylonische Gefangenschaft», und binnen zehn Tagen – im Dezember 1902 – füllte er in seinem Tagebuch eine ganze

Reihe von Seiten, die seine Empfindungen und Betrachtungen widerspiegeln. «Ich kenne das Leben in den Kasernen», schrieb der jugendliche Seminarist, «mich schaudert's schon allein beim Gedanken daran. Wieviel wird dort geflucht, wieviel Schmutz gibt es dort! . . . Während meines Militärjahres habe ich es mit Händen greifen können. Das Militär ist eine Quelle, aus der Fäulnis aufsteigt, um die Städte zu überschwemmen. Wer vermag sich aus dieser Flut von Schmutz zu retten, wenn Gott ihm nicht hilft? . . . Ich habe nicht geglaubt, daß vernünftige Menschen sich so erniedrigen können. Und doch ist es Tatsache. . . . Und die Priester? Mein Gott, ich zittere, wenn ich daran denke, daß auch unter ihnen nicht wenige sein mögen, die ihren heiligen Stand schänden.» (Es ist sichtlich von Seminaristen die Rede, die zusammen mit Roncalli ihr Dienstjahr ableisteten. A.d.V.) «Heute verwundert mich nichts mehr; gewisse Geschichten machen keinen Eindruck mehr auf mich. Für alles gibt es eine Erklärung. Was ich mir nicht erklären kann, ist, wie du, mein reinster Jesus, der du unter Lilien weidest, soviel Gemeinheit, selbst bei deinen Dienern, dulden kannst und dich herabläßt, in ihre Hände niederzusteigen, in ihre Herzen einzukehren, ohne sie auf der Stelle zu bestrafen. Mein Herr Jesus, ich zittere auch für mich» (Johannes XXIII., Geistliches Tagebuch, Basel/Wien 1964, S. 110–113).

Am 13. Juli 1904 beendete Don Angelo seine Studien am Seminar San Apollinare und erlangte aufgrund einer ansehnlichen kirchenrechtlichen Dissertation den Doktorgrad. Der 10. August 1904 erfüllte Roncallis Lebenstraum: Er wurde Priester. Die Weihen erteilte ihm Monsignore Giuseppe Cepetelli, lateinischer Titularpatriarch von Konstantinopel, in der Marienkirche von Monte Santo an der Piazza del Popolo im Zentrum Roms. Am folgenden Tag feierte er seine Primiz am Petrusgrab. Davon wird berichtet, daß der in der Basilika weilende Papst Pius X. den Neupriester zu sich rufen ließ, um ihn zu segnen. Diese überraschende Begegnung blieb Angelo Roncalli für immer in Erinnerung.

Gleich darauf nahm er sich Urlaub und fuhr nach Sotto il Monte, wo er Mitte des Monats festliche Nachprimiz hielt. Ein Bauer, der bis heute am Leben ist, will gehört haben, wie der Gemeindearzt Don Angelo sagte: «Sie werden Papst sein.» Die Prophezeiung war sicher nur ein freundliches Kompliment, da in Italien die Freunde eines Neupriesters diesem sehr oft zu wünschen pflegen, er möge Träger der päpstlichen Tiara werden – doch in diesem Fall ging, wie wir sehen, der Wunsch in Erfüllung.

Unter den von ihm studierten Wissenschaften galt Roncallis Hauptinteresse dem kanonischen Recht. Um sich auf diesem Gebiet weiter zu spezialisieren, immatrikulierte er im Oktober 1904 an der kirchenrechtlichen Fakultät der Geistlichen Akademie von San Apollinare. Aber er hatte kaum sein Studium begonnen, als er bereits zum Sekretär des Bischofs von Bergamo, Monsignore Radini Tedeschi, ernannt wurde, der auf den jungen Roncalli einen gewaltigen Einfluß ausüben sollte.

Hier einige Worte über den Oberhirten, der auf dem Bischofsstuhl von Bergamo dem im Oktober 1904 verstorbenen Monsignore Gindani nachgefolgt war. Radini Tedeschi, aus altem gräflichem Geschlecht, stammte aus der Deutschschweiz, wie auch aus seinem zweiten Namen «Tedeschi» hervorgeht, der auf Italienisch «deutsch» bedeutet. Giacomo Maria Radini Tedeschi wurde 1857 in Piacenza geboren und kam später nach Rom, um an der Gregoriana die theologischen Wissenschaften zu studieren. Sein theologisches Doktorat erwarb er jedoch in Genua und war von 1890 bis 1896 im Päpstlichen Staatssekretariat, der sogenannten «Schule Rampollas», beschäftigt. Es wurden ihm einige ehrenvolle Missionen anvertraut, welche keinen politischen Charakter trugen. Monsignore Radini Tedeschi wirkte als Päpstlicher Legat in Wien und Paris, d. h. als Leiter einer außerordentlichen Delegation, um im Sprachgebrauch der Diplomaten zu bleiben. Auf jeder seiner Reisen begleitete ihn der hochgebildete Mailänder Geistliche und Doktor der Theologie, Achille Ratti von der Ambrosianischen Bibliothek, der künftige Papst Pius XI. Radini Tedeschi verzichtete auf die ihm angebotenen Aufgaben eines Nuntius und wurde zum Kanonikus des Petersdomes ernannt, um die Tätigkeit der katholischen Organisationen zu leiten, was seiner Veranlagung und Sinnesrichtung mehr entsprach. Im Lauf der vier Jahre, die er in Rom verbrachte, visitierte er die Provinzen Lazio, Marche und Umbria, wo er Vereinigungen ins Leben rief, Kongresse und Wallfahrten veranstaltete, um die katholischen Massen aufzurütteln und die Feindschaft gegenüber der

Kirche, die in der öffentlichen Meinung herrschte, zu überwinden. Als begeisternder und wortgewaltiger Redner fehlte er auf keinem einzigen Kongress der letzten Jahre des 19. Jahrhunderts. (Es existieren Zeugnisse, daß er allein zur Zeit des «Jubiläumsjahres» an annähernd 1 300 Konferenzen in verschiedenen italienischen Städten teilnahm.) Am 29. Januar 1905 fand in der Sixtinischen Kapelle die Bischofsweihe des noch jungen Prälaten Giacomo Maria Radini Tedeschi statt. Mit dem Empfang der bischöflichen Würde war sowohl seine römische als auch – rascher noch – seine vatikanische Wirksamkeit zu Ende, da er auf den Bischofsstuhl von Bergamo berufen wurde. Diese Ernennung war durch kirchenpolitische Erwägungen bestimmt. Anfänglich wollte man Bischof Radini Tedeschi an die Spitze der Erzdiözese Palermo stellen, doch verweigerte der Papst seine Zustimmung; Ravenna kam zum Vorschlag, doch Papst Pius x. war ebenso dagegen, da er nicht wollte, daß der neue Bischof in dieser ruhigen Diözese zur Untätigkeit verurteilt werde. Er wollte ihn in Bergamo sehen, «der wahrhaft ersten Diözese in Italien, was die Tröstungen anbelangt, die sie ihrem Bischof bescheren kann», – das waren die Worte, mit denen sich der Papst an Monsignore Radini Tedeschi wandte, um die besondere Bedeutung zu unterstreichen, die damit seiner Ernennung verliehen wurde.

Die Bischofsweihe wurde von Papst Pius x. persönlich vollzogen, was für die damalige Zeit eine Neuerung darstellte. Zur Spendung des Weihesakramentes kamen auch einige Seminaristen und junge Priester, von denen zwei aus Bergamo stammten. Der eine der beiden wurde dem Bischof für den Posten eines Sekretärs empfohlen – und das war kein anderer als Don Angelo Roncalli. Auf diese Weise kehrte er am 9. April 1905 als Sekretär eines der hervorragendsten Bischöfe Italiens in sein heimatliches Bergamo zurück. Im Alter von nur 23 Jahren wurde Angelo Roncalli zur Vertrauensperson und bald auch zur rechten Hand des Bischofs.

Als Zeichen seiner Gewogenheit richtete Papst Pius x. an den neuen Bischof ein Breve, in welchem dieser als Leiter für die Organisation von Pilgerfahrten nach Lourdes und ins Heilige Land bestätigt wurde. Darüber hinaus bekundete er dem von ihm getrennten Prälaten besondere Liebe – der Papst gab dem neuen Bischof eine Zusicherung, die diesen in größte Verwirrung setzte, und die er erst in seiner Todesstunde begreifen sollte: Papst Pius x. hatte ihm nämlich gesagt, daß er ihn im Augenblick seines Todes mit sich nehmen werde, damit sie in Ewigkeit vereint blieben. Und wirklich verschied Monsignore Radini Tedeschi neun Jahre später nur zwei Tage nach dem Tod von Papst Pius x. am 22. August 1914. In der Todesstunde weihte der Bischof seinen treuen Sekretär in das Geheimnis ein, der darüber in einer 1916 in Bergamo erschienenen Erinnerungsschrift zu Ehren von Radini Tedeschi berichtete.

Die politische Lage dieser Zeit war ziemlich verwickelt. Der antiklerikale Staat trachtete danach, die letzten Gebiete, die dem Heiligen Stuhl treu ergeben waren und sich noch in den Händen des Papstes befanden, an sich zu reißen. Als Gegenreaktion versuchte der Vatikan, auf der ganzen Halbinsel ein dichtes Netz von tausendfältigen Organisationen, Vereinen sowie Diözesan- und Pfarrausschüssen zur Koordinierung der gesellschaftlichen Aktivitäten zu schaffen. Der «Motor» dieser Bewegung war das Komitee «Opera dei Congressi», Werk für die Kongresse.

In diesem Zusammenhang hatte Monsignore Radini Tedeschi zwei Hauptanliegen: Die Apostolatsmethoden zu vervollkommnen, wie es die neugegründete «Katholische Aktion» erforderte, und weiterhin als Initiator der katholischen Sozialbewegung zu wirken, deren Wiege in Italien seit dem 19. Jahrhundert in Bergamo stand. Bischof Radini Tedeschi rüstete sich zu einem erbitterten Kampf, dem er nie und nimmer ausweichen wollte. Einige Bemerkungen Don Roncallis sind für den Charakter des Bischofs von Bergamo aufschlußreich: «In seiner Seele lebte ein Stück militärischen Geistes: Liebe und Mut für den Kampf, für das Gute, für die Kirche, für den Papst und für die Rechte des christlichen Volkes. Ihm gefiel nicht der Kampf mit Nadelstichen; wenn es zu kämpfen galt, zog er einen solchen mit Kanonen vor. Sein Geschmack waren die Schlachten eines vollendeten Edelmannes, d. h. unter freiem Himmel und auf offenem Feld.» (Andrea Lazzarini, Johannes xxiii., Freiburg/Br. 1958, S. 39.)

Im Herbst 1909 entwickelte sich eine lebhafte Polemik, weil der Bischof die Partei der in den Streik getretenen Arbeiter ergriff. Don Angelo war Augenzeuge dieser Ereignisse und berichtete darüber: «Als der Streik in Ranica ausbrach, von dem soviel gesprochen wurde, erschien der Name des Bischofs, den man während der vorhergegangenen Unruhen unter den Bauern würdig zurückgehalten hatte, als einer der ersten und vornehmsten in der Liste der Unterschriften, die für einen Unterhalt der streikenden Arbeiter eintraten. Viele nannten es einen Skandal. Manche selbst unter den Guten meinten, eine Sache verlöre das Recht auf Unterstützung, nur weil man beim Gebrauch einiger Mittel die Gefahr einer Überschreitung laufen konnte. Monsignore Radini schloß sich dieser Auffassung nicht an. In Ranica stand nicht die Lohn- oder Personenfrage auf dem Spiel, sondern ein Prinzip: das fundamentale Prinzip der Freiheit zur christlichen Organisation der Arbeit gegenüber der mächtigen Organisation des Kapitals. Für ihn bedeutete die entschlossene Parteinahme für die Streikenden in diesem Falle die Erfüllung einer eminent christlichen Pflicht und, wie er selber schrieb, eines Werkes der Gerechtigkeit, der Nächstenliebe und des sozialen Friedens. Darum kümmerte er sich nicht um die Schreier, sondern zeigte weiterhin sein lebhaftes Interesse für die Streikenden, nur beklagte, entschuldigte und korrigierte er die während eines fünfzigtägigen Streiks unvermeidlichen Übelstände» (A. Lazzarini, op.cit., S.40).

Wie aber reagierte der Heilige Stuhl auf dieses Verhalten des Bischofs? Roncalli schreibt: «Als sich der beim Handgemenge aufgewirbelte Staub gelegt hatte, sandte ihm (d. h. Bischof Radini Tedeschi, A.d.V.) der Heilige Vater Papst Pius X. ein eigenhändiges Schreiben, wie er es zum Zweck einer persönlichen Benachrichtigung abzufassen pflegte, in welchem es hieß: ‹Wir können die Maßnahmen, die Sie für klug befunden haben, nicht mißbilligen, da Sie mit den örtlichen Gegebenheiten, den in Frage kommenden Personen und Umständen voll vertraut gewesen sind.›»

Bischof Radini Tedeschi, der in Rom zur Zeit des Pontifikats von Papst Leo XIII. den Lehrstuhl für christliche Sozialwissenschaften innegehabt hatte und dessen Ansichten über die sozialen Probleme teilte, konnte einfach keine andere Haltung einnehmen. Auf diesem Gebiet hat der Bischof von Bergamo entscheidenden Einfluß auf die Weltanschauung Angelo Roncallis in dessen frühen Jahren ausgeübt. «Neun Jahre hatte Angelo Roncalli als Sekretär an der Seite von Radini Tedeschi gestanden. So verwundert es nicht, daß gerade er dessen Biographie verfaßte, die auch niemand anders besser hätte schreiben können. Sie ist ein aufschlußreiches Dokument zur Erforschung des Denkens, Wirkens und der Frömmigkeit dieses Hirten und Seelsorgers, der vom Geist und der Welt der Enzyklika «Rerum Novarum» geformt worden war. Leo XIII. hatte ihm den ersten neugeschaffenen Lehrstuhl für christliche Soziallehre am Päpstlichen Kolleg Leonianum übertragen. Diese Biographie bietet darüber auch wertvolles Material zum Studium jener Welt der katholischen Opposition, die sich bereits entschlossen der Verwirklichung eines modernen christlich-sozialen Programms zugewandt hatte. In der Nähe dieses bedeutenden Bischofs durfte Angelo Roncalli die besten Jahre seiner Jugend verbringen.

Die gewiß althergebrachte, aber von Leo XIII. aufs neue und eindringlich bestätigte Überzeugung, daß die Befreiung des Menschen aus wirtschaftlicher Knechtschaft eine der Religion nicht fernliegende Aufgabe ist, hatte in Radini Tedeschi einen unbestrittenen Lehrer und in Angelo Roncalli einen treuen Anhänger» (Kardinal Lercaro, Johannes XXIII., Entwurf eines neuen Bildes, Freiburg 1967, S. 57f.).

Keine fünf Jahre waren vergangen, seit Angelo Roncalli das seinem Herzen so nahestehende Seminar von Bergamo verlassen hatte, bis er auf Drängen des Bischofs als Professor dorthin zurückkehrte. Als Lehrfächer wurden ihm Patrologie, Apologetik und Kirchengeschichte anvertraut. Schon während seines Aufenthaltes in Rom hatte Angelo eine Neigung zu diesen theologischen Disziplinen empfunden. Mit großem Interesse las er die alten Folianten des Kardinals Baronius, wo er Einsicht in Martyrium und Heroismus längst vergangener Zeiten nehmen konnte. Bei der Lektüre dieser Bücher machte er sich entsprechende Auszüge, die ihm in der Folge die Abfassung einer kleinen Schrift erlaubten, welche 1908 unter dem Titel «Kardinal Caesar Baronius. Zum dreihundertsten Jahrestag seines Todes» veröffentlicht wurde.

Die Arbeit beim Bischof von Bergamo und seine Lehrtätigkeit am Seminar erlaubten es Padre Roncalli, sich systematisch mit der Geschichte seiner Heimatdiözese zu beschäftigen und allmählich den Gegenstand seiner Forschungen auf die Geschichte aller lombardischen Bistümer auszudehnen. Don Angelo pflegte seinen Oberhirten ständig zu den Bischofskonferenzen und zu den Tagungen der wissenschaftlichen Gesellschaften nach Mailand zu begleiten, wo er sein historisches Interesse bis zur Neige an den kostbaren Bücherbeständen der Ambrosiana stillte, deren Direktor zu jener Zeit Monsignore Ratti (der spätere Papst Pius XI.) war. «Ich begab mich nach Mailand», so erzählt Roncalli selbst, «um meinen Bischof zu einer Tagung des Vorbereitungsausschusses für das 8. Provinzialkonzil zu begleiten. Diese fanden im Erzbischöflichen Palais unter der Leitung des Metropoliten, des Kardinals A.C. Ferrari, statt. Nur wenige Prälaten nahmen daran teil. Für mich konnte es in den Stunden des Wartens nichts Interessanteres geben, als das außerordentlich reiche erzbischöfliche Archiv aufzusuchen, das noch viele unerforschte Schätze über die Geschichte des Mailänder Erzbistums und anderes beherbergt. Mein Blick wurde bald angezogen von einer Sammlung von 39 Pergamentbänden mit dem Schild auf dem Rücken: ‹Geistliches Archiv Bergamo›. Ich stöberte sie in aufeinanderfolgenden Besuchen durch. Welch freudige Überraschung für meinen Geist, so umfangreiche und interessante Dokumente über die Kirche in Bergamo beisammen zu finden, aus der für die Erneuerung ihres religiösen Lebens bezeichnenden Epoche nach dem Trienter Konzil, im Feuereifer der Gegenreformation!» (A. Lazzarini, op.cit. S.47f.). Monsignore Ratti, an den sich der junge Roncalli um Rat wandte, empfahl ihm, sich gründlich mit dieser Frage zu beschäftigen. Auf diese Weise entstand in den Mauern der berühmten Bibliothek die Freundschaft zwischen den beiden künftigen Päpsten. Roncalli machte mit seiner Begabung, seinem weiten Horizont, Enthusiasmus und wissenschaftlicher Gründlichkeit einen großen Eindruck auf Monsignore Ratti. Die aufmerksame Behandlung des jungen Priesters und seiner wissenschaftlichen Arbeit durch den einflußreichen Monsignore wandelte sich zu einer beständigen väterlichen Umsicht für ihn. Dieser Umstand spielte für das Schicksal des künftigen Papstes Johannes XXIII. keine geringe Rolle.

Das erste unter den Werken Roncallis, das ihm weitreichende Beachtung einbrachte, war die Biographie seines amtierenden Oberhirten und Vorgesetzten, Monsignore Radini Tedeschi, der (wie bereits erwähnt) von einem alten Grafengeschlecht stammte, aus dem auf kirchlich-literarischem Gebiet schon der Dominikaner Tomaso Radini Tedeschi hervorgetreten war. (Dieser lebte im 15. Jahrhundert, also zur

Blütezeit des italienischen Humanismus, und ist als Erforscher der aristotelischen Philosophie bekannt.) Im Zusammenhang sei nochmals bemerkt, daß der Einfluß der humanistischen Tradition der italienischen Renaissance der Weltanschauung Roncallis und seinem wissenschaftlich-literarischen Werk ihren unverleugbaren Stempel aufgeprägt hat. Und das konnte natürlich dem Umgang und der Zusammenarbeit mit Monsignore Ratti, dem hervorragenden Kenner und Verehrer der Renaissance in allen ihren Aspekten, nur förderlich sein.

Dem Gang der Dinge ein wenig vorauseilend sei gesagt, daß der für die Geschichte der norditalienischen Bistümer begeisterte Roncalli über 40 Jahre seines Lebens der wissenschaftlichen Auswertung und systematischen Anordnung der ihm zur Verfügung stehenden Dokumente gewidmet hat. Sein Geschichtswerk enthält viele neue Angaben über das Wirken des Mailänder Erzbischofs Karl Borromäus, der von der römischen Kirche in die Reihen der Heiligen erhoben wurde und dessen Name nicht nur mit der italienischen Kirchengeschichte des 16. Jahrhunderts, sondern auch mit derjenigen der Schweiz eng verbunden ist. Dieses Werk, das eine Summe historischer Fakten und gesellschaftlicher Phänomene – kulturelle, soziale und wirtschaftliche – umfaßt, sprengt die Grenzen einer Kirchengeschichtsschreibung im engeren Sinn. Während er diese vergessenen Manuskripte las, schien sich vor Don Roncalli ein Vorhang zu öffnen, der längst vergangene Jahre freigab. Vor seinen Augen zogen Verhöre, Zeugnisse, Notariatsakten, Rechtsstreitigkeiten und sogar anonyme Informationen eifriger Spione vorbei. Nachdem er einige alte Einrichtungen der Kirche von Bergamo untersucht hatte, schloß er aufgrund der Urkunden auf den Ursprung der «Katholischen Aktion», für die er ja selber kämpfte. Sehr oft war angenommen worden, daß die Quellen der italienischen «Katholischen Aktion» in den Geheimbruderschaften des Jesuiten Diessbach aus der zweiten Hälfte des 18. Jahrhunderts zu suchen seien, und daß sie erst in jüngerer Zeit nach dem Beispiel einiger ultramontaner Länder in Italien Verbreitung gefunden habe. P. Angelo Roncalli gelangte zu einem völlig anderen Schluß. Er entdeckte als mittelalterlichen Vorläufer den aus Bergamasker Katholiken zusammengesetzten «Wohltätigkeitsbund», der sich ganz nach Art der heutigen «Katholischen Aktion» betätigt hatte. Diese Erkenntnisse veröffentlichte er im

Jahr 1912. Die Schriften Padre Roncallis stärkten seine Autorität in den internationalen wissenschaftlichen Kreisen und führten zu Banden der Freundschaft und Zusammenarbeit mit einer großen Zahl von Wissenschaftlern der verschiedensten Länder und Konfessionen.

In seiner Eigenschaft als Privatsekretär von Bischof Radini Tedeschi hat Padre Roncalli jedoch vor allem gelernt, wie eine Diözese verwaltet wird. Bei der Erfüllung seiner administrativen Pflichten wurde er mit der Kunst der Menschenführung vertraut. Zudem trachtete der Bischof danach, Padre Angelo auf das pastorale Wirken vorzubereiten. Er lenkte daher die Aufmerksamkeit des jungen Geistlichen auf das «Laienapostolat» (d. h. die Beteiligung der Laien an Werken von Mission und Verkündigung) und auf die soziale Frage. Dabei wurde Padre Roncalli mit einer der Schlüsselfiguren des italienischen Katholizismus bekannt, mit Professor Rezzara, einem der Bergamasker Pioniere der katholischen Sozialbewegung. Dieser war eine bedeutende Persönlichkeit in der italienischen Politik vor dem Ersten Weltkrieg.

Im Jahr 1904 hatte der Papst aus eigenem Antrieb zum ersten Mal nach 1870 das Verbot für die Beteiligung der italienischen Katholiken an den Wahlen aufgehoben. 1913 unterzeichnete der junge Priester Roncalli ein von Prof. Rezzara an den Papst gerichtetes Memorandum, in welchem der Wunsch geäußert wurde, «daß bei den Wahlen katholische Kandidaten aufzustellen seien, welche, in sozialer Hinsicht liberal, unerschütterlich an ihrer Lehre festhalten». Sowohl im liberalen als auch im konservativen Lager rief das eine schroffe Reaktion hervor, und Monsignore Radini Tedeschi sah sich veranlaßt, in Rom verschiedene Schritte zur Verteidigung seines jungen Sekretärs und Schülers zu unternehmen. Diese Begebenheit verleiht dem Porträt des künftigen Papstes noch einen besonderen Zug. Als erfahrener Soziologe und Organisator billigte und unterstützte der Bischof von Bergamo das Programm, das von einer Wahlkommission ausgearbeitet wurde, in welcher von nun an Don Angelo Roncalli zusammen mit Rezzara saß. Aber diese eher weltliche Seite seines Wirkens wurde durch die priesterlichen Tätigkeiten in der Studentenseelsorge ergänzt. Der junge Geistliche übte das Amt eines Seelenführers der studierenden Jugend aus. Außerdem errichtete er in Bergamo ein Studentenheim, das erste in Italien. Begeistert frequentierten die Studenten dieses Zentrum, das im alten Palazzo Marenzi untergebracht war. Padre Roncalli hielt auch allgemeinbildende religiöse Vorträge für die Absolventen der pädagogischen Bildungsanstalten, unterrichtete an der Volkshochschule und organisierte die ersten Zirkel für junge Mädchen. Nach dem Ersten Weltkrieg erhielt sein Wirken offizielle Anerkennung: Roncalli wurde Generalbeichtvater der italienischen Universitätsprofessoren.

Um die Mitte des Jahres 1914 machte Monsignore Radini Tedeschi einen Besuch in Rom. Nach seiner Rückkehr nach Bergamo verschärfte sich seine schleichende Krankheit. Schnell ging das Leben des Bischofs zu Ende. Don Angelo hielt ihn in den Armen, als er seinen letzten Seufzer tat, in dem er um Frieden unter den Menschen betete. Es war der 22. August 1914. Der Erste Weltkrieg hatte bereits begonnen. Am 24. Mai erhielt Roncalli den Mobilisierungsbefehl. Er kehrte zunächst in das alte Haus von Sotto il Monte zurück, um von Vater, Mutter und Brüdern Abschied zu nehmen. Von dort kam Angelo nach Mailand ins Militärspital Sant' Ambrogio, wo er sein geistliches Kleid mit der Uniform eines «Sergente» vertauschte. Das Oberkommando schickte ihn nach Bergamo zurück, wo inzwischen Militärspitäler eingerichtet worden waren. Er nahm sich viel Zeit für die Verwundeten und verbrachte oft ganze Nächte am Lager invalider Soldaten, die in ihrer Qual und Verzweiflung schrien. Im Lauf von vier Jahren wechselte er von einem Spital ins andere, zunächst als Sanitätssergeant, dann, von 1916 an, als Feldkaplan. Don Angelo schaute genau in die Gesichter der Verwundeten, und er ergründete noch tiefer die Herzen derjenigen, welche er nicht von den Erinnerungen an die Schreckensszenen des blutigen Gemetzels zu befreien vermochte. Vielleicht wurde hier jene Geistesverfassung grundgelegt, aus welcher der sanfte und friedfertige Sinn Angelo Roncallis hervorging, der später zur praktischen Tätigkeit des Papstes als Friedensstifter führte. Die von Todesröcheln unterbrochenen Beichten, die er, zwischen den verschiedenen Krankenstationen hin- und hereilend, abnahm, enthüllten ihm das wahre Gesicht des Lebens in viel intensiverem Maße, als das alle darüber gelesenen Bücher getan hätten.

Doch auch die Bücher blieben für Padre Angelo ein wichtiger Rückhalt. Was ihm an Zeit und Kraft übrigblieb, verwendete er zur Arbeit an der Biographie von Monsignore Radini Tedeschi. Auch willigte

Priester Roncalli ein, am Seminar Vorlesungen in wissenschaftlicher Apologetik zu halten, die für die Studenten der oberen Kurse bestimmt waren. Doch einer nach dem anderen verschwand an die Front, und seine gewichtigen Vorlesungen wurden nur von einigen jungen Leuten gehört.

Schließlich gab es Frieden. Die Prüfungszeit des Krieges, die nicht nur dem Gemüt Don Roncallis seine letzte Prägung gegeben, sondern auch seiner Familie einen schweren Verlust zugefügt hatte, war zu Ende: Fünf Brüder Roncallis waren auf dem Schlachtfeld geblieben!

Nach dem Krieg wurde er zum Domherrn an der Kathedrale von Bergamo und Direktor des Studentenheimes ernannt, wobei er sein pädagogisches und soziales Wirken fortsetzte.

Monsignore Ratti, damals Päpstlicher Nuntius in Warschau, übte in den Jahren nach dem Ersten Weltkrieg beträchtlichen Einfluß auf die vatikantische Diplomatie aus. Im päpstlichen Staatssekretariat baute man auf seine Ansichten. Er war schon Kardinalerzbischof von Mailand, als er Papst Benedikt xv. auf Padre Roncalli aufmerksam machte und dessen Heranziehung für den diplomatischen Dienst empfahl. Im Juni 1921, nur wenige Monate vor seinem Tod, berief Papst Benedikt xv. Angelo Roncalli an die Kongregation für die Glaubensverbreitung «Propaganda Fide», eine Art päpstlichen Ministeriums für die Administration der Missionen. Der Papst beabsichtigte, ihn zum Initiator einer Reform des «Werkes für die Glaubensverbreitung», einer ursprünglich französischen Institution, zu machen. Dieses 1822 in Lyon von Pauline Charicot gegründete «Werk» organisierte Mittel zur Unterstützung der Missionare. Obwohl es in ganz Europa und Amerika Verbreitung fand, blieb das Werk unter französischer Leitung. Diese lag in der Hand von «Räten», welche sich in Paris und Lyon befanden. Während des Krieges 1914–18 brachte der nationale Charakter dieser Organisation ernste Schwierigkeiten mit sich. Es wurde unmöglich, die Spenden der Katholiken aus Deutschland und Österreich, d. h. aus den mit Frankreich im Krieg stehenden Ländern, in Frankreich zusammenzufassen. Die Vereinigten Staaten, die zu einem Land mit immer ansehnlicherem katholischem Bevölkerungsanteil geworden waren, fanden sich zudem nur noch ungern damit ab, daß sie ihre Spenden über eine europäische Vermittlerorganisation weitergeben mußten, welche weltumspannend sein sollte. Einige Missionsbischöfe waren außerdem darüber ungehalten, daß sie einem Laiengremium finanzielle Rechenschaft ablegen mußten. Papst Benedikt xv. merkte, daß «die Räder dieser so unentbehrlichen Organisation zu knarren begannen» und beschloß, sie auf einer breiteren Grundlage zu reorganisieren. Diese Aufgabe wollte er Padre Angelo Roncalli anvertrauen. Bei Antritt seiner neuen Funktion erhielt dieser den Ehrentitel «Hausprälat Seiner Heiligkeit».

Der frischgebackene Monsignore spielte bei der Verwirklichung des delikaten Vorhabens die entscheidende Rolle. Zunächst machte er sich an die Reform des Werkes für die Glaubensverbreitung auf lokaler Basis. In Italien bestanden mehrere Regionalorganisationen, welche in ein nationales Zentrum verschmolzen wurden, dessen Präsidentschaft Monsignore Roncalli übernahm. Papst Benedikt xv. hatte es sich zum Ziel gesetzt, das Werk für die Glaubensverbreitung zu einer einzigen Institution päpstlichen Rechtes umzugestalten. Unter der Leitung des Kardinals van Rossum, Präfekt der «Congregatio de Propaganda Fide», bereitete eine Gruppe von Prälaten, mit welcher Padre Roncalli zusammenarbeitete, den Text dieser Entscheidung vor. Da starb Papst Bendikt xv. am 22. Januar 1922. Nach einigem Zögern promulgierte sein Nachfolger, Papst Pius xi., dieses Dokument – es war das Motu Proprio «Romanorum Pontificum». Zum zentralen Sitz der Organisation, die nun ein päpstliches Werk geworden war, wurde Rom bestimmt.

Von diesem Augenblick an übernahm eine vom Papst ausgewählte «Generalkommission», die sich aus Repräsentanten verschiedener Nationalitäten zusammensetzte, die Leitung der «Propaganda Fide». Französische Kreise, darunter auch Regierungsstellen, die zuvor nicht einmal mit der Existenz dieser Organisation vertraut waren, nahmen die Neuigkeit mit Mißvergnügen auf, ungeachtet der Tatsache, daß Papst Pius xi. Vorsichtsmaßregeln getroffen hatte, die den Franzosen ein besonderes Vertretungsrecht in der neuen Generalkommission zugestanden. Diese Unzufriedenheit legte sich sehr rasch dank der beträchtlichen Erfolge der umgestalteten Organisation, deren erste Schritte Monsignore Roncalli leitete. Zum Mitglied der Kommission ernannt, war er an der Ausarbeitung der neuen Statuten beteiligt. Um die nationalen Zentren zu besuchen, unternahm er eine große Europareise. In den Jahren 1923–24 hielt er sich in Lyon, Paris, Brüssel und München auf. Das neue Päpstliche Missionswerk gewann bei den Katholiken aller Welt rasch an Popularität.

Die vier Jahre, die er im römischen Gebäude «Propaganda Fide» an der Piazza di Spagna verbrachte, und seine Reisen nach den europäischen Hauptstädten boten dem künftigen Papst Gelegenheit, sich eine umfassende Kenntnis der Probleme des Missionswesens zu verschaffen. Gleichzeitig setzte er in Rom selbst sein pastorales Wirken intensiv fort, hielt Predigten, hörte Beichten und wurde mit dem Universitätsmilieu und der Intelligenz der Hauptstadt bekannt und vertraut. Er war immer bestrebt, seine pastorale Sendung mit den administrativen Pflichten in der Kirche zu verbinden.

Im November 1924 wurde Monsignore Roncalli auf den Lehrstuhl für Patrologie an der Päpstlichen Lateran-Universität berufen. Anfang 1925 ernannte man ihn zum Mitglied des Vorbereitungskomitees für das «Heilige Jahr». Als er die Gestaltung einer Missionsausstellung leitete, kam er in engen Kontakt mit der Presse zahlreicher Länder, da diese Ausstellung auf großes Interesse bei den Journalisten und besonders bei den Wissenschaftlern stieß. Der Papst, welcher den Gang der Vorbereitungsarbeiten verfolgte, gelangte zur Überzeugung, daß der einstige Forscher am Mailänder Archiv gewandt, fleißig und methodisch ans Werk ging wie in jenen früheren Tagen.

So wurde Monsignore Roncalli am 3. März 1925 zum Apostolischen Visitator in Bulgarien berufen und mit der Bischofswürde ausgezeichnet, mit der der Papst den Titel eines Erzbischofs von Areopolis verband. (Es handelte sich dabei um Rabbath Moab am Fuß des Berges Abarim in Palästina östlich vom Toten Meer.) Die Bischofsweihe von Monsignore Roncalli vollzog am 19. März 1925, dem Fest des heiligen Josef, der Sekretär der Ostkirchenkongregation, Kardinal Giovanni Tacci, in der römischen Kirche San Carlo al Corso. Damals wählte sich Monsignore Angelo Roncalli seinen bischöflichen Leitsatz, dem er ein Leben lang die Treue halten sollte: «Gehorsam und Frieden».

Zur Zeit des Eintreffens von Exzellenz Roncalli in Bulgarien war die innenpolitische Situation dieses Landes ziemlich verworren. Am 12. April 1925 wurde das Automobil, in dem der bulgarische Zar Boris

III. mit seinen Vertrauten fuhr, von nicht auszuforschenden Personen beschossen. Drei von den Begleitern des Zaren fanden den Tod, doch Boris entging den Kugeln. Am Karfreitag, dem 16. April, fand in der Alexander-Newski-Kathedrale der Gedächtnisgottesdienst für die Ermordeten statt. Unter der mächtigen Kuppel des Domes standen die Regierungsmitglieder in Reih und Glied. Boris III. mußte jede Minute eintreffen. Rund um das Gotteshaus waren bis an die Zähne bewaffnete Polizeitruppen postiert. «Der Beisetzungsgottesdienst verzögerte sich ein wenig, weil der König noch nicht eingetroffen war. Die Minister begannen, leicht nervös zu werden und sich flüsternd zu besprechen . . . und in diesem Augenblick erzitterten die Wände des Domes unter einer entsetzlichen Explosion. An dem Platz, wo die Regierungsmitglieder standen, war eine 100-kg-Bombe in die Luft gegangen. Eine Lawine von Steinen und Stuck stürzte auf die Häupter von 250 Menschen herab . . . Tage finsterer Unterdrückung brachen an . . .» Die schwierige politische Lage wurde dadurch verschärft, daß Bulgarien aus den Kriegen (nämlich 2. Balkan- und 1. Weltkrieg , H.G.) besiegt hervorgegangen war. Es mußte an Griechenland, Jugoslawien und die Türkei Gebiete abtreten. Etwa 400 000 Bulgaren, die an der türkischen Grenze lebten, sahen sich zur Flucht aus dieser gefährlichen Gegend und zur Suche nach einem Zufluchtsort im Landesinnern gezwungen. Diese beinahe eine halbe Million zählenden Flüchtlinge lagen als schwere Last auf dem ohnehin schon labilen Finanzbudget Bulgariens. Unter diesen Flüchtlingen gab es viele Katholiken.

Der Apostolische Visitator hatte die Reise nach Bulgarien zu Inspektionszwecken zu machen und sich an Ort und Stelle über die verwirrte Lage der bulgarischen Katholiken des westlichen und des östlichen Ritus zu orientieren, die nach Unterzeichnung des Friedensvertrages von Neuilly entstanden war. Ziel dieser Reise sollte sein der Zusammenschluß der bulgarischen Katholiken in dieser unruhigen Zeit und angesichts der Krise, die der Katholizismus in diesem Land durchmachte. Die bulgarischen Katholiken waren der Obhut von zwei Apostolischen Vikaren anvertraut, deren Jurisdiktion sich beim ersten über Mazedonien, beim anderen über Thrakien erstreckte. Die Grenzveränderungen im Gefolge der Gebietsabtretungen an Griechenland und Rumänien im Frieden von Neuilly hatten neue Probleme geschaffen, da die kirchlichen Jurisdiktionen nicht mit den politischen Grenzen übereinstimmten. Darüber hinaus hatten viele Katholiken des östlichen Ritus ihre thrakische und mazedonische Heimat verlassen und ihre Wohnsitze diesseits der neugezogenen Grenzen aufgeschlagen. Es war gleichermaßen dringlich, ihnen Schutz zu gewähren wie die Kirchenverwaltung umzugestalten. Wie aus dem offiziellen Bericht zu ersehen ist, den Monsignore Roncalli Papst Pius XI. anläßlich eines kurzen Aufenthaltes in Rom unterbreitete, gab es 45 000 bulgarische Katholiken beider Riten. Binnen drei bis vier Jahren waren aus ihnen 47 000 geworden. Die Katholiken des westlichen Ritus gehörten ihrem Ursprung nach dem «Paulikianischen» Ritus (armenischer Schattierung) an und bildeten das dem Heiligen Stuhl direkt unterstellte Bistum Nicopolis sowie das Apostolische Vikariat Sofia-Philippopel, wo sie annähernd 40 000 zählten; im Grunde waren das Flüchtlingsfamilien aus Thrakien und Mazedonien. Die übrigen bulgarischen Katholiken des östlichen Ritus standen unter der Jurisdiktion eines Apostolischen Administrators. Monsignore Roncalli entschied, den orientalischen Katholiken eine eigene Hierarchie zu geben. Dank seiner Bemühungen errichtete Rom 1926 das Exarchat Sofia. Für dieses Amt wurde die Ernennung des noch jungen Priesters Kyrill Kurtev vorgeschlagen, der nach seinem Eintreffen in Rom dort die Bischofsweihe erhielt. Nach Errichtung dieses Exarchats des byzantino-slawischen Ritus lenkte Erzbischof Roncalli seine Aufmerksamkeit auf die Notwendigkeit, dessen Priesternachwuchs auszubilden, und er gründete ein Seminar, das erste auf bulgarischem Boden, dessen Leitung der Gesellschaft Jesu anvertraut wurde.

Die Erfolge des Apostolischen Visitators wurden in Rom geschätzt, und man fand es dort für nützlich, der ursprünglich kurzfristig gedachten Mission einen dauerhaften Status zu verleihen: Der Apostolische Visitator wurde zum Apostolischen Delegaten in Bulgarien ernannt. Auf diese Weise wurde Monsignore Roncalli zum ersten Repräsentanten des Heiligen Stuhls in diesem Land. Ungeachtet des ersten Erfolgs hatte der Apostolische Delegat mit seinem angeborenen Realismus erkannt, daß die Verwirklichung weitreichenderer Maßnahmen mit ungewöhnlichen Schwierigkeiten verbunden war. Anfang 1923 waren erste Kontakte zwischen Sofia und Rom zustandegekommen. Ein Vertreter des Zaren Boris reiste nach Rom. Im Anschluß an seine Reise verbreiteten sich Gerüchte über den möglichen Abschluß eines Konkordats. 1924 hatte Monsignore Eugène Tisserant eine Reise nach Bulgarien unternommen, wo er mit dem orthodoxen Metropoliten Stefan Gheorghie zusammentraf. Auch das war einer der Gründe für die Entsendung Roncallis nach Bulgarien gewesen. Einmal mit den Verhältnissen an Ort und Stelle vertraut, begriff der Apostolische Delegat, daß das alles nur schöne Worte gewesen waren, die in Wirklichkeit zu keinen konkreten Ergebnissen geführt hatten.

1930 geriet der Apostolische Delegat in eine sehr verzwickte Lage, der er nur dank seines diplomatischen Geschicks zu entrinnen vermochte. Der bulgarische Zar Boris hatte sich mit der Tochter des italienischen Königs Vittorio Emmanuele III., der Prinzessin Giovanna von Savoyen, vermählt. Die päpstliche Dispens für diese Ehe (ohne die das italienische Königspaar die Hand seiner Tochter keinem Orthodoxen geben durfte) war unter der Klausel erfolgt, daß eine katholische Trauung zu vollziehen sei und die Kinder aus dieser Ehe römisch-katholisch getauft würden. Zar Boris leistete darauf seine Unterschrift, obwohl dies den Sitten seines Landes zuwiderlief. Die Vermählung fand am 25. Oktober zu Assisi in der Basilika des hl. Franziskus statt. Bei ihrer Rückkehr nach Bulgarien heirateten die Neuvermählten jedoch zum zweiten Mal, und diesmal griechisch-orthodox, in der Alexander-Newski-Kathedrale von Sofia. Nach Verlauf von eineinhalb Jahren wurde dem Zarenpaar am 13. Januar 1933 eine Tochter geboren, die in der orthodoxen Kirche getauft wurde. Der Apostolische Delegat überreichte seinen ersten Protest, «in geziemender Form», anläßlich der Taufe der Prinzessin Maria-Luisa. Eine solche Entwicklung der Ereignisse wäre im Vatikan vorauszusehen gewesen, doch nahm dessen Staatssekretariat eine kompromißlose Haltung ein. Die feinfühlige Diplomatie Roncallis gestattete, die Angelegenheit ohne unnötige Zwischenfälle und ohne den Abbruch der diplomatischen Beziehungen ins reine zu bringen. Während der Jahre, die Roncalli in Bulgarien verbrachte, festigte er das Verhältnis der Katholiken mit Rom und weitete die Aktivität der katholischen Organisationen beider Riten aus. Es gelang ihm, bis zum Ende ein freundschaftliches Verhältnis zum bulgarischen Zaren zu bewahren und die Achtung von seiten der orthodoxen

Geistlichkeit zu erringen, womit er den Grundstein zu zahlreichen ökumenischen Beziehungen legte, die – mit jener Zeit angefangen – für sein ganzes Wirken charakteristisch werden sollten. (So war Erzbischof Roncalli auch mit dem russischen Erzbischof Serafim Sobolev, der in Sofia lebte und dort starb, eng bekannt und befreundet.)

Während seines zehnjährigen Aufenthaltes in Bulgarien erlernte Monsignore Roncalli die bulgarische, die kirchenslawische und sogar die russische Sprache. Seiner Veranlagung nach ein Historiker, beschäftigte er sich eifrig mit dem kirchenslawischen Schrifttum sowie der slawischen Kultur im allgemeinen und erlangte große Kenntnisse in der Geschichte der Orthodoxie auf liturgischem und allgemein kulturellem Gebiet. Papst Johannes XXIII. las Russisch recht fließend und sprach es auch ein wenig.

Monsignore Roncallis Aufenthalt inmitten der Orthodoxie gab ihm Gelegenheit, sich eine Erfahrung anzueignen, über die kein einziger seiner Vorgänger auf dem Heiligen Stuhl je verfügte. (War er doch der erste Apostolische Delegat in Bulgarien nach tausendjährigem Unterbruch.)

1934 erklärte die Zeitung «Il Popolo d'Italia» feierlich, daß Erzbischof Roncalli als Nuntius nach Bukarest entsandt werde, um Monsignore Dolci abzulösen, der ins Kardinalskollegium aufgenommen worden war und an die römische Kurie zurückkehrte. Sogar in Bukarest wurde diese Nachricht ernst genommen. Eine derartige Versetzung nach Rumänien wäre nicht nur einer Beförderung sondern auch einem päpstlichen Vertrauensbeweis gleichgekommen. Dennoch erfolgte keine derartige Geste. Nach Bukarest wurde Monsignore Valerio Valeri entsandt, ein Studienkollege Monsignore Roncallis aus dem römischen Seminar, dem es seltsamerweise geglückt war, ihn bei der diplomatischen Karriere, unter Ausschluß der allerletzten Etappe, zu überrunden. Zeuge seiner weit ausposaunten Ernennung zu sein, diese aber dann zu verlieren – das war kränkend und erniedrigend. In einem Brief an Don Carlo Marinelli vom 18. Mai 1933 hatte Erzbischof Roncalli denn auch mit einer gewissen Bitterkeit geschrieben: «Entschuldigen Sie bitte die Verzögerung meiner Antwort. Im Gegensatz zu dem, wie es auf den ersten Blick scheinen könnte – bin ich wie ein ständig vor den Karren gespannter Esel, ich fahre ein wenig, aber arbeite immer.»

Doch schon am 24. November 1934 wurde er zum Apostolischen Delegaten in der Türkei und Griechenland mit Amtssitz in Istanbul befördert.

Am 25. Dezember desselben Jahres wandte sich Monsignore Roncalli in der Kapuzinerkirche von Sofia mit seiner letzten Weihnachtsbotschaft an die bulgarischen Katholiken. In dieser zog er gleichsam die Bilanz seines zehnjährigen Aufenthaltes im gastfreundlichen Bulgarien. Von den ersten Zeilen dieser Botschaft an wird die Besorgnis spürbar, die der Erzbischof von Areopolis angesichts der kriegsdrohenden Gewitterwolken fühlte, die sich über der Welt zusammenballten (27. Februar 1933 – Reichstagsbrand; 23. März – Hitlers totale Machtergreifung in Deutschland; das Deutsche Reich bereitet seinen Austritt aus dem Völkerbund vor).

«Ich bin froh», so sprach er, «daß mein Abschied von diesem bulgarischen Land, wo ich zehn Jahre verbracht habe und in deren Verlauf Gott meine Seele mit den kostbarsten Segnungen überhäufte, mit dem Weihnachtsfest zusammenfällt; ich bin auch glücklich, daß ich mich anläßlich dieser Festtage mit jenem liturgischen Gruß an euch wenden kann, den ich euch mit dem Wunsch hinterlasse, daß er als eine ewige Erinnerung an meine Abreise zurückbleibe: Pax hominibus bonae voluntatis – Friede den Menschen, die guten Willens sind. So grüße ich euch denn, indem ich spreche: Frieden, ja Brüder, Frieden, Frieden! . . . Zu euch gesandt . . ., was konnte ich unter euch sein, wenn nicht ein Homo bonus et pacificus, ein guter und friedliebender Mensch . . . Gestattet mir, liebe Brüder, euch zu versichern, daß dieser Weg der allerschönste ist, und euch aufzufordern, heute, wo uns das Licht Bethlehems erleuchtet, immer diesem Weg zu folgen . . .» (Documentation Catholique, T. 56, 15. 2. 1959, No. 1297, S. 198 f.).

Indem er die internationalen Beziehungen zur Sprache brachte, bemerkte Erzbischof Roncalli, daß «auf der Welt die allgemeine Orientierung beunruhigend und bedrohlich» sei, und er beschwor alle seine Zuhörer, «getreue Anhänger des Friedens von Bethlehem zu bleiben, welcher der Frieden Christi ist.» – «Laßt es uns niemals am guten Willen fehlen», rief er laut aus. «Wenn dieser vorhanden ist, gibt Gott alles.»

In Anspielung auf seine Kontakte mit den bulgarischen Orthodoxen sagte Monsignore Roncalli: «Hier, vor euch und vor dem Altar, ist es mir angenehm anzuerkennen, daß das bulgarische Volk von seinen höchsten Vertretern bis zu den bescheidensten Volksmassen mir gegenüber immer seine Achtung, Aufmerksamkeit und Liebe unter Beweis gestellt hat. Diese Gefühle haben mich immer mit überströmender Freude erfüllt, und ich werde immer bereit sein, unter allen Umständen davon Zeugnis zu geben, wo immer ich auch hingehen werde und vor jedem beliebigen Gesprächspartner» (ibidem, S. 200).

Indem sich Erzbischof Roncalli an die Orthodoxen wandte, verwies er auf die Ursache, die sie – seiner Meinung nach – von den Katholiken trenne. Er sah diese Ursache vor allem in der unterschiedlichen Auffassung über «einen der fundamentalen Punkte der Lehre Christi, welche uns das Evangelium überliefert, d. h. die Gemeinschaft aller Gläubigen der Kirche Christi mit dem Nachfolger des Apostelfürsten». Hier ist anzumerken, daß der Begriff «Apostelfürst» nicht die katholische Lehre vom Primat widerspiegelt, sondern der orthodoxen Bezeichnung «Ersthronender» (griechisch: Protothronos ton Apostolon, russisch: perwowerchowny, H.G.) entsprechen könnte. Nachdem er seinen Schmerz über die Kirchenspaltung ausgedrückt hatte, sprach Roncalli die Hoffnung aus, daß «schließlich der Tag anbrechen muß, an dem es nur mehr eine einzige Herde und einen einzigen Hirten geben wird, weil Jesus Christus es so will». Den Worten des Redners zufolge hat ihn die betrübliche Trennung niemals daran gehindert, sich den orthodoxen Brüdern mit Liebe zuzuwenden: Dieses Faktum «gibt mir die innige Zuversicht, allen bewiesen zu haben, daß ich sie (die Orthodoxen; A.d.V.) auch im Herrn mit der brüderlichen tiefen und aufrichtigen Liebe umfange, die uns die Frohbotschaft lehrt«. Bezeichnend für seine Herzlichkeit ist die folgende Aussage Erzbischof Roncallis: «Einer bis in die heutige Zeit im katholischen Irland bewahrten Tradition zufolge wird in der Heiligen Nacht das Fenster jedes Hauses mit einem Licht erhellt, um Josef und Maria, die in dieser Nacht auf der Suche nach einer Unterkunft dort vorbeikommen könnten, anzukündigen, daß hier drinnen eine Familie lebt, die um den Herd und um den mit Gottesgaben gedeckten Tisch auf sie wartet. Liebe Brüder, niemand kennt die Wege der Zukunft! Überall, wo ich auf der Welt hingehen muß, wenn jemand aus Bulgarien zur Nacht voller Angst an meinem Haus vorbeikommt, wird er in meinem Fenster das Licht angezündet finden. Klopf an, klopf an die Tür! Ich frage dich nicht, ob du katholisch bist oder nicht, Bruder aus Bulgarien, tritt einfach ein.» (Für jene Zeit hatte diese Erklärung eines katholischen Erzbischofs in seiner Eigenschaft als offizielle kirchliche Amtsperson sehr viel zu bedeuten. A.d.V.) «Zwei brüderliche Hände werden dich empfangen, ein warmes Freundesherz wird dir ein Fest bereiten» (ibidem, S.201).

Der Aufenthalt in Bulgarien hinterließ in der Seele des künftigen Papstes die strahlendsten Erinnerungen. So sagte Erzbischof Roncalli bei seiner Verabschiedung: «Indem ich jedoch zu meinem neuen Bestimmungsort abreise, nehme ich eine kostbare Erinnerung an Bulgarien mit mir: Ich habe den Heiligen Vater gebeten, meinen erzbischöflichen Titel in denjenigen eines wunderschönen Ortes umzuwandeln, der eine wahre Perle Bulgariens ist. Von nun an werde ich nicht länger den Titel eines Erzbischofs von Areopolis, sondern den eines Erzbischofs von Mesembria führen» (Mesembria, neugr. Missimvria, das heutige Nessebar, bulgarische Küstenstadt am Schwarzen Meer).

Mit der Ernennung Monsignore Roncallis zum Apostolischen Delegaten in der Türkei und in Griechenland war ihm vom Vatikan die Visitation aller dort befindlichen katholischen Gemeinden aufgetragen worden; gleichzeitig ernannte man ihn zum Apostolischen Vikar in Konstantinopel (d. h. er wurde Administrator der Katholiken von Istanbul).

Die Situation, die der Erzbischof von Mesembria vorfand, war viel komplizierter als jene in Sofia: Griechenland bereitete der europäischen Politik ernsthafte Schwierigkeiten. Als Ergebnis eines Schiedsspruchs des Völkerbundes war es verpflichtet worden, die griechisch-bulgarische Grenzstadt Petrič zu räumen. Griechenland befürchtete eine Stärkung des ihm benachbarten Bulgarien, das offenbar ein Militärbündnis mit Italien abgeschlossen hatte (wie auch die Vermählung des bulgarischen Zaren Boris mit der italienischen Königstochter kein Zufall gewesen war). Im Februar 1934 konstituierte sich die «Balkan-Entente», deren Spitze gegen Bulgarien gerichtet war. Die Griechen mußten ganz natürlich über die seltsame Wahl des Vatikans beunruhigt sein, der einen Apostolischen Delegaten nach Athen beorderte, der bislang in Sofia gewirkt hatte. Die Lage wurde für Erzbischof Roncalli dadurch noch verwickelter, daß er gleichzeitig auch noch für Konstantinopel ernannt worden war. Noch waren die Nachwirkungen des gewaltigen Bevölkerungsaustauschs, der in Anwendung der Abkommen von Ankara und Lausanne stattgefunden hatte und zur Vertreibung von über 1,3 Millionen Griechen aus der Türkei und ca. 430000 Türken aus Griechenland führte, spürbar. Die Zwangsumsiedlung hatte auch Rückwirkung auf die religiöse Lage Griechenlands, weil sich unter den Repatriierten aus Istanbul und Anatolien eine gewisse Zahl von Katholiken (rund 3000) des byzantinischen Ritus befand, welche seit Generationen gewohnt gewesen war, im Osmanischen Reich in ausschließlicher Abhängigkeit von ihrem Bischof zu leben. Das Eintreffen einer Gruppe von Katholiken, die aus dem Völkerschaftenmosaik der Türkei herausgenommen und in einen streng orthodoxen Block eingebaut werden sollte, rief große Besorgnis hervor. Und das war nur verständlich. Seit dem Ende des 19. Jahrhunderts gab es in Athen eine katholische Kathedrale für die «fränkischen» Kaufleute aus Venedig, Genua, Pisa und Amalfi, die im Lauf der Jahrhunderte auf den griechischen Inseln ansässig geworden waren. Obowhl ihrer Herkunft nach Italiener, bewahrten sie nur ihre Namen und die Zugehörigkeit zum lateinischen Ritus. Diese Leute unterschieden sich in nichts anderem von den übrigen Griechen. Die echten Hellenen betrachteten sie als unbedeutende ethnische Minderheit (denn sie zählten auch nur wenige Tausend). Ihre Präsenz beunruhigte die orthodoxe Bevölkerung nicht. Hingegen wurde die (seit 1923 bestehende) Kathedrale für die repatriierten Griechen des byzantinischen Ritus als Keil betrachtet, den man in die nationale Geschlossenheit der Griechen, die sich auf die althergebrachte Orthodoxie gründet, zu treiben versuchte. Als noch gefährlicher erschienen die «lateinischen» Grund- und Mittelschulen, die in der zweiten Hälfte des 19. Jahrhunderts errichtet worden waren, zu einer Zeit, als ihnen keine besondere Bedeutung beigemessen wurde. Die Versuche der Regierung, diplomatische Beziehungen zum Vatikan aufzunehmen, riefen Empörung unter der Bevölkerung des Landes hervor.

Monsignore Roncalli hatte sich anfänglich in Istanbul niedergelassen, dann richtete er sich in einem der typischen kleinen, alten Einzelhäuser der Odos Omirou (Homer-Straße) von Athen ein. Diese seine

Residenz pflegte er nur zu verlassen, um katholische Einrichtungen zu besuchen, wo anläßlich dieser Visiten immer Gottesdienste gefeiert wurden. Dem geselligen und gleichzeitig zurückhaltenden Apostolischen Delegaten gelang es, das Mißtrauen der orthodoxen Griechen zu zerstreuen.

Im Jahr 1927 hatte eine Gruppe orthodoxer Laien die Zeitschrift «Zoi» (neugr. Das Leben) zum Zweck einer Belebung der religiösen Institutionen in Griechenland gegründet. Als Ergebnis davon vollzog sich ein bemerkenswerter Umschwung auf dem Gebiet der Wohltätigkeit. Erzbischof Roncalli äußerte seine Bewunderung über die Vervollkommnung des Laienapostolats in Griechenland, und er hieß es gut, daß sich diese Bewegung nicht nur auf die herkömmlichen Werke der Wohltätigkeit beschränkte, sondern frischen Wind in die intellektuellen Gebiete des öffentlichen Lebens hineinbrachte.

In den Kriegsjahren 1939–1945, die für Griechenland (wie übrigens auch für die anderen vom Deutschen Reich besetzten Länder) tragisch verliefen, trat die Herzensgüte des Erzbischofs von Mesembria besonders stark hervor. Unter großen Mühen gelang es ihm, Nahrungsmittel, Medikamente und Bekleidung für die griechische Bevölkerung herbeizuschaffen. Auf Ersuchen von Politikern und der höheren orthodoxen Geistlichkeit begab er sich nach Rom, um die Fürsprache des Vatikans bei Deutschen und Italienern für die Lockerung der Blockade Griechenlands zu erwirken. Als Resultat der erreichten Vereinbarung durften das Rote Kreuz und die Päpstlichen Hilfswerke der Bevölkerung ungeachtet der Blockade Güter zukommen lassen. Hier muß die Tatsache vermerkt werden, daß die Zeitung «Kathimerini» (neugr. Tagblatt) gleich nach der Erwählung Johannes XXIII. auf den römischen Stuhl einen Artikel veröffentlichte, der dem caritativen Wirken des neuen Papstes in Griechenland während der Besatzungszeit gewidmet war. Der Apostolische Delegat trat außerdem standhaft für die Verteidigung der griechischen Juden ein, welche infolge der von den Nazis in den von ihnen eroberten Gebieten durchgeführten Vernichtungspolitik einer furchtbaren Bedrohung ausgesetzt waren. Er setzte sich mit Umsicht und Klugheit für sie ein und verhinderte die Verschickung vieler von ihnen. Als er bereits Papst war, erhielt Roncalli vom Jerusalemer Oberrabbiner ein Glückwunschtelegramm, worin dieser seine dankbare Anerkennung für die dem jüdischen Volk während der Zeit des Krieges geleisteten Dienste zum Ausdruck brachte.

Eine Hauptaufgabe des Apostolischen Delegaten bestand jedoch darin, die Rechte der rund 2000 Katholiken des byzantinischen Ritus zu verteidigen. Er war fest davon überzeugt, daß sich die Besorgnis der Orthodoxen als grundlos erweisen werde, da die Errichtung einer Kathedrale des byzantinischen Ritus weder eine Proselytenmacherei beabsichtigte noch den Versuch darstellte, eine Spaltung ins kirchliche Leben Griechenlands hineinzutragen. Die weise Zurückhaltung und das Ansehen von Erzbischof Roncalli trugen dazu bei, die Atmosphäre des Argwohns und des Mißtrauens zu beseitigen.

Während seines Aufenthalts in Griechenland leistete Monsignore Roncalli auch den annähernd dreitausend Armeniern seinen Beistand. Er beteiligte sich aktiv an der Regelung ihrer religiösen Verhältnisse, wobei er in dieser Frage großes Feingefühl an den Tag legte.

Auch in der Türkei stieß der Apostolische Delegat auf beachtliche Schwierigkeiten. Kemal Atatürk war entschlossen, das alte Osmanische Reich gewaltsam zu reformieren. Er glaubte, daß die radikale Säkularisierung eine der Grundbedingungen für die Geburt einer neuen Türkei sei. Nachdem er das Tragen des geistlichen Kleides für die Kultdiener aller religiösen Denominationen verboten, sämtliche islamischen Bruderschaften monastischer Art (Derwische) aufgelöst und de facto die theologischen Lehranstalten der Mohammedaner gesperrt hatte, war er keinesfalls geneigt, den Katholizismus zu fördern, der noch dazu den Charakter einer den nationalen Traditionen völlig fremden und bis jetzt im Osmanischen Reich nur durch die Einflußnahme der abendländischen Mächte geschützten Religion trug. Allerdings gestatteten es die örtlichen Bedingungen dem Apostolischen Delegaten, mit der Regierung Kontakt zu halten, um persönliche oder offizielle Verhandlungen zu führen. Die Politik Atatürks bestand in der strikten Verwirklichung des Programmes der «Jungtürken». Der Präsident der neuen Republik wollte einen modernen Nationalstaat schaffen, indem er ihn von einer tausendjährigen orientalischen Tradition befreite. In der Türkei blieben weder der Fes noch die arabische Schrift, weder der durch den Koran für das Gebet bestimmte (arbeitsfreie) Freitag, noch die islamische Zeitrechnung oder die Polygamie übrig. Das Schweizerische Zivilrecht wurde als Gesetzbuch des Landes eingeführt. Die neuen Schulgesetze sowie die unentgeltliche und obligatorische Grundschulbildung waren auf den Kampf gegen den Analphabetismus ausgerichtet. Im Verlauf eines Jahrzehnts ging die Zahl der Analphabeten von 93 auf 63 Prozent zurück. Alle Schulen, die sich unter Leitung katholischer Orden befanden, waren geschlossen worden. In der Verfassung von 1928 erklärte sich der Staat für «agnostisch», wobei er darauf hinwies, daß ihm dies helfe, hinsichtlich aller Religionen unparteiisch zu sein.

Roncalli war in Istanbul als Privatmann angekommen und nur von einem Legationssekretär empfangen worden. Da er in der Erfüllung von Gesetzesvorschriften peinlich genau war, ließ er die Polizei sogleich sein Ankunftsdatum wissen. Der Apostolische Delegat war bei der Regierung nicht akkreditiert, da von einer Aufnahme offizieller diplomatischer Beziehungen keine Rede sein konnte; sogar seine privaten Schritte verlangten Vorsicht und Takt. «Da es in diesem Land wie aus Kübeln regnet, muß ich in meinen vier Wänden bleiben und allem, was ich beabsichtige, seinen Lauf lassen», schrieb er am 20. Dezember 1934 in einem Brief an den Bischof von Bergamo, Monsignore Bernareggi, mit dem ihn tiefe Freundschaft verband.

Vom Beginn seiner Tätigkeit an verstand es Monsignore Roncalli, sich durch seine geduldige Gelassenheit, durch Ausdauer, Umsicht und Wohlwollen sowie – was nicht weniger wichtig war – durch seine realistische Einstellung zu den ihn umgebenden Tatsachen die Gunst von Regierung und öffentlicher Meinung zu gewinnen. Als Beispiel dafür kann die folgende Episode dienen: Bald nach seiner Ankunft in Istanbul fuhr er einmal am Abend zu einer der römisch-katholischen Kirchen, die sich in der Nähe seiner Residenz befand. Am Ende des Gottesdienstes vernahm er, daß jemand von den in den Bänken Sitzenden in französischer Sprache betete. Er fragte, weshalb sich die Gläubigen einer Fremdsprache bedienten? Man antwortete ihm, daß dies ein alter Brauch und die französische Sprache im ganzen Orient verbreitet sei. «Dann muß man diese Gebete in die türkische Sprache übersetzen», bemerkte er. Alsbald rief der Apostolische Delegat eine kompetente Persönlichkeit zu sich, erklärte den Sinn der Gebete und einige der etwas schwierigeren Stellen und gab den Auftrag, den neuen

Text zu drucken. Am folgenden Sonntag wurden Blätter mit dem gedruckten Text verteilt und das Gebet in der Nationalsprache verrichtet, in jener Sprache, die unter Atatürk sogar die arabischen Gebetsrufe der Muezzins ersetzte. Solches «Einfühlungsvermögen» des vatikanischen Diplomaten fand einen positiven Widerhall von Seiten der Regierung. Anläßlich einer Unterredung versicherte der türkische Staatssekretär Numat Rifaat Menemenoglu den Apostolischen Delegaten des Wohlwollens der türkischen Regierung, «obwohl wir», wie er sagte, «Institutionen nicht schätzen, welche die Beziehungen zwischen unserer Regierung und der geistlichen Leitung einer zweifellos ehrwürdigen, aber uns fremden Gewalt unterordnen». Worauf Delegat Roncalli erwiderte: «Ich verstehe. Indessen hindert das die betreffende geistliche Gewalt nicht, sich an der Erneuerung der Türkei zu freuen und in deren neuer Verfassung grundlegende Züge des Christentums zu entdecken, obgleich sie zum areligiösen Geist, mit dessen Hilfe jene verwirklicht wird, nicht zustimmen kann. Der weltliche Charakter des Staates stellt auch eines unserer Grundprinzipien dar und ist eine Garantie unserer Freiheit», fuhr Erzbischof Roncalli fort. «Der Kirche liegt nichts ferner als der Wunsch nach Einschränkung dieses Prinzips. Allerdings bin ich ein Optimist. Ich habe mich immer mehr um das bekümmert, was gemeinsam ist, als um das, was trennt. Insoweit wir eine übereinstimmende Ansicht bezüglich der Prinzipien des Naturrechts haben, könnten wir einige Zeit zusammengehen. Aber abgesehen von allem anderen braucht es dazu gegenseitiges Vertrauen. Wir haben schon einige Schritte in dieser Richtung gemacht: Die türkische Sprache wurde in der Kirche eingeführt!»

Weil die Türkei in den Jahren des Zweiten Weltkrieges neutral blieb, hatte sie einen gewissen wirtschaftlichen Aufschwung zu verzeichnen. Gleichzeitig jedoch verwandelte sie sich in einen Ort, wo Diplomaten und Spione einer ganzen Reihe von Ländern lebhafte Aktivität entwikkelten. Die Vertreter der kriegführenden Mächte beobachteten den Apostolischen Delegaten scharf, wobei sie sich dafür interessierten, welcher Seite er den Vorzug gebe; und Monsignore Roncalli mußte alle seine Gewandtheit aufbieten, um mit allen auf gutem Fuß zu bleiben. So berichtet Alden Hatch, einer der Biographen Johannes XXIII.: «Am schwersten fiel ihm die Notwendigkeit, seine Gefühle hinter fröhlicher

Liebenswürdigkeit zu verbergen, um das Vertrauen der deutschen Diplomaten, das zur Erlangung von Informationen über die in das Gebiet des Dritten Reiches verbrachten alliierten Kriegsgefangenen unumgänglich war, nicht zu verlieren. Nur einmal wurde Roncalli vom Zorn übermannt: Als Deutschland der Sowjetunion den Krieg erklärt hatte, wurde bei ihm der Gesandte des Dritten Reichs, Franz von Papen, mit der Anfrage vorstellig, ob es jetzt angesichts des Kampfes seines Landes gegen die gottlosen Kommunisten nicht möglich wäre, auf den Papst einzuwirken, den Deutschen seine moralische Unterstützung zu erweisen. Erzbischof Roncalli wurde rot vor Wut, seine himmelblauen Augen begannen in einem ungewöhnlichen Zornesfeuer zu blitzen. ‹Und was›, entgegnete er, ‹ist mit den Millionen von Juden, die Ihre Landsleute in Polen und Deutschland ermorden?›»

Die diplomatischen Aktivitäten konnten ihn aber nicht von seinen geistlichen Verpflichtungen ablenken, mit denen sich der Erzbischof von Mesembria konzentriert und ernsthaft beschäftigte. Während seines Aufenthaltes in der Türkei gelang es ihm, die römisch-katholischen Gemeinden dieses Landes innerlich zusammenzuschweißen.

Am 22. November 1944 ging bei Monsignore Roncalli ein chiffriertes Telegramm aus dem Vatikan ein. Nachdem er es entschlüsselt hatte, las er folgendes: «Kommen Sie unverzüglich stop Versetzung Nuntius Paris stop Tardini.» Auf diese Weise kehrte er nach zwanzig Jahren, die er im Orient in ständigem Kontakt mit der Orthodoxie verlebt hatte, nach Westeuropa zurück.

In einem Brief an einen Freund schrieb der neue Nuntius mit dem ihm eigenen Humor: «Wo es an Gäulen fehlt, reitet man auf Eseln.» Die ihm durch diese neue Berufung übertragene Verantwortung war groß und die Aufgabe, die vor ihm lag, außergewöhnlich delikat.

Am 27. Dezember, einem kalten Morgen, verließ Monsignore Roncalli Ankara und wandte sich nach Rom. Am 29. saß er – nach einer Audienz bei Papst Pius XII. – aufs neue im Flugzeug, um Paris noch rechtzeitig vor dem 1. Januar zu erreichen, weil nämlich an diesem Tag von General de Gaulle, dem Chef der provisorischen Regierung der Republik, ein Empfang für das Diplomatische Corps gegeben wurde. Hätte sich aber der Nuntius verspätet, so wäre die traditionelle Glückwunschadresse an das Staatsoberhaupt durch den sowjetischen

Botschafter erfolgt, der von allen in Frankreich weilenden Botschaftern dort am längsten akkredidiert war. (Nach alter Tradition, die den Charakter einer völkerrechtlichen Norm erlangt hat, ist der Päpstliche Nuntius in den Ländern, welche mit dem Vatikan diplomatische Beziehungen unterhalten, «ex officio» Doyen des Diplomatischen Corps. In den übrigen Ländern wird dieses Privileg jenem Botschafter oder Gesandten gewährt, der die Seniorität der Akkreditierung bei der betreffenden Regierung besitzt.)

In Paris angekommen, suchte Nuntius Roncalli beinahe unverzüglich den sowjetischen Botschafter Sergei Alexandrowitsch Winogradow auf und sagte zu ihm, daß er an der Schwelle des Neuen Jahres und des bevorstehenden Empfangs bei General de Gaulle sicherlich bereits den Text seiner Ansprache vorbereitet habe. Damit diese Rede nicht ungesagt bleibe, ersuchte der Nuntius um ihren Text, indem er bemerkte, daß auch er diese vorbereitete Rede halten wolle. Mit kleinen und unwesentlichen Änderungen wurde diese Ansprache auch tatsächlich General de Gaulle vom Nuntius vorgetragen.

Anbei noch einige Worte über die Ereignisse, die dem Eintreffen von Nuntius Roncalli in Paris vorausgegangen waren: 1944 war in Frankreich die erste Regierungskoalition de Gaulles unter Beteiligung aller politischen Parteien einschließlich der Kommunisten zustande gekommen. Einersetis war de Gaulle der Politik von Papst Pius XII. gegenüber negativ eingestellt, anderseits legte er, den das Pétain-Regime zum Tod durch Erschießen verurteilt hatte, der Regierung von Vichy gegenüber eine völlige, wenn auch verständliche Unversöhnlichkeit an den Tag. Unter Pétain war Monsignore Valerio Valeri, der spätere Kardinal, Päpstlicher Nuntius in Frankreich gewesen. Durch den zum französischen Botschafter beim Vatikan ernannten Philosophen Jacques Maritain hatte de Gaulle ohne Umschweife erklären lassen, daß seine Regierung Monsignore Valeri als «persona non grata» betrachte. Monsignore Tardini, der stellvertretende Staatssekretär, war in größter Verlegenheit. So wurde im Vatikan beschlossen, den taktvollen und umgänglichen Erzbischof Roncalli nach Frankreich zu entsenden.

Die Frage der gegenseitigen Beziehungen zwischen dem Vatikan und Frankreich wurde noch dadurch belastet, daß im Nachkriegsfrankreich die Frage nach den «Kollaborateuren» (Personen, die mit der Besatzungsmacht zusammengearbeitet hatten) akut geworden war. Gewisse politische Kreise vertraten die Ansicht, daß zumindest mehr als die Hälfte der französischen Bischöfe der von ihnen bekleideten Sitze enthoben werden müsse. Das Außenministerium, das in diesen Fragen kompetenter war, legte hingegen eine gewisse Zurückhaltung an den Tag. Außenminister Georges Bidault, Katholik und Widerstandskämpfer seit der ersten Stunde der «Résistance», forderte die Absetzung von nur 33 Mitgliedern des Episkopates. General de Gaulle behielt sich die Lösung dieser delikaten Frage persönlich vor. Es begannen Verhandlungen. Anfänglich billigte das Staatsoberhaupt die Forderung seines Außenministers nach Entfernung der 33 Bischöfe. Als Monsignore Roncalli davon offiziell in Kenntnis gesetzt wurde, blätterte er gemächlich das Aktenbündel durch, schloß es wieder und sagte zu seinem Gesprächspartner: «Das sind ja nur Zeitungsausschnitte! Könnten Sie mir bitte echte Dokumente über die den Angeklagten zur Last gelegten Handlungen zur Verfügung stellen?» So mußten Untersuchungsakten angelegt, Bedeutung und Wert der vorliegenden Dokumente beurteilt und mehrfache Verhandlungen mit dem Nuntius geführt werden. Diese Unterhandlungen erstreckten sich über einen Zeitraum von zehn Monaten. Sie führten zu dem Ergebnis, daß die französische Regierung nur mehr die Amtsenthebung von drei Bischöfen forderte.

Erzbischof Roncalli errang sich in Paris sehr rasch die allgemeine Achtung. Als Geschichtswissenschaftler erwarb er sich ein besonderes Ansehen in den akademischen Kreisen. (Nach der Erwählung Kardinal Roncallis zum Papst ließ die französische Akademie der Wissenschaften zu seinen Ehren eine Goldmedaille prägen). Er nahm nicht nur freundschaftliche Beziehungen zu den französischen Bischöfen, sondern auch zu Regierungsvertretern und Repräsentanten des gesellschaftlichen Lebens (vorzugsweise des linken Lagers, wie Edouard Herriot und dem Präsidenten der Republik, Vincent Auriol) auf. In seiner Eigenschaft als Doyen des Diplomatischen Corps unterhielt Nuntius Roncalli auch gute Beziehungen zu den in Paris akkreditierten Diplomaten, darunter auch zu den Botschaftern der Sowjetunion (damals waren dies A.E. Bogomolow, der später als Botschafter der UdSSR in Italien den Patriarchen Roncalli in Venedig besuchte, und

S.A. Winogradow, der dem Nuntius noch aus Ankara bekannt war). Monsignore Roncalli hatte sehr ungern mit dem Außenministerium zu tun. Er pflegte dort bloß dann vorzusprechen, wenn es die Umstände erforderten. Während seines Aufenthaltes in Paris, d. h. im Verlauf von acht Jahren, überreichte er nur eine einzige Note. Dazu bemerkte er selbst: «Ich besuche ihre Minister so selten wie möglich und nur dann, wenn sie selbst es wollen. Monsieur Bidault machte mir den Vorwurf, daß ich viel zu selten käme, und er machte mich darauf aufmerksam, daß Kardinal Ferrata, der zu Beginn des Jahrhunderts Nuntius gewesen war, jede Woche den Quai d'Orsay aufsuchte. Zu jener Zeit waren die Außenminister jedoch für gewöhnlich der Kirche feindlich gesinnt, und der Nuntius hatte Veranlassung, sich in Erinnerung zu bringen. Bei mir steht die Sache ganz anders, denn ich befinde mich unter Freunden, denen ich nicht lästig fallen will.»

Der Diplomat in ihm gewann nicht die Oberhand über den Seelsorger. Aufmerksam verfolgte er alle neuen Versuche der französischen Geistlichkeit auf dem Gebiet des Apostolats, insbesondere das Experiment der Arbeiterpriester, das auf Initiative des Pariser Kardinals Suhard begonnen worden war. Als er dieses Experiment begann, schrieb der Kardinal: «Früher lebten die Menschen hauptsächlich in ländlichen Gegenden oder in kleinen Siedlungen und Städten, und die Kirche war auf diese oder jene Einwohnerschaft eingestellt. Heute jedoch, mit dem industriellen Wachstum, sind gewaltige, dicht besiedelte Städte emporgewachsen, deren Bevölkerung größtenteils aus Arbeitern besteht. Das sind die heutigen Arbeitergemeinden mit den nur ihnen allein eigenen Gewohnheiten und Bräuchen; die Arbeiter haben ihre eigene Sprache, die nur dem verständlich ist, der selbst in diesem Milieu lebt. Man muß ins Gewühl der Arbeiter eine aufopfernde Handvoll Priester senden, welche zu Pionieren dieser neuen «Mission», zu Erstentdeckern des Neulandes werden. Von meiner Seite werden ihnen grenzenloses Vertrauen, bedeutsame Privilegien und völlige Handlungsfreiheit eingeräumt, und als Entgelt verlange ich von ihnen nur Gehorsam und völlige Treue».

1947 tauchten die ersten Arbeiterpriester auf, 1949 betrug ihre Zahl 50, um sich 1951 auf über 100 zu erhöhen. Dieses Experiment wurde wie jede andere Neuerung von gewissen katholischen Kreisen recht unfreundlich aufgenommen. An die Adresse des Vatikans wurden alsbald negative Stellungnahmen über die Tätigkeit der «Mission de Paris» (so lautete die offizielle Bezeichnung dieses Unterfangens, A.d.V.) abgegeben, von Katholiken, die sich selber als «wohlmeinend und um die Reinheit des Glaubens besorgt» bezeichneten. Es verdient Beachtung, daß Erzbischof Roncalli während seines Aufenthaltes in der französischen Hauptstadt nach Maßgabe seiner Möglichkeiten dieses Unternehmen des französischen Katholizismus beharrlich vor Blitz und Donner der römischen Kurie zu schützen versuchte. Allerdings war der Rahmen dieser seiner Möglichkeiten selbstverständlich begrenzt, insofern ein Nuntius für die Beziehungen mit der Regierung des Landes und nicht mit dem lokalen Zweig der römisch-katholischen Kirche zuständig ist. Natürlich können die örtlichen kirchlichen Belange den Nuntius nicht ganz unberührt lassen, doch werden diese von den kurialen Institutionen unabhängig von ihm dirigiert. Es ist bekannt, daß Nuntius Roncalli in den durch die Sanktionen des Vatikans gegen die Arbeiterpriester und die sogenannte «progressive Katechese» hervorgerufenen Konflikte versuchte, den Heiligen Stuhl für eine duldsamere Haltung zu gewinnen. Im Lauf der Ereignisse führte seine Vermittlung zu einer Milderung der vatikanischen Linie. Daraus erklärt sich sowohl die energische Unterstützung seiner Kandidatur durch die französischen Kardinäle beim Konklave als auch das Gefühl freudiger Erleichterung, das die französischen Katholiken nach seiner Wahl zum Papst erfüllte.

Wie die Geschichte bezeugt, war Erzbischof Roncalli die traurige Lage der Arbeiterklasse und der ärmsten Schichten des Bauernstandes keineswegs fremd, war er doch durch die Schule von Bischof Radini Tedeschi gegangen. Einfache und herzliche Gespräche mit den Landarbeitern anläßlich der Reisen durch die verschiedenen Departements Frankreichs erlaubten ihm, sich von den schwierigen Verhältnissen, in denen das Landvolk zu leben hatte, eine Vorstellung zu machen. Ihm war die extreme Armut der Taglöhner bekannt, ihre verzweifelte Stimmung, die von Furcht und Verbitterung herrührte. Die Lage der Industriearbeiter war kaum besser. Was jedoch die Arbeitsniederlegungen betrifft, so war der Nuntius bestens darüber informiert, welche Entbehrungen eine Familie durchmacht, wenn der Vater keinen

Arbeitslohn nach Hause bringt. Dasselbe, was er seinerzeit in Bergamo gesehen hatte, mußte er nun in Frankreich aufs neue mit ansehen. Darum unterstützte Erzbischof Roncalli mit Nachdruck den Entschluß des französischen Episkopats, wirksame Hilfsmaßnahmen für die Angehörigen der Streikenden vom Dezember 1949 zu ergreifen.

Die Frage der auf französischem Boden festgehaltenen deutschen Gefangenen bewegte den Päpstlichen Nuntius ebenfalls sehr. Mit Billigung des Vatikans hob Monsignore Roncalli offiziell den Gedanken hervor, daß keineswegs das ganze deutsche Volk in den Augen der öffentlichen Meinung mit dem Faschismus sowie mit den Tyrannen und Scheusalen des Dritten Reiches identifiziert werden dürfe. Er selbst tat viel, um das Los der Kriegsgefangenen zu erleichtern, und er eilte insbesondere auch den deutschen Priesterstudenten zu Hilfe, welche im Lager von Chartres zusammengefaßt waren. Einmal spendete er dort 400 Männern die Kommunion.

Im November 1946 nahm Erzbischof Roncalli nach einer Audienz bei Papst Pius XII. in seiner Eigenschaft als Beobachter des Heiligen Stuhles an der Eröffnungsversammlung der UNESCO in der Sorbonne teil. Im Juni 1952 wurde er ständiger Beobachter bei dieser Organisation. Das bot ihm Gelegenheit, sich im Gottesdienst bei der Eröffnung der Sitzung mit einem bewegenden Appell für den Frieden zwischen den Völkern einzusetzen, in dem schon Töne von «Pacem in terris» anklangen. In eben diesen Jahren standen verschiedene Projekte für eine Reform der französischen Verfassung zur Diskussion. Bei dieser Debatte um die Neufassung des Grundgesetzes wiesen die Kardinäle und Bischöfe Frankreichs auf jene Gefahren hin, vor denen die neue europäische Gemeinschaft bewahrt werden müsse. Diese Erwägungen waren in fünf Punkten enthalten, die nach Ansicht der französischen Hierarchie die Hauptursachen für die Gegensätze in der modernen bürgerlichen Gesellschaft aufzeigten:

«1. Die derzeitige Lage der Arbeiterschaft, d. h. ‹die Unsicherheit, die wirtschaftliche Abhängigkeit und die Armut, die zahlreichen Arbeitern kein menschenwürdiges Leben zu führen erlaubten›.

2. Die Vorherrschaft des Kapitals, ‹weil dadurch Gewinnsucht und Ausbeutung an die Stelle einer gerechten Sorge für die menschliche Person des Arbeiters getreten waren›.

3. Die entartete Stellung wirtschaftlicher Macht, ‹weil sie zu oft zur Erreichung egoistischer Interessen mißbraucht wird, während sie eine dem Gemeinwohl dienstbare Institution sein sollte›.
4. Die Klassengegensätze, ‹obwohl die Klassen durch wichtige Allgemeininteressen miteinander verbunden sind und sich im Dienst des Gemeinwohls als Einheit zu betrachten hätten›.
5. Der praktische Materialismus, der ‹die Menschenrechte den Auswüchsen einer herzlosen Konkurrenz und dem Geldhunger geopfert hat›.» (A. Lazzarini, op.cit., S. 105)

Der künftige Papst Johannes XXIII. fühlte sich mit dieser Analyse solidarisch und befürwortete sie. Später behandelte er in der Enzyklika «Mater et Magistra» beinahe alle diese Punkte.

Erzbischof Roncalli machte auch gern von seinem Recht Gebrauch, das Weihesakrament zu spenden: Als das Pariser Erzbistum 1949 vorübergehend vakant war, weihte er in der Kathedrale Notre-Dame von Paris 49 Priester. Unschwer läßt sich im Leben des künftigen Papstes das Bestreben verfolgen, ungeachtet der ständig ausgeübten administrativen Pflichten zuallererst Priester und Hirte zu bleiben. Um mit dem religiösen Leben in Frankreich besser vertraut zu werden, unternahm der Päpstliche Nuntius in diesen Jahren zahlreiche Reisen. Er verließ sich nicht auf schriftliche Mitteilungen, indirekte Auskünfte oder Zeitungsberichte. Er wollte selbst an Ort und Stelle nachprüfen sowie persönlich und wenn nötig auch ohne Zeugen über das, was er gehört oder vermutet hatte, Gewißheit erlangen. Er besuchte die großen Heiligtümer, nahm an Kongressen teil, leitete Wallfahrten und hielt viele Reden. Das alles war für ihn eine günstige Gelegenheit, um seine Aufgabe zu erfüllen, Fragen zu stellen und ganz persönlich über das Gesehene und Gehörte zu urteilen. Roncalli war den ländlichen Gegenden Frankreichs besonders zugetan, die ihn mit ihrer Religiosität an seine Heimat Bergamo erinnerten. Dennoch trachtete er danach, auch die anderen Gebiete gut kennenzulernen. Die pastoralen Probleme dieses Landes wurden ihm vertraut und verständlich. Er machte sich mit dem Protestantismus in Frankreich beinahe so gut vertraut wie mit dem orthodoxen Orient. Er besuchte Lyon, Toulouse, Marseille, Bordeaux, Avignon, Nantes, Rouen und viele andere Städte.

In der Pariser Periode des Lebens von Erzbischof Roncalli pflegten bei ihm bedeutende politische Persönlichkeiten Frankreichs privat zu Gast zu sein: Bidault, Schuman, Herriot, aber auch der Schriftsteller Mauriac, der türkische Botschafter Menemenoglu, Kardinal Tisserant (wenn er von Rom nach Paris kam) und viele andere in verschiedener Hinsicht hervorragende und einflußreiche Männer. Monsignore Roncalli war maßvoll im Essen, aber er liebte eine gepflegte Küche sehr und war ein gastfreundlicher Hausherr. Die erlesenen Déjeuners und Dîners, die vom Nuntius veranstaltet wurden, waren damals in Paris weit bekannt. Recht freundschaftliche Beziehungen verbanden ihn auch mit Frankreichs Präsidenten, dem Sozialisten Vincent Auriol. In diesem Zusammenhang ist es interessant, eine den künftigen Papst Johannes betreffende Äußerung von Auriol zu zitieren: «Bei allen meinen offiziellen Kontakten mit ihm und noch viel mehr bei privaten Gesprächen hatte ich Gelegenheit, mich von seinem geistreichen Wesen und von seiner Menschlichkeit zu überzeugen. Als Gesprächspartner bereitete er mir mit seinem Charme und Humor wahrhaften Hochgenuß. Ich konnte mich immer wieder sowohl von seiner tiefen Sympathie für Frankreich als auch von seinem lebendigen Interesse an allem, was sich in der einen oder anderen Weise auf die Sache des Friedens bezog, überzeugen.»

Zum Thema Krieg und Frieden können Roncallis eigene Worte aus der Neujahrsansprache von 1951, welche er im Namen des Diplomatischen Corps hielt, angeführt werden: «Der Krieg . . . bedeutet die Zerstörung der Kultur und die Rückkehr zur Barbarei. Selbst wenn die Notwendigkeit der Abwehr der rohen Gewalt – vim vi repellere – und die Verteidigung der wesentlichen Sicherheit und Freiheit den Krieg zu einer Notwendigkeit machen, muß er doch stets die ultima ratio bleiben. Bevor es soweit kommt, obliegt der Diplomatie die schwere Aufgabe, alle Mittel und Wege zu erschöpfen, um den Krieg unter allen Umständen zu vermeiden» (Johannes XXIII., Erinnerungen eines Nuntius, Freiburg 1965, S. 27).

Ende November 1952 erhielt Roncalli die Nachricht über seine Erhebung zur Würde des Kardinals. Das bedeutete, daß er Frankreich bald einmal zu verlassen hatte. Am 31. Dezember 1952 wandte er sich zum letzten Mal als Nuntius mit einer Neujahrsbotschaft an Präsident

Auriol und in dessen Person an die gesamte französische Nation: «Auch dieses Mal, das für mich leider das letzte Mal sein wird», so sagte er, «habe ich die große Ehre, Ihnen im Namen des Diplomatischen Corps . . . die Neujahrswünsche zu entbieten. Man könnte nicht behaupten, daß die verflossenen Monate, vor allem die letzten Monate des zu Ende gehenden Jahres, im Leben der Völker und in den internationalen Beziehungen eine Verschärfung gebracht hätten, die als Vorzeichen eines kommenden Sturmes angesehen werden müßten. Im Gegenteil, wenn man den Horizont nach allen Richtungen hin absucht, kann man sogar da und dort lichtere Stellen entdecken, die Gutes erhoffen lassen . . .

Jedes Volk hat nach den geheimen Ratschlüssen der Vorsehung seine Sendung, und eines hilft dem andern bei deren Verwirklichung. Wenn wir einen starken Glauben, einen unerschütterlichen Optimismus und ein Herz bewahren, das sich jeder aufrichtigen Äußerung menschlicher und christlicher Brüderlichkeit erschließt, haben wir alle das Recht, jede Furcht zu verbannen und auf die Hilfe Gottes zu vertrauen für das Frankreich von heute, aber auch für das Frankreich von morgen . . .» (ibidem, S. 31/33).

Am 12. Januar überreichte Präsident Auriol nach einer alten Tradition (die von der französischen Monarchie ererbt und auch noch in einigen anderen Ländern wie Spanien und Portugal verbreitet war, bis diese im Jahr 1969, einem Appell von Papst Paul VI. folgend, darauf verzichteten) Monsignore Roncalli feierlich das Kardinalsbirett, welches der Päpstliche Ablegat Giacomo Testa aus Rom gebracht hatte. Die Zeremonie fand im Elysée-Palast statt. Die Dankesrede Kardinal Roncallis war zugleich sein letzter Abschiedsgruß an Frankreich: «Es wird mir immer und überall, wo mir der Heilige Vater im Dienst der heiligen Kirche eine Aufgabe übertragen wird, ein Trost sein, daß jeder gute Franzose, der sich meines schlichten Namens und meines Verweilens unter Ihnen erinnert, sagen kann: Er war ein gütiger und auf den Frieden bedachter Priester, er war stets und unter allen Umständen ein verläßlicher, treuer Freund Frankreichs» (ibidem, S. 37).

Am 15. Februar 1953 wurde Kardinal Roncalli zum Patriarchen von Venedig proklamiert. Am 23. Februar verließ er Frankreich. Sein Nachfolger wurde Monsignore Paolo Marella.

Die neue Aufgabe bedeutete für Kardinal Roncalli nach einem langen Unterbruch die Rückkehr zur heißersehnten Seelsorgearbeit. Und, obwohl er schon 72 Jahre zählte, konnte er sich in Venedig zum ersten Mal in seiner Tätigkeit von den eigenen Grundsätzen, Anschauungen und Erfahrungen leiten lassen. Die fünf Jahre, in denen er einen der wichtigsten Sitze der römischen Kirche innehatte, waren für ihn die Vorbereitung und das Experimentierfeld für seine anschließende Wirksamkeit auf dem Heiligen Stuhl. Gleichzeitig mit seiner Ernennung nach Venedig war Kardinal Roncalli in die Kongregation für die Ostkirche und in die Religiosenkongregation berufen worden.

(Am Rande sei angemerkt, daß jeder Kardinal der römischen Kirche Mitglied von einer oder mehreren der elf Kongregationen der Kurie zu sein pflegt. Diese Kongregationen entsprechen Ministerien und setzen sich aus den ihnen angehörenden Kardinälen sowie dem diese umgebenden Stab von Spezialisten im Bischofs- und Priesterrang zusammen. An der Spitze jeder Kongregation steht ihr Präfekt, der aus den Reihen der Kardinäle berufen wird. Bei der Ernennung eines Kardinals in die eine oder andere Kongregation werden sein spezielles Wissen, seine Vorbildung, Erfahrung und Kompetenz gleichermaßen in Betracht gezogen. Die Kurienkardinäle sind – was nur natürlich ist – in einer größeren Zahl von Kongregationen tätig als jene Kardinäle, welche einen Bischofsstuhl in der Provinz innehaben.)

An die Spitze einer der wichtigsten Kirchenprovinzen gestellt – von denen nur zwei im eigentlichen Bereich des lateinischen Ritus den Rang und Titel eines Patriarchen führen: Venedig und Lissabon –, befand sich Kardinal Roncalli zugleich auch in einer Metropole mit großer historischer und politischer Vergangenheit, in der bis auf den heutigen Tag ein hochintensives und vielfältiges gesellschaftliches Leben pulsiert. Das Leben Venedigs zeichnete sich bekanntlich immer durch temperamentvollen Farbenreichtum aus, aber im Mittelalter war seine Geschichte voll von blutigen und unheilvollen Episoden. Zur Zeit des Kampfes gegen die österreichische Herrschaft und der Bildung einer italienischen Nation wurde Venedig eines der wichtigsten Zentren der neuen nationalen Einheit. Die Tradition der Stadtrepublik tritt genauso in unserer Zeit bei den Diskussionsformen des sozialen Kampfes zutage, die in gewissem Grad an die Bräuche des antiken Rom erinnern. Venedig – das ist zunächst eine Stadt mit 350000 Einwohnern. Nicht alle Venetier leben von Fremdenverkehr und Kunstgewerbe. Nicht jeder von ihnen ist ein Juwelier, Silberschmied oder Kürschnermeister. Eine große Anzahl von ihnen arbeitet auf den Schiffswerften, in metallurgischen Fabriken und Stahlwerken. In Venedig existiert das Proletariat und die Bourgeoisie, hier gibt es einen erbitterten Klassenkampf. Bei der Erhebung Kardinal Roncallis auf den venezianischen Patriarchenthron war der Kommunist Battista Giaquinto Bürgermeister der Stadt.

Und in dieser Stadt, wo Prozessionen mit von Kirchenfahnen umgebenen Madonnenstatuen durch die Gassen der Arbeiterviertel ziehen und wo sich die streikenden Gewerkschaften auf den Pfarrklerus stützen können, wurde die Verbundenheit Kardinal Roncallis mit den Problemen unserer Zeit offenbar. Auf dem venezianischen Patriarchenthron erwies er sich als markanter Wortführer jener katholischen Geistesrichtung, die in der Epoche der Pontifikate von Pius XI. und Pius XII. vom französischen Episkopat verkörpert wurde. In Italien wurde diese Strömung in den Nachkriegsjahren durch zwei einander nahestehende Tendenzen repräsentiert, die sich gegeneinander in eine «Rechte» (welcher Kardinalerzbischof Siri von Genua angehörte) und eine «Linke» (deren Wortführer der damalige Erzbischof von Bologna, Kardinal Lercaro war) abgrenzen ließen. Solange Kardinal Roncalli die Kirchenprovinz Venedig leitete, gehörte er dieser letzteren Tendenz an.

Die Richtung, von der die Rede ist, kann am besten als eine gewisse Synthese gekennzeichnet werden. Vereinfachend erklärt, handelte es sich hierbei um eine Verschmelzung des kirchlichen Prinzips mit einer fortschrittlichen Sozialpolitik. Von diesem Denkansatz her erwuchsen ihr entschiedene Widersacher sowohl aus dem Lager der Linken wie der Rechten. Von links warf man ihr religiösen Dogmatismus und kirchlichen Konformismus vor, von rechts Versöhnlertum und Kompromißbereitschaft gegenüber einer antichristlichen Weltanschauung. Die Gegner zur Linken gehörten beinahe ausschließlich areligiösen oder antireligiösen Kreisen an, und ihre Kritik kam auf diese Weise von außerhalb der Kirche. Die Widersacher von rechts befanden sich in der Mehrzahl der Fälle im Schoß der römischen Kirche. Die Verfechter der

«Synthese» selbst bekräftigten auf der einen Seite ihre echte kirchliche Basis, auf der anderen ihr Bestreben, die moderne Realität miteinzubeziehen. Sie definierten ihre Zielsetzung sehr oft als Notwendigkeit einer «Präsenz» der überzeitlichen Kirche in unserer Zeit und als deren Verkirchlichung sowie als die Durchgeistigung und Heiligung der sich verändernden Wirklichkeit durch die Kirche.

Kardinal Roncalli selbst hat diesen Gedankengang in einer Vielzahl von Fällen ausgedrückt. Er wiederholte mehrmals, daß die Kirche die ganze Schöpfung bejahe und daß sie daher die soziale Umwandlung des menschlichen Zusammenlebens auf Erden mittels einer friedlichen Erneuerung zu suchen habe. Nach seiner Überzeugung verleiht die Anerkennung einer absoluten Richtigkeit der christlichen Lehre der Kirche die Befähigung, die nationalen und sozialen Verhältnisse, welche die Welt trennen, kühn und entschlossen anzugehen, «während der sozial-politische Radikalismus seinerseits einer Anerkennung der Autorität der Kirche bedarf».

Wie die französischen Kardinäle, so hielt auch Roncalli in diesen Fragen an der Tradition von Papst Leo XIII. und Papst Pius XI. fest. Und in diesen – wie übrigens auch in anderen – Bereichen gilt es, den besonders tiefen und grundlegenden Unterschied zwischen Papst Johannes XXIII. und seinem Vorgänger Papst Pius XII. zu sehen. Diese Differenz wurde schon in der venezianischen Periode des Wirkens von Kardinal Roncalli dermaßen offensichtlich, daß das offizielle vatikanische Organ «Osservatore Romano» bereits versuchte, den Vatikan gegenüber gewissen Äußerungen des Patriarchen von Venedig abzugrenzen.

Die Berufung Kardinal Roncallis nach Venedig war von den Venezianern jeder religiösen und politischen Richtung freudig aufgenommen worden, da dem neuen Kardinalpatriarchen allgemein der Ruf eines herzlichen, geselligen und umgänglichen Mannes voranging. Der kurz zuvor verstorbene venezianische Patriarch, Kardinal Agostini – ein Mann mit diametral entgegengesetzten Eigenschaften: finster, unfreundlich und trübsinnig – hatte während seiner Patriarchatsjahre in Venedig sowohl den Klerus als auch die Laien mit seinem ganzen Verhalten an eine steife Atmosphäre im kirchlichen wie im öffentlichen Leben gewöhnt, da sich in Venedig die Haltung des Patriarchen ganz

«Ein Mann trat auf, von Gott gesandt, sein Name war Johannes.» (Joh 1,6) Foto: Publifoto

Die Eltern von Angelo Guiseppe Roncalli: Giovanni Battista Roncalli und Marianna Roncalli (geb. Mazzola), Bauern in Sotto il Monte (bei Bergamo). Foto: Bilderdienst Süddeutscher Verlag

Angelo Guiseppe Roncalli als neugeweihter Priester am 10. August 1904. Foto: Photopress

Als Sekretär des Bischofs von Bergamo, Radini Tedeschi, 1905–1914. Foto: Photopress

Als Sergente der Sanität im Ersten Weltkrieg 1915. Foto: Bilderdienst Süddeutscher Verlag

Als Apostolischer Delegat in Bulgarien (10. 12. 1934). Foto: Photopress

Der Geburtsort von Angelo Roncalli, Sotto il Monte (bei Bergamo). Foto: Chrysostomos Dahm

Die Brüder Roncallis, Guiseppe, Zaverio und Alfredo (v. l. n. r.). Foto: Keystone

beträchtlich nicht nur in den innerkirchlichen, sondern ebenso in den sozialen Belangen und kulturellen Aktivitäten sowie in Schul- und Gemeindefragen widerspiegelt.

Die Kunde von der Erhebung Kardinal Roncallis auf den verwaisten Patriarchenthron wurde mit Erleichterung aufgenommen und löste allgemeine Freude aus. Das Eintreffen des neuen Kardinal-Patriarchen versetzte nicht nur die praktizierenden Katholiken oder christlichen Kreise schlechthin in Begeisterung. Auch Antiklerikale, Sozialisten und Kommunisten hießen ihn willkommen. Kennzeichnend ist in diesem Zusammenhang ein Zeitungsinterview des Kommunisten Giaquinto, welches der ehemalige Bürgermeister von Venedig nach der Erwählung Kardinal Roncallis zum Papst abgab: «Ich kannte den neuen Papst, als ich noch Bürgermeister von Venedig und er Patriarch war. Ich hatte oft Gelegenheit, mit ihm zusammenzutreffen, und immer erblickte ich in ihm einen verständigen und zeitgemäßen Menschen, der stets über den politischen Streitigkeiten stand, wie sie unvermeidlich um die öffentliche wie kirchliche Administration einer Großstadt entstehen.» Der sozialdemokratische Parteichef und spätere italienische Präsident Saragat äußerte sich seinerseits über Kardinal Roncalli mit treffender Kürze: «Das ist ein Mann mit gesundem Menschenverstand und großer Frömmigkeit.»

Dem neuen Patriarchen wurde in Venedig ein triumphaler Empfang zuteil, der ihn selbst sichtlich in Verlegenheit brachte. Es war sein erster Kontakt mit den Volksmassen, in deren Mitte er erstmals zum Zentrum der Aufmerksamkeit und Sympathie wurde. Ein Biograph von Papst Johannes, Alden Hatch, beschrieb die festliche Begrüßung, die dem Kardinal-Patriarchen am 15. März 1953 bereitet wurde, folgendermaßen:

«Es war ein sonniger Tag, obgleich sich in der Luft noch der frische Hauch des Winters bemerkbar machte. Alle Gondeln, Barken und sonstigen Boote Venedigs waren an diesem Tag mit Gläubigen besetzt, die der Barkasse des Kardinals, welche die Stadtverwaltung nach ihm entsandt hatte, vom Bahnhof bis zum Markusplatz das Geleit gaben. Die Häuser, Paläste und Brücken entlang des Canale Grande waren durch Fahnen mit dem geflügelten Markuslöwen, dem Emblem der ehemaligen Republik Venedig, geschmückt; von Balkonen und Fenstern hingen Brokatstoffe und Gobelins. Häuser, Boote und Docks ertranken in einem Meer von ersten Frühlingsblumen. Voraus glitten die Gondeln des Stadtpräsidenten und der Stadträte, aber auch zahlreiche Boote der Adelsfamilien mit ihren Gondolieri in farbenprächtigen Livreen. Hinter ihnen fuhren die Kähne der Pröpste und Pfarrer der Diözese mit vergoldeten Laternen und Heiligenfahnen am Bug. Beiderseits des Kanals füllten die Massen enthusiastischer Venezianer jeden Platz, wo man noch trockenen Fußes stehen konnte, welche grüßten, mit den Händen winkten und fröhlich lachten, während die Kirchenglocken, dominiert vom durchdringenden Klang der ‹Marangona›, die Luft mit ihren metallischen Stimmen erfüllten. Patriarch Roncalli im purpurnen Kardinalsgewand mit der kurzen Hermelinpelerine war der glücklichste von allen. Lachend spendete er nach rechts und links so energisch den Segen, daß sein breitkrempiger Kardinalshut schief auf die Seite rutschte und in den Kanal gefallen wäre, wenn er ihn nicht rechtzeitig gepackt hätte.»

In seiner Kathedralkirche mit den Reliquien des Apostels und Evangelisten Markus richtete der Patriarch eine erste Predigt an seine neue Herde. Diese ist in sich von großem Interesse, weil er sich darin selber voll und ganz charakterisiert hat. Doch abgesehen von dem autobiographischen Element in dieser ersten Ansprache des neuen Oberhirten von Venedig, verdient auch das Beachtung, daß er hier seine Anschauungen über das Priestertum, die pastorale Berufung und das Bischofsamt darlegt.

Er begann mit dem lateinischen Satz: «Ecce homo, ecce sacerdos, ecce pastor (Siehe den Menschen, siehe den Priester, siehe den Hirten) . . . Ihr habt ungeduldig auf mich gewartet», fuhr er fort. «Ihr kennt, was über mich gesagt und geschrieben wurde – Dinge, die meine Verdienste bei weitem übertreffen. Nun stelle ich mich hier selber vor, in Demut, als der Mensch, der ich bin. Ich bin wie jeder andere Mensch auf Erden. Ich habe die Gnade guter Gesundheit empfangen, dazu ein bißchen gesunden Menschenverstand, der mir hilft, schnell und klar auf den Grund der Dinge zu sehen. Ich habe von meinem Schöpfer die Liebe zur Menschheit eingepflanzt bekommen: Das läßt mich vertrauensvoll an den Lehren des Evangeliums festhalten und lehrt mich, die Rechte meiner Mitmenschen demütig zu respektieren; das wiederum verhütet, daß ich irgend jemandem übel will; es ermutigt mich im Gegenteil, jedermann Gutes zu tun.» (Randall Garrett, Papst Johannes XXIII., München 1962, S. 174).

Auf die heftigen Auseinandersetzungen in der heutigen Welt eingehend, fügte Kardinal Roncalli hinzu: «Die Vorsehung . . . hat mich mit Menschen anderer Religionen und Ideologien zusammengeführt, hat mich mit den akuten drohenden sozialen Problemen in Berührung gebracht und mir die Ruhe und das Gleichgewicht für ihre Erforschung und ihre Würdigung bewahrt. Unbeschadet der Unerschütterlichkeit des Credo und der Moral habe ich mich immer mehr um das Einigende als um das Trennende und Gegensätzliche gekümmert.» (R. B. Rüegg, Johannes XXIII., Solothurn 1963, S. 47 f).

Vom Augenblick seines Eintreffens in Venedig an ging Kardinal Roncalli sogleich ans Werk, und dabei trat alsbald sein eigener «Stil» vollumfassend zu Tage – alles rasch zu erledigen, doch ohne Hast und Lärm und vor allem ohne viel Aufsehen zu erregen. Der Patriarch bemühte sich, für jedermann zugänglich und nahe dem einfachen Volk zu sein, indem er alle ohne Protokoll und ohne Voranmeldung empfing und die Beichte der einfachsten Gemeindemitglieder hörte. Er besuchte wiederholt die Pfarreien seines Patriarchats, indem er früh am Morgen zu den Gottesdiensten fuhr und dort alle Predigten hielt. Er nahm sich die Einfachheit von Papst Pius X., seinem Vorgänger in Venedig, zum Vorbild, der auch hier Patriarch gewesen war, ehe er mit der Tiara gekrönt wurde. Kardinal Roncalli liebte es, sich seiner zu erinnern und bei der Arbeit das Mobiliar des verstorbenen Papstes zu benützen, das er bei der Ankunft in Venedig in seinem Arbeitszimmer aufstellen ließ.

Als Patriarch von Venedig war Kardinal Roncalli Metropolit von neun Suffraganbistümern. Am 8. April 1953 leitete er die erste Bischofskonferenz, und im Mai hielt er mit den Bischöfen sechstägige Exerzitien im Landhaus des venezianischen Priesterseminars in der Ortschaft Fietta. Bei diesem Anlaß trug er die folgende Notiz in sein Tagebuch ein: «Welch eine Veränderung um mich her seit dem April des vergangenen Jahres, als ich im Schatten des Sacré Coeur auf dem Montmatre in Paris innere Sammlung suchte, bis zum Mai dieses Jahres, da ich mich hier am Fuß des Monte Grappa als Kardinal und Patriarch von Venedig befinde! . . . Ich beginne mit meinem Wirken in der Seelsorge in einem Alter – zweiundsiebzig Jahre –, in dem andere es abschließen. *Ich stehe schon an der Pforte zur Ewigkeit.* Mein Jesus, du, der erste Hirt und Bischof unserer Seelen, in deinen Händen liegt das Mysterium meines Lebens und meines Todes, nah an deinem Herzen. . . . Ich möchte in den wenigen Jahren, die mir zum Leben verbleiben, ‹ein heiliger Hirte sein› . . .» (Johannes XXIII., Geistl. Tagebuch, S. 307f.)

Die Kardinäle der römischen Kirche haben, wie auch alle Bischöfe, ihr persönliches Wappen, dessen Insignien und Leitspruch ihrem eigenen Belieben anheimgestellt sind. Kardinal Roncalli wählte sich das Abbild eines mit Zinnen gekrönten Turmes (eine heraldische Erinnerung an sein heimatliches Dorf) und als Schildhaupt den ein aufgeschlagenes Buch haltenden Löwen, Symbol des Apostels und Evangelisten Markus. Auf den ausgebreiteten Seiten des Buches steht die Inschrift: «Pax tibi Marce, Evangelista mea» (Friede sei mit dir, Markus, mein Evangelist). Als Leitspruch von Kardinal Roncalli blieben die schon früher gewählten Worte: «Oboedientia et Pax» (Gehorsam und Frieden). Markuslöwe und Turm wurden später ins päpstliche Wappen Johannes XXIII. übernommen. Der heilige Markus wird seit der Zeit der Übertragung der Reliquien des Apostels aus Alexandrien um das Jahr 830 als Patron von Venedig verehrt. Man bezeichnete die venezianische Republik häufig als «Republik des heiligen Markus», und der Löwe des Evangelisten wurde zum heraldischen Symbol der Stadt, welches man an allen Orten venezianischer Herrschaft in Skulpturen nachbildete. Der Leitspruch des Kardinalpatriarchen (Gehorsam und Frieden) war zweifellos glücklich gewählt, da er auf dem Patriarchenthron von Venedig beide Aspekte seines Mottos unter Beweis zu stellen hatte. Nur wenige sorgten sich so um die Seelenführung der katholischen Gemeinde von Venedig oder trugen so viel dazu bei, wie es Kardinal Roncalli getan hat. Dabei zeigte er sich zugleich als disziplinierter, der kirchlichen Obrigkeit gehorsamer Hierarch, obwohl er mit deren Direktiven bei weitem nicht immer einverstanden war. Wir kommen darauf im Folgenden zu sprechen, wo von den Charaktereigenschaften Kardinal Roncallis die Rede sein wird.

Die politische Situation in Venedig erwies sich für den neuen Patriarchen als recht schwierig, da im Schoße der lokalen christlich-demokratischen Partei (Democrazia Christiana – DC, in Italien seit dem Ende des Zweiten Weltkrieges an der Regierung) eine kräftige Linksströmung entstanden war, an deren Spitze der weit bekannte Vladimiro Dorigo stand. Dieser Flügel übte in Venedig großen Einfluß aus. Dorigo war als Politiker im Schatten der «Katholischen Aktion», der Massenorganisation katholischer Laien, groß geworden. Da aber die «Katholische Aktion» (zum Unterschied von der christlich-demokratischen Partei) dem Vatikan direkt unterstellt war, trat Dorigo, der mit dem Kurs von Papst Pius XII. nicht einverstanden war, demonstrativ aus den Reihen dieser Organisation aus. Dorigo repräsentierte jenen Flügel der DC, der ein Zusammengehen mit den ganz linken Kräften als unumgänglich betrachtete, vor allem, was die Nenni-Sozialisten betraf.

Der rechte Flügel und das Zentrum der Christdemokraten erhoben Einspruch gegen die Absichten Dorigos und seiner Gesinnungsgenossen unter den Führern der linken DC-Fraktion in anderen italienischen Großstädten. Im Vatikan stieß die Initiative der «Linkskatholiken» auf entschiedene Verurteilung (Papst Pius XII. duldete bei den Katholiken keine Opposition gegen seine Anordnungen). Man darf es für eine fest erwiesene Tatsache halten, daß Kardinal Roncalli Dorigo lange Zeit Wohlwollen und Beistand bezeugte, während er sich gleichzeitig bemühte, ihn in den Grenzen der kirchlichen Disziplin zu halten. Seiner gewohnten Art entsprechend trat er nicht mit öffentlichen Erklärungen hervor, sondern bevorzugte einen persönlichen Umgang und das private Gespräch. Solche Gespräche führte er mit den Vertretern aller gesellschaftspolitischen Richtungen Venedigs, vor allem mit den Sozialisten und den verschiedenen Strömungen der Christdemokraten.

In mancher Hinsicht entsprach die Amtsführung von Patriarch Roncalli in Venedig der eingeschlagenen Linie von Kardinal Lercaro, des Erzbischofs von Bologna, mit seinen sozialen Initiativen in Italien, sowie derjenigen der Kardinäle Feltin, Liénart und Gerlier in Frankreich. Die Aufstellung der Riesenstatue «Christus der Arbeiter» in Venedig war überall als symbolischer Ausdruck einer allgemeinen Tendenz im Patriarchenamt Roncallis aufgefaßt worden.

Die Bischöfe der an Venedig angrenzenden Diözesen, und besonders der Bischof von Padua, empörten sich über die Aktivität Dorigos und warfen, um dieselbe zu durchkreuzen, in aller Schärfe die Frage nach der Zulässigkeit einer Zusammenarbeit von Katholiken und Marxisten auf. Gegen eine solche sprach sich an Weihnachten 1955 der Episkopat von Nordostitalien in Form eines gemeinsamen Hirtenbriefes aus. Kardinal Roncalli, welcher nicht etwa einen ideologischen Kompromiß, wohl aber die Annäherung der Menschen zu tätiger Zusammenarbeit ins Auge faßte, gab seine versöhnlichen Anstrengungen nicht auf. Doch der von konservativen Bischöfen beherrschte Vatikan übte verhüllten Druck auf den Patriarchen aus, der sich acht Monate später der Autorität des Papstes selbst beugen mußte. Am 12. August 1956 verlas Kardinal Roncalli ein Rundschreiben, in welchem er erklärte, daß er keine politische Lehre vorlege, auch nicht über die Beziehung der Christen zur Politik, daß er jedoch, insoweit es sich um eine Frage kirchlicher Disziplin handle, seine gesamte Herde aufrufe, den Weisungen von Papst Pius XII. und der höchsten kirchlichen Hierarchie Rechnung zu tragen. Diese Erklärung des Kardinal-Patriarchen gab zunächst für einige Anlaß zu dem Schluß, er sei ins «rechte Lager» übergegangen. Doch dann stellte sich heraus, daß derartige Folgerungen voreilig waren. Vom venezianischen Patriarchen war immer bekannt gewesen, daß er ein Gegner des philosophischen Materialismus war und die Verweltlichung des menschlichen Denkens als ein Übel ansah. (Er bezeichnete diese als «Wunden am Leib des gekreuzigten Christus».) Niemand konnte etwas anderes von einem Bischof mit einer so ausgeprägt kirchlichen und mystischen Weltanschauung erwarten. Gleichzeitig zeigte sich die maßvolle Haltung Roncallis darin, daß er seine Ansichten anderen nicht aufzudrängen versuchte und auch um so mehr «ihretwegen keine Lanze brach». Wenn er erwartete, daß man seinen Anschauungen mit Achtung begegnete, dann verhielt er sich auch dem Andersdenkenden gegenüber achtungsvoll. Er erläuterte unermüdlich, daß er die praktische Koexistenz und das Zusammenwirken von Christen und Nichtchristen segne, obgleich er den Atheismus als philosophisches System zurückweise. Kardinal Roncalli sprach beständig von der Freiheit als einem unabdingbaren Menschen- und Bürgerrecht. «Die Freiheit ist eine Tochter Gottes», sagte er einmal.

Für Anfang 1957 war der gesamtitalienische Parteitag der Nenni-Sozialisten nach Venedig einberufen worden. Patriarch Roncalli wandte sich aus diesem Anlaß mit einer Botschaft an seine Gläubigen, in welcher es hieß: «Eine Zusammenkunft wird in diesen Tagen die Repräsentanten aus allen Teilen der Halbinsel in Venedig vereinen: der Kongreß der Sozialistischen Partei Italiens. Auch ich bin ein guter Venezianer, der die Gastfreundschaft hoch in Ehren hält, wie es im übrigen dem Gebot des heiligen Paulus entspricht, demzufolge der Bischof ‹hospitalis et benignus› sein soll. Aus dieser Einstellung heraus möchte ich Euch, respektvoll und gelassen, ein Wort zu diesem Ereignis sagen, aus dem Ihr ersehen mögt, wie sehr ich die ungewöhnliche Wichtigkeit eines anscheinend für die unmittelbare Zukunft unseres Landes bedeutungsvollen Ereignisses zu schätzen weiß. Dieser Kongreß ist gewiß, das will ich gerne glauben, vom Bemühen beseelt, zu einem System gegenseitigen Einverständnisses darüber zu kommen, wie bessere Lebensbedingungen und ein sozialer Fortschritt zu erreichen sind.» (Vgl. L. Algisi, Johannes XXIII., München 1960, S.291) Wenn man sich die Stimmung an der damaligen Kurie und die starren persönlichen Überzeugungen und Ansichten Papst Pius XII. vor Augen hält, dann wird offenbar, daß diesen Willkommensgruß für den Parteitag der Sozialisten nur ein Mann verfassen konnte, der selbst seine unumstößlichen Ansichten, ungekünstelte Offenheit und guten, aber eisernen Willen besaß.

Ganz natürlich mußte diese vom venezianischen Patriarchen eingenommene Haltung lebhafte Auseinandersetzungen nach sich ziehen. Nenni trug die Botschaft Kardinal Roncallis auf dem Parteitag vor, der sie stehend anhörte und dann in eine Ovation für ihren Verfasser ausbrach. Die bestürzte Kurie ergriff unverzüglich Maßnahmen. Der «Osservatore Romano» und Radio Vatikan berichtigten, daß von einem Einverständnis mit dem linken Flügel der italienischen Gesellschaft nicht die Rede sein könne. Nach wenigen Jahren bewies das Leben das Gegenteil.

Bezeichnend für Kardinal Roncalli war auch ein anderer Hirtenbrief, den er 1957 an den Klerus seiner Diözese gerichtet hat: «Die Berichte einer Tageszeitung genügen, um regelmäßig die Morgenstunden zu verdüstern: Liest du auch nur, was über die Schließung von Fabriken, Kurzarbeit und Feierschichten oder – noch schlimmer – die Entlassung von Personal geschrieben steht. Ich wollte die Möglichkeit haben, mit bewegter Stimme alle jene anzuflehen, die über Machtbefugnisse und finanzielle Mittel verfügen, unser braves Volk vor neuen Heimsuchungen zu bewahren. Die Entlassung von zehn, fünfzig, hundert Arbeitnehmern sollte die Betriebe und Fabriken an deren Frauen, zahlreiche Kinder und mitunter auch hochbetagte Eltern gemahnen, die so in tödlichem Leid versinken. Wir selbst sind bis tief in die Seele erschüttert. Ich wage diesem nichts beizufügen», fuhr er fort, «sondern ich wende mich an die Industrieführer und Handelsherren, an ihre technischen und wirtschaftlichen Berater und beschwöre sie im Namen Gottes dringend, daß sie ihre Intelligenz und ihre materiellen Güter, über die sie verfügen, nicht nur dazu gebrauchen, um den eigenen Wohlstand zu mehren, sondern um zum Segen jeder Menschenfamilie auf Erden Werkzeuge der Göttlichen Vorsehung zu sein. Kraft dessen sind sie verpflichtet, sich als Träger eines sehr komplizierten, aber auch sehr notwendigen sozialen Dienstes zu betrachten. Das Verdienst und die Ehre wird jenem zuteil, der im Geist des Alten und Neuen Bundes handelt.» Indessen beschränkte sich die soziale Wirksamkeit Kardinal Roncallis nicht nur auf eindringliche Worte. Nach dem Zeugnis eines Biographen von Papst Johannes, «ermunterte Kardinal Roncalli die Großbesitzer seiner Diözese, wie Siri oder Marzotto, zu einem fortschrittlichen Handeln. Er wirkte unaufhörlich auf die christlich-demokratischen Führer ein, eine wirklich soziale Politik zu betreiben.»

Es ist uns nicht bekannt, von welcher Art das fortschrittliche Verhalten Siris und Marzottos war, doch spricht ihre Erwähnung auf den Seiten der Biographie dafür, daß der künftige Papst konkrete Erfolge im sozialen Bereich zu erzielen vermochte. Ungeachtet seiner Milde und Teilnahmefähigkeit pflegte der venezianische Patriarch manchmal sehr streng zu sein. Von seinen Priestern verlangte er tadelloses äußeres Aussehen. Gelegentlich schenkte er einem unsauberen Pfarrer Rasierklingen oder einen frischen Kragen. Roncalli untersagte dem Klerus die Anschaffung von Fernsehgeräten mit der Begründung, daß ihnen das Betrachten nicht beachtenswerter Programme und Aufführungen wertvolle Zeit wegnehme.

In der Sommersaison wird Venedig von Touristen buchstäblich überschwemmt, die zuweilen recht locker gekleidet sind. Kardinal Roncalli empfahl seinen Geistlichen, ihre Pfarrhäuser seltener zu verlassen, um nicht in Versuchung geführt zu werden. Während seines Partriarchates in Venedig machte Kardinal Roncalli im Markusdom die Krypta mit den Reliquien des Apostels zugänglich. Er öffnete auch die großartigen Portale des Markusdomes für die Eröffnung der internationalen Konzerte unter Leitung Strawinskys. Zudem besuchte Kardinal Roncalli offiziell die in Venedig gezeigte internationale Ausstellung für moderne Kunst. Es war das erste Mal seit einem halben Jahrhundert, daß ein Patriarch die Biennale der bildenden Kunst aufsuchte. «Die abstrakte Kunst», sagte der Kardinal, «hat zumindest den einen Vorzug, daß sie weder mit den Dogmen noch mit der Moral in Konflikt gerät.»

Roncalli ging als Kardinal weiter auf Reisen, soviel ihm dafür an Zeit blieb. Ziemlich häufig wurde er als Päpstlicher Legat eingesetzt. So flog ihn am 24. März 1958 eine Düsenmaschine nach Lourdes (es war sein zehnter Besuch des Wallfahrtsortes), wo er auf ausdrücklichen Wunsch des französischen Episkopates die neue, Papst Pius X. geweihte, unterirdische Kapelle einsegnete. Im Auftrag des Papstes fuhr er nach Fatima und Beirut; privat mit dem Auto in die Bundesrepublik Deutschland. Jeden Herbst ging er nach Bergamo in die Ferien, wo er seine geliebten Spaziergänge in die Umgebung der Stadt unternahm.

Am 19. März 1955, am Tag seines dreißigjährigen Bischofsjubiläums, feierte die gesamte Bevölkerung Venedigs zusammen mit ihrem Patriarchen dieses so bedeutende Datum seines Lebens. Vom 24. bis 27. November 1957 tagte die von ihm einberufene Diözesansynode, bei welcher Gelegenheit sich Patriarch Roncalli im Markusdom zu wiederholten Malen an den Klerus und die Laien wandte.

Am 9. Oktober 1958 starb Papst Pius XII., für den Kardinal Roncalli zwei Tage später im Markusdom ein feierliches Requiem hielt. Bald darauf machte er sich zur Abreise nach Rom bereit, wo das Konklave beginnen sollte. Die Menschenmassen gaben ihrem Patriarchen bis auf den Bahnsteig das Geleit. Kardinal Roncalli kehrte nicht mehr nach Venedig zurück. Am 28. Oktober 1958 begann eine neue Periode im Leben Angelo Giuseppe Roncallis.

Ehe von dieser neuen Periode die Rede ist, sei in Kürze auf die Psychologie der beiden Päpste Pius XII. und Johannes XXIII. eingegangen, die in vielem zum Unterschied ihrer Pontifikate beitrug. Es muß daran erinnert werden, das Papst Pius XII. als «Integrist» galt und danach trachtete, alle Seiten und Bereiche menschlichen Wirkens mit dem Geist das Katholizismus zu durchdringen. Im Grunde genommen war das römische Tradition. Man kann sich schwerlich irgendeinen Papst vorstellen, dem dieses Bestreben fremd gewesen wäre. Zweifellos unterschied es ihn und Papst Johannes XXIII. Dieser hätte jedoch auch Integrist wie sein Vorgänger sein können. In theologischer Hinsicht, insbesondere in seiner Einstellung zu ekklesiologischen Fragen wie auch allgemein zu Fragen der Lehre, war Papst Johannes XXIII. ein Konservativer. Hier waren von ihm keinerlei Kompromisse zu erwarten. Im orthodoxen Milieu wird gerne übersehen, daß im Katholizismus eine sehr starke patristische (d. h. von den Kirchenvätern der ersten christlichen Jahrhunderte beeinflußte) Tradition existiert. Papst Johannes XXIII. repräsentierte gerade diese Tradition: Er war nicht nur Fach-Patrologe, d. h. Professor der Patrologie, sondern auch ein Bewunderer der Kirchenväter und hervorragender Kenner ihrer Lehren.

Man kann die Frage aufwerfen: Weshalb ist Papst Johannes XXIII. kein Integrist von der Art und Weise eines Papst Pius XII. geworden? Das von uns betrachtete Leben Roncallis bis zum Jahr 1958 gibt die Antwort auf diese Frage. Vor dem Integrismus Papst Pius XII. haben ihn die traditionellen Strömungen und Zielsetzungen der «Bergamasker Schule» bewahrt, in deren Geist er herangebildet wurde und unter deren Einfluß sich seine Überzeugungen herauskristallisiert hatten. Der Integrismus Papst Pius XII. kannte weder eine Entwicklung noch eine Vorwärtsbewegung, sondern bloß eine Gegenbewegung. Im Unterschied dazu war Papst Johannes XXIII. immer der Ansicht, daß die Kirche – für ihn war das natürlich die römische Kirche – keinen «status quo» zu verteidigen habe, sich weder mit irgendwelchen anderen Institutionen noch mit veralteten Ordnungen oder dem Untergang geweihten Erscheinungen verbinden dürfe und könne. Aus dem Gesagten ergibt sich die Schlußfolgerung: Die Voraussetzung von Papst Pius XII. war pessimistisch, jene von Papst Johannes XXIII. optimistisch; jener traute nichts Neuem auf der Welt und fürchtete sich davor, dieser verstand die gesetzmäßige Entstehung von Neuem und empfand keine Angst vor ihm.

Das alles war in den venezianischen Jahren Kardinal Roncallis hinreichend klar geworden. Und vielleicht gerade deshalb, weil das klar wurde, ist er auch auf den päpstlichen Thron erhoben worden, so wie in der katholischen Kirche insgesamt die Überzeugung vorherrschend wurde, daß die Zeit für einen Kurswechsel gekommen sei und die Richtung Pius' XII. aufgegeben werden müsse. Posthume Lobpreisungen des verewigten Papstes – welche häufig auch von Johannes XXIII. selbst ausgingen – können an diesem Sachverhalt gar nichts ändern. Die Kontinuität des päpstlichen Amtes erforderte immer solche «Lobreden» auf den verstorbenen Inhaber der vollen kirchlichen Gewalt. Aber die besonders beharrliche Herausstreichung seiner Tugenden, Fähigkeiten und Verdienste verstärkt gewöhnlich nur die allgemeine Überzeugung, daß Änderungen unvermeidlich sind.

Kardinal Roncalli verbrachte in Venedig etwas mehr als fünf Jahre. Gemessen an den damals 77 Lebensjahren des Hochbetagten eine kurze Frist, doch sie erwies sich als die wichtigste aller Etappen; denn jeder, der die Tätigkeit des Kardinalpatriarchen beobachtete, konnte sich jetzt von ihm eine ziemlich genaue Meinung bilden, nachdem er seit dem Moment seiner Berufung nach Venedig einer der «Papabili» geworden war, d. h. einer jener Kardinäle, die Aussicht haben, auch noch die römische Kathedra zu besteigen.

Zum Abschluß dieses Kapitels sei versucht, die einzelnen Lebensabschnitte von Papst Johannes XXIII. in eine übersichtliche Ordnung zu bringen. Wir erblicken vier Hauptabschnitte, die recht deutlich voneinander abgegrenzt sind. Die erste Etappe – Bergamo – hat, wie schon gesagt wurde, Einsichten und Überzeugungen des künftigen Papstes herausgebildet und gefestigt. Die beiden folgenden Abschnitte, die seinen Gesichtskreis bedeutend erweiterten, festigten und vertieften gleichzeitig das in der Bergamasker Periode Erworbene. Da war zunächst die Zeit seines Wirkens in Südosteuropa (Sofia-Istanbul-Athen) und zweitens der Zeitraum seiner Nuntiatur in Frankreich, dessen Katholizismus Strömungen zeigte, die seiner eigenen Weltanschauung nahestanden. Und schließlich als vierte und letzte Etappe vor seinem

Pontifikat – Venedig. Man muß darauf hinweisen, daß die zweite «östliche» Etappe im Leben von Papst Johannes XXIII. große Beachtung verdient. Bei der Wahl Kardinal Roncallis zum Papst hat die durch ihn im Nahen Osten gesammelte Erfahrung zweifellos keine geringe Rolle bei der Beurteilung seiner Kandidatur durch einige der Kardinalswähler gespielt (besonders von Seiten jener, welche wie der armenisch-katholische Patriarch, Kardinal Agagianian, der syrisch-katholische Patriarch, Kardinal Tappouni, oder Kardinal-Erzbischof Gracias von Bombay, der sogenannten «orientalischen Partei» angehörten).

Die Zeitgenossen Roncallis vermerkten, daß ihm freundschaftliche Gespräche immer willkommen waren und daß er die Gesellschaft der Leute suchte. Er versäumte selten eine Gelegenheit, sich selbst zu äußern. Bei Roncallis gütigem und tolerantem Verhältnis zu seiner Umgebung nahmen auch diese Äußerungen den Charakter gerade jener Schlichtheit und Ursprünglichkeit an, auf denen er selbst zu bestehen liebte. Auf dem Papstthron war das eine ungewöhnliche Erscheinung, wie er selber in der Reihe der römischen Päpste eine außerordentliche Persönlichkeit darstellte. Seine Geselligkeit stand in einem scharfen Kontrast zu den Gewohnheiten seines unmittelbaren Vorgängers, Papst Pius XII. Von der psychologischen Veschiedenheit beider Päpste war bereits kurz die Rede, doch der oben erwähnte Unterschied liegt vor allem in ihrer grundverschiedenen Einstellung zu der sie umgebenden Realität, zur Welt von heute im erweiterten Sinn dieses Wortes. Wenn man das innerliche Leben Papst Pius XII. und Papst Johannes XXIII. in seinen tagtäglichen Manifestationen vor Augen hat, dann wird die Unähnlichkeit der Päpste Pius XII. und Johannes XXIII. sofort verständlich.

Jener war ein zurückgezogener Schweiger, ungeachtet der recht beachtlichen Zahl von ihm erlassener Bullen, Enzykliken und öffentlichen Rundschreiben, die sich an verschiedenste Gruppen von Leuten richteten. Papst Pius XII. hatte das Bedürfnis, im Umgang mit seiner Herde zu belehren, zu erklären und zu unterweisen. Aber dieser Umgang ging immer von oben nach unten und blieb in dem Sinn einseitig, daß der Papst keinerlei Diskussion erwartete – geschweige denn duldete: Er pflegte sich einfach zu äußern und – basta! Außer bei den offizellen Anlässen und Zeremonien – allerdings sehr zahlreichen – war Papst

Pius XII. kaum zugänglich. Ihm fielen die Bräuche des Vatikans, die den Papst gleichsam mit zeremonieller Einsamkeit umgaben, nicht schwer. Er arbeitete, betete, hielt Rekreation im engen Kreis einiger weniger Mitarbeiter. Sein Alltag verstrich zwischen Arbeitszimmer, Hauskapelle (einer kleinen Kreuzkirche), Bibliothek und seinen Privatgemächern.

Papst Johannes XXIII. dagegen zeigte sogleich, daß er sich viel freier verhalten werde und daß die Protokollabteilung des Vatikans ihre Vorschriften werde umarbeiten müssen. So hatten sich unter Papst Pius XII. zu der ganz genau festgelegten Stunde, an der er zu seinem täglichen Marsch durch die vatikanischen Gärten aufbrach, bis auf die Gärtner alle zu entfernen, damit nichts Unerwartetes die Betrachtungen des Papstes störe; er schritt nur sehr selten von einem seiner Sekretäre begleitet durch die Alleen oder saß mit einem Buch in der Hand mutterseelenallein auf einer Bank.

Papst Johannes hingegen, der am ersten Tag nach seiner Wahl zu unvorhergesehener Stunde in den Garten hinausgegangen war, rief dort die sich schon zur Flucht wendenden Gärtner herbei und sprach mit ihnen über verschiedene Themen, vor allem über die Hortikultur und Gärtnerarbeit. Sein unvorbereitetes Auftauchen in dem Studiogebäude von Radio Vatikan versetzte zunächst das ganze Personal in Schrecken, doch sehr bald schuf er durch den freundlichen Ton seiner Gespräche mit den Angestellten eine ungezwungene Atmosphäre. Er erkundigte sich nach ihren Familien, ihrer Herkunft und ihrer technischen Qualifikation und füllte die Unterhaltung seiner Gewohnheit entsprechend mit spaßhaften Bemerkungen. Am folgenden Tag rief er die beim Heiligen Stuhl akkreditierten Journalisten zusammen, wobei er ihnen zunächst einmal mitteilte, daß es sich nicht um eine Pressekonferenz handle, und zwar nicht etwa deshalb, weil ein Papst keine solchen zu halten pflege, sondern einzig aus dem Grund, weil er sich mit ihnen freundschaftlich unterhalten wolle. Er verbrachte mit ihnen über eine Stunde in regem Meinungsaustausch und schlug auch bei dieser Gelegenheit einen fröhlichen Ton an.

So gab Johannes XXIII. noch vor seiner Papstkrönung im Vatikan zu verstehen, daß der «Stil» des neuen Pontifikats durch Einfachheit und Mitteilsamkeit gekennzeichnet sein werde.

2. Kapitel

DAS PONTIFIKAT PAPST JOHANNES XXIII.

Am 12. Oktober 1958, drei Tage nach dem Tod Papst Pius XII., verließ Kardinal Roncalli Venedig zur Teilnahme an dessen Beisetzung und am Konklave. Nach seiner Ankunft in Rom stieg er im «Domus Mariae» an der Via Aurelia ab. Dem Rektor des Priesterseminars von Venedig schrieb er in diesen Tagen: «In den ersten Tagen des Aufenthaltes in Rom hat mich am meisten der wächserne Gesichtsausdruck des Heiligen Vaters beeindruckt, dessen sterbliche Überreste im Petersdom aufgebahrt waren, bevor ein weißer Seidenschleier ihn für immer vor den Blicken der sterblichen Menschen verbarg. Was bedeutet das Leben für einen Menschen, für den nur das Äußerliche einen Sinn hat? Wenn es jedoch keinen Trost für das Auge und für das Gemüt mehr gibt, dann bleibt nur der Trost übrig, auf diesen großen strahlenden Geist zu schauen, der sich dem Gefilde des ewigen Friedens zugewandt hat . . . Wir müssen für seinen Nachfolger beten, wer immer er sei, daß er uns nicht eine Lösung bringe, die nur Fortdauer bedeutet, sondern einen Fortschritt, welcher der ewigen Jugend der Kirche entspricht . . .»

Am Abend des 25. Oktober, einem Sonntag, fand sich Kardinal Roncalli zusammen mit allen Mitgliedern des Heiligen Kollegiums in der Sixtinischen Kapelle ein, um sich für die erste Abstimmung vorzubereiten. Sein Sekretär, Monsignore Capovilla, begleitete ihn als Konklavist.

Nach dem Tod Papst Pius XII. war es selbst für gute Kenner der Angelegenheiten des Heiligen Stuhles schwierig, eine Prognose hinsichtlich des Ausgangs der Papstwahl abzugeben.

Es gab einen Kandidaten, der mehr als alle andern die allgemeine Aufmerksamkeit auf sich zog – Erzbischof Montini von Mailand. Doch er war nicht Kardinal, weshalb seine Kandidatur in Wegfall kam. Obwohl das Kirchenrecht nicht ausschließt, jemanden auf den päpstlichen Thron zu erheben, der nicht im Kardinalsrang steht, kennt die Praxis der letzten sechshundert Jahre keinen solchen Fall mehr. (Der letzte zum Papst gewählte Nicht-Kardinal war Urban VI., 1378–1389, unter dem das große Papst-Schisma begann.) Die Lage war ziemlich unklar, obwohl auch berichtet wird, daß ein Kardinal, bevor er die Schwelle zum Konklave überschritt, gesagt haben soll: «Ich kann an niemand anders als an Roncalli denken: Er hat das beste Herz und die weiteste Erfahrung.» (L. Algisi, Johannes XXIII., München 1960, S. 298).

Das Konklave verriegelte seine Tore am Abend des 25. Oktober. Nach dem Tode des plötzlich verstorbenen Kardinals Edward Mooney, des Erzbischofs von Detroit, zählte es 51 Wahlmänner. Kardinal Roncalli nahm eine hervorragende Position unter den «Papabili» ein. Der erste Wahlgang am Morgen des 26. Oktober verlief ohne Ergebnis. Am Montag, den 27. Oktober, blinder Alarm: Aus dem Schornstein der Sixtinischen Kapelle war weißer Rauch aufgestiegen. Radio Vatikan verkündete bereits die Erwählung des Papstes. Doch gleich darauf stieg dicker, schwarzer Rauch auf, der die auf den Plätzen der Umgebung versammelte Menge enttäuschte. Am 28. Oktober wurde in der elften oder zwölften Abstimmung Kardinal Roncalli zum Papst gewählt. Als ihm der Dekan des Heiligen Kollegiums, Kardinal Tisserant, die traditionelle Frage vorlegte: «Nimmst du deine rechtmäßig erfolgte Wahl zum Papst an?», antwortete Kardinal Roncalli wie folgt: «Bei deiner Frage befiel mich Zittern und Furcht. Was ich von meiner Armseligkeit weiß, stürzt mich in Verwirrung. Da ich jedoch in den Stimmen meiner Brüder, der Kardinäle der heiligen römischen Kirche, das Zeichen des göttlichen Willens erblicke, nehme ich die von ihnen getroffene Wahl an, beuge mein Haupt zum bitteren Kelch und meine Schulter dem Joch des Kreuzes» (W. Hünermann, Der Pfarrer der Welt, Innsbruck 1975, S. 307). Wie schon oben erwähnt, entschieden die Kardinäle in nur elf oder zwölf Wahlgängen. Von Anfang an stellte sich die Alternative: Ein Papst, der Politiker oder ein Papst, der Seelenhirte ist; d. h. es galt die Frage zu entscheiden, ob der neue Papst die äußeren oder eher die inneren Schwierigkeiten der Kirche bewältigen sollte. Der Vorgänger von Papst Johannes XXIII. hatte, indem er die kirchliche Leitung übermäßig zentralisierte, in hohem Maß zur Isolierung der römischen Kirche von der Außenwelt beigetragen. Ihr waren Schranken errichtet worden, die sie von der übrigen christlichen Welt abtrennten. Eindeutig negativ war auch die Einstellung des verstorbenen Papstes zum Sozialismus (im kommunistischen Sinn des Wortes, H.G.). So war zum Beispiel am 1. Juli 1949 ein Dekret über die Exkommunikation aller Kommunisten und derjenigen, die mit ihnen zusammenarbeiteten, erlassen worden. Jetzt hingegen sollte nach Ansicht der Mehrzahl der Kardinäle ein Papst die «Cathedra Petri» einnehmen, der sich sowohl durch Frömmigkeit als durch praktische Lebenseinstellung empfahl. Mit solchen Überlegungen warfen auch viele von ihnen ihren Stimmzettel in die Wahlurne, nachdem sie gelobt hatten: «Ich rufe Christus den Herrn, der mich richten wird, zum Zeugen an, daß ich den wähle, den ich vor Gott wählen zu müssen glaube» (A. Giovanetti, Unser heiliger Vater Johannes XXIII., Freiburg 1959, S. 122).

Am 28. Oktober stieg nach viertägigem Konklave der Kardinäle über der Sixtinischen Kapelle endlich weißer Rauch auf, der den auf dem Petersplatz versammelten Menschenmassen und der ganzen Welt kundtat, daß der neue Papst gewählt war. In dieser Minute waren alle voller Erwartung. Auf den zentralen Balkon des Petersdomes trat der älteste unter den Kardinaldiakonen, Kardinal Nicola Canali heraus und wandte sich in der lautlosen Stille, die bei seinem Erscheinen eingetreten war, mit den traditionellen Worten an die Tausende von Anwesenden auf dem Platz: «Ich verkünde euch eine große Freude! Wir haben einen Papst: den Hochwürdigsten Herrn Angelo Giuseppe Roncalli, Kardinal der heiligen römischen Kirche, der den Namen Johannes XXIII. angenommen hat.» Zuvor hatte der neue Papst in seiner den Kardinälen nach Abschluß der Abstimmung gehaltenen Rede erklärt, was ihn zur Wahl dieses Namens bewogen hatte: «Ich will Johannes heißen», beantwortete er die Frage von Kardinal Tisserant, dem Dekan des Kardinalskollegiums, wie er sich nach seiner Erwählung nennen werde: «Dieser Name ist Uns lieb, denn es war der Name Unseres Vaters und der Titel der bescheidenen Kirche, in der Wir die Taufe empfingen; es ist der Name zahlloser Kirchen in der ganzen Welt, vor allem Unserer Kathedrale, der Lateranbasilika. Es ist der Name, der in der langen Reihe der römischen Bischöfe am meisten vorkommt. Zweiundzwanzig unbestreitbar rechtmäßige Päpste dieses Namens werden gezählt. Fast alle haben nur kurze Zeit regiert. Wir wollen Unseren geringen Namen an die große Reihe der römischen Bischöfe anfügen. Hieß denn nicht der heilige Markus, der Ruhm und Beschützer unseres lieben Venedig, den der Apostelfürst und erste Bischof der römischen Kirche seinen Sohn nannte, Johannes? Besonders aber ist uns und der ganzen Kirche der Name Johannes so lieb, weil ihn zwei Männer trugen, die Christus, dem Erlöser der Welt und Begründer der Kirche, zunächst standen: Johannes der Täufer, der Wegbereiter unseres Herrn . . . und der andere Johannes, der Evangelist und Lieblingsjünger Christi und seiner gütigsten Mutter, der beim Abendmahl an des Herrn Brust ruhte und dort jene Liebe schöpfte, deren Flamme und Apostel er bis ins höchste Alter blieb» (A. Giovanetti, op.cit., S.123f.).

Vom historischen Gesichtspunkt aus hat die allergrößte Zahl von Päpsten diesen Namen getragen. Den Anfang machte der hl. Johannes I., der vom ostgotischen Herrscher Theoderich ins Gefängnis geworfen wurde und 526 in der Kerkerhaft als Märtyrer starb. Der letzte war Johannes XXII. (Jacques Duèse), gebürtig aus Cahors, Papst im Exil von Avignon zwischen 1316 und 1334. Dann gab es auch noch Kardinal Baldassarre Cossa, der sich Papst Johannes XXIII. nannte. Er war 1410, zur Zeit der Großen Abendländischen Kirchenspaltung, von einem Teil der Kardinäle gewählt worden. Schon 1415 wurde er abgesetzt und verstarb nach seiner Aussöhnung mit der Kirche 1419 als Kardinal-Bischof von Tusculum. In der offiziellen Papstliste figuriert er nicht als kanonischer Papst.

Beim Konklave machte Papst Johannes XXIII. eine Ausnahme von seiner noch als Kardinal angenommenen Regel, niemandem seine Kalotte (ital. Zucchetto, die Kopfbedeckung der Päpste – weiß, und der Kardinäle – rot, H.G.) zu geben. Er erneuerte damit einen alten Brauch, von dem die Päpste Pius XI. und Pius XII. abgekommen waren. Nachdem der neue Papst gewählt ist, seine Wahl angenommen und den von ihm ausgesuchten Namen bekanntgegeben hat, tritt der Sekretär des Konklaves, ein Monsignore – einziger Nicht-Kardinal in der Versammlung – an den Neugewählten heran, um ihm in die weiße Soutane zu helfen und ihm die weiße Kalotte anstelle der roten der Kardinäle aufzusetzen. Nach altem Brauch nimmt der neue Papst, nachdem er den weißen Zucchetto erhalten hat, den von ihm als Kardinal getragenen und setzt ihn dem Sekretär des Konklaves aufs Haupt, indem er auf diese Weise seinen Entschluß für dessen Erhebung zum Kardinal kundtut. Kurt Klinger schreibt über diesen Vorgang: «Der Kalottenwechsel ist nicht nur für die beiden Betroffenen eine geradezu radikale Daseinsveränderung, sondern ein erregendes Erlebnis für alle Kardinäle und Konklavisten. So gesehen läßt sich ahnen, was im Kopf von Monsignore Arborio Mella vorgegangen ist, als er Kardinal Achille Ratti das weiße Käppchen überbrachte, nachdem der soeben gewählte Papst für sich den Namen Pius XI. auserkoren hatte, ohne jedoch beim Niederknien das noch körperwarme rote Käppchen Rattis auf seinem Haupt zu spüren. Der damalige Papst Pius XI. dachte aber anders über diese Tradition. Nach peinlichen Sekunden, die Mella wie eine Ewigkeit erschienen, wagte er aufzuschauen: Pius XI. setzte mit der linken Hand gelassen das weiße Käppchen auf und mit der rechten steckte er flink das rote tief in die Tasche der eigenen Soutane. Vergeblich hatte Mella den Kopf lange, sehr lange vornübergebeugt gehalten . . .» (K. Klinger, op.cit., S.81).

Ebenso handelte auch Papst Pius XII. Monsignore Alberto di Jorio, der als einziger Nicht-Purpurträger während des Konklaves in der Sixtinischen Kapelle weilen durfte, konnte sich also keine besonderen Chancen ausrechnen, als er dem zu Johannes XXIII. gewordenen Kardinal Roncalli die weiße Kalotte präsentierte. Zwei Päpste hatten bereits den Brauch mißachtet, und es bestand kaum Hoffnung, daß sich das noch einmal ändern würde. Nichts desto weniger setzte Johannes XXIII. seinen roten Zucchetto dem Konklavensekretär aufs Haupt. «Zweifelnd faßte di Jorio an seinen Kopf. ‹Ja›, sagte da Angelo Roncalli, ‹ich meine es wirklich . . ., du hast meine Kalotte auf› » (K. Klinger, ibidem).

Im Hinblick auf das vorgerückte Alter des neuen Papstes meinten einige, daß sein Pontifikat weit mehr repräsentativ als aktiv sein werde. Papst Johannes XXIII. hängte tatsächlich in seinem Arbeitszimmer die Porträts seiner Amtsvorgänger Benedikt XV., Pius XI. und Pius XII. auf, wie um zu bestätigen, daß er deren alte Traditionen achten werde. Doch gleichzeitig ließ er keinen Zweifel daran, daß er zur Annäherung der katholischen Kirche an die modernen Tagesfragen entschlossen sei.

Der erste, den der neue Papst zu sich rief, war der Chefredakteur des

«Osservatore Romano», des offiziellen vatikanischen Organs. Auf Wunsch Papst Johannes XXIII. sollte die aufgeblasene Sprache der römischen Kurie, die im Vatikan gebräuchlich war, verschwinden. Er wies den Redakteur dieses Presseorgans darauf hin, daß künftig keine Phrasen mehr verwendet werden sollten, wenn vom Papst die Rede sei. Anstelle von «Seine Heiligkeit, der Allerheiligste Vater, ließ von seinen erhabenen Lippen verlautbaren . . . hat in seiner erleuchteten Ansprache . . .» sei einfach zu schreiben: «Der Papst hat gesagt . . .» Gleichfalls wurde untersagt, den folgenden Einleitungssatz zu drucken: «Dieses sind die Worte des Allerheiligsten Vaters, wie wir sie von seinen erhabenen Lippen zu entnehmen vermochten . . .» Der Papst hatte bemerkt, daß diese Formulierungen nicht nur veraltet waren, sondern auch lächerlich wirkten. Dazu noch ein kleines Detail. Als Papst Johannes XXIII. die Danktelegramme durchsah, welche die Cancelleria Apostolica vorbereitet hatte, um sie in Beantwortung der zahlreichen Glückwunschdepeschen an hochgestellte Persönlichkeiten zu senden, geriet er über den triefenden Stil, in dem diese abgefaßt waren, in Entsetzen: «Alles Firlefanz und Kinkerlitzchen», rief er aus, «streicht doch diese überflüssigen Schnörkel weg. Seid einfacher, seid herzlicher! . . . Versucht es wenigstens!» (Vgl. R. Klinger, op.cit. S.58).

Am 4. November 1958 fand die Krönung von Papst Johannes XXIII. statt. Der Petersdom erglänzte in den festlichen Ornaten der Bischöfe und Priester, den Parade-Uniformen der weltlichen Würdenträger und dem Feiertagsstaat der versammelten katholischen Laien. Gegen alle Gewohnheit unterbrach der neue Papst die Inthronisationsmesse unerwartet durch eine kurze Ansprache. Folgendes war ihr Sinn: Der Thron des heiligen Petrus mache ihn zu einem Hirten für die ganze Herde, einen Hirten, der auch für die geistlichen Schafe außerhalb der römisch-katholischen Herde da sei; er trage ihnen seinen Dienst als Hirte an, sie würden seine Stimme hören, damit eine Herde und ein Hirte sei.

Über die ersten Schritte von Papst Johannes in seinem neuen Amt schrieb Henry Picker u. a. folgendes: «Johannes XXIII., der nach Ansicht der ihn erwählenden Kardinäle nur den zweitausendjährigen Bau der Kirche einem ‹künftigen großen Papst› in tadellosem Zustand weitergeben und gleichzeitig ‹für diesen den Platz halten› sollte, entschloß sich zur Erneuerung dieses Gebäudes, – eines Gebäudes, aus dem 900 Jahre zuvor die Orthodoxen ausgezogen waren und das vor 400 Jahren die Protestanten verloren hatte. Jetzt sollte es nach seiner Vorstellung in ein Vaterhaus für alle Christen umgewandelt werden.»

Ein neuer Wind wehte im Vatikan, seit Papst Johannes XXIII. in sein altes Gemäuer eingezogen war. In den strengen, feierlichen Räumlichkeiten ertönte überraschend frohes Gelächter, wie es in den Wohnungen kinderreicher Familien geschieht. Der Humor und die Schlagfertigkeit des neuen Papstes brachten in die auf ihre Tradition stolzen Wände eine völlig neue Atmosphäre. Sogar während der Generalaudienzen wurde gelächelt, wenn der Papst sich über Erlebnisse in seinem Elternhaus oder Heimatdorf lustig machte, und wenn er Episoden aus seinem Leben als Priester, Bischof und Patriarch zum besten gab. Zunächst einmal machte sich Papst Johannes detailliert und gründlich mit seiner neuen Umgebung vertraut. Bis zu diesem Zeitpunkt war ihm der Vatikan fast unbekannt gewesen. Stundenlang streifte er in den ersten Wochen seines Pontifikats zu diesem Zweck durch die Paläste und Gärten der Vatikanstadt: er unterhielt sich mit Priestern, Angestellten und Arbeitern, die ihm bei diesen Rundgängen über den Weg liefen. Sehr oft bekam er dabei ungeschminkte Aussagen zu hören, weil er ohne Begleiter unterwegs war.

Papst Johannes XXIII. organisierte den päpstlichen Arbeitstag in Übereinstimmung mit seinen früheren Gewohnheiten. Allen wurde es klar, daß der Papst nicht beabsichtigte, in einem goldenen Käfig zu leben, sondern entschlossen war, sich ganz und gar seinen vielzähligen Alltagsverpflichtungen zu widmen. Nach dem Zeugnis des Biographen H. Picker, «überprüfte er, ohne auf die Verwunderung seiner Umgebung zu achten, die Zuverlässigkeit der Schubladenschlösser an seinem Schreibtisch und verwahrte die Schlüssel künftig in seiner Soutane».

Der Arbeitstag Papst Johannes XXIII. begann um 4 Uhr früh. Am Anfang stand das Breviergebet, das für ihn keine fromme Pflicht bedeutete, sondern ein morgendliches Bedürfnis, eine Quelle, aus der er Kraft für seine Tätigkeit schöpfte. Bis zur Frühmesse, die um 7 Uhr begann, beschäftigte sich der Papst mit seinen Angelegenheiten. Vor allem liebte er es, in diesen Stunden völliger Ruhe im Apostolischen Palast herumzugehen und Akten, Denkschriften und Bücher zu lesen. Mitunter sah er historisches Material durch, um festzustellen, wie seine Vorgänger die kirchlichen Probleme ihrer Zeit bewältigt hatten. An der Frühmesse in der Hauskapelle der päpstlichen Gemächer nahmen stets Persönlichkeiten seiner engsten Umgebung teil: Der Sekretär Monsignore Capovilla, die drei Schwestern, welche dem Papst den Haushalt und die Küche führten, und sein Spiritual, Monsignore Alfredo Cavagna. Manchmal wurde der Morgengottesdienst in der Sixtina oder einer anderen Kapelle im Beisein von Kardinälen abgehalten. Das Frühstück des Papstes, das um 8 Uhr begann, bestand gewöhnlich aus einem Glas Milch oder Fruchtsaft, Brötchen und einem Apfel, gelegentlich konnte es auch eine Tasse Tee oder Kaffee sein. Das Frühstück war für ihn nicht nur zum Essen, sondern gleichzeitig auch zur Lektüre der Zeitungen da, die er gewöhnlich nicht allzurasch abzuschließen pflegte. Er begann mit dem «Osservatore Romano», welcher 1861 vom Großvater Papst Pius' XII., Marcantonio Pacelli, gegründet worden war. Darauf folgten italienische und französische Zeitungen, in denen sein Sekretär schon zuvor das Wichtigste unterstrichen hatte, aber auch Zeitungen der ganzen Welt, wo sich eine den Papst interessierende Information fand. Zeitungen und Zeitschriften spielten in seinem Leben eine wichtige Rolle. In jungen Jahren hatte er sich heimlich gewünscht, Journalist zu werden, und er hatte sogar Artikel in der Lokalzeitung veröffentlicht. Später sagte er mehr als einmal, daß der Apostel Paulus, wenn er in unserer Zeit lebte, vermutlich unter die Journalisten gegangen wäre, um Christi Frohbotschaft unter allen Völkern zu verbreiten.

Schon am Tag nach seiner Wahl zum Papst versammelte er die Journalisten um sich und betonte, daß er ihrem Beruf besondere Bedeutung beimesse. Zwei Tage nach der Eröffnung des II. Vatikanischen Konzils lud der Papst die Journalisten aufs neue ein, diesmal in die Sixtinische Kapelle unter dem Bild Michelangelos vom «Jüngsten Gericht». Er bat sie, in ihren Berichten die Wahrheit über die Sensationen zu stellen und nicht den Weg zur Befriedigung der Massenneugier einzuschlagen. Sogar in den letzten Tagen seines Lebens wurden ihm Zeitungen vorgelegt, wenn dort irgend etwas über das Konzil geschrieben stand. Papst

Johannes XXIII., der ein Liebhaber und Kenner klarer Formulierungen und deutlicher Kommentare war, unterstrich selbst mit scharfsinnigem Verständnis, was im vatikanischen Büro bearbeitet werden sollte. Der Papst bestritt nicht, daß, obwohl er über verschiedenartigste Informationsquellen verfügte, Nachrichten existierten, die er nur aus den Zeitungen erfahren hatte.

Auf das Frühstück und die Zeitungslektüre folgte ein kurzer Meinungsaustausch mit seinem Sekretär, Monsignore Capovilla, zu dessen Aufgaben es gehörte, den Papst mit seinem Tagesprogramm vertraut zu machen und ihm wichtige Postsachen vorzulegen, persönlich zu unterschreibende Briefe und Dokumente. Das alles fand in einer weißen Ledermappe Platz, mit der um 9 Uhr herum der Papst in seinem Arbeitszimmer erschien.

Schon nach zwei Monaten wußte die ganze römische Kurie, daß der Papst lange Schreiben und Aufzeichnungen nicht liebte und Anträge, Denkschriften und Darlegungen von Gesichtspunkten, welche mehr als zwei Seiten umfaßten, zur Umarbeitung zurückreichte. Da er selber ein Befürworter deutlicher und konkreter Denkweise war, verlangte er von seinen Mitarbeitern straffe und genau durchdachte Berichte. Wer mit spitzfindigen theologischen Argumenten zu ihm kam, den belehrte er, indem er sich auf die Schlichtheit und Glaubwürdigkeit des «Vater unser», das die Quintessenz des Christentums darstelle, berief.

Zu seinem offiziellen Arbeitszimmer im Apostolischen Palais fuhr der Papst im Aufzug hinunter, da sich dieses Büro zwei Stockwerke unter seinen Privatgemächern befand. Zu dieser Zeit wurde von allen die Wahrung völliger Ruhe gefordert.

Einige Worte zum Führungsstil von Johannes XXIII.: Sobald er mit der Situation gründlich vertraut war, übertrug er viele leitende Funktionen und die Verantwortung an seine Mitarbeiter. Er selbst kontrollierte und koordinierte nur die Entscheidungen der wichtigsten Angelegenheiten. Dabei räumte er seinen Untergebenen die Entfaltung eigener Initiativen ein. Das alles unterschied sich denkbar kraß von den klaren und genauen Direktiven Papst Pius XII. Aber brachte das der Kirche letzten Endes etwa einen Nachteil? War nicht gerade das die Ursache dafür, daß dieser einfache, bescheidene und menschliche Papst beinahe vom Anfang seines Pontifikates an ungewöhnliche Sympathien und weltweite Popularität eroberte? Lieferte er nicht gerade dadurch den Nachweis für seine Modernität, daß er sich unter Einkalkulierung des natürlichen Lebensprozesses darauf beschränkte, die Richtung zu weisen, doch weiter allen Impulsen volle Freiheit zu lassen? Er selbst sprach davon in folgender Weise: «Ich bin der Papst derer, die beim Autofahren Gas geben, doch ebenso auch jener, die zu bremsen verstehen.» Im Gegensatz zu seinem Vorgänger war Papst Johannes XXIII. geneigt, viele Fragen zusammen mit seinen Vertrauenspersonen zu beurteilen und Probleme unter Berücksichtigung verschiedener Gesichtspunkte zu begutachten. Er verweigerte den Kardinälen niemals eine Audienz, selbst wenn er ihnen keine Fragen zu stellen hatte. Außerdem wies er sehr deutlich und bestimmt auf deren Recht hin, den Heiligen Vater ganz unbefangen per Telefon anzurufen.

Um 9.30 Uhr begannen beim Papst die Audienzen des Kardinalstaatssekretärs, der Kardinäle und der zum Vortrag angemeldeten Prälaten. Sein Charakter zeigte sich schon bei der Begrüßungszeremonie. Er war gegen die üblichen drei Kniefälle und vermied sie dadurch, daß er dem Besucher schon an der Türe entgegentrat und seine Hand ergriff. Gegenstand der Arbeitsaudienzen waren vor allem die bischöflichen Berichte, die jeder Oberhirte einmal alle fünf Jahre in Rom schriftlich einzureichen hat, außereuropäische Bischöfe alle zehn Jahre mit mündlichen Ergänzungen. Papst Johannes XXIII. äußerte nach Prüfung der Sachlage den Wunsch, daß die Berichte von Bischöfen aus den sozialistischen Ländern mit besonderer Sorgfalt geprüft würden, da die Vorschläge des Episkopats dieser Staaten bezüglich des Auftretens der Kirche gegen das Wettrüsten, gegen Atomversuche, gegen den Krieg und für die friedliche Lösung der sozialen und internationalen Probleme entsprechende Beachtung verdienten.

Die Audienzen beim Papst erinnerten in gar keiner Weise an einen Befehlsempfang. Die Entscheidungen wurden auf der Grundlage gemeinsamer Beurteilungen und Erwägungen getroffen. Dabei richtete der Papst, der notfalls eine Entscheidung sehr rasch fällen konnte, die Aufmerksamkeit darauf, daß die Fragen gut durchdacht, aber ihre Lösungen ebenso weitherzig wie sorgfältig waren.

Auf die Arbeitsaudienz des Papstes folgten am Nachmittag Spezial- und Privataudienzen. Namhafte Persönlichkeiten aus der ganzen Welt fanden sich ein, um dem Papst ihre besondere Ehrerbietung zu bezeugen. Allen Besuchern gefiel die Herzlichkeit, mit der der Papst das offizielle Protokoll ignorierte, die Kniebeugen bei der Begrüßungszeremonie umging und geschickt einen seiner Scherze in den Verlauf des Gespräches einflocht. Die Besucher überraschte die Offenheit, mit der Johannes XXIII. die Unterhaltung führte, während seine kurialen Mitarbeiter munkelten, daß es im Vatikan bald keinerlei Amtsgeheimnisse mehr geben werde. Sehr häufig zogen sich die Audienzen des Papstes bis 14.30 Uhr hin. Was das für einen Achtzigjährigen zu bedeuten hatte, der schon seit 4 Uhr früh auf den Beinen war, läßt sich unschwer vorstellen.

Nach den Audienzen speiste der Papst zu Mittag. Er hatte nicht die Gewohnheit, reichlich zu essen, doch war er, was die Zubereitung der Speisen anbelangte, ein Kenner, der nie mit seinem Lob über dieses oder jenes besonders gelungene Gericht geizte. Wie alle Italiener schätzte er das Tischgespräch. Er freute sich über Gäste an seinem Mittagstisch –, einen Kardinal, ausländischen Bischof, altbekannten Freund oder irgendeinen seiner Brüder und Schwestern. Sein Sekretär, Monsignore Capovilla, mußte bei Tisch stets zugegen sein. Schließlich erregten solche Einladungen zum Mittagessen im Vatikan Aufsehen, weil dies früher nicht üblich gewesen war. Aber Johannes XXIII. wies darauf hin, daß er in der Bibel keine Stelle habe finden können, die es dem Papst vorschreibe, seine Mahlzeiten einsam zu sich zu nehmen; im Gegenteil, auch Christus habe gern im Beisein von anderen Personen gespeist. Es ist völlig klar, daß diese Einladungen zum Mittagstisch der Informationsbeschaffung aus erster Hand dienten, und das war sehr wichtig.

Nach dem Essen und der Verabschiedung von den Gästen hatte Papst Johannes XXIII. die Gewohnheit, sich auszuruhen oder im vatikanischen Garten spazierenzugehen. Wir kamen bereits darauf zu sprechen, daß unter Papst Johannes XXIII. der Brauch von Papst Pius XII., völlig einsam in den vatikanischen Gärten zu spazieren, geändert wurde, so daß die Gärtner während der Rundgänge des neuen Papstes ungehindert arbeiten konnten. Auch wurden die Gärten nicht abgesperrt.

Kurze Zeit nach seiner Wahl entdeckte der Papst, daß gemäß früherer «Tradition» während seinen Spaziergängen im Garten der Aufzug des Petersdomes aufhörte, Touristen und Besucher zur Kuppel hinaufzubefördern, von wo aus sie auf bequemen Plattformen das herrliche Panorama Roms bewundern, aber ebenso in die vatikanischen Gärten hinunterschauen konnten. Damit nicht genug, wurde das schon anwesende neugierige Publikum ersucht, diesen für einen Rundblick so geeigneten Platz zu verlassen.

Johannes XXIII. war darüber sehr verwundert und ließ nachfragen, weshalb das geschehe. Er erhielt zur Antwort, daß vom Dach des Petersdoms Unbefugte den Papst erblicken könnten, wie er sich in seinen Gärten ergehe. «Ja, aber ich tue dort nichts Unschickliches», wandte der Papst ein, und die alte Praxis wurde eingestellt.

Das alles ist ebenfalls bezeichnend für Papst Johannes XXIII., der Hirt der Menschen sein wollte, der die Seinen kennt und welchen die Seinen kennen, gemäß dem Worte Christi (Joh. 10, 14). Recht oft und gern begab er sich zu den erhöhten Punkten der «Vatikanstadt», um sich von dort am Anblick Roms zu erfreuen.

Vor dem Abendessen pflegte der Papst mit seinen Sekretären und dem ganzen Gefolge den Rosenkranz zu beten. Er liebte diese fast tausendjährige Andachtsform, da sie den Menschen aus dem Getümmel des Alltagslebens herausführt, ihm eine geistliche Atmosphäre schafft und innere Ruhe schenkt.

Seine Hauskapelle war schlicht ausgestattet. Er hatte den Wunsch geäußert, daß sein Gebet in allem dem Gottesdienst eines einfachen Priesters gleichen möge. Er liebte nichts Überflüssiges und beanspruchte als Einziges, daß man ihm den Altar für die Eucharistiefeier mit einem tadellos weißen Altartuch schmücke.

Wenn er zur Begrüßung Blumen bekam, die ihm besondere Freude bereiteten, dann überließ er sie seiner Hauskapelle.

Nach dem Abendessen, das um 19 Uhr begann, sah sich Papst Johannes recht oft eine Fernsehsendung an. Wenn ihm das Programm nicht gefiel oder besonders schönes Wetter war, spazierte er gern im Garten, entweder in Begleitung des Kardinalstaatssekretärs oder seines Haustheologen, des Dominikaners Luigi Ciappi. Manchmal setzte er sich an seine Schreibarbeiten, um eine dringende Sache fertigzustellen. Um 22 Uhr ging er für gewöhnlich zur Ruhe.

I. Erste Schritte nach der Erwählung

Vor dem neuen Papst türmten sich zahlreiche und schwierige Probleme auf, wie das in der römischen Kirche nach einem allzulang dauernden Pontifikat der Fall zu sein pflegt. Als vordringlichste Aufgabe, die eine unverzügliche Lösung erforderte, stellte sich dem Papst das Problem des Verwaltungsapparates, d. h. der Auslese und Ernennung seiner kurialen Mitarbeiter. Der Stab des regierenden Papstes verliert mit dessen Tod seine Vollmachten. Bei seinem Amtsantritt hat der neugewählte Papst entweder die Befugnisse der Mitarbeiter seines Vorgängers zu bestätigen oder diese auszuwechseln. In wichtigen Funktionen, wie z. B. im Amt des Staatssekretärs, bedeutet der Wechsel häufig eine Kursänderung.

Beim Ableben Papst Pius XII. wurde die Lage noch dadurch erschwert, daß der verstorbene Papst eine große Zahl von Dienststellen nach dem Tod ihrer Inhaber unbesetzt gelassen hatte. In der Praxis leitete ein einziger Prälat gleichzeitig einige Kanzleien, während der Papst die allerwichtigsten davon selbst dirigierte.

Das erste, was der neue Papst in Angriff nahm, war die Reorganisation seines Haushaltes, indem er zwei lange vakant gewesene Ämter neu besetzte. Zu seinem Maggiordomo ernannte er Monsignore Federico Callori di Vignale. (Der Präfekt des «Apostolischen Hofes», der Maggiordomo, der in Wirklichkeit eine Art Innenminister des Vatikans ist, leitet den päpstlichen Haushalt und ist für die Besetzung einer ganzen Reihe von Posten zuständig. Er spielt eine beachtliche Rolle in der internen vatikanischen Administration.)

Hierauf bestimmte er Monsignore Mario Nasalli Rocca di Corneliano zu seinem Maestro di Camera. (Seinem Rang nach Zweiter unter den Würdenträgern des päpstlichen Hofes, beschäftigt sich der Maestro di Camera mit den Fragen der Empfänge und Audienzen des Papstes. Er stellt die Einladungen aus und ist ständiger Begleiter des Papstes.)

Das Amt des Kardinal-Staatssekretärs, der zugleich Premierminister und Leiter der päpstlichen Diplomatie ist, blieb unter Pius XII. nach dem 1944 erfolgten Tod von Kardinal Maglione vakant. Später wiederum, als Monsignore Montini den erzbischöflichen Sitz von Mailand einnahm, blieben nur noch Monsignore Tardini als Vize-Staatssekretär für außerordentliche Angelegenheiten und Monsignore Dell'Acqua als Stellvertretender Leiter des Staatssekretariats für laufende Angelegenheiten übrig. Zur Leitung der Kirche während einer Sedisvakanz ist das Amt des Kardinal-Camerlengo vorgesehen. Dieser Posten war ebenfalls unbesetzt geblieben.

Bis zur Reform der römischen Kurie leiteten die Päpste direkt drei Kongregationen: das «Heilige Offizium», die Konsistorial-Kongregation (zuständig für die Bischofsernennungen und damit verbundene Angelegenheiten) und die Kongregation für die Ostkirche (mit Jurisdiktion über die Kirchen der orientalischen Riten). Viele der Kardinäle übten mehrere Funktionen aus. So war Kardinal Tisserant Sekretär der Ostkirchen- und Präfekt der Zeremonienkongregation, außerdem auch Dekan des Kardinalskollegiums, Kardinal Gaetano Cicognani Präfekt der Ritenkongregation und Vizepräfekt der Apostolischen Kanzlei, Kardinal Tedeschini Präfekt der Sonder-Kongregation für den Petersdom (Verwaltung und Erhaltung der Basilika) und Leiter der Datarie (bestellt für gewisse geistliche Funktionen, in denen die Konsistorial-Kongregation nicht zuständig war).

Papst Johannes sah sich ebenfalls vor die Frage nach der Übergabe weitreichender Vollmachten an seine Mitarbeiter unter den Kardinälen sowie der Vergrößerung ihrer Zahl gestellt. Gegen Ende seines Lebens hatte Pius XII. die Kirche vornehmlich allein regiert; er empfing auch kaum die Kardinal-Präfekten der Kongregationen. Johannes XXIII. verlängerte hingegen nach seiner Wahl das Konklave noch für eine kurze Konferenz und nahm bereits in der ersten Woche seines Pontifikats reguläre Audienzen auf, wobei er eine ganze Woche im voraus für die künftigen Mitarbeiter des Vatikans festlegte. Schon die ersten Schritte von Johannes XXIII. ließen erkennen, daß der neue Papst ernstlich entschlossen war, das Verwaltungssystem der katholischen Kirche zu erneuern.

Es besteht keine Notwendigkeit, über jene Situation zu sprechen, die in den gegenseitigen Beziehungen des katholischen Rom mit den nichtkatholischen Kirchen und Konfessionen bestand. Die Zeitgenossen erinnern sich sehr wohl an die – gelinde gesagt – Spannung, welche diesen «status quo» kennzeichnete. Die Ansichten Papst Pius XII. zu diesem Thema sind ebenfalls bekannt. Deshalb waren die Äußerungen Papst Johannes XXIII. über Radio Vatikan in seiner Weihnachtsbotschaft vom 23. Dezember 1958 ein überaus bedeutsames Ereignis im Leben der römisch-katholischen Kirche. Es ist keine Übertreibung, zu behaupten, daß es sich dabei um die Bekanntgabe seines Programmes handelte. Die Botschaft erfolgte in Form einer Antwort auf die Glückwünsche, mit denen sich Kardinal Tisserant als Dekan des Kardinalskollegiums an den Papst gewandt hatte. Zu Beginn seiner Rede dankte der Papst für die in der Glückwunschadresse geäußerten Gefühle der Sympathie. Jedoch betonte er, daß er sich selbst zu gut kenne, um diese ihn umgebende Atmosphäre der Liebe und des Wohlwollens für sein persönliches Verdienst zu halten: «Es war vielmehr die erneute Ausgießung der Gnade des Heiligen Geistes, der der Kirche des Herrn versprochen ist und nicht aufhört, verschiedene Formen der Gnadengaben zu erwecken, die rings um uns so große Verwunderung hervorrufen» (Herder-Korrespondenz, XIII, 1958/59, S. 239), erklärte er. Besonders freute er sich über die große Menge junger Leute, die sich um ihn geschart hatten. «Das zeigt uns, daß die Jugend mehr als die Alten, mehr als die Reifen bereit und stark ist, das Erbe Christi zu verteidigen und dem glorreichen und unsterblichen König über Welt und Zeit zu huldigen» (HK XIII, 1958/59, S. 239).

Nach dieser kurzen Einleitung wandte sich der römische Papst dem Andenken seines Vorgängers Pius XII. zu, über den er in den lobendsten Tönen sprach (was nicht weiter verwunderlich ist, wenn man in Betracht zieht, daß dies völlig der Tradition des Vatikans und Roms entspricht: «De mortuis aut bene, aut nihil» – Über die Toten entweder Gutes oder gar nichts). Die 19 Weihnachtsbotschaften Pius XII. bezeichnete Johannes XXIII. als großartiges Denkmal seiner Weisheit und seines apostolischen Eifers. Den Kerngehalt der Lehre seines Vorgängers faßte der Papst in zwei Worte zusammen: «Einheit und Friede»; obwohl er diesen Begriffen einen etwas anderen Gehalt als Papst Pius XII. beilegte. «Einheit und Friede. Sie halten die ganze Welt von ihrer Erschaffung bis zur Vollendung ihrer Geschichte zusammen. Sie bringen das wohltuende und befruchtende Licht der Gnade Christi, des

Sohnes Gottes, des Heilands und Seligmachers des Menschengeschlechtes zum Ausdruck. Einzige Bedingung von seiten der Menschen ist die ‹bona voluntas›, der gute Wille, der ebenfalls Gnade Gottes ist, der aber durch das Mitwirken des Menschen in Freiheit erzeugt werden will. Diese fehlende Antwort aus der menschlichen Freiheit heraus auf den Anruf Gottes zur Erfüllung seiner Pläne der Barmherzigkeit bildet das erschreckende Problem der Menschheitsgeschichte und des Lebens der Menschen und Völker. (. . .) Leider verzeichnet die menschliche Geschichte in ihren Anfängen ein blutiges Ereignis: Der Bruder wurde vom Bruder erschlagen. Das Gesetz der Liebe, das der Schöpfer dem Herzen des Menschen eingepflanzt hatte, wurde zerrissen durch die ‹mala voluntas›, den schlechten Willen, der die Menschheit sofort auf den Weg der Ungerechtigkeit und Unordnung führte. Die Einheit wurde zerbrochen, und so war das Eingreifen des Sohnes Gottes selbst notwendig, der es auf sich nahm, durch Gehorsam die heiligen, aber plötzlich preisgegebenen Bande der Menschheitsfamilie wiederherzustellen, und sie um den Preis seines Blutes wieder zusammenfügte. Dieses Zusammenfügen vollzieht sich immer: Jesus gründete eine Kirche, deren Antlitz er den Charakter der Einheit aufprägte, um alle Völker der Menschheit unter ihren unermeßlichen Gezeiten zu sammeln, die sich von einem Meere zum andern erstrekken» (HK XIII, 1958/59, S.240f.).

Ein besonders beängstigendes Problem besteht noch immer in der gespaltenen Einheit des Vermächtnisses Christi. Nichtsdestoweniger hält die Trauer über diese schmerzliche Feststellung, nach den Worten des Papstes, nicht «das Bemühen Unseres Herzens auf, die liebevolle Einladung an Unsere getrennten Brüder fortzusetzen. Denn auch sie tragen den Namen Christi auf der Stirn, sie lesen sein heiliges und gesegnetes Evangelium und sind nicht unempfänglich für die Anregungen der religiösen Frömmigkeit und der wohltätigen, segnenden Nächstenliebe» (HK XIII, 1958/59, S.241). Indem er seiner Vorgänger unter den Päpsten von Leo XIII. bis Pius XII. und ihrer Einheitsappelle gedachte, äußerte Johannes XXIII. den Entschluß, demütig und beharrlich die Erfüllung der Aufgabe fortzusetzen, zu der uns Wort und Beispiel Jesu, des göttlichen Guten Hirten, verpflichten: «Auch diese muß ich herbeiführen, und es wird eine Herde und ein Hirt sein»

(Joh. 10,16). Zum Abschluß der Rede ging Johannes XXIII. auf das Weihnachtsfest ein und verkündete, daß dieser Festtag einen Höhepunkt des religiösen und friedlichen Eifers bilden sollte, «der zum Strom der Einheit und Liebe zu den bedürftigen und kranken Brüdern, zu den Kleinen, den Leidenden jeder Art und jeden Namens wird. Es soll eine Weihnacht der Tat sein! Alle, die diese Stimme über die Ätherwellen und im Geläute der Glocken hören, sie alle mögen ihre guten Vorsätze für die Heiligung des neuen Jahres festigen, damit es für die ganze Welt werde ein Jahr der Gerechtigkeit, des Segens, der Güte und des Friedens» (HK XIII, 1958/59, S. 242).

In seiner weihnachtlichen Radiobotschaft hatte der Papst dazu aufgerufen, sich der Einheit der Kirchen und in erster Linie der Wiedervereinigung mit den orthodoxen Kirchen zuzuwenden. Auf diesen Appell antwortete Patriarch Athenagoras von Konstantinopel in seiner Neujahrsbotschaft. Dieses Dokument wurde von der in Istanbul auf Französisch herausgegebenen Zeitung «Istamboul» veröffentlicht und in der Zeitschrift «La Documentation Catholique» (No. 1296 vom 1. Februar 1959, S. 159f.) nachgedruckt. Patriarch Athenagoras äußerte einleitend seine Freude über jeden ehrlichen Aufruf zum Frieden, von welcher Seite er auch komme, insbesondere jedoch, wenn er von einem Mittelpunkt der Christenheit wie dem Alten Rom ausgehe. Der Patriarch von Konstantinopel meinte des weiteren, daß das bedrückende Bild der heutigen Menschheit, die «wegen des Mangels an gegenseitigem Verständnis und friedlichem Zusammenleben der Völker vielerlei Prüfungen ausgesetzt wird», den Oberhäuptern der christlichen Kirchen große Verantwortung auferlege. In Erkenntnis der Schwere dieser Verantwortung verkündete der Patriarch, daß er neben seinen Gebeten um den Frieden in der ganzen Welt auch bereit sei, positiv auf praktischen Gebieten mit der «ältergeborenen Westkirche» mitzuwirken, um die Hoffnung der Menschheit auf eine glücklichere Zukunft zu festigen. «Wir», so schrieb er, «die wir von Gott zum Werk der ‹Sorge und des Andrangs› (2 Kor 11,28) von Gläubigen unserer Kirche berufen sind», müssen «uns treffen angesichts dieser tiefsten und gebieterischen Not der Völker, damit diese eine Lösung und Erleichterung der sie umgebenden Probleme finden.» Indem er mit großer Genugtuung die Initiative von Papst Johannes für die Einheit der Kirchen vermerkt, sprach der Patriarch seine Überzeugung aus, daß jeder Appell zur Einheit von unentbehrlichen und konkreten Taten und Bemühungen begleitet sein müsse, «die die Übereinstimmung zwischen Wort und Werk beweisen und uns und die Glieder unserer Kirchen tatsächlich näher zum Herrn bringen könnten, zum mindesten vorläufig auf einer praktischen Ebene und im Geiste der Gleichheit, Gerechtigkeit und geistigen Freiheit und gegenseitiger Hochschätzung» (HK XIII, 1958/59, S.273f.).

Patriarch Athenagoras gab der Hoffnung Ausdruck, daß sich die römische Kirche ebenfalls «brüderlich zum Osten wenden wird». – «Das wünschen und erwarten wir von Seiner Heiligkeit, dem neuen Papste Roms, Johannes XXIII., der uns persönlich so gut bekannt ist, der geliebt und geschätzt ist in unseren Gegenden, als Wunsch der ganzen Welt und als Morgenröte eines wirklich neuen Jahres in Christo» (ibid., S.274).

Den ersten Weihnachtsabend seines Pontifikates verbrachte Papst Johannes XXIII. mit Besuchen der römischen Krankenhäuser und Spitäler. So etwas hatten die Römer noch nie erlebt. Und die Ovationen, mit denen sie den Papst überschütteten, bevor er seinen Rundgang durch die Krankenzimmer beginnen konnte, waren Ausdruck ihrer aufrichtigen Gefühle. Er wechselte einige Worte mit den kranken Kindern und Alten und erteilte ihnen seinen Segen. Dabei erklang recht häufig sein treffender Humor. So rief ihm ein kranker Junge aus seinem Bett zu: «Hallo, Papst, wie heißt du eigentlich?» und erhielt mit einem Lächeln zur Antwort: «Als ich klein war, wurde ich Angelo gerufen, beim Militär kommandierte man mich Giuseppe, aber jetzt bin ich Johannes.»

Natürlich verfolgte der Bischof von Rom mit derartigen Besuchen nicht nur das Ziel, Kindern, Kranken und Alten Freude zu bereiten. Hier lernte er die Arbeit der Krankenhäuser und Spitäler seiner Diözese kennen, und als Resultat solcher Besichtigungen begannen sich die Reformen zu konkretisieren, die Ärzte, Schwestern und Patienten häufig schon längere Zeit erwarteten.

Auf solche Weise erfüllte er seine Hirtenpflicht auch hinsichtlich der Gefangenen. Am zweiten Weihnachtsfeiertag des Jahres 1958 besuchte der Papst das römische Gefängnis «Regina Coeli», das über tausend

Häftlinge beherbergte. Allein die Nachricht von dem bevorstehenden Eintreffen des Papstes war eine Sensation, da keiner von seinen Vorgängern je derartige Anstalten besucht hatte. Die väterlichen Weihnachtsgrüße Johannes XXIII. rührten selbst das Herz der Schwerverbrecher, deren Zellen auf sein Ersuchen ebenfalls geöffnet wurden. Bei den Worten «Meine lieben Söhne und Brüder in Christi» hatte er vor ihnen seine weiße Kalotte abgenommen. Nach der Runde durch das Gefängnis hielt der Papst im großen Saal der Haftanstalt eine Rede, die mit Glückwünschen für ein frohes Weihnachtsfest schloß. Er erteilte keine Belehrungen, er erzählte aus seinem Leben, was für ein Wildfang er gewesen war, von seiner Steinschleuder, mit der er sich gegen die Beleidigungen und Ungerechtigkeiten dieser Welt zu verteidigen gedachte. Die Gemütsbewegung der Häftlinge, ihr Beifall und ihre lauten Ausrufe bezeugten deutlich, daß der Besuch des Papstes ihnen gewaltige Freude bereitete.

Wenn von der Tätigkeit Papst Johannes XXIII. als Vorsteher der römischen Kirche und oberster Leiter aller kirchlichen Einrichtungen die Rede sein soll, muß man vor allem die verschiedenen Anlässe erwähnen, bei denen sich diese Wirksamkeit manifestierte. Wenden wir uns einigen davon zu.

Im Februar 1959 führte er die alte Sitte wieder ein, derzufolge der Papst persönlich in der vorösterlichen Fastenzeit die besonderen Sonntagsgottesdienste zelebrierte, die in verschiedenen Kirchen stattfanden. Bei diesen Zeremonien fehlte Johannes XXIII. an keinem Fastensonntag seines vierjährigen Pontifikates. Ebenso regelmäßig nahm er am Fest «Erscheinung des Herrn» an der Prozession teil. Am Vorabend des II. Vatikanischen Konzils unternahm der Papst, keine Ermüdung scheuend, Wallfahrten nach Loreto und Assisi.

Am 19. Januar 1959 besuchte Johannes XXIII. das Collegio «Capranica» (das älteste Kollegium in Rom, das im Jahr 1457 von Kardinal Domenico Capranica gegründet worden war). Nach dem Gottesdienst wandte er sich mit einer Rede an die Versammelten, in der er mit besonderer Aufmerksamkeit bei der Frage der Einheit der Christen verweilte. «Wir befinden uns», sagte der Papst, «am Beginn der Oktav für die Einheit (d. h. der Weltgebetswoche für die Einheit der Christen), und zwar in einem Zyklus spezieller Gebete, um die Rückkehr oder die

Erlangung des wahren Glaubens und der wirklichen Kirche zu erflehen.» Die Initiative zu dieser Bewegung geht nach den Worten von Johannes XXIII. auf Leo XIII. zurück; sie ist nicht einfach eine fromme Übung, sondern ein leidenschaftliches Streben von Verstand und Herz, das die erhabenste Aspiration des göttlichen Meisters zu erfüllen trachtet, welcher wenige Stunden vor seinem Leiden zu seinem Vater um die Einheit aller Seelen flehte. Zur Erreichung dieses Zieles sind Gebete nötig, aber nicht nur Gebete, sondern auch Opfer. «Das Eingangstor erweist sich vielleicht heute mehr denn je als schmal», wie es bei Mattäus heißt, und das erfordert Willensanstrengung und Selbstverleugnung. Aber wenn wir alle nach dem Willen des Herrn handeln, seinen Wünschen und Erwartungen gemäß, werden diejenigen, die zu seiner Hürde, das heißt zum Frieden seines Herzens und zur Einheit seiner Lehre gelangen, zahlreich sein» (Vgl. DC, No.1297, 1959, S.215f).

Am 22.Februar 1959 wurde von Papst Johannes das Motu Proprio «Boni Pastoris» über die Errichtung und Zusammensetzung einer Päpstlichen Kommission für Fragen des Kinos, Radios und Fernsehens promulgiert. Darin erklärte der Papst, daß ihn die Pflicht «des guten Hirten der ganzen Herde Gottes» veranlasse, «alle Faktoren der modernen Zivilisation, die das geistliche Leben der Menschen beeinflussen, mit besonderer Sorgfalt zu betrachten». Dazu gehörten in erster Linie Rundfunk, Fernsehen und Film. Vom Papst wird daher eine spezielle und ständige «Kommission für Fragen des Kinos, Radios und Fernsehens» eingesetzt, deren Aufgabe es sein wird, die weltanschauliche Orientierung der Filmproduktion sowie der Rundfunk- und Fernsehsendungen zu verfolgen, die Aktivität der internationalen katholischen Organisationen und nationalen Film-, Radio- und Fernsehverbände zu leiten und zu fördern, die Filme vom sittlichen Standpunkt aus zu bewerten und den Gläubigen, vor allem den Jugendlichen, ihre Beurteilung bekanntzugeben. An der Spitze der Päpstlichen Kommission wird ein Präsident stehen, der halbjährlich über ihre Tätigkeit Bericht erstattet. Der Kommission werden die Assessoren und Sekretäre der folgenden Kongregationen angehören: des «Sanctum Officium», der Konsistorial-, Ostkirchen-, Konzils- und Religiosenkongregation, der «Propaganda Fide», der Kongregation für die Seminarien und Universitäten, sowie auch der stellvertretende vatikanische Staatssekretär. Diese Kommission wird in ihrer Tätigkeit durch die vom Heiligen Stuhl ausgewählten Experten für Kino-, Radio- und Fernsehfragen als Konsultoren unterstützt. Der Kommission kommt die Aufgabe zu, eine Kinothek, bestehend aus den Vatikan interessierenden Filmdokumenten, einzurichten. Zum Abschluß ordnete der Papst an, daß «. . . von nun an alles für null und nichtig zu erachten sei, was absichtlich oder aus Unkenntnis dagegen unternommen werden könnte, von wem immer und kraft welcher Gewalt es auch geschehen möge» (DC, No. 1300, 1959, S. 397–400).

Man muß sich aber auch noch jener Tatsache erinnern, welche Papst Johannes XXIII. als einen Christen mit liebevollem Herzen und weitem Horizont charakterisiert: So strich er vor Ostern 1959 aus dem liturgischen Karfreitagsgebet für die Bekehrung der Juden das Wort «ungläubige» weg. Aus denselben Rücksichten wurde folgendes Stück aus dem Weiheakt der Menschheit an das Heiligste Herz Jesu ausgemerzt: »Herrsche endlich als König über alle jene, die noch im alten Wahne des Heidentums oder des Islams schmachten. Entreiße sie der Finsternis und führe sie zum Licht und zum Reich Gottes. Blicke endlich voll Erbarmen auf die Kinder des Volkes, das ehedem auserwählt war. Möge das Blut, das einst auf sie herabgerufen wurde, als Blut der Erlösung und des Lebens auch über sie fließen.» Der Weiheakt an das Heiligste Herz Jesu war von Papst Leo XIII. verfaßt und unmittelbar nach der Enzyklika «Annum Sacrum» am 25. Mai 1899 veröffentlicht worden. An die Stelle der gestrichenen Passage wurde auf Initiative Papst Johannes XXIII. eine andere gesetzt: «Herrsche über alle jene, die noch an die alten heidnischen Vorurteile gefesselt sind, und entreiße sie der Finsternis, um sie ins Licht des Gottesreiches zu führen.» Wie aus der zitierten Stelle hervorgeht, hat der Papst nicht nur die unmittelbar auf die Juden bezüglichen Worte, sondern auch die Erwähnung derjenigen, die «im alten Wahn des Islams schmachten» ausgelassen. Die Schlußworte dieses Gebetes lauten: «. . . schenke allen Völkern Frieden und Ordnung. Gib, daß von einem Ende der Welt bis zum andern der gleiche Ruf erschalle: Lob sei dem göttlichen Herzen, durch welches uns das Heil geworden. Ihm sei Ehre und Preis in alle Ewigkeit.»

Am 7. April 1959 gewährte Papst Johannes XXIII. den Teilnehmern des I. Internationalen Kongresses für Cicero-Forschung, auf welchem sich in Rom die Vertreter von 15 Ländern Europas und Amerikas versammelt hatten, eine Audienz. In seiner Ansprache bemerkte der Papst mit Bedauern, daß sich in letzter Zeit viele von den außergewöhnlichen technischen Errungenschaften packen ließen und deshalb das Studium der humanistischen Wissenschaften als eine vollkommen überflüssige Sache verschmähten. In Wirklichkeit sollte man den umgekehrten Weg einschlagen. Man müsse tiefer in die Schatzkammer des menschlichen Geistes eindringen, damit die Menschen nicht den von ihnen fabrizierten Maschinen ähnlich werden: kalt, hart und ohne Liebe. Nach dem Willen der göttlichen Vorsehung war die Weisheit der alten Griechen und Römer, unter denen Cicero einen hervorragenden Platz einnimmt, oft die Morgenröte, die das Evangelium Christi ankündigte. Cicero anerkannte Gott als den Schöpfer des Alls und verwies auf den Glauben, die Standhaftigkeit, Wahrheit und Ehrlichkeit als die Grundlagen der Gerechtigkeit. In seiner Darlegung über die Pflichten eines jeden Menschen sagte er: «Wir wollen, daß die Menschen stark und großmütig, gut und einfach, Freunde der Wahrheit ohne jede Falschheit seien . . . Als stark und großmütig haben aber nicht jene zu gelten, die das Unrecht tun, sondern jene, die es zerschlagen» (Cicero «Hortensius»). Der Papst wies darauf hin, daß Cicero entscheidenden Einfluß auf die weltanschauliche Formung des heiligen Augustinus ausgeübt hat, und sprach den Wunsch aus: «Väterlich wünschen wir, daß Sie dieselben Gefühle wie Augustinus empfinden mögen, Sie, die uns sehr teuer sind, weil Sie die großen Werke der antiken Weisheit lesen, meditieren und lieben und in der Erhebung Ihres Geistes immer die ewigen und dauerhaften Güter, für die wir geschaffen sind und ohne die wir nicht recht und glücklich zu leben vermögen, den hinfälligen und schädlichen Dingen vorgezogen haben» (DC, No. 1302, 1959, S. 517–520).

Vom 26. März bis 1. April 1959 fand in Rom der II. Weltkongreß der schwarzen Schriftsteller und Künstler statt. Nach der Abschlußsitzung wurden die hundertfünfzig Teilnehmer von Papst Johannes XXIII. empfangen. In einer Ansprache unterstrich dieser, daß die afrikanische Gesellschaft für Kultur danach verlangt habe, als Ort ihrer Tagungen ein Zentrum hoher menschlicher und christlicher Kultur zu wählen, das durch den unauslöschlichen Stempel einer zweitausendjährigen Zivilisation geprägt sei. «Wir beglückwünschen Euch freudig dazu und wünschen von ganzem Herzen: Willkommen in unserer Stadt Rom», sagte der Papst seinen Gästen zur Begrüßung. «In deren außergewöhnlichem Rahmen beginnt Ihr Fragen der Einheit und der Verantwortlichkeit einer negro-afrikanischen Kultur zu studieren. Obwohl Ihr verschiedenen Nationalitäten der alten und neuen Welt angehört und Euch in Sprache und Stil Eurer Werke unterscheidet, wißt Ihr Euch durch eine Einheit verbunden, welche diejenige Eurer Rasse und Herkunft als auch diejenige gemeinsamer Verantwortlichkeit für das kulturelle Erbe Eurer Vorfahren ist. Die Kirche würdigt, respektiert und ermutigt eine solche Forschungsarbeit und Besinnung, die sich zum Ziele setzt, die ursprünglichen Schätze einer eigenen Kultur herauszuarbeiten, die Grundlagen hierfür in der Geschichte wiederzufinden, ihre tiefe Harmonie durch die verschiedenen Ausdrucksweisen hindurch erkennen zu lassen und schließlich durch neue Werke die entsprechenden Länder, denen Ihr angehört, zu bereichern.» Die Kirche identifiziert sich mit keiner Kultur, fuhr der Papst fort, «nicht einmal mit der abendländischen, mit der sie immerhin durch ihre Geschichte engstens verbunden ist. Denn ihre Sendung ist anderer Art, nämlich die des religiösen Heiles der Menschen. Aber die Kirche bleibt in ihrer beständig vom Atem des Geistes erneuerten Jugend bereit, alles, was der Intelligenz und dem Herzen der Menschen in anderen Weltgegenden als diesem Mittelmeerraum zur Ehre gereicht, anzuerkennen, aufzunehmen und sogar zu ermutigen. (. . .) Indem sie der Elite, die sich ihr zuwendet, hilft, die kulturellen Möglichkeiten ihres Landes oder ihrer Rasse zu entwickeln, lädt sie die Kirche zugleich ein, dies in einem Geist harmonischer Zusammenarbeit und tiefer Sympathie gegenüber den andern, authentischen Zivilisationen entsprungenen Strömungen zu tun. Ist es nicht so, daß nur um diesen Preis die Eroberungen des Menschengeistes vermehrt und geistige Bande einer brüderlichen, menschlichen Gemeinschaft geknüpft werden?» (DC, No. 1302, 1959, S. 523–525). Es sei nötig, daß sich die afrikanischen Schriftsteller in ihren Werken beständig von Friedensliebe inspirieren ließen, die das hervorragende Kennzeichen aller echten Kulturschaffenden sei. Wenn man die Neigung der Afrikaner zu einer gewissen nationalistischen Isolierung in Betracht zieht, dann wird die Richtigkeit der Ermahnung Johannes XXIII. augenfällig, die afrikanische Kultur im Geist «tiefer Sympathie mit den übrigen, aus anderen Zivilisationen entstandenen Strömungen», zu erneuern.

Am 12. April 1959 erfolgte die Kanonisierung von zwei neuen Heiligen der Katholischen Kirche: des heiligen Carlo von Sezze und der heiligen Joaquina von Vedruna de Mas. Johannes XXIII. hielt im Gottesdienst die Predigt. Das Leben dieser Heiligen erinnerte ihn an einen Ausspruch des heiligen Franz von Sales: «Die Verehrung gebührt allen Arten von Berufungen und Berufen» (Introduction à la vie dévote, 1. Teil, Kapitel 3). Carlo von Sezze mußte von früher Jugend an auf dem Feld arbeiten, um sich zu ernähren.

Joaquina von Vedruna de Mas hingegen stammte aus wohlhabender Familie, und das Leben schien ihr von Kindheit an zuzulächeln. Doch der eine wie die andere waren zu einem höheren Gut berufen und erreichten allmählich den Gipfel der Heiligkeit. Nach einer kurzen Lebensbeschreibung dieser Eiferer für die Frömmigkeit rief der Papst die Anwesenden dazu auf, ihre Gebete mit den neuen himmlischen Fürsprechern der Kirche für das Gelingen der «Entscheidungen und Projekte, die der katholischen Welt bereits bekannt gemacht worden sind», emporzusenden (gemeint ist der Entschluß zur Einberufung des Konzils) sowie darum zu beten, daß die Völker endlich «befriedet sowie in Ordnung, Gerechtigkeit und Liebe organisiert fortschritten auf dem Weg des Gedeihens, der Unterpfand und Vorgeschmack der ewigen Glückseligkeit sein möge.» (DC, No. 1303, 1959, S. 583 f.)

Bei der Audienz für einige Tausend Pilger am folgenden Tag, dem 13. April 1959, die sich zur Heiligsprechung eingefunden hatten, erwähnte der Papst noch einmal, wer die neuen Heiligen gewesen waren, und wies auf die Lehren hin, die aus ihrem Leben zu ziehen seien. Er sagte: «Der hl. Karl und die hl. Joaquina sagen Euch, Italiener und Spanier, daß Ihr die kostbare Hinterlassenschaft der alten Traditionen zu bewahren verstehen sollt . . . Sie reden Euch auch von der Liebe zur Kirche und ihrem ewigen Lehramt; sie rufen Euch in Erinnerung, daß die Treue gegenüber den guten Bräuchen und guten Lehren, die den Reichtum der Familie ausmachen, absolut sein muß; sie sagen Euch, daß weder die irdischen Dinge und menschlichen Würden noch die edle Abkunft oder das Vermögen zählen, sondern die bescheidene und geordnete Erfüllung des Willens Gottes, die Fähigkeit, ihn zu erkennen, ihn zu lieben und ihm gewissenhaft zu dienen, um sich dadurch seiner auf ewig im Himmel zu erfreuen» (DC, No. 1303, 1959, S. 585).

Anläßlich des goldenen Priesterjubiläums von Kardinal Feltin sandte der Papst am 30. Mai 1959 ein eigenhändiges Glückwunschschreiben nach Paris. In diesem sprach er sich sehr lobend über das seelsorgliche Wirken des Kardinals aus, der «immer ein Beispiel für seine Herde war», und äußerte seine Anerkennung für die langjährige und aktive Tätigkeit.

Am 29. Juni 1959 veröffentlichte Papst Johannes XXIII. seine erste Enzyklika (Päpstliches Rundschreiben), die sich *«Ad Petri Cathedram»* nannte. Natürlich verdient diese Enzyklika Beachtung, insofern sie als erste programmatisch ist und schon ihr Name allein für das Verhältnis Johannes XXIII. zu den ihn konfrontierenden Fragen bezeichnend ist.

Gleich am Anfang dieses umfangreichen Dokuments verwies der Papst auf die drei Themen, die darin berührt werden. Indem er sich an die Leser wandte, schrieb er: «Dieses dreifache Thema: Wahrheit, Einheit und Frieden und ihre Erneuerung und Förderung durch die Liebe bildet den Inhalt Unserer ersten Enzyklika, die sich an die ganze Welt richtet, denn das scheint Uns die Hauptaufgabe Unseres apostolischen Amtes zu sein. Der Heilige Geist möge Uns beistehen, wenn Wir dieses Rundschreiben niederschreiben, und möge euch erleuchten, wenn ihr es lest. Die Gnade Gottes möge uns alle dazu fähig machen, daß wir das erwünschte Ziel erreichen, trotz der Vorurteile und der vielen Schwierigkeiten und Hindernisse, die sich dem entgegenstellen» (HK XIII, 1958/59, S. 538).

a) Wahrheit

Ursache und Wurzel allen Übels ist nach Ansicht Papst Johannes XXIII. die Unkenntnis der Wahrheit. Im gegebenen Fall ist aber nicht nur einfach von Unkenntnis die Rede, sondern von einer unverständigen Haltung, der Verachtung und Entstellung der Wahrheit. Daraus entstehen Irrtümer aller Art, die, indem sie den Verstand durchdringen und ins soziale Gebiet einsickern, Schaden stiften. Dabei hat Gott uns mit einer Vernunft ausgestattet, die zur Erkenntnis der natürlichen Wahrheiten fähig ist. Wenn der Mensch der Vernunft folgt, dann folgt er Gott selbst. Jene Wahrheiten, welche die Fassungskraft der Vernunft übersteigen, können wir ohne die Erleuchtung und Inspiration des Heiligen Geistes niemals erfassen. Deshalb ist das Wort, «das in unzugänglichem Licht wohnt» (1 Tim 6,16), in seiner unendlichen Liebe zur Menschheit «Fleisch geworden und hat unter uns gewohnt» (Joh 1,14), um «jeden Menschen, der in die Welt kommt» (Joh 1,9) zu erleuchten, und um die gesamte Menschheit nicht nur zur vollen Wahrheit, sondern auch zur Tugend und ewigen Glückseligkeit zu führen. Indem er kurz den göttlichen Heilsplan zur Erlösung des Menschen berührte, zog Johannes XXIII. hieraus die Folgerung, daß alle Menschen unbedingt die Lehre des Evangeliums anzunehmen hätten. «Wird sie verworfen, so werden», seinen Worten zufolge, «zugleich auch die Grundlagen der Wahrheit, der Rechtschaffenheit und aller Kultur in Frage gestellt» (ibid., S.539).

Besonders scharf wandte sich der Papst gegen jene, welche die Wahrheit bewußt mißachten oder verkehren: «Wer es wagt, die bekannte Wahrheit mit Absicht anzugreifen und beim Sprechen, Schreiben und Handeln sich der Waffe der Lüge zu bedienen, um die Gunst der einfachen Leute zu erwerben und nach eigenem Gutdünken den Geist der Jugend zu formen, der mißbraucht zweifellos die Unwissenheit und die Unschuld seiner Mitmenschen, mißbraucht seinen Beruf« (ibid. S.539). Der Papst rief all jene zu Genauigkeit, Diskretion und Klugheit bei der Weitergabe der Wahrheit auf, die durch Bücher, Zeitungen und Zeitschriften den Geist ihrer Leser, besonders der jungen, die Bildung der öffentlichen Meinung und die Sitten beeinflussen.

Hinsichtlich der Problematik von Kino, Radio und Fernsehen vermerkte Johannes XXIII., daß diese Massenbeeinflussungsmittel sehr wohl zum Guten und Ehrenhaften, ja sogar zur Übung der christlichen Tugend anregen können, aber leider auch recht oft zur Quelle entarteter Sitten, der Unehrlichkeit, des Irrtums und der Ausschweifungen werden. Um den schädlichen Einfluß dieser Faktoren zu neutralisieren, müssen diesen unmoralischen Fernseh- und Rundfunkübertragungen solche entgegengestellt werden, welche die Wahrheit und die guten Sitten verteidigen. Auf diese Weise gilt: «Das Heilmittel kommt aus derselben Quelle, woher auch das Gift kommt» (Ibid., S.539).

In der Enzyklika wird dem Problem der religiösen Gleichgültigkeit ein ziemlich breiter Raum gewidmet. Den Worten des Papstes zufolge «bekämpfen viele Menschen die Wahrheit zwar nicht direkt, sind ihr gegenüber aber sorglos und gleichgültig». Dabei führt diese Position zur Behauptung, daß alle Religionen einander gleich seien, ohne daß Wahr und Falsch unterschieden würden. Und der Papst zog in diesem Zusammenhang eine Schlußfolgerung, die seine – konsequent katholischen – Anschauungen im ekklesiologischen Bereich deutlich kennzeichnen: «Dieses Prinzip führt», so zitierte er Papst Leo XIII., «zur Zerstörung aller Religionen, besonders aber des katholischen Glaubens, der die einzig wahre Religion ist und gerechterweise nicht mit den anderen Religionen auf eine Stufe gestellt werden kann» (Enz. «Humanum genus», AL, vol IV, 1884, S.53). In unseren Tagen wird zur Erringung eines wissenschaftlichen Fortschritts keine Mühe und Anstrengung gescheut, und unsere Epoche rühmt sich ihrer Errungenschaften auf dem Gebiet der wissenschaftlichen Forschung. Deshalb darf, nach Ansicht von Papst Johannes XXIII., die Menschheit auch das andere Wissen, die andere Wissenschaft nicht ignorieren, die vom himmlischen Leben, dem ewigen Leben handelt.

b) Einheit, Eintracht und Frieden

Bei der Betrachtung der Ursache für die Entstehung von Unstimmigkeiten und Differenzen gelangte der Papst zu der Schlußfolgerung, daß diese entweder dann entstehen, wenn die Wahrheit nicht bekannt ist, oder – was noch schlimmer ist –, wenn diese zwar bekannt ist, aber um der Vorteile willen und zur Rechtfertigung der eigenen Handlungen mißachtet wird. Daher ist es notwendig, daß sowohl die einfachen Leute, als auch jene, die das Geschick der Völker in ihren Händen halten, die Wahrheit innig lieben, da sie nur in diesem Fall zu jener Eintracht und jenem Frieden gelangen, welche die öffentliche wie auch private Wohlfahrt garantieren. Die bewußte Verdrehung der Wahrheit durch die Menschen wird in der gegenseitigen Diskriminierung der Rassen und Nationen besonders offensichtlich. Die echt christlichen Positionen erläuternd, bezeugt Johannes XXIII., daß Gott die Menschen nicht als Feinde, sondern als Brüder erschaffen hat. Er gab ihnen die Erde zum Anbau, damit alle in gleicher Weise ihre Früchte genießen und von ihr das für ihre Bedürfnisse Nötige erhalten könnten. Die verschiedenen Völker und Rassen sind nichts anderes als brüderliche Glieder einer Gemeinschaft, die miteinander einen Bund erstreben sollten; und zwar nicht nur zur Erreichung persönlicher Ziele, sondern auch für das Gemeinwohl der gesamten Menschheit.

Die Lehre von der Unsterblichkeit erfüllt das menschliche Dasein mit tiefem Gehalt. Wenn man dem Menschen diese Vorstellung wegnimmt, fällt jeder Sinn des Lebens weg. Leidenschaft, Kampf und Zwietracht brechen unvermeidlich aus, und «anstelle des Ölzweigs des Friedens», schrieb der Papst, «wird die Fackel der Zwietracht geschwungen. Das Schicksal des Menschen gleicht dann dem der vernunftlosen Tiere. Ja, er sinkt unter sie herab, da der Mensch, der die Vernunft besitzt, sie mißbrauchen kann und sich in Abgründe des Bösen stürzt . . . Leider geschieht das sehr oft und endigt wie bei Kain damit, daß Bruderblut vergossen und die Erde durch ein furchtbares Verbrechen besudelt wird» (ibid., S. 540). Wenn die Menschen einander Brüder nennen und zu ein und demselben Schicksal berufen sind, dann können sie sich nicht gegenseitig als Gegner und Feinde behandeln. Die Geschichte des menschlichen Hasses ist sehr tragisch. «Zu viele junge Männer in der Blüte ihrer Jahre haben ihr Blut vergossen. Zu viele Soldatenfriedhöfe bedecken die Erde und mahnen mit strenger Stimme, daß alle endlich zu Eintracht, Einheit und gerechtem Frieden gelangen mögen» (ibid., S. 540). Diejenigen, welche die anderen unterdrücken und ihrer Freiheit berauben, können nach den Worten Papst Johannes XXIII. keinen Beitrag zur Einheit leisten.

Sollte ein neuer Krieg ausbrechen, so wäre die Wirkung der heute zur Verfügung stehenden Waffen so vernichtend, daß es für alle Völker – Sieger wie Besiegte – nur noch unendliches Unglück und allgemeine Vernichtung geben würde. Deshalb ersuchte der Papst die Staatsoberhäupter, diesen Umstand sorgfältig zu bedenken und alle Kräfte zur

Erlangung der Einheit und zur Sicherung der Freiheit aller Bürger und Völker aufzubieten.

Vom Problem der Erhaltung des Weltfriedens ging Johannes XXIII. zu den sozialen Fragen über; und hier hatten seine Worte in erster Linie zum Ziel, die Verwirklichung der Eintracht zwischen den Gesellschaftsklassen zu fördern. Als Ausgangsbasis seiner Überlegungen nahm der Papst die Worte Leos XIII.: «Gott wollte in der Gemeinschaft der Menschen eine Ungleichheit der Klassen, und doch auch eine gewisse Gleichheit, die aus freundschaftlicher Zusammenarbeit erwächst» (Permoti Nos; AL, vol. XV, 1895, S. 295). «So wie im menschlichen Leibe bei aller Verschiedenheit der Glieder im wechselseitigen Verhältnisse Einklang und Gleichmaß vorhanden ist, so hat auch die Natur gewollt, daß im Körper der Gesellschaft die Klassen in einträchtiger Beziehung zueinander stehen und ein gewisses Gleichgewicht hervorrufen. Eine Klasse hat die andere durchaus nötig. Das Kapital ist auf die Arbeit angewiesen und die Arbeit auf das Kapital. Eintracht ist überall die unerläßliche Vorbedingung von Schönheit und Ordnung» (Rerum novarum; AL, vol. XI, 1891, S. 109). Selbst dem in der Theologie unbewanderten Leser kommt da die zweifelnde Frage in den Sinn: Wo und wann wollte Gott, daß das aus dem einen Blut hervorgegangene Menschengeschlecht in Klassen aufgespalten sei? Johannes XXIII. überwand in seinen Überlegungen den grundsätzlichen Gegensatz innerhalb der kapitalistischen Gesellschaft nicht, welcher in der Existenz von Ausbeutern und Ausgebeuteten besteht. Deshalb stellen seine Absichten kein Mittel zur radikalen Verbesserung der Lage der Werktätigen dar: «Jede Gesellschaftsschicht und jeder Stand darf also seine eigenen Interessen verteidigen unter der Bedingung, daß es im Rahmen der Gesetze und ohne Gewalt geschieht und die Rechte der anderen, die genauso unverletzlich sind wie die eigenen nicht geschädigt werden. Alle sind Brüder. Alle Fragen müssen deshalb auf freundschaftliche Weise und im Geiste gegenseitiger brüderlicher Liebe gelöst werden» (HK XIII, 1958/59, S. 541). Man muß hierzu ganz offen sagen, daß dieser Ratschlag, wie man annehmen muß, zwar aufrichtig, aber naiv ist. Daß sich dieser Rat innerhalb der irdischen Realität nicht verwirklichen ließ, wird aus der Enzyklika «Populorum progressio» seines Nachfolgers Paul VI. ersichtlich.

Aber der Papst ist sich völlig bewußt, daß eine Ungleichheit ebenso existiert wie die – gelinde ausgedrückt – «Reibungen» zwischen den verschiedenen Klassen. Den Grund für den Klassenkampf sieht er in einer falschen Vorstellung vom Eigentumsrecht derjenigen, «die über Gebühr den eigenen Vorteil und Profit suchen». Um eine größere Eintracht zwischen den Klassen zu erreichen, empfahl Papst Johannes XXIII., die öffentlichen und privaten Bemühungen und mutigen Initiativen zu koordinieren, wobei nichts versäumt werden dürfe, damit auch die Angehörigen der untersten sozialen Kategorien sich durch ihre Arbeit und «den Schweiß ihrer Stirn» ein Existenzminimum verdienen und ihre Zukunft sowie die Zukunft ihrer Familie sicherstellen können. Indem er seine Vorstellung konkretisierte, wandte sich der Papst an die Arbeitgeber, von denen das Schicksal und manchmal sogar das Leben der Werktätigen abhängt, und rief sie auf, «nicht nur den wirtschaftlichen Wert der Arbeiter richtig einzuschätzen und sich auf die Erfüllung ihrer Gehaltsansprüche zu beschränken, sondern sie als Menschen, ja als Brüder zu betrachten. Sie sollen auch dafür sorgen, daß die Arbeiter in entsprechender und tragbarer Weise am Arbeitsertrag beteiligt werden und sich als mitbestimmend im Betriebsganzen fühlen» (HK XIII, 1958/59, S. 541f). Der Papst forderte in seiner Enzyklika, «daß die Rechte und Pflichten der Arbeitgeber und Arbeitnehmer immer besser harmonisiert und geregelt werden und daß dabei die verschiedenen Verbände und Organisationen ‹nicht als Angriffs- oder Verteidigungswaffen betrachtet werden, deren Einsatz dauernd Reaktionen und Gegenreaktionen hervorruft, oder als Fluß, der die Dämme zerbricht und alles überspült, sondern als Brücke, die die beiden Ufer verbinden soll› (Für eine feste Sozialordnung; Discorsi e Radiomessagi di S.S. Pio XII, vol VII, S. 350)» (HK XIII, 1958/59, S. 542).

Der Papst wies darauf hin, daß dem wirtschaftlichen Fortschritt ein nicht minder großer Fortschritt auf moralischem Gebiet zu entsprechen habe, wie es die christliche Würde oder ganz einfach die Menschenwürde verlange. Dieser moralische Fortschritt aber habe seine Wurzeln in der Familie. Schon früher hatte sich der Papst zu den Problemen des gegenseitigen Verhältnisses in der Familie geäußert. In der Enzyklika «Ad Petri Cathedram» wurde diese Frage recht weitreichend beleuchtet: In der Familie soll eine geordnete, harmonische Eintracht herrschen, die aus der Unauflöslichkeit und Heiligkeit der christlichen Ehe erwächst. Diese Dauerhaftigkeit des häuslichen Herds sichert zu einem guten Teil die Ordnung, den Fortschritt und die Wohlfahrt der gesamten Gesellschaft.

Der Familienvater soll nicht nur durch seine Autorität, sondern auch durch das Beispiel eines untadeligen Lebenswandels auf die Hausangehörigen einwirken. Die Mutter, welche durch ihre Güte und Tugendhaftigkeit das Haus regiert, soll zu ihrem Gemahl nachgiebig und liebevoll sein. Die Eltern sollen zusammen ihre Kinder, «dieses kostbarste Geschenk», das Gott ihnen anvertraut hat, sorgfältig erziehen. Die Kinder sollen ihren Eltern nicht nur gehorchen und sie lieben, sondern ihnen auch in allem helfen. «Nie möge (. . .) diese schöne, zarte und notwendige Einheit zerbrochen werden. Wenn die christiche Institution der Familie wankt, wenn die Vorschriften, die durch den göttlichen Erlöser für sie gegeben wurden, verworfen und vernachlässigt werden, so sind die Grundlagen der bürgerlichen Gesellschaft selbst in Frage gestellt, zum größten Schaden auch aller Staatsbürger» (ibid., S. 542).

c) Einheit der Kirche

Die Hoffnung auf die Einheit der Kirche gründet sich nach den Worten des Papstes vollständig auf das Gebet Jesu selbst: «Laß sie alle eins sein. Wie du, Vater, in mir bist, und ich in dir bin, so laß sie in uns eins sein» (Joh 17,21). Gestützt auf diese Hoffnung hatte der Papst seinen Entschluß zur Einberufung eines ökumenischen Konzils bekanntgegeben. Dessen Hauptaufgabe sollte darin bestehen, die Entwicklung des katholischen Glaubens, die sittliche Erneuerung des Lebens der Gläubigen und die Anpassung der kirchlichen Disziplin an die Erfordernisse und Methoden unserer Zeit zu fördern. Hinsichtlich der «getrennten Brüder», wie Papst Johannes XXIII. die nichtkatholischen Christen nannte, stelle das Konzil eine Einladung dar, die Einheit zu suchen und zu finden, um die der Herr Jesus Christus seinen himmlischen Vater gebeten hat.

Der Papst verwies auf die tröstliche Tatsache, daß sich in den von Rom getrennten Gemeinschaften eine Tendenz der Sympathie gegenüber dem Glauben und den Institutionen der katholischen Kirche abzeichnet. Nach Ansicht des Papstes hat der göttliche Erlöser seiner Kirche bei ihrer Gründung eine dauerhafte Einheit verliehen. Hätte er das nicht getan, so hätte er eine nutzlose Organisation geschaffen, die im Lauf der Zeit mit sich selbst in Widerspruch geraten wäre, und zwar nach Art jener philosophischen Systeme, die, der Mannigfaltigkeit menschlicher Anschauungen unterworfen, eines aus dem anderen entstehen, sich verändern und wieder verschwinden.

Die Einheit der Kirche darf aber nicht etwas Schwammiges, Unbestimmtes und Vergängliches sein, sondern etwas Festes, Starkes und Sicheres. Als Beispiel solcher Einheit, erklärte der Papst, diene die katholische Kirche, die sich durch drei charakteristische Merkmale auszeichnet: durch Einheit der Lehre, Einheit der Leitung und Einheit des Kults.

«Diese Merkmale der Kirche sind für alle sichtbar, damit alle sie erkennen und ihr folgen können. Sie ist so beschaffen, daß sie in ihrer Hürde, nach dem Willen ihres göttlichen Gründers, alle Schafe zu einer einzigen Herde unter der Führung eines einzigen Hirten sammeln kann, weil alle Kinder in das eine Vaterhaus, dessen Grundstein Petrus ist, berufen sind. Sie sucht, alle Völker in dem einen Königreich Gottes brüderlich zusammenzuführen. Ihre Bürger sind auf Erden in der Eintracht des Geistes und Herzens verbunden und sollen dereinst die ewige Seligkeit im Himmel genießen» (ibid., S. 543).

Die Kirche stützt sich, nach Ansicht von Papst Johannes, in ihrer lehramtlichen Tätigkeit unerschütterlich auf die Heilige Schrift und die Heilige Überlieferung, sie besteht darauf, daß es nur eine Wahrheit gibt und daß es nicht mehrere «Wahrheiten», die einander widersprechen, geben kann. Die Kirche macht sich die Feststellung des Völkerapostels zu eigen: «Wir haben keine Macht gegen die Wahrheit, sondern nur für die Wahrheit» (2 Kor 13,8).

Dennoch existieren zahlreiche Punkte, über welche die katholische Kirche den Theologen zu diskutieren gestattet, wenn diese Diskussionen die Einheit nicht zerstören, sondern einem noch besseren und tieferen Verständnis der Dogmen dienen. Johannes XXIII. meinte, daß man sich an den Grundsatz halten müsse: «Einheit im Notwendigen, Freiheit im Zweifelhaften, Liebe in allem».

In der katholischen Kirche unterstehen alle Gläubigen ohne Ausnahme dem Papst, als dem Nachfolger des Apostels Petrus, «der von Christus, unserem Herrn, als Eckstein seiner Kirche eingesetzt wurde (vgl. Mt 16,18). Ihm allein ist die Gewalt gegeben, auf Erden, was es auch sei, zu binden und zu lösen (ebd. 16,19), seine Brüder zu stärken (vgl. Luk 22, 32) und die gesamte Herde zu weiden (vgl. Joh 21,12)». In diesem Abschnitt seiner Enzyklika wiederholte der Papst die traditionellen katholischen Anschauungen über den Primat des Apostels Petrus, womit er offensichtlich sagen wollte, daß es in dieser Frage keine Überprüfung der Gesichtspunkte geben dürfe.

Von der Einheit der Leitung ging der Papst zur Einheit des Kultes über, die er darin sieht, daß die katholische Kirche im Lauf der Jahrhunderte die vom Herrn Jesus Christus als heiliges Erbe empfangenen sieben Sakramente besaß, und daß sie dank diesen das Leben der Gläubigen übernatürlich nährt und steigert. In ihr wird die heilige Eucharistie vollzogen, in welcher Christus der Erlöser an alle barmherzig den Schatz seiner Gnaden austeilt. Dieses Sakrament illustriert die innere Einheit der Kirche besonders prägnant.

Dieses wunderbare Bild der Einheit, in welchem die katholische Kirche erstrahlt, möge zu Herzen gehen und alle bewegen, die noch vom Apostolischen Stuhl getrennt sind. Indem er an die Nichtkatholiken, an die getrennten Brüder, wie er sie nannte, appellierte, bat Papst Johannes XXIII. diese um Verständnis, daß er sie nicht in ein fremdes Haus, sondern in das gemeinsame Haus, in das Haus des Vaters rufe. «Erlaubt, daß Wir Euch ermahnen, da Wir Euch alle zärtlich ‹im Herzen Jesu Christi› (Phil 1,8) lieben, daß Ihr Euch Eurer Väter erinnert, ‹die Euch das Wort Gottes verkündet haben. Schaut auf das Ende ihres Wandels! Folgt ihrem Glauben nach!› (Hebr 13,7). Die glorreiche Schar von Heiligen, die jede Eurer Nationen schon zum Himmel gesandt hat, besonders diejenigen, die durch ihre Schriften die Lehre Jesu Christi richtig und überzeugend weitergegeben und erklärt haben, lädt Euch durch das Beispiel ihres Lebens zur Einheit mit diesem Apostolischen Stuhl ein, mit dem auch Euere christliche Gemeinschaft durch so viele Jahrhunderte lang heilbringend verbunden war. (. . .) Deshalb wiederholen wir allen unseren Brüdern und Söhnen, die von diesem Stuhl Petri getrennt sind: ‹Ich bin . . . Josef, Euer Bruder› (Gen 45,7).

Kommet, ‹gebt uns Raum› (2 Kor 7,2). Wir ersehnen nichts anderes und bitten Gott um nichts anderes als um Euer Heil und Eure ewige Seligkeit. Kommt! Aus dieser ersehnten Eintracht und der Einheit mit diesem Stuhl, die die brüderliche Liebe nähren und erhalten muß, entsteht großer Friede, der ‹alles Begreifen übersteigt› (Phil 4,7), denn er stammt vom Himmel. Es ist der Friede, den Christus den Menschen guten Willens durch den Gesang der Engel über seiner Krippe verkündet hat (vgl. Lk 2,14) und den er nach der Einsetzung des Sakraments und Opfers der heiligen Eucharistie verhieß: ‹Den Frieden lasse ich Euch, meinen Frieden gebe ich euch. Nicht wie die Welt ihn gibt, gebe ich ihn Euch.› (Joh 14,27.)» (ibid., S. 544).

Nach den inständigen Appellen zur Einheit, die nach Meinung des Papstes nur im Schoß der katholischen Kirche realisiert werden kann, äußerte er seine Absicht, sich an «jeden der Stände der katholischen Kirche» zu wenden.

d) Väterliche Ermahnungen

Zuerst richtete sich der Papst an die Bischöfe. Er sagte, daß er ihren Eifer und ihren apostolischen Geist kenne, der jeden von ihnen zur Erneuerung, Festigung und Ausbreitung des Gottesreiches antreibe. Ihm seien auch ihre Besorgnisse und ihr Kummer über den häufig gewordenen Glaubensabfall und den Priestermangel bekannt, der es an vielen Orten verunmöglicht, die wachsenden religiösen Bedürfnisse zu befriedigen. Johannes XXIII. rief die Bischöfe dazu auf, fest auf den Herrn Jesus Christus zu vertrauen, «an den Ihr Eure drängenden Gebete richtet. Ohne ihn ‹könnt Ihr nichts tun› (Joh 15,5). Doch mit seiner Gnade dürft Ihr das Wort des Völkerapostels wiederholen: ‹Alles vermag ich in dem, der mich stärkt› (Phil 4,13). ‹Und Gott möge all Eure Wünsche erfüllen in seinem Reichtum und in der Glorie in Jesus Christus› (ebd. 4,19). So könnt ihr von dem Feld, das ihr mit Mühe und Schweiß bebaut habt, eine reiche Ernte und einen Überfluß an Früchten einbringen» (ibid., S. 545).

Indem er sich an die Priester wandte, erinnerte sie der Papst an den nötigen Gehorsam gegenüber dem Bischof. Die Geistlichen sollten dessen eingedenk sein, daß sie keine öffentlichen Angestellten, sondern Diener des Heiligtums sind. Sie sollten auch niemals glauben, daß sie genügend Arbeit, Zeit und Aufwand eingesetzt hätten, wenn es darum gehe, die Geister mit göttlichem Licht zu erleuchten, den bösen Willen zu unterwerfen und das Königreich Christi auszubreiten. Und, als Wichtigstes, sie sollten der Kraft der göttlichen Gnade mehr vertrauen als ihren eigenen Anstrengungen und diese täglich in inständigem Gebet herabflehen.

Auch die Ordensleute sollten ein Leben im Geist des Gehorsams führen. «Wir grüßen sie väterlich», schrieb der Papst, «und ermahnen sie, gewissenhaft und unter Einsatz all ihrer Kräfte das zu verwirklichen, was ihre Ordensgründer in der jeweiligen Regel vorgeschrieben haben, vor allem, was Gebetseifer, Bußwerke, Jugenderziehung, Hilfeleistung für die Armen und Verlassenen jeder Art betrifft.» (ibid., S. 545).

Besonders nachdrücklich richtet der Papst ein Wort an die Nonnen, über die er mit großer Wärme sprach. Vielfältig ist ihr Dienst an der Kirche: die einen verbringen ihr Leben im Schatten der klösterlichen Klausur in Gebet und Abtötung, die anderen geben sich voll und ganz dem äußeren Apostolat hin. «Wieviel Hervorragendes leisten sie, was niemand anders mit der gleichen jungfräulichen und mütterlichen Sorgfalt verrichten könnte», schrieb der Papst, «und das nicht nur auf einem, sondern auf vielen Gebieten: in der Bildung und Erziehung der Jugend, in den Pfarreien beim Katechismus-Unterricht für Jungen und Mädchen, in den Krankenhäusern, wo sie die Kranken pflegen und ihre Gedanken auf den Himmel lenken, in den Altersheimen, wo sie die alten Menschen mit geduldiger, heiterer, mitfühlender Güte umgeben und sie langsam zur Sehnsucht nach dem ewigen Leben hinführen können, in den Kindergärten und Waisenhäusern schließlich, wo sie sich mit mütterlicher Liebe der verlassenen Kinder und Waisen annehmen, die ohne sie niemand hätten, der sie nährt und liebt» (ibid., S. 546). Aus diesem Grund hob der Papst hervor, daß die Klosterfrauen unzweifelhaft nicht nur Verdienste um die katholische Kirche, sondern auch um die bürgerliche Gesellschaft haben.

Aber die Erfordernisse der Kirche sind nach den Worten des Papstes heute so mannigfaltig, daß der Weltklerus sowie die Ordensmänner und Ordensfrauen diesen nicht mehr völlig gerecht zu werden vermögen. Außerdem hätten sie nicht mehr zu allen Schichten der Gesellschaft Zugang, viele Leute begegneten ihnen entweder mit Geringschätzung oder suchten sie zu meiden. In Erkenntnis dessen rief Johannes XXIII. die Laien der «Katholischen Aktion» zur Unterstützung der kirchlichen Hierarchie bei der Apostolatsarbeit auf. Er äußerte die zuversichtliche Hoffnung, daß all jene, die in den Reihen der «Katholischen Aktion» wirkten, mit höchstem Eifer ihre so notwendige Tätigkeit entwickelten. Je größer die Bedürfnisse unserer Epoche seien, desto intensiver müßten auch ihre Anstrengungen, ihre Findigkeit und ihre Aktivität sein. Sie alle sollten einträchtig ihr Ziel verfolgen, weil die vereinten Kräfte stets am wirkungsvollsten seien. Es sei notwendig, die eigene Meinung zurückzustellen, wenn es um die Sache der Kirche gehe. «In geschlossenen Reihen», sagte der Papst, «in engem Kontakt mit der katholischen Hierarchie und im Gehorsam gegen sie soll die katholische Aktion weiterwachsen und sich entwickeln. Sie soll keine Mühe scheuen und vor keiner Schwierigkeit zurückweichen, um der Sache der Kirche zum Sieg zu verhelfen» (ibid., S. 546). Dazu ist die Unterordnung unter die christliche Lehre und die christliche Tugend die wichtigste und unerläßliche Voraussetzung. Besonders empfahl dies der Papst den Halbwüchsigen und jungen Leuten, welche besonders der Selbstbeherrschung und der Übereinstimmung mit den Vorgesetzten bedürfen, wenn die natürliche Leidenschaft sie ungestüm zu ihrem Ideal hinzieht.

In Paragraph 67 seiner Enzyklika beschäftigt sich der Papst aufs neue mit der Lage der Arbeiterschaft, deren wirtschaftliche Lebensbedingungen sich auf sehr niedrigem oder gar allerniedrigstem Niveau bewegen. Die Ursache dieses betrüblichen Zustandes sieht er darin, daß die Soziallehre der Kirche in der Praxis noch immer nicht voll zur Anwendung kommt: «Darum», so sagte er, «muß energisch daran gearbeitet werden – und zwar nicht nur mit Hilfe der Privatinitiative einzelner Persönlichkeiten, sondern vor allem von den führenden Staatsmännern –, daß die christliche Soziallehre, die Unsere Vorgänger mehrmals klar und klug dargelegt haben und die Wir selbst bestätigen, so rasch wie möglich, wenn auch schrittweise, wirklich und gründlich angewandt wird» (ibid., S. 547).

Keine geringere Beunruhigung bereitete dem Papst auch das Los der Auswanderer und Emigranten. Ihre Übersiedlung erfolgt oft aus dem

Bestreben, sich die Mittel für den Lebensunterhalt zu verschaffen. Aber wenn sie das Heimatland verlassen haben, sind diese Menschen vielerlei Not und Leid unterworfen. Manchmal sind sie gezwungen, in einem Milieu zu leben, das dem Christentum gegenüber feindlich gesinnt ist. Viele dieser Auswanderer entfernen sich allmählich von den religiösen Prinzipien und Traditionen der Vorfahren. Deshalb unterstützt der Papst aus ganzem Herzen die Initiative jener Priester, die selber «um Christi willen auswandern» und keine Mühe scheuen, um geistliche und soziale Hilfe für ihre geistlichen Kinder zu erlangen. Und Johannes XXIII. fügte bei: «Ebenso sehen Wir mit großer Freude und Billigung die Anstrengungen, die die verschiedenen Staaten auf diesem wichtigen Gebiet gemacht haben, und die kürzlich von ihnen gemeinsam unternommenen Initiativen, um dieses schwierige Problem so rasch wie möglich zu lösen. Wenn das alles, wie Wir fest hoffen, ausgeführt wird, so wird es nicht nur dazu dienen, die Einwanderungsquoten zu erhöhen und die Modalitäten für die Wanderer zu erleichtern, sondern auch dazu, Eltern und Kinder in einem neuen Heim wieder glücklich zu vereinigen. Diese Wiederherstellung der Familieneinheit dient ebenso dem Wohl der Flüchtlinge und Auswanderer, ihrer Religion, ihren guten Sitten und ihrem wirtschaftlichen Wohlstand wie dem Vorteil der Aufnahmeländer» (ibid., S. 547f).

In seinen abschließenden Ermahnungen forderte der Papst von seinen Kindern nicht nur Gebete, sondern auch eine Erneuerung des Lebens, welche ihnen mehr noch als die Gebete Gottes Erbarmen sichere. «Wer sich durch seine Verfehlungen und Sünden weit vom göttlichen Erlöser entfernt hat, den bitten Wir inständig, zu ihm zurückzukehren, denn er ist ‹der Weg, die Wahrheit und das Leben› (Joh 14,16). Wer in seinem religiösen Leben lau, müde, unlustig und nachlässig ist, möge seinen Glauben neu beleben und seine Tugend durch die göttliche Gnade nähren, entwickeln und mehren» (ibid., S. 548).

Wie im weiteren aus dem Inhalt aller vorliegenden Schriften ersichtlich wird, stellten die Hauptgedanken der Enzyklika «Ad Petri Cathedram» Punkte eines Programmes dar, welches Papst Johannes XXIII. im Verlauf seines ganzen Pontifikates in die Tat umsetzte.

Unter Papst Pius XII. war der Großteil der Kurienkardinäle in mehreren Kongregationen zugleich vertreten, zumindest in dreien, wie Kardinal Agagianian, während die Kardinäle Canali und Micara gleich in neun Kongregationen saßen. Das bedeutete, daß sie neben der Erfüllung der ihnen direkt auferlegten Verpflichtungen in ihren Arbeitsbereichen fast täglich an zwei oder drei Sitzungen teilzunehmen hatten. Auf diese Weise sah sich der neue Papst vor das Problem einer notwendigen Vergrößerung der Zahl der Kurienkardinäle gestellt, um diesen Mangel zu beheben. Im Jahr 1958 fehlten im Heiligen Kardinalskollegium schon 17 Mitglieder, um das traditionelle «Plenum» von 70 Kardinälen voll zu machen. (Erstmals wurde dem Kardinalskollegium 1059 von Papst Nikolaus X. das Recht verliehen, den neuen Papst zu wählen. Papst Sixtus V. beschränkte das Heilige Kollegium im Jahr 1586 nach dem Vorbild der 70 Ältesten Israels auf die 70 dem Papst am nächsten stehenden Berater, die den Titel Kardinäle führten. Schon auf dem Konzil von Trient war beschlossen worden, daß die Kardinäle des Heiligen Kollegiums alle Enden der Welt zu vertreten hätten. Dennoch setzte sich das Kardinalskollegium im Verlauf der Jahrhunderte seines Bestehens aus einer bedeutenden Zahl von Italienern zusammen, die in ihm nicht selten die Mehrheit bildeten.)

Indem wir ein wenig vorauseilen, sei bemerkt, daß Papst Johannes XXIII. der erste war, der mit dieser Tradition gebrochen hat. Nach seinem Tod gab es in der römischen Kirche 82 Kardinäle, und unter ihnen nur 29 Italiener.

Das die Leitung der Kirche betreffende Wirken von Papst Johannes XXIII. hatte sowohl die Erweiterung des kirchlichen Führungsstabes als auch die Vergrößerung der Rolle des Kardinalskollegiums im Auge. Weil die päpstliche Alleinherrschaft, der Primat in der römischen Kirche, von niemandem bestritten oder in Zweifel gezogen wurde, schritt der Papst zu einer bedeutsamen Dezentralisierung dieser Gewalt, indem er die Zahl der Hierarchen erhöhte, denen gewichtige Vollmachten übertragen werden konnten. Kein einziger Papst hatte jemals so viele Kardinäle in so kurzer Zeit ernannt: 55 Kardinäle in einem viereinhalbjährigen Pontifikat. Davon waren drei «in pectore» bestellte

Kardinäle, deren Namen zu Lebzeiten Johannes XXIII. geheimgehalten wurden.

Eineinhalb Monate nach seiner Erwählung berief der Papst am 15. Dezember 1958 sein erstes Konsistorium ein, auf dem er die Ernennung von 23 neuen Kardinälen bekanntgab (wobei er auf diese Weise die traditionelle Siebzigerzahl überschritt). Er zog für das Kollegium neue Prälaten bei, die über große Erfahrung in kirchlichen Angelegenheiten verfügten, wichtige Bischofssitze innehatten und die kirchliche Weltkarte weitgespannt repräsentierten.

Bei der Erweiterung des Kardinalskollegiums kehrte der Papst zu einer Gepflogenheit zurück, die unter seinem Vorgänger anfing zu verschwinden, denn Pius XII. hatte aufgehört, den an der Spitze großer Kirchenprovinzen stehenden Erzbischöfen die Kardinalswürde zu verleihen. Johannes XXIII. hingegen nahm die Bischöfe der größten Weltstädte ins Kardinalskollegium auf.

In die Kurie wurden gleichfalls frische Kräfte eingeführt, da auch Prälaten zu Kardinälen erhoben wurden, die diplomatische Posten innehatten. Einem alten Brauch entsprechend hatte der Papst auch dem Sekretär des Konklaves, Monsignore di Jorio, die Kardinalswürde verliehen. Die Zahl der Kurienkardinäle erhöhte sich von 13 auf 24, und ihr Durchschnittsalter verringerte sich von 76 auf 74 Jahre. Die Erhöhung der Zahl der Kardinäle auf 75 war jedoch nicht die einzige Neuerung auf dem Konsistorium vom 15. Dezember 1958. Von diesem Konsistorium an gab es im Kardinalskollegium zwei leibliche Brüder, und zwar die Kardinäle Gaetano und Amleto Cicognani. Es muß erwähnt werden, daß Kanon 232, § 3 des «Codex Juris Canonici» vorsieht, daß Blutsverwandte ersten oder zweiten Grades eines lebenden Kardinals nicht zur Kardinalswürde erhoben werden dürfen. Auf diese Weise nahm sich Johannes XXIII. innerhalb kurzer Zeit die Freiheit, gleich zwei Bestimmungen des kanonischen Rechts zu reformieren.

Der Papst war bestrebt, das Kardinalskollegium so zu vergrößern, daß es den Bedürfnissen der katholischen Kirche in der modernen Welt entsprach. Am 14. Dezember 1959 wurden noch acht Kardinäle verkündet, und das Konsistorium vom 28. März 1960 erhöhte ihre Zahl auf 88 (60 Europäer, 8 nordamerikanische Kardinäle, 9 aus Südamerika, 1 Afrikaner, 6 aus Asien, 1 Australier sowie 3 Kardinäle «in pectore»). Zum ersten Mal in der Geschichte der katholischen Kirche empfingen ein Afrikaner und ein Japaner den Kardinalspurpur.

Auf dem Konsistorium vom Jahr 1961, das am 16. Januar zusammentrat, ernannte der Papst nochmals 4 neue Kardinäle, und am 19. März 1962 berief er sein fünftes und letztes Konsistorium ein, auf dem zehn neue Kardinäle zu dieser Würde erhoben wurden, unter denen sich sowohl Priester als auch führende Hierarchen aus verschiedenen Ländern und Prälaten der Kurie befanden.

Auf diese Weise hatte sich die Zahl der Kurienkardinäle zur Zeit des Ablebens von Papst Johannes XXIII., verglichen mit dem Anfang seines Pontifikats, mehr als verdoppelt: anstelle von 13 waren es 32. Der Papst war auch um die Neubesetzung der Ämter besorgt, die schon bei Antritt seines Pontifikates vakant gewesen waren. Er bestätigte Kardinal Aloisi-Masella auf dem Posten des Camerlengo und ernannte bald darauf – am 28. März 1959 – Kardinal Copello zum Cancelliere der römischen Kirche. Jedesmal, wenn irgendeine Funktion vakant wurde, schritt der Papst unverzüglich zu ihrer Neubesetzung: So berief er am 12. April 1962 Kardinal Amleto Cicognani auf den Posten des Staatssekretärs, den bis zu seinem Tod Kardinal Tardini innegehabt hatte.

Johannes XXIII. wünschte auch, daß alle Kardinäle, deren Anzahl er vergrößert hatte, den Rang eines Bischofs besäßen (zwölf von ihnen führten keinen Bischofstitel). Auf dem geheimen Konsistorium vom 19. März 1962 unterstrich er die Freude dieser zwölf Kardinäle, die das Glück hatten, ihren im Bischofsrang stehenden Kollegen in geistlicher und mystischer Hinsicht ebenbürtig zu werden, und erläuterte, daß der Bischofsrang allen Kardinälen einschließlich der Kardinalsdiakone verliehen werden müsse, vor allem mit Rücksicht auf den Ehrenplatz, den die Kardinäle kraft der außergewöhnlichen Bedeutung der ihnen anvertrauten Ämter einnehmen, da sie direkte Mitarbeiter des Papstes bei der Leitung der Kirche sind. Am 19. April 1962 weihte der Papst selbst in der Lateran-Basilika jene zwölf Kardinäle zu Bischöfen, die es noch nicht gewesen waren.

In diesem Entschluß muß man vor allem den Beginn einer allgemeinen Reform des Heiligen Kollegiums der Kardinäle sehen, die man auch in den anderen Maßnahmen, welche der Papst ergriff, entdecken kann, und die infolge seines Todes nicht zu Ende geführt wurde. In seinem Motu proprio «Cum gravissima» vom 15. April 1962 bekräftigte er, daß künftig alle Kardinäle Bischöfe sein würden. «Da die Ämter der Kardinäle», schrieb er, «als Ämter der Kirche mit einem erhöhten geistlichen Charakter umgeben sind (. . .) freuen Wir uns lebhaft darüber, daß alle Kardinäle, nachdem sie mit der Fülle des Priestertums bekleidet worden sind, die Möglichkeit erhalten, die ihnen anvertrauten Ämter auf eine Weise zu erfüllen, welche ihrer besonderen Würde besser entspricht» (DC, No. 1375, 1962, S. 554).

Im Motu proprio «Suburbicariis Sedibus», das vier Tage zuvor – am 11. April 1962 – publiziert worden war, äußerte er sich dahingehend, daß künftig die sechs Kardinalbischöfe der suburbicarischen Diözesen (in der Nachbarschaft Roms) nur noch als solche tituliert, jedoch keine bischöflich-pastoralen Funktionen mehr ausüben würden. Durch dieses Vorgehen wollte Johannes XXIII. die Kurienkardinäle von allem befreien, was sie an der ausschließlichen Beschäftigung mit ihren allgemeinkirchlichen Aufgaben hinderte.

So nahm der Papst allmählich die nötige Reform des Heiligen Kollegiums in Angriff, um es in die Lage zu versetzen, auf die Bedürfnisse und Forderungen der Zeit zu antworten. Dabei blieben die Kardinäle wie früher in drei Ränge eingeteilt: Kardinalbischöfe, -priester und -diakone. Diese stellten aber nur noch eine historische Reminiszenz an ihre einstmals reale Differenzierung (Suburbicarische Bischöfe, Priester der Basilika San Giovanni in Laterano und Diakone der römischen Diakonien) dar. Alle diese Veränderungen wurden vom Papst vorgenommen, um eine einheitliche Institution des Kardinalates zu schaffen. Diejenigen, die zu dieser Würde gelangen, sind gleichzeitig auch Bischöfe. Auf diese Weise sollte es nach Absicht des Papstes im Kardinalskollegium nur zwei Kategorien von Mitgliedern geben, welche sich in der Ausübung ihrer Funktionen unterscheiden: die Kardinal-Oberhirten, die sich auf ihren örtlichen Bischofssitzen aufhalten, und Kurienkardinäle. Die ersten verleihen der obersten Leitung der katholischen Kirche einen ökumenischen Charakter (im geographischen Sinn), die zweiten, welche von jeder anderen Verpflichtung befreit sind, werden vom Papst noch mehr als in der Vergangenheit besonders nahe zu seiner Unterstützung bei der Leitung der Kirche herangezogen.

Im Zusammenhang mit dem Anwachsen der administrativen Erfordernisse erhalten diese Veränderungen in Zukunft vielleicht einen noch ausgeprägteren Charakter und nimmt die Zahl der Kardinäle noch weiter zu. Doch was künftig geschieht, werden wir sehen.

Es sei angemerkt, daß das Pontifikat Johannes XXIII. Ansehen und Rolle des Kardinalskollegiums dank einer spürbar intensiveren Heranziehung zur Kirchenleitung kräftig vermehrte. Dieser Wunsch, seine Umgebung zur Mitarbeit heranzuziehen, bekundete der Papst nicht nur bei seinen wichtigen Entscheidungen, sondern auch – wie schon früher angemerkt – in seinem täglichen Arbeitsablauf. Er traf sich recht häufig mit seinem Staatssekretär und mit den Leitern der kurialen Abteilungen. Er liebte es, Ratschläge zu erteilen, und hörte selbst mit Wohlgefallen auf solche. Häufig wurde betont, daß ihm Gespräche mit seinen Besuchern großes Vergnügen bereiteten. Er selbst suchte Begegnungen und liebte die Geselligkeit. Darin darf nicht nur eine Seite seines sympathischen Charakters gesehen werden, sondern auch eine administrative Methode. Johannes XXIII. gab seiner Umgebung oft den Rat des Apostels Paulus: «Prüfet alles, bewahrt das Gute.» Obwohl er bezüglich der Glaubenslehre prinzipiell und in der Kirchenverwaltung erfahren war, wollte er die Menschen und ihre Meinungen zu den Problemen der Gegenwart kennen. Dank dieser direkten Kontakte erhielt er Informationen und äußerte seine Ansichten unmittelbar. Er liebte es, Vertrauen einzuflößen und zu überzeugen; das zwanglose Gespräch zeigt jenen Ton, den er in seinen Belehrungen anwandte. Man hörte oft, daß er in Gesprächen, die auf den ersten Blick einfach erschienen, eine wichtige Bemerkung einschob, die – wie er hoffte – bei seinem Gesprächspartner und durch ihn bei dessen Umgebung auf fruchtbaren Boden fallen würde.

Das Bestreben, sich mit Freunden zu umgeben, die Gewohnheit, lange zu beraten, bevor er einen Entschluß faßte, schöpfte Johannes XXIII. aus seiner diplomatischen Erfahrung, doch natürlich ebenso aus einem tiefen Verständnis für die Nützlichkeit der Anwendung einer kollegialen Form bei der Leitung der Kirche.

Am Montagmorgen, 15. Dezember 1958, hielt Johannes XXIII. ein geheimes Konsistorium ab, dessen Einberufung von der Notwendigkeit der Ernennung von 23 Kardinälen sowie des Camerlengo der katholischen Kirche diktiert war. Nach dem Ausruf «Extra omnes» mit den 23 Alt-Kardinälen (Tisserant, Micara, Pizzardo, Aloisi-Masella, Tedeschini, Mimmi, Fumasoni-Biondi, Fossati, Gerlier, Spellmann, de Gouveia, Frings, Ruffini, Cicognani, Valeri, Ciriaci, Siri, Lercaro, Wyszynski, Léger, Wendel, Canali und Ottaviani) allein gelassen, die am Konsistorium teilnehmen durften, verlas der Papst das Gebet «Adsumus», um die Hilfe des Heiligen Geistes anzurufen. Darauf wandte er sich in lateinischer Sprache an die Versammelten (der lateinische Text der Rede wurde in der Ausgabe des «Osservatore Romano» vom 15./16.Dezember 1958 veröffentlicht).

Zu Beginn seiner Ansprache drückte der Papst seine Freude über die zahlreichen Glückwünsche aus, die im Vatikan anläßlich seiner Erwählung auf die Cathedra Petri eingelaufen waren. «Diese Zeugnisse kindlicher Frömmigkeit und Freude kamen zu Uns von den Geistlichen und dem Klerus, von der Bevölkerung der Ewigen Stadt und aus anderen Diözesen, von Stadt- und Landbewohnern der ganzen Welt, ebenso wie ihre Gebete, die sie für Uns von allen Seiten her zu Gott emporsandten; das alles hat Unser Vaterherz zutiefst bewegt», sagte der Papst. «Keinen geringeren Trost empfingen Wir durch die Botschaften, die uns in diesem Zusammenhang die Staatsoberhäupter und Bürgermeister, die Präsidenten namhafter Organisationen, zahlreiche Botschafter und Sondergesandte übermittelt haben. Auch Arbeiter, die sich das tägliche Brot im Schweiß ihres Angesichts verdienen, unschuldige Kinder, deren Gebete beim göttlichen Erlöser besonders willkommen sind, Invalide und Kranke, sogar Häftlinge haben sich Uns zugewandt, als hätten sie ihre eigenen Prüfungen und Heimsuchungen vergessen, um Uns ihre Wünsche, Hoffnungen und Liebe zu bezeugen . . .» Der Pontifex überging auch die Glückwünsche jener nicht mit Schweigen, die nach seinen Worten «vom Apostolischen Stuhl getrennt» sind oder sich ganz allgemein außerhalb der Christenheit befinden.

Diese Freude, welche dem Papst die zahlreichen Gratulationen bereitet hatten, wurde allerdings durch die Lage der katholischen Kirche in China und dem Verhalten ihrer Priester getrübt, «die unglücklicherweise Zeichen der Schwäche, der Unsicherheit und der Verirrung gegeben haben, besonders diejenigen, welche unrechtmäßig den Sitz der Oberhirten einnahmen und solcherart in jämmerlicher Weise den Weg zu einem Schisma öffneten». Nachdem er ein Gebet zum Herrn gesprochen hatte, damit dieser «mit seinem Licht den Geist der Verirrten erleuchte und den Willen aller stärke», ging Johannes XXIII. zur Frage der notwendigen Erhöhung bei der Zahl der Kardinäle in der römischen Kirche über. Er sagte: «Wie Ihr wißt, sind Wir entschlossen, die Versammlung der Kardinäle durch auserlesene Prälaten zu vervollständigen, die sich in Päpstlichen Missionen, an der Spitze von Diözesen oder in der römischen Kurie aktiv, eifrig und vorsichtig erwiesen und so in bedeutsamer Weise zum Fortschritt der christlichen Religion beigetragen haben. Vor Unserem Geist tauchen die Namen vieler anderer auf, die Wir der gleichen Auszeichnung für würdig erachten und die Wir später zu dieser äußerst hohen Würde zu erheben gedenken . . .»

Des weiteren ging aus den Worten des Papstes hervor, daß er «nach Maßgabe der Notwendigkeit» die Anordnung seines fernen Vorgängers Sixtus V., die im Codex des kanonischen Rechts verankert war (Kanon 231), abändern und 23 auserwählte Prälaten mit der Kardinalswürde bekleiden werde. Der Papst nannte die Namen der neuen Kardinäle; es waren: Giovanni Battista Montini, Erzbischof von Mailand (Italien); Giovanni Urbani, Patriarch von Venedig (Italien); Paolo Giobbe, Titularerzbischof von Ptolemais, Apostolischer Nuntius in den Niederlanden; Giuseppe Fietta, Titularerzbischof von Sardes, Apostolischer Nuntius in Italien; Fernando Cento, Titularerzbischof von Seleucia, Apostolischer Nuntius in Portugal; Carlo Chiarlo, Titularerzbischof von Amida, Apostolischer Nuntius zur besonderen Verwendung des Staatssekretariats; Amleto Giovanni Cicognani, Titularerzbischof von Laodicea, Apostolischer Delegat in den USA; José Garibi y Rivera, Erzbischof von Guadalajara (Mexiko); Antonio Barbieri, Erzbischof von Montevideo (Uruguay); William Godfrey, Erzbischof von Westminster (England); Carlo Confalonieri, Titularerzbischof von Nicopolis, Sekretär der Studienkongregation; Richard James Cushing, Erzbischof von Boston (USA); Alfonso Castaldo, Erzbischof von Neapel (Italien); Paul-Marie Richaud, Erzbischof von Bordeaux (Frankreich); John O'Hara, Erzbischof von Philadelphia (USA); José Bueno y Monreal, Erzbischof von Sevilla (Spanien); Franz

König, Erzbischof von Wien (Österreich); Julius Döpfner, Bischof von Berlin; Domenico Tardini, Staatssekretär; Alberto Di Jorio, Auditor des Apostolischen Gerichtshofes; Francesco Bracci, Sekretär der Sakramentenkongregation; Francesco Roberti, Sekretär der Konzilskongregation; André Jullien, Dekan der «Sacra Romana Rota».

Am 17. Dezember 1958 fand die Zeremonie statt, bei der den neuen Kardinälen ihre roten Kalotten (Zucchetti) überreicht wurden. In Beantwortung einer Dankesadresse, die von Erzbischof Montini im Namen der neuen Kardinäle vorgetragen wurde, sprach Johannes XXIII., nachdem er den neuen Mitgliedern des Kardinalskollegiums ihre Zucchetti ausgehändigt hatte, zu den Versammelten. Er drückte den Kardinälen seinen Dank für ihre Ansprache aus und gab sowohl seiner Genugtuung für ihre Grußworte als auch «für die leidenschaftlichen Äußerungen der Treue und Liebe zur Kirche» Ausdruck, die darin widerhallten. Der Papst meinte, die Einführungszeremonie der neuen Kardinäle rege ihn dazu an, einige Worte über den hohen Rang zu sagen, zu welchem die hier versammelten Persönlichkeiten berufen seien: «Es ist interessant festzustellen, daß man, wenn man einer hervorragenden Persönlichkeit eine besondere Ehre zukommen lassen will, immer mit dem Haupt beginnt: Initium honoris a capite. Die Kardinalskalotte ist in Wirklichkeit die reduzierte Form eines kostbaren Schleiers, womit man den edelsten Teil des menschlichen Ganzen zu verhüllen pflegte. Das Haupt ist, wie man annimmt, der Sitz von glücklichen Ideen, großzügigen Vorschlägen sowie von höchsten und reinsten geistigen Erhebungen. Selbst bei der Sorge um das physische Wohlergehen zählt der Kopf, der auch im Greisenalter kräftig, gesund und heiter bewahrt wurde, am meisten». In einem historischen Exkurs erinnerte der Papst daran, daß die Verwendung der purpurroten Kalotte auf Paul II., den Bauherrn der römischen Piazza Venezia, zurückgeht. Nachdem er die symbolische Bedeutung dieses äußeren Zeichens der Kardinalswürde erklärt hatte, wandte sich der Papst der Persönlichkeit von Kardinal Karl Borromäus zu: «Man sagt, daß unser heiliger Karl seinen Purpur (sehr oft ist es auf seinen Porträts die Kalotte, welche hervorsticht und die Aufmerksamkeit weckt) mit den Augen und mit dem Herzen nie anders als eine Verpflichtung zum Martyrium – authoramentum ad martyrium – zu betrachten pflegte. Und weil er die Gewohnheit hatte, seine Kardinalskollegen mit Ehrenbezeugungen, die den Vornehmsten zukamen, zu behandeln, verlangte er, daß auch die Notabeln und Fürsten ihnen diese Ehre erwiesen. Und das weder aus eitlem Dünkel (vento supercilio) noch aus Lust oder Anmaßung der inhaltslosen weltlichen Würden, sondern damit selbst die Fürsten und Herrscher Christus und die Kirche mit um so größerem religiösem Sinn in der Würde ihrer Diener verehrten.» Zum Abschluß der Rede erteilte der Papst den Anwesenden seinen Segen mit den Worten: «Empfangt nun alle zusammen am Ende dieser freudigen und glücklichen Begegnung mit Uns, mit den erneuerten Gefühlen Unserer Zuneigung, Unseren väterlichen Apostolischen Segen, den Wir Euch aus ganzem Herzen spenden, indem Wir vom Himmel die größtmöglichen Ausgießungen der Gnaden für Eure Person und Euer Amt erbitten; und Wir wünschen den Segen, wie Sie Uns gebeten haben, auf jene auszudehnen, die Euch teuer sind, Euere Mitarbeiter und Mitbrüder, auf die Seelen, die Euch anvertraut sind, auf die Völker, die Ihr repräsentiert, damit er für alle ein Unterpfand des göttlichen Wohlgefallens sei» (DC, No. 1294, 1959, S. 7–9).

Nach dem Konsistorium vom 15. Dezember 1958 zählte die römisch-katholische Kirche 74 Kardinäle in ihren Reihen. Es verging genau ein Jahr, bis Johannes XXIII. am Vormittag des 14. Dezember 1959 wieder ein Geheimes Konsistorium abhielt, auf dem er die Ernennung von acht neuen Kardinälen bekanntgab. Nachdem er bei dieser Gelegenheit in seiner Ansprache auf die positiven Seiten im Leben der katholischen Kirche während des vergangenen Jahres hingewiesen hatte, erinnerte er mit Besorgnis an jene, die, indem sie «ihren Ursprung und ihr ewiges Ziel vergessen, das traurige Schauspiel bieten, sich trügerischen Vergnügungen und Leidenschaften des Stolzes und der Sinne hinzugeben. Wir bitten den himmlischen Vater, ihren Verstand zu erleuchten und ihre Herzen durch seine Gnade zu rühren.» Nicht weniger schrecklich ist, wie der Papst bemerkte, daß in unseren Tagen viele Leute auf der Welt unter dem Mangel an den nötigsten Nahrungsmitteln leiden. Diese ernste Not kann nach Ansicht des Papstes nicht dadurch behoben werden, daß die Menschen das Leben im Keim erstikken. Die irdischen Güter müßten besser verteilt werden, um die ungerechten Barrieren, welche Egoismus und Gewinnsucht aufgerichtet haben, zu beseitigen. Jene Völker, die noch nicht die erwünschte Stufe des Wohlergehens erreichen konnten, sollten die notwendige Hilfe hierzu erhalten, und es müßte alles daran gesetzt werden, damit die noch unerschlossenen Reichtümer, welche die Erde hervorbringen kann, zum Wohl aller genutzt werden.

Daß Tausende von Menschen aus ihrer Heimat zu fliehen haben, ist ebenfalls ein Grund für große Trübsal, da diese Leute eine Vielzahl von Leiden erdulden müssen, denen schwer abzuhelfen ist.

Ungeachtet dieser recht düsteren Bilder, die der Papst aufzeichnete, war er nicht geneigt, die Dinge pessimistisch zu sehen, weil er unerschütterlich an die Kraft und unveränderliche Jugend der Kirche glaubte, die durch das Blut ihres Gründers genährt und belebt wird. «Voll Freude über den Anblick dieser Frische und Jugendkraft», sagte er, «setzen Wir jetzt die Zeremonie fort, zu der Wir Eure erlauchte Versammlung einberufen haben, um Eurem heiligen Kollegium acht bemerkenswerte Kirchenmänner beizugesellen, deren Tugend, Wissen und Klugheit bei der Leitung der Geschäfte Wir geprüft haben. Es sind dies: Paolo Marella, Apostolischer Nuntius in Frankreich; Gustavo Testa, Apostolischer Nuntius in der Schweiz; Aloisius Josef Muench, Apostolischer Nuntius in Deutschland; Albert Gregory Meyer, Erzbischof von Chicago; Arcadio Larraona, Sekretär der Religiosenkongregation; Francesco Morano, Sekretär des Obersten Gerichtshofes der Apostolischen Signatur; William Theodor Heard, Dekan der Sacra Romana Rota; Augustin Bea aus der Gesellschaft Jesu. Was meint Ihr? Durch die Autorität des Allmächtigen Gottes, der heiligen Apostel Petrus und Paulus sowie der Unseren kreieren und verkünden Wir sie als Kardinäle der Heiligen Römischen Kirche». (DC, No. 1319, 1960, S. 18–23).

In der zweiten Tageshälfte des 16. Dezember überreichte Papst Johannes XXIII. während des halböffentlichen Konsistoriums, das im Thronsaal stattfand, sieben der neuen Kardinäle ihre Kalotten (Kardinal Marella hatte diese am Morgen desselben Tages traditionsgemäß aus der Hand von Präsident de Gaulle im Elysée-Palast erhalten). In Beantwortung der Dankesrede Kardinal Testas erwiderte der Papst, die Erwählung der neuen Kardinäle sollte zu einem noch größeren Erfolg der bereits ergriffenen Maßnahmen beitragen. Im Bereich der kirchlich-sozialen Wirksamkeit sollten sich die Kardinäle von der Bereitschaft leiten lassen, ihr Blut für die Verteidigung des Glaubens zu vergießen, nachdem ja auch die Purpurfarbe ihrer Gewänder gerade diese Bereitschaft versinnbildliche. «Das sei Euer Programm und auch das Unsere, unsere hauptsächliche Ehre», sagte der Papst, «alles andere erlangt seinen Wert nur im Blick auf diesen Willen, sich aufzuopfern, einen guten geistlichen Kampf zu führen und sich im Geist der Treue der Kirche hinzugeben . . .» (DC, No. 1321, 1960, S. 137–140).

Nach diesem Konsistorium verstrichen kaum mehr als drei Monate, bis der Papst am Morgen des 28. März 1960 aufs neue ein Geheimes Konsistorium abhielt, das dritte seines Pontifikates, um die Ernennung von zehn weiteren Kardinälen bekanntzugeben, wobei sieben von ihnen namentlich verkündet wurden, während drei «in pectore» (wörtlich: «in der Brust», d. h. vorläufig geheim) blieben. Mit 37 Kardinälen betete der Papst hinter verschlossenen Türen um die Gnade des Heiligen Geistes, worauf er die gewohnte Ansprache hielt.

Indem er die Wichtigkeit des neuen Konsistoriums hervorhob, wies der Papst auf das Neue hin, das es gegenüber dem vorhergegangenen auszeichnet. Seine wichtigste Aufgabe sei es, Kirchenmänner, welche «bedeutenden Teilen der Herde Christi in den entfernten Regionen» angehörten, zu den höchsten kirchlichen Ämtern heranzuziehen. Von nun an werde es unter den Kardinälen einen Japaner, einen Filipino und einen Afrikaner geben. Dieses Novum in der Geschichte der katholischen Kirche erfolge in Übereinstimmung mit der alten, aus der Zeit des Apostels Philippus bekannten Tradition, der den mächtigen Kämmerer der äthiopischen Herrscherin Kandake getauft hatte. «Jesus Christus, der Erlöser aller Menschen und Völker», sagte der Papst, «hat jedem Volk seine günstige Zeit festgesetzt, und die Kirche steht ihnen bei ihrem Fortschritt mütterlich bei, sie teilt mit ihnen alle Sorgen und tröstet sie in ihren Heimsuchungen, sie freut sich über ihre Ehren und geistlichen Siege und rühmt ihre Verdienste.» Aus diesen Worten des römischen Papstes kann geschlossen werden, daß die Ernennung jener drei neuen Kardinäle nicht nur von den Bedürfnissen ihrer Ortskirchen, sondern auch durch die Verdienste der japanischen, philippinischen und afrikanischen Katholiken und ihrem anspornenden Wirken diktiert war. Einen gewichtigen Grund für die Erhöhung des

Kardinalskollegiums bildete auch die Vorbereitung des Ökumenischen Konzils, weil dieses Ereignis – um mit dem Papst zu sprechen – «viel Energie voraussetzte». Der Umstand, daß jene Energie von Leuten ausgehen werde, die über große Autorität verfügten und verschiedenen Völkern angehörten, gestatte zweifellos eine wirksamere Gewährleistung von Fortschritten des christlichen Lebens und Apostolates. Nach diesen Erläuterungen verkündete der Papst: «In der Kraft des Allmächtigen Gottes, der heiligen Apostel Petrus und Paulus sowie der Unseren ernennen und verkünden Wir als Kardinäle der Heiligen Römischen Kirche im Rang von Kardinalpriestern: Luigi Traglia, Peter Tatsuo Doi, Joseph Lefebvre, Bernard Jan Alfrink, Rufino Santos, Laurian Rugambwa; im Rang eines Kardinal-Diakons: Antonio Bacci. Wir ernennen ebenso (. . .) drei andere Kardinäle, die Wir «in pectore» bewahren und deren Namen Wir veröffentlichen werden, sobald Wir das für angebracht halten.» Auf demselben Konsistorium erfolgte die Ernennung von sechs örtlichen Oberhirten; außerdem stimmten die Kardinäle über die Heiligsprechung des seligen Juan de Ribera ab (Vgl. DC, No. 1326, 1960, S. 449181454).

Bei der Amtseinführung der neuen Kardinäle am 30. März 1960 lenkte Johannes XXIII. in einer kurzen Rede die besondere Aufmerksamkeit der Anwesenden auf die historische Bedeutung der Ernennung jener drei neuen Kardinäle. Er wandte sich direkt mit den Grußworten an sie: «Liebe und ehrwürdige Brüder aus Tokyo, Manila und Rutabo! Richtet bitte Euren treuen und hochherzigen Völkern aus, daß der Papst sie liebt, und daß er dabei fühlt, wie in sein Herz der Friede des greisen Simeon einzieht, als er in seinen Armen den neugeborenen Heiland der Welt herzte. Wir haben Eure Gemeinden nicht über das Taufbecken gehalten, hingegen können Wir Uns im Geiste des Herrn demütig freuen, Euch erstmalig die Insignien der römischen Kardinalswürde verliehen zu haben, in der Gewißheit, daß sie als Symbole der Einheit mit der Cathedra Petri zu einer fruchtbaren Saat von neuen Bejahungen unserer heiligen Religion in den künftigen Jahrhunderten werden.»

Durch das am 28. März 1960 abgehaltene Geheime Konsistorium erreichte das Kardinalskollegium eine Zahl von 88 Mitgliedern (Am Rand sei bemerkt, daß nur 33 davon Italiener waren). In diesem Zusammenhang sei erwähnt, daß kurz zuvor der Kardinal-Erzbischof von Zagreb, Alojzije Stepinac, am 10. Februar 1960 in seinem kroatischen Heimatort Krašić verstorben war, den man ihm nach Verbüßung einer Kerkerstrafe als Zwangsaufenthalt zugewiesen hatte. Um diese Persönlichkeit hatte es viel Gerede gegeben, weil sich der Verstorbene zur Zeit der deutschen Besetzung Jugoslawiens reichlich kompromittiert hatte. Aber die jugoslawischen Behörden, die dem Kardinal gegenüber negativ eingestellt waren, willigten immerhin in die Bitte Roms ein, die öffentliche Beisetzung des Verstorbenen im Zagreber Dom durchführen zu lassen. Dieses Ersuchen und seine Bewilligung waren die ersten offiziellen Kontakte zwischen Belgrad und Rom nach langem, in deren Gefolge (nach einiger Zeit) die gegenseitigen Beziehungen verbessert und normalisiert wurden.

Am 16. Januar 1961 ergänzte Papst Johannes XXIII. das Heilige Kollegium durch vier neue Kardinäle. Nach zwei Tagen fand die feierliche Überreichung der Kardinals-Kalotten statt. Die Dankesadresse an den Papst wurde von Kardinal Ritter gehalten. In seiner Entgegnung auf die herzlichen Worte dieses neuen Mitglieds des Heiligen Kollegiums beschäftigte sich Johannes XXIII. mit dem Brauch, daß der Papst von Rom den Kardinälen selbst und höchstpersönlich ihre Zucchetti aufsetzt. Er erklärte: «Der Papst überreicht den Zucchetto persönlich, weil das in Rom die enge Zusammenarbeit der höchsten Prälaten mit seinem apostolischen Amt und mit seiner allgemeinen Leitung der Heiligen Kirche versinnbildlicht und in den verschiedenen Gegenden der Welt eine Art Widerspiegelung des päpstlichen Lichtes unter allen Völkern, die zur Gemeinschaft im katholischen Glauben berufen sind, darstellt. Der Kardinalspurpur will gerade die Verbindung eines jeden mit dieser vornehmen Stadt der Apostelfürsten ausdrücken, die mit ihrem Blut ihren glorreichen Weg bezeichnet haben. Dieser Akt der Kalottenübergabe unterstreicht in feiner, wenn auch vielleicht wenig offensichtlicher Weise das Wesensmerkmal der katholischen Einheit.»

Zwei der neuen Kardinäle waren ihrer Herkunft nach Lateinamerikaner. Johannes XXIII. sagte, indem er sich an sie wandte, daß er auch an diesem Festtag nicht über die Besorgnis hinweggehen könne, die in ihm emporsteige, wenn er an den Priestermangel auf diesem Kontinent denke. Dennoch äußerte der Papst die Zuversicht, daß das lebenspendende Wirken des göttlichen Geistes zum Entstehen neuer Priesterberufe beitragen werde, deren gerade jene Länder so notwendig bedürften (vgl. DC, No. 1346, 1960, S. 229–232).

Das Konsistorium vom 16. Januar war im Vergleich mit den vorausgegangenen eher bescheiden. Die römische Kirche erhielt nur vier neue Kardinäle: Joseph Elmer Ritter (USA), José Humberto Quintero (Venezuela), Luis Concha Cordoba (Kolumbien) und Giuseppe Ferretto (Italien).

Am Fest des heiligen Josef, dem 19. März 1962, präsidierte Papst Johannes XXIII. ein Geheimes Konsistorium, das die Namen von zehn neuen Kardinälen verlautbarte. Im Schoße des Heiligen Kollegiums «erwählt der Nachfolger Petri seine engsten Mitarbeiter für die Leitung der Weltkirche, die ihm von ihrem göttlichen Stifter anvertraut wurde», sagte Johannes XXIII. Jedes der Konsistorien äußerte sich regelmäßig zu den wichtigsten Ereignissen, welche die menschliche Gesellschaft und damit in gewissem Maß auch die katholische Kirche betreffen, wobei diese je nachdem Trauer und Beunruhigung oder vertrauensvolle und freudige Hoffnung einflößten. Im Augenblick habe sich das Konsistorium mit drei Fragen zu beschäftigen: Mit der Ankündigung der Erwählung neuer Kardinäle, einer kurzen Darstellung der Lage der katholischen Kirche in gewissen Ländern und der Bekanntgabe einiger das Heilige Kollegium betreffender Neuerungen. Mit dem frohen Anblick der Versammelten verbinde sich für den Papst zur selben Zeit die Trauer um die unlängst verstorbenen Kardinäle. Der Papst erinnerte daran, daß er in den ersten Jahren seiner Regierung durch die bis dahin noch nie dagewesene Erweiterung des Kardinalskollegiums beträchtliches Staunen hervorgerufen habe. Sein Vorgehen sei von dem Bewußtsein geprägt gewesen, daß der Kirche heute neue und schwere Aufgaben gestellt würden. In weniger als drei Jahren seien 17 Kardinäle verstorben; dank Vergrößerung ihrer Zahl habe sich das jedoch nicht schädlich auf den Geschäftsablauf ausgewirkt.

Danach wurden die Namen der zehn neuen Kardinäle verkündet: José da Costa Nuñes, Titularerzbischof von Odessus, Stellvertretender Vorsitzender des «Rates der Römischen Kirche»; Giovanni Panico, Titularerzbischof von Justiniana Prima, Apostolischer Nuntius in

Erzbischof Roncalli in Bulgarien, umgeben von katholischen Bischöfen der verschiedenen Riten

Um sein Arbeitsfeld Bulgarien besser kennenzulernen, scheute sich der Kirchendiplomat Roncalli nicht, das Land im offenen Lastwagen zu bereisen.

Nuntius Roncalli tritt am 7. Januar 1945 eine delikate Aufgabe in Frankreich an.
Foto: Photopress

Der neue Nuntius trat entschieden für die deutschen Kriegsgefangenen ein (hier im Gespräch mit deutschen Seminaristen im Lager von Chartres). Foto: Bilderdienst Süddeutscher Verlag

Recht freundschaftliche Beziehungen verbanden Nuntius Roncalli auch mit dem französischen Staatspräsidenten, dem Sozialisten Vincent Auriol. Foto: Photopress

Portugal; Ildebrando Antoniutti, Erzbischof von Synnada in Phrygien, Nuntius in Spanien; Ephrem Forni, Erzbischof von Darnis, Nuntius in Belgien; Juan Landazuri-Ricketts, Erzbischof von Lima (Peru); Gabriel-Akakios Coussa, melkitischer Erzbischof von Hierapolis in Syrien, Pro-Sekretär der Ostkirchen-Kongregation; Raul Silva Henriquez, Erzbischof von Santiago (Chile); Leo Josef Suenens, Erzbischof von Mecheln und Brüssel (Belgien); Michael Browne, Generaloberer des Dominikanerordens; Anselmo Maria Albareda, Leiter der Vatikanischen Bibliothek.

Nach Bekanntgabe dieser Namen teilte Johannes XXIII. den Versammelten mit, er selbst werde am Gründonnerstag, dem 19. April 1962 an der Bischofsweihe jener 12 alten und neuen Kardinäle teilnehmen, die noch nicht im Bischofsrang stünden, um sie «wegen der Bedeutung ihres Amtes» ihren Kollegen gleichzustellen.

Im weiteren erinnerte der Papst daran, daß dieser Tag für ihn auch deshalb bedeutsam sei, weil er vor 37 Jahren, am 19. März 1925, in der römischen Kirche San Carlo al Corso selbst zum Bischof geweiht worden sei (Vgl. DC, No. 1374, 1962, S. 481–486).

Nach dem Konsistorium vom 19. März 1962 umfaßte das Kardinalsplenum der römischen Kirche insgesamt 87 Mitglieder; davon waren 30 Italiener, während 47 aus den verschiedensten Ländern der Welt stammten; dazu kamen noch die 3 Kardinäle vom 28. März 1960, deren Namen nicht bekanntgegeben worden waren. Wie wir aus der Zahl der Kardinäle ersehen, vergrößerte sich trotz der Häufigkeit der Konsistorien und der großen Zahl der neuernannten Kardinäle ihr Plenum kaum, da viele Alte wegstarben. So zählte das Kardinalskollegium nach dem Konsistorium vom 28. März 1960 88 Mitglieder, während es nach den Konsistorien von 1961 mit 4 und vom 19. März 1962 mit 10 neuen Kardinälen insgesamt wieder nur 87 betrug.

Am 11. April 1962 veröffentlichte Papst Johannes XXIII. sein Motu proprio «Suburbicariis Sedibus» über die jurisdiktionelle Neuordnung der um Rom gelegeen Diözesen, dem am 15. April das Motu proprio «Cum gravissima» folgte, das die Erhebung aller Kardinäle in den Rang von Bischöfen betraf. (Auf diese beiden Dokumente wurde bereits eingegangen, A.d.H.)

Am Gründonnerstag, dem 19. April 1962, weihte der Papst zwölf

Kardinal-Diakone zu Bischöfen, die bis dahin den hierarchischen Weihegrad nicht besessen hatten: Ottaviani, Di Jorio, Bracci, Roberti, Jullien, Larraona, Morano, Heard, Bea, Bacci, Browne und Albareda.

Am 5. September 1962 wurde von Papst Johannes XXIII. das Motu proprio «Summi Pontificis Electio» veröffentlicht. Auf dieses Dokument muß näher eingegangen werden, da es Vorschriften und Anordnungen für den Fall der Sedisvakanz enthält. Zuerst einmal einige Worte über die Ursachen der Promulgation dieses Motu proprio ausgerechnet in der zweiten Jahreshälfte von 1962. Man kann sich denken, daß dies kein Zufall war. Obwohl in der Presse und in den offiziellen Erklärungen nichts über den Gesundheitszustand von Johannes XXIII. gesagt wurde, fühlte er selbst doch nichtsdestoweniger deutlich, wie kurz er noch zu leben hatte. Tatsächlich hatte er seinen nächsten Angehörigen schon früher mehrfach mitgeteilt, «daß seine Koffern immer gepackt seien», doch von den alarmierenden Symptomen seines nahenden Endes war nichts bekannt. Ein zweites Motiv, das ihn zur Herausgabe dieser Anordnungen und Vorschriften veranlaßte, war aller Wahrscheinlichkeit nach der Wirrwarr, der auf den Tod seines Vorgängers, Papst Pius XII., gefolgt war. Diesbezüglich war allenthalben die Erinnerung an den Skandal noch frisch und lebendig, den der Leibarzt des verstorbenen Papstes, Galeazzi-Lisi, mit seinem abstoßenden Vorgehen ausgelöst hatte. Dieser stand an der Spitze des Ärzte-Teams, das den Papst in seiner letzten Krankheit behandelte. Indem er seine Stellung als päpstlicher Leibarzt benutzte, machte Galeazzi-Lisi, ohne daß es die Umstehenden bemerkten, eine Reihe von Aufnahmen des sterbenden Papstes. Er fotografierte den Papst bei einer Bluttransfusion, mit dem Pyjama bekleidet und bei der Verrichtung der natürlichen Bedürfnisse. Die Bilder samt dazugehörigem Text aus den letzten Lebenstagen des Papstes verkaufte Galeazzi-Lisi für sechs Millionen französische Francs der Illustrierten «Paris-Match». Die Veröffentlichung dieses Materials, das – ohne dessen Erlaubnis – reichlich mit naturalistischen Einzelheiten aus dem Leben des Kranken versehen war, rief nicht nur in der italienischen Öffentlichkeit, sondern weltweit Zorn und Empörung hervor. Man kann annehmen, daß dies alles zusammen Papst Johannes XXIII. veranlaßte, sein Motu proprio vom 5. September zu erlassen. Er schrieb: «. . . Wir sind der Ansicht, daß Wir gewisse Regeln aufstellen sollten, die Uns die Fakten (offensichtlich der Gesundheitszustand, A.d.V.) oder unlängst eingeführte Gewohnheiten nahelegen. Nachdem diese Regeln nur einige disziplinäre Aspekte betreffen, schien es Uns nicht angezeigt, die gesamten Verfügungen zu ändern, die in der von unserem Vorgänger Pius XII. seligen Angedenkens erlassenen Päpstlichen Konstitution Vacantis Apostolicae Sedis enthalten sind, sondern Wir gebieten, daß zu dieser die folgenden neuen Regeln hinzugefügt bzw. daß die Verfügungen, welche diese gleiche Frage betreffen, modifiziert werden.»

Der erste Paragraph dieses Motu proprio handelt davon, daß niemand von dem mit dem Tode ringenden oder frischverstorbenen Papst in seinen Gemächern fotografische Aufnahmen oder Tonbandaufzeichnungen machen dürfe. Wenn eine Fotografie des Papstes als Dokument benötigt wird, so darf diese nur mit ausdrücklicher Erlaubnis des Kardinal-Camerlengo aufgenommen werden. Selbst dieser darf die Erlaubnis zu Aufnahmen nur erteilen, wenn der Papst mit seinen päpstlichen Gewändern bekleidet ist.

Der zweite Paragraph betrifft die päpstlichen Beisetzungszeremonien. Sobald das herbeigeströmte Kirchenvolk den Petersdom verlassen hat, sollen die sterblichen Überreste des Papstes durch das Santa-Martha-Tor in die vatikanische Krypta überführt werden; dem Sarg folgen nur die Chefs der drei Kardinalsränge, der Kardinalerzpriester des Petersdomes und jener Kardinal, der zuletzt das Amt des Staatssekretärs innehatte. Außer jenen, welche die Siegel anbringen, dürfen in der Krypta nur die obgenannten Persönlichkeiten und die Verwandten des entschlafenen Papstes zugegen sein.

Sollte in der Todesstunde des Papstes das Amt des Kardinal-Camerlengo vakant sein, so ist das Kardinalskollegium verpflichtet, so schnell wie möglich einen solchen zu wählen. Johannes XXIII. äußerte auch den Wunsch, daß die Gemächer des Papstes während des Konklaves unbewohnt bleiben sollten.

Gewisse Änderungen wurden auch hinsichtlich der Prozedur des Konklaves eingeführt. Jeder Kardinal hat als Teilnehmer am Konklave das Recht, eine Begleitperson mitzubringen, oder auch zwei, wenn er vorher beim Camerlengo um deren Zulassung einkommt. Schwerkranke Kardinäle dürfen sich sogar von drei Helfern begleiten lassen.

Die Kardinäle sollen über den moralischen Charakter der Konklavisten und deren grenzenlose Ergebenheit dem Heiligen Stuhl gegenüber gut informiert sein. Nach Eintritt in das Konklave haben die Kardinäle über ihre Konklavisten zu wachen. Die Teilnehmer am Konklave leisten in der vorgesehenen Reihenfolge einen Eid; diesbezüglich hat der Camerlengo darauf zu achten, daß der Eid wenigstens ein oder zwei Tage vor der Session des Konklaves abgelegt wird, damit jeder die Wichtigkeit und Bedeutung des Schwures ermessen kann. Der Eid wird einer speziellen Formel entsprechend abgelegt. Die Offiziere der Garde und die übrigen Angestellten sind, falls sie den Eid noch nicht geleistet haben, verpflichtet, das so schnell wie möglich in Anwesenheit des Sekretärs des Kardinalskollegiums und des Präfekten der apostolischen Zeremonien zu tun, die für diese Aufgabe vom Kardinal-Camerlengo bestimmt worden sind. Der Papst forderte ebenso kategorisch, daß es keine Möglichkeit gebe, Briefe oder Schriften aller Art, selbst gedruckte, an jene zu senden, die sich – mit Ausnahme der Kardinäle – im Konklave befinden und ebensowenig an jene, die sich außerhalb von dessen Mauern aufhalten, sofern diese schriftlichen Dokumente nicht zuvor dem Sekreätr des Heiligen Kollegiums und jenen Prälaten zur Prüfung vorgelegt worden sind, welche mit der Bewachung des Konklaves betraut sind.

Papst Johannes XXIII. schrieb allen Teilnehmern am Konklave eine strikte Wahrung der Geheimhaltung hinsichtlich dessen vor, was sich auf die Papstwahl bezieht, und was zuvor auf dem Konklave und während der Wahlgänge vor sich ging. Sie werden verpflichtet, alles zu umgehen und zu vermeiden, was unmittelbar oder indirekt gegen die Geheimhaltung (in Wort, Schrift, durch Gesten oder auf eine beliebig andere Weise) verstoßen könnte. Die Übertretung dieser Vorschriften zieht die Exkommunikation nach sich. Der Papst schrieb: «Wir verbieten insbesondere den Kardinälen, ihren Vertrauten, Konklavisten oder anderen Personen mitzuteilen, was direkt oder mittelbar auf die Abstimmungen Bezug hat, ebenso wie das, was hinsichtlich der Papstwahl in den Versammlungen der Kardinäle vor oder während des Konklaves beschlossen wurde.» Es wurde noch einmal bekräftigt, daß zur Erwählung des Papstes eine Mehrheit von zwei Dritteln der abgegebenen Stimmen erforderlich sei. Wenn aber die Zahl der anwesenden

Kardinäle nicht durch drei geteilt werden könne, dann wären zwei Drittel und eine Stimme nötig. Wenn der gewählte Papst im Konklave ist, muß auch er den Kardinälen zugerechnet werden.

Um den geheimen Charakter der Wahl völlig abzusichern, schrieb Johannes XXIII. den am Konklave teilnehmenden Kardinälen vor, alle bei ihnen befindlichen und auf das Ergebnis jeder Abstimmung bezüglichen Dokumente dem Kardinal-Camerlengo oder den Chefs der Kardinalsränge abzuliefern. Diese Dokumente werden in Briefumschläge verschlossen, versiegelt und in einem besonderen Archiv verwahrt. Ohne Einwilligung des neuen Papstes dürfen diese weder geöffnet noch bekanntgemacht werden. Nach Abschluß des Konklaves hat der Kardinal-Camerlengo einen Bericht zu verfassen, welcher der Billigung der drei Chefs der Kardinalsränge unterliegt. Er enthält die Resultate jedes Abstimmungsganges. Dieser Bericht muß in den Archiven in einem versiegelten Umschlag verwahrt werden und darf nur mit persönlicher Erlaubnis des Papstes geöffnet werden.

Johannes XXIII. verbietet es einem jeden, selbst den Kardinälen, zu Lebzeiten des römischen Papstes ohne dessen Wissen über die Wahl seines Nachfolgers zu diskutieren oder in privaten Versammlungen Entscheidungen darüber zu fällen. Nachdem der neue Papst gewählt ist und er die Erwählung angenommen hat, endet das Konklave, was seine kanonische Zuständigkeit anbelangt. Deshalb hindert nichts, daß mit dem erwählten Papst Kontakt aufnehmen: die Bischöfe des Staatssekretariats, der Präfekt des Päpstlichen Hofes, der die päpstliche Korrespondenz betreuende Prälat und jene, die mit dem Papst momentan unaufschiebbare Fragen zu erörtern haben. Wenn der verstorbene Papst ein Testament verfaßt hat, das sein Vermögen, seinen Schriftwechsel sowie sein Privatarchiv betrifft, und wenn er einen Testamentsvollstrecker bestellte, dann muß dieser sämtliche im Sinn des Testamenterstellers liegenden Maßnahmen ergreifen. Dieser Testamentsvollstrecker hat darüber in allem dem neuerwählten Papst Rechenschaft abzulegen (vgl. DC, No. 1388, S. 1447–1452).

Aus all dem Gesagten wird klar ersichtlich, daß Papst Johannes XXIII. sowohl den Kardinälen als auch dem Kardinalskollegium in seiner Gesamtheit große Bedeutung zuerkannte; dieses wurde unter seiner Leitung zu einem eigentlichen Senat der römisch-katholischen Kirche umgewandelt, wobei er die weite geographische Ausdehnung des Katholizismus auf der Welt im Auge hatte.

Zudem war jeder, der des Kardinalspurpurs gewürdigt wurde, ein qualifizierter Spezialist in verschiedenen Fragen des theoretischen Wissens und hatte auf praktischem Gebiet nicht selten beachtliche Erfolge. In Gestalt des Kardinalskollegiums verfügte der Papst über zahlreiche Ratgeber, die ihm in seinen täglichen Mühen und Sorgen beachtlich zu helfen vermochten.

3. Die römische Synode

Eines der wichtigsten Ereignisse im ersten Pontifikatsjahr Papst Johannes XXIII. war die Vorbereitung und anschließende Durchführung der römischen Diözesansynode. Zusammen mit der Verlautbarung seines Planes, ein Konzil der gesamten katholischen Kirche einzuberufen, sprach der Papst auch von der Notwendigkeit, Wünschbarkeit und Nützlichkeit der Einberufung einer römischen Diözesansynode. Diese würde einerseits zu einer Art Miniaturkonzil und gäbe anderseits dem Klerus und den Laien der katholischen Kirche einen entscheidenden Impuls für den Beginn eines «konziliären» Denkens. Darüber hinaus könnte sie auch in anderen Diözesen den Wunsch erzeugen, dem römischen Papst nachzueifern.

Am 29. Januar 1959 versammelte sich im Kloster von San Giovanni e Paolo eine große Zahl römischer Priester, an die sich der Papst mit einer bedeutungsvollen Rede wandte. Er gab seiner Freude darüber Ausdruck, daß er um sich nicht nur Vertreter einer Pfarrgemeinde, sondern die große Familie der Repräsentanten von 190 Pfarreien und Pfarrvikariaten sehe, von Männern, deren Hauptaufgabe in der Bewahrung der Ehre Gottes bestehe. Der Papst habe Gelegenheit, die Verwalter und Seelenführer der Diözese zu prüfen, ebenso wie die bis zu diesem Tag in jedem Zentrum christlichen Lebens, in allen Pfarreien – alten wie neuen – ergriffenen Seelsorgemaßnahmen. Er drückte seine Freude und Zufriedenheit aus, was ihn veranlaßte, sich mit Beifall an jeden Pfarrer zu wenden. In diesem Zusammenhang wurden im Papst zahlreiche Erinnerungen aus seinem eigenen Leben wach, als er die

Möglichkeit hatte, bei der Ausbildung und Vorbereitung einer großen Zahl von Seelen auf das Priesteramt mitzuwirken und sich eine Vorstellung von den bei der Leitung einer Pfarrei zu bewältigenden Schwierigkeiten zu machen. Das Rom seiner Jugendjahre war allerdings von dem heutigen recht verschieden, «aber die Kirche, gestärkt durch die Gegenwart und den niemals fehlenden göttlichen Beistand, immer kräftig, energisch, jung und durch die Gnade ermutigt, versteht es ausgezeichnet und unter allen Umständen, jede beliebige Situation zu meistern; sie läßt sich nicht vom Fortschritt überholen; sie bleibt niemals zurück; sie kann in keiner Weise besiegt und überragt werden.» Ungeachtet dessen, daß der Papst im gegebenen Fall die Zeitform der Gegenwart verwendete, läßt sich unschwer verstehen, daß diese Worte einen Hinweis darauf darstellen, wie die Kirche eigentlich zu sein hätte.

Johannes XXIII. bemerkte: In den vergangenen Jahren sei die Stadt kräftig gewachsen, und die Bevölkerung habe sich erstaunlich vermehrt; deshalb sei unter diesen Verhältnissen ein Hirt mit tapferem Herzen besonders nötig, um der Macht des Bösen entgegenzutreten. Eben deshalb, um die in der gegenwärtigen Situation so notwendige geistliche Aktivität zu verstärken, schickte sich der Papst an, die römische Diözesansynode einzuberufen. Es sei sicherlich nützlich und angebracht, den römischen Klerus zur Beurteilung und Ausarbeitung von Maßnahmen, die der gegenwärtigen Lage entsprechen, aufzufordern und dadurch bei der Geistlichkeit das Interesse am Leben der Pfarrgemeinde zu verstärken. «Die Synode», fuhr der Papst fort, «wird sorgfältig vorbereitet werden; man wird zu diesem Zweck alle erforderlichen Maßnahmen ergreifen. Die Pfarrer werden auf Unseren Anruf mit Glaube und Schwung antworten. Sie wissen, daß der Papst auf sie vertraut, er, der seinerseits von der väterlichen Überzeugung erfüllt ist, daß er ihr volles Zutrauen genießt. Die Ordensmänner werden ihren wirkungsvollen Beitrag leisten, die Ordensfrauen durch ihre Gebete helfen, und alle Gläubigen werden die Initiativen unterstützen und sich bemühen, diesem neuen Geschenk Gottes und der heiligen Kirche würdig zu sein» (DC, No. 1298, 1959, S. 281f).

Am 21. Februar veröffentlichte die Zeitung «Osservatore Romano» einen an den Diözesanklerus und alle Katholiken Roms gerichteten

Hirtenbrief Papst Johannes XXIII. In diesem beschäftigte er sich eingehend mit seinem Entschluß zur Einberufung der römischen Diözesansynode. Wir gehen auf jene Abschnitte dieser Botschaft, welche die bereits in der Ansprache des Papstes im Kloster San Giovanni e Paolo vom 29. Januar 1959 geäußerten Gedanken wiederholen, nicht mehr ein. Vielmehr sei kurz darauf hingewiesen, wie der Papst die Aufgaben dieser Synode umriß. Er schrieb: «Die Synode ist eigentlich eine Versammlung der Bischöfe und ihrer Priester, um die Probleme des geistlichen Lebens der Gläubigen zu studieren und kirchliche Vorschriften in Kraft zu setzen oder ihnen ihre Wirksamkeit zurückzugeben, um Mißbräuche abzustellen, die Erneuerung des christlichen Lebens zu begünstigen sowie den Gottesdienst und die religiöse Praxis zu fördern. Es handelt sich im Grunde genommen um die Weiterführung des Werkes Jesu Christi, unseres Erlösers . . .». Der Papst rief alle zu innigem Gebet für den Erfolg der Synode auf, da es sich um ein schwieriges Unterfangen handle, das den Einsatz aller Mittel erfordere, «die geeignet sind, das Leben der Gnade in den Seelen zu fördern» (DC, No. 1299, 1959, S. 329–332). Dieselbe Nummer der Zeitung enthielt auch eine persönliche Verfügung des Papstes über die Einsetzung einer speziellen Kommission, die mit der Vorbereitung der geplanten Synode beauftragt wurde. Zum Vorsitzenden dieser Kommission wurde Erzbischof Luigi Traglia, der päpstliche Vikar für Rom, ernannt.

Die Vorbereitung der römischen Synode hatte begonnen. Welche Hoffnungen Papst Johannes XXIII. in die römische Synode setzte, ist aus seinen verschiedenen Äußerungen ersichtlich. So hielt der Papst bei der Audienz für eine Gruppe von 200 diözesanen Leitern der Katholischen Aktion Italiens eine Rede, die der «Osservatore Romano» am 10. August 1959 wiedergab. Bei dieser Audienz brachte der Papst verschiedene Programmpunkte des Kongresses der italienischen Diözesanführer zur Sprache. Er fand diese sehr bedeutsam und wünschte zu jedem von ihnen ein paar Worte zu sagen. Der Papst erklärte, daß die Katholiken einer Welt gegenüberstünden, die uns heute zeige, was zur Erhebung der Menschen notwendig sei. Gleichzeitig enthalte sie aber auch Merkmale ihrer Dekadenz. Es handle sich um den moralischen Aspekt vieler Erscheinungen des Lebens, denen nicht mit Gleichgültigkeit begegnet werden dürfe. Daher sei es nötig, daß die Katholische

Aktion mit ihrem Eingreifen ihren eigenen Verpflichtungen entsprechend fortfahre, damit jene, die eine wichtige Stellung einnehmen und entsprechende Maßnahmen ergreifen können, die verzweifelte Entartung der Sitten, angefangen mit dem intimen Familienleben, tatsächlich zum Stillstand bringen. Manche alte Aktionsweisen erscheinen nach den Worten des Papstes für die neuen Zeiten wenig geeignet. Doch darf nicht vergessen werden, daß der Mensch in seinem Wesen heute derselbe wie in der Vergangenheit ist, mit seiner Neigung, größeren oder kleineren Kompromissen ins Garn zu gehen, sowie mit seiner Anfälligkeit den äußeren Versuchungen gegenüber.

Der zweite Punkt, den der Papst auswählte, betraf die Klärung dessen, was die Katholische Aktion unter den heutigen Verhältnissen im Prinzip darstelle, damit sie nicht Initiativen auf Gebieten ergreife, die sie überhaupt nichts angehen. Ein solcher Bereich sei nur allzuoft die Politik. Allerdings sei es nötig, daß die Politik vom Gesichtspunkt christlicher Grundsätze aus beurteilt und sogar von ihnen durchdrungen werde. Dennoch bedeute dies keineswegs, daß sich die Katholische Aktion in den politischen Kampf stürzen müsse.

Den Worten Johannes XXIII. entsprechend empfiehlt sich folgende Arbeitsweise dieser Organisation: «. . . jeder möge sorgsam auf die Einhaltung der Grundsätze achten, die das Leben lenken und erhöhen; auf die Bewahrung von Demut, Reinheit und guten christlichen Sitten; nicht durch eine geräuschvolle, sondern durch eine überzeugende und tiefgehende Aktivität, um den einzelnen Personen, der Familie und der Gesellschaft den Charakter der Festigkeit und Seriosität zurückzugeben.» Man müsse ständig lernen, um die Natur und die Prinzipien der Mitarbeit der Laien am Werk der Hierarchie richtig zu erfassen. Nur bei methodischer, ruhiger und geduldiger Arbeitsweise, ohne in wenigen Tagen das schaffen zu wollen, wofür lange Monate oder gar Jahre der Mühe erforderlich sind, könnten in der «Katholischen Aktion» praktische Resultate erreicht werden.

Bei diesem Punkt seiner Rede angelangt, entwickelte der Papst den Versammelten einen weiteren Gedankengang. Er sagte: «Die ganze Welt wartet und scheint zwei Ereignisse zu sehen, die, wenn sie auch da und dort zu phantastischen Vermutungen führten, dennoch zu einer breitangelegten Mitarbeit am allgemeinen Apostolat aufrufen: die römische Synode und das Ökumenische Konzil.» Die römische Synode, meinte der Papst, ist von großer Bedeutung. Rom ist der Sitz des Apostels Petrus, in Rom werden die für die gesamte Kirche gültigen Gesetze und Vorschriften erlassen, Rom ist die Stadt, deren Einwohnerzahl in einem halben Jahrhundert von Vierhunderttausend auf zwei Millionen angewachsen ist. Angesichts dieser Tatbestände müssen die Verhältnisse rechtzeitig überprüft werden, um sie den neuen Erfordernissen der Zeit auf dem Gebiet des Kultes, der Lehre und der Disziplin anzupassen. An diesem Ereignis sei vor allem die katholische Geistlichkeit interessiert, aber auch die Katholische Aktion sei ihrerseits aufgerufen, ihre Mitarbeit beizusteuern. Die Erreichung der von der Synode gesetzten Ziele werde durch den Umstand erleichtert, daß sich innerhalb Roms viele auf dem Gebiet der Glaubenslehre und des spirituellen Lebens kompetente und mit Arbeitserfahrung in allen Kontinenten ausgestattete Priester befänden. Somit wurde aus den Worten des Papstes der Zweck für die Einberufung der Synode deutlich, der in der Erneuerung vieler Formen des kirchlichen Lebens unter römischen Verhältnissen bestand, wobei die in Rom gewonnene Erfahrung auch von anderen Diözesen übernommen werden sollte, besonders dann, wenn sich in ihrem Bereich Millionenstädte befinden.

Das Ökumenische Konzil sei ein Ereignis, das in erster Linie für den Weltkatholizismus Bedeutung habe. Die Idee zur Versammlung des Konzils sei nicht etwa eine Frucht langer Erwägungen, «sondern eine Art spontaner Blume eines unerwarteten Frühlings». Das Konzil sei die Verherrlichung des denkwürdigsten Ereignisses in der Geschichte der Menschheit: des Sieges der Zivilisation im Licht Christi. Auf der Welt gebe es viele, die den Namen Christen tragen, doch von der katholischen Kirche getrennt sind. Manche von ihnen lebten in unmittelbarem Kontakt mit den Katholiken. Ihnen solle das Konzil zurufen: «Kommt, kommt! Der Weg ist offen für die Begegnung und für die Rückkehr; nehmt oder nehmt erneut Euren Platz ein, der für viele von Euch der Platz Eurer Väter ist. O, welche Freude, welches Gedeihen kann man selbst im staatlichen und sozialen Bereich vom religiösen Frieden und der Wiederherstellung der christlichen Familie für die ganze Welt erwarten!» (DC, No.1311, 1959, S.1095–1100).

Am 27.September 1959 sprach Johannes XXIII. vor Pilgern aus der

Stadt Triest. Er bemerkte, daß ihre Anwesenheit in Rom ein Akt der Treue zum Stuhl des Apostels Petrus sei, der die Garantie für die unzerstörbare Festigkeit aller Bistümer sei. «Zu diesem festen Felsen, auf dem die Kirche gegründet ist, seid auch Ihr gekommen, um Licht, Trost und Sicherheit zu schöpfen, um die unlängst eingegangenen Verpflichtungen einzuhalten und ‹fest im Glauben› zu bleiben (1 P 5,9). Ihr habt Euch bemüht, nach der Diözesansynode von Triest nach Rom zu kommen», sagte der Papst, «und so befindet Ihr Euch nun, wenn auch nur vorübergehend, in Kontakt mit dem Klerus und den Gläubigen des Bistums des Papstes. Diese bereiten sich ihrerseits voll Eifer und Mut auf dasselbe Ereignis vor.» – Die Synode ist nach Ansicht Johannes XXIII. eine Geste kirchlicher Aktivität, welche weder Krisen fürchtet noch vor Opfern zurückschreckt. Die Synode ist die feierliche Bestätigung für den unveränderlichen Wert der geoffenbarten Lehre und des päpstlichen Lehramtes, welche eine Art von sicherer Stütze für die Wahrheit und Glaubwürdigkeit sind. Sie bestätigt und bekräftigt die Disziplin und stellt, wo es nötig ist, die durch unzulässige Gewohnheiten gestörte Ordnung wieder her. Die Synode bedeutet «Respektierung der alten und noch immer lebendigen und wirkungsvollen Traditionen wie auch gleichzeitig ein heiteres Vertrauen und die Beschäftigung mit der Zukunft sowie besonnene Anpassung an die gewandelten Zeitumstände» (DC, No. 1315, 1959, S. 1349–1351). Beiläufig sei bemerkt, daß sich diese Äußerung nicht minder auch auf das II. Vatikanische Konzil bezog, das im wesentlichen mit den gleichen Zielsetzungen einberufen worden war und in seiner Tätigkeit sowohl Achtung vor den alten Traditionen als zugleich auch Sorge für die Zukunft an den Tag legte.

Schließlich wurde die römische Synode nach entsprechenden Vorbereitungen am 24. Januar 1960, einem Sonntag (fünfhundert Jahre nach der letzten entsprechenden Versammlung) im Benediktionssaal mit einer Ansprache von Papst Johannes XXIII. eröffnet. Gemäß Kanon 356 des Codex Iuris Canonici der römischen Kirche sind in jeder Diözese alle zehn Jahre gemeinschaftliche Versammlungen aller Geistlichen mit ihrem Bischof an der Spitze vorgesehen, die den Namen Diözesansynoden tragen. Auf diesen Versammlungen werden alle das Kirchenvolk und die Geistlichkeit bewegenden Probleme studiert. Der Bischof beauftragt eine Kommission mit der Vorbereitung einer Reihe von normativen Texten, welche von ihm nach Billigung durch die Versammlung als «Synodenverordnungen» promulgiert werden und für den gesamten Diözesanklerus verbindlich sind. In Rom war die letzte Diözesansynode im Jahr 1461 von Papst Pius II. einberufen worden. Die heutige Diözese Rom wird jedoch von einer mächtigen Hauptstadt mit über zwei Millionen Einwohnern gebildet, deren Probleme sich in vielem von jenen der mittelalterlichen Kleinstadt aus der Renaissancezeit unterscheiden. Der Papst beauftragte eine Kommission unter Leitung von Erzbischof Traglia mit der Ausarbeitung von Vorlagen für die Synodaldekrete, und diese legte den Versammelten als Entwurf drei «Bücher» im Gesamtumfang von über 770 sogenannten «Artikeln» vor. Darin wurde auf die folgenden Probleme Bezug genommen:

1. Rechte und Pflichten der Welt- und Ordenspriester.
2. Seelsorgliches Wirken: Messfeier, Kirchenmusik und -gesang, Mitwirken der Gläubigen an den Gottesdiensten, apostolische Leitung der Laien, Sakramentenempfang, religiöse Unterweisung.
3. Der Kirchenbesitz und seine Verwaltung, darunter die Wartung historisch wertvoller Archive der römischen Pfarrgemeinden.

Die Zusammensetzung der Synode war überaus vielfältig. Hier versammelten sich die Prälaten der Diözese, die Vertreter der Mönchsorden, die Pfarrgeistlichkeit, die Spiritualen der Kollegien, Krankenhäuser und Gefängnisse sowie der katholischen Vereinigungen, aber auch die Mitglieder des römischen Vikariats. Als Gäste nahmen der Päpstliche Nuntius in Italien und ein Beobachter des Staatssekretariates teil. Die erste Sitzung der römischen Synode wurde mit einer Rede des Papstes eröffnet.

Zu Beginn gab er einen kurzen historischen Überblick über die Tradition der Kirche, Synoden abzuhalten und auf diesen aktuelle Probleme zu lösen. Er begann mit dem Apostelkonzil von Jerusalem und charakterisierte kurz die folgenden Kirchenversammlungen bis zum 1. Vatikanum. Johannes XXIII. erklärte, daß sein Herz aufgeregt in Erwartung des neuen, großen Ökumenischen Konzils schlage, welches das 22. in der Geschichte der katholischen Kirche sein werde. Doch neben den religiösen Fragen von weltweiter Bedeutung, mit denen sich nur ein Konzil beschäftigen könne, gebe es lokale Fragen, die auf Treffen kleineren Maßstabs, auf Diözesansynoden, entschieden werden könnten. Des weiteren schenkte der Papst in seiner Rede der Rolle der Laien bei der Synode große Aufmerksamkeit. Er stellte fest, daß die bevorstehende Synode eine Versammlung von kirchlichen Amtsträgern sei, und zwar von solchen, die etweder der Welt- oder Ordensgeistlichkeit angehören. Wenn die Arbeit der Synode beginne, würden alle Laien von der Stimme eines Prälaten aufgefordert, sich zu entfernen. «Bedeutet das nun aber Bruch oder Kluft zwischen Klerus und Gläubigen, zwischen Priestern und Laien?» Nach den Worten des römischen Papstes gibt es keine solche Unterscheidung, und man muß sich erinnern, daß die Kirche Christi eine vollkommene Gesellschaft ist, in der jeder, der ihr angehört, an allen Reichtümern ihres geistlichen Erbes teilnimmt. Die Kirche ist ein lebendiger Organismus, hier ist alles eng verbunden und geeint; hier sind alle ihre Bestandteile so angeordnet und eingerichtet, daß sie den übernatürlichen Zielen, die ihr gestellt sind, entsprechen. «Das führt zu einer klaren Unterscheidung zwischen Klerus und Volk: Unterscheidung, nicht Trennung.» Dem Klerus ist die Aufgabe der Leitung und Heiligung des kirchlichen Körpers anvertraut, was das Vorhandensein einer göttlichen Berufung und Weihe voraussetzt. Das christliche Volk ist zur Teilnahme an den gleichen himmlischen Gnaden berufen, doch hat Jesus Christus die Austeilung dieser Gnaden dem Priesterstand anvertraut, der speziell für die Ausübung dieses höchsten Mittleramtes zwischen Himmel und Erde zum Heil und zur Heiligung der Gläubigen eingesetzt worden ist.

Die erste Arbeitssitzung der römischen Synode fand am Montag, den 25. Januar 1960, im Benediktions-Saal des Apostolischen Palastes statt. Hauptthema der Sitzung war die Frage der Welt- und Ordensgeistlichkeit. Sobald er mit den Kardinälen, Prälaten und anderen kirchlichen Amtsträgern allein geblieben war, hielt der Papst vor ihnen eine Ansprache über Persönlichkeit und Leben des Priesters. Er begann mit einer Erwähnung der großen Vorbereitungsarbeit, die bei der Abfassung der Vorschriften und der Artikel über die Synodenarbeit geleistet worden war. Die Fürsorge eines Bischofs gegenüber seiner Diözese bestehe nicht nur in der Erlassung disziplinärer Vorschriften, sondern auch in den Vorkehrungen zur Erziehung des menschlichen Willens, damit dieser immer stark und fest bleibe, selbst wenn sich Anzeichen von Müdigkeit und Erschöpfung einstellten. Der wichtigste Mitarbeiter des Bischofs bei dieser Wirksamkeit sei der Priester. Damit jedoch dessen Tätigkeit fruchtbar sei, müsse er einen heiligmäßigen Lebenswandel führen. Während er die Frage der Erhabenheit und Bedeutung des Priestertums betrachtete, zitierte der Papst zahlreiche Stellen aus der heiligen Schrift, die den Grundgedanken seiner Äußerungen verdeutlichen. Indem er auf den zentralen Punkt der liturgischen Tätigkeit der Kirche – die Darbringung des unblutigen Opfers – einging, konzentrierte sich Johannes XXIII. darauf, inwieweit dieses Sakrament von den Priestern ehrfürchtig und bewußt vollzogen werde, die im Verlauf vieler Jahre diese heiligen Worte aussprechen. Er sagte: «Laßt uns zusammen den Wunsch aussprechen – und es sei dies eine der Erinnerungen an die römische Synode –, daß die tägliche Feier der heiligen Messe durch jeden von uns und durch alle immer inbrünstig und fromm sei. Aber bitten wir auch unseren Schutzengel, uns bei dieser heiligen Handlung beizustehen, und leise zu warnen und uns zu helfen, in Übereinstimmung mit den liturgischen Vorschriften still, aber gläubig und dankbar, mit inniger, beinahe schüchterner Frömmigkeit und zitternd die Worte auszusprchen, welche das Testament der Liebe Jesu zu uns besiegeln, die göttliche Realität seines und unseres Priestertums bestätigen und uns der unaussprechlichen und ewigen Freuden in diesem und auch im anderen Leben versichern. Haec quotiescumque feceritis in mei memoriam facietis. Amen» (DC, No. 1323, 1960, S. 259–266).

Auf der zweiten Sitzung der Synode hielt der Papst eine Ansprache, in welcher er Erwägungen darüber anstellte, wie Sinn, Herz und Rede des Priesters beschaffen sein sollten. Er begann damit, daß er wörtlich eine Verordnung des Konzils von Trient (Sessio XXII, de reformatione, cap. 1) zitierte: «Es gibt nichts, was andere mehr zu Frömmigkeit und Gottesdienst ansporrnt, als das Leben und Beispiel jener, die sich dem göttlichen Dienst widmen. Weil sie über die weltlichen Sorgen zu einem höheren Platz erhoben worden sind, ruhen auf ihnen die Blicke der übrigen wie auf einem Spiegel und suchen, was sich nachahmen lasse. Deshalb steht es den Klerikern, die zum Dienst des Herrn berufen sind, auch voll und ganz zu (dieses Tätigkeitswort ‹voll und ganz zustehen› bedeutet weniger ein Recht als eine Notwendigkeit und Verpflichtung), das Leben und ihr ganzes moralisches Verhalten so einzurichten, daß sie in Kleidung, Geste, Gang und allen anderen Dingen Ernst, Mäßigkeit und Frömmigkeit widerspiegeln. Sie sollen selbst leichte Fehler vermeiden, weil diese bei ihnen schwere Fehler sind, damit ihre Handlungen die Wertschätzung der übrigen erlangen» (zit. nach Prima Romana Synodus, Vaticana 1960, S.367f.).

Diese Zeilen skizzieren nach den Worten des Papstes ein getreues Erscheinungsbild des Priesters Christi, weil die von tiefer Religiosität durchdrungene Lebensweise, die Art, sich zu kleiden, das gute Benehmen, die Wortgewandtheit und besonnene Gelassenheit Achtung und Ehrerbietung einflößen. Diese Eigenschaften sind allerdings nur dann wertvoll, wenn sie wie ein kostbarer Mantel einen von der Gnade des Herrn verschönerten Schatz moralischer Tugenden bedecken.

«Gestattet uns, ehrwürdige Brüder und liebe Söhne, (. . .) Euch auf einige dieser Tugenden hinzuweisen, die für die menschliche Person und die priesterliche Würde notwendig sind: eine gründliche Kenntnis der Lehre, ein reines Herz und den richtigen Gebrauch des Wortes.»

Zur Erweiterung des Verstandes hat der Priester das ganze Leben zu lernen. Heutzutage ist, wie nie zuvor, ein hohes kulturelles Niveau notwendig. Der Ungebildete und Unfähige kann und darf nicht Priester werden. Gleichzeitig muß man bei der Auswahl der Bücher und in Fragen des Studiums sehr sorgfältig vorgehen, weil die Gleichgültigkeit in dieser Frage wie auch der Überfluß an Literatur aus allen Gebieten des menschlichen Wissens manchmal zu geistiger Zerstreutheit oder leichtfertiger Beurteilung dieser oder jener Probleme führen. Alle Geistlichen sollen die Versuchung meiden, originell oder übermäßig modern zu scheinen, und sich stets der Worte von Kardinal Schuster erinnern: «Persönlicher Subjektivismus in der Theologie schafft Häretiker, in asketischer Hinsicht erhält er die Leute in der Illusion, und in den kirchlichen Disziplinen bringt er Ungehorsame hervor, das heißt solche, die vom Weg der Mitarbeit am Werk Gottes abgekommen sind.»

Das Herz des Priesters soll voller Liebe sein, wie sein Verstand die Wahrheit zu studieren hat; voller Liebe zu Christus, zur Heiligen Kirche und zu den Menschenseelen, besonders zu jenen, die seiner Obhut anvertraut sind. Die menschlichen Seelen mögen verschiedenen Klassen angehören, doch hat er den Seelen der Sünder und Armen aller Kategorien besondere Aufmerksamkeit und Fürsorge zu erweisen.

Liebe und Brüderlichkeit stehen auf gleicher Höhe mit der Fürsorge für die Reinigung der Seele und des Körpers. Die Gnade, welche den Priester würdig macht, ist zwar eine große Kraft, doch bietet diese Tatsache keine Immunität gegen die Versuchung des Fleisches, die eine große Gefahr darstellt. Unter Bezugnahme auf die Fragen des kirchlichen Zölibates sagte der Papst: «Ist Euch bekannt, was Unsere Tage zuweilen am heftigsten betrübt? Es ist die Klage von nah und fern, welche nicht nur aus Rom, sondern von den verschiedensten Winkeln der Erde zu Uns gelangt, die Klage jener Priester, denen die Gesellschaft von Herz und Fleisch auf der Reise durchs Leben und auch bei der wenig achtsamen Ausübung des heiligen Amtes großen Schaden vor dem Angesicht Gottes, der Kirche und der Seelen und eine große Schmach sowie unzählbare und bittere Leiden zugefügt hat. Es tut Uns besonders leid zu sehen, daß sich gewisse, um einige Fetzen ihrer verlorenen Würde zu retten, vorstellen, daß die katholische Kirche bewußt oder aus Opportunismus auf die priesterliche Ehelosigkeit verzichten könnte, die im Lauf der Jahrhunderte einer der vornehmsten und reinsten Ruhmestitel ihres Priestertums gewesen ist und bleibt. Die Vorschrift des kirchlichen Zölibates und die Sorge um seine Einhaltung rufen beständig die Erinnerungen an die Schlachten der heroischen Zeiten wach, als die Kirche Christi den Kampf aufnahm und es ihr gelang, ihre glorreiche Dreiheit, das unvergängliche Siegeszeichen, zum Triumph zu führen: die freie, keusche und katholische Kirche Christi.» Solcherart wies Johannes XXIII. mit seinen Worten alle Vermutungen über eine Aufhebung des Zölibates in der römischen Kirche zurück.

Zum Abschluß seiner Rede rief der Papst die Kleriker zur Zurückhaltung in ihren Worten auf. Nachdem er die 18 Verse des dritten Kapitels aus dem Jakobusbrief zitiert hatte, fügte er seinerseits hinzu, daß nichts für einen im Dienst Gottes stehenden und nach Vollkommenheit strebenden Menschen unziemlicher sein könne, als eine lose Zunge. Wer Gott zu dienen wünsche, solle den Redefluß bändigen und ihn der Herrschaft des Verstandes unterwerfen. Die Zunge wird sehr häufig zum Tor, durch welches der Teufel ins Herz gelangt; dort, wo die Zunge den Gehorsam aufkündigt, kann nichts verborgen bleiben. Der Unvorsichtige spricht unüberlegt. Im Gegensatz zu ihm muß derjenige, welcher Gott zu gefallen wünscht, mit seinen Worten zurückhaltend sein. «Wer unbesonnen daherredet, der liebt die göttliche Weisheit nicht richtig.» Das höchste Ideal des christlichen Priestertums liegt nach den Worten des Papstes darin, dem Volk im Lichte Christi Erbauung und Verehrung einzuflößen. (Vgl. DC, No.1323, 1960, S.265–274.)

Am folgenden Tag, dem 27. Januar, hielt Papst Johannes XXIII. wiederum im vatikanischen Benediktionssaal eine Ansprache, in der er bei jenen Problemen verweilte, die sich dem römischen Klerus stellten. Seinen Worten zufolge stellt die katholische Kirche eine Art Armee dar, die in Schlachtordnung für die Eroberung des Gottesreiches streitet. Die zentrale Lage Roms als der Stadt, nach der alle Wege der Welt führen, absorbiert eine Vielzahl priesterlicher Kräfte und lenkt sie in bedeutendem Maß von ihrer Seelsorgeaufgabe ab. Die Arbeit in der kirchlichen Administration verführt die Seele des Priesters sehr oft auf weltliche Bahnen und bewirkt ein Schwinden des Eifers und der Hingabe an die Seelsorge, zum Schaden der genauen und unmittelbaren Zielsetzungen des katholischen Priestertums. Der römische Klerus beschäftigt sich gleichsam mit zwei Arten von Tätigkeiten, mit der direkten Arbeit in der Seelsorge und der indirekten und mittelbaren (d. h. der kirchlich-administrativen). Letzteres betrifft offensichtlich die zahlreichen Mitarbeiter der Kurie und der verschiedenen Kongregationen. Nach Ansicht des Papstes liegt die Gefahr darin, daß jeder Priester, ob er nun jung oder alt sei, infolge der menschlischen Unzulänglichkeit die sekundäre (d. h. die administrative) Aufgabe dem primären und grundlegenden Dienst vorzieht. Manchmal (und auch das birgt ein großes Risiko) mißachtet der Priester sogar seine erste und wesentliche Aufgabe (d. h. er verwandelt sich mit anderen Worten in einen Beamten) und erkaltet in der Folge auch in seinem Einsatz für den zweiten Aspekt des kirchlichen Amtes. «Wie leicht begeht man ohne strikten Gehorsam und ohne die Bereitschaft, nicht den eigenen, sondern immer Gottes Willen zu tun, Irrtümer und verwechselt Schein mit Sein!» Rom ist einerseits die Kurie, andererseits die Diözese. «Aber das gemeinsame Priestertum eint und beseelt alle Priester», wie sich der Papst ausdrückte. «Natürlich soll man seine Arbeit in der Kurie weder vernachlässigen noch unterschätzen, um sich im Übermaß seelsorglichen Aktivitäten zu widmen. Jene, denen die Ausübung hoher kirchlicher Funktionen obliegt, wissen genau, daß ihre speziellen Aufgaben bei sorgfältiger Erfüllung, mögen sie auch nicht direkt mit einem unmittelbaren Dienst an den Seelen verbunden sein, ein wahres Werk des Apostolates ausführen, das manchmal weniger angenehm, aber für die Kirche um so nützlicher und löblicher ist. Wer sich anderseits – sei es in eigener Verantwortung, sei es in aktiver, musterhafter, immer liebenswürdiger und geduldiger Zusammenarbeit – der Seelsorge widmet, soll gleichfalls in seinem Wirkungsbereich bleiben, sich nicht mit weltlichen Unternehmungen beschäftigen und alle Absonderlichkeiten vermeiden, welche die Erbauung, die der Priester seinen Gläubigen geben muß, untergraben könnten.» Das Wichtigste sei, daß sich der Priester nicht in der Rolle des Mietlings aus dem Evangelium zeige, der sich seiner Herde gegenüber nachlässig verhält und beim Anblick des heranrückenden Wolfes, dieses fürchterlichen Räubers, schläft oder davonläuft, statt den Dieb anzubrüllen, mit ihm zu kämpfen oder um Hilfe zu rufen. Die Worte Christi «Ich bin der gute Hirt» stellten eine Einladung und einen Aufruf an alle Priester dar, seinem guten Beispiel zu folgen, ihre Opfer zu vermehren, wie auch er das große Opfer seines Lebens gebracht habe. Zum Abschluß sagte Johannes XXIII.: «Möge die Gestalt Jesu, des göttlichen Hirten, durch die Lesung des Evangeliums immer vor unseren Augen stehen, und möge uns die sakramentale und lebenspendende Gegenwart seines Leibes und Blutes: vere cibus, vere potus, die Gnade bewahren, welche uns von Irrtum und Übel errettet und uns sogar inmitten der Sorgen und Kränkungen des Lebens eine Quelle dieser inneren Freude bleibt, die man zu Recht einen Vorgeschmack der künftigen Freude genannt hat . . .»

Es muß erwähnt werden, daß die römische Synode mit großem Enthusiasmus abgehalten wurde. Von besonderer Bedeutung waren die Schlußworte des Papstes, die zuweilen von stürmischem Beifall unterbrochen wurden (zum Beispiel, als sich der Papst über die Notwendigkeit und die Vorzüge des kirchlichen Zölibates aussprach). Die große Zahl der Anwesenden, deren es rund 1 000 waren, gestattete keine Debatte nach der Verlesung der vorbereiteten Texte. Statt dessen wurde den Teilnehmern vorgeschlagen, ihre Bemerkungen schriftlich einzureichen. Viele machten von dieser Möglichkeit Gebrauch, und der Papst berücksichtigte diese Vorschläge bei der Abfassung des Textes der Synodal-Dekrete, die am 28. Juli desselben Jahres veröffentlicht wurden. Nachdem diese (am 1. November 1960) in Kraft getreten waren, empfing Johannes XXIII. den gesamten römischen Klerus und forderte ihn auf, die neuen Regeln des diözesanen Lebens einzuhalten und die Erwartungen von Christen wie Ungläubigen nicht zu enttäuschen, deren Blicke auf Rom gerichtet seien. Wir werden auf diese Dokumente und auf diese Audienz im folgenden noch eingehender zu sprechen kommen. Man kann jedoch sagen, daß die neuen römischen Synodalverordnungen keine Revolution auslösten, daß sie aber nichtsdestoweniger zur Regelung von Leben und Wirken der Geistlichkeit der Stadt beitrugen, in welcher 1960 das Verhältnis der Priester zur Bevölkerung 1:3300 stand (590 Welt- oder Ordenspriester unter 1950000 Einwohnern). Den Pfarrern oblag es, zusammen mit ihren Mitarbeitern Jahr für Jahr ein Programm für die seelsorgliche Tätigkeit auszuarbeiten, um improvisierte Unternehmungen zu vermeiden. Alles mußte dafür getan werden, die Gläubigen zu den Gottesdiensten anzuziehen: Lesung des Evangeliums und der Epistel in der Volkssprache, Erklärung der Zeremonien der hohen religiösen Feiertage und, sofern dies möglich war, gemeinsamer statt individueller Vollzug der Riten, so zum Beispiel die Massentaufe aller im Lauf der Woche auf die Welt gekommenen Neugeborenen an den Sonntagen. Die Predigt sollte den Gläubigen angepaßt werden und notwendigerweise ihre Kultur und Psychologie in Betracht ziehen. Für die Studenten der Priesterseminare müssen Übungen mit Spezialisten der Rhetorik abgehalten werden.

Der Grundgedanke war, daß die Kirche in dieser Welt die christliche Botschaft nur in einer dem Geist der Zeit entsprechenden Weise: der Nächstenliebe, weitergeben könne und dürfe; und daß es notwendig sei, überlebte Regelungen (wie z. B. Ordensregeln) zu opfern, wenn diese den psychologischen und gesellschaftlichen Zuständen unserer Tage nicht mehr entsprächen und die kirchlichen Funktionen nur komplizierten, statt sie zu vereinfachen.

Hinsichtlich ihrer Durchführung und der äußeren Form ihrer Arbeiten stellte die römische Synode eine Art Generalprobe für das Vatikanische Konzil dar, dessen Einberufung der Papst am 25. Januar 1959 angekündigt hatte. Sowohl die Synode als auch das Konzil spiegeln, auch wenn sie auf unterschiedlichem Niveau stattfanden, die Bemühungen von Papst Johannes XXIII. wider, dafür zu sorgen, daß die Geistlichkeit die evangelische Frohbotschaft in einer den Verhältnissen der Welt von heute besser angepaßten Weise verkünde. Die Bekundung dieser Fürsorge finden wir im gesamten seelsorglichen Wirken von Johannes XXIII. Jede seiner Tätigkeiten, jedes seiner Auftreten waren darauf ausgerichtet, den Priester dem Volk näher zu bringen. Diese Annäherung kostete ihn beträchtliche Kraft.

Am Donnerstag, den 28. Januar, als in Rom die Sitzungen der Synode vor sich gingen, versammelten sich die Alumnen der Priesterseminare Roms und der Kollegien für die Welt- und Ordensgeistlichkeit in der Kirche San Ignazio, um ein belehrendes Wort des Papstes anzuhören. Nachdem er seiner Freude über die große Zahl junger Priesterstudenten Ausdruck verliehen hatte, beschäftigte er sich mit dem alttestamentlichen «Buch der Richter», in dem über den Vormarsch des gotterwählten Volkes unter Leitung von Moses Nachfolger berichtet wird. Einem dieser Volksführer, Gideon, bezeugte Gott, daß bei großen Unternehmungen nicht die Masse, sondern die Auserwählten zählen, denn nach den Worten des Papstes ist «die Auswahl das Gesetz des Lebens, des Fortschritts und der Vollkommenheit». In diesem Geist des Auserwähltseins liege das Geheimnis der Fruchtbarkeit und des Gedeihens ihres künftigen Wirkens beschlossen. Die Seminaristen der katholischen Kirche seien die neuen Soldaten der Gegenwart, zu Unternehmungen berufen, die irdischen Eroberungen in nichts ähneln, weil ihr Bestreben darin liege, für die gesamte Menschheit das große Werk der Einheit in Christus zu vollbringen.

Die Seminaristen sollen den Worten des Papstes zufolge immer daran denken, daß sie nicht deshalb in Rom sind, um sich eine gute Karriere aufzubauen, sondern um die tapfersten und fähigsten Mitarbeiter ihrer Bischöfe und ihrer künftigen Mitbrüder zu werden. Dazu sollten sie ihren Verstand bereichern, der sich allem Schönen und Heiligen öffnen müsse; sie sollten ihre Seele von menschlichem Einfluß reinigen, um fähig zu werden, mit den Glücklichen wie den Betrübten mitzufühlen, und nur auf das bedacht sein, «was wahr, was ehrbar, was recht, was rein, was liebenswert, was wohllautend ist» (Phil 4,8). Jene, die anhielten, um es sich bequem zu machen und auf die Stimme von Fleisch und Blut hörten, würden in stehendes Wasser verwandelt. Johannes XXIII. gebot der versammelten Jugend, streng gegen sich selbst zu sein, da ein Geistlicher weder ein impulsiver, sentimentaler und voreingenommener noch ein schüchterner, verschlossener und vergrämter Mensch sein dürfe. Vor allem, und das sei vielleicht das Wichtigste, könne er kein mittelmäßiger Mensch sein. In den Jahren des Studiums solle er sich um Selbsterkenntnis bemühen, um seine Schwächen zu überwinden und sich in Einklang mit dem vom Herrn selbst vorgezeigten Vollkommenheitsideal zu formen.

Besondere Aufmerksamkeit möge der künftige Priester dem Gebet zuwenden. Der Papst sagte: «Wie jede geistliche Übung kann dies nicht improvisiert oder auf die Zeit nach der Priesterweihe verschoben werden; wenn nämlich bis zu diesem Moment der Geist des Gebets noch nicht entwickelt ist, dann wird es nicht an Gelegenheiten und leider vielleicht auch nicht an Vorwänden (Beschäftigungen, Arbeit) mangeln, ihn zu schwächen. Gerade jetzt müßt Ihr Männer des Gebetes werden, denn welches Licht, welche Güte, welche Ruhe, welche Ausgeglichenheit, aber auch welche Anziehungskraft für die Seelen verschafft Euch die Vertrautheit mit dem Psalterium, jener substantiellen Nahrung für Eure Frömmigkeit!» Daneben sollten die Seminaristen nicht die Hauptsache vergessen, daß die Kirche ihnen ihre Sorgen und Nöte um die Zukunft anvertraue (DC, No.1323, 1960, S.281–288).

4. *Die Ausbildung des Klerus*

Vom 12. bis zum 14.Dezember 1958 fand im «Domus Mariae» die italienische Bischofskonferenz statt. Zu ihrem Abschluß empfing Papst Johannes Kardinäle, Erzbischöfe und Bischöfe, welche an dieser Konferenz teilgenommen hatten.

Diese Audienz bot dem Papst Gelegenheit, den Bischöfen einige seiner Ideen mitzuteilen, aber auch von ihnen ausgehende Hinweise aufzugreifen. Er wünschte besonders, daß der wahre und tiefe Sinn der Liturgie betont werde, indem man die wirkungsvollsten Mittel zur Formung der Gläubigen für ein immer besseres Verständnis der unschätzbaren Werte des himmlischen Opfers einsetze, welches für die Geistlichkeit eine Quelle der Heiligung, wirkungsvoller Seelsorgearbeit und unablässiger Veredlung des christlichen Volkes sei. Darauf kam der Papst ganz konkret auf die Tätigkeit der Bischöfe und Priester selbst zu sprechen und äußerte seine Genugtuung über die zahlreichen und großartigen Resultate, die so offenbar und tröstlich seien und die sie dank ihrem unermüdlichen Eifer erzielt hätten. Er rief dazu auf, die fundamentalen Grundsätze des christlichen Lebens hervorzuheben und auf der unablässigen Übung der großen Tugenden zu bestehen, die jenen ihren Wert verleihen und für sie charakteristisch sind, insbesondere der Glaube, die brüderliche Liebe, das Verzeihen und die geduldige Annahme von allem, was von Gott herkommt. Das Grundanliegen eines jeden Hirten sollte nach den Worten des Papstes die Unterstützung der «Katholischen Aktion» sein, welcher die unermüdliche Fürsorge des Heiligen Stuhles gelte.

Eine andere Überlegung des Papstes betraf die verschiedenen Aspekte der seelsorglichen Tätigkeit. Nach seiner Ansicht ist ein ständiger Kontakt mit den verschiedenen Schichten der Bevölkerung vonnöten, angefangen mit den allerärmsten Klassen und mit den Werktätigen, wobei man den am meisten Vernachlässigten, den Elendesten und am meisten der Hilfe Beraubten besondere Fürsorge zuteil werden lassen sollte, wie z. B. den Fischern, Landarbeitern, Bergleuten, Gastarbeitern und Arbeitslosen; aber gleichzeitig ebenso notwendig den Kranken, Waisen, Gefangenen usw. Liebesdienste erweisen müsse. Der Papst unterstrich auch die Notwendigkeit eines Studiums des Katechismus, des Fundaments und Ursprungs einer jeden wirkunsvollen christlichen Tätigkeit. Darüber hinaus forderte der Papst ein entsprechendes Vorgehen, damit sich das Katechismusstudium immer weiter ausbreite und den traditionellen kirchlichen Formen entsprechend intensiver und tiefschürfender werde.

Nach diesen Feststellungen und einigen anderen Darlegungen begab sich Johannes XXIII. in den benachbarten Saal der Arazzi, wo sich die Sekretäre der Bischöfe befanden, und unterhielt sich mit ihnen eine halbe Stunde lang, wobei er die ihm bekannten Städte aufzählte, sowie persönliche Erinnerungen und Episoden aus dem religiösen Leben des Volkes anführte. Der Papst erwähnte einige Audienzen, die ihm Papst Pius x. gewährt hatte, als er noch Sekretär von Bischof Radini Tedeschi war (cf. DC, No. 1294, 1959, S. 46f.). Am selben Tag sprach Johannes XXIII. auch vor 2000 Studenten der Gregorianischen Universität. Bei diesem Empfang waren 20 Kardinäle, zahlreiche Bischöfe sowie 150 Rektoren von Kollegien und Ordenshäusern zugegen. Auf die Bedeutung des Wortes «universitas» eingehend, bemerkte der Papst, daß es vortrefflich auf diese Lehranstalt passe, weil die Mehrzahl der Studenten aus allen Völkern und von allen Nationen der Welt hierher komme. Gerade hier, in den Mauern dieser Universität, werde die universale apostolische Lehre doziert und gleich dem Pfingstfeuer über die Menschen aller Rassen, Länder und Sprachen verbreitet. «Umgeben von einem Kranz anderer römischer Hochschulen liegt die Päpstliche Gregorianische Universität mit diesen in edlem Wettstreit bei der Suche und Öffnung von sicheren Wegen, die zu einem tieferen Verständnis des göttlichen Erlösers führen und es ermöglichen, Seine Lehre in der für unser Jahrhundert nötigen Weise vorzulegen und zu erklären. «Nach einem Hinweis auf das positive Wirken dieser Bildungsanstalt und besonders auf den Einsatz der «Söhne des heiligen Ignatius» (gemeint sind die Jesuiten, denen die Führung der Gregoriana obliegt), die «sie mit Besonnenheit und Eifer leiten und an ihr unterrichten», wandte sich der Papst mit einem Grußwort an die Studenten und sprach den Wunsch aus, sie mögen «Wissenschaft und Weisheit sowie Frömmigkeit und Lehre verbinden, damit sie bei der Rückkehr in ihre Länder oder in ihre Ordenshäuser brennende Lampen des Lichtes und wirksame Herolde Jesu Christi und die Ehre der Kirche seien» (DC No. 1297, 1959, S. 215–220).

Am 10. Februar 1959 richtete der Papst eine Ansprache an die römischen Fastenprediger, welche vom Geist priesterlicher Sorge um die Verkündigung des Gotteswortes in der Welt getragen war. Er begann damit, daß die Stimme des Priesters in jeder beliebigen Periode seines Lebens wirkungsvoll sei. Sie erhalte jedoch eine besondere Überzeugungskraft, wenn es sich um die Stimme eines Priesters in der Blüte seiner Jugendkraft handle. Zu den wichtigsten und segensreichsten Vorzügen eines Predigers gehöre die Beredsamkeit, verbunden mit pastoralen Tugenden, denn «si intus non sit qui doceat, doctoris lingua externis in vacuum laborat» (Wenn die Lehre nicht zu Herzen geht, verliert sie sich draußen im Leeren, Gregor, In Ev. u.3–5). Das Wort des Priesters solle weise, einfach und liebevoll sein. Aber das sei nicht das Wichtigste, sondern daß das Wort des Priesters sein Leben widerspiegle. Zur Bekräftigung dessen zitierte der Papst die Worte des heiligen Isidor (von Pelusium): «So, wie die Metallmünze nach Bild und Gewicht bestimmt wird, so kann man jeden Kirchenlehrer daran erkennen, was er lehrt und wie er lebt!» (Diem. 36). Die Einfachheit ist die große Gabe des Predigers. Hierzu bedarf es einer ernsten Vorbereitung durch Gebet und Studium. Und sie erfordert eine genaue Ausrichtung der Gedanken auf das gesteckte Ziel. «Die Nächstenliebe ist das Kennzeichen des guten Predigers; Liebe im Wort, in der Vortragsweise, in den Begründungen und ihrer Darlegung sowie in der Anklage der Irrtümer und Fehler!» Für den Priester gibt es nichts Ehrenvolleres als die Fähigkeit, die Seelen zum Denken anzuregen. Papst Johannes sagte: «Die Nächstenliebe geht Hand in Hand mit der Wahrheit. Habt deshalb keine Angst davor, auch dieses Jahr wieder darauf hinzuweisen, daß die Tage des Heiles, der Buße und Beherrschung der Sinne gekommen sind. Sagt dies mit einfachen, aber unmißverständlichen Worten, so wie Jesus zu seiner Zeit zum Volk sprach.»

Am Ende der Ansprache umriß der Papst ein Programm für jede beliebige Predigt, insbesondere aber für die der Fastenzeit, indem er sagte:

«Gott hat uns berufen, die Gewissen der Menschen zu erleuchten, nicht aber sie zu verunsichern oder sie gewaltsam zu etwas zu zwingen. Er hat uns berufen, mit derselben Einfachheit zu sprechen, mit der die Artikel des Apostolischen Glaubensbekenntnisses ausgedrückt werden, weder um das Urteilen zu erschweren, noch um den Zuhörern zu schmeicheln.» (Vgl. DC, No. 1298, 1959, S. 275–280.) Am 11. Februar 1959, dem 101. Jahrestag der ersten Erscheinung der Gottesmutter in Lourdes, betete Papst Johannes XXIII. zur Mittagsstunde am offenen Fenster seines Privatbüros zusammen mit den auf dem Petersplatz versammelten Pilgern den «Angelus» und sprach einige kurze Worte, in denen er die Versammelten aufrief: «Prophezeit die Ordnung und den Frieden, den Frieden, den Frieden für diese Welt, die, obwohl sie dem Irrsinn der menschen- und selbstmörderischen Aufrüstung verfallen scheint, um jeden Preis den Frieden will und mit Uns Gott um den Frieden und das Vertrauen bittet, ihn zu erlangen.» Der Papst sprach seinen innigen Wunsch aus, daß sein Aufruf nicht nur bei seinen römischen und italienischen Kindern, sondern bei allen Völkern der Welt Gehör finde. (Vgl. DC, No. 1298, 1959, S. 270ff.)

Nachdem am 11. März 1959 in Rom ein Kongreß des «Apostolischen Priesterbundes» stattgefunden hatte, der dem 100. Todestag des heiligen Pfarrers von Ars gewidmet war (es handelt sich um Jean-Marie Vianney, Pfarrer von Ars), empfing der Papst die Kongreßteilnehmer am 12. März in Audienz und wandte sich mit Grußworten an sie. Der Papst bemerkte, daß die Priester heute genauso wie früher von hohen Idealen beseelt seien. Sie strebten nach Vollkommenheit, ohne sich auf Kompromisse mit dem Zeitgeist einzulassen; sie versuchten, die brüderlichen Bande untereinander zu verstärken und mit unermüdlichem Einsatz die neuen Probleme des Apostolates von heute zu lösen. Anderseits sehen sie sich großen Gefahren ausgesetzt, die darin bestehen, daß gelegentlich ein unangebrachter Eroberungsgeist und eine übermäßige Neuerungssucht zu gefährlicher Minderung der echten priesterlichen Tugenden führen. Angesichts dessen hielt es der Papst für seine Schuldigkeit und seelsorgliche Pflicht, ihnen einige Anweisungen zu geben. Der Priester ist vor allem ein Mann Gottes; so sieht und beurteilt ihn das Christenvolk, und so möchte ihn auch der Herr sehen. Mit der Bezeichnung «Mann Gottes» schließt man vom Priester alles aus, was «nicht von Gott» ist. Deshalb ist derjenige ein wahrer Priester, der wie Abraham handelt, der nach seiner Erwählung zum «Vater vieler Völker» alles aufgab, um dem Ruf Gottes zu folgen. Das Leben des Priesters sollte von leidenschaftlicher Liebe zu Christus und von innerem Frieden durchdrungen sein. Jesus Christus sei der einzige Freund und Tröster der Hirten bei der Wache vor dem Tabernakel oder bei der Arbeit, in der Sorge für die Armen und Kranken sowie in der Ausübung des heiligen Predigeramtes. «Suchet allein Ihn», sagte der Papst, «und betrachtet die irdischen Dinge in Seinem Licht, im Ihn zu gewinnen. Nehmet Sein süßes Joch und Seine leichte Bürde auf euch, indem ihr die Tugenden übt, die einem geweihten Priester geziemen.» Johannes XXIII. empfahl den Priestern das fleißige Studium der Heiligen Schrift, der Theologie und der heiligen Wissenschaften im Licht des lebendigen kirchlichen Lehramtes, das sie immer geistig jung erhalte und das sie vor der Gefahr bewahre, den anderen eine ungenaue, nebelhafte, gewagte oder eintönige Lehre vorzusetzen. Die Seelen der Gläubigen suchten das Wort Gottes, und der Priester habe es in seiner Ganzheit und Frische zu vermitteln.

Mittelpunkt des religiösen Lebens eines jeden Priesters müsse die göttliche Eucharistie werden: «Es gibt keine Vervollkommnung oder Liebe zu Gott und Christus ohne tiefe Anbetung der Eucharistie, die der Lebensquell aller Gläubigen, insbesondere jedoch der Priester ist. In ihr lädt uns der Herr behutsam durch das Beispiel zur Hingabe für die Seelen, zu selbstentsagender Liebe und zum Gehorsam ein, wie Er es bis zum Tod war, ja bis zum Tod am Kreuze (cf. Phil 2,8). Der Priester, der aus der Heiligen Schrift und dem Kelch lebt, bewahrt seine Berufung unversehrt bis zum «Tag Christi Jesu» (Phil 1,6).

Die letzte Empfehlung des Papstes war, daß der Priester eine wirkliche Liebe zu den Nächsten besitzen sollte, welche mit dem Streben nach persönlicher Heiligung und Vervollkommnung beginne. Sie nehme ihren Anfang mit der Liebe zum Gebet und zur Kontemplation sowie durch ständiges Streben nach Askese, ohne dabei zu solchen Formen Zuflucht zu nehmen, welche die Persönlichkeit übermäßig zügeln oder abtöten. Jeder möge sich das gute Beispiel des heiligen Pfarrers von Ars vor Augen halten, der sein Leben lang weder auf Posen noch auf leere Rhetorik verfiel. «Er war ein Mann Gottes: er liebte den Altar und die klaren Quellen der Offenbarung, er züchtigte die Seelen mit der mystischen Rute der Reinigung und wirkte aktiv zu ihrem Heil mit. Seine schlichten, überzeugenden Predigten gingen in die Herzen aller ein, um Wunder der Gnade zu wirken, – dabei hatte man ihn einst für geistig minderbemittelt gehalten! Gibt es einen überzeugenderen Beweis dafür, daß nicht menschliche Mittel die Seelen bezwingen, sondern allein die Tugend Gottes, welche durch seine Werkzeuge wirkt» (DC, No. 1300, 1959, S. 403–408; vgl. auch: Johannes XXIII. Vermächtnis seines Pontifikates, München 1965, S. 55–59).

Am 1. April 1959 fand eine Sitzung der «Förderation katholischer Universitäten» mit Teilnehmern aus aller Welt, vorwiegend Universitätsrektoren, statt. Die Förderation war 1924 in Löwen gegründet worden, wo man die Rektoren der katholischen Universitäten zu gemeinsamem Studium und zur Beurteilung sämtlicher Probleme versammelt hatte. Sie war von Papst Pius XII. durch das Apostolische Schreiben «Catholicas studiorum Universitates» vom 27. Juli 1949 kanonisch bestätigt worden. Auf dieser Sitzung ergriff Papst Johannes XXIII. vor einer großen Zahl von Anwesenden das Wort.

Beinahe zehn Jahre zuvor habe «sein Vorgänger unsterblichen Angedenkens» der Föderation ihren rechtlichen Status verliehen. In der Zwischenzeit sei aus dem weise gepflanzten Samen ein Baum geworden, der seine mächtigen Äste ausbreite. Die Gründung dieser Organisation sei dank dem Bestreben der Katholiken erfolgt, «ihre Verstandes- und Willensanstrengungen zum größeren Wohl der Kirche und für die Ausbreitung der christlichen Lehre zu vereinen». Der Papst freue sich über diese guten Absichten, und er ermunterte nicht nur, den eingeschlagenen Weg weiter zu beschreiten, sondern er verlangte das auch. Die segensreiche Tätigkeit der Förderation sollte sich nicht nur innerhalb der katholischen Familie auswirken, sondern auch in den Vereinigungen und obersten Organen der verschiedenen Staaten, um dem Materialismus eine mächtige Bastion christlicher Wissenschaft entgegenstellen zu können.

Mit Bedauern konstatierte der Papst, daß manche glaubten, mit Hilfe der Wissenschaft in völliger Selbstgenügsamkeit leben und das Gesetz Gottes sowie die Gottesfurcht mißachten zu können. Eine derartige Einstellung ist für das Menschengeschlecht wie für die Zivilisation verderblich. Da die Trennung von Gott nichts anderes bedeutet, als in der Finsternis des Lasters und des Unglücks zu versinken, zerstört die Aufhebung der Grenzen zwischen Erlaubtem und Unerlaubtem die eigentlichen Grundlagen des gesellschaftlichen Lebens.

Johannes XXIII. verweilte bei den der modernen Wissenschaft gestellten Problemen und sprach: «Ihr vermerkt mit Recht, daß heute, wo der Unterricht der einzelnen Disziplinen immer mehr spezialisiert wird, die Wahrheit, in welcher alle Dinge gründen und sowohl ihren Platz wie auch ihren Rang erhalten, Gefahr läuft, schweren Schaden zu erleiden und sich vor den Augen des sie betrachtenden Geistes aufzulösen, wenn man nicht jedem Gegenstand größte Aufmerksamkeit zuteil werden läßt. Deshalb ist es von größter Bedeutung, nach den erhabensten Prinzipien der Einheit zu suchen, welche für die Studenten wie strahlende Sterne sein sollten.» Als dieses Fundament, das Glaubenslehre und Wissenschaft vereint, bezeichnete der Papst Christus, der die Wahrheit ist, und durch den und in dem alles Seiende existiert. Die Gegenstände erscheinen nur in ihm, ihrem Schöpfer, in ihrer höchsten Harmonie, deshalb «sollt Ihr Euch nicht Lehrer nennen lassen, denn nur einer ist Euer Lehrer, Christus» (Mt 23,10).

Im Schlußteil seiner Rede erinnerte der römische Papst erneut an seinen Entschluß, ein Ökumenisches Konzil einzuberufen, das nach seinen Worten «eine außergewöhnliche Darbietung der Verbindung, der Einheit und der Eintracht der heiligen Kirche Gottes, der Stadt auf dem Berg, darstellen und seinem Wesen nach eine Einladung an die getrennten Brüder sein wird, (. . .) damit sie zur allgemeinen Hürde, deren Leitung und Bewachung Christus dem heiligen Petrus in einem unerschütterlichen Befehl seines göttlichen Willens anvertraut hat, zurückkehren können» (DC, No.1302, 1959, S.513–516). Es muß klar gesagt werden, daß der Papst bei dieser wie auch bei allen anderen von uns früher betrachteten Gelegenheiten als Grundlage für die Wiedervereinigung mit den «getrennten Brüdern» ausdrücklich ihre Rückkehr in die ökumenische Hürde des Apostels Petrus und seines Nachfolgers verlangte.

Die Generaloberen und zahlreiche Vertreter der franziskanischen Familie, Minoriten, Konventualen, Kapuziner und Angehörige des monastischen Dritten Ordens des heiligen Franziskus, aber auch Repräsentanten vieler Institute und Kongregationen, die sich an franziskanischen Idealen ausrichten, sowie an die 1000 Angehörige des Dritten Ordens für die Laien waren am 16. April 1959 in der Lateranbasilika versammelt, wo Papst Innozenz III. vor genau 750 Jahren die Regel des heiligen Franz von Assisi schließlich doch noch bestätigt hatte. «Heute abend sind es nicht die Apostel, welche sich hier im Lateran in der Basilika, welche ‹die Mutter und das Haupt von Rom und der Welt› ist, versammeln», erklärte Johannes XXIII., «sondern der Franz von Assisi,

(. . .) der seine Söhne von mehr als sieben Jahrhunderten um sich gruppiert.» Er erblicke dessen Darstellung auf dem strahlenden Mosaik zwischen der Gottesmutter und dem heiligen Petrus, und diejenige des heiligen Antonius von Padua zwischen dem heiligen Johannes dem Täufer und dem heiligen Johannes dem Evangelisten. Diese alten Mauern bewahrten die Erinnerung an seinen gelobten Namen. Papst Innozenz III., der hier in seinem prächtigen Mausoleum ruhe, habe vor 750 Jahren die Ordensregel des heiligen Franziskus mit dem apostolischen Siegel versehen. Die immense Ordensfamilie der Franziskaner gleiche einem Schiff, das den Ozean durchpflügt. Sie besitze drei starke Anker zum Schutz dieses Schiffes vor den Stürmen und Unbilden des Himmels, des Landes und der See: Drei Worte, in denen die Größe der von Papst Innozenz bestätigten Regel zum Ausdruck komme, «paupertas, oboedientia, caritas».

Eine Illustration der Vorzüge und Freuden der Armut stelle die Äußerung des heiligen Verfassers der «Nachfolge Christi» dar: «Verlasse alles, und du wirst alles finden» (3,32). – «Es kann allerdings geschehen», warnte der Papst, «daß man bei der Ausübung dieser fundamentalen Tugend des franziskanischen Geistes eben gerade kraft der Tatsache der Armut über eine Fülle von Gütern, ja sogar materiellen Gütern verfügt, und daß wegen diesem «paupertas in divitiis abundavit» (die Armut führte zu einem Überfluß an Reichtümern) ein Gefühl universaler Domination, das sogar die physische Welt umfaßt, den Geist durchdringt, und das wegen seiner Aufdringlichkeit so gefährlich werden kann, daß es sich zu einer Verwirrung im Bereich der Ideen wie auch der täglichen Praxis auswachsen kann. Man muß deshalb einen Sinn für Zurückhaltung und Maß beweisen . . .»

Die Regel des heiligen Franziskus legt neben der Armut auch großen Wert auf die Ergebenheit des Mönchs dem Bischof, besonders jenem von Rom, gegenüber. Nach den Worten Papst Johannes XXIII. «liefert eine unvoreingenommene Betrachtung der Kirchengeschichte die überzeugendsten Beweise dafür, daß der lautere und einfache Gehorsam der heiligen Kirche gegenüber ein sehr wichtiges Element für den Erfolg im Leben der Mönchsorden gewesen ist, während jene, die vereinzelt oder gemeinsam auf den Weg der Unbotmäßigkeit und des Ungehorsams gerieten, schwere Einbußen zu beklagen hatten».

Den apostolischen Geist der Franziskaner bezeugten gewaltige Bibliotheken, wo sich in einer Vielzahl von alten und neuen Bänden die Leistungen der Franziskanermissionare widerspiegeln, mit deren Blut viele ruhmreichen Seiten der Kirchengeschichte geschrieben wurden. Schließlich betete der Papst darum, daß die Stimme des heiligen Franziskus für alle ein Appell sein möge, «ihre unbesiegbaren Energien von den verschiedenen Punkten der Erde, wo gearbeitet, gelitten und gegen den Geist der Finsternis gerungen werde, zu vereinigen . . .» (DC, No. 1303, 1959, S. 577–582).

Am 26. April 1959 empfing Papst Johannes XXIII. die Aktivistinnen der Päpstlichen Missionswerke in Italien, die sich zu ihrem Nationalkongreß in Rom eingefunden hatten. Dabei wies der Papst diese vor allem auf die Notwendigkeit einer tief inneren Überzeugung von der Bedeutung ihrer Arbeit hin, welche ihnen von der Kirche anvertraut worden sei, denn noch nie sei die Mitarbeit der missionarischen Tätigkeit so vordringlich und wichtig gewesen, wie heute. Es genüge, daran zu denken, wie sehr sich das Gesicht der Mission in den letzten Jahrzehnten verändert habe; wie viele neue Probleme und Schwierigkeiten zu lösen seien! Ernsthafte Gründe zu Beunruhigung bestünden sogar dort, wo die Missionen seit Jahren einen bemerkenswerten Zuwachs zu verzeichnen hätten! Als Begründung für diese Beunruhigung verwies der Papst auf das Fehlen oder die viel zu geringe Zahl missionarischer Kader und sagte: «Auch dort, wo die ‹Felder bereits weiß zur Ernte sind› (Joh 4,35) und wo schon mit der Sichel die reiche Frucht gemäht wird, ist gar oft der Kummer über das Fehlen der erforderlichen Arbeiter und der nötigen Mittel das fast tägliche Brot des Apostels Christi.» Gar mancher Christ sei auch der irrigen Ansicht, daß es bei der Missionsarbeit nur um eine einfache Spende von Mitteln oder von materieller Hilfe gehe. Das sei zwar zweifellos wichtig, aber gleichzeitig dürfe die materielle Hilfe, so nötig sie auch sei, nicht zur einzigen missionarischen Form werden. In erster Linie zähle die von der Nächstenliebe erfüllte Sorge um die Seelen, das Gebet um ihre Rettung und die Werke des Mitleids. «Geliebte Töchter», ermahnte der Papst, «harret aus in Eurer unermüdlichen Arbeit mit ‹starkem Herzen und bereitwilligem Mut›. Dadurch werdet auch Ihr jene unauslöschliche

Freude verspüren, die das Herz des Priesters oder der Missionsschwestern überflutet, wenn sie am Abend nach einem mühevollen Tagwerk erschöpft, aber freuderfüllt hinsinken, weil sie den Herzen etwas Glück geschenkt und zur größeren Verherrlichung Gottes beigetragen haben. Auch wenn Ihr der Sache der Mission alles geopfert habt, werdet Ihr schließlich feststellen, daß Ihr mehr empfangen als gegeben habt. (. . .) Deswegen sagt Jesus, daß ‹Geben seliger ist denn Nehmen›» (Apg 20,35).

Am Mittwoch, dem 7. Juli 1959, dem Festtag der heiligen Cyrill und Method, empfing der römische Papst bei einer Sonderaudienz im Konsistoriensaal die Diözesan-Jugendseelsorger der italienischen Katholischen Aktion und der «Katholischen Förderation der italienischen Universitäten», die in Rom zu einem Kongreß versammelt waren, um das Programm ihrer Bildungs- und Apostolatsaktivitäten für das kommende Jahr aufzustellen. Der Papst fühlte sich durch die Begrüßungsadresse der Versammlung an Ereignisse erinnert, die fünfzig Jahre zurücklagen. Damals war Pfarrer Roncalli von seinem Bischof zum geistlichen Sonderassistenten einer neuen Frauenbewegung ernannt worden, die in jenen Jahren im Rahmen des Laienapostolates den bereits existierenden Verbänden angehörte. Auf diese Weise kenne der Heilige Vater aufgrund eigener Erfahrung die Bedeutung und die Schwere des Dienstes, zu dem diese Assistenten und Seelsorger berufen seien.

Der Papst gab der Hoffnung Ausdruck, daß seine Priester gern auf das Wort des Vaters aller Seelen hörten, der möchte, daß man seine alten Erfahrungen nutze. Diese Erfahrung erinnere ihn daran, daß das Gute und Nützliche nicht einfach in der Neuigkeit liege, die heute mit besonderer Beharrlichkeit als Bedürfnis unserer Tage dargestellt werde, wobei man häufig das Wesentliche vergesse und Kriterien und Ansichten eine große Bedeutung beimesse, die sich nur auf Oberflächliches beziehen. Niemand leugne, daß ein Wandel äußerer Umstände berücksichtigt werden müsse; aber wenn man beginne, total an den Grundsätzen zu rütteln, welche die eigentliche Basis der Tätigkeit darstellten, so müsse man äußerst behutsam sein und eine erleuchtete Wachsamkeit bekunden.

Johannes XXIII. sagte, daß die Katholische Aktion in erster Linie eine geistliche Organisation sei; der geistliche Assistent in der Katholischen Aktion solle in erster Linie daran denken, daß er zu einem Dienst von hoher Bedeutung berufen sei. Daher sei die Heiligung der eigenen Seele wie auch die Heiligung der Seelen all derer, die ihn umgeben, besonders notwendig, ganz gleich, ob es sich dabei um Studenten handle, die sich auf ihren Beruf vorbereiten, oder um Arbeiter, die ebenfalls einen erhabenen und edlen Beitrag zum Leben leisten. Jeder müsse der eigenen Berufung und seinen verschiedenen Fähigkeiten entsprechend ausgebildet und eingesetzt werden, aber immer mit Hilfe der göttlichen Gnade, die allein in der Lage ist, den Menschen zur Erfüllung der verschiedenen Aufgaben mit größerem Geschick und besserer Eignung auszustatten. Der geistliche Assistent der Katholischen Aktion sollte folglich ein frommer Priester und vom Geist Christi ganz durchdrungen sein. Andernfalls bleibe seine Tätigkeit nichts anderes als eine glänzende Fassade, Vergnügen, Attraktion, und momentane Zustimmung der ihn Umgebenden mag widerhallen, doch wird das tragende Fundament fehlen, durch das sich über die reichen natürlichen Gaben hinaus die unauslöschliche Flamme der Gottesliebe zeigt. Nach den Worten des Papstes bedarf es einer großen Vertrautheit mit all dem, «worin die christliche Frömmigkeit ihren Ausdruck findet, wobei diese Frömmigkeit nicht als eine überflüssige Nebensache oder – noch schlimmer – als eine Last oder eine Äußerlichkeit aufgefaßt werden darf, sondern als etwas, das man als Heiligstes, Edelstes und Verbindlichstes lieben, empfinden und verbreiten muß». Ein weiteres wirkungsvolles Moment, ohne welches das Amt der Assistenten nicht fest und segensreich ausgeübt werden kann, besteht in einem ständigen Streben nach innigster Einheit von «Geist und Verstand». Indem er diesen Punkt hervorhob, ohne auf irgendein anderes äußeres Element hinzuweisen, insistierte der Papst kraft seiner apostolischen Funktion auf die religiöse Einheit, weil nach seiner Ansicht jede Zersplitterung der Kräfte und jeder Versuch «anders zu denken, als es die Redlichkeit erfordert», vermieden werden muß. «O diese heilige Eintracht», rief er aus, «nach der hier unten die guten Priester streben; sie ist eine ständige Quelle der Gnade und der Freude für den jungen Priester, der in ihr überall ein Motiv des Friedens und der Ruhe sowie des geistlichen Erfolgs findet, welches zur Gewinnung der Seelen, Diözesen und ganzer Regionen führt.»

Der Papst beendete seine Rede an die Jugendseelsorger mit der Aufforderung, die Gefühle und Ansichten dessen zu teilen, welcher als der Rang-Erste im priesterlichen Dienst immer bereit sei, sich als demütigster Diener der Diener Gottes zu betrachten, und der auf die frischen Kräfte und den Enthusiasmus der jungen Priester vertraut. Der Papst spendete darauf allen Anwesenden und denen, die sie vertraten, seinen Segen (Vgl. DC, No.1310, 1959, S.1049–1052).

Die Enzyklika «Sacerdotii Nostri primordia»

Den Fragen von Priesterberuf und Seelsorgsdienst widmete Papst Johannes XXIII. eine besondere Enzyklika «Sacerdotii Nostri primordia». Diese Enzyklika wurde anläßlich des 100. Todestages des heiligen Jean Vianney (des Pfarrers von Ars) verfaßt und am 31. Juli 1959 vom Papst veröffentlicht. Was war das Ziel dieser Enzyklika? Der Papst antwortete auf diese Frage in folgender Weise: «Es wird Euch, ehrwürdige Brüder, nicht verwundern, daß Unsere Sorgen und Gedanken in diesem Brief vor allem Unseren geliebten Söhnen, den Priestern, gelten. Wir möchten sie und ganz besonders die Seelsorger eindringlich ermahnen, daß sie sich das herrliche Beispiel zu Herzen nehmen, das dieser heilige Mann, einst ihr Mitbruder und jetzt ihr Schutzpatron, ihnen gegeben hat.» Ihnen widme Christus die liebevollen Worte: «Ich nenne euch nicht mehr Diener, sondern Freunde» (Pontif. Rom; vgl. Joh 15,15). «Wenn doch diese Enzyklika dem ganzen Klerus zu einer Verstärkung und Vertiefung dieser Freundschaft behilflich sein könnte! In ihr liegt ja doch die Freude und die Fruchtbarkeit alles priesterlichen Wirkens» (HK, XIV, 1959/60, S.29). Der Papst schickte sich nicht an, «etwas absolut Neues zu sagen». Er wolle einfach am Beispiel des Lebens des heiligen Pfarrers von Ars jene Aspekte priesterlichen Lebens herausarbeiten, die für alle Zeit wesentlich sind.

Jean Vianney war ein asketischer Mensch. Er verzichtete auf Nahrung und Schlaf und legte sich eine harte Selbstzucht auf. Im allgemeinen werden von den Gläubigen keine solchen Großtaten verlangt, nichtsdestoweniger sollte dafür gesorgt werden, daß es der Welt nie an Seelsorgern mangle, welche unter dem Einfluß des Heiligen Geistes nicht zögern, diesen Weg einzuschlagen. «Gerade durch solch ein Leben finden viele Menschen aus den Verlockungen des Irrtums und der Sünde leichter auf den rechten Weg zum Guten zurück» (ibid., S.30). Das Beispiel des Pfarrers von Ars, «hart gegen sich und mild gegen andere», beweise anschaulich, welch erstrangige Bedeutung der Askese im Priesterleben zukomme. Der heilige Jean Vianney sei ein würdiger Nachfolger Franz' von Assisi. «Reich im Schenken an andere, lebte er für sich selbst äußerst arm. Er hielt sich völlig fern von den unsteten und vergänglichen Gütern dieser Welt. (. . .) ‹Mein Geheimnis›, sagte er, ‹ist ganz leicht zu verstehen. Mit einem Wort: alles hergeben und nichts für sich behalten› » (ibid., S.30). Er habe empfohlen, den Armen niemals die Achtung zu versagen, weil die Verachtung ihnen gegenüber der Gleichgültigkeit gegenüber Gott gleichkomme. Der Papst forderte seine Söhne im priesterlichen Dienst auf, dieses Beispiel der Armut und Nächstenliebe zu bedenken. Wer von ihnen über ein gewisses Privatvermögen verfüge, möge sich nicht eifersüchtig an dieses klammern. Sie sollten der Verpflichtung eingedenk sein, die im Kirchenrecht (Kanon 1473) hinsichtlich der kirchlichen Benefizien festgelegt ist, «die überflüssigen Einkünfte für die Armen oder für fromme Zwecke verwenden» (ibid., S.31). Johannes XXIII. sagte, daß ihm viele Priester bekannt seien, die heute in wirklicher Armut lebten. «Und wenn Unsere Teilnahme sie darin ermuntern kann, mögen sie wissen, wie sehr Wir Uns darüber freuen, daß sie ohne jeden Eigennutz hochherzig Christus und der Kirche dienen» (ibid., S.31).

Die Armut des Pfarrers von Ars verband sich immer mit Keuschheit. Über die hohe Bedeutung dieser Tugend für jeden Priester spricht der Papst sehr ausführlich. Mit Bedauern bemerkt er, daß sich die Priester vielerorts infolge ihrer Aufgaben genötigt sehen, in einer Umwelt zu leben, wo die Fragen der Moral nicht auf der nötigen Höhe stünden, und wo man der Sinnlichkeit eine übertriebene Bedeutung beimesse. Darüber hinaus seien sie häufig isoliert und würden von den Gläubigen schlecht verstanden und wenig unterstützt. Daher schrieb der Papst: «An Euch, ehrwürdige Brüder (gemeint sind die Bischöfe), ist es, nach Kräften und mit aller Anstrengung dafür zu wirken, daß der Euch anvertraute Klerus Lebens- und Arbeitsbedingungen hat, die seine freudige Bereitschaft fördern. Es muß alle Mühe aufgewendet werden, um die Gefahren eines allzu einsamen Lebens zu beseitigen. Unvorsichtigkeiten und Unüberlegtheiten durch angemessene Ermahnungen verhindern und die Versuchung lässigen Müßigganges ebenso wie übermäßiger äußerer Tätigkeit einzudämmen» (ibid., S.31). Die asketische Keuschheit sondert den Priester nicht in einem unfruchtbaren Egoismus ab, sondern macht im Gegenteil sein Herz für alle Nöte seiner Brüder offener und empfänglicher. «Eine Seele, die mit der Tugend der Keuschheit geschmückt ist», sagte der Pfarrer von Ars, «ist unfähig, die andern nicht zu lieben, denn sie hat Gott gefunden, der die Quelle und der Ursprung der Liebe ist» (ibid., S.32). Mit großer Wärme äußerte sich der Papst über den Zölibat in der römischen Kirche und erachtete ihn als einen großen Nutzen für diese. «Wie viele und große Wohltaten erweisen der menschlichen Gesellschaft doch solche Menschen», schrieb er, «die, frei von den Sorgen der Welt und nur dem Dienst Gottes gewidmet, ihr Leben, ihr Denken und ihre Kräfte zum Heil ihrer Brüder einsetzen. Wie wertvoll für die Kirche sind Priester, die sich bemühen, die Keuschheit unversehrt zu bewahren, die Wir mit Unserem Vorgänger Pius XI. für die höchste Zierde des katholischen Priestertums halten und ‹die Uns den Anliegen und Wünschen des Heiligsten Herzen Jesu von seiten der Priesterseele die würdigste und ebenbürtigste Antwort zu geben scheint› (Enz. Ad catholici sacerdoti AAS XXVIII. 1936, S.28)» (ibid., S.32).

Der Gehorsam des Heiligen ist nach Papst Johannes XXIII. ebenfalls ein ausgezeichnetes Vorbild für die heutigen Priester. Während seines ganzen Lebens strebte er nach heiligmäßiger Zurückgezogenheit, und die Seelsorgspflichten waren für ihn eine überschwere Last, von der er sich mehrmals zu befreien versuchte. Sein völliger Gehorsam gegenüber dem Bischof gestattete ihm jedoch keinen Wechsel seiner Lebensweise. Der Papst betonte, wie gerne er den Priestern ein solches

Beispiel vorstelle, und wie sehr er darauf vertraue, daß sie die Größe dieses Pfarrers begreifen und ihr Leben lang in Erinnerung behalten würden. «Wenn manche die große Bedeutung dieser Tugend in Zweifel zu ziehen wagen, wie es heute zuweilen vorkommt, dann soll sie ein Wort Unseres Vorgängers Pius XII. eines besseren belehren, das man sich gut merken muß: ‹Die Heiligkeit eines Lebens und die Wirksamkeit eines Apostolats wird getragen und gestützt von der festen Grundlage des beständigen und treuen Gehorsams gegen die Hierarchie› (Exhort. In auspicando AAS LX, 1948, S.375). Auch Unsere anderen Vorgänger in neuerer Zeit haben ja, ehrwürdige Brüder, wie Ihr wißt, die Priester oft und ernst auf die Größe der Gefahr hingewiesen, die aus der zunehmenden Abneigung gegen den Gehorsam im Klerus entsteht, und zwar im Hinblick sowohl auf das kirchliche Lehramt als auch auf die Wahl der Methoden der Seelsorge und die kirchliche Disziplin» (ibid., S.32).

Wiederum auf das Andenken des hl. Pfarrers von Ars eingehend, schrieb der Papst, daß dieser nur in der Kirche und für die Kirche gelebt habe, wie ein auf den flammenden Scheiterhaufen geworfener Strohhalm. «Da wir zum Priestertum Jesu Christi erhoben sind, möge auch uns die Flamme erfassen und verzehren, die vom Heiligen Geist entzündet wird. Alles, was wir sind und haben, verdanken wir der Kirche. (. . .) Streben wir, in brüderlicher Einheit verbunden, danach, ihr so vollkommen zu dienen, wie sich das gehört» (ibid., S.32).

Über Aufgaben der Seelsorge und der Priester unterhielt sich der Papst auch freundschaftlich mit einer Gruppe von 800 Seminaristen aus Bergamo, seinen Landsleuten, am 8. August desselben Jahres im Garten der Villa des Kollegs der «Propaganda Fide» zu Castel Gandolfo. Sein Gespräch mit den Seminaristen war von persönlichen Erinnerungen an die Zeit getragen, als er selbst dem obersten Rat dieser Organisation angehörte. Für uns ist das nur insoweit von Interesse, als es das Leben des Papstes erhellt und über seine Ansichten spricht. Aus seiner Erzählung geht hervor, daß es Papst Pius XI. gleich nach seiner Erwählung für nötig befunden hatte, das «Werk für die Glaubensverbreitung» zu reorganisieren (vgl. Kapitel 1), und er Padre Roncalli die Vorbereitung des Motu proprio anvertraute, das unter der Bezeichnung «Romanorum Pontificum» in die Geschichte eingegangen ist. Zahlreiche Biographen von Papst Johannes erwähnen nicht das geringste über diese Begebenheit seines Lebens, und doch hatte Padre Roncalli jenes Dokument verfaßt, in dem die Verlegung der zentralen Leitung dieser Organisation nach Rom vorgeschrieben wurde. Das Motu proprio wurde am 3. Mai 1922 erlassen.

Als Päpstlicher Nuntius in Frankreich und anschließend als Kardinal unterstützte Johannes XXIII. wiederholt die Idee, eine breite Bewegung der Arbeiterpriester zu organisieren. Mit vielen kirchlichen Persönlichkeiten wollte er eine bessere Aufnahme der evangelischen Frohbotschaft durch die Arbeiter gewährleisten und erachtete es deshalb für notwendig, daß die Priester in deren Mitte lebten und deren Mühe und Plage teilten. Zugleich plädierte Monsignore Roncalli dafür, daß die Kirche auch eine Bewegung von Arbeiter-Mönchen schaffen sollte, welche am Morgen zur Arbeit hinausgingen und abends wieder in die Klöster zurückkehrten. Papst geworden, lehnte er jedoch nicht nur den Vorschlag von Kardinal Feltin zur Ausweitung der Arbeiterpriesterbewegung ab, sondern verbot im Gegenteil dieses kühne soziale Experiment der römisch-katholischen Kirche, mit dem die progressiven französischen Katholiken und sogar ein Teil der kirchlichen Oberhirten große Hoffnungen verbunden hatten. Indem er die Entscheidung des Heiligen Offiziums über die Liquidierung der Arbeiterpriesterbewegung unterstützte, wandte sich der Papst praktisch gegen sich selbst, gegen den früheren Nuntius und Kardinal Roncalli. Am 10. Juni 1959 fand eine Sitzung der Kongregation des Heiligen Offiziums statt, auf der es für zweckmäßig erklärt wurde, die Bewegung der Arbeiterpriester aufzulösen. Am 11. Juni bestätigte der Papst diesen Entscheid und äußerte hierzu seine eigenen Gedanken. Von Kardinal Pizzardo wurde ein diesbezügliches Schreiben an jene Diözesen gesandt, in denen dieses Experiment durchgeführt wurde. Dazu einige Auszüge aus dem Brief: «Der Heilige Stuhl ist der Meinung, daß es zum Apostolat im Arbeitermilieu nicht unerläßlich ist, Priester als Arbeiter in das Arbeitermilieu zu schicken, und daß es nicht möglich ist, die überlieferte Auffassung vom Priestertum zu diesem Zweck zu opfern, wenn auch die Kirche in diesem Apostolat eine ihrer teuersten Aufgaben sieht.

Der Priester wird wesentlich zur Ausübung sakraler Funktionen geweiht, um Gott das Meßopfer und das öffentliche Gebet der Kirche darzubringen, um den Gläubigen die Sakramente zu spenden und das Wort Gottes zu verkünden. Alle anderen Betätigungen des Priesters müssen in irgendeiner Weise auf diese Funktionen hingeordnet sein oder aus ihnen als praktische Folgerungen hervorgehen, und alles, was mit ihnen unvereinbar ist, muß aus dem Leben des Priesters ausgeschieden werden. (. . .) Anderseits setzt die Arbeit in der Fabrik und selbst in kleineren Betrieben den Priester nach und nach der Gefahr aus, dem Einfluß des Milieus zu erliegen. Der ‹arbeitende Priester› lebt nicht nur mitten in einer materialistischen Umgebung, die für seine geistige Haltung verhängnisvoll werden und oft selbst seine Keuschheit gefährden kann; er übernimmt auch, fast ohne es zu wollen, auf sozialem und gewerkschaftlichem Gebiet die Denkweise seiner Arbeitskameraden und schließt sich ihren Forderungen an: eine bedenkliche Verflechtung, die ihn rasch dazu führen kann, am Klassenkampf teilzunehmen. Das ist aber für einen Priester unzulässig (HK, XIV, 1959/60, S.76f.). So endete ein Experiment, in das große Hoffnungen gesetzt worden war. Als Ursachen seines Scheiterns sind hauptsächlich Stellen der katholischen Soziallehre zu betrachten, wo gesagt wird, daß die Einteilung der Menschheit in Klassen der Wille Gottes sei.

Am Tag nach seiner Rückkehr aus Castel Gandolfo nach Rom, am 25.September 1959, besuchte der Papst die Benediktinerabtei Sant' Anselmo, wo sich 150 Benediktineräbte aus der ganzen Welt zu einem Generalkongreß versammelt hatten. Den Angaben des Annuario Pontificio zufolge zählten die sogenannten «konföderierten» Benediktiner 1959 unter der Leitung ihres Abt-Primas 11500 Ordensangehörige, die sich auf 15 Kongregationen verteilten. In seiner Ansprache an die Versammelten gedachte Papst Johannes XXIII. in erster Linie der Ordensdevise «Ora et labora», die das Aktionsprogramm der Benediktiner beinhaltet und ihre beiden Hauptaufgaben definiert, die in Gebet und Arbeit bestehen. Nur dadurch, daß die Mönche Tag und Nacht beten, können sie für das ewige Heil anderer wirken, besonders jener, die von äußeren Dingen absorbiert, kein Verlangen nach den himmlichen Dingen empfinden, keine Kirchen aufsuchen oder diese nur als Kunstdenkmäler bestaunen. «Während heute die Liebe der Menschen erkaltet», sagte der Papst, «brennt Ihr vor göttlicher Liebe; während viele, in irdische Dinge verstrickt, von der Betrachtung der himmlischen Güter abgelenkt werden, erhebt Ihr Euren Geist in Gebet und Betrachtung zu Gott; und während so viele Menschen durch vielerlei Geschrei, Gerede und widersprüchliche Berichte betäubt und verwirrt werden, preist Ihr, ‹una voce dicentes›, Gott auch für jene, die sich wenig um die Tugend und das ewige Leben kümmern oder elend im Schmutz ihrer Laster darniederliegen.» Neben dem Gebet gehören, den Worten des Papstes zufolge, die Jugenderziehung, die Betreuung von Pfarreien, die Ausbreitung des katholischen Glaubens, die Verkündigung an jene Völker, die das Licht des Evangeliums noch nicht empfangen haben sowie die Predigt unter den vom Heiligen Stuhl getrennten Nationen zu den Hauptaufgaben der Brüder dieses Ordens. Dieser Dienst müsse im Geist völliger Eintracht erfolgen, und bei diesen Aufgaben dürfe man nicht das suchen, was trenne, sondern vielmehr das, was vereine. Um die angestrebten Ziele auch wirklich zu erreichen, empfahl der Papst den Benediktinern, immer der Ermahnung des heiligen Thomas von Kempen eingedenk zu sein, der den Mönchen gebot, «rasch zu gehorchen, häufig zu beten, andächtig zu meditieren, besonnen zu arbeiten, gern zu lernen, die Zerstreuung zu vermeiden und die Einsamkeit zu lieben . . .» (Hortulus rosarum, Canon 9). (Vgl. DC, No. 1314, 1959, S. 1285–1288.)

Die Enzyklika «Princeps Pastorum»

Am 29. November 1959 wurde die dritte Enzyklika Papst Johannes XXIII. im «Osservatore Romano» veröffentlicht, die ganz den Problemen der Mission gewidmet war. Mit diesen Fragen hatte sich der Papst allerdings schon einmal in seiner Enzyklika «Ad Petri Cathedram» beschäftigt, doch veranlaßte ihn die Wichtigkeit des Problems zur Veröffentlichung einer speziellen Enzyklika, da die Kirche nicht aufhöre, ihre Gebete darum zum Himmel zu senden, daß «der Herr der Ernte Arbeiter in seine Ernte sende», zumal in dieser Zeit, wo «die Ernte groß, die Arbeiter aber wenige sind» (Lk 10,2).

Nachdem er die Erfolge auf missionarischem Gebiet hervorgehoben hatte, die unter seinen Vorgängern Pius XI. und Pius XII. erzielt worden waren, kam der Papst auf die Probleme zu sprechen, die sich heute vor der Kirche auftürmen. Die örtlichen Kirchen in den Missionsgebieten benötigten, selbst wenn sie eine eigene Hierarchie besitzen, weiterhin die Hilfe von Missionaren aus anderen Ländern, sei es wegen der großen Ausdehnung ihrer Gebiete, sei es infolge der wachsenden Zahl ihrer Gläubigen und der großen Menge jener, die auf das Licht des Evangeliums warteten. Diesen Ländern müsse Hilfe geleistet werden, deren Verwirklichung im Geist christlicher Liebe und mit Taktgefühl zu geschehen habe. Besondere Aufmerksamkeit müsse der Ausbildung lokaler Kader geschenkt werden, die, nach den Worten von Papst Benedikt XV., viel Gemeinsames mit ihren Landsleuten durch Herkunft, geistige Veranlagung sowie durch Gemüt und Neigungen haben und deshalb wesentlich geeignetere christliche Glaubensboten seien. Bei Ausbildung des einheimischen Klerus müsse dafür gesorgt werden, daß die Priester den Geist der Selbstheiligung erwerben und danach streben, Licht der Welt und Salz der Erde zu sein.

Die Ausbildung, deren der Klerus bedarf, sollte den besonderen Verhältnissen, welche je nach Orten und Nationen verschieden sein können, angepaßt sein. Doch es sei nötig, die jungen Leute nicht «in Ausbildungsstätten zu erziehen, die von ihrer sozialen Welt zu sehr abgesondert sind», weil sie sonst beim Verlassen des Seminars Schwierigkeiten im Umgang mit den Leuten haben und «dann sehr häufig eine falsche Haltung gegenüber dem christlichen Volk einnehmen oder ihre eigene Bildung falsch einschätzen» könnten. (Vgl. HK, XIV, 1959/60, S. 173). Die Studienordnungen der Missionsseminare müßten unbedingt Kurse enthalten, die sich auf die verschiedenen Fragen der Missionswissenschaft, aber auch auf technische Kenntnisse in all jenen Belangen bezögen, die für das künftige geistliche Wirken in diesen Gebieten nützlich schienen. Man solle darüber wachen, daß die vermittelte Bildung nicht nur der Lehre des Neuen Testaments entspräche, sondern auch den Verstand der Studenten weite und anrege, damit sie imstande seien, richtige Urteile über die in jedem von diesen Ländern existierenden kulturellen Werte, hauptsächlich in bezug auf die Theologie und Philosophie, zu fällen. «Die katholische Kirche«, so sagte schon

Pius XII., «hat die Überzeugungen der Völker weder verachtet noch verschmäht, die Kirche hat sie vielmehr von Irrtum und Unvollkommenheit gereinigt und durch die christliche Weisheit vervollkommnet und vollendet. Ebenso hat sie deren Kunst und Kultur . . . und die Sitten und überlieferten Bräuche . . . gewissermaßen geheiligt. Auch ihre Feste hat sie unter Änderung von Inhalt und Form als Erinnerungstage an die Märtyrer und zur Verherrlichung der heiligen Geheimnisse in ihren Dienst genommen» (ibid., S.274). Papst Johannes XXIII. schloß an diese Ausführungen ein Zitat aus einer auf dem 2. Weltkongreß der Schriftsteller und Künstler schwarzer Rasse gehaltenen Rede an (vgl. Osservatore Romano, 3.4.1959, S.1).

«Wo immer wirklich Fortschritte in Künsten und Wissenschaften die Kultur der Menschheit bereichern können, fördert und unterstützt die Kirche die darauf gerichteten Anstrengungen des Geistes. Denn die Kirche verbindet sich, wie Ihr wohl wißt, nicht mit einer einzigen Kultur, als wäre diese ihr einzig angepaßt und jede andere zu verachten. Sie wirft sich auch nicht einmal der Kultur Europas und der westlichen Völker in die Arme, wiewohl sie mit dieser nach dem Zeugnis der Geschichte besonders eng verbunden ist. Denn die Aufgabe, die der Kirche anvertraut ist, hat die Religion und das ewige Heil der Menschen zum Gegenstand. Die Kirche, die immer jung bleibt und immer wieder durch den Hauch des Heiligen Geistes erneuert wird, ist jederzeit voller Anerkennung und Aufnahmebereitschaft, ja sogar eine tätige Anregerin für alles, was der Menschheit geistig und seelisch zur Ehre gereicht, auch wenn es in anderen Teilen der Welt als dem Mittelmeerraum seinen Ursprung hat, der nach Gottes Vorsehung die Wiege ihrer Kindheit war» (ibid., S.174).

Wenn die einheimischen Priester eine diesen Prinzipien und Aufgaben entsprechende Ausbildung erhielten und nach Überwindung aller Schwierigkeiten zum Einsatz bereit seien, dann könnten sie unter Leitung ihrer Bischöfe sehr viel leisten. Sie fänden unter den Gebildeten ihres Volkes viel leichter Gehör und vermöchten diese besonders in jenen Nationen für die christliche Wahrheit geneigt machen, deren Kultur aus längst vergangenen Zeiten stammt, denn sie sollten nach dem Wort des Völkerapostels «jeden Verstand gefangennehmen, um ihn zum Gehorsam Christi zu führen» (vgl. 2 Kor 10,5). Für Johannes

XXIII. ist es wichtig, alle Möglichkeiten zu nutzen, die es gestatten, für Bedürfnisse jeder Art vorzusorgen, selbst wenn sich dabei das Wort des Evangeliums bewahrheitete, daß «ein anderer sät und ein anderer erntet» (Joh 4,37).

In den Ländern des missionarischen Wirkens der Kirche gelte es, nicht bloß die christliche Wahrheit und Liebe zu verkünden, sondern ebenso eine soziale Hilfe zu organisieren, die sich als wertvolle Unterstützung der bedürftigen christlichen Gemeinschaften und Völker, denen diese angehören, erweise. Hingegen warnte der Papst, daß weltliche Dinge nicht das apostolische Wirken der Kirche verdecken sollten. Daher muß die soziale Tätigkeit seiner Ansicht nach so schnell wie möglich in die Hände von Laien der interessierten Länder gelegt werden, um die Missionare davon zu befreien.

Die schlimmste Versuchung, die den Herolden des Evangeliums auf ihrem segensreichen Pfade auflauere, sei die Verlockung, ihr irdisches Heimatland über die himmlische Heimat zu stellen, das heißt, missionarisches Wirken mit der Stärkung von Einfluß und Macht des eigenen Landes verbinden zu wollen. «Das wäre die schlimmste Schädigung des Apostolats, es würde in einem Verkündiger des Evangeliums die Liebe zu den Seelen entnerven und seine Autorität beim Volk untergraben» (ibid., S. 175).

In Zusammenhang mit der Rolle der Laien in den Missionen empfahl der Papst, daß sie mit Enthusiasmus am apostolischen Wirken Anteil nähmen, wobei sie mit der kirchlichen Hierarchie zusammenarbeiten sollten, da überall, wo die Kirche bestehe, diese immer in allen ihren Gliedern existiere und aktiv werde, d. h., sie habe ihr Heilswerk sowohl durch den Klerus als auch durch die Laien zu erfüllen.

In den Ländern missionarischer Tätigkeit bestehe die Aufgabe nicht nur in der Bekehrung und Taufe neuer Bürger des Gottesreiches, sondern auch in der Befähigung, die Verantwortung für das Leben und die Zukunft der Kirche auf sich zu nehmen. Die Zahl der Christen habe keine große Bedeutung, wenn ihre Qualität zu wünschen übrig lasse, wenn sie im Bekenntnis ihres Glaubens nicht über eine unerschütterliche Stärke verfügten und wenn ihrem geistlichen Leben die Tiefe fehle. Das Bekenntnis des christlichen Glaubens dürfe mit der Namenseintragung im Register nicht abgeschlossen sein, in erster Linie müsse es den neuen Menschen schaffen (Eph 4,24) und seiner gesamten Tätigkeit einen übernatürlichen Sinn verleihen, indem es ihn ansporne und leite. «Ein Unterricht und eine Erziehung im Christenglauben», schrieb Papst Johannes XXIII., «die sich darauf beschränken würden, die Gläubigen Katechismusformeln zu lehren und mit den wichtigsten sittlichen Geboten sowie ihrer Anwendung summarisch bekanntzumachen, ohne ihnen den Weg zur Erfüllung zu zeigen und sie dazu anzueifern, kommt in die große Gefahr, der Kirche ein träges Volk zuzuführen» (ibid. S.175).

Damit eine intensive christliche Erziehung möglich werde, müßten Erzieher fähig sein, die wirksamsten Mittel zu finden, um die verschiedenen Mentalitäten und ihre Besonderheiten zu erfassen und gut zu verstehen, um den Neuchristen die profunde Aneignung der Wahrheit maximal zu erleichtern. Als besonders wichtig für die christliche Erziehung betrachtete der Papst die eucharistische Gemeinschaft: «Die Einheit im Gebet zu Gott und in der aktiven Teilnahme an den göttlichen Geheimnissen der heiligen Liturgie bereichert und vollendet das christliche Leben des einzelnen und der ganzen Gemeinschaft aufs wirksamste. Das gilt am meisten für die Stärkung der Menschen in der Liebe, die das Kennzeichen wirklichen Christseins ist. Die Liebe überwindet die Gegensätze zwischen Völkern und Kulturen und verbindet alle Menschen in Freundschaft, ob sie Brüder oder Gegner waren» (ibid. S.176).

Die christliche Liebe findet in der materiellen Hilfe ihren konkreten Ausdruck. Zur Begründung dieses Gedankens führte Papst Johannes eine Stelle aus der Enzyklika von Papst Pius XII. «Mystici Corporis» an. In der Kirche leben «die einzelnen Glieder nicht einzig für sich, sondern unterstützen auch die andern, und alle leisten sich gegenseitig Hilfsdienste, zu gegenseitigem Trost, wie besonders zum weiteren Aufbau des ganzen Leibes» (Enz. Mystici Corporis, AAS XXXV, S.200). Nach Ansicht von Johannes XXIII. ist es sehr verdienstlich, wenn sich die Gläubigen angewöhnen, ihre Kirchen, Institutionen und Priester materiell zu unterstützen. Die Größe dieses Beitrages spiele keine Rolle, wichtig sei nur, daß er ein spürbares Zeugnis lebendiger christlicher Gesinnung darstelle.

Die Gläubigen, die Glieder des kirchlichen Leibes, hätten kein

Recht, sich in sich selbst zu verschließen, und sie dürften nicht glauben, daß es zur Erfüllung ihrer Verpflichtungen ausreiche, für die eigenen seelischen Bedürfnisse zu sorgen. Im Gegenteil! Jeder müsse von seiner Seite das Wachstum und die Ausbreitung des Reiches Gottes auf Erden fördern. «Alle mögen deshalb im heiligen Wettstreit miteinander Zeugnis ablegen von ihren Bemühungen um das geistliche Wohl ihrer Mitmenschen, die Sicherung ihres eigenen Glaubens und seine Mitteilung an diejenigen, die ihn gar nicht oder nur ungenügend kennen und deshalb abwertend beurteilen» (HK, XIV 1959/60, S. 177).

Eine große Verantwortung liegt auf den Katecheten, da die Taufbewerber von ihnen «ja nicht nur die ersten Elemente des Glaubens empfangen, sondern auch die Anleitung zu Tugend und warmer, aufrichtiger Liebe zu Christus und seiner Kirche» (ibid. S. 177).

Zum Abschluß sprach der Papst den Bischöfen, Priestern und Gläubigen der ganzen Welt, die mit Gebet und Werken zur Bewältigung der geistlichen und materiellen Bedürfnisse der Missionstätigkeit beitragen, seinen Beifall aus und gab der Hoffnung Ausdruck, daß sie noch intensiver mitarbeiten würden.

Im Februar 1960 waren 50 Jahre seit dem Eröffnungstag des «Päpstlichen Bibel-Institutes» vergangen. Auf der diesem Jubiläum gewidmeten Festsitzung wandte sich Papst Johannes XXIII. an die Anwesenden. Doch bevor wir auf die vom Papst gegebenen Belehrungen eingehen, sei kurz etwas über die Tätigkeit dieses Institutes gesagt. Das Institut war durch Papst Pius X., einem Projekt Papst Leo XIII. entsprechend, gegründet worden. Sein Entstehen war von den Bedürfnissen der Zeit diktiert, von jener Welle des Modernismus in der Theologie, welche die Lehre der katholischen Kirche zu entstellen drohte. Dem oben erwähnten Institut wurden wichtige wissenschaftliche Aufgaben auf dem Gebiet der Exegese gestellt. In den fünfzig Jahren seines Bestehens lieferte das «Biblicum», wie man das Institut auch nennt, der Kirche über 1200 Professoren der Heiligen Schrift. Anfang 1960 zählte es 193 Studenten aus 36 Ländern der Welt. Das dem Institut erteilte Recht der Verleihung aller akademischen Grade hat viel zu seinem Erfolg beigetragen. Der Idee seines Gründers zufolge sollte diese wissenschaftliche Institution ihre Tätigkeit nicht nur auf den Elementarunterricht beschränken, sondern in der Bibelforschung ein hohes Niveau einhalten, um den Werken, welche aus dem Institut hervorgehen, hohe wissenschaftliche und theologische Autorität zu sichern. Nach einem Vortrag von Kardinal Bea, der 35 Jahre lang am Bibel-Institut unterrichtete und in den letzten 19 Jahren dessen Rektor gewesen war, ergriff der Papst das Wort. Der Grundgedanke seiner Ansprache bestand darin, daß alle im Institut vorgenommenen Forschungen «dem heiligen Schatz des Glaubens und dem unfehlbaren Lehramt der Kirche» absolut treu sein sollten. Er sagte: «Um die absolute wissenschaftliche Seriosität mit vollständiger Unterordnung unter das Glaubensgut und unter die Lehre des kirchlichen Lehramtes zu verbinden, muß man in der Praxis viel Scharfsinn und Geduld beweisen. Einerseits muß in der Tat der wahre Sinn und der Grad der Sicherheit einer wissenschaftlichen Schlußfolgerung, anderseits der Sinn und die Bedeutung der theologischen Lehre oder einer Entscheidung des kirchlichen Lehramtes klar festgestellt werden. Nur tiefes und ernsthaftes Verständnis und volle Ergebenheit an den ‹sensus Ecclesiae› erlauben es, die richtige Antwort auf die verschiedenen Probleme zu finden und die Forscher vor bedauerlichen Irrtümern zu bewahren» (DC, No. 1324, 1960. S. 333–340). Von unserer Seite gibt es zu bemerken, daß sich die orthodoxe Exegese in ihrer wissenschaftlichen Tätigkeit ebenfalls auf die von Papst Johannes XXIII. niedergelegten Grundsätze stützt und stützen muß.

Aus der Betrachtung des Wirkens von Johannes XXIII. ist ersichtlich, daß sich seine beständige Fürsorge nicht nur auf die Ausbildung der Priester und nicht nur auf die Tätigkeit der Missionare in fernen Ländern erstreckte; er war auch um die Verbreitung des Evangeliums unter jenen Völkern besorgt, die für christlich gelten. Über ihre Glaubensunterweisung, besonders die der jungen Generation der Völker, hat der Papst wiederholt gesprochen. So wurde auch zur Eröffnung des III. französischen Nationalkongresses für den Religionsunterricht mit dem Thema «Katechese – Mission der Kirche», der vom 19. bis 22. April 1960 in Paris stattfand, eine päpstliche Botschaft verlesen. In ihr äußerte Kardinalstaatssekretär Tardini, der im Namen des Papstes schrieb, viele Gedanken, die den Kongreß zu bestimmten Folgerungen hinführen sollten. Jeder Katechet, so hieß es in der Botschaft, müsse sich, was immer auch seine Funktion innerhalb des religiösen Bildungswesens sein möge, für die ihm von der Kirche anvertraute Mission verantwortlich fühlen. Er sei «beauftragt», «gesandt», das heißt vom Bischof bevollmächtigt, an der apostolischen Mission der Unterweisung teilzunehmen, die seit apostolischen Zeiten der Hierarchie anvertraut ist.

Die Katecheten, ob Kleriker oder Laien, seien, sofern sie über die nötige Ausbildung verfügen, von den Bischöfen beauftragt, die christliche Lehre weiterzugeben. «Kein Auftrag der Kirche», erklärte der Kardinal, «ist enger mit der Verkündigung des Evangeliums verbunden; keiner befindet sich dementsprechend in größerer Abhängigkeit vom Lehramt des Papstes und der Bischöfe . . . Die Religionslehrer unterrichten nicht in ihrem eigenen Namen, sondern im Namen der Kirche, die sie dazu bevollmächtigt.» Der Religionsunterricht müsse den Schüler zu persönlicher und aktiver Teilnahme am Leben der Kirche innerhalb der christlichen Gemeinde führen, der er angehört. Daraus folge, daß diejenigen, die im Namen der Kirche sprechen, «sich nicht auf die bloße Weitergabe intellektueller Kenntnisse und moralischer Normen beschränken dürfen». Bei jedem Punkt der Katechese sei nötig, beständig auf das Glaubensleben Bezug zu nehmen, wie es von jeder christlichen Gemeinde vorgelebt wird, daß heißt mit anderen Worten, der Religionsunterricht dürfe nicht aus dem Zusammenhang mit dem Leben gerissen werden. Der Lehrer könne seinen kirchlichen Auftrag nicht voll erfüllen, wenn seine Zuhörer nicht auf irgendeine Weise am geistlichen Leben der Gemeinde teilnehmen. Erst die kirchliche Umwelt mache den Religionsunterricht fruchtbar. Dieser könne auch nicht losgelöst vom liturgischen Leben der Kirche erfolgen. Was aber die apostolischen Funktionen der Kirche anbelange, so sei hier, nach den Worten Tardinis, der Religionsunterricht eng mit der Katholischen Aktion verbunden. Nur auf diese Weise sei es möglich, in nichtchristlichen Kreisen der «christlichen» Länder das Evangelium missionarisch zu verkünden.

Zum dreißigsten Jahrestag der Errichtung des Päpstlichen Russischen Kollegs in Rom empfing Papst Johannes XXIII. die Dozenten und Studenten dieser Lehranstalt. Dabei stellte er fest, daß die Gründer dieses

Kollegs von der Idee erfüllt gewesen seien, Apostel für Rußland auszubilden. (Die am 11. Februar 1930 eröffnete Ausbildungsstätte hat im Verlauf von dreißig Jahren 135 Priester hervorgebracht, von denen 52 der Gesellschaft Jesu angehören. Hier studieren Alumnen aus 18 Nationen, gewisse theologische und philosophische Fächer werden in russischer Sprache vorgetragen. Jeden Tag wird in der dem heiligen Eremiten Antonius geweihten Kirche des «Russicums» der Gottesdienst nach byzantinisch-slawischem Ritus gefeiert.) Für jene, die in fremden Ländern besondere Aufgaben zu erfüllen haben, stelle die Kenntnis von Geschichte, Sprache und Gebräuchen des betreffenden Landes einen großen Vorzug dar, meinte der Papst. Dieses Wissen gebe die Möglichkeit zu einem guten Verständnis des Milieus, in dem sie zu leben haben und befähige, beste Resultate zu erreichen. Zum Abschluß sagte der Papst: «Man muß alles mit großer Liebe und umfassender Kenntnis der Völker vorbereiten. Auch muß man mit den Söhnen einer uralten Tradition zu rechnen wissen, die es heute nötig haben, verstanden und durch Äußerungen der Brüderlichkeit, des Sanftmuts und des Friedens angezogen zu werden» (DC, No. 1330, 1960, S. 743).

Am 16. April 1961 zelebrierte Papst Johannes XXIII. in der Sixtinischen Kapelle die Liturgie nach byzantinischem Ritus. Bei diesem Gottesdienst weihte er Monsignore Gabriel Akakios Coussa (aus Aleppo) zum Bischof. Nach der Messfeier äußerte der Papst, daß dieser erhabene Ritus eigentlich keiner nachträglichen Erläuterung bedürfe, er es aber nichtsdestoweniger für seine Pflicht halte, einige Worte hinzuzufügen. Er erwähnte, daß vielleicht noch kein anderer festlicher Anlaß so viele hervorragende und maßgebliche Vertreter des Morgen- und Abendlandes unter dem Dach der Sixtinischen Kapelle versammelt habe.

»Diese Liturgie ruft die Schirmherrschaft des hl. Johannes Chrysostomus in Erinnerung, von dem sie Inspiration und Namen empfing. Verschieden sind die Sprachen, in denen sie beinahe im gesamten christlichen Osten gefeiert wird, aber die Struktur und die Bedeutung sind die gleichen.» Wer die Eleganz der griechischen Sprache zu beurteilen wisse, werde von der tiefen Bedeutung des Ausdrucks, der in den Gebeten dieser Liturgie enthalten ist, nicht überrascht sein. Zwanzig

Jahre lang sei der christliche Osten Schauplatz des Wirkens von Johannes XXIII. gewesen. Und er könne ihn bis zu diesem Tag nicht vergessen. Die östliche Liturgie sei sehr eindringlich. Das gab auch der Papst zu erkennen: «Welche Zärtlichkeit ist wahrhaftig in diesen Stimmen, welche zu Beginn der Zeremonie den Frieden preisen und herbeirufen: ‹In Frieden laßt uns beten zum Herrn. Um himmlischen Frieden und das Heil unserer Seelen laßt uns beten zum Herrn. – Um den Frieden der ganzen Welt, um das Wohl der heiligen Kirchen Gottes und die Vereinigung aller laßt uns beten zum Herrn›» (Discorsi, Messaggi, Colloqui del Santo Padre Giovanni XXII., Bd. 3, S. 208f.).

Am 21. Mai 1961, einem Pfingstsonntag, fand die Weihe von 14 Missionsbischöfen aus Kenya, Liberia, Nigeria, Basutoland, Tanganjika, Burma, Taiwan und Indien statt. Papst Johannes XXIII. spendete die Weihen selbst und sagte, daß diese Feier eine Fortsetzung des Pfingstwunders auf dem Berg Sion darstelle, da die neugeweihten Bischöfe als Nachfolger und Fortsetzer der Apostel bei der Verkündigung des Gotteswortes getreulich in deren Fußstapfen treten. «Eure Familien», fuhr der Papst fort, «und Eure Landsleute, die Seminare und religiösen Institute, die Euch erzogen haben, und besonders die hl. Kongregation der «Propaganda Fide», die Euch eine hochherzige und weise Mutter sein will, frohlocken, wenn sie unter diesen hohen Gewölben des Petersdomes und vor dem Angesicht der streitenden Kirche hören, wie man den Namen der Völker zujubelt, auf die sich der liebenswürdige Schutz Eurer neuen bischöflichen Insignien erstrecken wird.»

Die Errichtung einer kirchlichen Hierarchie in den neuen Gebieten Afrikas und Asiens und die Schaffung von Diözesen und Erzbistümern bereichere die Geschichte der Kirche, die immer der Mühen und auch der gelegentlichen Opfer eingedenk sei, von denen die Verkündigung des Evangeliums in diesen Ländern begleitet wurde. Die römische Kirche werde, so versicherte Johannes XXIII., die geistliche Einheit mit den neuen Bischöfen immer bewahren und ihnen nahe sein. Deren Sorgen und Freuden werden auch ihre Sorgen und Freuden sein; die Oberhirten dieser Länder werden beständig die unzerstörbaren Bande empfinden, mit denen sie nach dem Ratschluß Gottes der Mutterkirche angeschlossen sind.

Es wurden auch die Schwierigkeiten erwähnt, auf die die Entwicklungsländer stoßen. Wenn der Papst auch nicht konkret auf diese Schwierigkeiten einging, so hatte er sichtlich den Neokolonialismus im Auge, unter dem viele junge Länder, die eben erst ihre Unabhängigkeit erlangten, schwer zu leiden haben. Er sagte: «Der Weg ist gelegentlich schwierig, und die Konflikte verschärfen sich, aber da, wo man inbrünstig betet, da, wo eine Harmonie von Worten und Werken herrscht, . . . hält der Frühling an und erneuert sich die Jugend in einer glücklichen Fortdauer schrittweiser und sicherer Eroberungen» (ibid. S.303–308).

Die Weihe der Bischöfe fiel mit dem hundertsten Todestag des Bischofs von Marseille, Charles-Joseph-Eugène de Mazenod zusammen, dem Gründer der Kongregation der Missions-Oblaten von der Unbefleckten Empfängnis. Dieser eifrige Bischof hat es nach den Worten des Papstes in jeder Hinsicht verdient, in eine Reihe mit jenen würdigen Exponenten der missionarischen Renaissance aus der Neuzeit gestellt zu werden. Das von ihm 1826 gegründete Institut ist seitdem zu einem mächtigen Baum ausgewachsen, dessen Äste über zwei Kontinente reichen und sowohl in den rauhen arktischen Gebieten wie im Sonnenbrand des Äquators Frucht tragen. Die katholische Kirche ehrt die Gräber ihrer berühmten Söhne und gibt sich geheiligten Erinnerungen hin. Sie schöpft aus ihnen Begeisterung für erfolgreiche Arbeit und den Mut zur Fortsetzung ihres beschwerlichen Weges im Dienst des Evangeliums.

Am 31. Mai 1961, dem Festtag Papst Gregors VII., den die römische Kirche zu den Heiligen zählt, fand im Petersdom ein feierliches päpstliches Ponitfikalamt statt. Der Papst widmete seine Festpredigt ganz dem Andenken dieses, seine Zeit überragenden abendländischen Kirchenfürsten. Obwohl sich Johannes XXIII. im gegebenen Fall auf eine bestimmte historische Persönlichkeit bezog, wandten sich seine Worte dennoch an die heutige Zeit. Während er in Gedanken die Seiten der Geschichte umblätterte, machte er deutlich, was die Kirche in der heutigen Zeit von ihren Dienern erwartet.

Papst Gregor VII. hätte sich, den Ausführungen Johannes XXIII. zufolge, dem 11. Jahrhundert und der Welt dieser Epoche in Erinnerung gerufen und ganz Europa aufgerüttelt, das in einer Fülle von Irrtümern und tiefer Ignoranz versunken war. Dieser Papst starb in der Verbannung. Kurz vor seinem Hinschied in Salerno wandte sich Gregor VII. mit einer Bulle an die katholischen Gläubigen, welche mit den Worten begann «Pervenit, fratres carissimi . . .». Diese Bulle wurde zum geistlichen Testament des Papstes. Darin schrieb er, es sei seit den ersten Tagen seiner Erhebung auf den römischen Stuhl sein Hauptanliegen gewesen, daß die Kirche, die Braut Christi und Mutter aller Gläubigen, ihren ursprünglichen Glanz, mit dem sie viele Jahrhunderte geschmückt gewesen sei, wiederfinde und immer frei, keusch und katholisch sei. Nach Meinung Johannes XXIII. drücken diese Worte «alles aus, was es an Schönstem und Großartigstem in der heiligen Kirche gibt: ihre Freiheit, die Reinheit der Sitten, die von ihm gelehrt wurde, und schließlich die Katholizität, das heißt die Verbreitung über die ganze Welt»! Mit diesem Appell, den die Historiker einen »Ruf aus äußerster Einsamkeit und Verlassenheit» nennen, habe Gregor VII. fern von Rom seinen Geist aufgegeben.

Johannes XXIII. erblickte in diesen wenigen Worten eine pragmatische Erklärung, der nachzufolgen alle Diener der Kirche berufen seien, und sagte: «Geliebte Söhne! Bei diesen Begegnungen unterläßt es der Papst niemals, einige Ermahnungen an Euch zu richten und Euch einen Gedanken nahezulegen. Nun, meditiert am heutigen Festtag die drei Worte, welche der hl. Gregor VII. der Kirche zugeschrieben hat, als ein Lebensprogramm für Euch alle sowie für alle diejenigen, welche in der Welt dem Evangelium folgen und sich rühmen, seine Jünger und Herolde zu sein» (ibid. S. 311–317).

Auf Anregung von Papst Johannes XXIII. hatte die Kongregation der Seminare und Universitäten einen «Aggiornamento-Kurs für Seminar-Rektoren» ausarbeiten lassen. Die Rektoren der Katholischen Seminare, die sich in Rom versammelt hatten, um sich mit dem Kurs vertraut zu machen, wurden am 29. Juli 1961 vom Papst in Castel Gandolfo empfangen. In seiner Rede umriß dieser kurz das Ziel dieses Unterfangens: «Der Kurs wollte jedem Seminarrektor die geeignetsten Mittel anbieten, damit er die Berufungen zum kirchlichen Stand zu wählen, zu pflegen und zu ermutigen wisse.»

Das Glaubensgut sei unverletzlich und unantastbar, doch könne es nicht mit Festigkeit und Zuversicht weitergegeben werden, wenn sich im Klerus die Treue zur Tradition, der wache Sinn für die Mäßigung und die Achtung, die Geradlinigkeit des Verstandes, welche der Ausdruck von Integrität und Mut sind, abschwächen. Es sei schwierig, dem heutigen Geist der Auflösung und der Unabhängigkeit entgegenzutreten, welche die Folge einer oberflächlichen Bildung seien, die ihre philosophischen Grundlagen verloren habe. Der Ausbildung der Geistlichkeit sollen nach Meinung des Papstes das Studium der Heiligen Schrift, der Kirchenväter, der großen Strömungen des geistlichen Lebens und der christlichen Gesellschaftslehre zugrunde liegen. «In Laienkreisen», sagte der Papst, «ist man oft der Ansicht, (. . .) daß gewisse Geistliche den Versuchungen unserer Zeit nicht zu widerstehen vermögen: der Versuchung zu größerem und raffinierterem Komfort, zu Oberflächlichkeit in Bildung, Urteil und Wort; der Versuchung zu einer übermäßigen Aufmerksamkeit gegenüber dem, was sensationell erscheint und zu Widerwillen angesichts der alltäglichen Pflichten, welche Selbstverleugnung, Loslösung, Geduld und Sanftmut erfordern. Wir lassen uns nicht herabwürdigen», fuhr der Papst fort, «wir gefallen uns nicht im weichen Bett der täglichen Routine, ohne Freude und Enthusiasmus und in der weltlichen Verlockung einer Stunde, die vergeht und verschwindet; wir pressen das Evangelium Jesu und die Lehren seiner Kirche nicht in die Engherzigkeit eines persönlichen Egoismus und des Profits. Laßt uns die Zelte der Liebe ausweiten, und entflammen wir uns für das Gute und das Bessere» (Card.A.G.Roncalli, Scritti e Discorsi, Bd. III., S.654f.).

Es sei unmöglich, die Bedürfnisse des christlichen Volkes zufriedenzustellen, wenn der Klerus selbst kein intensives geistliches Leben führe. Die Samen dieses geistlichen Lebens würden jedoch bereits im Seminar, das für den künftigen Priester ein ideales Milieu darstelle, gesät. Von daher werde auch die außergewöhnliche Rolle durchaus klar, die der Rektor im Leben der geistlichen Lehranstalten spiele. Im Rückblick auf seine Jugend, auf die Periode, als er im Dienst von Bischof Radini Tedeschi stand, erwähnte Johannes XXIII. jenen Umstand, daß der Rektor des Seminars von Bergamo seinem regierenden Oberhirten fast täglich einen Besuch abstattete. Nach Ansicht des Papstes ist für ein normales Leben des Seminars, für seinen erfolgreichen Betrieb, ein ständiger Kontakt des Rektors mit dem zuständigen Bischof nötig.

«Vom Seminar an». sagte der Papst, «ist der Priesterkandidat etwas Geweihtes, Besonderes und Abgesondertes; sein äußeres Benehmen darf, selbst in der Freude der Erholung, niemals leichtsinning und schon gar nicht grob sein oder an einen Pennäler erinnern.

Es muß jemanden kennzeichnen, der sich auf die Weihe an Gott vorbereitet, ohne Affektiertheit und ohne Pose, sondern als ‹habitus› der die innere Harmonie der Seele ausdrückt. In diesem Licht erhalten die Grundelemente der religiösen Erziehung ihre Konturen: die eucharistische Frömmigkeit, die den Jüngling auf natürliche Weise zum Altar und zu den Seelen hinzieht; eine tiefe, beständige Frömmigkeit, ein Zentrum der Anziehung und der Sehnsucht für Verstand und Herz, welche in der Folge zur Feuerprobe der pastoralen Tätigkeit wird. (. . .) Neben diesen zur Formung eines heiligen und heiligenden Klerus unentbehrlichen Frömmigkeitsformen gibt es noch die wöchentliche Beichte, die, mit der Seelenführung vereint, eine Quelle der Reinigung und Heiligung darstellt, Nahrung und Ansporn zu einem ständigen geistlichen Aufstieg; sowie auch die tägliche Betrachtung; die geistliche Lesung vor allem der heiligen Texte; die Gewissenserforschung und die Betrachtung und Erwägung der Rosenkranzgeheimnisse.»

Wenn die religiös-sittliche Ausbildung den dargelegten Grundsätzen entsprechend verwirklicht wird, dann entwickelt sich nach Ansicht des Papstes die intellektuelle Ausbildung gewissermaßen zu einem sie ergänzenden Aspekt und erbringt maximale Frucht und maximalen Nutzen für die Erfordernisse des pastoralen Wirkens (vgl. Discorsi, Messaggi, Colloqui del Santo Padre Giovanni XXIII, Bd.3, S.368–375).

Die traditionelle Audienz des römischen Papstes für die Pfarrgeistlichen und Prediger zu Beginn der österlichen Fastenzeit des Jahres 1962 trug einen nicht ganz herkömmlichen Charater. Am 22.Februar 1962, dem Thronfest des heiligen Petrus zu Antiochien, waren außer der Pfarrgeistlichkeit und den Predigern 40 Kardinäle, über 100 Bischöfe, Mitglieder der römischen Kurie und der vorkonziliaren Kommissionen, Leiter und Studenten von Seminaren versammelt. In Anwesenheit dieser Personen unterzeichnete Papst Johannes XXIII. die Apostolische Konstitution «Vetrum Sapientia» über das Studium und den kirchlichen Gebrauch der lateinischen Sprache. Wir lassen dieses Dokument vorläufig beiseite und beschäftigen uns mit einem Artikel von Kardinal Bacci, der bald nach dieser Begebenheit veröffentlicht wurde. Die Abhandlung trug den Titel: «In welcher Sprache wird auf dem Konzil gesprochen werden?» Ihr Verfasser schrieb: «Alle Welt weiß, daß heute das Lateinstudium überall im Rückgang begriffen ist. Man kann über die Ursachen und Heilmittel diskutieren, aber eines ist sicher: Dieser Rückgang ist eine feststehende Tatsache. Und er hat sich, wie dies gerade ein Rundschreiben der heiligen Kongregation der Seminare und Universitäten anerkennt, welches an alle Bischöfe der Welt adressiert ist, auch unter dem Klerus in beunruhigender Weise ausgebreitet.» Diese Tendenz zum Niedergang könnte weiter um sich greifen, wenn die dafür in der römischen Kurie Verantwortlichen kein Mittel zur Vergrößerung der Zahl der Latinisten finden. Worin liegen die Vorzüge dieser Sprache, um die sich der Kardinal Sorgen macht? Erstens ist seiner Meinung nach diese Sprache ein Mittel der Verbindung und Einigung zwischen den verschiedenen Völkern, die der katholischen Kirche angehören. Darüber hinaus «verändern sich die Volkssprachen ständig, oft haben die gleichen Worte nicht mehr den Sinn, den sie gestern besaßen, oder zumindest versteht sie der eine so und der andere anders. (. . .) Hingegen ist das Latein nicht nur die organischste und logischste Sprache, die je existierte, sondern sie ist auch wegen der Tatsache, daß sie vom Volk nicht mehr gesprochen wird, künftighin fixiert, genau und ohne Doppelsinn. Darüber hinaus gibt sie uns die termini technici, die genau definiert und von der Kirche als Frucht langer Diskussionen und feierlicher Definitionen bereits geheiligt sind, Begriffe, die zu ignorieren gefährlich wäre. Dank der lateinischen Sprache kann die Kirche dieses unheilvolle sprachliche Babel vermeiden, das sehr häufig eine Saat von Zweideutigkeiten und Mißverständnissen, sogar auf den internationalen Kongressen hervorruft» (DC, No. 1372, 1962. S. 399-406)

Wenden wir uns jetzt direkt der von Papst Johannes XXIII. veröffentlichten Apostolischen Konstitution zu. In Zusammenhang mit der lateinischen Sprache äußerte er sein Entzücken über das Wirken der göttlichen Vorsehung, der es gefallen habe, durch die eine Sprache die Vielzahl der Völker zu einigen, von denen das römische Weltreich bewohnt wurde, durch eine Sprache, welche später zu einem Bindeglied zwischen den christlichen Nationen Europas wurde. Im Lauf der Zeit ist sie mit dem Wesen der Kirche verwachsen, weil diese als Vereinigung vieler Nationalitäten einer internationalen Sprache bedurfte. Bei der Klärung der Frage, wie die Sprache der Kirche beschaffen sein sollte, trat der Papst dafür ein, daß sie nicht nur universal, sondern auch unveränderlich sein müsse. Wenn man dogmatische Wahrheiten in den modernen, sich verändernden Sprachen ausdrückte, dann würde das zu so unterschiedlichen Interpretationen führen, daß deren Bedeutung nicht klar genug für alle wäre. «Die lateinische Sprache muß, da sie gegen Veränderungen, die der tägliche Gebrauch in die Bedeutung der Worte einzuführen pflegt, längst geschützt ist, als eindeutig und unveränderlich angesehen werden, während die neuere Bedeutung einiger lateinischer Wörter (. . .) seit langem feststeht und anerkannt ist» (HK XVI, 1962, S.399). Die Notwendigkeit einer seriösen Behandlung des Lateinstudiums bewog den Papst, einige Anordnungen zu geben, die strikt befolgt werden sollten.

Die Bischöfe sollten darüber wachen, daß an den Seminaren und Schulen, an denen junge Leute für das Priestertum ausgebildet werden, die Direktion für ein hohes Niveau des Unterrichts der lateinischen Sprache Sorge trage. Der kirchlichen Obrigkeit wird ihre Aufsichtspflicht darüber eingeschärft, daß kein Neuerungssüchtiger gegen die lateinische Sprache schreibe. Alle Seminaristen müssen vor Beginn des Studiums der kirchlichen Disziplinen ausgiebig und unter Anleitung erfahrener Pädagogen Latein lernen. Keiner von ihnen wird zum Philosophie- und Theologiestudium zugelassen, wenn er nicht die dafür grundlegende Sprache beherrscht und sich in ihr nicht frei ausdrücken kann. Der Mangel der Seminare bestehe darin, daß sie gleich den weltlichen Bildungsanstalten den Unterricht in der lateinischen Sprache nicht auf der gebotenen Höhe halten. Wenn das Studienprogramm überladen sei, müßten die Unterrichtsstunden in der Kirchensprache dennoch aufrechterhalten werden. Wer an Seminaren oder Universitäten irgendeine Disziplin unterrichtet, muß lateinisch vortragen und sich lateinischer Lehrmittel bedienen. Jene, die nicht imstande sind, diesen Anordnungen zu entsprechen, sollen sukzessive durch Lehrkräfte ersetzt werden, die des Lateins mächtig sind.

Der Papst sagte, daß die lateinische Sprache die lebende Sprache der Kirche sei. Daher empfahl er den Seminarien und Universitäten, die Frage über die Errichtung einer Akademie der lateinischen Sprache zu überprüfen, die sich aus Latein- und Griechischprofessoren der verschiedenen Erdteile zusammensetzen sollte (dem Beispiel der nationalen Akademien entsprechend, welche die Sprache ihres Landes fördern). Die Akademie würde den Fortschritt der lateinischen Sprache beobachten und ihren Wortschatz bei Bedarf um Ausdrücke bereichern, die ihrem Charakter und ihrer Eigenart entsprächen. Ebenso nötig sei es auch, daß die künftigen Priester von der unteren Schulstufe an die griechische Sprache erlernten, damit sie später imstande seien, nicht nur die griechischen Quellen der scholastischen Theologie zu lesen und gut zu verstehen, sondern auch die Urtexte der Heiligen Schrift, der Liturgie und der griechischen Kirchenväter.

Noch einige Worte über Papst Johannes XXIII. als Förderer der Missionsarbeit. 1959 beging die römische Kirche den vierzigsten Jahrestag der Missionsenzyklika «Maximum illud», in der Papst Benedikt XV. einst die Aktivitäten jener angespornt hatte, die in Ländern arbeiteten, in welche das Licht des christlichen Glaubens einzudringen begann. Ein Werk, das sich die Glaubensverbreitung zum Ziel gesetzt hatte, war 1862 in Lyon von einem frommen Mädchen namens Pauline Jaricot gegründet worden. Im Lauf eines Jahrhunderts hatte sich das Vermächtnis dieses bescheidenen Mädchens unter Mitarbeit der Stadtkomitees von Lyon und Paris mächtig ausgebreitet und war durch das Motu proprio «Romanorum Pontificum» Papst Pius XI. 1922 in das Päpstliche Missionswerk für die Glaubensverbreitung umgewandelt und an die Propaganda Fide angeschlossen worden. (Wir haben uns damit bereits in Kapitel 1 beschäftigt.) Johannes XXIII. richtete am 3. Mai 1962 ein Schreiben an den Präfekten dieser Kongregation, Kardinal Agagianian, in dem er seine Gedanken über die Aufgaben und Methoden der katholischen Missionsarbeit darlegte. Seinen Worten zufolge stellt die Verkündigung des katholischen Glaubens in der Welt ein Werk erstrangiger Bedeutung dar, da es darum geht, «das Reich Gottes zu vergrößern und das Evangelium auszubreiten, damit alle Völker ohne Unterschied die Früchte der göttlichen Erlösung genießen und an diesem unerschöpflichen Strom der Gnade (. . .) teilnehmen können». Der Erfolg eines jeden Werkes hänge jedoch von seiner richtigen Organisation ab. Daher sollten die Spenden, selbst die unbedeutendsten, die aus allen Ländern der Welt empfangen werden, in einem einzigen Fonds vereinigt werden, der dazu bestimmt ist, den Missionen zu helfen. Der Papst und die Kongregation der «Propaganda Fide» sollen frei über diese Mittel verfügen können.

Die missionarische Tätigkeit stoße ständig auf materielle Schwierigkeiten und bedürfe großer Hilfeleistungen. Diese Bedürfnisse seien so groß, daß die vorhandenen Sammelerlöse nur zu einem Drittel die Erfordernisse der Mission abzudecken vermögen. Alljährlich werde im Oktober der Weltmissionstag begangen, bei dem alle Katholiken zur Unterstützung aufgerufen sind und man sie bittet, das beizutragen, was die Fortsetzung der Glaubensverkündigung in der ganzen Welt möglich mache. Es sei notwendig, daß die Katholiken eine lebendige Antwort auf diese Ermahnungen gäben.

Was die Probleme der missionarischen Tätigkeit in den «jungen Kirchen» anbgelangte, so vertrat Johannes XXIII. die Ansicht, daß auch die einheimischen Gläubigen der Mission materiell beistehen müßten. Es sei angemerkt, daß er darüber schon seinerzeit in der Enzyklika «Princeps Pastorum» geschrieben hatte. Das neuerliche Aufgreifen dieser Frage spricht für ihre Wichtigkeit, insofern die jungen Kirchen offensichtlich die Neigung zeigten, große Unterstützungsgelder aus Rom zu empfangen, statt sich auf ihre eigenen, örtlichen Möglichkeiten zu stützen. Aller Wahrscheinlichkeit nach begann diese Lage der Dinge eine erfolgreiche Missionstätigkeit in vielen Gegenden der Welt zu beeinträchtigen, was eine ernste Besorgnis von Seiten des Papstes hervorrief (Vgl. DC No. 1376, 1962, S. 653–658).

Papst Johannes XXIII. hat sich bei mehreren Gelegenheiten an den Klerus gewandt und diesen auf die Heiligkeit und Verantwortung des priesterlichen Amtes hingewiesen. Auch wenige Monate vor seinem Tod erhob er nochmals seine Stimme, diesmal zu italienischen Geistlichen.

Vom 18. bis zum 22. Februar 1963 fand in Rom im «Domus Pacis» ein italienischer Priesterkongreß statt, welcher der Touristenseelsorge gewidmet war. Bei der Audienz vom 19. Februar 1963, die der Papst den Kongreßteilnehmern gewährte, erklärte er unter anderem, da das seelsorgliche Wirken ständiger Anpassung an die Zeit und an die sich ununterbrochen wandelnden Verhältnisse des gesellschaftlichen Lebens bedürfe, sei es klar, daß die rasche Entfaltung des Tourismus in der Gegenwart eines der unaufschiebbarsten Probleme darstelle, sowohl wegen seiner gewaltigen Bedeutung als auch wegen seiner Auswirkungen auf die Festigung der religiösen und moralischen Gepflogenheiten der christlichen Gesellschaft. Johannes XXIII. sagte, daß er sich vollkommen Rechenschaft gebe von der Unruhe vieler Priester und Seelenführer angesichts der neuen, durch den Tourismus geschaffenen Gewohnheiten, welche die Heiligkeit der Feiertage verletzten sowie die Sittlichkeit der Jugend und sogar das Familienleben untergraben. Der Papst schlug vor, Maßnahmen zu ergreifen für die Abhaltung von Gottesdiensten in den wichtigsten Fremdenverkehrsorten und auch für die religiöse Unterweisung jener großen Zahl von Gläubigen, die der Tourismus aus dem Leben und dem Milieu ihrer Pfarrgemeinde herausreißt. Hingegen dürfe nicht nur der negativen Seite dieser Frage Aufmerksamkeit geschenkt werden. Es müßten all jene Organisationen ermutigt werden, die, von christlichen Lebensanschauungen beseelt, Reisen in einem Klima der Ruhe und frohgemuter physischer und sittlicher Erholung ermöglichen. Darüber hinaus gelte es auch, die Veranstaltungen kultureller und religiöser Art zu loben, die in den wichtigsten Zentren des Tourismus einer großen Anzahl Gelegenheit zur Begegnung mit Gott bieten (Vgl. DC, No. 1396, 1963, S. 368f.).

Immer wieder hatte Johannes XXIII. in den Tagen seines Pontifikates ein Wort auch an die Ordensleute gerichtet. Zum letzten Mal geschah dies weniger als drei Monate vor seinem Ableben. Am 7. März 1963 wurde ein Motu proprio des Papstes veröffentlicht, daß die Bezeichnung «Dominicanus Ordo» trug. Dieses war am Festtag des heiligen Thomas von Aquin erlassen worden. Mit diesem Motu proprio wurde das Kolleg «Athenaeum Angelicum» zur Päpstlichen Universität erhoben. Der Papst betonte, daß der Orden des heiligen Dominikus der katholischen Kirche im Lauf vieler Jahrhunderte wertvolle Dienste auf verschiedenen Gebieten ihrer Wirksamkeit geleistet habe, besonders jedoch in der Verbreitung des Evangeliums und bei der Verteidigung des christlichen Glaubens. Papst Johannes zitierte einen Ausspruch seiner Vorgänger , Benedikt XV. und Pius XI., die sich folgendermaßen über den Orden geäußert hatten: «Dieser Orden muß nicht so sehr dafür beglückwünscht werden, den engelgleichen Lehrer (gemeint ist der hl. Thomas von Aquin) genährt zu haben, als dafür, daß er sich in der Folge auch nur eine Fingerbreite von seiner Lehre entfernt hat.» Diese Feststellung würde Tag für Tag durch die gesamte Tätigkeit der dominikanischen Ordensfamilie überall in der Welt und besonders in den von diesem Orden in Rom errichteten Studienhäusern bestätigt. Unter ihnen befindet sich das im Jahre 1577 gegründete berühmte «Athenaeum Angelicum». 1909 wurde daraus ein Päpstliches Kolleg, das Studenten aller Nationalitäten offensteht, die den Dominikanerorden oder anderen Ordensgemeinschaften angehören. Dieses Kolleg meinte Papst Pius XI., als er sagte: «Dort ist der heilige Thomas gewissermaßen zu Hause.» In den vergangenen Jahren leistete das Kolleg eine gewaltige Arbeit, indem es die Vorstellungen und Ideen des Thomismus popularisierte und diese in eine neuzeitliche philosophische Form kleidete. «Nach reiflicher Überlegung», schrieb Johannes XXIII., «aus eigenem Antrieb und kraft Unserer apostolischen Gewalt sind Wir zu dem Entschluß gelangt und verfügen, daß das Päpstliche Internationale ‹Athenaeum Angelicum›, das kanonisch errichtet und dem Orden der ‹Predigerbrüder› anvertraut wurde, künftig den Titel ‹Päpstliche Römische Universität des heiligen Thomas von Aquin› tragen wird. Wir verfügen gleichfalls, daß dieser neue Titel in den Statuten und Diplomen des ‹Athenäums› stehen wird, die weiterhin in Kraft bleiben. Wir gebieten, daß alles von uns in dem vorliegenden Motu Proprio Verfügte fest und bestätigt sei, ungeachtet aller gegenteiligen Dinge» (DC, No. 1397. 1963. S. 431ff.).

5. *Manifestationen pastoraler Fürsorge*

Wie aus vielen seiner Aussagen ersichtlich ist, betrachtete sich Papst Johannes XXIII. als einen Hirten, dem eine ganz grandiose Herde in Gestalt der gesamten katholischen Kirche und aller Christen der Erde anvertraut war. Seine gesamte Tätigkeit war, seinen Erklärungen entsprechend, den Aufgaben pastoraler Fürsorge untergeordnet. Wir wollen uns jetzt auf jene Äußerungen des Papstes oder auf jene Ereignisse seines Lebens in den Tagen seines Ponitifikates konzentrieren, in denen dieser pastorale Aspekt besonders zutage trat.

So empfing der Papst am 18. Dezember 1958 eine große Pilgerschar, die zum Konsistorium nach Rom gekommen war, im Benediktionssaal. An der Audienz nahmen die neuen Kardinäle und zahlreiche Prälaten aus Italien und anderen Ländern teil. In italienischer Sprache sagte der Papst: «Einer Unserer ersten Gedanken seit dem Tag, als der anbetungswürdige Wille des Herrn Uns zum Amt des römischen Papstes zu berufen wünschte, war, das Kardinalskollegium durch Hinzufügung neuer Mitglieder zu vergrößern, damit es der Vielfalt und Last seiner hohen Aufgaben immer wirkungsvoll entsprechen könne, die da sind: erleuchtete Zusammenarbeit, weise Ratschläge und feste Unterstützung, die es Unserer Tätigkeit als Haupt der Kirche leistet. Und hier präsentiert sich die Kirche heute in ihrer Spitze, in ihren Leitern Euren Blicken; diese alte und immer neue Kirche, niedergeworfen, doch immer siegreich, schweigsam, aber immer gegenwärtig.» Nichtsdestoweniger dürfe die Freude dieses Tages die Tatsache nicht vergessen lassen, daß damit, wie groß auch die Würde des Christen sei, der Kampf, den die Mächte des Bösen führen, nicht aufhöre. Heute wie immerdar behaupten sich zwei Strömungen der Liebe und des Hasses, der Einigung und der Trennung, des Friedens und des Krieges. Daher hält es der Papst für seine väterliche Pflicht, drei Anleitungen zu geben:

a) Freude

«Die Botschaft Jesu Christi, unseres Heilands, war in der Tat eine Verkündigung der Freude», sagte Papst Johannes, «sie war die frohe Botschaft, und es täuschte sich jener völlig, der wie viele Denker und Dichter der Vergangenheit meint, daß das Christentum etwas Finsteres und Trauriges sei. Nein! das Christentum ist Freude, Freude in der Ordnung und im Frieden mit Gott und dem Nächsten.» Von dieser Voraussetzung ausgehend, rief der Papst die Zuhörer auf, nach der Freude zu trachten, die überall Ehrlichkeit mitbringt und Lüge und Heuchelei vermeidet. Aus dem Leben des Christen, bemerkte er, müsse ein ununterbrochener Strom lebendigen Wassers fließen, der ihn «zum ewigen Leben emporträgt».

b) Treue zur Kirche

In seiner zweiten Anweisung forderte der Papst die Zuhörer auf, «der Kirche und dem Stellvertreter Christi» immer treu zu sein. Seinen Worten zufolge ist Rom das Zentrum des kirchlichen Organismus, weshalb die Liebe zum Papst und zur Kirche auch Liebe zu Rom bedeute. «Sich vor der Versuchung zu hüten, (. . .) die zum Nachteil echter religiöser Inbrunst ausgehen kann», – mit diesen Worten schloß er seine zweite Ermahnung.

c) In weihnachtlichem Geist

In diesem Abschnitt seiner Rede wandte sich Papst Johannes der Geschichte zu, in erster Linie jenen Ereignissen, die diesem Feiertag vorausgingen. Vor dem geistigen Auge der Zuhörer zeichnete er das Bild von der Reise der Heiligen Familie nach Bethlehem. Und er rief alle Anwesenden dazu auf, Josef und Maria nachzufolgen, um den neugeborenen Gottessohn anzubeten. Er sagte, daß alle berufen seien, sich mit dieser freudigen Heerschar von Seelen zu vereinigen, die dem Sohn Gottes ihre Gaben darbringt und von ihm Kraft, Licht und Tapferkeit zur Erfüllung ihrer täglichen Pflichten empfängt, weil nur in Ihm, durch Ihn und mit Ihm aus dieser Belastung eine Quelle zur Ehre des Herrn, zum Nutzen des Nächsten und zum unerschütterlichen inneren Frieden für sich selbst würde: «Möge das Wort Gottes, dessen ‹benignitas et humanitas› wir in wenigen Tagen betrachten werden, die der Welt zum Heil der Menschen sichtbar geworden sind, Euch allen die Fülle seiner Wohltaten erweisen» (DC, No.1295, 1959, S.65–68).

Am 28. Dezember des Jahres 1958, dem Tag, an welchem sich das schreckliche Erdbeben von Messina zum fünfzigsten Mal jährte, richtete Papst Johannes eine Rundfunkbotschaft an die Einwohner dieser Stadt. In lebhaften Farben stellte er diese furchtbare Katastrophe dar, die über die Stadt hereingebrochen war. «Als der Tag anbrach», sagte er, «bot sich den Blicken ein schreckenerregendes Bild: Was eine Stunde zuvor eine der schönsten Städte Italiens gewesen war, ruhte künftig, nicht wiederzuerkennen, unter einem Trümmerhaufen, eingehüllt – wenn man so sagen darf – in ein Leichentuch, welches Hekatomben von Opfern bedeckte, für die unversehens das Nachtlager zu einem Sarg und das Haus zu einem Grab geworden war. Schauder und Entsetzen erfüllte die gesamte Welt. Ganz Italien weinte.« Immerhin hat dieses Unglück, seinen Worten zufolge, Tausende von Menschen in ihren Hilfsbestrebungen für die Leidtragenden zusammengeführt, denn «groß war auch das Schauspiel der Selbstverleugnung, des Heroismus und der Tugend, die Euer Schmerz in diesen Tagen auf der ganzen Welt hervorrief. Wir verweisen auf die grandiose und begeisternde Hilfe, welche die Menschen aller Schichten, reich und arm, bescheiden und mächtig, eines Herzens werden ließ. O bewundernswerte Weisheit Gottes, die selbst in den schlimmsten Prüfungen die Pläne ihrer Barmherzigkeit für uns zu verwirklichen weiß! Wenn das tragische Schicksal Eurer Stadt die Menschen so brüderlich zusammenschmieden und eine solche Anstrengung zu guten Werken hervorrufen konnte und bei vielen wieder das Vertrauen in die Güte wachsen ließ, wenn man für immer das sprechende Beispiel von so viel Heroismus und Hilfsbereitschaft, derer die Welt mehr als des materiellen Brotes bedarf, zitieren wird, so ist das der Beweis, daß Euer Unglück nicht umsonst war und Ihr nicht vergebens Euren Tribut an Leiden entrichtet habt« (DC, No. 1295, 1959. S. 67–70).

Am 15. März 1959 zeigte sich Papst Johannes XXIII. seinen geistlichen Kindern aus Venedig, die als Wallfahrer nach Rom gekommen waren. Erwähnenswert erscheint die Tatsache, daß er im Gespräch mit den Venezianern gegen die alte Tradition verstieß, die es dem Papst vorschreibt, von sich selbst in der ersten Person Mehrzahl («Wir») zu sprechen. Johannes XXIII. erklärte, daß er von der Begegnung mit seinen früheren Diözesankindern sehr ergriffen sei, die er fünf Monate zuvor verlassen hatte, als ihn der Herr zu einem neuen Dienst berief. Nun wolle er ihnen einige Worte der Aufmunterung geben.

Vor allem rief der Papst zur Treue gegenüber der Kirche auf. Der Erlöser habe nicht eine Vielzahl von Kirchen gegründet, sondern eine einzige gestiftet, die nicht eine venezianische oder mailändische, gallikanische, griechische oder slawische Kirche, dem Namen jeder Nation entsprechend, sei, sondern die apostolische und ökumenische Kirche. «Ja, diese Kirche», sagte er, «das ist die Kirche von Rom, die wahre Mutter aller Nationen, herrlich verschieden in ihren Riten und den dabei verwendeten Sprachen, sowie im liturgischen Ablauf, der mit der Zeit und den Völkern variiert, aber immer die einzige Flamme des Glaubens und der Disziplin, der kanonischen Ordnung und der hierarchischen Organisation.» Die Einheit aller Kirchen ist ein heiliges Prinzip, das ihren Fortbestand und das Vermächtnis Christi durch alle Jahrhunderte gewährleistet. Daher müssen sie die Einheit untereinander und die Einheit mit dem Ersten unter den Aposteln des Herrn getreu der Devise aufrechterhalten: «Mit Petrus kämpfen und mit Petrus herrschen».

Am Samstagabend, den 22. März 1959, verlas der Papst beim ersten Klang der Osterglocken vor dem Mikrophon von Radio Vatikan seine Festtagsbotschaft. Er sagte, daß binnen weniger Stunden in prächtigen Kathedralen wie vergessenen Kapellen, in über das ganze Angesicht der Erde verstreuten Großstädten und bescheidenen Dörfern frohe Hymnen erklingen, welche die Auferstehung Christi preisen. In diesem Jahr begehe auch der neue Papst zusammen mit allen Kindern der römischen Kirche diesen Festtag der Freude, er, «der als sichtbares Haupt berufen ist, die Kirche zu regieren, deren unsichtbares und einziges Haupt der auferstandene Gottessohn ist» (HK, XIII, 1958, S. 358). Die historische Tatsache der Auferstehung Christi, die sich vor zweitausend Jahren abgespielt hat, bildet das feste Fundament der christlichen Gemeinschaft, die hoffnungsvolle Nahrung ihres Glaubens, den Gegenstand ihrer Hoffnung, den Ansporn ihrer Liebe. Die

Kirche ist immer lebendig, wie auch ihr göttlicher Stifter lebendig ist. Die Kirche schreitet zusammen mit dem Leben voran, wie auch Jesus, nachdem er sich dem Gesetz der sterblichen Natur unterworfen hatte, siegreich den Stein des Grabes überwand, der von den Feinden vor seine Gruft gewälzt worden war. «Auch für die Kirche hat es», den Worten des Papstes zufolge, «im Lauf der Jahrhunderte andere Feinde gegeben, die sie wie in einem Grab einzuschließen versuchten und immer wieder ihre Agonie und ihren Tod feierten. Aber sie, die in sich die unbesiegliche Kraft ihres Stifters hat, ist mit ihm immer neu auferstanden; sie verzeiht allen und spendet Zuversicht und Frieden für die Bedrückten, die Armen, die Leidenden und für alle Menschen guten Willens» (ibid. S.358).

Das freudenreiche Mysterium der Auferstehung habe nicht nur für die Kirche, sondern auch für jeden Christen Bedeutung, indem es ihn ansporne, dem auferstandenen Christus ähnlich zu werden. An diesem Tag werde jeder Gläubige aufgefordert, sein Gewissen von Schlechtigkeit und Bosheit zu reinigen. Das Osterfest lade einen jeden ein, der Sünde abzusterben, «den alten Sauerteig auszufegen, . . . den Sauerteig der Bosheit und Schlechtigkeit» (1 Kor 5, 7–8), um ein neues Geschöpf zu werden. Wenn Er, der seiner Natur nach Gottes Sohn ist, «sich erniedrigte und gehorsam bis zum Tod, ja bis zum Tod am Kreuze» (Phil 12,8) wurde, dann müssen wir, die er zu Kindern Gottes aus der Gnade machte, seine Taten nachahmen und nachleben. Unser Ostern, sagte Johannes XXIII., bedeute für alle, der Sünde, den Leidenschaften, dem Haß, den Feindschaften und allem, was die Quelle von Unstimmigkeiten sowie von Bitterkeit und Qual im geistigen wie materiellen Bereich ist, abzusterben. Das Christentum sei nicht jene Summe von Nötigungen, wie diejenigen leichtfertig behaupten, die es nicht verstehen. Das Christentum bedeute Friede, Freude, Liebe und sich ständig erneuerndes Leben. Der Quell dieser Freude sei der auferstandene Christus, der die Menschen aus der Sklaverei der Sünde befreit und sie auffordert, mit Ihm eine neue Schöpfung zu werden. «Wir richten auch ein Gebet zum Himmel, damit der Friede, der Sproß der Selbstbeherrschung und des guten Willens, dauerhaft regieren könne unter den Nationen, die noch immer beunruhigt sind durch die Wolken, die von Zeit zu Zeit den Horizont verdunkeln. Wir beten für die

Staatsoberhäupter, die mit uns einig sind in dem Bekenntnis, daß ihre hohe Berufung sie nicht zu Schiedsrichtern, sondern zu Beschützern der Völker macht, denen gegenüber sie die Pflicht haben, die Achtung vor den Grundrechten der menschlichen Persönlichkeit herzustellen. Wir beten für jene, die noch immer leiden unter den Folgen des vergangenen Krieges, noch vierzehn Jahre nach dessen Abschluß. Und in besonderer Weise beten Wir für jene ehrwürdigen Brüder und Söhne, die Uns unter allen am teuersten sind, die der Familien, der Heimat und selbst der Freiheit beraubt, ein lebendiges und schmerzliches Zeugnis derjenigen Übel sind, welche die Menschheit heimsuchen, weil es am wahren Frieden und seinen echten Früchten fehlt» (ibid. S.386).

Am 11. Mai 1959 wurden die Reliquien Papst Pius X., die in Venedig einen Monat lang zur Verehrung durch die Gläubigen ausgesetzt gewesen waren, und die Reliquien des heiligen Don Giovanni Bosco, die anläßlich der Weihe einer Kirche nach Rom überführt wurden, in feierlicher Prozession von der Stazione Termini durch ganz Rom in den Petersdom gebracht. Papst Johannes XXIII. hielt bei dieser Zeremonie die Festansprache. Er erzählte von der Ehrerbietung, mit der das Andenken des verehrten Papstes Pius X. umgeben wird. Keine geringere Bewunderung rufe jedoch in den Herzen der Katholiken der andere Heilige hervor, der schlichte Pfarrer aus den volkstümlichen Quartieren von Turin, Giovanni Bosco. Im Andenken des Volkes sei dieser Heilige als Jugendseelsorger lebendig geblieben, daß heißt als ein Priester, der sich ganz der religiösen Unterweisung und der sittlichen Erziehung junger Menschen widmete. «Er sah darin», wie der Papst bemerkte, «mit weiser Klarsicht das künftige Gedeihen von Kirche und Gesellschaft und gab sich diesem Werk mit überzeugender Milde und unerbittlich strengem Bewußtsein hin.» Das Andenken des heiligen Giovanni Bosco sei dank diesem guten Einfluß lebendig geblieben, den er auf die Seelen der Jugend ausübte. Er habe die seltene Gabe besessen, die Anliegen der Jugendlichen zu verstehen. Den Worten des Papstes zufolge ist die Behauptung nicht glaubwürdig, daß die Jugend ihre kühnen Ideen stets den disziplinären Vorschriften entgegenstellen wolle. «Im Gegenteil», sagte er, «sie will mit wohlwollender Intelligenz verstanden, mit starker Hand geführt und loyal beraten werden;

Mit 72 Jahren wurde Kardinal Angelo Roncalli Patriarch von Venedig. Sein Wappen mit dem Wahlspruch Gehorsam und Friede (Friede sei dir, Markus, mein Evangelist) symbolisierte die wichtigsten Etappen des Kardinals von Sotto il Monte (Turm) über Frankreich (Lilien) bis Venedig (Markuslöwe). Fotos: Publifoto

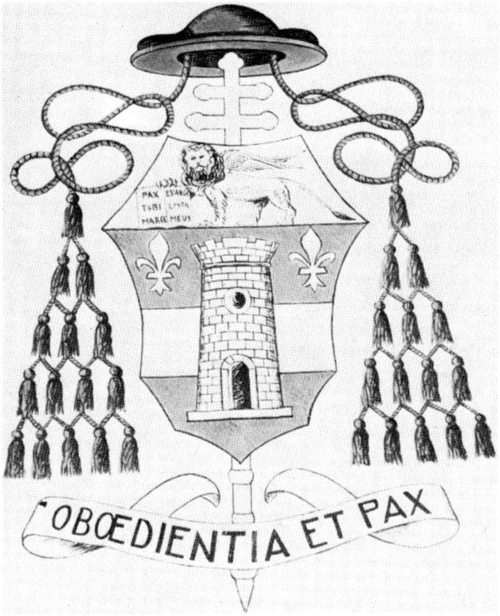

Unbeschwert begab sich der Kardinalpatriarch von Venedig am 12. Oktober 1958 zur Wahl eines neuen Papstes nach Rom (hier seine Ankunft im römischen Hauptbahnhof). Foto: Photopress

Auf dem ersten offiziellen Bild nach seiner Wahl zum Papst am 28. Oktober 1958 zeigte sich Angelo Guiseppe Roncalli, der sich von nun an Johannes XXIII. nannte, völlig gelassen. Foto: Publifoto

Am 4. November 1958 wurde Johannes XXIII. mit der Tiara, der dreifachen Papstkrone, feierlich gekrönt. Foto: Bilderdienst Süddeutscher Verlag

Am 23. November 1958 hielt Papst Johannes XXIII. seinen Einzug in der von Kaiser Konstantin gegründeten Lateranbasilika, der Kirche des «Bischofs von Rom». Foto: Publifoto

sie will Herzen finden, die sie lieben und ermutigen, indem sie ihr mild und fest bei der Suche nach dem, was im Leben, in diesem und auf dem Weg zum künftigen, wirklich wichtig ist.» Was die Probleme der Jugend, den Konflikt zwischen «Vätern und Söhnen» anbelangt, so ließ sich der Papst nicht entmutigen. Er war nicht geneigt, alles in schwarzen Farben zu malen, sondern glaubte, daß die Erziehungsprobleme der heranwachsenden Generation, um mit einem Ausdruck des heiligen Gregors von Nazianz zu sprechen, eine Wissenschaft der Wissenschaft und eine Kunst der Künste darstellen (Vgl. DC, No. 1306, 1959. S. 177ff.).

Dasselbe Thema behandelte er in seiner Botschaft an den 4. Kongreß des italienischen Sport-Zentrums, wobei er sich besonders mit der Leibeserziehung in ihrem weitesten Sinn befaßte. Die Sportbegeisterung der Gegenwart habe einen Aufschwung ohnegleichen genommen und enthalte, wie jede Begeisterung, ihre positiven und negativen Seiten. Als negativ könne der Umstand gewertet werden, daß bei gewissen Leuten der Sport alle übrigen Interessen verdränge und er von einem Ertüchtigungsmittel zum Ziel des gesamten Lebens gemacht werde. Johannes XXIII. sprach vom Nutzen sportlicher Betätigung und warnte gleichzeitig vor ihrem Mißbrauch: «Wir vertrauen darauf, daß Ihr, geliebte Kinder, nie vergessen werdet, daß die von Euch unternommenen Anstrengungen nicht Selbstzweck sind, daß der Körper, dessen Ihr Euch bedient und der in seiner Gewandtheit und Harmonie einen Strahl der Schönheit und der Allmacht Gottes widerspiegelt, nur ein Werkzeug ist, das die seelischen Kräfte formen soll. Eure Übungen, Eure Wettkämpfe, die wie eine heitere Unterbrechung der täglichen Monotonie des Studiums und der Arbeit sind, müssen Eurem Seelenleben und Eurer Unsterblichkeit förderlich sein. Würde Euch aus der sportlichen Betätigung ein schädlicher Einfluß erwachsen, so würdet Ihr in Eurem sportlichen Leben nicht Euer Heil, sondern eine Gefahr für Eure Seelen oder ein Hindernis für die Erfüllung der Religionsausübung finden; dann würdet Ihr ebenso falsch handeln, wie die Läufer, die ihr Ziel nicht in der Rekordzeit erreichen, weil sie ihren Lauf nicht gut trainiert haben. (. . .) Der geistige Wert des Sportes wird auch noch durch das Gefühl des zeitlich begrenzten Erfolges bestätigt, das durch das Streben nach immer besseren Erfolgen für jeden Wettkampf typisch ist. (. . .) Diese Erfahrung lehrt Euch zweifellos, daß man sich weder in der Welt der körperlichen Leistung und schon gar nicht in der geistigen Welt mit dem erreichten Niveau zufriedengeben darf, sondern mit Gottes Hilfe und einem guten Willen bemüht sein muß, immer neue Ziele zu erreichen und eine ständige Vervollkommnung anzustreben, die sich bis zur ‹vollen Mannesreife, zum Vollmaß der Gestalt in der Fülle Christi› (Eph 4.13) entfaltet» (Zit. nach Johannes XXIII., Vermächtnis seines Pontifikats, S. 204f.).

Vom 1. bis zum 6. Juli 1959 fand in Lyon der 17. Nationale Eucharistische Kongress Frankreichs statt. Am Sonntag, den 5. Juli, richtete der Papst eine Radiobotschaft an die Kongreßteilnehmer, in welcher er das Thema des Kongresses «Eucharistie und priesterlicher Dienst» als glücklich gewählt und sehr zeitgemäß bezeichnete. «Wieviel Licht ist in der Verbindung dieser zwei Worte», rief der Papst aus, «welche Nahrung, welche Quelle inniger Freude für die gläubige Seele bei der Betrachtung der höchsten Realitäten, die sie ausdrücken! Neben der Hostie der Priester, welcher sie weiht; neben dem verborgenen Christus die geheimnisvolle Gewalt dessen, der Ihn vergegenwärtigt.» Dem Kongreß wurden die folgenden Themen zur Behandlung vorgelegt: Eucharistie und Berufung, Eucharistie und Opfer, Eucharistie und Apostolat. Diese Themen sind nach den Worten des Papstes unerschöpflich. Mit Kummer bemerkte er, daß heute viele die christliche Sitte vernachlässigten, zu Füßen des Tabernakels zu verweilen, um die Seele mit den göttlichen Gaben zu erfüllen. Der Papst rief die Kongreßteilnehmer zu besonderem Eifer im Dienst der Kirche auf: «Mögen Eure Gebete in diesen Tagen der Gnade von Gott Missionsberufe erlangen! Möge die Stadt der heiligen Pontius und Irenäus, möge sich ganz Frankreich dank der Eucharistie immer als fruchtbringende Mutter für die Glaubensverbreitung in aller Welt zeigen! Mögt Ihr alle, geliebte Kinder, zu Füßen der Altäre Eures 17. Eucharistischen Nationalkongresses eine Erneuerung des Eifers erlangen, die der Kirche und ihrem Oberhaupt zu Freude und Erbauung gereicht!» (DC, No. 1310, 1959, S. 1047f.).

Am 20. August 1959 wurde an der Universität von Seton-Hall (Newark N.J.) der zweite Weltkongreß der Föderation der Marianischen Kongregation eröffnet. Unter dem Vorsitz von Monsignore Gawlina, Titularerzbischof von Madytus, dem Direktor der «Weltföderation», waren 5000 Delegierte aus 32 Ländern der Welt versammelt, die 8 Millionen Sodalen der Marianischen Kongregation auf der ganzen Erde repräsentierten. Diskussionsthema war: «Die Berufung des Laien in der Krise der heutigen Welt.» Auch bei dieser Gelegenheit wandte sich Papst Johannes XXIII. mit einer Radiobotschaft an die Kongreßteilnehmer, wobei er die Kirche mit einer Armee in Schlachtordnung und die Marianische Kongregation als Hilfstruppe verglich, deren Banner vom Glanze ihrer Werke zum Ruhme des Namens Christi erleuchtet sind. Der Papst sagte, daß das Leben der Sodalen der Marianischen Kongregation aus den Quellen christlicher Frömmigkeit gespeist wird, die sie aus der Kraft der Nächstenliebe zu aktiver Tätigkeit anspornt. «Damit Ihr Eure Aufgabe in fruchtbarer Weise erfüllt», belehrte der Papst, «und damit Ihr besser und vollständiger den Erwartungen aller entsprecht, scheint es Uns nötig, daß Ihr immer mehr das seid, was Euer Name ausdrückt: die Getreuen der heiligen Jungfrau, Verbreiter ihres Kultes, die für die Vergrößerung ihres Reiches wirken. Sichere Anzeichen deuten auf den marianischen Charakter unserer Epoche hin. Es wird auch von Tag zu Tag deutlicher, daß der Weg einer Rückkehr der Sünder zu Gott von Maria behütet wird, und daß Maria unsere stärkste Zuversicht, das Fundament unserer Sicherheit und der Grund unserer Hoffnung ist.» (Vgl. DC, No. 1312, 1959. S. 1153ff.).

Bei der allgemeinen Audienz vom 29. August 1959 begrüßte der Papst liebevoll die Anwesenden und lenkte ihre Aufmerksamkeit auf das Heiligenfest des Tages: die Enthauptung Johannes des Täufers. Während der 24. Juni, der an die Geburt des Vorläufers erinnert, ein Freudenfest sei, wie das Evangelium ausdrücklich betont, werde das Martyrium in noch eindrücklicheren Farben dargestellt. Wenn das Thema der Predigten des heiligen Johannes die Ankündigung der Erlösung war, so sei der Tod sein letztes Zeugnis, letztes Opfer der Treue zu Gott, Treue zu seinem Gesetz. Diese Treue habe jeder Prüfung standgehalten. Wie Johannes XXIII. andeutete, müsse jeder für sich seine

Konsequenzen ziehen, wenn er sich dieses tragischen Ereignisses erinnert. Das Leben des Christen erschöpfe sich nicht in einigen Lobpreisungen des Herrn und in äußerlichen Bekundungen der Verehrung für ihn. Es müsse in voller Übereinstimmung mit den Vorschriften der zehn Gebote verlaufen, die effektiv das Naturrecht widerspiegeln, das dem Herzen eines jeden Menschen eingeprägt sei. Die vorrangige Aufgabe des Christen sei es, zum Bösen in all seinen Erscheinungsformen «Nein» zu sagen, und gerade deswegen, weil Johannes eines dieser «Nein» ausgesprochen hätte, sei sein Haupt abgeschlagen und auf eine Schüssel gelegt worden.

Der weitere Verlauf der Überlegungen des Papstes weckt besonderes Interesse, weil sie das Programm seiner Tätigkeit darstellen. Er sagte: «Im Alltagsleben kann man häufig vernehmen: ‹Die Kirche könnte nachsichtiger sein, sie könnte einige kleinere Zugeständnisse akzeptieren . . .› Dies niemals! Der Papst kann gütig und geduldig sein so viel man will, doch angesichts der betrüblichen Realität und angesichts unannehmbarer Unterlassungen wird seine Haltung, was es auch koste, fest, klar und unabänderlich sein aus Gehorsam und Respekt vor der Wahrheit.« Eine solche Feststellung war eine klare und unzweideutige Antwort auf die Hoffnung gewisser Gruppierungen in der katholischen Kirche, die diese liberaler zu sehen wünschten. Der weitere Verlauf unserer Studie wird darüber Aufschluß geben, wie konsequent der Papst diese Linie beibehalten hat. (Vgl. DC,No. 1312, 1959, S.1155f.).

Im September 1959 versammelte sich in Catania (Sizilien) der 16.Eucharistische Nationalkongreß Italiens unter dem Vorsitz des als Päpstlichen Legats entsandten Kardinals Mimmi. In seiner Radiobotschaft vom 13. September verwies der Papst die Kongreßteilnehmer auf die Tatsache, daß in den zweitausend Jahren des Fortschrittes von Wissenschaft, Kunst, Kultur und Wirtschaft, aber ebenso der Veränderungen auf politischem und sozialem Gebiet die Gültigkeit der folgenden Worte Christi nicht geschmälert worden sei: «Wahrlich, wahrlich, ich sage Euch: Wenn Ihr das Fleisch des Menschensohnes nicht esset und sein Blut nicht trinket, habt Ihr kein Leben in Euch . . . Das ist das Brot, das vom Himmel herabgekommen ist . . . Wer dieses Brot ißt, wird leben in Ewigkeit» (Joh 6,53.58) – «Indem wir durch die Kraft unseres Glaubens und durch die Inbrunst unserer Rufe die verworrenen Stimmen der Widersacher, an denen es niemals gefehlt hat, übertönen, und indem wir die unzählbare Heerschar der Märtyrer und Heiligen betrachten, die aus der Eucharistie das Geheimnis und die Kraft ihrer Größe geschöpft haben, sprechen wir alle zusammen Jesu nach: ‹Herr! Gib uns immerdar dieses Brot›, denn Du bist das ›Brot des Lebens›» (Joh 6, 34f).

Das Thema des Kongresses war der vierten Bitte des Herrengebets entnommen: «Gib uns heute unser tägliches Brot!» In seiner Botschaft wollte der Papst die dreifache Bedeutung dieses «täglichen Brotes» unterstreichen. Erstens solle man nicht nur für sich, sondern auch für unsere Brüder bitten. Er verwies auf den heiligen Johannes Chrysostomus, der sagt: «Der Herr hat im Vaterunser gelehrt, auch im Namen der Brüder ein Gebet an Gott zu richten, das heißt, er will nicht, daß wir Gott anflehen, indem wir nur an unsere persönlichen Interessen denken, sondern ebenfalls an diejenigen des Nächsten. Er verstand darunter, die Feindschaften zu bekämpfen und den Hochmut zu unterdrücken» (In Matth., c.VI, hom.XIX,MG.LVII, 278). Zweitens müsse es ein nahrhaftes Brot sein, das heißt, notwendig für unseren Unterhalt. Und insoweit der Mensch aus Leib und unsterblicher Seele bestehe, solle auch das Brot, um das wir Gott bitten, nicht nur «irdisches», sondern auch «geistiges Brot» sein, das Gott selbst ist, Wahrheit zum Betrachten und Güte zum Lieben. Er sei das Zeichen und die Wegzehrung des ewigen Lebens. Schließlich, als Drittes, sei es eine nicht weniger bedeutende Eigenschaft des täglichen Brotes, daß es «eins» ist, das heißt Symbol und Grundlage der Einheit, wie Johannes Chrysostomus dazu bemerke: «Wie jener (eucharistische) Leib sich Christus verbindet, so sind auch wir eins durch dieses Brot» (in Epist.I ad Cor., Hom.XXIV, II, MG LXI, 200).

Wenn die Christen die Eucharistie besser begriffen, dann würden sie diese würdiger und häufiger empfangen! Um wieviel reicher wären die Früchte der Eintracht, des Friedens und des Seelenheils. Wie viele Probleme, welche die Geister bewegen, würden dank dem aufrichtigen und vollkommenen Geist der Brüderlichkeit, der die einzelnen Menschen vor gefährlichen Entschlüssen bewahre und sie von einem Kompromiß mit den Kräften und Verführungen der Welt abhalte, schneller und wirkungsvoller gelöst. «In der Tat», sagte der Papst, «neigt die eucharistische Frömmigkeit zur Loyalität (d.h. zu Gewissenhaftigkeit. A.d.V.), zu Aufrichtigkeit und zu moralischer Gradheit, selbst um den Preis persönlicher Opfer im Hinblick auf das Gemeinwohl» (vgl. DC, No.1314, 1959. S.1289–1292).

Am 14.Oktober 1959 trafen die Mitglieder des internationalen Niels-Steensen-Komitees in Rom ein, um ihren Wunsch nach Einleitung des Seligsprechungsverfahrens für diesen namhaften dänischen Wissenschaftler auszusprechen, der später Bischof geworden war. Niels Steensen (latinisiert Nicolaus Steno[nis]), wurde in Kopenhagen am 11.Januar 1638 geboren. Ein Anatom (dem die Welt die Entdeckung des Ausgangs der Ohrspeicheldrüse, heute Ductus Stenonianus genannt, verdankt) und zugleich Geologe, war er zum Katholizismus konvertiert und 1667 in Florenz getauft worden. Dort empfing er 1675 auch die Priesterweihe, worauf er 1677 zum Bischof und Apostolischen Vikar für Dänemark und Norddeutschland ernannt wurde. Er starb 1686.

Der Papst sagte in seiner Antwort an die Abordnung, daß vor seinem geistigen Auge das Bild dieses Mannes stehe, dessen Verstand und Eifer sowohl Dänemark als auch Italien und Deutschland erleuchtet haben, wo er sein Bischofsamt ausübte. Niels Steensen werde einmütig als ein Pionier auf den Gebieten der Anatomie, Biologie, Geologie und Kristallographie anerkannt. Seine genialen Forschungen und Intuitionen hätten die Wissenschaft mit vielen Entdeckungen bereichert. Die wichtigste Entdeckung dieses Gelehrten war allerdings, den Worten des Papstes zufolge, daß er in der katholischen Kirche die Fülle christlichen Glaubens fand und ihrem Dienst alle seine Kraft widmete. Das Leben von Niels Steensen behandelnd, bemerkte der Papst, daß er einen Zug hervorheben wolle, der ihm für das Apostolat dieses Bischofs gleichzeitig sehr aktuell und sehr bezeichnend scheine: «Sein Eifer, die Nicht-Katholiken zur Kirche zurückzuführen». Nachdem er selbst den mühevollen Weg, der ihn zur Kirche führte, durchlaufen hatte, habe ihn der Gedanke an die zahlreichen Seelen seiner Landsleute, die noch der Fülle des Offenbarungslichtes entbehrten, gequält. Bischof Niels habe ständig die Worte des Apostels Paulus wiederholt: «Groß ist meine Trauer und unaufhörlich der Schmerz meines Herzens. Denn ich wünschte als ein Verfluchter selber fern von Christus zu sein zum Besten meiner Brüder, meiner Verwandten dem Fleisch nach» (Röm 9,2–3). Dieses Gefühl sei die Triebfeder der Tätigkeit von Niels Steensen gewesen, welche durch zwei Züge charakterisiert war, an denen man die wahren Söhne erkenne: unerschütterliche Treue gegenüber allen Punkten der geoffenbarten Lehre sowie Achtung und hingebungsvolle Liebe gegenüber denen, die seine Überzeugung nicht teilten. Johannes XXIII. beendete seine Ausführungen mit den folgenden Worten: «Vorzüglich mit Hilfe dieser Methoden bemüht sich die heilige Kirche heute, wie schon zur Zeit von Niels Steensen, alle ihre Schafe in die Herde Jesu Christi zurückzuführen. Das ist, wie Ihr wißt, eine der hauptsächlichen Sorgen Unseres Pontifikats und eine Anstrengung, bei der Wir auf die Mitarbeit aller Unserer Kinder und besonders jener rechnen, die, wie Niels Steensen und wie Ihr, im Kontakt mit unseren getrennten Brüdern leben» (DC, No.1315, 1959, S.1355ff.).

Zu Ostern 1960, am 17. April, verkündete Papst Johannes XXIII. vor einem Heer von Pilgern, die sich auf dem Petersplatz eingefunden hatten, seine Osterbotschaft (die auch von Eurovision übertragen wurde). Er erinnerte die Versammelten an seinen fernen Vorgänger, den heiligen Gregor I. (den Großen), der diesen Festtag ein Hochzeitslied nannte, das die mystische Vermählung des fleischgewordenen Gotteswortes mit der heiligen Kirche feiert. Die großen Leiden, die Christus erduldete und sein erniedrigender Tod seien ein glorreicher Sieg gewesen. Doch der Kampf des Lebens mit dem Tod gehe auf Erden noch ungebrochen weiter, und die Christen nähmen an diesem Ringen aktiven Anteil. Der Papst erwähnte gleichfalls den heiligen Augustinus, der die Nachahmer Christi zur Aufrichtigkeit in Gedanken und Werken aufrief, und erklärte: «Wer schlecht lebt und sich Christ nennt, tut Christus Schmach an. Von ihm ist gesagt, daß durch seine Schuld der Name des Herrn gelästert wird. Umgekehrt aber heißt es auch: Alle die sich treu an das heilige Gesetz halten, auch wenn sie darunter leiden, tragen dazu bei, daß der Name des Herrn verherrlicht und gepriesen wird.»

In seiner Botschaft wandte sich der Papst an alle Kinder Gottes, die unter Rassendiskriminierung, bedrückenden wirtschaftlichen Verhältnissen und unter Einschränkungen der Grund- und Freiheitsrechte leiden. Er drückte ihnen seine tiefe Solidarität aus und äußerte die Hoffnung, daß der von der Vorsehung vorherbestimmte Tag anbreche, an dem all diese schimpflichen Erscheinungen vom Angesicht der Erde verschwinden. In einem Gebet zu Jesus Christus, dem Auferstandenen, rief Papst Johannes aus: «Schenke uns Deinen Segen, und breite auf der ganzen Welt Deinen Frieden aus, so wie Deine engsten Vertrauten Segen und Frieden empfingen, als Du ihnen am Ostermorgen erschienen bist, und so wie Du immer wieder in den folgenden Begegnungen im Abendmahlssaal, auf dem See und auf den Wegen verkündet hast: ‹Fürchtet Euch nicht! Ich bin es! Friede sei mit Euch, Friede und Segen für alle Tage in Ewigkeit›» (HK, XIV. 1959/60, S.414f.). Darauf wünschte der Papst seinen Zuhörern in verschiedenen Sprachen frohe und gesegnete Osterfeiertage.

Am 12.Februar 1961 beging der Vatikansender den dreißigsten Jahrestag seiner Gründung. Am 12.Februar 1931 um 16.30 ertönte erstmals die Stimme Papst Pius XI. im Radio. 30 Jahre danach empfing sein Nachfolger die Mitarbeiter des vatikanischen Rundfunks in Audienz, anläßlich welcher er zu Sinn und Aufgabe dieser Einrichtung Stellung nahm. In seinem geschichtlichen Rückblick unterstrich Papst Johannes XXIII. das Ereignis, daß 1931 zum ersten Mal in der vielhundertjährigen Existenz der Kirche die Stimme des Papstes in vielen Teilen der Erde gleichzeitig zu vernehmen war, was vor allem für die Katholiken, die in den entferntesten und entlegensten Gebieten lebten, besonderen Trost bedeutete. Seit dieser Zeit steht, wie sich der Papst ausdrückte, der vatikanische Rundfunk «für die Gedanken und die Stimme des Papstes bereit, damit das Echo dieser Stimme sich schnell und wirkungsvoll überall verbreite. Er ist eine beredte Bestätigung der Unabhängigkeit des Heiligen Stuhles und ein Mittel zur Verbreitung der päpstlichen Lehren (. . .). Von jener Zeit an drang die vom Mittelpunkt der Christenheit ausgestrahlte Stimme über die Ländergrenzen und verstärkte das Gefühl der Brüderlichkeit unter den Völkern, die an das einigende Band des gemeinsamen Glaubensbekenntnisses und der vorgelebten Nächstenliebe glauben; diese Stimme entzündete ein Licht in den Herzen der Unterdrückten. Sogar als das Unglück des Zweiten Weltkrieges am schmerzlichsten unter den Völkern wütete», erinnerte der Papst, «war die freie und tröstende Stimme von Radio Vatikan überall zu hören, um außerhalb aller Parteiinteressen zum Gut des Friedens, der Einheit und der Liebe zu ermutigen.» Mit Dankbarkeit erwähnte er die beiden ersten Direktoren des Senders, die Patres Giuseppe Gianfranceschi und Filippo Soccorsi, denen 1953 P. Antoni Stefanizzi im Amt nachfolgte. Dankesworte richtete der Papst auch an die Jesuitenpatres, die selbstlos und sachkundig diese Rundfunkanstalt betreuen und dabei auf die Unterstützung und Mithilfe ihrer Mitbrüder aus allen Ländern der Welt rechnen können.

Die Rundfunkwellen von Radio Vatikan, sagte der Papst, verbreiten unaufhörlich Aufforderungen zu Wahrheit, Liebe und gegenseitiger Achtung sowie zur Überwindung von rassischen, nationalen und sozialen Schranken; sie rufen zur Einheit, zu gegenseitiger Zusammenarbeit sowie zu harmonischem und konstruktivem Einvernehmen auf.

Doch ungeachtet der Tatsache, daß Papst Johannes XXIII. im gegebenen Fall die Gegenwartsform der Tätigkeitswörter benutzte, ist unschwer zu bemerken, daß sich seine Äußerungen darauf bezogen, wie er in Zukunft Radio Vatikan zu sehen wünschte, denn kurz zuvor hatte er seine Gedanken mit den Worten beendet: «Mögen diese Wünsche, die heute aus Unserem Herzen kommen, Vorboten frischer Hoffnungen für die Zukunft sein» (vgl. Johannes XXIII., Vermächtnis seines Pontifikats. S.302ff.).

Am 28.Oktober 1961 wandte sich Johannes XXIII. aus Anlaß des dritten Jahrestages seiner Erwählung auf den Stuhl Petri über Radio Vatikan an Klerus und Gläubige der Katholischen Kirche. Indem er des 28.Oktobers 1958 gedachte, sprach er davon, daß an diesem Tag Geheimnisse der Gnade und Güte Gottes in Erfüllung gegangen seien, und daß alles, was seither geschah, eine Frucht des himmlischen Segens gewesen sei, den zu unterstützen sich der gute Wille bemühte. «Gott sei gelobt,» fuhr er fort. «Und seid auch Ihr bedankt, Brüder und Kinder, von nah und fern, jeder Sprache, Rasse und Nation. Wir äußerten sehr oft aus ganzem Herzen unsere Rührung angesichts der Begegnungen, die in dieser Zeit bei den wöchentlich wiederkehrenden Audienzen erfolgt sind.»

Der Papst erhob seine Stimme auch zu jenen, die durch die Umstände oder Schwierigkeiten verschiedener Art daran gehindert waren, nach Rom zu kommen. «Wir wünschen, daß sie Unsere Stimme vernehmen, die als Ermahnung für alle und als Anleitung zu einem geordneten und fruchtbaren christlichen Leben sowie zu Frieden in Familie und Gesellschaft erschallt.» Papst Johannes sagte, daß sein Herz von beständiger Hoffnung erfüllt sei und daß seine Arme für alle geöffnet wären. Und wie schon drei Jahre zuvor, wiederholte er ständig die Worte des Propheten Jesaja: «Der Herr ist unser Gesetzgeber, er wird uns tragen und erretten» (Jes 33,22;46,4) (Vgl. Discorsi S.494f.).

Vom 6. November 1961 an organisierte Radio Vatikan täglich Sendungen für die Katholiken des afrikanischen Kontinents. An diesem Tag trat Papst Johannes XXIII. vor das Mikrophon und richtete eine Ansprache an die Afrikaner. Er erwähnte, daß er stets eine besondere Sympathie und Geneigtheit für Afrika und dessen Völker empfunden habe, mit denen die Kirche große Hoffnungen verbinde. Schon seit seiner Jugendzeit habe der Papst viele hervorragende Leute dieses Kontinents gekannt. Er erinnerte an seinen Besuch an der Nordküste Afrikas im Jahr 1950, wo die Strände «in der ganzen Schönheit des Himmels und der Erde erstrahlen». Unvergeßlich blieben für den Papst jene Tage, an denen er zahlreichen afrikanischen Geistlichen die Fülle des priesterlichen Weihesakraments verlieh. «Als Wir, wie es der alte Brauch dieser Zeremonie verlangt, ihnen den Friedenskuß gaben, da schien es Uns, daß Ihr es gewesen seid, liebe Brüder, die Wir umarmten, alle Völker Afrikas.» Mit einem von diesen Erinnerungen erfüllten Herzen, das die grenzenlosen Entfernungen überwinde, unterhielt sich der Papst mit seinen fernen Kindern und sagte: «Mögen Eure Familien und Eure Länder ein wahres und dauerhaftes Glück kennen; mögen sich Eure Ehen mit einer Heiligkeit verschönern, die ihnen Ehre macht; mögen Sie durch die gegenseitige Liebe beschützt, im Glauben bestärkt und durch reichen Kindersegen erfreut werden. Möge die Jugend in der Achtung für alles, was recht und ehrenhaft ist, heranwachsen und ihre Körperkräfte mit den Gaben der Seele schmükken; mögen sich alle Gesellschaftsklassen ständig und mit aller Kraft bemühen, das Gedeihen des eigenen Landes zu fördern und zu entwikkeln; und möge die himmlische Gabe des Friedens Euren Völkern Zufriedenheit verschaffen, damit sie in einer überall wohlgesicherten Ruhe im Überfluß von allen Früchten der Freude, des Friedens und der echten Freiheit genießen können. Indem Wir Unsere Worte mit denen des Apostels verflechten, sagen Wir Euch: ‹Darum, meine geliebten und ersehnten Brüder, meine Freunde und meine Krone, steht in dieser Weise fest im Herrn, Ihr Geliebten . . . Und der Friede Gottes, der allen Verstand überragt, wird Eure Herzen und Eure Gedanken in Christus Jesus bewahren›» (Phil. 4,1,77) (DC, No. 1365, 1961, S. 1507f.).

Am Abend des Karsamstags, den 21. April 1962, wurde die Osterbotschaft Johannes XXIII. von Radio und Fernsehen übertragen. Sie begann mit einem Überblick, wie dieser Feiertag bis zum 14. Jahrhundert in Rom begangen wurde. In jenen Zeiten pflegte der Papst die Lateran-Basilika zu verlassen und sich für kurze Zeit nach der Kirche San Lorenzo zu begeben, wo er vor dem Bild des Erlösers im Gebet verweilte und dann dreimal verkündete: «Der Herr ist vom Grabe auferstanden, Alleluja!», worauf alle antworteten: «Der für uns am Kreuz gehangen, Alleluja!» Die Prälaten seines Gefolges taten dasselbe und erhielten vom Papst den Friedenskuß. Zu jedem von ihnen sagte der Papst: «Der Herr ist wahrhaft auferstanden», worauf jeder antwortete: «Und dem Simon erschienen.» Im Anschluß an diese kurze historische Reminiszenz beschäftigte sich Papst Johannes mit dem Auferstehungsdogma. Nach seine Worten breitet sich das Evangelium in der Welt dank der Auferstehung Christi aus, mit der es alle Schwierigkeiten überwinde und dem Bösen widerstehe. Das Böse, das den «Fürsten dieser Welt» (Joh 12,31) zum Stammvater habe und sich dank der menschlichen Schwäche ausgebreitet habe, habe es im Lauf der Jahrhunderte verstanden, den Widerstand vieler schwacher Geschöpfe zu brechen. Ungeachtet dessen sei das Evangelium in die Seelen eingedrungen. Die Apostel hätten der Welt die Kunde von der Auferstehung verkündet, und glaubenseifrige Christen hätten es verstanden, daraus die nötigen Konsequenzen, auch im sozialen Leben, zu ziehen. Aus diesem Glauben seien edle Gedanken und Handlungen erwachsen.

Christus sei über Kalvaria geschritten, gestorben und auferstanden, und der gläubige Mensch betrachte, gerade im Licht dieser Geschichte, alle Widerwärtigkeiten des Schicksals: Schmerz, Tod, Elend, Unglücksfälle und Mißgeschicke, die auf seinen Schultern lasten, seinen Geist jedoch nicht zerstören können.

Der Papst verglich die bevorstehende Eröffnung des Ökumenischen Konzils mit einem neuen Ostermorgen, «ganz umstrahlt vom heiligen Antlitz und den Worten des Herrn: ‹Friede sei mit euch› (. . .). «Petrus ist es, der sich, umgeben von dem weiten Kreis der Bischöfe, in seinem jüngsten, bescheidenen Nachfolger zitternd, aber voll Vertrauen nochmals anschickt, zu den Menschen zu sprechen. Sein Wort steigt empor aus der Tiefe von zwanzig Jahrhunderten – und es ist doch nicht sein Wort: Es ist das Wort Jesu Christi, Wort des Vaters und Erlösers aller Völker. Und Christus ist es abermals, der der Menschheit die Wege weist, die zum Zusammenleben in Wahrheit und Gerechtigkeit führen (. . .). Möge er (d.h. Christus A.d.V.) bei dieser Begegnung offene Seelen finden, gelehrigen Willen und Herzen, die durch die Vergebung aller Schuld erneuert sind» (HK, XVI, 1962, S.406f.).

Bei einer Vesperpredigt anläßlich der Vigil des Apostelfestes Peter und Paul, hob Papst Johannes XXIII. am 28. Juni 1962 zuerst die Leistungen der Apostelfürsten gebührend hervor, um sich dann der christlichen Jugend zuzuwenden, obwohl sich das keineswegs logisch aus dem Thema der Festpredigt ergab. Der Papst sagte, daß die christliche Jugend über drei unentbehrliche Eigenschaften verfügen müsse: nämlich die Freude, die Weisheit und die Kraft, die sich in Mut und Würde äußere. Man müsse beständig und in allem mit frohem Herzen, klugem Sinn und entschlossenem Willen handeln, um auf den Anruf, der von Gott ausgeht, antworten zu können. «An erster Stelle steht die Freude. Sie ist Ausdruck eines gesunden, ruhigen, durch das Siegel der Gnade Gottes geschmückten und beseelten Lebens.» Jeder junge Mensch müsse fröhlich sein. Wenn er traurig sei, bedeute dies, daß er moralisch krank sei. Die Jugend sei wie ein Lied; die Freude mache die Seele zu einem unmittelbaren Spiegelbild Gottes. In väterlicher Weise wünschte der Papst seinen Kindern, das Leben bis ans Ende ihrer Tage in ständiger Freude zu leben.

Der zweite Punkt sei die Klugheit. Klug sei der, welcher im Hinblick auf ein bestimmtes Ziel sehen, betrachten und lernen könne. «Man darf also nicht plötzlich irrationalen Regungen nachgeben (. . .), noch darf man sich von den Impulsen des eigenen Charakters überrennen lassen». Man solle sich in allen Dingen großer Vorsicht und Klugheit befleißigen. Doch wichtig sei vor allem, mit sich selbst und seiner Umgebung im Gleichgewicht zu sein. «Wo findet man nun dieses so kostbare Gut? Wir können es mit vollen Händen aus der Lehre des Herrn, dem heiligen Evangelium schöpfen, aus den Seiten des Alten Testamentes und ebenso aus den etwas weniger umfangreichen, aber noch eindeutigeren Richtlinien des Neuen Bundes. Darin werden wir immer den Weg aus der wirklichen Weisheit finden. Deshalb werden wir jedesmal, wenn wir eine Entscheidung fällen müssen, uns natürlich dazu veranlaßt sehen, in den Lehren des Herrn Rat zu suchen, und wir werden dann sicher richtig handeln, denn gerade sein Name, sein Gebot, die heilige Furcht vor ihm sind Anfang der tatsächlichen Weisheit.»

Schließlich noch die Beharrlichkeit, die Kraft. «Jeder wird bei der Erforschung seines Gewissens und bei der Betrachtung seines eigenen Lebens die ganz bestimmt vorhandenen Unsicherheiten und Mängel erkennen und sich fragen: ‹Was kann und muß ich tun?› Nachdem wir vom Herrn Talente und Fähigkeiten empfangen hätten, fühlten wir oft, daß uns die Energie mangele, mit entschlossener Kraft zu handeln. Hier komme uns, auf unser Gebet hin, die göttliche Allmacht und Liebe zu Hilfe, welche unsere Unschlüssigkeit beende und helfe, das Hindernis zu überwinden und den geraden Weg zu gehen (vgl. Johannes XXIII., Vermächtnis seines Pontifikats, S. 31ff.).

Am Fest Mariä Himmelfahrt, am 15. August 1962, hielt der Papst, der sich zu jener Zeit in seiner Sommerresidenz Castel Gandolfo befand, den Pfarrkindern der dortigen Kirche die Feiertagspredigt. (Diese Kirche wird auch als «Pfarrei des Papstes» bezeichnet.) In der Predigt berührte er den festtäglichen Anlaß nur flüchtig, verweilte aber um so ausführlicher bei der Rolle, welche die Pfarrei im Leben der Kirche spiele. «Die Pfarrei, welche Oase der Gnade, der Wonnen und der Segnungen für alle, die ihr angehören, welches auch immer ihr Alter oder ihre soziale Klasse sei, für alle freudigen oder traurigen Ereignisse!»

Nach Ansicht des Papstes sollten die Christen immer auf die Stimme der Kirche hören, denn diese sei die Stimme ihrer Mutter. Auch wenn sie gelegentlich eintönig erscheinen möge, bewahre sie ihre Kinder vor dem Übel. Die gegenwärtigen Verhältnisse veranlaßten den Papst, der ganzen Welt einen großen Eifer auf dem Gebiet des Pfarrlebens zu wünschen. Es sei möglich, daß sich die Organisationsformen veränderten, aber das Wesen des Pfarrgemeindelebens bleibe immer ein und dasselbe. Die erstrangige Aufgabe sei für jede Pfarrei das beständige und unerschütterliche Streben nach geistlicher Vollkommenheit. Dazu trügen der tägliche Messbesuch, das fromme Gebet des Rosenkranzes, der Besuch von Katechismusstunden durch Kinder und Erwachsene sowie der Empfang der Sakramente bei. Aktive Frömmigkeit sei das Merkmal geistlichen Reichtums, besonders dann, wenn die frommen Entschlüsse nicht nur im Bewußtsein entstünden, sondern sich auch im Leben verwirklichten. Beim geistlichen Wachstum einer Pfarrei wirke die göttliche Gnade aktiv mit. «Mit diesem Wort ‹Gnade›», sagte der Papst, «drücken wir alles aus, was vom Herrn kommt, weil wir ohne seine Hilfe nichts tun können (Vgl. Joh. 15,5). Deshalb ist es eine Gnade, gut zu beten, den Willen Gottes zu erfüllen sowie geduldig und friedfertig mit allen zu sein.»

Zum Abschluß seiner Predigt rief Johannes XXIII. seine Pfarrkinder und die Gläubigen der ganzen Welt auf, innig zur Jungfrau Maria, deren Himmelfahrt sie feierten, zu beten, damit diese ihre mütterlichen Hände über alle Leidenden ausbreite und den Menschen helfe, den heißersehnten wahren Frieden zu finden, der jede Gewalt verwerfe und dem Menschen gestatte, seiner Familie, seinem Land, seiner Religion mit heiterem Herzen zu dienen (Vgl. DC, No. 1383, 1962, S. 1089–1095).

Am 24. September 1962 hielt Johannes XXIII. eine Ansprache auf einer Versammlung im Rahmen der 17. Italienischen Bibelwoche. Auf die Probleme der Bibelwissenschaften eingehend, bemerkte er, daß ein Spezialist der Heiligen Texte nicht bloß ein gebildeter Bewunderer oder ein leidenschaftlicher Forscher sein dürfe, weil das im gegebenen Fall den Gegenstand seiner Arbeit wesentlich einschränken würde; ein gelehrter Exeget sei vor allem jener, der auf das Wort Gottes sowohl mit Furcht als auch mit Unerschrockenheit höre. Ein solcher gebe sich Rechenschaft darüber, daß dies nicht tote, in ein Archiv eingeschlossene Buchstaben seien, sondern eine lebendige Botschaft, die von Gott ausgehe, und vom Exegeten ebenso aufgenommen werden müsse, wie sie einst von den Propheten, Aposteln und einer Vielzahl von Menschen des Alten und Neuen Bundes angenommen wurde. Wenn er diesen Weg einschlage, werde der Wissenschaftler und Gelehrte zu einem geduldigen Mitarbeiter der Kirche, der die in den heiligen Büchern enthaltenen Gedanken lehre und weitergebe.

Die Kirche zeige an den Bibelwissenschaften ein lebhaftes Interesse. Obgleich sie denjenigen, die da forschten, vertraue, dürfe sie sich dennoch nicht einfach mit deren Früchten zufriedengeben, sondern müsse die Forscher anleiten und die Resultate ihrer Arbeiten billigen und bestätigen. Die wissenschaftliche Forschung sei jenes neue Licht, das eine Widerspiegelung der heiligen Bücher darstelle und die Führung der Menschenseelen in ihrem geistlichen Leben zum Ziel habe. Der Papst sprach den Wunsch aus, daß das Göttliche Wort immer fester im Leben der Völker Wurzel fasse, Familie und Gesellschaft zum Nutzen. «Der moderne Mensch», sagte der Papst, «verspürt nicht weniger als jener, der die ‹Armenbibel› an den Wänden der alten Kirche las, das lebhafte Verlangen nach dem Wort Gottes. Der Mensch wartet und lauscht auf dieses mit der gleichen Verehrung, mit der das jüdische Volk die Lesung der Heiligen Schrift aus dem Mund von Esra nach den Wechselfällen der Rückkehr aus der Gefangenschaft vernommen hatte.» Zum Abschluß wünschte der Papst den Exegeten, daß ihre Arbeiten die erhoffte Frucht bringen, sie selber aber zu Aposteln des Lichtes und der Liebe würden (Vgl.DC, No.1386, 1962. S.1313–1316).

Am Morgen des Weihnachtsfeiertages 1962 besuchte der Papst die kleinen Kranken im Spital «Gesù Bambino». Er hielt dem Pflegepersonal eine Rede, die in die Krankenzimmer der Kinder übertragen wurde, wobei er sagte: «In dieser Atmosphäre der Güte und liebevollen Fürsorge fällt es leicht, an eine bessere Zukunft zu denken. Die pessimistischen Prophezeiungen jener, die nur Bitterkeit sehen wollen, sind hier fehl am Platz . . . Diese Begegnung dürfte genügen, um den Ärzten Glauben zu schenken, wenn sie sagen, daß es dem Heiligen Vater, nachdem er an einem kleinen Unwohlsein litt, erneut besser geht und – wie jeder es feststellen kann – nichts fehlt, um wie gewohnt sein Amt auszuüben» (DC, No. 1393, 1963, S.171f.). Dennoch blieben in den breitesten Kreisen der kirchlichen Öffentlichkeit die Befürchtungen über den Gesundheitszustand des Papstes überaus ernst. Am 3. Januar wurde zwar eine Erklärung Kardinals Beas veröffentlicht, die aber de facto in dieser Hinsicht nichts Bestimmtes aussagte. Auf die Frage von Korrespondenten antwortete er: «Lassen wir die Gesundheit des Papstes beiseite, wie sie sich vom physischen und medizinischen Gesichtspunkt her präsentiert. Für mich bedeuten die jüngsten Sorgen der katholischen und außerkatholischen Welt um die Gesundheit des geliebten Vaters eine Herausforderung für unseren Glauben. Es geht darum, zu sehen, ob wir – abgesehen davon, daß wir voll Liebe den väterlichen Händen Gottes anvertrauen, was sich aufdrängt – tatsächlich fähig sind, jenen Glauben zu haben, der Berge versetzt, und die Worte Jesu völlig ernst zu nehmen: ‹Alles, um was ihr gläubig im Gebet bittet, werdet ihr empfangen› (Mt 21,22) – (. . .) In unserem Fall geht es um Berge, die überwunden werden sollen oder nicht; demjenigen, der glaubt, ist alles möglich. Und mir scheint, daß uns gerade in diesem Punkt der Heilige Vater als erster mit seinem Beispiel vorangeht. So, wie für ihn das Konzil vor allem ein großer Akt des Glaubens war, so sieht er sicherlich auch seine jüngste Krankheit, vor allem aus unerschütterlichem Glauben und Gottvertrauen, immer wie es sich gebührt, in einer Selbsthingabe an Gott; einer Hingabe, auf die er übrigens auch vor Anbruch der gegenwärtigen Krise oft insistierte. Dieses Vertrauen kann sich nur im innigen und kindlichen Gebet äußern, daß der Herrn sein Leben, das für die ganze Kirche und sogar für die gesamte Menschheit so kostbar ist, lange erhalten möge» (DC, No. 1393, 1963, S.171, Anm.7).

Nach der ersten Session des II. Vatikanischen Konzils erhielten die ungarischen Bischöfe, die daran teilgenommen hatten, vor ihrer Abreise in die Heimat von Papst Johannes XXIII. den Auftrag, dem ungarischen Volk, und insbesondere den Katholiken Ungarns, eine Botschaft zu übermitteln. In seiner Botschaft schrieb der Papst: «Mögen die geliebten Christen dieses Volkes wissen, daß Wir ohne Unterlaß an sie denken und Uns mit ihnen beschäftigen, und daß wir sie täglich in Unseren innigen Gebeten Gott empfehlen.» Der Papst äußerte die Hoffnung, auf der kommenden Konzilssession die Möglichkeit zu haben, alle Bischöfe dieses Volkes zu sehen. Und er sandte seinen apostolischen Segen «als Unterpfand der Hoffnung auf einen echten Frieden und der Standhaftigkeit im Bekenntnis des christlichen Glaubens», wie es im Schlußteil dieser Botschaft hieß (DC, No. 1393, 1963. S. 167).

Am 17. März 1963 wurde Elizabeth Seton feierlich in die Reihen der Seligen aufgenommen. Dieses Ereignis war deshalb bedeutungsvoll, weil die neue Selige ihrer Nationalität nach Amerikanerin war, und die katholische Kirche bis dahin noch keine Amerikanerin zur Ehre der Altäre erhoben hatte, für die amerikanischen Katholiken ein ziemlich trauriger Umstand, der bösen Zungen Anlaß zu übler Rede bot. Elizabeth Seton war im Jahre 1774 in New York (USA) geboren. Die Eltern gehörten der Episkopalkirche an; der Vater war Arzt. Im Alter von zwanzig Jahren heiratete sie den Kaufmann William Seton, von dem sie fünf Kinder bekam. 1803 wollte die Familie nach Livorno in Italien übersiedeln, dessen Klima die Ärzte für die angegriffene Gesundheit von William Seton empfohlen hatten. Das Schiff, auf dem sie sich befanden, wurde infolge des in New York ausgebrochenen Gelbfiebers unter Quarantäne gestellt. Die bereits stark beeinträchtigte Gesundheit Setons hielt dieser Belastungsprobe nicht mehr stand, und er starb an Bord. Elizabeth genoß in Livorno sechs Monate die Gastfreundschaft der Familie Filicchi, wo sie zum ersten Mal mit dem Katholizismus bekannt wurde. Nach New York zurückgekehrt, verblieb sie unter dem Druck der Familie zunächst in der Episkopalkirche, doch dann brach, wie sie selbst sagte, während eines Gottesdienstes in ihrer Pfarrkirche eine innere Krise aus: Nach der Rückkehr aus der Kirche bekannte sie sich sofort zum Katholizismus. Sie begann, die katholischen Messen in der St. Peter's Church, dem katholischen Gotteshaus von New York, zu besuchen. Am 14. März 1805 wurde sie von P. Matthew O'Brien in den Schoß der katholischen Kirche aufgenommen. Die Familie brach alle Bande zu ihr ab, und Elizabeth begann, in Armut zu leben. Zu ihrem Lebensunterhalt sah sie sich genötigt, eine kleine Schule am Stadtrand zu eröffnen, doch führte ihre Mittellosigkeit bald zu deren Schließung. Angesichts der bedrängten Lage der Neubekehrten wurde sie von Abbé du Bourg, Direktor des Saint-Mary-College in Baltimore, zur Eröffnung einer katholischen Mädchenschule in der Stadt eingeladen, deren Lehrkörper aus frommen Frauen bestehen sollte, die eine Gemeinschaft mit einer Art Ordensregel bildeten. Elizabeth zeigte sich einverstanden, und die Schule wurde im Jahr 1808 eröffnet. Gleichzeitig sammelte sich um Elizabeth Seton eine kleine Frauengemeinschaft, die sich «Barmherzige Schwestern vom heiligen Josef» nannte. 1812 wurde sie zur Schwester Oberin dieser Kommunität bestellt. Im Jahr 1814 erlangte die Gemeinschaft kanonische Anerkennung; sie errichtete bald darauf einige Waisenhäuser in New York und Philadelphia. Elizabeth Seton starb 1821 im Schwesternhaus ihrer Kongregation in Emmetsburg. 1963 gab es in den Vereinigten Staaten 12000 «Töchter der Mutter Seton». An die Pilger gewandt, die sich zur Seligsprechung von Elizabeth Seton eingefunden hatten, charakterisierte Johannes XXIII. diese «als erste Blüte offiziell anerkannter Heiligkeit, welche die Vereinigten Staaten von Amerika der Welt darbringen». Im vielfältigen Chor kirchlicher Heiligkeit sei ein neuer Wohlklang erschienen, der für diese zahlreiche Schar charakteristisch sei. Gott habe diese Frau durch langwierige Prüfungen und schwerwiegende Entscheidungen des geistlichen Lebens hindurchgehen lassen, damit der Glaube für sie wie der Atem des Lebens wurde. Sie habe sich durch Nächstenliebe, aber auch durch heldenhafte Bewältigung der Widerwärtigkeiten ausgezeichnet. Der Papst sagte, daß die neue Selige, wie auch andere aus dem 19. Jahrhundert, nicht durch die Verleugnung ihrer Vergangenheit zum Katholizismus gekommen sei, sondern durch die Erfahrung des Gebetes, durch Übungen in der Liebe und durch Gehorsam gegenüber dem Anruf Gottes. «Diese Glorifizierung einer Heldin der Liebe will (. . .) allen Gliedern der Kirche einen neuen Ansporn zur Opferbereitschaft geben, damit sie alle in Güte Zeugnis der Liebe und der Werke zu geben wissen, das die Welt von ihnen erwartet» (DC, No. 1397, 1963, S. 427–431).

Um 12.30 Uhr des Ostertages 1963 entbot Papst Johannes XXIII. vor Erteilung des Segens «Urbi et Orbi» der auf dem Petersplatz versammelten, vieltausendköpfigen Menge österliche Grüße und verwies auf die Tatsache, daß die Christen an diesem Tag untereinander dieselbe Freudenbotschaften austauschten, die schon seit beinahe 2000 Jahren das Fundament des Glaubens, ein Geschenk himmlischer Gnade und einen Ansporn zu einmütigem Wirken darstelle. Christus ist auferstanden; daher müßten alle sein Licht widerspiegeln: Mensch, Familie, Gesetze und Sitten, aber auch die verschiedenen Formen des Gesellschaftslebens der Völker. Papst Johannes sagte: «Christus ist erstanden, Alleluja! Dieser Gruß enthält ein strahlendes Programm: nicht den Tod, sondern das Leben, nicht die Spaltungen, sondern den Frieden, nicht die Egoismen, sondern die Liebe, nicht die Lüge, sondern die Wahrheit, nicht das, was bedrückt, sondern den Triumph des Lichtes, der Reinheit und der gegenseitigen Achtung (. . .) Möge die Osterfreude aus Euren Worten und Werken leuchten, damit die verlebendigende Kraft des Christentums in allen Perioden Eures Lebens wirksam bleibe und ein Sauerteig der Erneuerung von Gerechtigkeit und Liebe sei!» (DC, No. 1399, 1963, S. 586ff.).

Bald nach Ostern begann sich der Gesundheitszustand von Papst Johannes zu verschlechtern, und die Krankheit verschärfte sich. Wenige Tage vor dem Pfingstfest wurde der Papst bettlägerig und entschlief am Montag danach, am 3. Juni 1963. (Mit den Umständen der letzten Tage und des Todes des Papstes werden wir uns zum Schluß dieses Werkes eingehend beschäftigen.)

6. Kontakte mit Persönlichkeiten des öffentlichen Lebens

Bekanntlich präsentiert sich der Papst vor der Weltöffentlichkeit in einer Doppelfunktion: Er ist Oberhirte der katholischen Kirche und Staatsoberhaupt der Vatikanstadt. In Zusammenhang damit hat der Papst nicht selten Kontakte mit Vertretern der verschiedenen Staaten, die bei ihm vorsprechen oder bei denen er in der einen oder anderen Funktion vorstellig wird. Bereits unmittelbar nach seiner Erwählung hatte Papst Johannes XXIII. mit staatlichen und politischen Persönlichkeiten Fühlung zu nehmen. Bei seiner Inthronisation waren die Vertreter vieler Regierungen zugegen. Der neue Papst mußte das beim Vatikan akkreditierte diplomatische Korps empfangen. Bei diesem Anlaß gab es Umstände, die großes Aufsehen erregten.

Unzweifelbar öffentliches Interesse rief die Geschichte mit den polnischen und litauischen Missionschefs hervor, die Vertreter von Exilregierungen waren. Den Vorschriften entsprechend überreichen zu Beginn eines jeden Pontifikates die beim Heiligen Stuhl akkreditierten Botschafter und bevollmächtigten Gesandten dem frischgewählten Papst neue Beglaubigungsschreiben. Darum mußte es auffallen, daß weder der Botschafter des «Polnischen Staates», Kasimir Papee, noch der Gesandte des «Litauischen Staates», Stanislas Girdvainis, aufgefordert worden waren, sich zu diesem Zweck zusammen mit dem übrigen diplomatischen Korps einzufinden. Angesichts der aus diesem Anlaß entstandenen Gerüchte veröffentlichte der «Osservatore Romano» in seiner Ausgabe vom 5./6. Januar 1959 eine Erklärung ohne Unterschrift mit dem Titel «Precisazione opportuna» (Nötige Klarstellung). In der Weltpresse begannen schon damals, und das nicht ohne Grund, Artikel über eine «Neuorientierung der vatikanischen Politik» zu erscheinen. Wie aus der Erklärung hervorgeht, versuchte ihr Verfasser, das als grundlose Gerüchte zu dementieren. Nichtsdestoweniger bedurfte es keines besonderen Scharfsinns, um zu verstehen, daß der vatikanische Sprecher damit die Richtigkeit der in der Weltpresse ausgesprochenen Vermutungen nochmals bestätigte. Der «Osservatore» schrieb: «Es ist in der Tat Brauch, daß die Diplomaten, die bei ihm (d.h. dem Heiligen Stuhl, A.d.Ü.) akkreditiert sind, nach dem Tod des Papstes seinem Nachfolger neue Beglaubigungsschreiben vorlegen. Doch ist es offenkundig, daß als Folge einer zu gut bekannten Situation (gemeint ist die Existenz sozialistischer Regierungen in Polen und Litauen, das heute eine der UdSSR angehörende Sowjetrepublik bildet, A.d.V.) die diplomatischen Vertreter Polens und Litauens nicht in der Lage sind, Dokumente vorzuweisen, denen man einen diplomatischen Charakter und einen diplomatischen Wert im Sinne des internationalen Rechts zuerkennen kann. Eine schwierige Situation, (...) die nichtsdestoweniger eine unbestreitbare Tatsache bleibt. Daraus folgt logischerweise, daß sich der Heilige Stuhl außerstande sieht, diesen hervorragenden Diplomaten weiterhin den Titel eines Chefs ihrer entsprechenden diplomatischen Vertretungen zuzuerkennen, den sie bis anhin getragen haben.» Und obwohl die Zeitung im folgenden unterstrich, daß der Vatikan nichts gegen diese Diplomaten habe, ist doch nicht an dem Faktum zu rütteln, daß Johannes XXIII. nichts mit den Vertretern der «Emigrantenregierungen» zu tun haben wollte (Vgl. DC, No. 1296, 1959, S. 136f.).

Am 13. Februar 1959 veröffentlichte der «Osservatore Romano» die zwischen dem Präsidenten der Italienischen Republik, Giovanni Gronchi, und Papst Johannes XXIII. anläßlich des 30. Jahrestages der Unterzeichnung der Lateran-Verträge ausgetauschten Telegramme. (Der Abschluß dieser Vereinbarung im Jahr 1929 beinhaltete den Abschluß eines Konkordats zwischen dem Heiligen Stuhl und dem Königreich Italien.) Dank dieser Übereinkommen war die Lage der Kirche in Italien normalisiert und der Konflikt zwischen Kirche und Staat beigelegt worden. Der Präsident telegraphierte dem Papst: «Italien nimmt einhellig an der Feier des dreißigjährigen Gedenktages der Lateranverträge teil in der gleichen Gesinnung, welche die Gesetzgebende Versammlung mit großer Mehrheit dazu bestimmte, sie in die neue Verfassung einzufügen. Dieser Entscheid und die Erfahrung der letzten Jahre legen Zeugnis dafür ab, daß man sich bewußt ist, von welch grundlegender Wichtigkeit für eine gesunde demokratische Ordnung eine Zusammenarbeit ist, bei der die Beziehungen zwischen Staat und Kirche auf der Anerkennung des höchsten geistlichen Lehramts und zugleich auf der gegenseitigen Achtung vor den besonderen Verantwortlichkeiten beider Parteien beruhen. Ich kann mich daher als Interpret der Gefühle des gesamten italienischen Volkes betrachten, wenn ich des geschichtlichen Ereignisses gedenke und Eure Heiligkeit bitte, zugleich mit meinen persönlichen Gefühlen kindlicher Ehrfurcht die aufrichtige Huldigung der ganzen Nation entgegenzunehmen.»

In Beantwortung der Depesche des italienischen Staatspräsidenten Gronchi äußerte Papst Johannes XXIII. in einem Telegramm seine Anerkennung und Genugtuung über die an ihn gerichteten Glückwünsche und bemerkte seinerseits: «Indem Wir einen Dankgesang zum Spender aller Güter für die Wohltaten erheben, die er der heiligen Kirche und Italien durch die Lateranverträge gewährt hat, wünschen Wir, daß sie auch weiterhin getreu befolgt werden mögen und dem italienischen Volk auf der Spur seiner glorreichen Überlieferungen, seines ererbten Glaubens und der hohen religiösen und sittlichen Werte, die das feste Fundament und die sichere Quelle rechter Ordnung und wahren bürgerlichen und sozialen Fortschritts sind, reiche Früchte an christlicher Wohlfahrt, Ruhe und Frieden tragen» (HK, XIII, 1958/59. S.326).

Beim festlichen Empfang, den der Papst am 6. März 1959 für den Präsidenten der italienischen Republik, Giovanni Gronchi, gab, hielt Johannes XXIII. eine Rede, die am folgenden Tag im «Osservatore Romano» veröffentlicht wurde. Er erinnerte den Präsidenten an ihre Begegnung, die in Pisa bei den großen Festlichkeiten zu Ehren des heiligen Ranieri, des Patrons dieser Stadt, erfolgt war. Am Festgottesdienst nahm damals Gronchi teil, den Roncalli als Patriarch von Venedig zum ersten Mal in seiner Eigenschaft als Staatsoberhaupt begrüßen durfte. Der Papst äußerte seine Genugtuung darüber, daß er heute als Papst die große Freude habe, dem Präsidenten die Insignien des «Christus-Ordens» zu verleihen, der 1309 von Papst Johannes XXII. gestiftet worden war. Mit dieser Auszeichnung für das Oberhaupt der italienischen Republik brachte der Papst gleichzeitig seine Zuneigung für das Volk dieses Landes zum Ausdruck.

Am 22. Mai 1959 gewährte Papst Johannes XXIII. dem griechischen König Paul und Königin Friederike eine Privataudienz. Dazu muß angemerkt werden, daß die Athener Regierung seit langem um ein besseres Verhältnis zum Vatikan bemüht war. Es ist jedoch auch bekannt, daß ihre Position in dieser Frage durch die ablehnende Haltung der Orthodoxen Kirche von Griechenland, welche die Staatsreligion vertritt, beträchtlich erschwert wurde. Der erste Nachkriegsversuch zur Aufnahme von Beziehungen mit dem Vatikan war 1948 unternommen worden. Die orthodoxe Kirche hatte sich diesem damals sehr energisch entgegengestellt. Als der griechische Ministerpräsident, General Papagos, im Jahre 1954 auf die Idee kam, Papst Pius XII. in der Hoffnung zu besuchen, von ihm Unterstützung in der Zypernfrage zu erhalten, richtete der Erzbischof von Athen, Spiridon, einen persönlichen Brief an den General, in welchem er ihm mit schroffen Formulierungen untersagte, mit dem Papst über irgend etwas zu sprechen, was über den

Rahmen der protokollarischen Höflichkeit hinausgehe. Die orthodoxe Kirche von Griechenland schließe nicht nur jede Möglichkeit zur Aufnahme von diplomatischen Beziehungen, sondern auch die Etablierung irgendeines Bevollmächtigten oder Legaten des Heiligen Stuhles in Hellas aus. In diesem Zusammenhang ist eine Klarstellung von Interesse, die vom griechischen Außenminister Averoff gegeben wurde. Er sagte, daß der Besuch des Königspaares vom 22. Mai 1959 zweifellos das Eis zwischen Griechenland und dem Heiligen Stuhl gebrochen habe, wenn es auch noch nicht so weit sei, daß diplomatische Vertreter ausgetauscht würden (Vgl. DC, No. 1306, 1959, S. 777f., Anm. 1).

Bei der Audienz hielt der Papst seinen Gästen eine kurze Begrüßungsansprache. Er beschäftigte sich in erster Linie mit dem Beitrag, den Griechenland an die kulturelle Schatzkammer der Menschheit geleistet habe. Erwähnt wurden ebenfalls die aus diesem Land stammenden römischen Päpste, wie Evarist, Telesphor, Hygin, Antheros, Sixtus II., Eusebios, Zosimus, Theodor, Zacharias und die beiden Johannes VI. und VII. Der Papst verwies auch auf die Kirchenmänner, die in griechischer Sprache schrieben: Der Apostel Paulus, drei der Evangelisten, alle Genies der patristischen Epoche: Gregor von Nazianz, Basilius der Große und Johannes Chrysostomus, «diese Giganten, auf denen im Morgen- wie im Abendland das spätere Gebäude der Theologie aufgerichtet wurde.» Bei der Not der Kriegszeit verweilend, erklärte der Papst, daß es für ihn ein Trost gewesen sei, der schwer heimgesuchten Bevölkerung Griechenlands größtmögliche Hilfe zu erweisen. In diesen schlimmen Tagen seien der Charakter des Volkes, seine Energie, Ausdauer und religiöse Gesinnung besonders deutlich hervorgetreten. Der Papst versicherte dem Königspaar, daß die Bande, die ihn seinerzeit mit ihrem Land verbunden hätten, nicht abgerissen seien und das griechische Volk seine Achtung und Sympathie genieße. Zum Abschluß seiner Rede drückte der Papst die Überzeugung aus, daß seine Gäste in den griechischen Katholiken immer zutiefst loyale und ergebene Untertanen fänden. Der letzte Satz wurde vom Papst auf Griechisch gesprochen. Wie aus den zitierten Bemerkungen ersichtlich ist, verlief die Unterhaltung in herzlicher Atmosphäre, doch wurden in ihr keinerlei staatliche Fragen berührt (Vgl. ibid., S. 777–800).

In festlicher Atmosphäre empfing der Papst am 11. Juni 1959 den Präsidenten der türkischen Republik, Celâl Bayar. Am folgenden Tag veröffentlichte der «Osservatore Romano» den Text der päpstlichen Begrüßungsansprache. Wie er es in solchen Fällen gerne zu tun pflegte, begann der Papst die Rede mit Erinnerungen an die Jahre seines Aufenthaltes in der Türkei. Unter Hinweis auf einen vorangegangenen Besuch des türkischen Ministerpräsidenten Menderes bei Papst Pius XII. stellte Johannes XXIII. fest, daß derartige Besuche von den «herzlichen Gefühlen der türkischen Republik gegenüber dem Heiligen Stuhl» zeugten. Selber ein guter Kenner der Türkei, sprach der Papst eingehend von ihrer hohen Kultur und den im Lauf der Jahrhunderte auf ihrem Boden angesammelten Kunstschätzen. Und hier warf der Papst bewußt oder unbewußt eine Anspielung an die Adresse seines Gastes, als er unter den Kulturdenkmälern auch die Kathedrale der Hagia Sophia erwähnte (die bekanntlich von den Christen erbaut und später von den Muslimen gewaltsam angeeignet wurde). Der Papst gab seinem Präsidentengast die Zusicherung, daß sich die katholische Minderheit in der Türkei gegenüber der Regierung loyal verhalten werde, weil ihre religiösen Überzeugungen diese Minorität dazu anhielten, die legale Macht zu respektieren. Er erinnerte auch an seine «Söhne», die sich seit langem dem Werk der schulischen Erziehung oder der Wohltätigkeit in Krankenhäusern widmeten und die es als eine Ehre betrachteten, ihren Beitrag für das Leben und Gedeihen dieser Nation zu leisten. «Herr Präsident der türkischen Republik», erhob der Papst zum Abschluß seine Stimme, «es ist Uns sehr angenehm, dies nochmals zu wiederholen, daß Wir Uns glücklich schätzen, Sie hier in Rom und im Vatikan begrüßen zu dürfen. Während Unseres Aufenthaltes in der Türkei haben Wir eine schöne Grußformel gelernt, die man dort allen mitgibt, die sich auf Reisen begeben oder eine Reise fortsetzen: ‹Gott beschütze dich, und Rosen mögen auf deinen Wegen blühen!›» (Vgl. DC, No. 1307, 1959, S. 836ff.).

Am 27. Juni 1959 stattete auch der Präsident der französischen Republik, General de Gaulle, Papst Johannes XXIII. einen offiziellen Besuch ab. Mit Frankreich verbanden den Papst alte und feste Bande. Als Päpstlicher Nuntius hatte er in diesem Land viel Kraft für die Normalisierung der Lage der katholischen Kirche in der Nachkriegszeit aufgewendet. Bei der Audienz begrüßte Johannes XXIII. seinen Gast mit einer kurzen Rede. Er erklärte, daß dieses Land und dessen Bewohner seinem Herzen sehr nahestünden und er den natürlichen, intellektuellen und künstlerischen Eigenschaften der «douce France» (des anmutigen Frankreich) seinen Respekt erweise.

Der Papst gedachte seines ersten Besuches, den er am Neujahrsmorgen 1945 General de Gaulle als Nuntius abgestattet hatte. Damals überbrachte er im Namen des bei der provisorischen französischen Regierung akkreditierten diplomatischen Corps die Neujahrsglückwünsche. Der Papst erwähnte, daß sich General de Gaulle nicht zum ersten Mal in der Vatikanstadt aufhalte: «Im Juni 1944, als Rom sah, wie sich das Gespenst des Krieges von seinen Mauern entfernte und sich am Horizont schon das so sehr ersehnte Ende des schrecklichen Konfliktes abzuzeichnen begann, schätzte sich Unser Vorgänger Pius XII. glücklich, Sie zu empfangen und sich mit Ihnen während einer herzlichen Audienz zu unterhalten. Sie geruhten damals, die Klarheit der Ansichten und die Ungetrübtheit der Urteile dieses großen Papstes und die Kraft und das unwandelbare Vertrauen dieses Herolds des wahren Friedens zu bewundern, dessen Lehre noch immer allen Menschen guten Willens als Wegweisung dient.» Durch den Lauf der Umstände zum zweiten Mal zur Leitung seines Heimatlandes berufen, lege de Gaulle, den Worten des Papstes zufolge, große Energie an den Tag, damit sich dieses seiner vorangegangenen Geschichte würdig erweise.

General de Gaulle empfing kniend den Segen des Papstes und wandte sich mit einer Antwortadresse an diesen. Auch seine Rede war kurz. Der Präsident sagte, daß er, sofern Seine Heiligkeit ihm gestatte, einige Begrüßungsworte auszusprechen, das mit größter Hochachtung und, wie er hinzufügte, mit größter Freude tun wolle. «Wir haben in Frankreich», so sagte General de Gaulle, «eine besondere Achtung vor Eurer Heiligkeit. Wir kennen Sie in erster Linie als Stellvertreter Christi, aber daneben gleichfalls als einen Prälaten, der uns noch unlängst gut kannte und der uns liebte. Im Namen Frankreichs legen wir unsere Hochachtung zu seinen Füßen und bitten ihn für die schwierige Aufgabe, welche das Amt eines Präsidenten der Republik und der Gemeinschaft darstellt sowie für seine Regierung und die französischen Behörden um seine wohlwollende Unterstützung. Das ist es, was ich sagen wollte, indem ich die Wünsche für die Gesundheit des Heiligen Vaters sowie für das Wohlergehen und den Ruhm unserer katholischen Kirche ausspreche» (DC, No. 1308, 1959, S. 929ff.).

Beim Empfang von US-Präsident Eisenhower am 6. Dezember 1959 wurde weder von der einen noch von der anderen Seite etwas besonders Wesentliches geäußert.

Beinahe am Vorabend der Eröffnung der römischen Diözesansynode, am 22. Januar 1960, machte auch der deutsche Bundeskanzler Konrad Adenauer Papst Johannes XXIII. seine Aufwartung. Die Begrüßungsworte des Papstes an seinen Gast wurden vom «Osservatore Romano» am nächsten Tag publiziert. Natürlich war das Erscheinen dieses Dokumentes mit Interesse erwartet worden, obgleich sein Inhalt wahrscheinlich viele enttäuschte, da sich das Oberhaupt der Katholischen Kirche bemüht hatte, alle «heißen Eisen», welche die Probleme Deutschlands betrafen, zu umgehen. Seine Rede bildete einen Komplex wohlwollender Ermahnungen an die Adresse des deutschen Volkes, eines Volkes, das mit Verstand und Willenskraft begabt sei und demgegenüber der Papst, wie schon sein Vorgänger, ein Gefühl der Sympathie und Liebe empfinde. Hier folgten einige Lobesworte an die Adresse der deutschen Katholiken, die von «eifrigen und wachsamen Bischöfen» geleitet würden. Am Ende wünschte der Papst dem deutschen Volk «noch größeres Gedeihen in fruchtbarer Zusammenarbeit, wie sie aus dem guten Willen der Söhne und aus dem Entschluß zu großzügigem Dienst im Geist der Gerechtigkeit und Liebe, den höchsten Idealen der Zivilisation und des Friedens, hervorgehen kann» (DC, No. 1322, 1960, S. 224f.).

Am 2. März 1960 meldete der «Osservatore Romano» die Ernennung von Erzbischof Francesco Lardone zum Apostolischen Internuntius in der Türkei. Bald darauf, am 11. April desselben Jahres, empfing Papst Johannes XXIII. Nureddin Vergin als ersten Außerordentlichen und Bevollmächtigten Botschafter der türkischen Republik beim Heiligen Stuhl. Der Botschafter überreichte sein Beglaubigungsschreiben dem

Papst, der seinerseits eine kurze Begrüßungsansprache an diesen richtete. Der Papst bekannte, daß das Eintreffen eines Botschafters aus der Türkei sein Herz mit Freude erfülle. Zuerst infolge persönlicher Sympathie für Herrn Vergin, der für würdig befunden war, die Türkei vor seinem Eintreffen im Vatikan in vielen europäischen Hauptstädten zu vertreten und auf diesem Gebiet über große Erfahrung verfügt. Zweitens angesichts dessen, daß Nurredin Vergin der erste türkische Botschafter beim Papst, «der an der Spitze der ganzen Christenheit steht», sei. Johannes XXIII. machte dem Botschafter klar, daß er sich hier im Vatikan nicht mit Finanzfragen oder mit Problemen des Mächteverhältnisses und der Aufrüstung abplagen müsse, weil man sich hier nur um die menschliche Brüderlichkeit und den sozialen Frieden kümmere. Der Papst erwähnte seinen zehnjährigen Aufenthalt in der Türkei und versicherte seinem Gast, daß seine Gefühle der Sympathie und Zuneigung zu diesem Volk unverändert geblieben seien, und er schloß mit der Bitte: «Möge der Herr, der in der Türkei mit einem Ausdruck religiöser Frömmigkeit ‹mild und voll Erbarmen› genannt wird, sein Licht über Ihr Land und über alle Völker der Erde ausbreiten, die an der gemeinsamen geistigen Suche nach Wahrheit, Gerechtigkeit und Frieden beteiligt sind» (DC, No. 1327, 1960, S. 524).

Am 11. April 1961 begab sich der italienische Ministerpräsident Amintore Fanfani in den Vatikan und wurde von Papst Johannes XXIII. freundlich begrüßt. Die ersten Worte des Papstes galten gemeinsamen Erinnerungen. Er sprach von Ereignissen, die beinahe drei Jahre zurücklagen, als ihm Fanfani in den ersten Stunden päpstlichen Dienstes die Glückwünsche des italienischen Präsidenten überbrachte.

In diesem Moment, fuhr der Papst fort, feiere ganz Italien den hundertsten Jahrestag seiner nationalen Einheit. Der Papst bemerkte, daß es die Göttliche Vorsehung während dieser Zeit zugelassen habe, daß es zu äußerst heftigen Widersprüchen zwischen Heiligem Stuhl und der italienischen Regierung gekommen sei. Allerdings werde man dabei an das alte Sprichwort erinnert, demzufolge «die Geschichte alles zu- und alles aufdeckt». Und heute könne man bei Analyse dieser «Geschichte» der Schlußfolgerung nicht ausweichen, daß in der Periode der Verwirklichung der nationalen Einheit eine gewisse Art von Literatur damals eine keineswegs entschuldbare Verwirrung in den Herzen der Italiener gesät habe. Dennoch meinte der Papst hoffnungsvoll: «Alles übrige aus dieser historischen Periode wurde dem Plan der Vorsehung entsprechend eine Vorbereitung für die siegreichen und friedlichen Seiten der Lateran-Verträge (aus dem Jahr 1929, A.d.V.), welche die Weisheit eines anderen Pius (gemeint ist Pius XI.) unter dem äußerst glücklichen Motto ‹Der Friede Christi im Reich Christi› unterschrieben hatte, um einen neuen Horizont aufzuzeigen, der sich für die endgültige Feier der wahren und vollkommenen Einheit von Rasse, Sprache und Religion öffnet, welche die Sehnsucht der besseren Italiener ist.» In diesen Tagen blicke der Papst auf das Wirken des Staatschefs mit dem Gefühl lebhafter Sympathie und wünsche ihm sowie allen, die sich mit ihm in die Verantwortung für die Regierung des Landes teilten, in väterlicher Weise Erfolg. Er, der Papst, habe während der Karwoche für die Unversehrtheit der Religion und die Sicherheit des Vaterlandes gebetet. –

«Darin liegt», nach seinen Worten, «die eigentliche Substanz der Lateran-Verträge: freie und respektierte Religionsausübung, christliche Ausrichtung der Schulbildung, Heiligkeit der Ehe sowie Ausdehnung des Apostolats durch die Wahrheit, die Gerechtigkeit und den Frieden» (Discorsi . . ., Bd. III, S. 205f.).

Kurz nach ihrer Vermählung statteten der belgische König Baudouin und Königin Fabiola Papst Johannes XXIII. einen Besuch ab. Das junge Paar wurde am 8. Juni 1961 vom römischen Pontifex freundlich aufgenommen, welcher dem König und der Königin zur unlängst eingegangenen Ehe gratulierte.

Indem er auf seine Lebensgeschichte Bezug nahm, erinnerte Papst Johannes XXIII. daran, daß er sich unter Leitung des Bischofs von Bergamo, Radini Tedeschi, mehrmals mit hervorragenden belgischen Gelehrten auf dem Gebiet der katholischen Soziallehre zu treffen und zusammenzuarbeiten hatte. Belgien habe der katholischen Kirche nicht nur ausgezeichnete Bischöfe und Soziologen, sondern auch eine unzählbare Armee von Missionaren geschenkt, die viele Seiten in der Geschichte ferner Kontinente geschrieben hätten. Der Papst gab der Hoffnung Ausdruck, daß Belgien dank dem einmütigen gegenseitigen

Verständnis seiner Söhne und der hohen Würde seiner Herrscher ein Faktor der Einheit, Brüderlichkeit und fruchtbaren Zusammenarbeit innerhalb der internationalen Völkergemeinschaft darstellen werde (Vgl. ibid., S.318–321).

Zu seinem 80. Geburtstag, den Papst Johannes XXIII. am 25. November 1961 feierte, trafen von allen Enden der Welt Glückwunschtelegramme mit guten Wünschen für den ehrwürdigen Oberhirten der katholischen Kirche ein. Dabei ist für uns die Gratulation von besonderem Interesse, welche vom Vorsitzenden des Ministerrates der UdSSR übermittelt wurde. Dies ist auch noch deswegen interessant, weil zum ersten Mal seit Existenz der Sowjetunion als einem sozialistischen Staatswesen eine derartige Botschaft an den Vatikan gerichtet wurde. Dieser Glückwunsch wirbelte viel Staub auf und, nennen wir die Dinge beim Namen, erzeugte übles Gerede in der Weltpresse. Am 17. Dezember 1961 berichtete der «Osservatore Romano» folgendes: «Der Botschafter der Sowjetunion bei der italienischen Republik, S.E. Semjon Kosirew, hat am 25. November S.E. Mons. Carlo Grano, Apostolischer Nuntius in Italien, folgende Mitteilung zukommen lassen: ‹In Erfüllung der mir erteilten Weisungen ersuche ich Sie, im Namen von Herrn Chruschtschow, Seiner Heiligkeit Papst Johannes XXIII. anläßlich seines 80. Geburtstages Gratulationen und aufrichtige Wünsche zu übermitteln für gute Gesundheit und Erfolge bei seinen edlen Bestrebungen, zur Stärkung und Festigung des Friedens in der Welt und zur Lösung der internationalen Probleme mittels aufrichtiger Verhandlungen beizutragen.›» Am nächsten Tag wurde der Nuntius in Italien autorisiert, eine Antwort folgenden Inhalts zu überreichen: «Seine Heiligkeit Papst Johannes XXIII. läßt für die guten Wünsche danken und drückt seinerseits auch dem gesamten russischen Volk seine herzlichen Wünsche aus für die Entwicklung und Festigung eines universellen Friedens durch die glückliche Übereinstimmung in der menschlichen Brüderlichkeit; darum betet er von Herzen.» Die Botschaft war auf Russisch abgefaßt und von einer inoffiziellen Übersetzung in italienischer Sprache begleitet. Die Antwort erfolgte auf Italienisch mit einer inoffiziellen Übersetzung in russischer Sprache (Vgl. DC, No.1367, 1962, S.28).

Mit den Worten: «Hunderttausend Mal ‹Willkommen›, Herr Präsident. Mögen Gott, die Gottesmutter und der heilige Patrick mit Ihnen sein», begrüßte der Papst am 17. März 1962 den Präsidenten der irischen Republik de Valera und erklärte, daß er große Freude empfinde, das Staatsoberhaupt der Republik Irland gerade in diesem Jahr zu empfangen, in dem der 1500. Todestag des heiligen Patrick gefeiert worden sei (dieser Heilige ist der Schutzpatron Irlands). Der ferne Vorgänger des heute amtierenden Papstes, Zölestin I., habe den heiligen Patrick ausgesandt, um das Evangelium in Irland zu verkünden. Die Menschen dieses Landes trügen jene Erinnerung mit Stolz in ihren Herzen. Sie vergäßen auch nicht die Standhaftigkeit ihrer Vorfahren, die ungeachtet schwerer Unterdrückungen dem päpstlichen Thron treu geblieben seien. Und heute, sagte der Papst, setzen die Söhne Irlands auf der «Insel der Heiligen» die Traditionen ihrer Väter fort. «Kraft zum Bekenntnis des katholischen Glaubens, Anhänglichkeit an die Kirche, Treue zum Stuhl Petri, Großzügigkeit in der Übung guter Werke, missionarischer Geist, Feuereifer bei der Beantwortung des göttlichen Rufes im Priestertum und im geweihten Stand, kann man von einem schöneren Kleinod für die Krone eines Volkes träumen?!» Den abschließenden Segen erteilte der Papst seinen Gästen in gälischer Sprache (Vgl. DC, No. 1374, 1962, S. 495f.).

Als ersten afrikanischen Staatschef, der bei einem römischen Papst vorsprach, empfing am 25. April Papst Johannes XXIII. in feierlicher Audienz Maurice Yaméogo, den Präsidenten der Republik Obervolta. Der Papst wandte sich an den Präsidenten und sagte, daß er sich glücklich schätze, in Rom Vertreter Afrikas, dieses so vielversprechenden Kontinents, zu sehen. Die neu errichtete Republik Obervolta habe gewaltige Anstrengungen zur Festigung ihrer internen Wohlfahrt und Einheit unternommen. Die Bestrebungen der Bürger dieses Landes zur Schaffung günstiger familiärer und sozialer Lebensbedingungen, die der Menschenwürde entsprechen, verdiene lebhafteste Billigung. «Möge sich diese glückliche Entwicklung verstärken und ausweiten!» sagte der Papst. Er sprach gleichzeitig seinen Wunsch aus, daß die junge Republik in reichem Ausmaß die notwendige Hilfe von den Ländern erhalte, die sich in günstigeren Verhältnissen befänden; was seinerseits zu einer ständigen wirtschaftlichen Entwicklung beitragen könnte. «Die Eintracht zwischen den Bürgern, der materielle Wohlstand sowie die kulturelle, soziale und religiöse Entfaltung machen die Größe einer Nation aus und sichern ihr den Platz, der ihr im Konzert der Völker zukommt.» Zum Abschluß versicherte der Papst dem Präsidenten, daß die katholische Kirche in der jungen Republik der Führung des Landes jede Art von Unterstützung erweisen werde (Vgl. DC, No.1376, 1962, S.662f.).

Am 3.Juli 1962 machte der kurz zuvor gewählte Präsident Italiens, Antonio Segni, Papst Johannes XXIII eine Antrittsvisite im Vatikan. In seiner Rede zu Ehren des italienischen Staatsoberhauptes meinte der Papst, ihre beiden Aufgaben seien zwar verschieden. Der Papst im Vatikan und Lateran habe eine andere Funktion als der Präsident Italiens im Quirinal. Dennoch gebe es in ihrem Wirken viel Gemeinsames. Über sich selber sprechend, erklärte Johannes XXIII., daß es nun schon vier Jahre seien, seit er alle seine Gedanken und alle seine Handlungen auf die Festigung der Wahrheit, der ehrlichen und ruhigen Güte, der Gerechtigkeit, der Billigkeit und des Friedens auf der ganzen Welt ausgerichtet habe. Wiederholt habe er alle Nationen der Erde und alle rechtschaffenen Menschen aufgerufen, beim Werk einer Etablierung des Friedens mitzuwirken, nicht «im Glanz materieller Waffen der Vernichtung, sondern der ewigen Prinzipien christlicher Ordnung verstanden, neuerrichtet und auf die unterschiedlichen Bedingungen der Völker und Familien angewendet». Dem Präsidenten Italiens wurde sein neues hohes Amt am Vorabend des großen Ereignisses des II. Vatikanischen Konzils anvertraut; deshalb sei es die herzliche Erwartung aller guten und ehrlichen Seelen, «daß die vornehme und liebenswürdige Gastfreundschaft gegenüber dem Ökumenischen Konzil für Rom und die ganze italienische Nation ein Grund zu großer Anerkennung und allgemeiner Bewunderung sei». An den Präsidenten gewandt zitierte der Papst einen Abschnitt aus dem 84. Psalm, in dem es heißt: «Gnade und Treue begegnen einander, Gerechtigkeit und Friede küssen sich, Treue sproßt auf aus der Erde, und Gerechtigkeit schaut hernieder vom Himmel; dann spendet der Herr auch den Segen, und unser Land gibt seinen Ertrag; Gerechtigkeit geht vor ihm her und Heil folgt der Spur seiner Schritte» (PS 84, 11–14). Dieser Text aus der Heiligen Schrift wurde vom Papst nicht zufällig angeführt, er sagte, «diese heiligen Worte drücken liebevoll alles aus, was das Herz des demütigen Papstes Johannes klopfen macht, der Sie mit solcher Freude empfangen hat . . .» (DC, No. 1383, 1962, S. 1113ff.). Italiens Präsident Antonio Segni dankte dem Papst mit entsprechenden Worten.

Der Papst gewährte am 25. September auch dem Präsidenten der Republik Dahomey, Hubert Maga, eine feierliche Audienz. Diesem Besuch widmete die Zeitschrift «Nouvelle Afrique» den folgenden Kommentar: «Die Visite des Staatsoberhauptes von Dahomey ist der Besuch eines Sohnes, denn Hubert Maga ist ein praktizierender Katholik. Die Emanzipation von Dahomey war in allererster Linie das Werk katholischer Missionare. Sie haben die ersten Schulen und Sanitätsstationen errichtet, und ihre Rolle beim menschlichen sozialen Aufstieg Dahomeys ist beträchtlich, ebenso ihr Beitrag auf dem Gebiet der Erziehung und Bildung: Zur Zeit besuchen 20000 Knaben und 12000 Mädchen die Elementarschulen der katholischen Missionare. (. . .) In den beiden großen Spitälern des Landes opfern sich – neben den Medizinern – Schwestern mit Leib und Seele der Pflege der Kranken. Sie betreuen außerdem zahlreiche Ambulatorien. (. . .) Die Kirche, welche mit Dahomey seit einem Jahrhundert in ausgezeichneter und beneidenswerter Weise herzlichste Beziehungen unterhält, genießt auf den Gebieten der Evangelisation sowie des Schul- und Bildungswesens volle Freiheit. Die Missionsschulen werden vom Staat subventioniert. Er sichert 60% ihrer Lehrersaläre.»

Papst Johannes XXIII. begrüßte den Staatschef von Dahomey mit den Worten: «Ihr heutiger Besuch erfüllt Uns mit tiefer Genugtuung. Es ist sehr natürlich, daß Wir, nachdem Wir Uns gerne den gemeinsamen Vater der ganzen Christenheit nennen lassen, alle Völker mit gleicher Fürsorge umgeben. Jedes von ihnen findet nichtsdestoweniger in Unserem Herzen ein besonderes Wohlwollen, auf Grund der ihm eigenen Qualitäten und des Platzes, den es unter den Völkern einnimmt. In Ihrer Person, Herr Präsident, haben Wir das Vergnügen, ein sehr anhängliches Volk zu empfangen.» Der Papst äußerte gleichfalls seine Freude darüber, daß die katholische Gemeinde von Dahomey eine der lebendigsten und eifrigsten in Schwarzafrika darstelle. Die Kirche unterstütze ihrerseits durch ihre Bildungs- und Wohltätigkeitsinstitutionen den Fortschritt dieser Nation.

Johannes XXIII. sprach seine Zufriedenheit über die Beziehungen aus, die sich in diesem Land zwischen Kirche und Staat herausgebildet hatten, und gab der Hoffnung Ausdruck, daß diese Begegnung ein Unterpfand für eine weitere Entfaltung der gegenseitigen Zusammenarbeit sein werde. Der von diesem Land in den zwei Jahren seiner Unabhängigkeit zurückgelegte Weg rufe aufrichtige Bewunderung hervor (DC, No. 1386, 1962, S. 1326f.).

Am Sonntag, den 23. Dezember 1962, nahm Papst Johannes XXIII. die Weihnachtswünsche des beim Vatikan akkreditierten diplomatischen Corps entgegen, die ihm im Namen aller Diplomaten vom belgischen Botschafter, Baron Poswick, vorgetragen wurden. In Anspielung auf die zahlreich versammelten Diplomaten antwortete der Papst, er hoffe, daß eines Tages «die ganze große Menschheitsfamilie solcherart um den römischen Papst zu einer friedlichen und liebenswürdigen Begegnung versammelt werden könne». Indem er über die der Kirche gestellten Aufgaben sprach, sagte der Papst, daß sie keine rein irdischen Ziele verfolge; sie strebe nach keinerlei zeitlicher Herrschaft. In ihrer Tätigkeit stütze sich die Kirche auf das Vermächtnis, das ihr vom Erlöser im Gebet des Herrn als eine Art Hierarchie der Werte hinterlassen worden sei, «zuerst der Name, das Reich und der Wille Gottes, dann das Brot und die Bedürfnisse des Alltags».

Die Geschichte habe im Lauf der Jahrhunderte anschaulich gezeigt, je mehr die Kirche versuche, diesem Auftrag treu zu bleiben, desto stärker bemühe sie sich auch um das Glück der Menschen und vor allem um das große Anliegen des Friedens. Indem er auf die politischen Ereignisse des verflossenen Jahres einging, stellte der Papst fest, daß sich die Welt im Monat Oktober am Rand einer Katastrophe befunden, daß jedoch «diese Gefahr sehr rasch beseitigt worden sei, daß Einsicht und Vorsicht glücklicherweise triumphiert hätten und damit der in Not befindlichen Menschheit Zuversicht und Mut zurückgegeben wurde». Für die Erhaltung und Festigung des Friedens ist es nach Ansicht Johannes XXIII. unerläßlich, daß das auf das Naturrecht gegründete Völkerrecht überall und von allen respektiert werde. Wer für eine Stärkung der Rechtsordnung bei zwischenstaatlichen Auseinandersetzungen wirke, bemühe sich tatsächlich um das wahre Wohl der Menschen und vollbringe ein von Gott gesegnetes Werk. Wenn auch nur indirekt auf die Probleme der Organisation der Vereinten Nationen eingehend, sagte der Papst: «Es ist eine Eigenschaft der heutigen Welt, daß sie auf Weltebene Institutionen besitzt, die dafür zu sorgen haben, daß die Gesetze beachtet und Gewaltausbrüche verhindert werden. Es ist eine Verpflichtung aller – Wir zögern nicht, das auszusprechen –, diese Institutionen zu unterstützen, zu erhalten und alles zu tun, um den Erfolg bei den Aufgaben, denen sie sich gegenübersehen, zu sichern. Jene, die so arbeiten, und jene, die auch weiterhin eifrig und mit unveränderlichem Vertrauen im Dienst für den Frieden arbeiten werden, sie werden von den künftigen Generationen gepriesen sein. Die Geschichte wird ihre Namen in unauslöschlichen Lettern bewahren.» Auch wenn sie in der Welt lebte, habe sich die Menschheit nicht nur den großen wirtschaftlichen und sozialen Zielen, sondern auch der weiteren Erforschung des Weltalls und der Verwirklichung kühnster technischer Pläne zu widmen. So gipfelte denn auch die Rede des Papstes im Wunsch: «Möge das kommende Jahr noch viele dieser friedlichen Errungenschaften des menschlichen Genius aufzeichnen! Und möge Gott den Organisatoren dieser großen Raumfahrtunternehmungen den Gedanken eingeben, fähige und beherzte Leute aller Völker und Rassen an ihren Bemühungen und Erfahrungen zu beteiligen» (DC, No. 1392, 1963, S. 97–100).

7. Kontakte mit Vertretern der Öffentlichkeit

Neben seinen Kontakten auf staatlicher Ebene unterhält der römische Papst natürlich weitreichende Beziehungen zur Weltöffentlichkeit, da fast eine halbe Milliarde Katholiken in allen Ländern der Welt leben, und die katholische Kirche selbst über zahlreiche gesellschaftliche Organisationen verfügt. Auf diese Kontakte Papst Johannes XXIII. mit verschiedenen Institutionen, Organisationen oder einzelnen Persönlichkeiten von öffentlichem Einfluß sei in der Folge eingegangen.

Im ersten Kapitel dieser Arbeit hatten wir erwähnt, daß sich Nuntius Roncalli während seines Aufenthalts in Frankreich daselbst allgemeine Anerkennung sowohl der Regierungs- als auch der wissenschaftlichen Kreise erwarb. Am 22. Januar 1959 verlieh ihm die Französische Akademie der Wissenschaften eine zu seine Ehren geprägte Goldmedaille. Der Papst sprach seine Dankbarkeit in einem Schreiben aus, das er an Maurice Genevoix, den Ständigen Sekretär der Französischen Akademie der Wissenschaften, richtete. Er schrieb: «Wir möchten Ihnen und durch Sie all Ihren Kollegen der Academie Française Unsere tiefe Anerkennung aussprechen. In Unseren Gedanken sehen Wir wieder jene von Ihnen, die Wir persönlich gekannt haben und mit denen Wir so angenehme Beziehungen unterhielten. Wir genießen erneut, wenn Wir Uns diese noch nahen Erinnerungen ins Gedächtnis zurückrufen, den Charme der unzähligen Kontakte, die Uns mit den künstlerischen und literarischen Reichtümern Ihres Landes während der Jahre vergönnt waren, die Wir bei Ihnen verbringen durften.» Der Papst bemerkte, daß er in diesem Akt der Academie Française eine Geste kindlicher Achtung des intellektuellen Frankreich gegenüber dem Oberhaupt der römischen Kirche erblicke. Zum Abschluß rief er auf «die Urheber dieser feinfühligen Initiative» die Fülle göttlichen Segens herab (Vgl. DC, No. 1300, 1959, S. 389f.).

Auch die Polizisten der Stadt Rom wurden am 21. April 1959 von Papst Johannes XXIII. empfangen, welcher kurz auf die Mission einging, die den Ordnungshütern auferlegt ist. Nach seinen Worten ist den Polizisten die Gewährleistung von Disziplin, die Einhaltung der Gesetze und die Wahrung der guten Sitten anvertraut. Das Fundament sozialer Ordnung und Sicherheit sah der Papst in einem dem Glauben entsprechenden Lebenswandel. «Die täglichen Kontakte», stellte er fest, «die Ihr mit den verschiedensten Gesellschaftsschichten habt, lehren Euch, daß dort, wo der Glaube ist, Friede, Eintracht und tiefe Ehrlichkeit herrschen; während es ohne ihn, sogar unter dem falschen Glanz trügerischer Erscheinungen wie Reichtum und Wohlergehen, Unzufriedenheit, Unordnung und Störung des Gleichgewichts gibt.» Rom ist den Worten des Papstes zufolge eine besondere Stadt, die mit allen übrigen nicht zu vergleichen ist, insbesondere weil sie den Sitz des Apostels Petrus und seiner Nachfolger darstellt. Gerade dieser geheiligte Charakter ziehe die Scharen zahlreicher Pilger an, die kämen, um das Andenken der Apostel und Märtyrer zu ehren und den Segen des Papstes zu empfangen. Deshalb sei es überaus wünschenswert, daß die Fremden in Rom nichts sehen, was das Ansehen dieser Stadt herabwürdige. «Demnach ist Euch, Euren Mitteln entsprechend, auch die Wahrung des sakralen Charakters von Rom überantwortet, das von Gott zur hohen Aufgabe der geistlichen Führung der Welt auserwählt worden ist . . . Daher ermahnen wir Euch, liebe Schutzleute, ständig Eure Pflichten in vollem Bewußtsein der Würde Roms und der Verantwortung zu erfüllen, die seine Bürger vor den Menschen und vor Gott haben» (DC, No.1305. 1959, S.722f.).

Mit Problemen der katholischen Presse befaßte sich Papst Johannes XXIII. anläßlich einer Sonderaudienz, die er den Teilnehmern am III. Nationalkongreß der katholischen Presse Italiens am 4.Mai 1959 gewährte. Der Papst wies die Journalisten darauf hin, daß sich dieser Kongreß gewissermaßen auf zwei Ebenen bewege: auf einer technischen und organisatorischen sowie auf einer geistlichen und der des Apostolats. Auf technischem Gebiet seien zu Recht bestimmte Versäumnisse festgestellt worden, die dazu beigetragen hätten, daß die katholische Presse keinen solchen Einfluß auf die öffentliche Meinung erlangte wie andere technisch gut ausgestattete Zeitungen, die jedoch gelegentlich der katholischen Lehre widersprechende Anschauungen verbreiteten. Der Papst hieß die Untersuchung dieser Fragen gut und rief dazu auf, in dieser Hinsicht ein gesundes Streben nach Modernität an den Tag zu legen. Allerdings müssten seiner Ansicht nach die katholischen Journalisten das Ziel deutlich vor sich sehen, für das sie die Instrumente ihres Berufes verwenden. Die kirchliche Presse habe vor allem eine Künderin der Wahrheit zu sein. Der moderne philosophische Relativismus wiederhole die skeptische Frage des Pilatus: «Was ist Wahrheit?» (Joh 18,38). Daher sei jeder Mensch, und noch mehr jeder Christ, verpflichtet, für die Wahrheit Zeugnis zu geben. «Was nun Euch Journalisten betrifft», sprach der Papst, «so müßt Ihr aus Berufsethos in ganz besonderer Weise die Wahrheit suchen, damit sie, die so häufig von den Informationsmedien mit Füßen getreten und verraten wird, triumphieren kann!» Dennoch seien die Instrumente der Katholiken, die im Pressewesen arbeiten, nicht nur Instrumente der Wahrheit, sondern auch der Liebe, welche den Geist erheben, das Gute schaffen und die Tugend in den Seelen erstrahlen lassen.

Der Papst berührte in einer schmerzlichen Kritik auch kurz das Übel, das von einer gewissen Presse durch ihre Immoralität und Korruption verursacht wird. Besonders verderblich sei jener Einfluß, den sie auf die Jugend ausübe. Als besonders gefährlich erwiesen sich dabei jene Tageszeitungen und Illustrierten, die eine verlockende Mischung von seriösen und leichten Artikeln anböten, und manchmal sogar unter dem Vorwand einer umfassenden Information oder der Werbung das Anstandsgefühl verletzten.

Auf welche Grundsätze muß sich die Tätigkeit der katholischen Presse gründen? In Beantwortung dieser Frage zitierte der Papst den heiligen Paulus: «Die Wahrheit in Liebe festhalten» (Eph 4,15). Johannes XXIII. vertrat den Standpunkt, daß Nächstenliebe selbst bei einem Polemiker das Streben nach Wahrheit nicht schwäche, sondern ihn für diese nur empfänglicher mache. «Seid wachsame Verteidiger der Wahrheit», sagte der Papst, «aber zeigt Euch auch loyal und großzügig gegenüber Euren Gegnern, denn überall und immer ‹hält uns die Liebe Christi in Schranken› (2 Kor 5,14).» – «Bereitet wertvolle Zeitungen, Bücher und Publikationen vor, und Ihr werdet dadurch Apostel sein, denn jenes Wort überzeugt, das gleichzeitig Wahrheit, Liebe und Schönheit ist, weil es die absolute Weisheit, die allererste und die ewige Schönheit widerspiegelt» (DC, No. 1305, 1959, S. 727–730).

Am 5. September 1959 begrüßte Papst Johannes XXIII. in seiner Villa zu Castel Gandolfo die Teilnehmer am VI. Kongreß des katholischen Lehrer-Bundes Italiens. Der Papst wies darauf hin, daß die an diesem Forum Beteiligten seinem Herzen besonders nahestünden, weil sie eine hohe Mission erfüllten, die sie zu wertvollen Instrumenten der geistigen, bürgerlichen, sittlichen und religiösen Erziehung jener mache, welche die Hoffnung der Kirche und Italiens bilden. Hauptthema des Kongresses war: «Elementarschulbildung und Lehrplan». Im Zusammenhang damit berührte der Papst zahlreiche Fragen und Probleme, die sich den Lehrern in der gegenwärtigen Zeit stellen. Vor allem empfahl er den Pädagogen, nicht auf dem erreichten Niveau stehenzubleiben, sondern dieses ständig zu erhöhen, indem sie sich neue Unterrichtsmethoden aneigneten und weitgehend die modernen Errungenschaften der audio-visuellen Lehrmethoden heranzögen. Die Schule solle nicht nur kümmerliche Daten in wissenschaftlicher Hinsicht vermitteln, sondern ihre Zöglinge zur Beherrschung ihrer künftigen Berufe und zur höheren Schulbildung vorbereiten. «Deshalb ermahnen Wir Euch väterlich», sagte der Papst, «Eure kulturelle Bildung ständig zu erweitern und zu vervollkommnen, damit Ihr in diesen neuen, schwierigen Bereichen tätig werden könnt und tiefer in diese Wissensgebiete eindringt . . .» Der Aufgabe des Lehrers seien aber noch höhere Ziele gesetzt, betonte der Papst. Der Lehrer bilde und forme die Seelen seiner Schüler mit seinem Wort, seinem Beispiel und seiner geduldigen Arbeit. Besonders ergreifend spricht nach Ansicht Papst Johannes der heilige Johannes Chrysostomus in seiner Homilie zum 18. Kapitel des Matthäus-Evangeliums von der Aufgabe des Lehrers: «Was gibt es Größeres, als die Seelen zu leiten und die Sitten der Schüler zu formen? Für meine Begriffe ist derjenige, der die Kunst der Seelenformung der Jugend beherrscht, wesentlich höherzustellen als alle Bildhauer, Maler und sonstigen Künstler» (Hom. LIX. al. 60, in cap. XVIII Matth.; HG LVIII, 584). Die Größe der erzieherischen Aufgabe werde gleichfalls durch die Verantwortung bestimmt, die sie in sich trage. Die Schicksale der bürgerlichen Gesellschaft hingen weitgehend vom Wirken der Lehrer ab, da diese die Menschen der Zukunft formten. «Deshalb», sprach der Papst, «muß die Anstrengung eines jeden von Euch darauf gerichtet sein, Euren Glauben durch den sicheren Besitz der katholischen Lehre immer mehr zu festigen; Euer Engagement, selbst das berufliche, durch die Aneignung einer starken christlichen Persönlichkeit zu konkretisieren und immer beispielhaft in der gewissenhaften Pflichterfüllung sowie großzügig im sozialen Apostolat als auch in der staatsbürgerlichen Präsenz zu sein.» Der letzte Gedanke des Papstes, den er seinen Zuhörern anzuvertrauen wünschte, ging dahin, daß sich die Pädagogen durch die Erziehung des Geistes und die Formung der Seelen ihrer Schüler eine der strahlendsten Kronen für den Himmel bereiteten. Der Papst sagte: «Immer leuchte vor Euren Augen das biblische Wort: ‹Die Weisen werden leuchten wie der

Glanz am Firmament, und diejenigen, welche vielen die Gerechtigkeit lehren, werden in Ewigkeit wie nie vergehende Sterne leuchten› (Dan 12,3). Und wenn einmal die Schwierigkeiten des Lebens, die Härte Eurer Pflichten, die Anstrengungen, Unverständnis oder Krisen Euren heiteren Sinn trüben könnten, dann soll Euch der Gedanke an die Glückseligkeit, die der Herr Seinen guten und treuen Knechten im Himmel bereitet, immer Kraft und neuen Mut geben» (DC, No.1313, 1959. S.1217–1220).

Herausgeber, Redaktoren und Korrespondenten der Zeitung «Avvenire d'Italia» (dem katholischen Organ Bolognas) wurden am 18.Oktober 1959 von Johannes XXIII. in Audienz empfangen, der sich mit den folgenden Worten an sie wandte: «Alle unsere Kinder sind Uns gleicherweise teuer. Doch ist es ganz natürlich, daß Wir Uns jenen näher fühlen, die offen ihre Treue zur Lehre der Kirche bekennen und deren Sache unterstüzten. Unter diesen letzteren nehmt Ihr einen hervorragenden Platz ein.» Der Papst betrachtete die Zeitung «Avvenire d'Italia» immer als einen Beistand für das katholische Apostolat. Sie habe stets ein Organ der Gewissensbildung dargestellt, was das höchste Lob für eine Zeitung sei.

Das Leben einer katholischen Zeitung werde vor allem durch ihr positives Programm bestimmt. Wie jede von Menschen ausgeübte Tätigkeit bestehe auch der Wert einer Zeitung darin, was sie mit lobenswertem Bemühen und in klarer Erkenntnis ihrer eigenen Aufgaben leiste. Die katholische Presse sei vor allem aktive Präsenz und aktives, waches Zeugnis angesichts der unzähligen Probleme, die das tägliche Leben stelle, um sie nach dem gültigen Kriterium der ewigen, durch die Zeiten strahlenden Wahrheit auszulegen. Die Aufgabe einer Zeitung bestehe in der richtigen Information des Lesers, um ihm zu helfen, sich über Fragen und Probleme, die heute in der Welt aufgeworfen werden, genauestens zu unterrichten. Eine katholische Zeitung dürfe nicht den häufig wechselnden Launen der öffentlichen Meinung folgen, sondern müsse immer der Wahrheit dienen.

Der Stil der Zeitung habe stets klar zu sein, auch wenn er sich eines kämpferischen Tons bediene. Es müsse ein von Nächstenliebe und Achtung vor den Irrenden durchdrungener Stil sein.

Leider beachteten gewisse Formulierungen, die sich in vielen Druckerzeugnissen fänden, oft die elementarsten Formen des Taktes, der Zurückhaltung und des Schamgefühls nicht und verwendeten eine Terminologie, die jedes Ehrgefühl verletze. «Nun, liebe Söhne!» sagte der Papst, «der Stil Eurer Zeitung würde Euch eine solche Abweichung von Eurem Gewissen nicht erlauben. Gegenüber der liebedienerischen Art der ‹Kinder dieser Welt› (Luk 16,8) sollt Ihr stets von Eurem gesunden Menschenverstand, Eurem Glauben und Eurem Mut Gebrauch machen. Erziehet die Leser dazu, daß sie das Wahre, Gute und Schöne zu schätzen wissen, achtet also darauf, daß Ihr den Stoff für Eure Berichterstattung den unversiegbaren Quellen der Wahrheit, der Schönheit und der Güte entnehmt, die sich aus der Darstellung der verschiedenen Geschichtsepochen, aus der Welt der Kunst und der Literatur, den Errungenschaften der Wissenschaft, dem wunderbaren Leben im Universum sowie aus den Reisen der Missionare und Entdecker anbieten» (Vgl. Johannes XXIII., Vermächtnis seines Pontifikats, S.300f.).

Eine wichtige und bedeutende Aufgabe der katholischen Presse ist nach den Worten des Papstes der Dienst am Wort Gottes, um beizutragen, damit es in seiner ganzen Schönheit und Aktualität erklinge, ohne es abzuschwächen oder zu ändern, sondern indem man es lebendig und wirkungsvoll verbreite (Vgl. DC, No.1316, 1959, S.1410–1414). Beim Empfang für die Korrespondenten amerikanischer Zeitungen vor der Audienz, die er US-Präsident Eisenhower am Sonntag, dem 6.Dezember gewährte, unterstrich der Papst seine Ansicht, daß die Wahrheit das kostbarste Gut sei, das es auf Erden gebe. Die Christen sagten allerdings von ihrem religiösen Gesichtspunkt aus: Wahrheit und Gnade. Die Wahrheit stehe an erster Stelle; denn, wo Christus sei, da sei auch die Wahrheit. Wenn wir folglich wünschten, daß sich unser Leben und das Leben des Nächsten seines höchsten Zieles würdig erweise, müßten wir immer und überall, unerschütterlich und mit aller Klarheit Träger der Wahrheit sein und für sie Zeugnis ablegen. Es sei die Pflicht des Papstes, alle und besonders jene, die Nachrichten weiterleiteten und von Ereignissen, Gedanken und Ideen berichteten, an diese grundlegende Aufgabe zu erinnern. Natürlich müsse die Mission des Journalisten und sein Apostolat mit Wohlwollen und guten Umgangsformen ausgeübt werden, die von innerem Gleichgewicht und von Verständnis und Mitgefühl zeugten; aber immer unter Beobachtung der Gerechtigkeit (Vgl. DC, No. 1318. 1959. S. 1574).

Am 8. Dezember 1959 sprach der Papst zu den Teilnehmern am x. Nationalkongreß Katholischer Juristen Italiens, der unter dem Motto «Pressefreiheit in der juridischen Ordnung» stand. Er äußerte seine Genugtuung über die Wahl dieser Thematik, die mit großer Sachkenntnis studiert werde. Für Johannes xxiii. bedeutete der Begriff «Jurist» vor allem eine hochqualifizierte Persönlichkeit mit festem Charakter und tief innerer sittlicher Bildung. Daneben bedeute das Wort «Jurist» einen strengen Interpreten des Gesetzes, einen Wahrer und Verteidiger der Rechtsgrundsätze, der in der Entwicklung des Rechts unermüdlich sei. Die Stellung eines überzeugten und praktizierenden Katholiken gebe dieser Aufgabe des katholischen Juristen eine besondere Note. Die Pressefreiheit stelle tatsächlich einen der entscheidendsten Punkte des modernen gesellschaftlichen Lebens dar, und «Wir sind Euch dankbar dafür, dies der juristischen Welt erneut in Erinnerung gerufen zu haben».

Jeder Journalist müsse ein klares Verständnis von der Pressefreiheit und ihrer erzieherischen Bedeutung besitzen. Worin liegt diese Freiheit begründet? Der Papst gab die Antwort auf diese Frage selbst: «Das Recht auf Wahrheit und auf Hinführung zu einer objektiven sittlichen Norm, die sich auf die ewige Gültigkeit der göttlichen Gesetze stützt, steht über jedem anderen Recht und jedem anderen Anspruch. Die Pressefreiheit muß diese Achtung vor den göttlichen Gesetzen, deren Abbild die menschlichen Satzungen sind, wahren und sich ihr gegenüber in Selbstzucht üben, ebenso wie die Freiheit des einzelnen Menschen diszipliniert innerhalb des Rahmens der existierenden gesetzlichen Vorschriften ausgeübt werden muß. Und wie es dem freien Bürger nicht gestattet ist, unter Berufung auf seine Freiheit gegen die freiheitlichen Grundrechte seines Nächsten auf Leben und Habe zu verstoßen und ihn so ernstlich zu schädigen, so kann es der Presse nicht gestattet sein, unter dem Vorwand ihrer ‹Freiheit› täglich und systematisch gegen das religiöse und sittliche Heil der Menschen zu verstoßen.» Die Presse habe nicht nur die Aufgabe zu informieren, sondern auch zu bilden, was das Ziel aller Erziehung sei. Die Erziehung sei jedoch nichts anderes als Achtung vor den menschlichen Werten, die nur langsam wachse und auch verlorengehen könne, wenn man sie nicht verteidige. Dieses klare Bewußtsein von der Notwendigkeit einer Verteidigung der allgemeinmenschlichen Werte enthalte in sich verbindliche Grenzen, durch welche die Rechte der Presse auf einen bestimmten Rahmen beschränkt würden. Diese Einschränkungen seien dringend erforderlich für alles, was in Wort und Bild Schaden stiften könnte wie die Profitsucht, die Unbesonnenheit und der Leichtsinn. «Manche Feder wird nicht von der Liebe zur Wissenschaft, zur Kultur und zur Wahrheit geführt», sprach der Papst, «sondern von dem kranken Feuer unseliger Leidenschaften und von maßloser Sucht nach Ruhm und Geld, die den Ruf des Gewissens, das sich nicht zum Schweigen bringen läßt, einfach überhören lassen. Kann es denn wirklich zulässig sein, daß der begehrlichen Neugier Einzelheiten und Beschreibungen unüberlegt zugänglich gemacht werden, die der Kriminalpolizei und den Gerichten vorbehalten bleiben sollten? Ist es denn richtig, daß jedes Verbrechen, über das besser ein diskreter Schleier gebreitet würde, genau beschrieben und rekonstruiert wird, was praktisch einer Schulung zum Verbrechen und einem Anreiz zum Laster gleichkommt? Die Veröffentlichungen der Presse haben in bestimmten Bereichen durch die Befolgung verwerflicher Grundsätze so verwirrende und beängstigende Ausdrucksformen angenommen, daß sie nur noch mit der bewußten Absicht zu erklären sind, die Sinnenlust mit allen Mitteln zu reizen, gewalttätig in die Bereiche des Geistes einzudringen, ohne sich um die Wunden zu kümmern, die dabei den Seelen zugefügt werden und nicht mehr heilen.»

Bei einer sorgfältigen Prüfung dieser so schmerzlichen Situation müßten die Behörden und die entsprechenden Institutionen einfach zu dem logischen und selbstverständlichen Schluß gelangen, daß gewisse Einschränkungen der Pressefreiheit unerläßlich sind. «Auch Euch, geliebte Söhne, die Ihr diese Frage im Verlauf dieses Kongresses auf konstruktive Weise behandelt habt, kommt es zu, den Beitrag Eurer Lehre und Eurer Autorität als katholische Juristen zur Lösung dieses so schwierigen Problems zu leisten.»

Es seien klare Positionen und ein positives Programm notwendig. Johannes XXIII. sagte, daß er aus seiner Veranlagung heraus nur ganz selten geneigt sei, die vielfach üblen Vorgänge im Leben unserer Gesellschaft mit scharfen Worten zu kritisieren, besonders dann, wenn er darauf vertraue, daß sie sich noch zum Besseren wenden könnten. Aber in diesem Fall fühle er sich dazu verpflichtet, harte und entschiedene Worte über die Entartung der Presse sowie über das, was man von Schriftstellern halten solle, die dieses Namens unwürdig sind, zu gebrauchen. Die Haltung der Katholiken müsse standhaft sein, und diese Standhaftigkeit habe sich folgendermaßen zu zeigen: sich nicht fürchten, skrupulös oder übereifrig zu erscheinen, und sich nicht scheuen, alle Mittel anzuwenden, um diese Presse zu zwingen, eine menschlich ehrenhafte, wenn nicht sogar christliche Disziplin zu achten. «Zu dem zu erarbeitenden positiven Programm wäre zu sagen, daß zwar die Gesetzgebung gewaltige Fortschritte in der Verteidigung der Menschenrechte gemacht hat, aber leider zugegeben werden muß, daß für den Bereich der Presse eine gleiche Feststellung nicht getroffen werden kann.» Um dies zu tun, sei es äußerst notwendig, den Verstand und ein gesundes sittliches Bewußtsein richtig zu gebrauchen. Für diejenigen jedoch, welchen die Ehre der Kirche, die Wahrheitsliebe, die Unerschütterlichkeit der eigenen Überzeugungen und die aufrichtige Sorge um die Seelen am Herzen liege, müsse das positive Programm ein mächtiger Ansporn sein. Für die Katholiken habe dieses Programm von den Worten des Apostels Paulus beseelt zu sein: «Lasset uns nicht müde werden, Gutes zu tun; denn zur rechten Zeit werden wir ernten, wenn wir nicht erschlaffen. Solange es also Zeit ist, wollen wir Gutes tun an allen, vornehmlich an denen, die uns im Glauben nahestehen» (Gal 6,9–10, Vgl. Johannes XXIII., Vermächtnis seines Pontifikats, S.289–293; cf.DC, No.1319, 1960, S.1–6).

Ende Dezember 1959 vollendete sich der dreißigjährige Jahrestag seit der Veröffentlichung der Enzyklika von Papst Pius XI. «Divini illius Magistri». Das auf Grund dieser Enzyklika errichtete «Office international de l'enseignement catholique» hielt in Utrecht (Niederlande) eine Festversammlung ab, und Papst Johannes XXIII. richtete an die dort Versammelten eine Botschaft, die im «Osservatore Romano» vom

31. Dezember 1959 publiziert wurde. Johannes nannte die Enzyklika Papst Pius XI. eine «Charta christlicher Jugenderziehung». In ihr sei die Rolle von Familie, Kirche und Staat bei der großen Aufgabe der Erziehung fest, grundlegend und gleichzeitig überaus klar festgesetzt worden. Der Papst bemerkte seinerseits, daß dieses Dokument in keinerlei Hinsicht veraltet sei, weil die Kirche heute wir früher betont, «daß ihre Rechte und jene der Familie auf diesem Gebiet älter sind als die des Staates; heute wie auch früher bekräftigt sie ihr eigenes Recht auf Schulen, wo durch Lehrer mit festen Überzeugungen eine christliche Lebensauffassung vermittelt und wo der gesamte Unterricht im Lichte des Glaubens erteilt wird.»

In einer Epoche, wo sich die staatlichen Behörden und verschiedenste internationale Organisationen um ein höheres intellektuelles und moralisches Niveau der Menschheit sorgten, bedürfe es einer besonders aktiven Präsenz der Söhne der Kirche, welche in der Lage seien, deren Standpunkt zu verteidigen. Das 20. Jahrhundert sei von einer stürmischen technischen Entwicklung gekennzeichnet, welche der Mensch in gleicher Weise zum Guten wie zum Bösen benützen könne. Daher sei es nötig, daß in unserer Zeit mehr überzeugte Katholiken in diesem Gebiet des menschlichen Wissens tätig seien, um es in einem Gott wohlgefälligen Sinn auszurichten. «Deshalb ist es erforderlich, daß viele Kinder an katholischen technischen Schulen von Wert eine spezialisierte Ausbildung und eine echte christliche Erziehung erhalten können, die es ihnen morgen erlauben werden, die beruflichen und sittlichen Eliten zu bilden, derer die Welt und die Kirche so sehr bedarf» (DC, No. 1320, 1960, S. 75-78).

Die Teilnehmer an der Jahreskonferenz des katholischen Universitätsverbandes Italiens lauschten am 29. Dezember 1959 mit großem Interesse der Rede, die Johannes XXIII. an sie richtete. Dieser ging ausführlich auf das Problem der christlichen Einstellung zur Wissenschaft ein. Gemäß den Worten des Papstes wird mit Christus jede beliebige Wissenschaft, mag sie nun göttlich oder weltlich sein, zu einer Quelle des Lichtes; und deshalb müssten sich die Menschen davor hüten, daß der Herr ihre Vernunft, ihre Forschung und ihre Interpretationen der Natur nicht fliehe. Nicht nur die Theologie, sondern auch alle anderen wissenschaftlichen Disziplinen bedürften des Lichtes und hätten dieses an die Welt weiterzugeben.

Die Heilige Schrift solle im Leben des christlichen Studenten den ihr gebührenden Platz einnehmen, obwohl auch hier jene Übertreibungen zu vermeiden seien, in welche die Menschen seinerzeit verfielen. So habe zum Beispiel Kalif Omar I. die alexandrinische Bibliothek deshalb niederbrennen lassen, weil seiner Meinung nach der Koran ausreichte und alle anderen Bücher überflüssig machte. Der Papst forderte, daß das Licht Christi immer ihre Anwendungen der Wissenschaft erleuchte. «Ob es sich um die alten Disziplinen handelt oder um die neuen, die Wahrheit ist ein und dieselbe, und sie ist ewig, während die Formen, Eingebungen, Entdeckungen und Ausstrahlungen, die aus ihnen hervorgehen, vielfältig sein können. (. . .) Bewahren wir alle Bibliotheken und versuchen wir, ihnen Ehre zu machen, aber immer im Gefolge des Meisters: Er spricht wenige Worte, aber sie bleiben ewig.» Der Heilige Vater wolle mit seinen Äusserungen einen besonderen Ansporn für die Tätigkeit der katholischen Wissenschafter geben. Weit davon entfernt, ihren Impuls zu hemmen, werde er im Gegenteil ihre Fortschritte in den modernen Zweigen der Wissenschaft und rasche Erfolge bei nützlichen und seriösen Forschungen unter der Bedingung ermuntern, daß «in allem Christus sei». Zum Abschluß erinnerte der Papst an das Nahen der römischen Diözesansynode und empfahl den jungen Universitäts-Hörern, dafür zu beten. Obgleich es sich dabei nicht um das Konzil handle, so sei die Synode doch «eine erste Türe, die sich zur Anpassung der alten Kirchendisziplin an die modernen Verhältnisse öffne» (DC, No.1321, 1960, S.135ff).

Mehrfach rief Papst Johannes XXIII. die Journalisten dazu auf, objektive Informationen zu liefern, die der Wahrheit, dem Frieden und der Brüderlichkeit der Menschen dienten. So empfing der Papst am 24.Oktober 1961 die Mitglieder des Verbandes der Auslandspresse in Italien. Der Papst ersuchte die Versammelten, diese heutige Begegnung «nicht als protokollarische Audienz, sondern als schlichte, familiäre Unterhaltung» zu betrachten. Seinen Worten zufolge ist der Journalismus einer der wichtigsten Berufe in der modernen Gesellschaft. Heute könne niemand ohne allseitige und allumfassende Information auskommen; die Neuigkeiten aber gelangten durch die Presse an das breite Publikum, und die Journalisten seien es, die jene sammelten, koordinierten und kommentierten. Der Papst erzählte seinen Gästen, daß er ihrer Arbeit mit größtem Interesse folge, indem er jeden Tag eine große Menge von Zeitungen und Zeitschriften durchsehe. Dabei vermerke er mit Genugtuung, daß in den Zeitungen eine große Zahl von Informationen religiöser Art enthalten seien. Durch ihre Anwesenheit in Rom hätten die Vertreter der Auslandspresse die Möglichkeit, ihre Leser zuverlässig über die verschiedenen Bereiche des kirchlichen Lebens zu informieren. Der Papst sagte, daß es verschiedene Weisen gebe, «Gegenstände dieser Art zu behandeln, und Wir wissen, daß es nicht immer leicht ist, dem Publikum auf genaue Weise sowie mit der nötigen Achtung und Diskretion alles mitzuteilen, was die Religion betrifft. Gewiß, ohne jemanden kränken zu wollen, sondern aus Sorge um die Objektivität, hatten Wir vor den Journalisten, die im Moment des Konklaves gekommen waren, auf die Phantastereien hingewiesen, die sich gewiß unter Euren Kollegen bei der Kommentierung dieses großen Ereignisses erlaubten.» Heute jedoch bemerke der Papst in manchen Presseorganen ein lobenswertes Bemühen um Genauigkeit und Glaubwürdigkeit bei der Beleuchtung religiöser Themen. Anscheinend seien auch da und dort Anstrengungen unternommen worden, Journalisten einzusetzen, welche nicht nur in Kirchenfragen kompetent seien, sondern es auch verstünden, bei ihrer Arbeit Sachverstand mit der Kunst der Darstellung zu vereinen; denn keine noch so große Begabung könne Fachwissen ersetzen.

Über die Kirche richtig zu schreiben bedürfe vieler Kenntnisse. Das rührt davon her, daß die Kirche – nach den Worten Papst Johannes XXIII. – «eine auf der Welt einzigartige Institution ist: göttlich und menschlich zugleich; zwanzig Jahrhunderte alt und nichtsdestoweniger immer jung, verfolge sie unermüdlich, mittels menschlicher Aktivitäten, übernatürliche Ziele, die oberflächlichen Beobachtern leicht entgehen.» Der Papst wandte seine Gedanken dem bevorstehenden Konzil zu und hielt es für höchst wichtig, daß die Welt darüber genau und wahrheitsgemäß informiert werde. «Wir sind uns in der Tat der wertvollen Dienste voll bewußt, welche die Presse leisten kann, um das Konzil in seinem wahren Licht erscheinen zu lassen, damit es das breite

Publikum auf gebührende Weise verstehen und würdigen kann. Wie ärgerlich wäre es anderseits, wenn mangels hinreichender Informationen oder durch das Fehlen von Diskretion und Objektivität ein religiöses Ereignis von dieser Bedeutung auf eine Weise dargestellt würde, welche den wirklichen Charakter und die wahren Perspektiven entstellte!»

Der Papst schloß seine Ansprache mit einer Mahnung an die Journalisten, ihr ganzes Leben dem Dienst an der Wahrheit zu weihen, der die Ehre ihres Berufes darstelle. Sie dürften die Wahrheit niemals verletzen oder verdrehen. Es sei besser, ganz zu schweigen, als eine Nachricht zu verbreiten, die sich letztlich als falsch oder entstellt erweise. Indem sie für die Wahrheit arbeiteten, würden die Journalisten auch für die menschliche Brüderlichkeit wirken, weil Irrtum und Lüge die Menschen spalteten, während die Wahrheit sie einander näherbringe. «Indem man so die Nachrichten vorsichtig auswählt und sie objektiv darstellt, indem man nach Möglichkeit alles vermeidet, was die Leidenschaften oder die bittere und böswillige Polemik nährt, und indem man mit Vorliebe die positiven Werte hervorhebt: alles, was das Leben, hochherzige Regungen, Vollkommenheitsstreben und vereintes Bemühen für das Gemeinwohl betrifft – fördert man die Einheit, die Eintracht und den wirklichen Frieden», sprach Papst Johannes XXIII. zu seinen Gästen (Vgl. Discorsi . . ., Bd. III., S. 473-476).

Am 3. November 1961 hielt der Papst, der die Feier des Jahrestages seiner Krönung sowie diejenige seines 80. Geburtstages miteinander verbunden hatte, Ansprachen an die Jugendgruppen der Katholischen Aktion, an die Kardinäle und an die beim Vatikan akkreditierten Diplomaten. In der Predigt des Festgottesdienstes, zu dem sich insbesondere viele Mitglieder der Katholischen Aktion eingefunden hatten, zitierte der Papst das alte Kirchenlied: «Congregavit nos in unum Christi amor.» Worauf er anfügte: «Die Liebe zu Christus und der Kirche hat die jungen Leute angeregt, sich um Unsere bescheidene Person zu scharen und unzählige Brüder, die verschiedenartigsten apostolischen Werken angehören, in diese strahlende Basilika, welche sich über dem glorreichen Petrusgrab erhebt, anzuziehen.» Die Anwesenheit der vielen Jugendvertreter aus der Katholischen Aktion rufe in ihm die Erinnerung an diejenigen wach, welche zu den ersten gehörten, die sich einst hier am 29. Juni 1867 in der «Morgendämmerung des Bestehens dieser Gesellschaft» um Papst Pius IX. versammelten. Seit damals habe sich den römischen Päpsten häufig Gelegenheit geboten, sich an der Präsenz katholischer Burschen und Mädchen, junger Männer und Frauen, Mitgliedern von Studentenverbindungen, Hochschulabsolventen und Professoren zu freuen. Und deshalb sei es dem Papst so angenehm, heute die Anwesenden als strahlende Fortsetzung dieser Tradition zu erblicken. Die Jugend der «Katholischen Aktion» repräsentiere die Zuversicht in die Zukunft, auf der die ewige Jugend der Kirche gründe. Bei jungen Leuten riefen selbst Schwierigkeiten kein Gefühl des Schreckens hervor, sondern erwiesen sich als Antrieb zum Kampf um deren Bewältigung. «Beim Empfang der katholischen Laien hier im Petersdom sagt die Vision, die Unsere Augen von dieser einmütigen und großzügigen Bruderschaft haben, die jung und alt sowie Männer und Frauen vereint, mehr als alle Worte, daß Ihr die würdigen Erben des Vermächtnisses seid, das Euch die Gründer der Katholischen Aktion hinterlassen haben: Gebet – Aktion – Opfer.» Einmal mehr unterstrich Johannes XXIII., daß das Gebet Fundament und Stütze der Aktion sei. Ohne Gebet verwandle sich die Aktivität in eine inhaltslose Äußerlichkeit, die unter ephemeren Erfolgen Leere und Unfruchtbarkeit verberge. Ohne Gebet bleibe auch das Opfer in all seinem Wert unverständlich, weil es rauh und kalt werde. «Geliebte Söhne», sagte der Papst, «schreitet auf diesem hoffnungsvollen Weg weiter, der aufrichtige Christen und gute Bürger formt, weil er der wesentlichen Aufgabe des Menschen den ersten Platz einräumt: Gott zu lieben, zu ihm zu beten und mittels der Gnade an seinem Leben teilzuhaben. Laßt Euch nicht von der Mentalität der Welt beeindrucken, die keinen Frieden findet, weil sie nicht mehr zu beten weiß, sondern versteht es, alle Eure Tätigkeiten mit dem lebenspendenden Hauch des Gebetes zu erfüllen. Auf diese Weise, seien wir dessen gewiß, wird sich Euer Leben harmonisch entwickeln, überhäuft mit allen Wohltaten des Himmels und der Erde, und Ihr werdet ebenfalls verstehen, andern das Ideal weiterzugeben, das Eure Herzen erfüllt. (...) Wir wollen unsern Blick über Eure betende Versammlung hinaus ausweiten, um auch all jene zu umfassen, die Euch in Gedanken und mit dem Herzen begleiten, und nicht nur diese, sondern auch die Scharen jener, die sich in Zukunft präsentieren, um stets bereit und großmütig die Flamme aus Euren Händen zu übernehmen, sowie diese zu hegen und noch strahlender zu bewahren, um sie weiteren und noch weiteren anzuvertrauen. Das ist die Vision von der immerwährenden Lebenskraft der Kirche, von der Ihr ein auserwählter und verheißungsvoller Teil seid, der das Herz des Papstes stärkt und rührt» (Discorsi, Messaggi, Colloqui del Santo Padre, Bd.IV. S.3-7).

Nachdem er sich in der Messe an die Jugendlichen gewandt hatte, hieß Papst Johannes XXIII. gleichentags auch die Kardinäle willkommen und bemerkte, daß die Kirche unter den Völkern in hohem Ansehen stehe, in Verewigung des prophetischen Bildes: «Und er wird ein Panier aufstecken dem Volk aus der Ferne» (Is 5,26). Darüber hinaus strahlt der erleuchtete und unermüdliche Eifer von Seelenhirten, Klerus und Laien das Licht der Erbauung und des guten Beispiels aus. Ungeachtet der Schwierigkeiten und Mühen, die mitunter zu Kummer Anlaß gäben, verleihe die innige Erwartung des Ökumenischen Konzils der guten Arbeit und der innerlichen Vorbereitung der Gläubigen eine besondere Tonalität. Diese Erwartung, die insbesondere in einem immer eifrigeren Gebet bestehe, stelle eine wirkungsvolle Erinnerung an die ursprünglichen spirituellen Werte und an das übernatürliche Gnadenleben dar. Die Erinnerung an diese Realitäten bezeuge, daß inmitten des lärmenden und unbeständigen Weltgeistes das Streben nach Gott und der Kirche weiterfahre, seine Wirkung in den Tiefen der Herzen auszuüben. Es sei ganz natürlich, daß der Papst den feierlichen Anlaß benütze, um denjenigen, die zu seiner eigenen «Familie» gehörten und zusammen mit ihm die Sorge um die Führung der gesamten Kirche teilten, ein Gefühl des strahlenden Optimismus mitzuteilen. «Die Äußerungen der Achtung und Verehrung, die in diesen Tagen Unserer bescheidenen Person entgegengebracht wurden», sagte Johannes XXIII., «haben eine Bedeutung, die über den Jubel des Augenblicks hinausgeht. So gibt die Kirche der Welt das Zeugnis wundervoller Einheit: der Papst mit seinen Kardinälen, den Bischöfen, dem Klerus und den Gläubigen, in tiefer Übereinstimmung der Gedanken und Gefühle vereint, wahrhaft ‹consummati in unum› (Joh 17,23), dem innigsten Wunsch des göttlichen Erlösers entsprechend. Darüber hinaus bietet die Kirche wie eine duftende Blume die Inbrunst ihrer theologischen Tugenden an: fides, spes, caritas (Glaube, Hoffnung und Liebe), ein Wohlgeruch göttlicher Süße und gleichzeitig eine wirkungsvolle Kraft, die sich zur Ehre Gottes und zum Dienst an den Brüdern in ihren verschiedenen sozialen Nöten über die ganze Welt ausbreitet» (Discorsi . . ., Bd.IV, S.10f).

Der Botschafter Irlands gratulierte dem Papst im Namen des diplomatischen Corps, wobei er, wenn auch äußerst diskret, an die großen Gefahren für die Zukunft der Menschheit erinnerte. Der Papst äußerte seine Zustimmung und unterstrich in seiner Antwortrede, daß alle Menschen verpflichtet seien, die ihnen gesetzte Zeit zum Wohl des Friedens, der Zivilisation und eines wahren Fortschritts zu verwenden. Er bemerkte, daß er selbst bemüht sei, auf diesem Gebiet unter Ausschöpfung all seiner Möglichkeiten zu wirken: «Es ist Euch bekannt, daß sich der Heilige Stuhl in der Tat zu jeder Zeit dem Dienst an den Seelen gewidmet hat. Die römischen Päpste betrachten sich kraft ihrer geistlichen Mission als Hüter und Förderer aller Werte, welche zur sittlichen Erhöhung der Menschheit und zur Herrschaft des Friedens in dieser Welt beitragen. Sie haben im Lauf der Geschichte niemals aufgehört, ihre eigenen Aktivitäten sowie auch diejenigen der Söhne der Kirche, welche über die ganze Welt zerstreut sind, auf dieses Ziel auszurichten. Sie handelten dementsprechend im klaren Bewußtsein, das sie von der unvergleichlichen Würde des Menschen – dieses privilegierten Geschöpfes, dessen Stirn mit dem Abglanz des göttlichen Lichtes bezeichnet ist – hatten, und im Bestreben, ihm bei der Erfüllung seiner hohen Berufung zu helfen.» Der Papst, der sich an diesem Tag von den Vertretern zahlreicher Staaten umgeben sehe, empfinde tiefe Freude bei dem Gedanken, daß viele Regierungen der Welt die Tätigkeit des Heiligen Stuhles für den Frieden unterstützten. Das sei für den Papst ein guter Grund zur Hoffnung für die Zukunft (Discorsi . . ., Bd.IV, S.14ff).

Papst Johannes XXIII. bewegten nicht nur ausgesprochen kirchliche Fragen, er nahm ebenso lebhaft zu vielen Ereignissen Stellung, die sich in der Welt abspielten und nichts mit Religion zu tun hatten. Anläßlich der Fußballweltmeisterschaft, die vom 30.Mai bis 17.Juni 1962 in

Chile stattfand, sandte er einen Brief an den Erzbischof von Santiago de Chile, Kardinal Silva Henriquez, in dem er schrieb: «Dieses Ereignis bietet Uns Gelegenheit zu unterstreichen, daß ein gesunder Sport die Bestrebungen in sich trägt, welche im Herzen der Menschen und Völker selbst verwurzelt sind und wünschen, den physischen Werten und der Harmonie der Glieder des Leibes die gebührende Ehre zu erweisen. Für vornehme Geister muß das gleichfalls ein Motiv und eine Gelegenheit zur Betrachtung des Dienstes sein, den solche Werte den höheren Idealen der Vervollkommnung und der inneren Schönheit, der Disziplin und Selbstbeherrschung im Geiste gegenseitigen Nacheiferns leisten können und müssen, welche in Zufriedenheit und Freude zu universeller Brüderlichkeit und Eintracht zwischen den Völkern führen» (DC, No. 1379, 1962, S. 852).

Die Mitarbeiter der katholischen Zeitung «Italia», die in Mailand erscheint und damals der allgemeinen Leitung von Kardinal Montini unterstand, wurden am 17. Juni 1962 von Papst Johannes XXIII. empfangen, welcher erwähnte, daß diese erfreuliche Begegnung anläßlich des 50. Jahrestages der Gründung der Zeitung stattfinde. Der Papst verwies auf die Umstände, die zum Entstehen dieses Presseorgans führten, und sagte, daß dessen Geschichte eigentlich nicht nur in das Jahr 1912, sondern bis 1886 zurückreiche, als vom Anführer der italienischen Jugend, Monsignore Carlo Locatelli, die «Lega Lombarda» gegründet wurde. Im Jahr 1907 fusionierte diese Zeitschrift mit der Tageszeitung «Osservatore Cattolico» und erschien unter dem neuen Namen «Unione». Schließlich entstand am 24. Juni 1912 aus der «Unione» die Zeitung «Italia». Der Papst freue sich, in den Anwesenden die Nachfolger in der mannhaften Tätigkeit jener Priester und Laien zu begrüßen, die dem sozialen Wirken vieler energischer Katholiken in Italien den Boden bereiteten, indem sie sich verschiedenen Entbehrungen aussetzten. «Zusammen mit dem Glaubenseifer der großen Leserfamilie aus der Lombardei und dem Piemont habt Ihr Uns das lebendige und bewegende Bild Eurer Vorgänger geschenkt, deren Erbe Ihr so edel übernommen habt», sagte der Papst.

Die Zeitung sei in einer Epoche leidenschaftlicher Auseinandersetzungen entstanden, zu einer Zeit, als die italienischen Katholiken sich ins gesellschaftlich-politische Leben einzuschalten begannen. Damals sei der Begriff «Katholik» von Mißtrauen und bisweilen sogar von Haß überschattet gewesen. Gewisse Kreise hätten zu jener Zeit die Ansicht vertreten, daß Christen nicht fähig seien, geeignete Schritte zur Verbesserung des gesellschaftlichen Lebens und der Gesetzgebung zu unternehmen. Der Papst gedachte seiner Jugend und sagte: «Wenn Wir Uns an die Tage Unserer Jugend als Seminarist hier im Rom des anbrechenden 20. Jahrhunderts erinnern, so gelingt es Uns noch immer nicht, Uns vom Eindruck der Bitterkeit zu befreien, den wir alle, Klerus und katholisches italienisches Volk empfanden, uns als geduldete Leute und als Gäste zu fühlen, denen man gerade noch gestatte, die Wohnstatt der Ahnen zu besuchen und leise das Lied des uralten Glaubens zu murmeln.» Demgegenüber zeichneten sich die seither folgenden Jahre nach Ansicht des Papstes durch eine allgemein wachsende Aktivität der Katholiken aus, welche zum Leben ihres Landes viel Energie und Opfer beitrugen.

Zahlreiche Lebensprobleme erforderten ein rechtzeitiges Eingreifen. Um ihnen die rechte Richtung zu geben, dürfe man sich nur auf ein Kriterium stützen: auf die unerschütterliche Wahrheit, von der die Menschenseele auf ihrem Lebensweg geleitet werden sollte. Die neuen Fragen im Bereich des politischen und gesellschaftlichen Lebens erforderten stets einen klaren und genauen Kommentar, um den Lesern die Möglichkeit zu verschaffen, sich die richtige Meinung über die Dinge zu bilden. Die Verfälschung der Wahrheit, welche sich heute viele mit Leichtigkeit erlaubten, verlange vom katholischen Journalisten eine Darstellung, welche die Fakten ins wahre Licht rücke und vor dem Irrtum warne. Der italienische katholische Journalist solle sich nicht nur, sondern er müsse sich gegenüber allen liebevoll verhalten. Das erwarteten von ihm die Katholiken und das erwarteten von ihm die Kirche und der Papst, «der nicht ohne eine gewisse Angst, aber mit raschem Entschluß den Namen Johannes gewählt hat, nomen dulce, nomen suave, nomen solemne, wie um daran zu erinnern und darauf hinzuweisen, daß man ohne Unterbruch alle und unter allen Umständen lieben müsse, selbst wenn Stimme und Feder gezwungen sind, jemanden zu tadeln.»

Die Katholiken sollten für das Gottesreich kämpfen, beseelt von einem doppelten Antrieb – «von Wahrheit und Liebe». Es sei die Pflicht eines jeden Menschen und Christen, für die Wahrheit Zeugnis zu geben; was aber die Journalisten betreffe, so müßten sie, indem sie ihrem Berufsethos folgten, nach Wahrheit und Wahrhaftigkeit suchen, damit diese siegreich triumphieren könnten.

Wir kennen die Fähigkeit der Zeitung «Italia» nicht näher und können nichts über ihre sozialen «Tugenden» oder «Mängel» sagen. Hingegen ist das, was Johannes XXIII. den Journalisten vortrug, für jede beliebige Zeitschrift gültig, die dem Fortschritt und dem Wohl der Menschheit zu dienen wünscht.

Über die Aufgaben der Dichter und Künstler ließ sich der Papst am 22. Juni 1962 anläßlich des XXII. Internationalen Kongresses des Autoren- und Komponistenverbandes vernehmen, der in Rom stattfand. Er sagte, daß die katholische Kirche allen Menschen ihren Beifall ausspreche, deren Bestreben es sei, in einem freundschaftlichen und brüderlichen Verhältnis die ihnen von der Vorsehung anvertrauten Gaben und Talente fruchtbar zu machen. Der Vatikan bewahre in seinen Galerien und Museen, Bibliotheken und Archiven eine äußerst wertvolle Sammlung von Kunstschätzen, weshalb die Schöpfer solcher Meisterwerke ihm stets willkommene Gäste seien.

Das, was die Versammelten in den Augen ihres Publikums auszeichne, das seien ihr Talent und ihre Sprache. Die Sprache des Dichters, Schriftstellers und Musikers sei fähig, intime Seelenbereiche zu enthüllen und Begeisterung zu wecken; sie erhebe die Seelen, lenke sie zu hehren und hohen Zielen, besänftige die Leidenschaften, führe die Menschen auf den Weg zum Heil und lasse sie nach dem Guten streben. «In Eurem Beruf», sprach der Papst, «geht es kaum darum, zur Erlangung materieller Reichtümer anzureizen oder den Scharfsinn von Menschengruppen in wirtschaftlicher Hinsicht zu unterstützen. Euch interessiert – und das macht die Ehre Eurer Berufung aus – den geistigen Atem, von dem jedes Volk beseelt ist, zur Geltung zu bringen. So vermag ein Volk tatsächlich, noch bevor es seine wirtschaftliche Entwicklung zum Erfolg geführt hat, (. . .) durch die Stimme seiner Dichter und Künstler den Charme und das Geheimnis seiner inneren Möglichkeiten zu offenbaren.» Die Stimme des Schriftstellers und Künstlers belehre, tröste und bilde eine Quelle reinster und höchster Freude. Die Laute dieser Stimme könnten die künstlichen, von Menschenhand aufgerichteten Schranken überwinden. Es sei vorgekommen, daß die Stimme des Dichters die Menschheit in schmerzlichen Minuten, aber auch zur Zeit brudermörderischer Kriege, zur Besinnung gebracht habe. Sehr selten allerdings begegneten Genie oder Talent in dieser Welt dem rechten Verständnis und erlangten den ihnen gebührenden Ruhm. Sehr häufig würden ihre Schöpfungen von späteren Generationen mehr gewürdigt als von den Zeitgenossen. «Das Evangelium sagt es uns: ‹Ein andrer ist's, der sät, und ein andrer, der erntet› (Joh 4,37). Ihr seid diejenigen, die säen. Andere ernten nach Euch: und vielleicht schon unter denen, die vor Euren Augen zum Leben erwachen. Welche Freude ist es für Uns, und – Wir sind sicher – für jeden Menschen mit Herz, daß die heutige Jugend in sich einen belebenden Atem spürt, der sie dazu drängt, sich immer mehr für die Wertschätzung und die Aneignung der geistigen Güter zu interessieren! Setzt deshalb Eure schöne Aufgabe mit großzügigem Herzen fort und blickt mit heiterer Zuversicht voraus. Auch das wird dazu dienen, die Aufmerksamkeit auf Eure Botschaft zu lenken und beitragen, die Menschen und Völker auf die Gedanken des Friedens auszurichten» (DC, No.1382, 1962, S.1028ff).

Während seines Aufenthaltes in Castel Gandolfo im August 1962 nahm der Papst über Radio und Fernsehen zum Raumflug der beiden sowjetischen Kosmonauten Nikolajew und Popowitsch Stellung. Er sagte, daß die ganze Welt mit Begeisterung die Leistung dieser beiden Männer bestaune. Ferner sprach er den Wunsch aus, daß dieses historische Ereignis, das in die Annalen der wissenschaftlichen Ergründung des Kosmos eingehen werde, zur Erreichung eines echten Fortschritts und einer festen Grundlage der Völker dienen möge (Vgl. DC, No.1383, 1962, S.1115f).

Im September 1962 fanden in Rom die Sitzungen des VI. Internationalen Kongresses prähistorischer Wissenschaften statt. Auf Ersuchen des Kongressvorsitzenden, Prof. Massimo Pallottino, eines Mitglieds der Päpstlichen Archäologischen Akademie, gewährte Papst Johannes

XXIII. den Teilnehmern dieser internationalen Versammlung am 1. September eine Audienz. Er beglückwünschte die Wissenschafter zur erstaunlichen Akribie, die in ihren Forschungsergebnissen zum Ausdruck komme, und er lobte die Bescheidenheit im Urteil, die friedliche Zusammenarbeit und den Dynamismus, der ihre geduldigen Anstrengungen inspiriere, um die geringsten fragmentarischen Fundstücke archäologischer, linguistischer, ethnologischer und anthropologischer Art verständlich zu machen. «Wie könnte man vor diesem erhebenden Schauspiel unempfindlich bleiben, das Ihr durch Eure gemeinsame Anstrengung, jenseits der verschiedenen Kulturen und Traditionen, die die Euren sind, bietet, um die Wurzeln der eigentlichen Zivilisation zu ergründen, dem strahlenden Zeugnis der Solidarität, welche alle Glieder der Menschenfamilie vereint. Solcherart gebt Ihr dem Schöpfer die Ehre, der den Menschen ‹nach seinem Bild und Gleichnis› geschaffen hat (Gen 1,26), indem Er ihn mit dieser schöpferischen Vernunft begabte, deren Ihr Euch bedient, um die Äußerungen und die Entwicklung auf allen Gebieten der menschlichen Aktivität: in Politik, Wirtschaft, Kultur und Religion, wiederzufinden. Ein hervorragender Triumph der menschlichen Vernunft über die Materie, sicher, aber wie fraglich, wenn man an die infolge von Katastrophen untergegangenen Zivilisationen und verschwundenen Metropolen denkt.» Der Papst gab seiner Freude über die Bestrebungen der Gelehrten Ausdruck, in die Tiefe der Jahrhunderte und vorgeschichtlichen Zeiten vorzustoßen, da sich für einen gläubigen Menschen darin der wahre Weg zu Christus ersehen lasse, der gesagt hat: «Ich bin das Licht der Welt. Wer mir nachfolgt, wandelt nicht im Finstern, sondern wird das Licht des Lebens haben» (Joh 8,12) (DC, No. 1385, 1962, S. 1251f).

Papst Johannes XXIII. nahm am 5. Oktober auch teil an der Festsitzung der «Päpstlichen Akademie der Wissenschaften», die dem fünfundzwanzigsten Jahrestag ihrer Gründung durch Papst Pius XI. galt. Das Thema der Sitzung lautete: «Probleme der kosmischen Strahlung im interplanetaren Raum.» Der Papst kam in seiner Rede auf das Verhältnis von Kirche und Wissenschaft zu sprechen und stellte fest, daß die Kirche eine gediegene Wissenschaft annehme, jene Wissenschaft, durch welche die Gelehrten der ganzen Welt, in ihren friedliebenden

Unternehmungen vereint, sich bemühten, auf dem Weg des Fortschritts voranzuschreiten und den Ergebnissen ihrer Forschungen allgemeine Anerkennung zu verschaffen. Die Kirche ermutige gerne die Forschungen, die in der Welt unternommen werden und auf eine bessere Kenntnis der Menschen und des Universums ausgerichtet sind. Das Thema der bevorstehenden Session sei, so äußerte der Papst, hochaktuell. Er ging jedoch nicht auf Einzelheiten ein, sondern gab der Hoffnung Ausdruck, daß die Menschen heute in einer Epoche lebten, in der die Frage über die Opposition zwischen dem wissenschaftlichen Denken und den Forderungen des Glaubens erheblich seltener geworden sei. Das Erste Vatikanische Konzil habe das Verhältnis zwischen Vernunft und Glauben völlig klar definiert. Im Licht dieser Feststellungen richte die Kirche auch ihr Verhältnis zu den neuesten wissenschaftlichen Errungenschaften. Der Fortschritt in den Wissenschaften müßte die Lobeshymnen noch vermehren, welche die Menschen ihrem Schöpfer darbringen.

Die Audienz, die Johannes XXIII. am 18. November 1962 den Vorstehern der japanischen Buddhistenföderation gewährte, bot dem Papst den willkommenen Anlaß, das Verhältnis zu Japan etwas näher zu beleuchten. Er sagte, daß er immer mit großem Interesse die vielhundertjährige Geschichte der japanischen Nation, ihre Kultur und die außergewöhnliche Aktivität dieses Volkes verfolgt habe. Die ersten Kontakte Roms mit Japan seien im 16. Jahrhundert aufgenommen worden, als Papst Gregor XIII. eine Gesandtschaft aus diesem Land empfing, die ihm ihre Wertschätzung bezeugen wollte. Die Tätigkeit der katholischen Missionare habe sich hingegen erst im Verlauf der letzten hundert Jahre besonders entfaltet. Zur gegenwärtigen Zeit bestehe die katholische Hierarchie Japans aus einem Kardinal, elf Erzbischöfen und Bischöfen sowie fünf Päpstlichen Präfekturen. Die Katholiken erfreuten sich in diesem Land dank ihrem Beitrag zur nationalen Prosperität großer Hochachtung. Der Papst wünschte allen Anwesenden und ihren Familien den Beistand des Himmels, damit sie sich mit vollem Bewußtsein um die Suche nach der Wahrheit bemühten, und daß ihnen die Überzeugung von der wahren Bruderschaft der Menschen und der Würde der Gotteskindschaft wachse (DC, No. 1390, 1962, S. 1547).

Am 6. Januar 1963 empfing der Papst die Stadtverwaltung von Rom. In ihrem Namen hielt Bürgermeister Glauco della Porta eine Begrüßungsansprache. Der Papst antwortete, daß ihm bei aller Liebe zu dieser antiken und heiligen Stadt nicht die im Lauf der vielhundertjährigen Geschichte aufgeführten Bauten das Herz bewegten, sondern die menschlichen Seelen, deren Hirte er sei. Die Begegnung mit den Bewohnern der Stadt Rom, die ihm im Lauf von vier Jahren die freundlichste und herzlichste Aufnahme bewiesen hätten, bereite ihm größte Freude. «All diese Ehre, all diese Liebe», sagte er, «schreiben Wir dem heiligen Petrus zu.»

Der Papst benutzte auch die Gelegenheit, die Öffentlichkeit mit seinen Plänen hinsichtlich des Apostolischen Palastes im Lateran bekanntzumachen. In diesem Palast hatten die römischen Päpste während elfhundert Jahren bis zu ihrem Exil in Avignon residiert, und der Palast war auch der Schauplatz von fünf großen Konzilien gewesen. Nun hatte sich der Papst entschlossen, zur Lösung zeitbedingter pastoraler Probleme die Diözesanverwaltung der römischen Diözese dorthin zu verlegen (DC, No. 1393, 1963, S. 164ff).

Die Zeitschrift «Il Veltro» und die Gesellschaft «Dante Alighieri» veranstalteten in Rom einen Kongreß, der unter dem Motto «Neues Verhältnis zum Sport in Italien» stand, und am 25. Januar 1963, dem Festtag der Berufung des Apostels Paulus, sprach Papst Johannes XXIII. zu den Teilnehmern dieser Veranstaltung. Wie aus seinen Ausführungen zu entnehmen ist, war der Kongreß dazu einberufen worden, um die allgemeine Aufmerksamkeit auf die Notwendigkeit einer richtig verstandenen sportlichen Erziehung zu lenken, eines wichtigen Faktors für die physische Entwicklung des Menschen. Die antike Losung «Mens sana in corpore sano» (ein gesunder Geist in einem gesunden Körper) entspreche der harmonischen Synthese von göttlicher Gnade, Vernunft, Willen und physischer Eleganz. Der Apostel Paulus, dessen Bekehrung die Kirche heute feiere, erweise sich in seinen Briefen als Kenner des sportlichen Lebens seiner Zeit. Am Beispiel des sportlichen Wettkampfes habe er die höchsten sittlichen Wahrheiten erläutert. Der Preis, der den Läufern verheißen ist, habe ihm den Vergleich mit dem Einsatz geliefert, der auch für den Fortschritt auf dem Weg der Tugend und der Entsagung notwendig sei: ‹Lauft so, daß ihr den Siegespreis erlangt!› (1 Kor 9,24). Das Beispiel der Athleten, welche, um menschlichen Ruhm zu erlangen, Mäßigkeit üben, habe Paulus Anlaß zur nachdrücklichen Aufforderung nach Enthaltsamkeit und Wachsamkeit geliefert, um den Kranz der ewigen Glückseligkeit davonzutragen. Die Regeln des Faustkampfes, wo man nicht ins Leere schlagen dürfe, deuteten auf die Entschlossenheit und Präzision hin, mit welcher der Kampf des Christen geführt werden müsse: «Ich aber laufe so wie einer, der nicht ins Ungewisse läuft; ich kämpfe so wie einer, der nicht in die Luft schlägt; sondern ich kasteie meinen Leib und knechte ihn, damit ich nicht etwa, nachdem ich andern Herold gewesen bin, selbst verwerflich werde» (1 Kor 9.26f). Schließlich schrieb Paulus am Ende seiner Tage im römischen Kerker an seinen Schüler Timotheus: «Ich habe den guten Kampf gekämpft, den Lauf vollendet, den Glauben bewahrt. Nun liegt für mich die Krone der Gerechtigkeit bereit, die der Herr, der gerechte Richter, mir an jenem Tag geben wird» (2 Tim 4,7f).

Diese wertvollen Ermahnungen könnten auch die sportliche Aktivität lenken, welche die Schulung von Charakter, Willen und Selbstbeherrschung fördere. In der Gegenwart hätten sich die Entfernungen verringert und die Menschen hätten die Möglichkeiten zu größerem gegenseitigem Verständnis erhalten. Die Menschen wollten einander besser kennenlernen und sich untereinander helfen. Im Rahmen dieser providentiellen Absichten nehme der Sport die ihm bestimmte Vorrangstellung vollumfänglich ein. Der Papst sagte: «Was für ein Wirkungsfeld tut sich in dieser Richtung für Euren Einfluß auf! Welche Bedeutung können Sportler haben, die es verstehen, zu dieser universellen Begegnung neben der Bravour ihrer physischen Fähigkeiten die liebliche Gnade des Charakters, die Übereinstimmung der innersten Überzeugungen mit dem Leben sowie das Zeugnis von Seelen beizutragen, die froh und großherzig das Christentum leben! Solcherart, liebe Söhne und liebe Herren, sind Unsere Gedanken und Hoffnungen, welche Eure Anwesenheit in Uns wachgerufen hat. Gerne wünschen wir Euch jede Art von Trost, wobei Wir den Wunsch äußern, daß Eure Aktivität sicher die höchsten Ziele für das leibliche und seelische Wohl der Jugend, die allen, und insbesondere auch dem Herzen des Papstes teuer ist, erreiche» (DC, No.1394, 1963, S.231-234).

Wenn man die Stellungnahmen von Papst Johannes XXIII. analysiert, so wird deutlich, welche Probleme ihn am meisten beschäftigten. Unter diesen schenkte der Papst den Massenmedien besondere Aufmerksamkeit. Sein mehrfaches Auftreten vor den Journalisten war vom Bestreben diktiert, die Tätigkeit der Presse auf den rechten Weg zu lenken. Am 27. Januar 1963, dem Festtag des heiligen Franz von Sales, unterhielt sich der Papst mit den Redaktoren der Zeitung «Osservatore Romano», den Mitgliedern des Verbandes der katholischen Presse Italiens und katholischen Journalisten aus verschiedenen Ländern. Dabei äußerte er einige Gedanken «über die begeisternde und delikate Mission, die der Presse, und insbesondere der katholischen, anvertraut ist.» Gleichzeitig wandte sich der Papst an alle Journalisten der Welt. Die Presse ist seinen Worten zufolge ein hervorragendes Mittel der Kommunikation. Die katholische Presse diene nicht nur der Verbreitung der Glaubenslehre, der kirchlichen Verordnungen und wahrhafter Information, sondern sei gewissermaßen auch ein «Damm» gegen zersetzende Denkweisen. Es sei ganz natürlich, daß die katholische Presse zur Erfüllung dieser Aufgaben über die Fähigkeit verfügen müsse, die Dinge unter Vermeidung unnützer Polemik, die niemandem nütze und keinem die Liebe beibringe, zu sehen und darzulegen. Der Papst kam auf jene Presseerzeugnisse zu sprechen, die in ihrer Tätigkeit nicht von der heiligen Lehre der Kirche angeleitet, jedoch von Katholiken gelesen werden und in katholischen Ländern weit verbreitet sind, und wies auf ihre große Verantwortung hin, da sie in den Augen der gesamten Welt als Meinugsträger des Katholizismus und Sprachrohr der Kirche betrachtet würden. »Leider», stellte der Papst fest, «ist es nicht so, doch es würde wenig helfen, sich weiter darüber zu beklagen.» Die katholische Presse sehe sich einer Reihe von Fragen gegenübergestellt, die in ihren Publikationen ständig ins rechte Licht gerückt werden müssen. Zu ihnen gehörten: Die Freiheit der Kirche; die Heiligkeit der sakramentalen Ehe, die gegen ein leichtsinniges Verhalten und gegen jedwelche Übertretung verteidigt werden müsse; das Recht der Schulen auf christliche Erziehung und Bildung; die katholische Aktion, die dazu bestimmt sei, die apostolische Wirksamkeit des Klerus auszuweiten; eine integre und saubere Soziallehre, welche nicht nur mit Worten zu verkünden, sondern auch ins Leben umzusetzen sei; sowie schließlich eine Einflußnahme auf die Behörden, um unsittliche Darbietungen zu verhindern.

Das Bemühen um Wahrhaftigkeit sei eine unabdingbare Eigenschaft des katholischen Journalisten. Jeden Tag sollte er sich die Frage vorlegen, ob er wohl seine Vernunft, seine Phantasie und sein Herz in den Dienst der Wahrheit gestellt habe. «Habt eine religiöse Ehrfurcht für sie, fürchtet Euch, sie zu verletzen, sie zu beeinträchtigen und sie zu verraten», sagte der Papst. Sehr häufig führten Interessengegensätze oder der Wunsch, den Widersacher auszuschalten, dazu, zur Entstellung der Wahrheit Zuflucht zu nehmen. «Möge das bei Euch niemals der Fall sein. Wenn Ihr wünscht, daß Ihr an Eurem Lebensabend (. . .) der allerjüngsten Generation gerade ins Auge blicken und ihr das Zeugnis Eures Glaubens und eines wahrhaft christlichen Apostolats übergeben könnt, dann laßt Euch niemals zu Methoden oder Äußerungen verleiten, welche die Wahrheit verletzen» (DC, No. 1394, 1963, S. 225-230).

Am 7. März 1963 wurde die Nachricht bekannt, daß die in Zürich in Anwesenheit des schweizerischen Bundesrates Willi Spühler versammelte Generalversammlung der internationalen «Balzan»-Stiftung einstimmig beschlossen hatte, den Friedenspreis 1963 an Papst Johannes XXIII. zu verleihen. Als Motive, welche die Generalversammlung veranlaßten, diesen Preis dem römischen Papst zuzusprechen, wurden angeführt:

«*Der Friede zwischen den Menschen und Völkern:* Angesichts seiner unermüdlichen Sorge, zur Erhaltung friedlicher Beziehungen zwischen den Staaten beizutragen, sei es durch seine friedlichen Appelle an den guten Willen der Menschen, sei es durch seine jüngsten diplomatischen Interventionen.

Die Brüderlichkeit zwischen den Menschen und Völkern: Angesichts des hervorragenden Beitrags, den er – vor allem im vergangenen Jahr – zu dieser Brüderlichkeit geleistet hat, indem er die Vertreter der anderen christlichen Konfessionen, Orthodoxe und Protestanten, zur Teilnahme am Oekumenischen Konzil einlud und dabei eine besondere Aktivität entfaltete – wobei er sowohl unter den Gliedern dieser Konfessionen als auch unter den Gliedern der katholischen Kirche eine

Haltung höchsten gegenseitigen Verständnisses bewirkte, deren Auswirkungen zahlreich und wichtig sein werden – und indem er auch Kontakte herstellte, die weit über die christliche Gemeinschaft hinausgehen» (Cf. Osservatore Romano, 8.März 1963).

Die Generalversammlung der Stiftung bestand aus 37 Mitgliedern, welche 21 Nationen repräsentierten. (Vier der Mitglieder waren Bürger der Sowjetunion). Der Biologieprofessor an der Moskauer Universität, N.M. Sissakjan, erklärte später, daß er selbst und seine drei Kollegen einstimmig für die Verleihung des Preises an den Papst eingetreten seien, aber er unterstrich auch, daß die sowjetische Regierung und ihr Chef den Entschluß der Versammlung begrüßten. Papst Johannes XXIII. sandte über Kardinal Cicognani ein Telegramm an die Stiftung, in dem er schrieb: «Die Kirche, welche aktiv für die Bewahrung und Verbreitung der vom Evangelium zur Verwirklichung von Brüderlichkeit und echtem Frieden unter den Menschen gelehrten Tugenden tätig ist, freut sich über diese große Ehre.»

Gleichentags, an eben dem 7.März 1963, empfing der römische Papst in einer Sonderaudienz Senator Gronchi, den früheren italienischen Präsidenten und nunmehrigen Ehrenvorsitzenden der Generalversammlung der Balzan-Stiftung, der sich eingefunden hatte, um dem Papst seine Glückwünsche zu entbieten. Hierauf begab sich der Papst in den Thronsaal, wo an die fünfzig Journalisten aus verschiedenen Ländern versammelt waren, unter denen sich auch der Chefredakteur der sowjetischen Zeitung «Iswestija» (und Schwiegersohn N.S. Chruschtschows, A.d.H.), Alexej Adschubej, befand. Der Papst verwies auf den Brauch, demzufolge eine mit einem internationalen Preis ausgezeichnete Persönlichkeit einige Worte an die Presse richten müsse. Nachdem er am 1.März die offizielle Mitteilung von der Zuerkennung des «Balzan»-Preises erhalten habe, wolle er sich der Liebenswürdigkeit der Presse-Vertreter bedienen, um den Mitgliedern dieser Institution und deren Komitee seine Dankbarbeit für die Verleihung des Preises auszudrücken. Er empfinde freudige Bewegtheit über die einstimmige Wahl, die sich bezüglich seines bescheidenen Namens ergeben habe. Er sei jedoch der Ansicht, daß die Auszeichnung nicht ihm persönlich gebühre, sondern seiner Eigenschaft als Nachfolger des Apostels Petrus. Um die Verbreitung der Prinzipien wahren Friedens besorgt, sei die Kirche nicht müde geworden und werde es auch nicht, mit einem Maximum an Anstrengungen nach dessen Festigung zu trachten. Das Wirken der Kirche auf dem Gebiet der Friedensarbeit stelle sich nicht nur unter einem negativen Aspekt dar. Sie begnüge sich nicht damit, die Regierungen von der Gewaltanwendung abzuhalten. Ihre Tätigkeit bestehe in erster Linie darin, die Menschen zu Befürwortern des Friedens zu erziehen, welche zum Nutzen des Friedens denken, fühlen und handeln. «Die Friedensstifter, welche das Evangelium seligpreist, sind nicht Untätige; sie sind im Gegenteil aktive Gestalter des Friedens; sie sind es, die ihn aufbauen: factores pacis (cf. Mt 5,9)», sprach Papst Johannes XXIII. Friedbringende Ideen müßten sich auf Erden immer mehr ausbreiten. Die Rolle der Presse in diesem Prozeß sei überaus verantwortungsvoll, da das gedruckte Wort einen starken Einfluß auf Einsicht und Fühlen der Menschen ausübe.

Bei der Geburt des Erlösers wurde vom Himmel verkündet: «Friede auf Erden den Menschen seiner Huld (Lk 2,14).» Und der Papst fügte hinzu: «Dies sei auch Unser Wunsch für alle Völker, als deren Abgesandte Ihr hier anwesend seid. Mögen Sie immer die Wohltaten von Eintracht und Gedeihen kennen und mit den Segnungen des Himmels erfüllt werden, die Wir in diesem Augenblick aus ganzem Herzen auf Sie alle und auf jeden von Ihnen herabrufen.» Wie bereits erwähnt, waren bei dieser Audienz der Iswestija-Redaktor A. Adschubej und seine Frau anwesend. Sie wurden vom Kulturattaché der russischen Botschaft in Rom, A. Machow, und einem als Dolmetscher dienenden katholischen Geistlichen begleitet. Der Protokollchef des Sekretariates für die Einheit der Christen hieß das Ehepaar Adschubej im Vatikan willkommen. Die Gäste nahmen in der zweiten Sitzreihe des Saales, die für Journalisten reserviert war, Platz und hatten Gelegenheit, der Rede des Papstes mit Hilfe des Dolmetschers zu folgen. Nach Abschluß der Audienz empfing Papst Johannes XXIII. den Redaktor der Iswestija und dessen Frau in seiner Privatbibliothek. Die Unterredung dauerte 18 Minuten. Den Worten der im Vorraum Anwesenden zufolge war Herr Adschubej sichtlich ergriffen, als er diese Privataudienz verließ.

Am folgenden Tag veröffentlichte der «Osservatore Romano» eine kurze Notiz ohne jeden Kommentar zu dieser Begebenheit: «An der Audienz nahmen . . . Korrespondenten zahlreicher Zeitungen und

Zeitschriften sowohl aus Italien als auch aus dem Ausland teil. Unter letzteren befanden sich auch Herr Adschubej, Redaktor der ‹Iswestija›, und seine Frau, die den Wunsch nach einer Begegnung mit dem Heiligen Vater ausgesprochen hatten» (Osservatore Romano, 8. März 1963).

Mit der ihr eigenen Kürze äußerte sich dazu ‹Iswestija› im Anschluß an eine Schilderung der päpstlichen Audienz: «. . . An diesem Empfang», schrieb die Zeitung, «haben rund fünfzig italienische und ausländische Journalisten teilgenommen, unter denen sich der Vizepräsident der Gesellschaft UdSSR-Italien und Chefredakteur der ‹Iswestija›, A. Adschubej, und seine Frau befanden, die derzeit auf Einladung der italienischen Vereinigung für Kulturbeziehungen mit der Sowjetunion Italien besuchen. Zum Abschluß dieser Zeremonie wurde Adschubej von Johannes XXIII. in Privataudienz empfangen» (Iswestija, 8. März 1963).

Wir zitieren die Notiz über diesen Besuch deswegen, um die Bedeutung dieses Ereignisses zu unterstreichen. Zum ersten Mal in den 46 Jahren der Existenz des sowjetischen Staates unterhielt sich ein hochgestellter Funktionär, ein offizieller Vertreter, auch wenn er dabei vielleicht – genauer gesagt – den Regierungschef nur inoffiziell vertreten haben mochte, persönlich mit dem römischen Papst. Noch wenige Jahre zuvor, unter Papst Pius XII., wäre eine solche Begegnung völlig undenkbar gewesen. Dies wurde erst dank der großen Weisheit Papst Johannes XXIII. möglich, welcher zu seinem Lebensmotto erkoren hatte, «nicht das zu suchen, was trennt, sondern das, was vereint.»

Vor der Audienz beim Papst hatte A. Adschubej dem Korrespondenten Mario Rossi von der Zeitschrift «Témoignage Chrétien» ein Interview gegeben, in dem er auf eine Reihe von ihm vorgelegten Fragen antwortete. Auf die Frage, ob der sowjetische Redaktor das Bemühen der katholischen Welt um internationalen Frieden anerkenne, antwortete Adschubej, daß er das zwar nicht hinsichtlich der katholischen Welt, sehr wohl jedoch von deren Oberhaupt bestätigen könne. Darauf folgte eine ganze Reihe von Fragen.

«Frage: Sind Sie mit der katholischen Welt vertraut?

Antwort: Ich bin mit ihr nicht vertraut, ich hatte keine Gelegenheit, sie kennenzulernen, ebensowenig kenne ich die katholischen Dogmen, ich weiß nur, daß der Katholizismus über große Philosophie und Geschichte verfügt. Aber ich weiß gleichfalls, daß er mehr und mehr Anhänger verlieren wird.

Frage: Aus politischen oder religiösen Motiven?

Antwort: Aus religiösen, weil der Glaube von der Wissenschaft nicht bestätigt wird.

Frage: Was halten Sie vom Papst?

Antwort: Darauf ist schwer zu antworten, weil niemand ihn aus der Nähe kennt. Ich habe dabei nicht das Oberhaupt der Kirche im Auge, sondern will sagen, daß ich mit seinen Absichten zu verschiedenen Fragen nicht vertraut bin. Aber es bleibt dennoch, daß alle seine Erklärungen und Maßnahmen in Rußland großes Interesse hervorgerufen haben» (Témoignage Chrétien, 8.März 1963).

So äußerte sich der Chefredaktor der «Iswestija» am Vorabend der Begegnung mit Papst Johannes XXIII. Nach dem Besuch gab Alexej Adschubej der italienischen Wochenzeitung «Tempo» gegenüber eine Erklärung ab. Er sagte: «Das ist ein Mensch von großer und echter Schlichtheit. Sie richten ihren Blick auf ihn, Sie schauen ihn an, und Sie haben sofort eine große Achtung und gleichzeitig ein plötzliches Zutrauen zu ihm. Keinerlei Verlegenheit, keinerlei Hemmung.» Was aber die Frau von A. Adschubej, die Tochter Chruschtschows, betrifft, so erklärte sie: «Als sich der Papst von seinem Sitz erhob und ich auf seine Hände blickte, die uns begrüßten und segneten, kam mir der Wunsch, ihm zu sagen, daß seine Hände die eines Bauern seien, wie auch die Hände meines Vaters. Doch ich getraute mich nicht, so etwas auszusprechen, obwohl es wirklich so ist. Ich sah mir aufmerksam die Hände des Papstes an, als er uns symbolische Geschenke überreichte – für mich, Alexej und meinen Vater. Er sagte mir: ‹Das ist für Ihren Vater›» (Vgl. DC, No. 1397, 1963, S.417–424).

Auf der Heimreise in die Sowjetunion machte das Ehepaar Adschubej in Wien Halt, wo die allgegenwärtigen Korrespondenten aufs neue über den Redaktor der «Iswestija» herfielen und ihm zahlreiche Fragen vorlegten. Am häufigsten wurde die Frage gestellt, ob es wahr sei, daß der Papst ihm eine vertrauliche Botschaft an Herrn Chruschtschow übergeben habe? A. Adschubej antwortete: «Ich habe keinerlei spezielle Botschaft erhalten. Mein Eindruck ist der, daß es auf keinem Ge-

«Siehe den Menschen, siehe den Priester, siehe den Hirten» (aus einer Predigt Johannes XXIII.). Foto: Bilderdienst Süddeutscher Verlag

Nur mühevoll bahnte sich die päpstliche Limousine ihren Weg durch die Menge, wenn der Papst in den römischen Vorstädten seine Besuche machte. Foto: Bilderdienst Süddeutscher Verlag

An den Weihnachtstagen pflegte der Papst römische Krankenhäuser und das Gefängnis «Regina Coeli» zu besuchen.
Fotos: Publifoto

«Wir haben keine Macht gegen die Wahrheit, sondern nur für die Wahrheit» (2 Kor 13,8). Deshalb hielt sich Johannes XXIII. an den Grundsatz: «Einheit im Notwendigen, Freiheit im Zweifelhaften, Liebe in allem.» Foto: Photopress

Am 25. Januar 1960 eröffnete Papst Johannes XXIII. die römische Synode, welche «Respektierung der alten Traditionen, heiteres Vertrauen in die Zukunft und besonnene Anpassung an die gewandelten Zeitumstände» dokumentieren sollte. Foto oben: Publifoto. Foto unten: Photopress

biet (Literatur, Theater, Kunst) zu einer Koexistenz zwischen dem Kommunismus und den anderen Ideologien kommen kann und folglich ebensowenig mit der Religion. Der Papst ist jedoch gleichzeitig Staatsoberhaupt. In letzter Zeit hat er Erklärungen zugunsten des Friedens und wider den Krieg abgegeben, die von unserer öffentlichen Meinung geschätzt werden. Das alles bewirkt eine gewisse Entspannung im internationalen Leben und bestätigt die Richtigkeit der Grundsätze unserer Politik einer Koexistenz zwischen Staaten mit unterschiedlicher Wirtschaftsordnung.» (Il Quotidiano, 16. März 1963)

Am 10. Mai 1963 erfolgte die feierliche Überreichung des Balzan-Preises für den Frieden an Papst Johannes XXIII. Die Zeremonie vollzog sich an zwei Orten, zuerst im Thronsaal, dann im Petersdom. Zum ersten Teil der Zeremonie war nur ein beschränkter Personenkreis zugelassen. Zugegen waren einige Kardinäle, hervorragende politische Persönlichkeiten Italiens, die offizielle Delegation aus der Schweiz, Mitglieder der Balzan-Stiftung und andere ihrer Preisträger wie der Biologie-Professor Karl Ritter von Fritsch (Österreich), der Historiker Samuel Elliot Morison (USA), das Akademie-Mitglied Andrej Nikolajewitsch Cholmogorow (UdSSR) und der Komponist Paul Hindemith (Deutschland). Zu Beginn der Zeremonie traten der Vorsitzende des Exekutivkomitees für die Verleihung des Balzan-Preises, Arango-Ruiz, der Präsident der schweizerischen Bundesversammlung, Frédéric Fouquet, und der italienische Präsident Segni in seiner Eigenschaft als Ehrenpräsident der Balzan-Stiftung hervor; letzterer war vom Papst am Vortag mit dem «Christus-Orden» ausgezeichnet worden. Präsident Segni überreichte den Preis in der Höhe von 100 Millionen Lire an Papst Johannes, der anschließend eine kurze Ansprache hielt.

Er begann diese mit einer Schriftstelle, die er dem Brief des Apostels Paulus an Timotheus entlehnte: «Dem König der Ewigkeit, dem unvergänglichen, unsichtbaren, alleinigen Gott, sei Preis und Ruhm von Ewigkeit zu Ewigkeit (1 Tim 1,17).» Den Sinn dieses Textes erläuternd, sagte der Papst, daß tatsächlich in erster Linie Gott der Dank für diesen Preis darzubringen sei: Denn Gott habe es gefallen, den Frieden in die Herzen einzusenken und dieses Vorhaben mittels des Papstes zu fördern. «Unsere Dankbarkeit», fuhr er fort, «gilt sodann Ihnen, Exzellenzen, die es verstanden haben, die Verleihung dieses Preises mit so edlen und erhebenden Worten zu begleiten; sie erstreckt sich auch auf die Mitglieder der verschiedenen Komitees dieser Stiftung und auf alle hochgestellten Persönlichkeiten, die dieser Feier durch ihre Gegenwart einen besonders feierlichen Charakter verleihen wollten.» Es sei der Wunsch des Papstes gewesen, seine Gäste im «Königssaal» zu empfangen, in den gelegentlich Könige und Kaiser kamen, um die schlichten Nachfolger des Fischers aus Galiläa zu besuchen. Die Zeiten hätten sich gewandelt, und die Begegnungen hätten andere Formen angenommen, obgleich sie noch immer sehr ergreifend seien. Nach der Promulgation der Enzyklika «Rerum Novarum» durch Papst Leo XIII. sei der Apostolische Palast Zeuge einer «Wallfahrt der Arbeit» gewesen. Nicht nur Träger der höchsten Gewalt, sondern auch einfache Söhne des Volkes hätten den Weg zum Vatikan gefunden und seien diese mächtigen Treppen zum römischen Papst hinaufgestiegen. Papst Johannes XXIII. erklärte, daß er besonders unter den gegenwärtigen Verhältnissen gerne daran erinnere, da das Verlangen nach wahrem Frieden ohne Ausnahme in die Gedanken und Herzen aller eingedrungen sei, doch – augenscheinlich – besonders deutlich im Milieu der Arbeiterklasse. Der Papst dankte noch einmal für die ihm zuteil gewordene Auszeichnung und bat dann alle Anwesenden in den Petersdom hinüber.

Die Eingeladenen begaben sich in die Basilika, wo schon beide Diplomatischen Corps, das beim Vatikan und das beim Quirinal akkreditierte, versammelt waren (eine in Rom außerordentlich seltene Begebenheit). Unter den Anwesenden befanden sich der Vorsitzende des Staatskomitees für kulturelle Auslandsbeziehungen beim Ministerrat der UdSSR, Romanowski. Er war speziell aus diesem Anlaß nach Rom gekommen. Die Zeitung «Il Quotidiano» vom 11. Mai 1963 schrieb unter Berufung auf «autorisierte vatikanische Quellen», daß die Einladungen von der Balzan-Stiftung ausgegangen seien, und daß Herr Romanowski an der Zeremonie nicht als politische Persönlichkeit, sondern in seiner Eigenschaft als Leiter der Kulturabteilung des Außenministeriums der UdSSR teilgenommen habe.

Nachdem Papst Johannes XXIII. auf der sänfteartigen «Sedia gestatoria» in den Petersdom eingezogen war, ergriff der schweizerische

Alt-Bundesrat und Vorsitzende des Finanzkomitees der Balzan-Stiftung, Philipp Etter, das Wort. In dieser Rede kam Herr Etter im besonderen darauf zu sprechen, daß sich in der heutigen Zeit zwei Welten gegenüberstünden. Auf der einen Seite die Welt der Furcht, der Angst, des Mißtrauens und manchmal sogar der Verzweiflung, und auf der anderen Seite die Welt des Glaubens, der Hoffnung und der Zuversicht. Durch seine gesamte Tätigkeit, und besonders durch die Enzyklika «Pacem in terris», die er an alle Menschen guten Willens richtete, habe Papst Johannes XXIII. der Finsternis von Furcht und Angst die Welt des Glaubens, des guten Einverständnisses und der Hoffnung entgegengestellt. Philipp Etter wandte sich an den Papst und sagte: «Sie haben der Menschheit aufs neue das Licht des Vertrauens entzündet und ihr den Weg gewiesen, der den Frieden garantiert: die Achtung von Würde und Freiheit des Menschen und der Familie, die Achtung von Recht und Gesetz, der Gerechtigkeit und Liebe. Wir alle sind Eurer Heiligkeit dafür zutiefst dankbar. Die Tatsache, daß die Staatsmänner aller Länder, wenn ich es so ausdrücken darf, Ihren Appell lebhaft begrüßten, geben uns Grund zur Hoffnung, daß Ihre Stimme nicht die eines Rufenden in der Wüste sein werde. Durch Ihr persönliches Wirken haben Sie aufs neue den Beweis geliefert, daß das Papsttum eine Stütze und Zuflucht für den Frieden darstellt, die überkonfessionell und international ist» (Cf. Osservatore Romano, 11.Mai 1963).

Nach dieser Ansprache hielt Senator Gronchi, der vormalige italienische Präsident, in seiner Eigenschaft als Vorsitzender des Preis-Komitees der Balzan-Stiftung eine Rede. Für seine Darlegungen war charakteristisch, daß er das Vatikanische Konzil als einen Wegweiser zur Friedensidee bezeichnete. Gronchi sagte deutlich, daß das Konzil einen großen Beitrag zur Brüderlichkeit von Menschen und Völkern leiste. Dann händigte der Alt-Präsident Papst Johannes XXIII. die Insignien des Balzan-Preises aus: eine Kette und eine Goldmedaille.

In seiner Antwort erklärte der Papst, daß der Friede, wenn er im göttlichen Licht gesehen werde, das sich in den Menschenherzen widerspiegle, ein großartiges Schauspiel und ein Genuß für Geist und Herz darstelle. Johannes XXIII. lenkte die Aufmerksamkeit der Anwesenden auf die prachtvolle Kuppel Michelangelos und bemerkte, daß sie auf vier imposanten Pilastern ruhe, die in das Erdreich bis auf den nackten Felsen hinabreichten. Der Friede sei ein Haus, unser gemeinsames Haus. Er sei der Regenbogen, der die Erde mit dem Himmel vereine. Damit er sich aber so hoch erhebe, müsse er auf den vier mächtigen Pfeilern ruhen, von denen in der Enzyklika «Pacem in terris» die Rede sei. «‹Der Friede›, so sagten Wir, ‹muß jedoch ein leeres Wort bleiben, wenn er sich nicht in jenem Ordnungsgefüge entwickelt, das Wir voller Hoffnung mit diesem Rundschreiben in den Umrissen angedeutet haben: Wir meinen ein Ordnungsgefüge, das in der Wahrheit gründet, nach den Richtlinien der Gerechtigkeit erbaut, von lebendiger Liebe erfüllt ist und sich schließlich in der Freiheit verwirklicht› (Pacem in terris, V, 164). Diese vier Prinzipien, welche das ganze Gebäude tragen, gehören zum Naturrecht, das in den Herzen aller eingeschrieben ist. Und an die ganze Menschheit haben Wir auch Unsere Mahnung gerichtet.» Der Papst zeigte sich überzeugt, daß die Welt im Verlauf der kommenden Jahre diesem Aufruf im Lichte wachsender Erfahrung Folge leisten werde (Vgl. DC, No. 1401, 1963, S. 713–722).

Am folgenden Tag, dem 11. Mai 1963, wurde Papst Johannes XXIII. zu Mittag im Quirinal vom italienischen Staatspräsidenten Antonio Segni empfangen. Dieser offizielle Besuch war deshalb bemerkenswert, weil seit dem Jahr 1870, als der Quirinal aufgehört hatte, die Sommerresidenz der Päpste zu sein und in staatlichen Besitz übergegangen war, nur ein römischer Papst seinen Fuß über dessen Schwelle gesetzt hatte, nämlich Pius XII. am 28. Dezember 1939.

Präsident Segni und Papst Johannes XXIII. tauschten Reden aus. Nach der vom Papst gehaltenen Ansprache beglückwünschte der aus der UdSSR gekommene und auch hier anwesende Professor Cholmogorow den Papst auf das herzlichste. Er sagte zum Heiligen Vater, daß er ihm die Grüße des sowjetischen Volkes überbringe, das sein ständiges Wirken zum Wohl des Friedens hochschätze. Papst Johannes antwortete lächelnd, daß er glücklich sei, diese Worte zu hören, da sie bedeuteten, daß sein Anruf an die Welt von allen Völkern, und nicht nur von den Katholiken verstanden worden sei.

Der Papst erklärte bei dieser Gelegenheit auch, daß er die ihm von der Balzan-Stiftung zur Verfügung gestellte Summe für irgend einen Friedensfonds bestimmen wolle. Bald darauf wurde bekanntgegeben, daß daraus alle zwei Jahre einer Privatperson oder einer ganzen Institution, in Anerkennung für große Anstrengungen zur Festigung des Friedens, ein Preis verliehen würde. In Übereinstimmung mit dem Wunsch des Papstes wurde dieser ursprünglich dem Balzan-Preis entsprechend mit einer Million Schweizerfranken dotierte Fonds spürbar auf Rechnung des Heiligen Stuhles vergrößert.

Während einer Sitzung des Exekutivkomitees der UNESCO am 13.Mai 1963, würdigte auch der Generaldirektor dieser Organisation, René Maheu, die Enzyklika «Pacem in terris», indem er darauf verwies, wie sehr ihn dieser Appell, in dem die Suche nach brüderlicher Gemeinschaft unter den Menschen erklinge, ergriffen und ermutigt habe. Dieser Aufruf erinnere all jene, die in internationalen Organisationen tätig seien, daß es neben den zahlreichen technischen und praktischen Aufgaben ein höheres Ziel gebe, das jene übertreffe und sie rechtfertige. Er sei persönlich der Ansicht, daß es gut wäre, von Zeit zu Zeit die Mitarbeiter der UNESCO in Bildung, Wissenschaft und Kultur daran zu erinnern, daß sie durch ihr Wirken zugleich an etwas arbeiteten, das noch größer sei als Bildung, Wissenschaft und Kultur: der Friede, die Gerechtigkeit und die Liebe (cf. DC, No.1401, 1963, S.728).

Am Tag nach der feierlichen Verleihung des Friedens-Preises der Balzan-Stiftung erhielt Papst Johannes XXIII. im Vatikan eine Depesche des Oberhirten der russisch-orthodoxen Kirche, des Heiligsten Patriarchen Alexi, in der es hieß: «Mit dem Gefühl inniger Sympathie beeile ich mich, Eurer Heiligkeit meine herzlichsten Glückwünsche zur Verleihung des Balzanpreises als einen Beweis für die unaufhörlichen Anstrengungen Eurer Heiligkeit zum Wohl des gesegneten Friedens auf Erden und guten Willens unter den Menschen zu entbieten. Mit Liebe in Christus.»

Im Antworttelegramm vom 14.Mai 1963 gab der Papst seiner Dankbarkeit für die übermittelten Glückwünsche Ausdruck: «Ergriffen von Euren Glückwünschen aus Anlaß der Verleihung des Balzan-Preises an Uns bringen Wir aus Tiefe der Seele dem Allerhöchsten inbrünstige Gebete für Eure Person, den Klerus und die Gläubigen dar. Denn Du bist der Gott des Friedens, der Liebe und der Menschenfreundlichkeit, und Dir senden Wir Lobpreis empor!» (Moskauer Patriarchatsjournal, No.4, 1963, S.6).

Es nahte der Heimgang Papst Johannes XXIII. in die Ewigkeit. Seine Krankheit verschärfte sich und schritt fort. Die Agonie hatte begonnen, doch am Vorabend seines Todes wurde die Stimme Johannes XXIII. von vielen Leuten vernommen. Am Pfingsttag, dem 2. Juni 1963, veranstaltete der Westdeutsche Rundfunk eine spezielle Konzilssendung, an der die Kardinäle Döpfner, Frings, König und Suenens teilnahmen. Die Sendung endete mit der Übertragung einer mit Papst Johannes XXIII. zu Beginn seiner Krankheit gemachten Tonbandaufnahme. Es war das letzte Mal, daß sich Papst Johannes XXIII. an seine Kinder wandte. Der Papst sprach: «Der Erfolg eines so großen Unternehmens wie das Konzil verlangt bestimmt die volle und einmütige Zusammenarbeit aller Gläubigen; über all dem darf man dennoch nicht vergessen, daß das Ökumenische Konzil vorzugsweise ein Werk des Heiligen Geistes ist, der gleichsam das Herz der Kirche bildet und als beständiger Urheber und Spender der frühlingshaften Erneuerung wirkt. Wird das Ökumenische Konzil aber unter seiner Führung und unter seinem Schutz auch fruchtbar sein und wird es die erwarteten heilsamen Früchte hervorbringen?

Daher begrüßen Wir mit freudiger Erwartung und lebendiger Hoffnung die Wiederkehr des Pfingstfestes, wenn sich die Söhne der Kirche besonders zahlreich in die Kirchen drängen, um den Heiligen Geist mit größter Inbrunst anzurufen. Liebe Söhne Deutschlands, Wir wünschen, daß Ihr an diesem heiligen Tag Eure Gebete zum Himmel emporsendet, wie es die gegenwärtigen Notwendigkeiten der Kirche erfordern.

Erfüllt von diesen tiefen Gefühlen und eines Herzens sollt Ihr miteinander wetteifern, um die Gnade, den Beistand und das Licht des Heiligen Geistes für das Ökumenische Vatikanische Konzil zu erbitten, damit Er die Entscheidungen lenke, die Worte inspiriere, die Initiativen fördere, das Volk Gottes erfreue und die fernen Seelen zur Einheit zurückführe, Er, der in Seiner Weisheit die Himmel schuf (Ps 135,5). Glaubt mir, Brüder, daß man den Heiligen Geist in dem Maß besitzt, als man die Kirche liebt (Iren., Adv. Haer., III 24,1).

Möge Euch die allerheiligste Jungfrau beistehen, und möge Sie Euch immer mit ihrer mütterlichen Fürsprache beschützen, damit sie Euch gewähre, auf Euer Verhalten die erhabenen und ermutigenden Worte des Apostels Paulus anwenden zu können: ‹Ihr Brüder, freut Euch, laßt Euch zurechtbringen . . . seid gleichgesinnt, haltet Frieden, so wird der Gott der Liebe und des Friedens mit Euch sein . . . Die Gnade des Herrn Jesus Christus und die Liebe Gottes und die Gemeinschaft des Heiligen Geistes sei mit Euch allen!› (2 Kor 13,11–13).» (Cf. DC No.1403, 1963, S.853f).

So wurden diese Apostelworte zur letzten Botschaft Papst Johannes XXIII. an die Menschheit, zu seinem eigentlichen letzten Vermächtnis.

3. KAPITEL

SOZIALE WIRKSAMKEIT PAPST JOHANNES XXIII.

Im vorliegenden Kapitel wird von den Positionen Papst Johannes XXIII. in sozialen Fragen die Rede sein, von Positionen, die sich aus der Einsicht von der Unordnung im Bereich der sozialen Verhältnisse und dem Trachten nach ihrer Überwindung ergaben. In unserem Bericht haben wir diese Fragen wiederholt berührt. Unsere Aufmerksamkeit richtete sich bereits auf die Bergamasker Periode im Leben Angelo Roncallis, sowie auf die Persönlichkeit von Bischof Radini Tedeschi, unter dessen Einfluß sich die Ansichten des jungen Priesters entwickelten. Es wurden die diesbezüglichen Schritte Kardinal Roncallis in Venedig und ebenso die Tatsache erwähnt, daß es der Vatikan für nötig erachtete, sich von verschiedenen seiner Äußerungen zu distanzieren. Indem wir die Geschichte des Pontifikates von Johannes XXIII. darstellten, analysierten wir überaus zahlreiche seiner Äußerungen, deren Hauptthema Fragen des sozialen Mißverhältnisses in der heutigen Gesellschaft behandelten.

Auf die sozialen Fragen wurde in der römisch-katholischen Kirche schon vor Papst Johannes XXIII. eingegangen. Insbesondere Papst Leo XIII. schenkte ihnen mehr als jeder andere Beachtung. In seiner Enzyklika «Rerum Novarum» empörte er sich darüber, daß eine kleine Gruppe von Reichen einer breiten Masse von Besitzlosen ein nahezu sklavisches Joch auferlegen konnte. «Die Fürsorge der Kirche», schrieb Papst Leo XIII., «geht indessen nicht so in der Pflege des geistigen Lebens auf, daß sie darüber der Anliegen des irdischen Lebens vergäße. Sie ist vielmehr, insbesondere dem Arbeiterstand gegenüber, vom eifrigen Streben erfüllt, die Not des Lebens für ihn auch nach der materiellen Seite zu lindern und ihn zu besseren Verhältnissen zu erheben.» (Rerum Novarum, No.23).

Wie immer wir uns auch zu den Äußerungen von Papst Leo XIII. über die soziale Frage stellen, so gilt es dennoch anzuerkennen, daß keiner seiner Vorgänger oder unmittelbaren Nachfolger die unbefriedigende Lage der Werktätigen so betont hat. Allerdings tönte aus den

Stellungnahmen Leo XIII. wie auch aus denen seiner Nachfolger eine entschiedene Hinwendung zum Kapitalismus. Nach Ansicht der Päpste ist diese Wirtschafts- und Gesellschaftsordnung an sich nicht schlecht. Man müsse daher nicht den Kapitalismus bekämpfen, sondern nur die in ihm vorhandenen Mißbräuche. In den Enzykliken wurde gegen den Antagonismus der Klassen und für eine Harmonie von Kapital und Arbeit Stellung genommen, weil sie materielle Werte hervorbringen. Papst Leo XIII. sprach sich gegen Arbeitsniederlegungen und Streiks aus, begrüßte öffentliche und private Wohltätigkeit und wandte sich gegen den Sozialismus, den er für eine falsche philosophische und soziale Konzeption hielt.

Im Lauf der darauf folgenden Jahrzehnte vollzogen sich in der menschlichen Gesellschaft gewaltige und tiefgreifende Veränderungen, und zwar sowohl auf wirtschaftlichem und sozialem, als auch auf politischem und kulturellem Gebiet. Diese Umwälzungen regten Papst Johannes XXIII. dazu an, die von seinen Vorgängern erarbeitete Doktrin über die sozialen Fragen zu überprüfen und zu entwickeln. Seine Enzyklika «Mater et Magistra» wurde am 15. Mai 1961 zum 70. Jahrestag des Erscheinens von «Rerum Novarum» erlassen. Aber schon vor dieser Enzyklika beschäftigte sich Johannes XXIII. in seinen Äußerungen bei verschiedenen Anlässen wiederholt mit sozialen Problemen.

So erklärte er beispielsweise bereits am 7. Dezember 1958, anläßlich einer Audienz für die Teilnehmer am IX. Nationalkongreß des Verbandes katholischer Juristen Italiens sowie des Kongresses des katholischen Techniker-Verbandes Italiens, er wolle auf keine Weise die Lehre (der Päpste von Leo XIII. bis Pius XII.) über die Kirche wiederholen. Er setze sich als einziges Ziel, einen Aspekt zu beleuchten, dem für gewöhnlich nicht die nötige Beachtung geschenkt werde. Der Papst erinnerte daran, daß die Kirche kraft der ihr übertragenen himmlischen Vollmacht das Recht und die Pflicht habe, die auf der Offenbarung und dem Naturrecht basierenden Gesetze für das soziale Leben in seinen verschiedenartigen Ausprägungen zu verkünden. Wenn auf diesem sehr umfangreichen Gebiet Probleme existierten, die in sich einen besonderen «technischen» Inhalt und Wert hätten, so bestehe kein Zweifel, daß ihre Lösung nicht von den religiösen und sittlichen Grundsätzen abstrahieren könne, welche nicht nur das Leben des einzelnen, sondern auch das gesellschaftliche Leben der Menschheit bestimmen müßten.

Papst Johannes ging auf das Kongreßthema ein und verwies, indem er sich von den Darlegungen Papst Leos XIII. in «Immortale Dei» leiten ließ, darauf, daß es zwar Meinungsverschiedenheiten auf rein politischem Gebiet geben dürfe, daß jedoch, wenn bedeutsame religiöse und soziale Interessen auf dem Spiel stünden, «die internen Differenzen und parteiliche Prioritäten zum Schweigen gebracht werden müssen» und die Katholiken «alle mit der gleichen Absicht und eines Geistes ihre Kräfte auf das gesamte Ziel auszurichten haben».

Immer und unter allen Umständen sollten Parteien und Wähler bei der Wahl ihrer Vertreter ein Maximum an Weitblick und Verantwortungsbewußtsein an den Tag legen: «Ein tiefes Gefühl für die Grundlagen gesunder politischer und sozialer Ordnung, die den Normen von Recht und Gerechtigkeit entspricht», sagte Papst Pius XII., «ist bei jenen von besonderer Bedeutung, welche unter einer wie immer gearteten demokratischen Regierungsform als Vetreter des Volkes eine umfassende oder beschränkte gesetzgeberische Gewalt besitzen. Und weil das Schwergewicht einer normal konstituierten Demokratie auf dieser Volksvertretung ruht, deren politische Strömungen auf alle Bereiche des öffentlichen Lebens sowohl zum Guten wie zum Bösen ausstrahlen, ist die Frage nach der moralischen Höhe, der praktischen Befähigung und der intellektuellen Fassungskraft der Parlamentsabgeordneten für jedes Volk eines demokratischen Regimes eine Frage von Leben und Tod, von Fortschritt oder Verfall, von Gesundung oder anhaltender Schwäche» (Radiobotschaft Pius XII. vom 24.Dezember 1944), (Vgl. DC, No.1294, 1959. S.48).

Papst Johannes XXIII. war der Ansicht, daß alle Menschen unbesehen ihrer Abkunft nicht nur vor Gott gleich seien, sondern daß auch hier im irdischen Leben der Wert eines jeden Mensch darin bestehe, was er vorlebe und was er im Verlauf seines Lebens leiste. Dieser Gedanke geht besonders deutlich aus der Rede des Papstes vom 10.Januar 1959 an den römischen Adel hervor. Ausdrücklich bemerkte Johannes XXIII., daß er unter einem «adligen» Menschen in erster Linie jenen verstehe, der in Übereinstimmung mit den Vorschriften des Evangeliums lebe und sich von ihnen leiten lasse. All dies adle wirklich um vieles mehr, als jeder andere Adel, der von den Vätern ererbt wurde.

Sooft Johannes XXIII. auf das Leben der Gesellschaft oder das soziale Leben zu sprechen kam, beschäftigte er sich vor allem mit der Familie. Eine gesunde Familie sei das Fundament einer gesunden Gesellschaft; Wohlergehen oder Niedergang des gesellschaftlichen Lebens nehmen in der Familie ihren Anfang und hängen von ihr ab. Diese Gedanken wurden von Papst Johannes zu wiederholten Malen ausgesprochen. Besonders ausführlich äußerte er sich darüber, als er auf Ersuchen der Vereinigung «Fronte della Famiglia» am 11. Januar 1959 den auf dem Petersplatz Versammelten seinen Segen spendete und sich dabei besonders an die christlichen Familien und an alle jene mit einer väterlichen Botschaft wandte, die sich vereinen, um im Namen Gottes eine Familie zu gründen. Er begann seine Rede mit einem Hinweis darauf, daß die kirchliche Tradition den ersten Sonntag nach Epiphanie der Heiligen Familie von Nazaret geweiht habe, unter deren Schutz alle Familien stünden. Der Papst erwähnte seine Kindheit sowie die Tatsache, daß für seine Kinderseele die Beispiele der Frömmigkeit entscheidend waren, die er im Elternhaus sehen durfte. «Jede Familie», sprach er, «die auf Aktivität, gegenseitige Achtung und Gottesfurcht gegründet ist, ist die Kraft und Stärke von Dorf, Stadt und Nation; sie ist der Kern und das Fundament jeder Tugend, ein Schutz gegen die Gefahr des Verderbnisses sowie eine Hilfsquelle gesunder und immer neuer Energien zum Wohl eines jeden und der bürgerlichen Gesellschaft.» Der Papst wies auf die beschwerliche Lage der kinderreichen Familien hin, die infolge ihrer Treue gegenüber den Geboten Gottes (d.h. wegen der Nichtanwendung empfängnisverhütender Mittel, A.d.V.) häufig großen Schwierigkeiten und Entbehrungen begegnen, die andere gar nicht kennen oder auf die leichte Schulter nehmen. Er drückte seine Besorgnis darüber aus, daß es Familien gebe, die in Ermangelung von Mitteln, Arbeit und Gesundheit in einem Zustand immerwährender Angst vor dem morgigen Tag lebten. Papst Johannes sagte: «Unsere Sorge erstreckt sich auch auf alle Jungen, Burschen und Mädchen, die in ihrem Herzen den Wunsch hegen, die Flamme ihres Herdes zu entfachen und ihre eigene Familie zu haben. Gelegentlich stellen sich ihnen beträchtliche Schwierigkeiten entgegen, und das ist noch eine sehr schwere Sorge, die Unser Herz bewegt.» (Vgl. DC, No.1296, 1959. S.131f).

All die zahlreichen Nöte, mit denen sich unter den kapitalistischen Verhältnissen in Italien eine kinderfreudige Familie herumzuschlagen hat, sind wohlbekannt. Im gegebenen Fall beschränkte sich der Papst lediglich auf die Feststellung eines Tatbestandes und unterbreitete keinen konstruktiven Vorschlag, der etwas zur Erleichterung der Lage der unter den Bedingungen einer «Welt des freien Unternehmertums» Arbeitenden beigetragen hätte.

Mit demselben Thema, der großen Bedeutung von Familie und Familienleben, beschäftigte sich Papst Johannes XXIII. am 10.Februar 1959 in einer Botschaft an den spanischen Familienkongreß. In dieser Botschaft schrieb er, daß Gott dem Menschenherzen drei grundlegende Formen der Liebe eingeflößt habe, die sich aus der Seinen nährten: die eheliche Liebe, die väterliche und mütterliche Liebe sowie die Kindesliebe. Das Bestreben, diese emotionellen Bindungen aufzuheben oder zu lähmen, stelle eine Profanierung des Heiligen dar und führe unvermeidlich zum Ruin der Menschheit. Die Rechte und Pflichten innerhalb der Familie seien von Gott selbst festgelegt; die Familie sei die Keimzelle des gesellschaftlichen Lebens, und auf die Familie gründe sich das soziale Wohlergehen. Die vom Herrn Jesus Christus selbst zum Sakrament erhobene Ehe werde auch durch die Kirche geheiligt. Die Familie habe hingegen nicht nur eine gewisse Verantwortung gegenüber der Gesellschaft, sondern auch die Gesellschaft sei für die Familie verantwortlich. Diese Verpflichtungen seien: Unterstützung der materiellen Bedürfnisse der Familie sowie Bereitstellung von Dienstleistungen, die ihr bei der Erfüllung ihrer Aufgabe helfen. Der Papst sprach den Wunsch aus, daß jede spanische Familie die Familie von Nazaret nachahme, damit sich jede Familie zu einem Heiligtum des religiösen Geistes und zu einer Schule der Tugend umgestalte (Vgl. DC, No.1300, 1959, S.393f.).

Indem er von der Bedeutung des Familienlebens und der Notwendigkeit der Erhaltung seiner Heiligkeit und Unzerstörbarkeit zum Wohl der ganzen Gesellschaft, ja der gesamten Menschheit sprach, unterstrich der Papst in dieser Beziehung die vorrangige Bedeutung der Frau und Mutter.

Am 1. März 1959 sprach Papst Johannes XXIII. zu den Teilnehmerinnen am 9. Kongreß des italienischen Frauen-Zentrums, wobei er ausführlich bei der Frage nach der Bedeutung der Familie in der heutigen Welt und nach der Rolle, welche die Frau in der Familie einnimmt, verweilte: «Deshalb empfehlen Wir den Frauen die Liebe zur Familie, verstanden als die natürliche Umgebung zur Entfaltung der menschlichen Persönlichkeit, und als den von der Vorsehung bestimmten Zufluchtsort, wo sich die Stürme des Lebens abschwächen und beruhigen, wo die ungeordneten Neigungen ihre Anziehungskraft verlieren und wo die Auswirkungen des schlechten Beispiels bekämpft werden.» In der heutigen Zeit sei «dieses Heiligtum» jedoch vielen Gefahren und Nachstellungen ausgesetzt. Nach Ansicht Johannes XXIII. stellt die manchmal zügellose Reklame, die sich der mächtigen Mittel der Presse, des Kinos und Theaters sowie der Vergnügungsindustrie bedient, um besonders in der Jugend die unheilvollen Keime der Verderbtheit zu säen, eine besondere Bedrohung der gesunden Familie dar. Angesichts der vielen negativen Einflüsse sei es unerläßlich, daß die Familie sich verteidige, daß die Frauen mutig und verantwortungsbewußt ihren angestammten Platz bei dieser Verteidigung einnähmen und daß sie unermüdlich wachten, korrigierten, lehrten und das Gute vom Bösen unterschieden, wobei sie nötigenfalls sogar auf den Schutz durch die Zivilgesetze zurückgreifen würden. Sie seien zur Schutzmauer der Familie und zu apostolischem Dienst in der Welt berufen. «Möge die Liebe Eure Stütze und Euer beständiger Trost werden», rief der Papst aus, «Liebe zur Familie, zur Kirche und zur Heimat; eine Liebe, die Euch zu mutigen Handlungen antreibt, die Euch über dem Trachten nach dem Ruhm Gottes und dem Heil der Seelen gewissermaßen Euch selbst vergessen läßt. Möge das göttliche Licht Euer Führer, Euer Ideal und Euer Ziel sein, ein Licht, das Ihr in Geist und Herz Eurer lieben Familienangehörigen und in den Herzen von Euch befreundeten wie auch von Euch fernstehenden Personen entzünden sollt, ein Licht, welches Eure Hände auf den Leuchter stellen sollten, auf daß es seine Helligkeit um Euch verbreite.» (Vgl. DC, No. 1300, 1959, S. 389–392).

Auch in einer Belehrung über das allerheiligste Sakrament der Eucharistie fand es Papst Johannes XXIII. für nötig, zur Erhaltung des christlichen Familienlebens aufzurufen, da von einem ausgeglichenen und normalen Leben im Familienkreis viel Heil für das Leben der Menschen, der Gesellschaft und der Kirche abhänge.

Im Februar 1959 fand im zentralamerikanischen Guatemala ein Eucharistischer Kongreß statt. Papst Johannes XXIII. sandte eine Botschaft, die im «Osservatore Romano» veröffentlicht wurde. Als Grundgedanke, der die ganze Botschaft durchzieht, tritt die Idee hervor, daß die Eucharistie die Quelle der Liebe und Güte in der christlichen Gemeinschaft ist. Der Papst schrieb, daß dieses Sakrament, das dem Menschenherzen neue Energie und übernatürliche Liebe verleihe, die menschliche Liebe bestärke, erhalte und läutere und sie fester und echter mache. Indem er Gott in sich und seinem Herzen trage, erlange der Mensch die innere Harmonie und einen Ansporn zur Stärkung in den natürlichen Tugenden, erhalte er die Möglichkeit, dem Beispiel des Sohnes nachzueifern, an dem der Vater sein Wohlgefallen habe (Mt 17,5). Dadurch würden auch die zwischenmenschlichen Beziehungen verwandelt, da die Eucharistie, indem sie wahre Liebe hervorrufe und nähre, die Seelen milder stimme, die Wünsche bremse, die Verwirrung des Geistes beruhige und wirkungsvoll zum Guten, zu Gerechtigkeit und Barmherzigkeit anrege. Eintracht und Friede unter den Menschen könnten ihren klarsten Ursprung in dieser Quelle der Liebe finden, in dieser Quelle echter Freundschaft, die sich zwischen der Seele und Gott und von Seele zu Seele entwickle. Im Bereich des zivilen Lebens setzten sich die universalistischen und gemeinschaftlichen Tendenzen von Tag zu Tag mehr durch, um auf die grundlegenden Erfordernisse der menschlichen Natur zu antworten, die heute mehr als früher ihre Einheit verkünde. Die Kirche aber verfüge in Fülle über diesen Keim der Einheit, der die allgemeinmenschliche Einheit keineswegs vermindere, sondern sie im Gegenteil in der Eucharistie festige und veredle. Der Papst schloß seine Botschaft mit dem Aufruf: «Übt Euch so, liebe Kinder, in der Betrachtung über die heilige Eucharistie und bittet den Herrn, daß er Eure Familiengemeinschaften segnen möge, ihnen vollkommene Harmonie und Treue verleihe, auf Eure Kinder zahlreiche Priester- und Ordensberufe ausbreite. Der Herr erleuchte das Wirken Eurer Regierungen und gebe dem sozialen Leben Eurer Bevölkerung ein gerechtes Gleichgewicht; er erhalte Euch fest im Glauben, der so tief in Euren Traditionen verankert, aber heute leider der Bedrohung von Seiten zahlreicher Widersacher der Einheit ausgesetzt ist; er beschere Euren Heimen Gedeihen und verleihe Euren Völkern den wahren Fortschritt.»

Fragen der Familie und guter Familienverhältnisse bewegten Papst Johannes XXIII. ganz offensichtlich häufig. Sooft sich nur eine passende Gelegenheit bot, griff er dieses Thema immer aufs neue auf, so zum Beispiel am 3.Mai 1959, als Pilger der «Equipes Notre-Dame» mit ihrem Gründer und Leiter Abbé André Caffarel an der Spitze in Rom eintrafen. Der Papst stellte fest, daß in der heutigen Welt Ehe und Familie sehr großen Gefahren ausgesetzt seien, da die Grundprinzipien natürlicher Sittlichkeit häufig verletzt würden. Infolgedessen würden viele christliche Haushalte Schritt für Schritt vom Ungeist des Naturalismus oder latenter Sittenlosigkeit erfüllt. Angesichts dessen sei das Beispiel der eifrigen Katholiken sehr wichtig, die sich in ihrem Verhalten als Eheleute und als Väter und Mütter von Familien darum bemühten, den vom Herrn vorgezeichneten Idealen die Treue zu bewahren. Um den Versuchungen und Bedrohungen, denen die Familie ausgesetzt ist, entgegenzuwirken, seien auch die «Equipes Notre Dame» ins Leben gerufen worden. Die Eheleute, welche sich an dieser Organisation beteiligten, wünschten aus der Familie eine echte Keimzelle der Kirche zu machen, wo die für den Menschen so kostbaren Früchte wie eheliche Liebe, Vater- und Mutterliebe sowie die Liebe der Kinder und Geschwister harmonisch heranreiften. Nach Ansicht der Kirche stelle ein echter christlicher Haushalt eine Art Nährboden dar, wo der Glaube der Kinder gedeihe und aufblühe und wo sie lernten, nicht nur Menschen, sondern auch Kinder Gottes zu werden. Johannes XXIII. empfahl jeder christlichen Familie, die göttliche Familie von Nazaret zum Vorbild zu nehmen, die ein ideales und vollendetes Modell aller familiären Tugenden sei (Vgl. DC, No.1304, 1959. S.647–650).

Die Enzyklika «*Mater et Magistra*» kann als Synthese der sozialen Anschauungen Papst Johannes XXIII. betrachtet werden. Der Grundgedanke dieser Enzyklika ist, daß das Prinzip der Gerechtigkeit von den Menschen unbedingt geachtet werden müsse, demzufolge jedes menschliche Wesen ohne Unterschied von Geschlecht, Rasse, Glaubensbekenntnis, Zivilisation und nationaler Zugehörigkeit in ausreichendem Maß über materielle Güter verfügen können sollte, um die Möglichkeit zu einer seiner Menschenwürde entsprechenden Lebensweise zu haben.

Im Vorwort zur Enzyklika «Mater et Magistra» wandte sich der Papst an alle katholischen Gläubigen und sprach davon, daß die katholische Kirche als Mutter und Lehrerin der Völker von Christus Jesus dazu eingesetzt worden sei, um alle, die sich im Lauf der Geschichte ihrer herzlichen Liebe anvertrauten, zur Fülle des Lebens und zum Heil zu führen. Dieser Kirche, der «Säule und Grundfeste der Wahrheit» (1 Tim 3,15), habe ihr heiliger Gründer den doppelten Auftrag gegeben: Kinder zu schenken und diese zu lehren und zu leiten.

Das Christentum verbinde Erde und Himmel; es erfasse den Menschen in seiner Ganzheit, Leib und Seele, Vernunft und Willen; es führe seinen Sinn von den wechselvollen Gegebenheiten des irdischen Lebens zu den Gefilden des ewigen. Obgleich die Kirche zwar vor allem die Aufgabe habe, die Seelen zu heiligen und ihnen die Teilnahme an den himmlischen Gütern zu schenken, so müsse sie sich doch auch um die Bedürfnisse des menschlichen Alltags bemühen. Dabei gehe es ihr nicht nur um das Lebensnotwendige, sondern auch um das Wohlergehen der Menschen und um die kulturelle Blüte. Den Worten Johannes XXIII. zufolge ist die Enzyklika «Rerum Novarum» Leo XIII. unstreitig ein «besonders eindrucksvolles Zeugnis» dieser von der Kirche im Lauf der Jahrhunderte entfalteten sozialen Lehre und Tat. «Nur selten fand ein Papstwort so weltweiten Widerhall wie dieses» (No.8).

Er fand es nicht verwunderlich, daß die Katholiken, von den Ermahnungen Leos XIII. angespornt, «in einer Fülle von Initiativen darangingen, die hier vorgetragenen Grundsätze zu verwirklichen. Den gleichen Weg gingen in den verschiedenen Ländern der Welt, bewegt von den gleichen Forderungen der menschlichen Natur, auch andere ausgezeichnete Menschen guten Willens. So galt und gilt das Rundschreiben mit vollem Recht als Magna Charta einer neuen Wirtschafts- und Gesellschaftsordnung» (No.25,26).

Im folgenden ging Papst Johannes XXIII. auf die Stellungnahmen seiner unmittelbaren Vorgänger Pius XI. und Pius XII. zu den sozialen

Fragen der Menschheit ein. Er verweilte kurz bei der Enzyklika «Quadragesimo Anno» und bei der Rundfunkbotschaft Pius XII. von Pfingsten 1941. (Wir gehen nicht auf deren Beurteilungen der sozialen Frage ein, da uns in erster Linie die eigenen Ansichten Papst Johannes XXIII. und nicht die seiner Vorgänger interessieren.) Der Papst beendete seinen Überblick mit der Folgerung, daß sich die Lage in den letzten zwanzig Jahren erneut und grundlegend gewandelt habe. Gewaltige Umwälzungen hätten sich im Bereich der Wissenschaft, der Technik und der Wirtschaft vollzogen: die Entdeckung der Atomenergie; ihre erste Anwendung zu Kriegszwecken, dann ihre täglich wachsende Nutzung für friedliche Zwecke; die fast unbegrenzten Möglichkeiten der Herstellung synthetischer Stoffe durch die Chemie; die zunehmende Anwendung der Automation in der Gütererzeugung und in den Dienstleistungen; die Modernisierung der Landwirtschaft; die rasche Überwindung von Entfernungen auf dem Gebiet des Nachrichtenwesens, vor allem durch Radio und Fernsehen; das wachsende Tempo im Verkehr sowie der Beginn in der Eroberung des Weltraums. Bemerkenswerte Wandlungen hätten sich auch auf sozialem Gebiet vollzogen: die Entwicklung der Sozialversicherungen und der sozialen Sicherheit in einigen Ländern, eine allgemeine Hebung der Grundschulbildung, das Anwachsen des Wohlstandes, die ständige Verminderung der Klassenunterschiede sowie das Interesse des einfachen Mannes an den Ereignissen von Weltbedeutung. Allerdings existiere gleichzeitig damit ein sozial-ökonomisches Ungleichgewicht auf Weltebene zwischen Ländern, die wirtschaftlich entwickelt sind und jenen, die sich erst auf dem Weg dazu befinden.

Im politischen Leben sei einerseits die Beteiligung einer wachsenden Zahl von Bürgern am öffentlichen Leben, der Untergang der Kolonialherrschaft und die Erreichung der politischen Selbständigkeit durch die Völker Asiens und Afrikas festzustellen; anderseits wachse auch die Verflechtung der Völker untereinander und damit die Abhängigkeit der Völker untereinander.

Nach dieser kurzen Präambel ging Johannes XXIII. zur Darlegung seiner eigenen Ansichten über, die er mit dem Titel überschrieb: «Klarstellungen und Weiterführungen zur Lehre von ‹Rerum Novarum›.» Gleich zu Beginn beleuchtete er die Fragen nach der Privatinitiative und dem staatlichen Eingriff auf wirtschaftlichem Gebiet. Er bemerkte, daß im wirtschaftlichen Leben der Vorrang den Privatinitiativen des einzelnen Bürgers gebühre, der entweder für sich allein oder in vielfältiger Verbundenheit mit anderen zur Verfolgung gemeinsamer Interessen tätig werde. Nach Ansicht des Papstes bedarf es in der Wirtschaft auch des tätigen Eingreifens der staatlichen Gewalt, um den Wohlstand und damit den sozialen Fortschritt zum Nutzen aller Bürger zu steigern. Dieses staatliche Eingreifen findet den Worten Johannes XXIII. zufolge seine Begründung im «Subsidiaritätsprinzip», so wie es Pius XI. seinerzeit in der Enzyklika «Quadragesimo Anno» formulierte. Mit anderen Worten: der Staat muß einem schwachen Unternehmen zu Hilfe kommen, aber er hat kein Recht, in Besitzstand und Freiheit dieses Unternehmens einzugreifen (von seiner Verstaatlichung gar nicht zu reden). «Es ist wahr, die Fortschritte der wissenschaftlichen Erkenntnis und Produktionstechnik geben augenscheinlich der staatlichen Führung heute in umfassenderem Maß als früher Möglichkeiten in die Hand, Spannungen zwischen den verschiedenen Wirtschaftszweigen, zwischen den verschiedenen Gebieten ein und derselben Nation wie zwischen den verschiedenen Nationen auf Weltebene zu mildern, die aus den Konjunkturschwankungen der Wirtschaft sich ergebenden Störungen zu begrenzen und durch vorbeugende Maßnahmen den Eintritt von Massenarbeitslosigkeit wirksam zu verhindern. Darum ist von der staatlichen Führung, die für das Gemeinwohl verantwortlich ist, immer wieder zu fordern, daß sie sich in vielfältiger Weise, umfassender und planmäßiger als früher, wirtschaftspolitisch betätigt und dafür angepaßte Einrichtungen, Zuständigkeiten, Mittel und Verfahrensweisen ausbildet» (No. 54). Aber unmittelbar danach erinnerte der Papst nochmals daran, daß die Sorge des Staates für die Wirtschaft dergestalt sein müsse, daß sie den Raum der Privatinitiative der einzelnen Bürger nicht einschränke.

Die Wahrung der wesentlichen Rechte jeder menschlichen Person stelle eine unaufgebbare Verpflichtung des Staates dar. Unter diesen hob der Papst insbesondere das Recht des Menschen hervor, für seinen Lebensunterhalt und denjenigen seiner Familie selber die Verantwortung tragen zu dürfen. In jedem beliebigen Wirtschaftssystem müsse die Freiheit fruchtbringender Erwerbstätigkeit gestattet sein. «In der

Tat belehrt uns die ständige Erfahrung», erklärte der Papst, «daß bei fehlender Privatinitiative des einzelnen politische Tyrannei herrscht; da geraten aber auch manche Wirtschaftsbereiche ins Stocken; da fehlt es an tausenderlei Verbrauchsgütern und Diensten, auf die Leib und Seele angewiesen sind; Güter und Dienste, die zu erlangen in besonderer Weise die Schaffensfreude und den Fleiß der einzelnen auslöst und anstachelt. Wo umgekehrt in der Wirtschaft die gebotene wirtschaftspolitische Aktivität des Staates gänzlich fehlt oder unzureichend ist, kommt es schnell zu heilloser Verwirrung. Da herrscht die freche Ausbeutung fremder Not durch von Skrupeln wenig gehemmte Stärkere, die sich – leider – allenthalben breitmachen wie Unkraut im Weizen» (No. 57, 58).

Dazu möchten wir anmerken, daß in Ländern, die den Weg einer sozialen, gesellschaftlichen Entwicklung und Produktionsweise eingeschlagen haben, wo es im Bereich der Produktionsmittel kein Privateigentum gibt, eine derartige Gefahr nicht besteht.

Im Abschnitt «Die gesellschaftliche Verflechtung – Ursprung und Umfang der Erscheinung» warnte Papst Johannes XXIII. vor allem davor, den Begriff der Vergesellschaftung mit Verstaatlichung zu verwechseln, d.h. der Enteignung von Privatunternehmern zum Nutzen des Staates. Dabei sei schon hier darauf hingewiesen, daß die Kirche auch die Verstaatlichung für zulässig hält, jedoch unter der Bedingung gerechter Einschätzung des Wertes des Unternehmens und voller Entschädigung des Besitzers oder der Eigentümer. Insbesondere Großunternehmen von öffentlicher Bedeutung können verstaatlicht werden: Eisenbahn, Post, Telegraf, Telefon etc., um zu verhindern, daß sich das Kapital einseitig in privater Hand konzentriert. Der Staat hat auch das Recht, Privatvermögen als Strafmaßnahme für vollbrachte Vergehen zu konfiszieren.

Unter dem Begriff «Vergesellschaftung» im eigentlichen Sinn des Wortes verstand Papst Johannes XXIII. hingegen das «täglich dichter werdende Netz sozialer Beziehungen zwischen den Menschen, die ihr Leben und Wirken durch eine Fülle von Organisationen bereichert haben, teils privatrechtlicher, teils öffentlich-rechtlicher Art» (No. 59). Diese Erscheinung habe ihren Ursprung in einer Mehrzahl von zeitgeschichtlichen Faktoren, so zum Beispiel im wissenschaftlichen und technischen Fortschritt, in der gesteigerten industriellen Produktivität und in der gehobenen Lebenshaltung der Bevölkerung.

Nach Ansicht von Johannes XXIII. ist diese Vergesellschaftung die Ursache dafür, daß der Staat mehr und mehr in Bereiche eindringt, die zum Persönlichsten des Menschen gehören und darum von höchster Bedeutung, aber auch ernsten Gefährdungen ausgesetzt sind. Als Beispiele wurden von ihm genannt: «Gesundheitswesen, Unterricht und Erziehung der jungen Generation, Berufsberatung, Mittel und Wege der Rehabilitation und Wiedereingliederung der verschiedenen Gruppen von Behinderten» (No. 60). Die Vergesellschaftung ist aber auch das Ergebnis und der Ausdruck eines natürlichen Strebens der Menschen, eines Strebens, sich zur Erreichung von Zielen, welche die Kräfte, Fähigkeiten und Mittel eines einzelnen übersteigen, zusammenzutun. «Dieses Streben führt, vor allem in der jüngsten Gegenwart, zu einer reichen Vielfalt von Verbänden, Vereinigungen, Einrichtungen mit wirtschaftlicher, beruflicher und politischer Zielsetzung sowohl im nationalen Raum wie auf Weltebene» (No. 60).

Zweifellos bringt der so verstandene Vergesellschaftungsprozeß mancherlei Vorteile. So könnten zahlreiche Rechtsansprüche der Person erfüllt werden, vor allem wirtschaftliche und gesellschaftliche, wie die Deckung des lebensnotwendigen Bedarfs, die Gesundheitspflege, ein höheres Niveau des Grundunterrichts, eine angemessene Fachausbildung sowie das Recht auf Wohnung, Arbeit und auf gebührende Freizeit und Erholung. Außerdem werde den Leuten durch Presse, Film, Rundfunk und Fernsehen die Möglichkeit gegeben, auch an weltweiten Ereignissen unmittelbaren Anteil zu nehmen. Gleichzeitig vermehre jedoch der Vergesellschaftungsprozeß die Organisationsformen und führe zu immer detaillierteren Vorschriften und Bindungen auf allen Lebensgebieten. Dadurch werde das Wirkungsfeld der Leute mehr und mehr eingeschränkt, da Mittel zur Anwendung kommen, die es dem einzelnen erschweren, unabhängig von äußeren Einflüssen zu denken und eigene Initiativen zu ergreifen. Daraus schlössen manche, daß der an Tiefe und Umfang zunehmende Vergesellschaftungsprozeß die Menschen in Automaten verwandle. Der Papst betrachtete die Aussichten der Sozialisierung nicht so pessimistisch, sondern machte darauf aufmerksam, daß die Vergesellschaftung in einer

Weise verwirklicht werden solle, die die Nutzung ihrer Vorteile erlaube und die Nachteile einschränke. Doch damit erhebt sich natürlich die Frage: was, oder richtiger, wer wird diese Prozesse steuern, um die Auswüchse der Sozialisierung zu vermeiden? – «Um zu diesem gewünschten Ergebnis zu gelangen», machte Johannes XXIII. klar, «müssen die Staatslenker die richtige Auffassung vom Gemeinwohl haben. (. . .) Außerdem halten Wir es für notwendig,» bekräftigte er, «daß die leistungsgemeinschaftlichen Gebilde sowie die vielfachen Unternehmungen, in denen der Vergesellschaftungsprozeß sich vorzugsweise abspielt, sich wirklich kraft eigenen Rechtes entwickeln können und daß die Verfolgung ihrer Interessen in Einklang mit dem Gemeinwohl bleibt» (No. 65). Doch neben der Aufforderung zur Wahrung der Autonomie wies der Papst auch auf die Notwendigkeit einer Koordination sämtlicher Kräfte durch den Staat hin, weil die Vergesellschaftung, wenn sie sich im Rahmen der festgelegten Ordnung halte, keine neuen Gefahren und Belastungen für die menschliche Existenz mit sich bringe.

Nach den Überlegungen zu den positiven und manchmal auch negativen Seiten der Sozialisierung der menschlichen Gesellschaft griff Johannes XXIII. die Frage des gerechten Arbeitsentgeltes auf. Er schrieb, die Tatsache, daß in vielen Ländern und ganzen Erdteilen zahllose Arbeiter einen Lohn erhielten, der sie selbst und ihre Familien zu menschenunwürdigen Lebensbedingungen verurteile, erfülle seine Seele mit schwerem Kummer. Das ergebe sich zum Teil aus einem unzureichenden Fortschritt in der Industrialisierung. Aber in einigen dieser Länder bestünden auch himmelschreiende und beleidigende Kontraste zwischen dem äußersten Elend einer Mehrzahl von Menschen und dem Wohlstand und hemmungslosen Luxus der Reichen. In einigen Ländern werde ein bedeutender Anteil des volkswirtschaftlichen Ertrages für die Bekundung und Unterstützung eines falsch verstandenen nationalen Prestiges verschwendet. Sehr oft gingen ungeheure Summen in die Rüstung.

Hierher gehöre auch, daß in den wirtschaftlich fortgeschrittenen Ländern Leistungen von geringer Bedeutung und zweifelhaftem Wert außergewöhnlich hohe Gewinne abwürfen, während gleichzeitig eine ganze Kategorie ehrbarer Werktätiger für ihre werteschaffende Arbeit allzu niedrig oder jedenfalls nicht in einem gerechten Verhältnis zu ihrem Beitrag für das allgemeine Wohl oder zum Volkseinkommen entlöhnt werde. Deshalb halte es der Papst für seine Pflicht, darauf hinzuweisen, daß die Höhe des Arbeitslohnes weder dem freien Wettbewerb überlassen noch vom Stärkeren diktiert werden dürfe, sondern nach Recht und Billigkeit zu bestimmen sei. Die Arbeiter müßten einen Lohn erhalten, der ihnen eine menschenwürdige Lebensweise gestatte und es ihnen ermögliche, die Familienlasten zu bestreiten. Zur gerechten Bemessung des Entgelts sei es notwendig, der wirklichen Bedeutung ihrer Arbeit für die Produktion sowie für das Wohlergehen des Staatswesens Rechnung zu tragen.

Nachdem sich in der Gegenwart das Wirtschaftsleben der Länder rasch entwickle, besonders nach dem letzten Weltkrieg, sei es angebracht, die Aufmerksamkeit darauf zu richten, daß dem wirtschaftlichen Fortschritt der soziale Fortschritt entspreche und folge, bei dem alle Bevölkerungsschichten ihren Anteil am Reichtum erhalten. Es sei ständig darauf hinzuarbeiten, daß sich die soziale Ungleichheit und die sich daraus ergebenden Spannungen nicht vermehrten, sondern verminderten. Der Papst schrieb, daß «der wirtschaftliche Wohlstand eines Volkes weniger zu bemessen ist nach der äußeren Fülle von Gütern, über die seine Glieder verfügen, als vielmehr nach ihrer gerechten Verteilung, so daß alle im Lande etwas davon für die Entfaltung und Vervollkommnung ihrer Persönlichkeit erhalten; denn das ist ihr Ziel, auf das die Volkswirtschaft ihrer Natur nach hingeordnet ist» (No. 74). Es sei wünschenswert, daß die Arbeiter die Möglichkeit zum Mitbesitz an ihrem Unternehmen erhielten. In unseren Tagen müsse mit aller Anstrengung darauf hingearbeitet werden, daß sich die neugeschaffene Güterfülle nicht in ungerechtem Maß bei den Reichen anhäufe, sondern auch den Werktätigen zukomme. Im Bestreben, einer möglichst großen Zahl von Arbeitern Beschäftigung zu sichern, solle die Bildung von privilegierten Kategorien innerhalb der Arbeiterschaft vermieden werden. Zwischen Löhnen und Preisen müsse ein angemessenes Verhältnis gewahrt werden. Eine besonders wichtige Aufgabe sei es, ein unausgewogenes Verhältnis zwischen den verschiedenen Wirtschaftszweigen, das heißt der Industrie, der Landwirtschaft und dem Dienstleistungsgewerbe, zu beseitigen oder zumindest in Grenzen zu halten.

Das gesamtmenschheitliche Gemeinwohl gebietet nach Ansicht von Papst Johannes XXIII., einen unlauteren Wettbewerb zwischen der Wirtschaft der verschiedenen Länder zu vermeiden, die einträchtige und fruchtbare Zusammenarbeit im wirtschaftlichen Bereich zu pflegen und sich an der Entwicklungshilfe zugunsten der wirtschaftlich schwächeren Länder zu beteiligen.

Der Papst berührte die Forderung nach Gerechtigkeit im Zusammenhang mit den Produktionsstrukturen und bemerkte, daß die Gerechtigkeit nicht nur die Verteilung des Wirtschaftsertrages, sondern auch den gesamten Wirtschaftsvollzug betreffen müsse. Es liege in der menschlichen Natur, bei der produktiven Arbeit den Gang der Dinge mitbestimmen und durch die Arbeit zur Entfaltung der eigenen Persönlichkeit gelangen zu wollen. Wenn darum in der Produktion Mittel zur Anwendung kommen, die der Würde des arbeitenden Menschen schaden, sein Verantwortungsgefühl abstumpfen oder seine schöpferischen Kräfte lahmlegen, so widerspricht ein solches Wirtschaftssystem nach Ansicht von Johannes XXIII. der Gerechtigkeit; das gelte selbst dann, wenn der produzierte Materialwert sehr hoch liege und die Verteilung gerecht erfolge. Mit anderen Worten bedeutet das, daß der Papst in seiner Enzyklika nicht nur Fragen des materiellen Wohlstandes berührte, sondern sich auch darum kümmerte, daß die Produktion die Menschen, die dort arbeiten, geistig nicht verkrüpple, weil im gegenteiligen Fall alle Errungenschaften gleich Null wären.

Indem er auf die handwerklichen und genossenschaftlichen Betriebe zu sprechen kam, mahnte der Papst, daß «im Interesse des Gemeinwohls und im Rahmen des technischen Fortschritts der handwerkliche Betrieb und der landwirtschaftliche Familienbetrieb zu schützen und zu fördern sind, aber auch die genossenschaftlichen Unternehmen, insbesondere diejenigen, die darauf angelegt sind, den beiden ersteren Hilfsstellungen zu leisten» (No. 85). Um lebensfähig zu bleiben, müßten sich diese Betriebe und Genossenschaften den Ansprüchen der Gegenwart anpassen, die sich sowohl aus dem wissenschaftlichen und technischen Fortschritt als auch aus den wechselnden Bedürfnissen und Ansprüchen der Menschen ergäben. Deshalb sei es auch notwendig, daß beide eine gute Fachausbildung erhielten und beruflich organisiert würden. «Und so ergeht», schrieb des weiteren der Papst, «aus väterlichem Herzen an Unsere geliebten Söhne auf der ganzen Welt, die in handwerklichen und genossenschaftlichen Betrieben tätig sind, die Mahnung, sie sollen eine hohe Auffassung von der Bedeutung ihrer Arbeit für ihr ganzes Leben haben. Diese Arbeit soll in allen Volksschichten den Sinn für verantwortliche Berufserfüllung und den Geist der Solidarität wecken; sie soll die Menschen auch zu Qualitätsleistungen anspornen» (No. 90).

Was die Rolle der Arbeiter in Mittel- und Großbetrieben anbelangt, so hielt es der Papst für durchaus berechtigt, wenn die Werktätigen eine aktive Teilnahme am Leben des sie beschäftigenden Unternehmens fordern. Art und Ausmaß dieser Teilnahme sei allerdings nicht im voraus zu bestimmen, weil dies von der konkreten Lage des einzelnen Unternehmens abhänge. «In jedem Fall aber», schrieb er, «sollten die Arbeiter an der Gestaltung der Angelegenheiten ihres Unternehmens aktiv beteiligt werden. Das gilt sowohl für private als auch für öffentliche Unternehmen. Das Ziel muß in jedem Fall sein, das Unternehmen zu einer echten menschlichen Gemeinschaft zu machen: diese muß den wechselseitigen Beziehungen der Beteiligten bei aller Verschiedenheit ihrer Aufgaben und Pflichten das Gepräge geben» (No. 91). Dazu ist zu bemerken, daß diese Beurteilung des Papstes der Idee nach völlig überlegt und positiv ist, während das, was er im folgenden sagt, etwas idealistisch klingt und eher einen Wunsch als ein konstruktives Programm ausdrückt. In vollem Maß scheint mir dies unter einem kapitalistischen Wirtschaftsmanagement unrealisierbar. Der Papst schrieb im besonderen, daß zur Verwirklichung des oben Zitierten im gegenseitigen Verhältnis von Arbeitgebern und leitenden Angestellten einerseits und den Arbeitnehmern anderseits Zusammenarbeit, gegenseitige Achtung, Wohlwollen sowie ein ehrlicher und innerlicher Einsatz aller Kräfte zum gemeinsamen Werk erforderlich seien, damit die Arbeit nicht nur als Mittel des Erwerbs, sondern auch als Pflichterfüllung und als dem Dienst an der Gemeinschaft verstanden werde.

In unserer Zeit hätten die Arbeiterorganisationen einen mächtigen Aufschwung erlebt und auf nationaler und internationaler Ebene eine anerkannte Rechtsstellung erlangt. Gesamtarbeitsverträge leiteten zur sozialen Partnerschaft an. Dennoch fand es der Papst für notwendig darauf hinzuweisen, daß die Arbeiterschaft Gelegenheit haben sollte, «ihre Meinung und ihr Gewicht auch über die Grenzen des Unternehmens hinaus geltend zu machen, und zwar in allen Bereichen des gesellschaftlichen Lebens» (No.97). Das sei deshalb erforderlich, weil auch ein einzelnes Wirtschaftsunternehmen, möge es noch so groß, ergiebig und für das ganze Land bedeutsam sein, vom Allgemeinzustand von Wirtschaft und Gesellschaft in dem betreffenden Land abhänge und davon profitiere.

Bekanntlich stellt die Frage des Besitzes von Privateigentum an Produktionsmitteln eine Art «Wasserscheide» der politischen Ideologien dar. Auf diese Frage eingehend, räumte Papst Johannes ein, daß in der heutigen Welt Zweifel darüber entstanden seien, ob nicht ein zuvor von den Päpsten verfochtener gesellschafts-wirtschaftlicher Grundsatz seine Geltung verloren habe oder weniger bedeutsam geworden sei, der Grundsatz nämlich, daß dem Menschen auf Grund seiner Natur das Recht zukommt, Privateigentum, und zwar an Produktionsmitteln, zu haben» (No. 108). Johannes XXIII. betrachtete, wie aus seinen weiteren Darlegungen hervorgeht, einen solchen Zweifel als völlig unbegründet. Er wiederholte in etwas abgewandelter Form seine schon in seiner allerersten Enzyklika «Ad Petri Cathedram» vorgebrachten Ansichten und betonte, daß das Recht auf Privateigentum, auch an den Produktionsmitteln, für jede Zeit gelte, weil es auf dem ontologischen und teleologischen Vorrang des Individuums vor der Gesellschaft basiere. Worin besteht nun dieser ontologische und teleologische Vorrang der Einzelpersönlichkeit? Wir wollen die Bedeutung dieser Begriffe kurz erklären. Der ontologische Vorrang beruht auf einer Priorität in der Abfolge der Existenz. Er besagt, daß die Gesellschaft erst nach den einzelnen Menschen existiert, aus denen sie sich zusammensetzt. Der teleologische Vorrang gründet auf einer Priorität in der Ordnung der Zielsetzungen. Das bedeutet, daß das Individuum nicht für die Gesellschaft existiert, sondern die Gesellschaft für den Menschen. Begnügen wir uns vorerst mit der Behauptung, daß der Besitz von Privateigentum an Produktionsmitteln die Einzelperson in der Gesellschaft, in der sie lebt, frei mache.

Wenden wir uns jetzt der kapitalistischen Gesellschaft zu, wo (annähernd gesprochen) von hundert Personen nur etwa zehn über Privatbesitz an den Produktionsmitteln und über das Kapital verfügen und somit die Initiative auf wirtschaftlichem Gebiet und die Freiheit zum Gebrauch der für diese Initiativen nötigen Mittel besitzen. Damit stellt sich die Frage: Was geschieht in diesem Fall mit den anderen neunzig, die über keinen solchen Besitz verfügen? Womit wird ihre Freiheit und Unabhängigkeit garantiert? Es ist ganz natürlich, daß diese zehn Auserwählten mit ihrem Kapital und ihrem Vermögen den übrigen keineswegs die Freiheit gewährleisten. Das Prinzip der sozialistischen Gesellschaft löst diese Frage bedeutend einfacher: Alle, ohne Ausnahme, sollen in gleichem Maß über die Produktionsmittel verfügen, und das wird die beste Garantie ihrer Freiheit sein; dann muß man nicht an die private Wohltätigkeit der «Auserwählten» appellieren, da die sozialen Funktionen von der ganzen Gesellschaft übernommen werden bzw. vom Staat unter Kontrolle der Gesellschaft. Die Erwägung, daß «das Privateigentum das Recht des Menschen auf Freiheit schützen und zugleich einen unentbehrlichen Beitrag zum Aufbau der rechten gesellschaftlichen Ordnung leisten muß» (No. 111), beeinträchtigt für die sozialistischen Länder in vielem den von der Enzyklika in ihrer Gesamtheit hervorgerufenen positiven Eindruck, weil damit die Vorstellung einer Verteidigung morscher Strukturen menschlichen Zusammenlebens geweckt wird. Wenn man sich in die Geschichte des Menschengeschlechtes vertieft, so wird deutlich, daß gerade das Privateigentum den Haß der Menschen gegeneinander entfachte, Völker in blutige Kriege trieb, und daß die Verteidigung eben dieses Besitzes und seiner Erträge die heutige Welt in ständiger Spannung hält.

Hingegen kann nicht bezweifelt werden, daß Papst Johannes XXIII. in seiner Enzyklika nach der Herstellung eines gewissen Gleichgewichtes im kapitalistischen Wirtschaftssystem trachtete, und darin gilt es, den fortschrittlichen Charakter dieses Dokuments zu sehen. Der Papst unterstrich in Anlehnung an Pius XII., daß die Persönlichkeitswürde des Menschen das «persönliche Nutzungsrecht an den Gütern der Erde als normale und naturgemäße Lebensgrundlage» erheische. «Dem entspricht die grundsätzliche Forderung des Privateigentums, soweit möglich, für alle (No. 114).»

Das eben Gesagte schließt nach Meinung des Papstes keineswegs aus, daß auch der Staat und andere öffentlich-rechtliche Gebilde rechtmäßig Eigentum, auch an Produktionsmitteln, besitzen dürfen, ganz besonders dann, wenn «die mit ihnen verknüpfte übergroße Macht ohne Gefährdung des öffentlichen Wohls Privathänden nicht überantwortet bleiben kann» (No. 116). In unserer Zeit gebe es eine recht bemerkenswerte Tendenz zur Ausweitung des staatlichen und sonstigen öffentlichen Eigentums. Dies erkläre sich unter anderem daraus, daß das Gemeinwohl einen immer größeren Einsatz des Staates verlange. Doch auch hier dürften der Staat und andere öffentlich-rechtliche Gebilde den Umfang ihres Eigentums nur ausweiten, wenn das Gemeinwohl dies erfordere. Wirtschaftliche Unternehmungen des Staates und anderer öffentlich-rechtlicher Gebilde sollten nur solchen Männern anvertraut werden, «die sich durch besondere Sachkenntnis, durch Charakterfestigkeit und durch großes Verantwortungsbewußtsein gegenüber der Volksgemeinschaft auszeichnen. Die Tätigkeit dieser Männer ist sorgsam zu überwachen. Es muß verhindert werden, daß innerhalb der staatlichen Verwaltung selbst wirtschaftliche Macht sich in den Händen weniger anhäuft. Das ist unvereinbar mit dem öffentlichen Wohl» (No. 118).

In seiner Enzyklika trug der Papst überzeugend den Gedanken vor, daß das Privateigentum untrennbar mit einer bestimmten sozialen Funktion verbunden sei. Das heißt mit anderen Worten, daß ein Vermögen nicht als totes Kapital liegen bleiben dürfe. Zur Begründung dieses Gedankens stützte er sich auf die Enzyklika «Rerum Novarum» von Papst Leo XIII., in der es hieß, daß jeder, «dem durch Gottes Fügung mehr Güter zuteil wurden, seien es leibliche und materielle Güter oder seien es Güter des Geistes, sie empfangen hat, um sie im Dienst der Vorsehung zu seiner eigenen Vervollkommnung und zum Nutzen der anderen zu gebrauchen. (. .) ‹Wer Geist besitzt, darf nicht schweigen, wer Reichtum an Gütern besitzt, sehe zu, daß seine Barmherzigkeit nicht erlahme, wer über eine Handfertigkeit verfügt, verwende sein Können zum Besten der Mitmenschen› (Gregor d.Gr.) (Rerum Novarum, No. 19).»

Johannes XXIII. anerkannte die Tatsache, daß sich in unserer Zeit der Aufgabenbereich des Staates und der öffentlich-rechtlichen Gebilde ausgeweitet habe, besonders auf sozialem Gebiet. Dennoch war er der Ansicht, daß dadurch die soziale Funktion des Privateigentums nicht vermindert werde, weil «unmittelbar damit die jederzeit überaus zahlreichen Härtefälle und verborgenen, aber schwerwiegenden Notstände zu bedenken sind, denen die noch so vielseitige öffentliche Fürsorge nicht beikommt und denen sie in keiner Weise abhelfen kann. Hier bleibt für private menschliche Hilfsbereitschaft und christliche Caritas immer ein weites Feld» (No. 120). Ein Blick in das Evangelium lehre, daß sich der göttliche Meister oft mit der eindringlichen Mahnung an die Reichen gewandt habe, die irdischen Güter durch Verteilung an die Armen in geistliche Heilsgüter, die weder Rost noch Motten verzehren noch Diebe ausgraben, in Schätze für den Himmel zu verwandeln.

Der dritte Teil der Enzyklika ist mit «Neue Seiten der sozialen Frage» betitelt. Welche Seiten hatte dabei der Papst vor Augen? Er begann seine Darlegungen mit der Behauptung, daß die geschichtliche Erfahrung der Menschheit offensichtlich nicht nur eine Forderung zu Gerechtigkeit und Billigkeit in den Beziehungen von Arbeitnehmern und Arbeitgebern darstelle, sondern ebenso auch die verschiedenen Wirtschaftszweige untereinander und die wirtschaftlich unterschiedlich gestellten Gebiete ein und desselben Landes einschließe. Das gleiche gelte auf Weltebene für die gegenseitigen Beziehungen zwischen den wirtschaftlich und gesellschaftlich in verschiedenem Grad entwickelten Länder.

In diesem Zusammenhang rufe die Lage des Agrarsektors große Beunruhigung hervor. In letzter Zeit häufe sich insbesondere das Faktum eines Wegzugs der bäuerlichen Bevölkerung in städtische Ballungszentren. Diese Landflucht lasse sich beinahe in allen Ländern feststellen, nehme gelegentlich Massencharakter an und schaffe komplizierte und schwer lösbare Probleme. Je mehr sich die Wirtschaft auszubreiten beginne, desto mehr vermindere sich der Anteil der landwirtschaftlich erwerbstätigen Bevölkerung. Dennoch meinte der Papst, daß die Abwanderung der Bevölkerung aus der Landwirtschaft in die anderen Wirtschaftszweige nicht allein auf objektive Gründe der wirtschaftlichen Entwicklung zurückzuführen sei. Oft handle es sich dabei um den Wunsch, aus Verhältnissen auszubrechen, die keine Aufstiegsmöglichkeiten enthalten; der Drang nach Erlebnissen und Abenteuern, der die heutige Generation erfaßt habe; die Sucht nach raschem

Am 30. Oktober 1958 empfing der Papst die Huldigung des polnischen Primas Stefan Kardinal Wyszyński. Foto: Bilderdienst Süddeutscher Verlag

Über die Neubesetzung des verwaisten Münchner Erzbischofssitzes beriet sich Johannes XXIII. am 6. Mai 1961 mit den Kardinälen Joseph Frings von Köln und Julius Döpfner von Berlin. Foto: Bilderdienst Süddeutscher Verlag

Sehr familiär war der Empfang des amerikanischen Präsidenten Eisenhower und seiner Schwiegertochter durch Johannes XXIII. am 6. Dezember 1959. Foto: Bilderdienst Süddeutscher Verlag

Der deutsche Bundeskanzler Konrad Adenauer bekam bei seinem Besuch am 22. Januar 1960 nicht die erwarteten Worte zu hören. Foto: Bilderdienst Süddeutscher Verlag

Reichtum sowie der glühende Durst nach einem freieren Leben mit jenen Annehmlichkeiten, welche die Städte eben zu bieten haben. Als Hauptursache dieser Umstellung betrachtete Johannes XXIII. jedoch die zurückgebliebene Entwicklung des landwirtschaftlichen Sektors, sowohl was die Arbeitsproduktivität als auch die Lebenshaltung angeht.

Daraus ergebe sich ein grundlegendes Problem, das sich fast allen Ländern stelle: Wie können die Produktivitätsunterschiede zwischen Landwirtschaft, Industrie und Dienstleistungen verringert werden, um die Lebenshaltung der bäuerlichen Bevölkerung an die Lebenshaltung derer anzugleichen, die ihr Einkommen aus Industrie und Dienstleistungen beziehen, damit der Minderwertigkeitskomplex der in der Landwirtschaft Beschäftigten überwunden werde und sie zur Überzeugung gelangen, daß man auch im agrarischen Milieu der Zukunft zuversichtlich entgegensehen kann? Dem Papst schien es deshalb angebracht, einige Ratschläge zu erteilen, die zur Lösung dieser Probleme beitragen sollten. Seiner Ansicht nach müßten alle, vornehmlich aber die Staatsführungen, darauf hinwirken, daß auch der Landbevölkerung jene Maßnahmen zugute kommen, welche die Verbesserung der Infrastruktur zum Ziel haben, sowie alles, was zur seelischen Erhebung und zur Arbeitsruhe gehöre und was eine zeitgemäße Ausstattung und Ausrüstung des landwirtschaftlichen Betriebes ausmache. Wenn die Landbevölkerung solche Dienstleistungen entbehren müsse, dann komme das wirtschaftliche und soziale Leben auf dem Land überhaupt nicht oder allzu langsam voran. Die Folge davon sei eine unaufhaltsame und in ihrem Umfang schwer abschätzbare Landflucht. (Wie wir uns aus der Geschichte erinnern, war die Frage nach der Überwindung des Bruchs und des Mißverhältnisses zwischen Stadt und Dorf [die sogenannte «Schere»] eine der allerernstesten, die sich unserem Land unmittelbar nach der sozialistischen Oktoberrevolution von 1917 stellte.)

In seiner Enzyklika forderte der Papst des weiteren, daß sich die wirtschaftliche Entwicklung in den einzelnen Ländern Schritt für Schritt und in rechter Ausgewogenheit ihrer verschiedenen Zweige entfalte. Dazu müsse es zu einer Reorganisation der Landwirtschaft kommen, was die Anbautechnik, die Auswahl der Kulturen und die

Struktur der landwirtschaftlichen Betriebe anbelange, wie es der allgemeine Stand der Wirtschaft ermögliche, wenn nicht gar erfordere, damit man mit der Industrie und den Dienstleistungsgewerben Schritt halte. «So wird einerseits die Landwirtschaft eine größere Menge industrieller Erzeugnisse aufnehmen und eine gesteigerte Nachfrage nach Dienstleistungen ausüben; umgekehrt bietet sie selbst dann den beiden anderen Sektoren und dem ganzen Volk Erzeugnisse an, die in Menge und Qualität dem Bedarf der Verbraucher entgegenkommen . . .» (No. 129). Der Papst dachte, daß dank dessen «sowohl in den Abwanderungs- als in den Zuwanderungsgebieten die Wanderbewegung der durch die fortschreitende Einführung moderner Arbeitsverfahren in der Landwirtschaft freigesetzten Arbeitskräfte besser überschaut werden kann. Man kann ihnen eine entsprechende fachliche Ausbildung geben und ihnen so die Umstellung auf andere Berufe erleichtern; man kann ihnen endlich materielle Unterstützung und jede Art von Hilfe zur geistigen und seelischen Vorbereitung bieten, deren es bedarf, um sich in eine neue soziale Umwelt einzugliedern» (No. 130). Der Papst warnte, daß zur Sicherung eines ausgeglichenen Wachstums der verschiedenen Wirtschaftszweige eine kluge Agrarpolitik hinsichtlich der Steuern und Abgaben, des Kreditwesens, der Sozialversicherung, der Preisbildung, der Förderung weiterverarbeitender Industrien und der besseren Ausstattung der bäuerlichen Betriebe notwendig sei.

Was die Steuersysteme anbelangt, so verlangte der Papst, daß sie gerecht sein müßten, das heißt proportional zur wirklichen Zahlungskraft der Bürger. Bei der Bemessung der Steuern sei in Rechnung zu ziehen, daß auf dem Agrarsektor die Erträge langsamer eingingen und größeren Risiken ausgesetzt seien. Die genannten Gründe führten auch dazu, daß die Besitzer von Kapital wenig geneigt seien, dieses in der Landwirtschaft anzulegen. Aus dem gleichen Grund könnten die Landwirte auch nicht die hohen Zinsen zahlen, welche gewöhnlich zur Beschaffung des Kapitals für den Fortschritt und die laufende Betriebsführung erforderlich seien. Papst Johannes war von der Notwendigkeit einer besonderen Kreditpolitik sowie einer Öffnung eigener Kreditinstitute, die ihr Kapital zu einem tragbaren Zinsfuß zur Verfügung stellen, überzeugt. Die Vorschläge des Papstes auf dem Gebiet der Landwirtschaft (mit der er von Kindheit auf vertraut war) betrafen auch die Fragen der Sozialversicherung beziehungsweise der sozialen Sicherheit. Er erachtete auf diesem Sektor zwei Versicherungssysteme für notwendig: eines für die landwirtschaftlichen Erzeugnisse, das andere für die Landwirte selbst und ihre Familien. Der Papst schrieb: «Es gilt als ausgemacht, daß das Pro-Kopf-Einkommen des Landwirts im allgemeinen unter demjenigen der Industriearbeiter und der im Dienstleistungsbereich Beschäftigten liegt. Darum scheint es den Maßstäben der sozialen Gerechtigkeit und Rechtsgleichheit nicht voll zu entsprechen, die landwirtschaftliche Bevölkerung in bezug auf Sozialversicherung oder soziale Sicherheit schlechter zu stellen als andere Berufsgruppen. Denn die allgemeinen Maßnahmen der Sozialversicherung und Versorgung sollten keine zu großen Unterschiede aufweisen je nach dem Wirtschaftsbereich, in dem die Menschen tätig sind und aus dem sie ihr Einkommen beziehen» (No. 135). Als Basis der sozialen Sicherheit sollte nach Ansicht Johannes XXIII. eine gerechte Verteilung des Volkseinkommens dienen.

Angesichts der Eigenart der landwirtschaftlichen Erzeugnisse empfahl der Papst Maßnahmen zum Schutz ihrer Preise, unter Verwendung der verschiedenen Mittel, welche die heutige Wirtschaft als geeignet anbiete. Auch die Staatsführung dürfe sich daran nicht völlig desinteressieren. Dabei gelte es stets zu bedenken, daß der Preis landwirtschaftlicher Erzeugnisse meist eher ein Entgelt für die Arbeitsmühe als eine Vergütung aus dem eingesetzten Kapital darstelle. Da nun die landwirtschaftlichen Erzeugnisse vor allem der Befriedigung der wichtigsten Bedürfnisse der Menschen dienten, müsse ihr Preis so sein, daß diese Produkte allen Interessenten zugänglich seien. Doch es sei auch klar, daß man deshalb nicht eine ganze Berufsgruppe (die Bauern, A.d.V.) wirtschaftlich und sozial schlechter stellen und sie der Kaufkraft berauben dürfe, die sie zu einem würdigen Lebensunterhalt benötigten. Das widerspräche offensichtlich auch dem Gemeinwohl. Auf dem Land sollten vor allem jene Industrien und Dienstleistungsgewerbe gefördert werden, die der Lagerung, Verarbeitung und dem Transport landwirtschaftlicher Produkte dienen. Auch die Entwicklung weiterer Wirtschafts- und Berufszweige sei wünschenswert, damit die bäuerlichen Familien die Möglichkeit für ein zusätzliches Einkommen erhielten und zwar in der gewohnten Umwelt ihres Lebens und Wirkens. Allerdings könne niemand die beste Gestaltung der Landwirtschaft allgemeingültig festlegen, weil die Verhältnisse in den einzelnen Ländern und mehr noch in den verschiedenen Weltteilen zu stark voneinander abwichen. «Wer jedoch» – nach den Worten Papst Johannes XXIII. – «die Würde des Menschen und der Familie schon ihrer Natur entsprechend und darüber hinaus im Sinn der christlichen Lehre wertet, dem schwebt hier ein bäuerlicher Betrieb als erstrebenswert vor, der eine echte Personengemeinschaft darstellt, wo die wechselseitigen Beziehungen der Glieder und die ganze Gestaltung des Betriebs den Maßstäben der Gerechtigkeit und der christlichen Lehre entsprechen; dies gilt in besonderer Weise vom bäuerlichen Familienbetrieb. Daher wird man sich mit aller Kraft dafür einsetzen, daß diese begrüßenswerte Betriebsform in der Landwirtschaft in zeitgemäßer Gestalt endlich Wirklichkeit wird» (No. 142).

Der Papst lenkte die Aufmerksamkeit darauf, daß der Familienbetrieb nur dann lebensfähig sei, wenn er für die Familie so viel abwerfe, daß er für eine menschenwürdige Lebenshaltung ausreiche. Im Hinblick darauf müßten sich die Landwirte ständig über den technischen Fortschritt auf dem laufenden halten und eine von Fachleuten ausgeübte Berufsberatung haben. «Sie müssen ferner Hilfs- und Förderungswirtschaften genossenschaftlichen Charakters aufbauen, müssen Organisationen beruflicher Interessenvertretung schaffen, müssen sich wirksam ins öffentliche Leben einschalten» (No. 143).

Allerdings müßten an all diesen sozialwirtschaftlichen Veränderungen in erster Linie die Bauern selbst interessiert sein und sich daran beteiligen. «Sie müßten von der Überzeugung durchdrungen sein», schrieb der Papst, «daß die Arbeit, die sie tun, ihre besondere Ehre hat; sie vollzieht sich im weiten Raum von Gottes freier Natur; sie gilt vorzugsweise Pflanze und Tier, deren Leben (...) immer wieder auf Gott, den Schöpfer, und seine Vorsehung hinweist. Die Arbeit des Bauern versorgt die Menschheit mit Nahrungsmitteln aller Art. (. . .) Diese Arbeit hat ihren eigenen Adel, fordert sie doch vom Bauern klare Übersichten über den Gang der Zeit und bereitwilliges Mitgehen mit ihr; ruhigen Blick in die Zukunft, Wissen um die Bedeutung und Verantwortung des eigenen Standes, entschlossenen und aufgeschlossenen unternehmerischen Sinn» (No. 144, 145).

Die realistische Einschätzung der tatsächlichen Gegenwartsverhältnisse durch Johannes XXIII. zeigte sich vor allem in seinen Gedanken zur Bauernschaft in den Darlegungen über die notwendige Koordination ihrer Tätigkeit. Er wies im besonderen darauf hin, daß der professionelle Zusammenschluß auf landwirtschaftlichem Gebiet – wie übrigens auch auf allen anderen – eine Lebensnotwendigkeit darstelle. Die in der Landwirtschaft Tätigen müssen sich untereinander solidarisch fühlen und gemeinsam Hilfs- oder Förderungsgenossenschaften und Fachverbände ins Leben rufen. Diese seien zur Erlangung von wirtschaftlichen und technischen Fortschritten, zu einer wirkungsvollen Einflußnahme auf die Preisbildung ihrer Erzeugnisse und zur Gleichstellung mit den übrigen Berufszweigen unumgänglich. In unserer Zeit werde eine einzelne Stimme beinahe niemals gehört und verliere sich, den Worten Papst Johannes XXIII. zufolge, im Wind.

Die Bauern müßten, wie auch die Werktätigen anderer Sektoren, bestrebt sein, ihre Interessen mit denen der übrigen Berufsgruppen abzustimmen und dem Gemeinwohl unterzuordnen. Die Landwirte, die sich selbst um die Erhöhung des Ertrages der Landwirtschaft bemühten, dürften zu Recht verlangen, daß ihre eigenen Anstrengungen vom Staat unterstützt werden.

Nach Auffassung von Papst Johannes XXIII. findet sich in der Arbeit des Bauern alles vereint, «was der Würde, der Entfaltung und vollkommenen Bildung der menschlichen Person dient. Darum», schrieb er, «muß sie als eine gottgegebene Sendung und Berufung aufgefaßt werden, die den Menschen über sich selbst hinausweist. Der Mensch muß diese Arbeit Gott weihen, der in seiner Vorsehung alle Zeiten zum Heil der Menschen lenkt. Endlich muß der Bauer es gewissermaßen zu seiner Aufgabe machen, durch seine Arbeit sein eigenes Menschtum und das seiner Umgebung zu immer höherer Stufe zu erheben» (No. 149). – Wie man sieht, hatte der Papst einen beachtlichen Teil seiner Enzyklika der Landwirtschaft gewidmet.

Die Sorge Johannes XXIII. galt aber auch der Tatsache eines bestehenden sozial-wirtschaftlichen Ungleichgewichtes zwischen den verschiedenen Gebieten ein und desselben Staatswesens sowie zwischen den wirtschaftlich entwickelten und zurückgebliebenen Zonen. Nach seinen Worten gebietet es die Gerechtigkeit, daß die staatliche Führung für die Ausmerzung solcher Ungleichheiten sorgt. Zu diesem Zweck müsse man sich notwendigerweise darum bemühen, die wirtschaftlich weniger entwickelten Gebiete mit jenen öffentlichen Diensten auszustatten, die den zeitlichen und örtlichen Bedürfnissen entsprächen und mit dem durchschnittlichen Lebensstandard des Volkes übereinstimmten. Zudem bedürfe es einer wohlüberlegten Politik, besonders auf dem Gebiet der Arbeitsbeschaffung, bei der Lenkung des Wanderungsstroms, bei der Lohnbildung, beim Steuer- und Kreditwesen und bei der Finanzierung von Investitionen in jenen Gewerbezweigen, die geeignet sind, neue Zweige hervorzubringen. Diese Politik sollte auf einen zweckmäßigen Einsatz der Arbeitskraft, auf die Anregung der unternehmerischen Initiative und auf die Erschließung der örtlichen Hilfsquellen ausgerichtet sein. Der staatliche Eingriff sollte eine gleichzeitige und angemessene Entwicklung der drei Wirtschaftszweige: Landwirtschaft, Industrie und Dienstleistungsgewerbe unterstützen und zwar so, daß sich die Bewohner der weniger entwickelten Gebiete ständig für ihr wirtschaftliches Wachstum interessierten.

Ebenso sprach der Papst von der Notwendigkeit, das Mißverhältnis zwischen Boden und Bevölkerung zu beseitigen oder wenigstens zu vermindern. Er stellte fest, daß in vielen Ländern ein beachtliches Mißverhältnis zwischen dem bebaubaren Land und der Zahl der Bewohner bestehe. Manche Staaten hätten wenig Leute, aber dafür Überfluß an anbaufähigem Land; andere hingegen hätten viele Leute und wenig anbaufähigen Boden. Daneben gebe es Länder, wo der primitive Charakter der Landwirtschaft ungeachtet reicher potentieller Bodenerträge nicht erlaube, den lebensnotwendigen Bedarf der Bevölkerung zu dekken, während in anderen Staaten das hohe Niveau der Agrotechnik zu einer Überproduktion landwirtschaftlicher Erzeugnisse führe. Um die Situation zu retten, verlange, wie sich Papst Johannes ausdrückte, «schon die Solidarität aller Menschen und erst recht die christliche Brüderlichkeit dringend vielfache praktische Hilfen zwischen den Völkern. Aus einer solchen Hilfe erwächst nicht nur ein reger Austausch an Gütern, an Kapital und Menschen; sie vermindert auch die Ungleichheiten zwischen den verschiedenen Ländern» (No.155).

Ein anderes, noch wichtigeres Problem unserer Zeit betreffe die gegenseitigen Beziehungen zwischen wirtschaftlich entwickelten Staaten und solchen, die sich erst auf dem Weg wirtschaftlicher Entwicklung befinden. Die Solidarität, welche alle Menschen vereine und sie gleichsam zu Bewohnern ein und desselben Hauses mache, auferlege den reichen Staaten die Verantwortung, gegenüber der Lage jener anderen Völker nicht gleichgültig zu sein, die Not und Hunger leiden und nicht in den Genuß der wesentlichen Menschenrechte kommen. Dies sei schon für die Gewährleistung eines universalen und dauerhaften Friedens notwendig. Die Pflicht, für Arme und Schwache zu sorgen, müßten vor allem die Katholiken einsehen, die überzeugt sind, Glieder am mystischen Leib Christi zu sein, habe doch der Apostel Johannes verkündet und gelehrt, daß «wir die Liebe Gottes darin erkannt haben, weil er sein Leben für uns hingab. Auch wir müssen das Leben geben für die Brüder. Wie kann die Liebe Gottes in dem bleiben, der irdisches Gut besitzt, aber sein Herz verschließt, wenn er seinen Bruder Not leiden sieht? (1 Joh 3,16-17).» Darum bestehe Grund zur Freude, wenn wirtschaftlich besser ausgerüstete Länder den weniger gut gestellten helfen, ihre Lage zu bessern.

Während einige Länder, wie schon vorhin erwähnt, Nahrungsmittel im Überfluß produzierten, kämpften in anderen Ländern breite Volksmassen mit Hunger und Not. Hier verlange Gerechtigkeit und Menschlichkeit, daß die Überschußländer den Mangelgebieten zu Hilfe kommen. Mit Empörung sprach der Papst dabei von jenen (kapitalistischen) Ländern, wo bei großen Ernten lebensnotwendige Güter im Interesse der Marktpreiserhaltung vernichtet oder sonstwie vergeudet werden, obgleich diese für den hungernden Teil der Menschheit so nötig wären. Hinsichtlich der Hilfe an unterentwickelte Länder stellte der Papst fest, daß diese Hilfe oft noch völlig unzureichend sei. Er schrieb: «Zu wünschen bleibt, daß in Zukunft die wirtschaftlich starken Länder ihre Bemühungen mehr und mehr vereinen, um den Entwicklungsländern zu helfen, in Wissenschaft, Technik und Wirtschaft Fortschritte zu machen» (No. 165). Seiner Meinung nach ist es ebenfalls äußerst wichtig, daß die Staaten, deren Wirtschaft noch gar nicht oder erst wenig entwickelt ist, sich die Erfahrungen der Länder zunutze machen, die es zu wirtschaftlicher Blüte gebracht haben. Es sei eine erstrangige Aufgabe, mehr und rationeller zu produzieren. Ebenso verlangten Sachnotwendigkeit und Gerechtigkeit, daß alle

Staatsbürger an dem erzeugten Reichtum preiswert teilhaben könnten. Darum müsse man darauf hinwirken, daß der wirtschaftliche und soziale Aufstieg miteinander Schritt halten.

Papst Johannes vertrat beharrlich die Achtung vor dem nationalen Eigenleben der verschiedenen Länder. Er schrieb, daß die Entwicklungsländer gewöhnlich ihre eigenen und kennzeichnenden Merkmale besitzen, in erster Linie wertvolle Traditionen und besondere Veranlagung ihrer Bevölkerung. Die Staaten, welche bedürftigen Ländern Hilfe leisteten, sollten deren Eigenart kennen und gelten lassen und sich davor hüten, diesen den eigenen Lebensstil aufzudrängen. Die größte Versuchung besteht nach seinen Worten jedoch darin, die technisch-finanzielle Hilfe zur Beeinflussung der politischen Lage dieser Länder und zur Durchsetzung von Herrschaftsansprüchen ausnützen zu wollen. «Würde etwas derartiges angestrebt», schrieb Johannes XXIII., «so liefe das offenbar darauf hinaus, eine neue Form von Kolonialherrschaft aufzurichten, die unter einem heuchlerischen Deckmantel die frühere, überholte Abhängigkeit wiederherstellen würde, von der viele Staaten sich erst vor kurzem frei gemacht haben. Das würde die internationalen Beziehungen belasten und so zu einer Gefahr werden für den Weltfrieden» (No. 172). Deshalb müsse die technische und finanzielle Hilfe uneigennützig gewährt werden und allein vom Ziel geleitet sein, die Entwicklungsländer in den Stand zu setzen, in Zukunft ihren wirtschaftlichen und sozialen Fortschritt selbständig zu verwirklichen. Wissenschaftlicher und technischer Fortschritt sowie wirtschaftlicher Wohlstand seien positive Elemente der Zivilisation. Dennoch erinnerte der Papst daran, daß dies nicht die höchsten menschlichen Werte seien. Mit Bedauern bemerkte er, daß in vielen wirtschaftlich fortgeschrittenen Ländern eine große Zahl von Menschen die geistlichen Werte vernachlässigten oder leugneten. Die Erlangung von materiellem Wohlstand werde für diese Leute vielfach zum einzigen Lebensziel. Der Papst hielt das für einen großen Mangel vieler Staaten und verwies auf die für die armen Völker durch die gewährte Hilfe entstehende Gefahr der Ansteckung mit einem «praktischen Materialismus». Den Worten von Johannes XXIII. zufolge ist die Rolle der Kirche bei der sozialen Umgestaltung der Welt von großer Bedeutung. Dabei zitierte er Pius XII.: «Die Kirche Christi als treue

Hüterin der göttlichen Erziehungsweisheit kann nicht daran denken und denkt nicht daran, die Eigentümlichkeiten anzutasten oder ihnen ihre Achtung zu versagen, die jedes Volk mit empfindlicher Ehrfurcht und begreiflichem Stolz bewahrt und als kostbares Erbe betrachtet. Ihr Ziel ist die übernatürliche Einheit in der allumfassenden, tiefempfundenen und praktisch betätigten Liebe, nicht die rein äußerliche, oberflächliche und deshalb schädliche Gleichmacherei. Alle Bemühungen und Forderungen nach einer sinnvollen Entwicklung und Entfaltung der Anlagen und Kräfte und Bestrebungen, die im verborgenen Innern jedes Stammes schlummern, begrüßt die Kirche mit Freuden und begleitet sie mit ihren mütterlichen Wünschen . . . (Enzyklika «Summi Pontificatus» U-G 35)» (No. 181).

Im Abschnitt «Bevölkerungszuwachs und wirtschaftliche Entwicklung» kam der Papst auch auf das Mißverhältnis zwischen Bevölkerungsstärke und Existenzmöglichkeiten zu sprechen. In der letzten Zeit erhebe sich die Frage nach der Wechselbeziehung von Bevölkerungszunahme, wirtschaftlicher Entwicklung und Versorgungsmöglichkeiten auf Weltebene.

Manche Soziologen würden aufgrund statistischer Berechnungen den Standpunkt vertreten, daß sich die Weltbevölkerung in einigen Jahrzehnten vervielfache, während sich gleichzeitig das Wirtschaftswachstum verlangsame. Daraus ziehe man den Schluß, daß sich, wenn man das Bevölkerungswachstum nicht rechtzeitig beschränke, das Mißverhältnis zwischen Bevölkerungszahl und verfügbarem Lebensbedarf in absehbarer Zeit fühlbar verschärft. Was die wirtschaftlich unterentwickelten Länder anbelange, so sinke dank der raschen Verbreitung der hygienischen und medizinischen Errungenschaften die Sterblichkeit, besonders bei den Kindern. Gleichzeitig bleibe aber die ohnehin schon hohe Geburtenziffer beinahe unverändert. So übertreffe die jährliche Geburtenzahl die Zahl der Sterbefälle, während das Sozialprodukt damit nicht Schritt zu halten vermöge. Infolgedessen sei es nach der Vorstellung dieser Soziologen unumgänglich, zur Vermeidung des Äußersten zu energischen Mitteln der Empfängnisverhütung oder Geburtenbeschränkung zu greifen.

Es sei angemerkt, daß Johannes XXIII. von Grund auf mit dieser Fragestellung nicht einverstanden war. Er sagte, daß das Verhältnis zwischen Bevölkerungszahl und Versorgungsmöglichkeiten im Weltmaßstab betrachtet weder jetzt noch in absehbarer Zukunft zu ernstlichen Schwierigkeiten führen dürfte. Die Gründe, die gegen diese Auffassung angeführt würden, seien so unsicher und umstritten, daß sich daraus nichts Bestimmtes folgern lasse. Außerdem sprach der Papst davon, daß Gott in seiner Güte und Weisheit die Natur mit nahezu unerschöpflichen Reichtümern ausgerüstet und auch dem Menschen so viel geistige Fähigkeiten geschenkt habe, daß dieser mit Hilfe entsprechender Werkzeuge die Gaben der Natur zur Befriedigung seiner Lebensbedürfnisse nutzbar machen könne. «Selbstverständlich dürfen, um die hier gestellte Frage von Grund auf zu lösen, nicht Wege eingeschlagen werden, die nicht nur der gottgegebenen Sittenordnung widerlaufen, sondern die menschliche Fortpflanzung selbst ihrer Würde entkleiden. Vielmehr soll das menschliche Bemühen sich darauf richten, durch umfassenden Einsatz von Technik und Wissenschaft sich eine immer bessere Kenntnis der Kräfte der Natur und damit eine immer vollkommenere Beherrschung der Natur zu erwerben. Im übrigen berechtigt der bis zum heutigen Tage auf dem Gebiet der Wissenschaft und Technik erzielte Fortschritt in dieser Hinsicht zu fast unbegrenzten Hoffnungen für die Zukunft» (No. 189).

Der Papst nannte allerdings auch zwei Gründe für die Verschärfung der Lage in bestimmten Gebieten und Ländern: Erstens Mängel der wirtschaftlichen und sozialen Organisation, und zweitens die mangelnde Wirksamkeit der internationalen Solidarität. «Desungeachtet», fuhr er fort, «halten Wir entschieden daran fest: bei Behandlung und Lösung dieser Fragen darf der Mensch weder Wege gehen noch Mittel anwenden, die in Widerspruch zu seiner Würde stehen . . .» (No. 191). Eine wirkliche Lösung sei nur bei einem wirtschaftlichen und gesellschaftlichen Fortschritt möglich, der die echten menschlichen Werte der Person und der Gesellschaft achte, die innerhalb moralischer Grenzen sowie in Übereinstimmung mit der Menschenwürde und mit jenem unermeßlichen Wert, den das Leben eines jeden menschlichen Wesens darstelle, verwirklicht würden. Dazu bedürfe es auch einer weltweiten Zusammenarbeit, welche einem fruchtbaren Austausch von Informationen, Kapital und Arbeitskräften diene.

Der Papst hielt es für seine Pflicht zu erklären, daß die Weitergabe des menschlichen Lebens ein Vorrecht der Familie sei, welche auf der einen und unauflöslichen Ehe gründe, die für den Christen den Rang eines Sakramentes habe. Die Weitergabe des menschlichen Lebens sei ein personaler Akt, welcher Gottes heiligen, unerschütterlichen und unantastbaren Gesetzen unterliege, die niemand mißachten oder übertreten dürfe. «Darum sind hier Mittel und Wege schlechterdings unerlaubt, die bei der pflanzlichen und tierischen Fortpflanzung bedenkenfrei sind.»

Das Menschenleben sei heilig, weil es von seinem Ursprung an die Mitwirkung der Schöpfermacht Gottes in Anspruch nehme. Durch die Übertretung der göttlichen Gesetze werde die Majestät Gottes beleidigt, die eigene Würde erniedrigt und die innersten Kräfte des Volkes, dem man angehöre, geschwächt.

Darum sei es wichtig, daß die junge Generation neben der kulturellen Bildung auch eine entsprechende religiöse Erziehung erhalte, wie es Recht und Pflicht der Eltern sei. Die Jungen sollten fähig werden, in all ihren Lebensäußerungen Verantwortungsbewußtsein zu zeigen, bei der Gründung einer Familie ebenso wie bei der Zeugung und Erziehung von Kindern. «Diesen Kindern», schrieb der Papst, «müssen sie nicht nur ein festes Vertrauen auf die göttliche Vorsehung vermitteln, es muß ihnen auch der unerschütterliche und entschlossene Wille anerzogen werden, Opfer zu bringen. Niemand darf selber sich Opfern entziehen, der die hohe und schwere Aufgabe auf sich nimmt, in der Weitergabe des Lebens und in der Erziehung der Kinder das eigene Wirken mit dem göttlichen zu verbinden. Mehr als irgend jemand sonst hilft die Kirche dazu mit. Aus diesem Grund ist ihr Recht auf freie Ausübung ihres Auftrags anzuerkennen» (No. 195).

Im Buch Genesis werde berichtet, wie Gott den ersten Menschen zwei Gebote gab, die sich gegenseitig ergänzten, nämlich das Gebot zur Weitergabe des Lebens: «Wachset und mehret Euch!» (Gen 1,28), sowie den Auftrag zur Herrschaft über die Natur: «Erfüllet die Erde, und machet sie Euch untertan!» (ebd.). Es sei völlig klar, daß dieser zweite Auftrag nicht die Zerstörung der Natur, sondern deren Nutzbarmachung für das menschliche Leben zum Ziel habe. Mit großer Trauer registrierte Papst Johannes zwei widersprüchliche Erscheinungen, welche unsere Epoche verdüstern: auf der einen Seite Elend und

Hunger, auf der anderen Seite eine breite Nutzung wissenschaftlicher Entdeckungen, technischer Erfindungen und wirtschaftlichen Wohlstands, die nicht zur Verbesserung des Lebensniveaus dienten, sondern zur Entwicklung von Werkzeugen der Zerstörung und des Todes. Das, und nicht das rasche Wachstum der Bevölkerung, müßte einen denkenden Menschen mit Sorge erfüllen. Zu Recht erinnerte der Papst daran, daß Gott in seiner Vorsehung dem Menschengeschlecht genügend Güter verliehen habe, um die vielen und schwierigen Probleme zu lösen, die mit der Zeugung von Kindern verbunden sind. Diese Probleme seien jedoch nur schwer oder überhaupt nicht zu bewältigen, wenn die Menschen böswillig und verkehrten Sinnes die Mittel im Widerspruch zur menschlichen Vernunft oder für Ziele verwendeten, die gegen ihre eigene soziale Natur und so gegen Gottes Pläne verstoßen.

Der wissenschaftliche und technische Fortschritt habe in jüngster Zeit die zwischenstaatlichen Beziehungen in allen Bereichen des menschlichen Zusammenlebens verstärkt und dadurch die wechselseitige Abhängigkeit der Völker vertieft. Daher sagte der Papst, daß jedes wichtigere menschliche Problem, ob es sich nun auf Wissenschaft, Technik, Wirtschaft und Gesellschaft, Politik oder Kultur beziehe, heutzutage oft eine internationale, wenn nicht sogar eine weltweite Bedeutung erlange. Kraft dessen seien die einzelnen Länder, selbst wenn sie sich durch ihre Kultur, durch die Zahl und den Fleiß ihrer Bewohner, durch ihre fortgeschrittene Wirtschaft, durch die Werte und den Reichtum ihres Gebietes auszeichnen, auf sich allein gestellt nicht mehr in der Lage, ihre eigenen Probleme sachgerecht zu lösen. Alle Staaten seien heute voneinander abhängig und könnten ihr eigenes Wohl nur wahren, wenn sie zugleich auf das Wohl der anderen Rücksicht nehmen. Aus diesem Grund seien Einvernehmen und Zusammenarbeit dringend notwendig.

Diese und einige andere Äußerungen lassen verstehen, weshalb sich die Überzeugung von der Notwendigkeit eines gegenseitigen Einvernehmens und der Zusammenarbeit beim einzelnen wie in der öffentlichen Meinung der Völker immer mehr durchsetzt. Leider, so meinte der Papst, seien die Menschen, namentlich die verantwortlichen Staatsmänner, oft nicht fähig, das eine wie das andere zu verwirklichen.

Worin aber erblickte Johannes XXIII. den Grund für dieses Unvermögen? Er meinte, daß man die Ursache im Mangel an gegenseitigem Vertrauen suchen müsse, weshalb sich auch die Menschen und die Staaten voreinander fürchteten. Jeder habe Angst, der andere strebe nach der Herrschaft und warte nur auf eine günstige Gelegenheit, um sein Vorhaben auszuführen. Darum erhöhe jeder Staat sein Kriegspotential, um einen möglichen Angreifer abzuschrecken. Das hat nach den Worten des Papstes zur Folge, daß «viel menschliche Arbeitskraft und ungeheure materielle Mittel mehr zum Schaden als zum Nutzen der menschlichen Gesellschaft eingesetzt werden müssen. Die einzelnen und die Völker sind von tiefem Unbehagen bedrückt, das Unternehmungslust und Arbeitsfreude lähmt» (No.204).

Das fehlende Vertrauen finde seine Erklärung darin, daß sich die Menschen in ihrem Handeln von verschiedenen oder völlig entgegengesetzten Lebensauffassungen leiten ließen. Weil eine allgemein anerkannte Rechtsordnung fehle, könne über nichts eine volle und sichere Übereinkunft erzielt werden.

Der Papst sagte, daß das Wort «Gerechtigkeit» und die Redensart von den «Forderungen der Gerechtigkeit» zwar in aller Mund seien. Aber auch dieses Wort und diese Redewendung hätten für die einen oder andern eine unterschiedliche Bedeutung oder sogar einen entgegengesetzten Sinn. «Wenn die verantwortlichen Führer», erklärte er, «sich auf die Gerechtigkeit und Forderungen der Gerechtigkeit berufen, so sind sie sich nicht nur darüber uneins, was damit gemeint ist, sondern finden eben darin oft den Grund zu harten Auseinandersetzungen. So verbreiten sie die Auffassung, es gebe kein anderes Mittel zur Wahrung seiner Rechte und Interessen als die Gewalt, die doch die Quelle der größten Übel ist» (No.206). Gegenseitiges Vertrauen zwischen den Völkern und Staaten kann sich nach den Worten des Papstes nur duch die Anerkennung und Beachtung der sittlichen Ordnung bilden und festigen, die allein in Gott Bestand hat; von Gott getrennt, zerfalle sie. Der Mensch sei nicht bloß ein materieller Organismus, sondern zugleich auch mit Verstand und Freiheit begabter Geist. «Dieser Geist verlangt nach einer religiös begründeten sittlichen Ordnung. Diese ist besser als jede äußere Macht und jedes äußere Interesse imstande, Probleme zu lösen, die das Leben der einzelnen und der sozialen Gruppen, das eines Volkes und das der Völkergemeinschaft stellt» (No. 208).

Das heißt mit anderen Worten, der Papst glaubte, eine Christianisierung der Gesellschaft und der Gesetze, nach denen die Gesellschaft lebt, führe zur Errichtung einer sittlichen Ordnung in der Welt, beziehungsweise zu gegenseitigem Vertrauen. Freilich sind solche Erwägungen dem Herzen eines jeden Christen lieb und teuer, doch unwillkürlich drängt sich die Frage auf: Wird dies wirklich das Allheilmittel gegen alle Nöte und Übel sein, welche die menschliche Gesellschaft plagen und die Herstellung von gegenseitigem Vertrauen und Zusammenarbeit verhindern? Im Mittelalter konnte Europa ganz als christlich betrachtet werden, denn es gab noch keine konfessionellen Spaltungen. Die Gesetze aller Länder stützten sich damals (wenn schon nicht gänzlich, so doch im Prinzip) auf eine christliche Grundlage, doch – o weh! Von Frieden, sozialer Gerechtigkeit und gegenseitigem Vertrauen war in diesem Europa keine Spur. Und heute hat die feindselige Einstellung des Kapitalismus zum Sozialismus keineswegs religiöse Ursachen und Motive.

Der Papst nahm gegen die Behauptung Stellung, daß man in einer Zeit der Hochblüte von Wissenschaft und Technik eine Zivilisation ohne Gott errichten könne. Gleichzeitig stellte er fest, daß es Leute gebe, die anders dächten und bei der Betrachtung der unbegrenzten Horizonte der Wissenschaft zur Überzeugung gelangten, daß die wissenschaftliche Erkenntnis zwar vieles zu entdecken vermöge, aber unfähig sei, das eigentliche Wesen der Erscheinungen völlig zu begreifen. Es sei die tragische Erfahrung der Vergangenheit, daß die ungeheuren Möglichkeiten, welche in der Verfügbarkeit der Technik liegen, nicht nur zum Fortschritt, sondern auch zum Verderben der Menschen führen können, was die vorrangige Bedeutung der geistigen und sittlichen Werte beweise, denen der technische Fortschritt unterzuordnen sei. Außerdem zerstöre die wachsende Unzufriedenheit, die sich unter den Menschen in den wirtschaftlich reichen Ländern auszubreiten beginne, das Trugbild vom Paradies auf Erden und fördere das Bemühen um gerechtere und der Menschenwürde angemessenere Beziehungen zwischen den Menschen. «Das führt die Menschen zur Erkenntnis ihrer Begrenztheit und veranlaßt sie», so äußerte Papst Johannes XXIII., «sich mehr als in der Vergangenheit um geistige Werte zu bemühen. Dies alles berechtigt offenbar zu einiger Hoffnung auf reiche und fruchtbare Zusammenarbeit, nicht nur im zwischenmenschlichen, sondern auch im zwischenstaatlichen Bereich» (No. 211).

Im vierten Teil seiner Enzyklika, der den Titel «Die Neuordnung des gesellschaftlichen Lebens in der Wahrheit, der Gerechtigkeit und der Liebe» trägt, beschäftigte sich der Papst mit den aus seiner Sicht unvollkommenen oder falschen Ideologien. Es sei darauf hingewiesen, daß er im gegebenen Fall den sozialen Gehalt dieser Ideologien keiner Kritik unterzog und auch nicht zum Kampf gegen jene Länder aufrief, in denen diese Ideologien die Vorherrschaft erlangten; doch als Christ konnte er nicht in eine atheistische Philosophie einwilligen. Er begann damit, daß er auf das Entstehen und die Verbreitung jener Ideologien einging, die sich eine Reform der zwischenmenschlichen Beziehungen und die Erreichung eines Gleichgewichts zwischen den Staaten der Völkergemeinschaft zum Ziel gesetzt hatten. Einige davon verflüchtigten sich bereits wie der Nebel in der Sonne, andere veränderten ihre Gestalt oder begannen in der Gegenwart an Anziehungskraft zu verlieren. Der Grund dafür liege darin, daß sich diese Ideologien oft nur um einige Aspekte des Menschen kümmerten, und meist nicht einmal um die wichtigeren. Sie übersahen zudem, nach den Worten des Papstes, die Schwächen der menschlichen Natur, wie z. B. Krankheit und Leiden, welche auch kein noch so gut entwickeltes Wirtschafts- und Sozialsystem beheben kann. Als den grundlegenden Irrtum unserer Epoche betrachtete Papst Johannes jedoch die Ansicht, der von der Natur eingepflanzte religiöse Sinn des Menschen sei nur eine Art Selbsttäuschung und Einbildung, oder als geschichtliche Zufälligkeit ein anachronistisches Element und ein Hindernis des Fortschritts, das es zu überwinden gelte. «Aber gerade in diesem tiefen religiösen Bedürfnis», so gab der Papst zu bedenken, «wird offenbar, was der Mensch wirklich ist: ein Geschöpf Gottes, zu dem es unwiderstehlich hinstrebt. Wie es bei Augustinus heißt: ‹Du hast uns zu dir hin geschaffen, Herr, und unruhig ist unser Herz, bis es ruht in dir› (Bekenntnisse I, 1). Technik und Wirtschaft sind zwar fortgeschritten. Aber es wird weder Frieden noch Gerechtigkeit auf Erden geben, solange die Menschen ihre Würde als Geschöpfe und Kinder Gottes nicht erkennen. Denn

Gott ist der erste und letzte Grund aller geschaffenen Dinge» (No.214,215).

Sehr oft werde ein Mensch, der sich von Gott loslöse, unmenschlich gegen sich und gegen den Mitmenschen, weil dies einer Loslösung von der Quelle aller Wahrheit, Gerechtigkeit und Liebe gleichkomme. Einer der charakteristischsten Züge unserer Epoche ist nach Ansicht des Papstes der törichte Versuch, «in dieser Welt eine feste und brauchbare Ordnung aufzubauen ohne das notwendige Fundament, nämlich ohne Gott; die Größe des Menschen zu verherrlichen und dabei die Quelle versiegen zu lassen, aus der diese Größe fließt und genährt wird, indem man versucht, das Verlangen nach Gott zu schwächen und womöglich zu unterdrücken. Aber was in dieser unserer Zeit geschehen ist, hat die falschen Hoffnungen vieler zerstört und tiefes Leid über viele Menschen gebracht. Da bewahrheitet sich das Wort der Schrift: ‹Wenn der Herr das Haus nicht baut, bauen die Bauleute vergebens› (Ps 126,1)» (No.217). Im Gegensatz dazu lehre die Kirche, daß der einzelne Mensch Träger, Schöpfer und Ziel aller gesellschaftlichen Einrichtungen zu sein habe, insofern er seiner Natur nach ein soziales Wesen und zu einer übernatürlichen Ordnung berufen sei. «Diese Lehre», schrieb Johannes XXIII., «muß nicht nur gekannt und erfaßt werden. Sie muß auch in die Tat umgesetzt werden, und zwar in der Weise und mit den Mitteln, die den jeweiligen örtlichen und zeitlichen Verhältnissen entsprechen. Dies ist eine zwar schwierige , aber äußerst bedeutsame Aufgabe. Zu ihrer Verwirklichung rufen Wir nicht nur Unsere Söhne auf der ganzen Welt auf, sondern darüber hinaus alle Menschen guten Willens» (No.221).

Vor allem wies der Papst darauf hin, daß die Soziallehre der katholischen Kirche ein integrierender Bestandteil der christlichen Lehre vom Menschen sei. Deshalb wünsche er ständig, daß dieses Fach immer mehr an den katholischen Schulen und besonders in den Seminarien in systematischen Kursen vorgetragen werde. Die katholische Soziallehre sollte auch in die religiöse Bildungsarbeit der Pfarreien und der apostolischen Laienbewegungen aufgenommen und mit zeitgemäßen Mitteln verbreitet werden, d. h. durch Zeitungen und Zeitschriften, durch wissenschaftliche und volkstümliche Veröffentlichungen sowie durch Rundfunk und Fernsehen. Zu einer weiteren Verbreitung könnten auch die Laien beitragen, indem sie sich diese zu eigen machen. Man dürfe nie vergessen, daß die Wahrheit und Lebenskraft der katholischen Soziallehre am besten durch die praktische Anwendung aufs Leben dargestellt werde, denn eine soziale Doktrin sei nicht nur zu verkündigen, sondern vor allem konkret in die Tat umzusetzen. «Darum ist es ganz besonders wichtig», schrieb der Papst, «daß unsere Söhne die Grundsätze der Soziallehre nicht nur kennen, sondern auch nach ihnen erzogen werden. (. . .) Der Übergang von der Theorie in die Praxis ist an sich schon schwierig. Noch schwieriger ist es, die Soziallehre der Kirche in die Tat umzusetzen. Die Gründe dafür sind die ungezügelte Selbstsucht des Menschen, die materialistische Weltanschauung, die sich heute in der Gesellschaft breit macht, und die Schwierigkeit festzustellen, was die Gerechtigkeit in der konkreten Situation erfordert. Deswegen genügt es nicht, die Menschen bloß zu einem Handeln nach christlichen Grundsätzen auf wirtschaftlichem und sozialem Gebiet im Sinn der kirchlichen Lehre anzuhalten. Es müssen ihnen auch die Wege gezeigt werden, auf denen sie diese Aufgabe entsprechend erfüllen können» (No. 227 und 229).

In der Bildungsarbeit komme den Vereinigungen und Organisationen des Laienapostolats eine wichtige Rolle zu, besonders jenen, die sich zum Ziel gesetzt haben, alle Aufgaben der Gegenwart aus christlichem Geist zu erfüllen. Eine christliche Lebenshaltung erfordert nach der Lehre Papst Johannes XXIII. «den Willen zur Nüchternheit und zum Ertragen von Opfern». Hier sei kein Platz für eine hedonistische Lebensauffassung, die in vielen Ländern der Welt so verbreitet ist. (Hedonistisch, von altgriechisch «Hedone», ist aus dem Begriff «Hedonismus» abgeleitet. So nannte sich die ethische Lehre der hellenistischen Philosophenschule der Kyrenaiker im 4. Jh. v. Chr., derzufolge der Lustgewinn den Sinn des Lebens und das höchste Gut darstellt. Eine solche Lebenseinstellung gerät mit der christlichen Lehre in Widerspruch, gemäß der die unvergänglichen, unzerstörbaren, sittlichen und ewigen Werte die in den Menschen lebende unauslöschliche Sehnsucht nach dem Glück vollauf zu stillen vermögen. A.d.V.) Indem er seinen geistlichen Kindern praktische Anregungen gab, wies der Papst darauf hin, daß sich die Grundsätze sowie die Soziallehre gewöhnlich in drei Etappen verwirklichten: Die Kenntnisnahme des Sachverhalts, dessen Bewertung im Licht dieser Grundsätze sowie die Feststellung, was man tun könne und müsse, um die überlieferten Normen unter den gegebenen Umständen anzuwenden. «Diese drei Schritte lassen sich in den drei Worten ausdrücken: sehen, urteilen, handeln» (No.236). Es sei äußerst wichtig, daß die Jugend über diese Etappen rechtzeitig nachdenke und sie dann in die Praxis umsetze. Der Papst warnte, daß bei der Anwendung dieser Grundsätze auch unter eifrigen Katholiken Meinungsverschiedenheiten aufkommen könnten. In einem solchen Fall dürfe niemals die gegenseitige Achtung und das gute Einvernehmen bei den Überlegungen zur gemeinsamen Zusammenarbeit und zur rechtzeitigen Bewältigung der Situation fehlen. Indem er ein Wort des Apostels Paulus abwandelte, empfahl der Papst, in solchen Fällen die Kräfte nicht in endlosen Diskussionen zu verbrauchen und unter dem Schein, das Beste zu suchen, die Verwirklichung des Guten zu unterlassen.

Die römisch-katholische Kirche hatte durch ihre Päpste den Gläubigen immer untersagt, mit Vertretern anderer Ideologien zusammenzuarbeiten. Dabei beschränkte sie sich nicht nur auf Verbote, sondern verhängte schwere Strafen über die Ungehorsamen, die bis zur Exkommunikation gingen. Wie aber suchte Papst Johannes XXIII. diese Frage zu lösen? Die Analyse seiner Enzyklika zeigt, daß sich die Ansichten des Papstes dazu von denen seiner Vorgänger unterscheiden. Er sagte, daß die Katholiken durch ihre soziale Tätigkeit vielfach mit Menschen in Kontakt kommen, die andere Lebensauffassungen haben als sie selber. Bei solchen Kontakten sollten sie stets wachsam und konsequent sein, ohne sich auf Kompromisse hinsichtlich Glaube oder Sittlichkeit einzulassen. «Sie sollen aber (und dieses ‹aber› umschließt die neue Einstellung zu der Frage, A.d.V.) auch andere Auffassungen mit dem gebührenden Wohlwollen prüfen. Sie sollen nicht überall nur auf ihr eigenes Interesse schauen; vielmehr bereit sein, in ehrlicher Zusammenarbeit dort mitzuwirken, wo es um etwas geht, was seiner Natur nach gut ist oder zum Guten führen kann» (No.239).

Im Bereich der sozialen Tätigkeit wies Papst Johannes den katholischen Laien große Verantwortung zu, und das nicht zufällig, wenn man bedenkt, daß «es bei ihrer Arbeit gewöhnlich um die Gestaltung des irdischen Lebens oder auf dieses Ziel hin zu gründende Einrichtungen geht» (No.241). Für die Verwirklichung dieser bedeutsamen Aufgabe genüge es nicht, nur beruflich auf der Höhe zu sein, sondern es verlange auch einen Einsatz im Geist tiefen Vertrauens und Gehorsams gegenüber den kirchlichen Autoritäten. «Sie sollen bei sich bedenken: Wenn sie sich in ihrem Leben nicht treu an jene sozialen Grundsätze und Forderungen halten, wie die Kirche sie aufgestellt hat und wie Wir sie bestätigen, dann erfüllen sie nicht ihre Pflicht. Dann werden aber oft auch die Rechte anderer gefährdet. Es kann dann so weit kommen, daß das Vertrauen in diese Lehre geschwächt wird, weil man glaubt, sie sei in sich zwar sehr gut, aber ohne jede Kraft, wirklich das Leben zu bestimmen» (No.241).

Indem er erneut erwähnte, daß in unserer Zeit die Menschen ihre Kenntnis der Naturgesetze vertieft und beachtlich erweitert, Werkzeuge zur Beherrschung der Naturkräfte erfunden sowie gewaltige und erstaunliche Leistungen vollbracht hätten, wies der Papst gleichzeitig auf die Gefahr hin, die sie bei einer hemmungslosen Ausbeutung für die Produktion eingingen. Zur Illustration seiner Ansichten zitierte er eine Stelle aus der Enzyklika Papst Pius XI. «Quadragesimo Anno», in der gesagt wurde, daß «der Hände Arbeit, die Gott in seiner väterlichen Vorsehung auch nach dem Sündenfall zur leiblichen und seelischen Wohlfahrt der Menschen bestimmt hatte, weit und breit zur Quelle sittlicher Verderbnis wird. Während der tote Stoff veredelt die Stätte der Arbeit verläßt, werden die Menschen dort an Leib und Seele verdorben» (Q.A. No.135). Eine andere Gefahr bedeutet es seinen Worten nach, daß die Menschen mitunter ihre Natur vergessen und ihre eigenen Leistungen derart bewundern, daß sie sie zu Götzen machen. All das führe zum spirituellen Niedergang der Menschheit.

Angesichts dieser Gefahren rief Johannes XXIII. alle gläubigen Katholiken auf, stets ein klares und lebendiges Bewußtsein für die rechte Wertordnung der Dinge zu bewahren. Er wiederholte, daß die Kirche immer ganz eindeutig gelehrt habe und noch lehre, daß der wissenschaftlich-technische Fortschitt und der sich daraus ergebende materielle Wohlstand wirklich einen Wert darstelle; und weil derselbe als ein wichtiger Schritt bei der Entwicklung der menschlichen Kultur anzusehen sei, deshalb müsse er auch seiner wahren Natur nach beurteilt werden, das heißt als Instrument oder als Mittel zur Erreichung des letzten Ziels, das in der natürlichen und übernatürlichen Vervollkommnung bestehe. Die Worte des göttlichen Meisters sollten für jeden Christen als ewige Warnung klingen: «Was nützt es dem Menschen, wenn er die ganze Welt gewinnt, an seiner Seele aber Schaden leidet? Oder was kann der Mensch zum Tausch für seine Seele geben?» (Mt 16,26).

Um die Würde des Menschen zu schützen, dessen Seele Gott als sein Ebenbild und zu seiner Ähnlichkeit geschaffen hat, habe die Kirche allzeit zu einer gewissenhaften Beachtung des dritten Gebotes aufgerufen: «Gedenke, daß du den Sabbat heiligst!» (Ex 20,8). Gott verlange zu Recht, daß der Mensch jeweils einen Tag der Woche der Gottesverehrung widme, an dem sich sein Geist frei von materiellen Sorgen zu den himmlischen Gütern erhebe, indem er in der Tiefe seines Gewissens sein Verhältnis zu Gott erforsche. Anderseits habe auch der Mensch das Recht und das Bedürfnis, von Zeit zu Zeit seine wöchentliche Arbeit zu unterbrechen, um sich körperlich zu entspannen und sich der Familie zu widmen, die zur Bewahrung ihrer Einheit des vertrauten Umgangs und des frohen Zusammenseins ihrer Glieder bedarf.

Übereinstimmend forderten Glaube, Moral und Gesundheit bestimmte Ruhezeiten für den Menschen. Die katholische Kirche habe dies schon seit vielen Jahrhunderten durch die fromme Beachtung des Sonntags und durch die Teilnahme am eucharistischen Opfer der Liturgie verwirklicht. Aber Papst Johannes XXIII. mußte bedauernd gelegentliche Abweichungen von diesem heiligen Gebot feststellen, wodurch sich manches Unheil für das seelische Wohl und die leibliche Gesundheit der Werktätigen ergebe. «Um des Nutzens für Leib und Seele willen mahnen Wir darum, gleichsam mit Gottes Worten selber, alle Menschen, die leitenden Staatsmänner, die Arbeitgeber und Arbeitnehmer, dieses Gebot Gottes und der katholischen Kirche einzuhalten. Sie sollen bedenken, daß sie Gott und der menschlichen Gesellschaft darüber Rechenschaft schuldig sind» (No. 253).

Der Hinweis auf den «Tag der Sabbatruhe» bedeute jedoch keineswegs, daß die Gläubigen ihre innerweltlichen Aktivitäten einschränken sollten. Der Herr habe in seinem Gebet für die Einheit seiner Kirche nicht umsonst den Vater angefleht: «Ich bitte nicht, daß du sie von der Welt hinwegnimmst, sondern daß du sie vor dem Bösen bewahrst»

(Joh 17,15). Der Christ könne seine eigene geistliche Vervollkommnung nicht der irdischen Alltagsarbeit gegenüberstellen. Den Worten Johannes XXIII. zufolge entspreche es völlig dem Plan der göttlichen Vorsehung, daß sich jeder durch seine tägliche Arbeit vervollkommne, welche für die meisten Leute eine irdische und weltliche Arbeit sei. Heute stelle sich der Kirche die schwierige Aufgabe, der modernen Kultur eine menschliche und christliche Gestalt zu geben, die zu ihrer Entwicklung und Bewahrung notwendig sei. Der Papst bemerkte, daß die Kirche diesen Auftrag vorwiegend mit Hilfe der Laien erfülle, welche ihre beruflichen Aufgaben als Erfüllung des göttlichen Willens und als einen Dienst verstehen müßten, den sie in enger Verbundenheit mit Gott leisten sollten und in Übereinstimmung mit den Worten des heiligen Apostels Paulus: «Ihr mögt essen oder trinken oder sonst etwas tun, tut alles zur Ehre Gottes» (1 Kor 10,31). «Was ihr auch tut in Wort oder Werk, tut alles im Namen Jesu, des Herrn! Danket durch ihn Gott, dem Vater!» (Kol 3,17).

Wenn die irdische Tätigkeit und die weltlichen Einrichtungen vergeistigt würden, dann empfingen sie eine besondere Bekräftigung in der Verwirklichung ihrer Ziele. Denn wer «Licht im Herrn» (Eph 5,8) geworden sei und «als Sohn des Lichtes» wandle, der könne, lehrte der Papst, die grundlegenden Forderungen der Gerechtigkeit sicherer beurteilen. Das gelte auch für die kompliziertesten und schwierigsten Bereiche, wo häufig der Egoismus von Individuen oder Gruppen: Eigenliebe, Nationalismus oder Rassendünkel den Erfolg erschwere. Wer sich von der christlichen Liebe leiten lasse, der fühle sich mit den andern verbunden und empfinde deren Nöte, Krankheiten und Freuden als seine eigenen. Wo immer sich eine so geartete menschliche Tätigkeit vollziehe, werde sie uneigennütziger, kraftvoller und humaner, denn «die Liebe ist langmütig, die Liebe ist freundlich und ohne Neid, die Liebe prahlt nicht und bläht sich nicht auf. Sie benimmt sich nicht anmaßend und sucht nicht ihren Vorteil; sie läßt sich nicht aufreizen, sie trägt das Böse nicht nach; sie freut sich nicht über das Unrecht, sie freut sich mit an der Wahrheit. Alles trägt sie, alles glaubt sie, alles hofft sie, alles duldet sie» (1 Kor 13,4-7).

Der Papst wollte seine Enzyklika nicht schließen, ohne die Christen an die so wichtige Wahrheit zu erinnern, daß sie lebendige Glieder am mystischen Leib Christi, d.h. der Kirche, sind. «Wie der Leib zwar nur einer ist und dennoch viele Glieder hat und alle Glieder des Leibes, so viele es sind, nur einen Leib ausmachen, so ist es auch mit Christus» (1 Kor 12,12). Der Papst beschwor seine Kinder, ob Kleriker oder Laien, sie sollten sich bewußt sein, welcher Adel und welche Würde ihnen zukomme, nachdem sie mit Christus wie Reben mit dem Weinstock verbunden seien und an seinem göttlichen Leben teilhaben dürften. Wenn die irdische Tätigkeit die Menschen mit dem heiligen Erlöser verbinde, dann sei auch jede Arbeit in gewissem Sinn eine Fortsetzung der Arbeit Jesu Christi. Diese Arbeit, die zur übernatürlichen Vollkommenheit führe, trage dazu bei, den Segen der christlichen Erlösung anderen mitzuteilen und unsere Gesellschaft, in der wir leben und wirken, mit dem Sauerteig des Evangeliums zu durchdringen. «Diese unsere Zeit», sagte der Papst «ist in schlimme Irrtümer verstrickt und von tiefgehenden Unordnungen zerrüttet; und doch öffnen sich in dieser unserer Zeit den aktiven Christen unermeßlich weite Felder apostolischen Wirkens» (No.260).

Johannes XXIII. schloß seine Enzyklika mit dem Wunsch, es «möge der göttliche Erlöser (. . .) in allem und über alles in Ewigkeit herrschen und siegen. Es möge eine gerechte soziale Ordnung erstehen und alle Völker zu Wohlstand, Freude und Frieden führen.»

Im Bestreben, in diesem Kapitel die soziale Wirksamkeit Papst Johannes XXIII. zu beleuchten, bezogen wir uns vorwiegend auf seine Enzyklika «Mater et Magistra», die gewissermaßen die Quintessenz der Soziallehre dieses Papstes darstellt.

In dieser Enzyklika wurde darauf hingewiesen, daß die Soziallehre der Kirche ein integrierender Bestandteil der christlichen Lehre vom Menschen ist (vgl. N. 222). Diese Lehre solle in den katholischen Schulen, durch die religiöse Bildungsarbeit und mittels der Massenmedien verbreitet werden. Allerdings solle man sie nicht nur vortragen, sondern auch verwirklichen. «Dies gilt für die Soziallehre der Kirche ganz besonders. Ist doch die Wahrheit ihr Fundament, die Gerechtigkeit ihr Ziel und die Liebe ihre Triebkraft» (No.226). Die Auffassung über die soziale Frage wurde von Papst Johannes als ein untrennbarer Teil der kirchlichen Lehre betrachtet, die in der göttlichen Offenbarung und der patristischen Tradition gründet. «Aus dem gleichen Prinzip heraus hat die Kirche, besonders in den letzten hundert Jahren, unter Mitarbeit von Gelehrten aus dem Priester- und Laienstand ihre weitausgebaute Soziallehre entwickelt. Nach ihr sollen die menschlichen Beziehungen gestaltet werden entsprechend den allgemeinen Grundsätzen, die sich aus der Natur der Dinge sowie den konkreten Verhältnissen des menschlichen Zusammenlebens ergeben, wie aus dem spezifischen Charakter der Zeit. Die Grundsätze sind deshalb für alle annehmbar» (No.220). In der orthodoxen Kirche pflegt man zutreffender von christlicher Sozialgesinnung als von einer kirchlichen Soziallehre zu sprechen. Nur die Leitprinzipien der Moral, die auf klarste Weise aus der Heiligen Schrift hervorgehen oder in ihrer Würde als göttliche Offenbarung durch die einträchtige Übereinstimmung der ganzen Kirche bezeugt sind, bilden die Moraltheologie, mit deren Hilfe das soziale Denken der Orthodoxie sein Verständnis der konkreten sozialen Wirklichkeit und sein tatsächliches Verhältnis zu ihr definiert. Sogar die Aussagen der Autoritäten und der stets hochgeschätzten Kirchenväter werden in sozialen Fragen im Kontext der vergangenen historischen Situation betrachtet und nicht als unbedingt verbindliche Lehre aufgefaßt, sondern als äußerst beachtenswerte schöpferische Gedanken ihrer Zeit, die auf keinen Fall verallgemeinert werden dürfen.

Man muß die Tatsache unterstreichen, daß bei Herausbildung des sozialen Denkens oder der christlichen Soziallehre zweifellos der menschliche Faktor und eine bestimmte Beschaffenheit der sozialen Mentalität außergewöhnlich große Bedeutung hatten und haben. Auf dem Gebiet des orthodoxen Sozialdenkens wird diese Tatsache vielleicht darin am stärksten deutlich, daß die moraltheologischen Systeme Fragen der Sozialethik mit ungenügender Tiefe beleuchtet haben und beleuchten. Das wäre unmöglich gewesen, wenn auch hier, wie z. B. auf dem Gebiet der dogmatischen Theologie, die göttliche Offenbarung der vorherrschende Faktor gewesen wäre, welche sowohl die Form des sozialen Denkens als auch die Normen des gesellschaftlichen Verhaltens des Christen unter jedwelchen Umständen bis in die kleinsten Einzelheiten festlegte. Die orthodoxen Theologen und morgenländischen Kirchenväter, gleichsam in der Einsicht und dem Gefühl, daß das göttliche Gebot «endlos währet» (Ps 119,96), und auf der Hut vor einem allzu unvorsichtigen Eindringen des menschlichen Elementes in den Bereich der christlichen Ethik, das heißt, auf der Hut vor verschiedenen theologischen Privatmeinungen, strebten nicht danach, jene Teile der Moraltheologie, welche die soziale Frage betreffen, in ein abgeschlossenes und von der Kirche sanktioniertes System zu bringen. Sie legten den Schwerpunkt auf das unmittelbare, praktische Handeln unter den konkreten Bedingungen einer lebendigen sozialen Wirklichkeit.

Auf dem Gebiet des römisch-katholischen Denkens hingegen offenbarte sich die dominierende Bedeutung des menschlichen Faktors bei der Lösung der konkreten Probleme, die sich dem christlichen sozialen Leben stellen, in der Wandelbarkeit der kirchlichen Soziallehre, in ihrem «Aggiornamento», das bisweilen den Charakter einer direkten und ehrlichen Revision gewisser Positionen trug, obwohl es auch tief in der Tradition der kirchlichen Lehre verwurzelt war.

Eine solche Wandelbarkeit läßt sich insbesondere auch in der neuen Einstellung von Papst Johannes XXIII. zum Problem der Zusammenarbeit von Katholiken mit Vertretern areligiöser Ideologien verfolgen, während man dies hinsichtlich der Einstellung des Papstes zum Privateigentum leider nicht behaupten kann. Später wurde in der vom Zweiten Vatikanischen Konzil angenommenen Pastoralkonstitution «Gaudium et Spes» (Freude und Hoffnung) und in der Enzyklika Pauls VI. «Populorum Progressio» (Fortschritt der Völker) diese Frage doch noch einer wesentlichen Änderung unterzogen und das Recht auf Privateigentum nicht mehr für absolut gehalten. Diese äußerst wichtige Frage muß zweifellos auch unter Berücksichtigung der unmittelbar entgegengesetzten Ansichten entschieden werden, die für die beiden einander gegenüberstehenden sozial-wirtschaftlichen Systeme des Kapitalismus und Sozialismus charakteristisch sind. Der Wunsch nach friedlicher Koexistenz verlangt von den Menschen im praktischen Leben die Anerkennung folgender Leitsätze: 1. Nur das Volk kann letzten Endes die Frage über die Formen des Eigentums entscheiden. 2. Bei einer bestimmten Lösung dieser Frage, das heißt unter den Bedingungen eines bestimmten sozial-wirtschaftlichen Systems, soll jede beliebige Form von Eigentum durch die Bemühungen der Gesellschaft in den Dienst des Allgemeinwohls gestellt werden. Anders denken bedeutet, einseitig denken. Diese Gedanken und Prinzipien sind in der bereits zuvor erwähnten Pastoralkonstitution «Gaudium et Spes» (Freude und Hoffnung) sowie in der Enzyklika «Populorum Progressio» (Forschritt der Völker) Pauls VI. enthalten.

Die auf dem II. Vatikanischen Konzil verabschiedete Pastoralkonstitution über «Die Kirche in der heutigen Welt» enthält die Behauptung von der Unantastbarkeit des Privateigentums nicht mehr und stellt in der Soziallehre der katholischen Kirche einen wesentlichen Schritt vorwärts dar. Darüber hinaus spricht diese Konstitution deutlich von verschiedenen durch die Völker gesetzlich festgelegten Formen des Besitzes, das heißt, sie anerkennt den ersten unter den oben erwähnten Leitsätzen, daß letzten Endes nur das Volk zum Entscheid über die Frage der Besitzverhältnisse berechtigt ist.

Unstreitig positiv ist in den Beurteilungen Johannes XXIII., daß er den Akzent völlig richtig auf die Wichtigkeit einer Beobachtung der Rechtschaffenheit legt, das heißt auf eine humane Verwendung der bestehenden Besitzformen, kraft dessen jede beliebige unter bestimmten sozial-wirtschaftlichen Bedingungen existierende Form des Eigentums durch die Bemühungen der Gesellschaft in den Dienst des Allgemeinwohls gestellt werden muß.

In seinen zahlreichen Erklärungen schenkte Johannes XXIII. den positiven Seiten des Privateigentums besondere Aufmerksamkeit, darunter auch dem Eigentum an den Produktionsmitteln: «Es schützt zudem in wirksamer Weise die Würde der menschlichen Person und erleichtert die Ausübung der beruflichen Verantwortung in allen Lebensbereichen. Es fördert die Ruhe und Beständigkeit des menschlichen Zusammenlebens in der Familie und fördert den inneren Frieden und die Wohlfahrt des Landes» (Mater et Magistra, No. 112). Das Vorhandensein dieser positiven Seiten bildet nach Ansicht des Papstes auch die Grundlage, den Privatbesitz für einen Faktor zu halten, der zu Verwirklichung und Festigung der persönlichen und bürgerlichen Freiheit beiträgt. Von diesem Standpunkt aus läßt sich auch die Sorge Johannes XXIII. verstehen, daß das Staatseigentum der Privatinitiative Schaden zufügen könnte: «Nur dann dürfen der Staat und andere öffentlichrechtliche Gebilde den Umfang ihres Eigentums ausweiten, wenn das richtig verstandene Gemeinwohl dies offenbar verlangt, wobei zu vermeiden ist, das Privateigentum übermäßig zu beschränken oder, was noch schlimmer wäre, ganz zu verdrängen» (No. 117). Dennoch ist es unmöglich, diese Gedanken und Erwägungen zu verallgemeinern, da sie nur unter den Verhältnissen einer kapitalistischen Ordnung Gültigkeit haben.

Dazu muß angemerkt werden, daß die sozialistische Ordnung das sogenannte «persönliche Eigentum» gar nicht ablehnt. Es unterscheidet sich vom Privatbesitz dadurch, daß erstens nur das Gegenstand persönlichen Eigentums sein kann, was durch persönliche Arbeit oder auf dem Weg der Mitwirkung bei vom Staat oder der Gesellschaft organisierten Maßnahmen erworben wurde, oder schließlich eine staatliche oder gesellschaftliche Auszeichnung für die Arbeit darstellt; und daß sich zweitens das persönliche Eigentum nur auf die persönlich benötigten Objekte oder auf Gebrauchsgüter, nicht aber auf die Produktionsmittel erstreckt. Man muß im Auge behalten, daß gewisse positive Seiten, die von der Enzyklika «Mater et Magistra» dem Privatbesitz zugeschrieben werden, in diesem Sinn und unter gewissen Vorbehalten auch auf das persönliche Eigentum, wie es innerhalb der sozialistischen Gesellschaft existiert, bezogen werden können (z. B. die Möglichkeit, bessere Lebensbedingungen für die Familie zu schaffen).

Zu den positiven Seiten des Privatbesitzes rechnete Papst Johannes XXIII., der damit dem Beispiel seiner Vorgänger folgte, auch die Tatsache, daß «das Recht auf Eigentum zugleich eine soziale Funktion einschließt» (No. 119). Diese soziale Funktion bestehe darin, daß diejenigen, welche Privateigentum besitzen, die Möglichkeit haben, dieses zur Unterstützung ihrer Nächsten zu verwenden. Man solle, so fuhr der Papst fort, die überaus zahlreichen Härtefälle und verborgenen, aber schwerwiegenden Notstände bedenken, «denen die noch so vielseitige öffentliche Fürsorge nicht beikommt und denen sie in keiner Weise abhelfen kann. Hier bleibt für private menschliche Hilfsbereitschaft und christliche Caritas immer ein weites Feld» (No. 120). Diese positive Seite ist gerade auch für das persönliche Eigentum in der sozialistischen Gesellschaft charakteristisch, nur mit dem Unterschied, daß die Formen gesellschaftlicher Hilfeleistung und staatlicher Fürsorge für die soziale Sicherheit der Bürger in den sozialistischen Ländern so wirksam sind, daß sich die Notwendigkeit einer privaten Wohltätigkeit größeren Ausmaßes, wie sie in den kapitalistischen Ländern anzutreffen ist, erübrigt.

Daß mit den positiven Seiten des Privateigentums aber auch negative Aspekte verbunden sind, machten insbesondere die Konzilsväter auf dem Zweiten Vatikanischen Konzil in der Pastoralkonstitution «Kirche in der Welt von heute» deutlich: «. . . auch das Privateigentum selbst hat eine ihm wesentliche soziale Seite; sie hat ihre Grundlage in der Widmung der Erdengüter an alle. Bei Außerachtlassung dieser seiner sozialen Seite führt das Eigentum in großem Umfang zu Raffgier und schweren Verirrungen; das aber liefert seinen Gegnern den Vorwand, das Eigentumsrecht als solches in Frage zu stellen» (Kirche/Welt § 71). Darüber hatten sich allerdings schon die Päpste Pius XI. und Pius XII. zu ihrer Zeit geäußert. Papst Pius XI. lenkte die Aufmerksamkeit darauf, daß der Privatbesitz der Gesellschaft leicht großen Schaden zufügen könne, falls das Ausmaß dieses Besitzes allzu umfangreich sei. Übermäßig große wirtschaftliche Macht könne «ohne Gefährdung des öffentlichen Wohls Privathänden nicht überantwortet bleiben» (Q.A. No. 114). Papst Pius XII. ging vom Gedanken über die Verderblichkeit der Mißbräuche des Rechtes auf Privatbesitz aus und hielt es für erforderlich, in seiner Würdigung der Enzyklika Leos XIII. «Rerum Novarum» zu unterstreichen, daß ein noch wesentlicheres Recht vor jenem Priorität habe: «In der Tat hat jeder Mensch als vernunftbegabtes Lebewesen von Natur grundsätzlich das Recht an der Nutzung der materiellen Güter der Erde . . . Dieses grundsätzliche individuelle Nutzungsrecht kann durch nichts, auch nicht durch andere unbezweifelbare friedliche Rechte auf die äußeren Güter» (wie beispielsweise das Recht auf Privateigentum) «aufgehoben werden» (Pfingstbotschaft vom 1. Juni 1941).

Ungeachtet einer gewissen Einseitigkeit bei der Behandlung der sozialen Fragen bleibt das Verdienst Johannes XXIII. um die Menschheit groß, da seine Enzyklika «Mater et Magistra» sowie auch «Pacem in terris» die Voraussetzungen für das Erscheinen der Pastoralkonstitution des II. Vatikanischen Konzils «Die Kirche in der heutigen Welt» schufen, die einen bemerkenswerten Schritt vorwärts auf dem Weg zu einer objektiveren Betrachtungsweise in sozialen Fragen darstellte. Dazu gehörte auch eine Neueinschätzung des Privatbesitzes, der nicht mehr als ein Naturrecht und als ein beständiger, unvergänglicher Wert, der unter beliebigen Verhältnissen notwendig ist, eingestuft wurde, sondern als eine mit bestimmten historischen Gegebenheiten verbundene und in ihrer Existenz von der Willensäußerung der Völker abhängige Form. Die Bestimmung der Konstitution, «die Überführung von Gütern in Gemeineigentum kann nur von den zuständigen obrigkeitlichen Stellen entsprechend dem, was das Gemeinwohl fordert, und in dieser Begrenzung sowie gegen billige Entschädigung erfolgen» (Kirche/Welt § 71), bezieht sich schließlich nicht auf beliebige Verhältnisse, sondern nur auf eine friedlich vollzogene Nationalisierung und bedeutet keineswegs eine bedingungslose Verurteilung einer anderen, revolutionären Entscheidung der Völker in der Frage der Eigentumsformen.

Zum Abschluß müssen jene Fragen aufgezählt werden, die Papst Johannes XXIII. bearbeitet und behandelt hat und die zur Erneuerung der Soziallehre der römisch-katholischen Kirche beigetragen haben. Dazu gehören die folgenden wichtigen Probleme: die Freiheit und harmonische Entfaltung der Persönlichkeit, die gegenseitigen Rechte und Pflichten von Staat und Staatsbürgern, die Bedeutung des materiellen Wohlstands und die Wichtigkeit seiner richtigen Einschätzung unter dem Gesichtspunkt der höheren Berufung des Menschen, der wahre Sinn des wissenschaftlich-technischen Fortschritts und die Gefahren seiner Ausnützung zum Schaden der Menschheit, die Bedeutung einer Erziehung durch die Familie, der verantwortliche Dienst an der Gesellschaft, die gleiche Würde aller Menschen, die Prinzipien der Entwicklungshilfe, die friedliche Beilegung zwischenstaatlicher Konflikte, die Achtung der Souveränität, Maßnahmen, welche auf die Entspannung und auf die Festigung einer Atmosphäre des Vertrauens ausgerichtet waren, die Abrüstung, die Abwendung eines Weltkrieges und schließlich auch die Beseitigung des Hungers in der Welt.

In manchen Details entsprechen die Stellungnahmen von Johannes XXIII. zu diesen Fragen, bedingt durch die Zugehörigkeit zu einer Gesellschaft mit einer bestimmten sozial-wirtschaftlichen Struktur, den Positionen dieser Gesellschaft; dennoch trug – und das kann mit Fug und Recht gesagt werden – das soziale Wirken Johannes XXIII. in seiner Gesamtheit vielfach zu einer grundsätzlich anderen Einstellung gegenüber den aufgezählten Fragen und gegenüber den Problemen zur Erreichung eines gegenseitigen Verständnisses und zur Verwirklichung der Zusammenarbeit zwischen Menschen verschiedener sozial-politischer Überzeugung bei. Das förderte bei Hunderten von Millionen Katholiken das Verständnis für die Ideen der friedlichen Koexistenz und der Zusammenarbeit, und zwar nicht nur bei den einzelnen Personen, sondern auch bei den Völkern und Staaten mit unterschiedlichen sozial-politischen Überzeugungen. Das nicht zu bemerken, wäre unmöglich. Darin liegt die ungeheure Bedeutung Johannes XXIII. und seines Wirkens unter anderem auch in den sozialen Fragen. Das soziale Denken und Handeln dieses Papstes rufen den Christen, dem Episkopat, dem Klerus und den Laien in Erinnerung, daß sie das Recht und die Pflicht haben, den sozialen Fragen ein Maximum an Bedeutung beizumessen, sowie über die Ursachen sozialer Unordnung nachzudenken, zu urteilen und zu sprechen. In seinen Sozialenzykliken wurden die allgemeinen ethischen Prinzipien herausgearbeitet, unter deren Anleitung sich die Christen zusammen mit allen Menschen guten Willens an der Suche um die bestmöglichen Lösungen der sozialen Probleme beteiligen sollten. Durch diese werden die gesellschaftlichen Beziehungen auf der Basis der Zusammenarbeit im Geist der Gerechtigkeit und Liebe immer vollkommener verwirklicht werden.

Zum Abschluß unserer Ausführungen über die Ansichten von Papst Johannes XXIII. zu den sozialen Fragen wollen wir uns noch der letzten Periode seines Lebens zuwenden.

Wenige Tage vor der Krankheit, die Johannes XXIII. ins Grab führte, wandte er sich mit einer Radiobotschaft an die polnischen Arbeiter von Oberschlesien, die sich im «Marianischen Heiligtum» von Piekary (Diözese Kattowitz) versammelt hatten. Diese Botschaft ist nicht so sehr ihres Inhaltes wegen von Bedeutung (der Papst hat nur kurz zu den Arbeitern gesprochen), sondern deshalb, weil sie eine seiner allerletzten öffentlichen Verlautbarungen darstellt. Wenn er vor seinen geistigen Augen ihre große Zahl vorbeiziehen lasse, die aus tüchtigen und rechtschaffenen Menschen bestehe, reich an Glauben, welche das Erbe ihres geistlichen Lebens unzerstört zu bewahren wußten, so empfinde er den freudigen Wunsch und ein inniges Verlangen, sie alle liebevoll zu umarmen. Dann wies er darauf hin, daß die Kirche in der heutigen Zeit große Anstrengungen darauf verwende, die Rechte der Arbeiter zu verteidigen, ihre Lage zu verbessern und ihnen sowie ihren Familien all das zur Verfügung zu stellen, was zum irdischen Wohlergehen beitrage. Das schließe nicht aus, daß die geistlichen und ewigen Güter den ersten Platz einnehmen sollten, wobei die irdischen Güter, statt sich diesen entgegenzustellen, vielmehr mit diesen in Einklang gebracht würden. Gerade das habe der Papst in seinen Enzykliken «Mater et Magistra» und «Pacem in terris» zu realisieren versucht, und er versprach, «solange er noch am Leben bleibe», sich beständig mit den Fragen des Wohlergehens der Arbeiter zu befassen. Zum Abschluß seiner kurzen Botschaft sagte der Papst: «Möge die Jungfrau und Gottesmutter Maria, die Ehre und der Beistand des christlichen Volkes, die ruhmreiche Königin Polens, der Ihr in diesem Heiligtum Eure Huldigung darbringt, Euch ihre barmherzigen Augen zuwenden und für Euch sowie für alle, die Euch lieb sind, für Eure Frauen und Kinder sowie für Eure Eltern und Freunde, von Gott die überreichen Gaben erlangen, um die Ihr bittet: einen festen katholischen Glauben, Sicherheit, Gedeihen, Freude, Hoffnung und Frieden.»

Auf diese Weise wurde diese letzte Botschaft Johannes XXIII. nicht nur für die polnischen, sondern für die Arbeiter der ganzen Welt zu seinem letzten Wort in der sozialen Frage.

4. Kapitel
JOHANNES XXIII. UND DAS II. VATIKANISCHE KONZIL

Bevor wir auf das II. Vatikanische Konzil und die Rolle, die Papst Johannes XXIII. bei dessen Einberufung und Abhaltung spielte, näher eingehen, sei ein kurzer historischer Exkurs unternommen und an einige Tatsachen erinnert, die diesem grandiosen Ereignis im Leben der römisch-katholischen Kirche vorausgegangen waren.

Besonders wichtig und interessant ist in diesem Zusammenhang das I. Vatikanische Konzil vom Jahr 1870. Um es kurz zu charakterisieren: es hat die Kluft zwischen der Ost- und Westkirche vertieft und, wie es schien, die Erfüllung der Verheißung Christi von der einen Herde gewissermaßen in eine unendliche und beinahe unerreichbare Ferne gerückt. Die zweite Hälfte des 19. Jahrhunderts war von einer Zuspitzung des Konfliktes zwischen päpstlicher und staatlicher Gewalt gekennzeichnet. Der Höhepunkt dieses Konfliktes wurde in Italien selbst erreicht, das seine nationale Einigung in einem italienischen Königreich verwirklichte.

Schon im Jahr 1854 hatte Papst Pius IX. das Dogma von der Unbefleckten Empfängnis Marias verkündet, das in den Beziehungen Roms zum orthodoxen Osten auf der einen und zum Protestantismus auf der anderen Seite neue Schwierigkeiten mit sich brachte. Und 1867 wurde von ihm dann auch die Idee des Dogmas von der Unfehlbarkeit des Papstes in Fragen des christlichen Glaubens und der Sitten vorgebracht, die jedoch damals noch auf den Widerspruch von Kardinälen und katholischen Bischöfen stieß. Nichtsdestoweniger bestätigte das Erste Vaticanum (nach der Zählung der römischen Kirche das XX. Oekumenische Konzil), das vom 8. Dezember 1869 bis zum 20. Dezember 1870 tagte, beide Dogmen: das schon vom Papst (zum ersten Mal in der Kirchengeschichte aus eigener Vollmacht) vorausverkündete Dogma über die Unbefleckte Empfängnis der Gottesmutter und, am 18. Juli 1870, jenes über die Unfehlbarkeit des Papstes, wenn er in seiner Eigenschaft als Hirte und Lehrer aller Christen «ex cathedra» spricht.

Es wird hier nicht überflüssig sein, einige wichtige Details anzuführen. Zum Konzil waren 1037 stimmberechtigte Vertreter der katholischen Hierarchie eingeladen worden, doch versammelten sich de facto nur deren 764. Anläßlich einer Vorabstimmung zur Frage des Unfehlbarkeitsdogmas am 13. Juli hielten sich in Rom 692 Bischöfe auf, an der Abstimmung selbst nahmen jedoch nur 601 teil. 91 Oberhirten fehlten bei dieser Sitzung, unter ihnen sieben im Kardinalsrang. Bei dieser Abstimmung wurden 451 Stimmen für das neue Dogma abgegeben, 62 sprachen sich nur für eine bedingte Annahme «iuxta modum» aus, während 88 dagegen stimmten. Die Vertreter der Opposition ersuchten den Papst bei der Audienz vom 15. Juli, von der Verkündung des Dogmas abzusehen oder seine Formulierung abzuschwächen. Nach der Weigerung Papst Pius IX. verließen die mit dem Dogma nicht einverstandenen Konzilsväter Rom. Schließlich wurde das Dogma vom Konzil am 18. Juli 1870 mit 533 gegen zwei Stimmen angenommen.

Aus dem Gesagten ist ersichtlich, daß in dieser Frage keine Einmütigkeit herrschte. Zudem war das I. Vatikanische Konzil von einer Reihe von Rückschlägen für das Papsttum begleitet. Der deutsch-französische Krieg beraubte Papst Pius IX. der Unterstützung durch Napoleon III. In zehn Tagen brachten die italienischen Truppen den Kirchenstaat unter ihre Kontrolle und besetzten am 21. Oktober 1870 Rom. Am Vorabend hatte der Papst das Konzil in der unerfüllbaren Absicht aufgelöst, es nach Weihnachten zu einer neuen Session einzuberufen. Die Arbeit des I. Vatikanischen Konzils ist auf diese Weise auch unvollendet geblieben. Papst Pius IX. selbst wurde zu einer Art von Gefangenem auf dem vatikanischen Hügel. Dieser Konflikt zwischen kirchlicher und weltlicher Gewalt in Italien zog sich bis zum Abschluß der Lateran-Verträge im Jahr 1929 hin, durch welche auch die staatliche Souveränität der «Vatikanstadt» anerkannt wurde.

Nach Papst Pius IX. und bis Papst Johannes XXIII. waren folgende Päpste Inhaber des römischen Stuhles: Leo XIII., Pius X., Benedikt XV., Pius XI. und Pius XII. Diese Päpste besaßen unterschiedliche Charaktereigenschaften, aber alle verwirklichten sie in ihren Pontifikaten den absoluten Primat der römischen Oberhirten, wie er im Dogma von 1870 über die Unfehlbarkeit in so kategorischer Form bestätigt worden ist.

Die ersten drei der erwähnten Päpste besaßen keine weltliche Macht. Nach dem Beispiel Papst Pius IX. blieben sie «Gefangene» im Vatikan, aber man hörte nicht auf, über eine Lösung der «Römischen Frage», das heißt über eine Wiederherstellung der vatikanischen Souveränität in der einen oder anderen Form zu schreiben oder zu sprechen. Diese vatikanische «Gefangenschaft» dauerte nicht weniger als sechs Jahrzehnte. Und beinahe ebenso lang wurde die Frage nach einer Einberufung eines neuen Konzils der römischen Kirche nicht gestellt.

Ein erster Hinweis auf die Aktualität der Einberufung eines neuen Konzils ging von Papst Pius XI. aus, der in seiner ersten Enzyklika «Ubi arcano Dei» (vom 23.Dezember 1922) die Frage nach einem neuen Konzil aufwarf, wenn auch nur in Form eines Wunsches: «Wir können Uns nicht entschließen», schrieb der Papst, «unverzüglich zur Wiederaufnahme des von Seiner Heiligkeit Papst Pius IX. eröffneten Konzils zu schreiten, an das Wir Uns aus Jugendtagen erinnern, und das nur einen Teil, wenn auch einen sehr wichtigen, seines Programms zu Ende führen konnte.» Papst Pius XI. war ein herrischer und entschlossener Papst gewesen, der zweifellos Weitblick besaß. Man sagte von ihm im Vatikan, daß diesen Papst nichts umwerfen könne. In seiner Enzyklika von 1922 bemerkt er, daß er sich nicht zu entschließen vermöge, ein Konzil zur Behandlung der Gegenwartsfragen einzuberufen, und daß er in betender Erwartung des göttlichen Willens verharre, bis sich dieser in einem klareren Zeichen von oben äußere. Diese Unentschlossenheit ist verständlich, denn zwei Monate zuvor hatte der faschistische «Marsch auf Rom» stattgefunden, und das ganze Pontifikat Papst Pius XI. fiel in die Periode der Diktatur Mussolinis, die für die Einberufung eines Konzils wenig geeignet war, das seiner Natur und Zusammensetzung nach weltumspannend zu sein hatte.

Das Ende des faschistischen Regimes erlebte Papst Pius XI. nicht mehr, sondern erst sein unmittelbarer Nachfolger, Pius XII. Die ersten Jahre des Pontifikats Pius XII. fielen mit dem 2. Weltkrieg zusammen. Dennoch dauerte dieses noch dreizehn Jahre über das Kriegsende hinaus, so daß Papst Pius XII. genügend Zeit zur Erwägung eines Konzilsplanes hatte; zudem waren auch die Umstände für ein solches Unternehmen ausgesprochen günstig. Es gibt Hinweise auf die Initiative gewisser Hierarchen, die Pius XII. die Einberufung eines Konzils vorschlugen. Im November 1959, am ersten Jahrestag der Inthronisierung Papst Johannes XXIII. (als die Einberufung des II. Vatikanischen Konzils bereits bekannt war), erschien im «Osservatore Romano» ein interessanter Artikel Kardinal Ruffinis, des Erzbischofs von Palermo. In diesem schrieb der Kardinal: «Vor zwanzig Jahren habe ich geringster unter den Priestern (er war damals Rektor der Lateran-Universität, A.d.V.) mich erkühnt, zu Füßen Pius XII. von einem Ökumenischen Konzil zu sprechen. Mir schien, daß die Verhältnisse seine dringende Einberufung verlangten und daß für seine Arbeiten ebensoviel Stoff wie für das Konzil von Trient vorhanden wäre. Der Papst», fuhr Kardinal Ruffini fort, «hat meinen Vorschlag nicht zurückgewiesen. Er notierte ihn sich sogar, wie es in wichtigen Fragen seine Gewohnheit war. Mir ist bekannt, daß er in der Folge mit dem einen und anderen Prälaten darüber sprach.» Damit geht aus den Worten des Kardinals hervor, daß Pius XII. nur ein mäßiges Interesse an dessen Idee zeigte. Im selben Jahr veröffentlichte die Zeitschrift «Irénikon» eine Mitteilung, daß der 1958 verstorbene Kardinal Constantini für Papst Pius XII. ein Vor-Schema (Projekt) im Umfang von 200 Seiten zum Thema der christlichen Einheit verfaßt hatte. (Hier ist anzumerken, daß die Zeitschrift «Irénikon» von den belgischen Benediktinern herausgegeben wird und, wie schon ihr Name sagt, der Idee des religiösen Friedens und der Annäherung mit der Orthodoxie gewidmet ist). Kardinal Constantini, ein bekannter Missionar, der Jahrzehnte in China verbracht hatte und in der Kurie als Original galt, zeichnete sich durch Überzeugungen aus, die den Anschauungen Pius XII. entgegengesetzt waren. Kurz, wir haben keinerlei positive Anhaltspunkte hinsichtlich der Existenz konkreter Pläne Pius XII. für die Einberufung eines neuen Konzils.

Mit größter Wahrscheinlichkeit war Pius XII. der Ansicht, daß es zu früh sei, ein Konzil einzuberufen. In seiner Eigenschaft als Bischof der christlichen Kirche und als Repräsentant der apostolischen Sukzession konnte er die Bedeutung des Konzils und der Konziliarität (Sobornost) der Kirche nicht verneinen, aber als Inhaber des päpstlichen Stuhls befand er sich in der Position eines absoluten Monarchen, welcher der Einberufung einer Versammlung mit Machtbefugnissen argwöhnisch gegenüberstand. Die Kurie (das heißt alle Kongregationen, die «Ministerien» des Vatikans) vertrat die gleiche Meinung.

Der neue Papst hingegen dachte anders. Alle vermuteten, daß Johannes XXIII. ein Übergangspapst der katholischen Kirche sein werde. Dies bewahrheitete sich zumindest in dem Sinn, daß er den Übergang von einem geschichtlichen Abschnitt im Leben der katholischen Kirche zu einem anderen einleitete. Doch niemand dachte in den Tagen, als er sein Pontifikat begann, an ein konziliäres Leben in der katholischen Kirche, die besonders zur Zeit Papst Pius XII. in jeder Hinsicht, und sogar in Kleinigkeiten, eine absolute Monarchie dargestellt hatte.

Und plötzlich begannen alle vom Konzil zu sprechen. So hatte es der Papst gewollt, als er von der Höhe seines Thrones überraschend seinen Entschluß kundtat, ein Konzil der gesamten katholischen Kirche zusammenzurufen. Wie kam das? Wie wir bereits kurz zuvor erwähnten, war die Stimmung in der Kurie «nicht konziliär». Das ist verständlich, weil die Kurie es vorzog, von oben herab Weisungen zu geben, statt Ratschläge von unten entgegenzunehmen. Gerade darüber veröffentlichte die französische Zeitschrift «Information Catholique Internationale» in ihrer Nummer zur Konzilseröffnung einen Leitartikel von Hans Küng: «Kommt das Konzil zu früh?» An diesem Artikel ist nicht wichtig, daß der Autor selbst zum Schluß gelangte, das Konzil sei rechtzeitig einberufen worden. Interessant ist vielmehr, daß Hans Küng die durch die Initiative Johannes XXIII. hervorgerufene Verblüffung in der Kurie vermerkte und schrieb: «Viele Kreise haben sich in der Folge dort (d. h. in Rom, A.d.V.) bemüht, die erstaunliche ökumenische Bedeutung dieses Ereignisses soweit wie möglich zu verringern. Hätte der Papst zuvor bei seinen ‹Ministern› eine Umfrage gemacht, so wäre die mehr oder weniger einstimmige Meinung gewesen: ‹Ein Konzil? Dafür ist es zu früh!› Aber der Papst, welcher auf andere Weise ‹in Jahrhunderten denkt›, hat keinerlei Umfrage angestellt. (. . .) Der Papst selbst hat die Schläfer geschüttelt.» Dank der Ankündigung der Einberufung des Konzils sei die Erneuerungsbewegung in gewisser Weise offiziell geworden, was nur wenige Katholiken erwartet hätten. Und weiter: «Die Theologen sind aufgefordert, die ‹sitzende› Theologie durch eine Theologie, welche ‹voranschreitet›, zu ersetzen: durch eine Theologie der wechselseitigen Begegnungen, wo die Wahrheit durch eine verständige Liebe erleuchtet ist, statt durch eine Theologie des gegenseitigen Kampfes, wo die Liebe zum Spielball einer sogenannten Wahrheit wird» (ICI, No.178, 15.10.1962, S.1/3).

Mit einem Wort: die Kurie war überrumpelt worden. Die Gruppe der alten und damals einflußreichen Kurienkardinäle begann, alle Maßnahmen zu ergreifen, um die päpstliche Initiative einzuengen. Jene Kardinäle, die unter Anspielung auf ihre Fünfzahl ironisch «Pentagon» genannt wurden (der hochbetagte, in allem unbeugsame älteste der Kardinal-Diakone, Nicola Canali; der päpstliche Diözesanvikar für Rom, Kardinal Clemente Micara; der mit dem katholischen Bildungswesen betraute Kardinal Giuseppe Pizzardo; der ehemalige Erzbischof von Neapel und spätere Kurienkardinal Marcello Mimmi; und der jüngste, doch in seinem Amt als Sekretär des «Heiligen Offiziums» überaus einflußreiche Kurienkardinal Alfredo Ottaviani) zeigten sich durch die von Papst Johannes XXIII. dem bevorstehenden Konzil gestellten Ziele, die Einheit mit den andersgläubigen Christen vorzubereiten und die Struktur der römischen Kirche der Gegenwart entsprechend umzuwandeln, am meisten beunruhigt.

Im Lauf des Jahres 1959 gab Johannes XXIII. wiederholt zu verstehen, was er selbst von dem einberufenen Konzil erwarte. Wir haben die Ereignisse im Pontifikat dieses Papstes sorgfältig dargelegt und seine zahlreichen Erklärungen behandelt, um aber all das im Gedächtnis aufzufrischen, führen wir einige kurze Auszüge aus seinen Reden an.

So sagte der Papst in seiner Botschaft an den venezianischen Klerus am 21. April 1959: «Unsere Gebete und Wünsche sind darauf gerichtet, daß das Konzil vor allem das Bild der in Jerusalem versammelten Apostel nach der Himmelfahrt Jesu erneuere: Einmütigkeit des Denkens und des Gebets mit Petrus und um Petrus, den Hirten der Lämmer und Schafe, Einsatz der Kräfte, die sich in der Suche nach dem, was den heutigen Forderungen des Apostolats besser entspricht, stählen und erneuern» (DC, No. 1304, 1959, S. 646).

Am 5. Juni desselben Jahres erklärte Papst Johannes im Petersdom zum Konzil: «Es handelt sich um ein großes Ereignis. ‹Möge der Herr nicht auf unsere Sünden schauen, sondern auf den Glauben seiner Kirche, und gebe er ihr huldvoll Frieden und Eintracht, wie es seinem Willen entspricht›, damit ihre innere Struktur neue Kraft gewinne und damit alle Schafe auf die Stimme des Hirten hören, ihm nachfolgen und sich auf diese Weise die eine Herde bilde, nach der das Herz Jesu so glühend verlangt» (DC, No. 1307, S. 840).

Den Studenten des griechischen Kollegs in Rom gegenüber bemerkte Johannes XXIII. am 14. Juni 1959, das Konzil sei einberufen worden, weil die katholische Kirche «sich vornimmt, für ihre göttliche Sendung neue Kraft zu gewinnen, und zwar nach den unveränderlichen Prinzipien, auf welchen sie gemäß den Spuren der alten Tradition aufruht. Denn das ist die Kirche, welche auch angesichts der heutigen Forderungen mit eifrigem Elan ihr Leben und ihren Zusammenhalt befestigt» (Discorsi, Messaggi, Colloqui del Santo Padre Giovanni XXIII, Bd. I, S. 685).

In seiner Enzyklika «Ad Petri Cathedram» vom 3. Juli 1959 wies der Papst auf die drei Aufgaben hin, die sich dem Konzil stellten: «Das Hauptziel des Konzils besteht darin, die Entwicklung des katholischen Glaubens zu fördern, das christliche Leben der Gläubigen zu erneuern und die kirchliche Disziplin den Bedingungen unserer Zeit anzupassen. Das Konzil wird sicherlich ein großartiges Schauspiel der Wahrheit, Einheit und Liebe sein, dessen Anblick für diejenigen, die von diesem Apostolischen Stuhl getrennt sind, eine milde Einladung sein wird, diese Einheit zu suchen und zu finden . . .» (HK XIII, 1958/59, S. 542).

Am 4. August 1959 beschäftigte sich der Papst in einer Ansprache an die Vorsitzenden der Diözesanverbände der italienischen «Katholischen Aktion» erneut mit dem Konzil: «Mit Gottes Gnade werden Wir also dieses Konzil versammeln, und Wir gedenken es im Hinblick auf das, was im Verband der katholischen Kirche am notwendigsten verstärkt und neubelebt werden muß, vorzubereiten. Wenn Wir diese riesige Aufgabe beendet haben werden, indem Wir alles beseitigen, was auf menschlicher Ebene ein rascheres Vorankommen hindert, dann werden Wir die Kirche in all ihrem Glanz, sine macula et ruga (ohne Makel und Falten), präsentieren, und Wir werden allen anderen, die von uns getrennt sind, Orthodoxen, Protestanten, usw., sagen: Seht, Brüder, das ist die Kirche Christ! Wir haben uns bemüht, ihr treu zu sein, und den Herrn um die Gnade gebeten, daß sie immer so bleibe, wie er sie gewollt hat. Kommt, kommt, der Weg ist offen für die Begegnung und für die Rückkehr; kommt, um Euren Platz einzunehmen oder ihn zurückzuerhalten, der für eine große Zahl von Euch der Platz Eurer Väter ist» (DC, No. 1311, 1959, S. 1099).

Wir haben diese Auszüge aus einigen Äußerungen Papst Johannes XXIII. zur Frage des Konzils nur aus dem ersten Halbjahr angeführt, das auf seinen für alle überraschenden Entschluß, ein Konzil einzuberufen, folgte. Die vorhergehenden Kapitel, in denen beinahe alle seine öffentlichen Äußerungen aufgeführt wurden, geben ein klares Zeugnis für die beständige Fürsorge des Papstes um das bevorstehende Konzil.

Im weiteren gehen wir zu einer kurzen Betrachtung der Vorbereitung des Konzils und seiner Thematik über. Nicht weniger als 70 Schemata waren zum Studium und zur Beurteilung durch die Konzilsväter ausgearbeitet worden. Ohne eine Schilderung der Vorbereitungsperiode bliebe die Darstellung des Konzilsgeschehens unklar, da es aus dem langwierigen Entwicklungsprozeß herausgerissen würde. Es muß in Betracht gezogen werden, daß das Konzil des Jahres 1962 eine gesetzmäßige Etappe in der Geschichte der römischen Kirche und in ihrer Wechselbeziehung mit der ganzen Christenheit insgesamt war. Ohne das zu erklären, bliebe die Teilnahme von offiziellen Delegationen aus 86 Staaten an der Eröffnungszeremonie des Konzils völlig unverständlich. Man muß sich daran erinnern, daß dies weit über die Zahl der Länder hinausging, welche man katholisch nennen könnte.

Was die wesentlichen Ziele betrifft, die sich Papst Johannes XXIII. mit der Einberufung des Konzils stellte, so werden sie aus allen Aussagen dieser Jahre ersichtlich: Säuberung von jahrhundertealten Ablagerungen; Reorganisation und Erneuerung des kirchlichen Lebens durch innerliche Anpassung an das veränderte Bewußtsein sowie an die psychologischen, kulturellen und sozialen Lebensbedingungen der Gläubigen unserer Zeit, um zeigen zu können, wie es sich auf die Gebote Christi gründet und dem Geist des Evangeliums besser entspricht; Beseitigung der vielen, von den sündigen Menschen aufgerichteten Hindernisse für die Einheit der Christen. Wenn man sich die zahlenmäßige Stärke der katholischen Kirche vor Augen hält und ihre fast allumfassende Bedeutung in einer ganzen Reihe von Ländern, wo manche wichtigen Prozesse im Leben dieser «katholischen» Länder in bemerkenswertem Maß von der von Rom ausgehenden Ausrichtung der Gedanken und Handlungen abhängen, dann wird die gesellschaftliche Bedeutung des Konzils und seiner Orientierung vollkommen klar.

1. *Die Vorbereitung des Konzils durch Johannes XXIII.*

Zwischen der Bekanntgabe des päpstlichen Entschlusses, ein Konzil der römischen Kirche einzuberufen, und der Eröffnung des II. Vaticanums vergingen beinahe vier Jahre. In dieser Zeit – keine geringe Frist – hörte die Auseinandersetzung um die Konzilsidee selbst nicht auf. Sogar im Vatikan wurde ein Kampf mit dem Ziel geführt, die Initiative von Papst Johannes zu beschränken und zu beschneiden. An diesem Kampf beteiligten sich alle Kräfte der alten Garde der römischen Kurie. Für die Gegner aller Veränderungen in der römischen Kirche und aller Zugeständnisse an den «Zeitgeist» war es wichtig, noch vor dem Konzil feste Positionen zu besetzen. Dennoch stießen die Opponenten des Papstes auf große Schwierigkeiten.

Erstens ist der Papst ein Autokrat. Gegen seine Entscheidungen gibt es keinen Einspruch, und in Aussagen «ex cathedra» ist er in Sachen der Glaubenslehre unanfechtbar, unfehlbar und unantastbar, was ganz allgemein einen psychologischen Einfluß auf die Katholiken in ihrem Verhältnis zum Papst ausübt.

Zweitens war Papst Johannes XXIII. selbst seiner Natur nach nicht nur von behutsamer Beharrlichkeit, sondern auch hartnäckig, wenn er von der Richtigkeit seiner Sache überzeugt war. Er war der Meinung, daß erst das Ende ein Werk kröne, und ergriff daher alle Maßregeln, um sich das letzte Wort zu sichern. Das wurde besonders später bei Beurteilung verschiedener Schemata auf dem Konzil deutlich, als der Papst aufgrund seiner Befugnis Diskussionen unterbrach, die eine unerwünschte Richtung genommen hatten.

Drittens überlebte er im Verlauf von dreieinhalb Jahren seines Pontifikates den Großteil seiner hauptsächlichen und einflußreichsten Gegenspieler, die sich der Einberufung des Konzils widersetzt hatten. Die Reihen der Opposition lichteten sich insgesamt, sowohl im Vatikan wie auch innerhalb der Ortskirchen, ziemlich stark.

Viertens gelang es ihm in seinem kurzen Pontifikat, mehr als ein halbes Hundert Persönlichkeiten mit dem Kardinalspurpur zu bekleiden, von denen viele seine persönlichen Kandidaten waren.

An dieser Stelle unserer Untersuchung dürfte es erneut am Platze sein, einige kurze statistische Angaben über die Kardinäle der römischen Kirche anzuführen. Zur Zeit der Konzilseröffnung im Jahr 1962 zählte das Kardinalskollegium 85 Mitglieder, von denen nur 21 noch von Papst Pius XII. ernannt worden waren.

Vom Augenblick an, als die Einberufung des Konzils bekanntgegeben wurde, sah sich die gesamte Hierarchie der römischen Kirche (und nicht nur deren Spitzen) in die Auseinandersetzung um das Konzil hineingezogen. Da und dort wurden in den Ortskirchen Befürchtungen laut, die jenen der Kurienkardinäle sehr nahe kamen (was dann alles bei den Diskussionen über die Schemata zu Tage trat). Die konservativen Kreise des Episkopats waren in Verwirrung. Doch die Mehrzahl der Bischöfe hielt das Konzil allein schon deshalb für notwendig, um den kirchlichen Status des Episkopates zu untersuchen und festzulegen, der nach dem 1. Vatikanischen Konzil unklar geblieben war. Die Diözesanbischöfe, die sich in unmittelbarem Kontakt mit ihrer Herde sowie mit deren Nöten, Ansprüchen und Stimmungen befanden, verstanden die Wirklichkeit erheblich besser als die vatikanischen Kurialen.

Die Initiative des Papstes, die zugleich offen und entschieden vom Mailänder Kardinal-Erzbischof Montini, einem der populärsten Mitglieder der katholischen Hierarchie und des Heiligen Kollegiums, unterstützt wurde, fand immer breitere Sympathie und Verständnis in den verschiedensten Kreisen der Geistlichkeit. Die vorbereitenden Anstrengungen des gewöhnlichen Episkopates und vieler fortschrittlicher Kardinäle gingen unsichtbar für das breite Publikum vor sich und waren eine Art Machtkampf.

Wie wir bereits erwähnten, hatte der Papst am 25. Januar 1959 seinen Entschluß, ein Konzil einzuberufen, 18 gerade in Rom befindlichen Kardinälen mitgeteilt. Und schon am 29. Januar richtete Kardinal-Staatssekretär Tardini ein Schreiben an alle Kardinäle, das den Text der Erklärung des Papstes vom 25. Januar enthielt. Binnen dreier Monate äußerten 25 Kardinäle schriftlich ihre Unterstützung für die Konzilsidee. Und beinahe ebenso viele hatten überhaupt noch nicht geantwortet. Zu Pfingsten 1959, am 17. Mai, bildete der Papst eine Vorkommission zum Studium der Konzilsfrage. Doch war das noch nicht die später eingesetzte Vorbereitungskommission. Die Leitung der Vorkommission, oder «Vor-Vorbereitenden Kommission», wie sie sich nannte, wurde Kardinal Tardini anvertraut, und die Sekretäre der Kurien-Kongregation zu ihren Mitgliedern ernannt. Es gehörte zu den Aufgaben dieser Kommission: 1) eine Umfrage im gesamten Episkopat zwecks Abklärung jener Fragen zu veranstalten, die einer Konzilsentscheidung harrten, 2) die Liste der Personen aufzustellen, denen die Vorbereitung des Konzils anvertraut werden sollte.

Kardinal Tardini mit seiner langjährigen Erfahrung als stellvertretender Staatssekretär war sich dessen bewußt, daß die römische Kirche in einer so ernsten Zeit etwas Entscheidendes unternehmen müsse. Daher war er, obwohl recht konservativ in seinen Ansichten, davon überzeugt, daß der Papst mit seinem Entschluß zur Einberufung des Konzils recht hatte. Aus dieser Einsicht heraus suchte er auch selbst mehr als einen der Kurienkardinäle von der Richtigkeit dieses Entschlusses zu überzeugen, womit er sichtlich Erfolg hatte. Ergänzend sei darauf hingewiesen, daß bei der Popularisierung der Konzilsidee in Rom auch der Dekan des Heiligen Kollegiums, Kardinal Tisserant, eine nicht geringe Rolle spielte.

a) Kommentare von außen

Viele außerhalb der Kirche stehende Beobachter waren im Lauf der vorangegangenen Jahrzehnte zum Schluß gelangt, daß in der römischen Kirche die Tradition, welche alles im kirchlichen Leben erfülle und völlig durchdringe, immer und überall ungeteilt herrsche. Daher waren sie sicher, daß es in der römisch-katholischen Kirche keine wesentlichen und radikalen Veränderungen geben könne. Indessen führte eine aufmerksamere Beobachtung über die Entwicklung des katholischen Denkens zu den genau entgegengesetzten Schlüssen. Zweifellos existierte in breitesten Kreisen der römischen Kirche, sowohl im Klerus wie unter den Laien, eine Stimmung, die sich gegen die traditionelle Ordnung sträubte. Immer mehr verstärkte sich das Suchen nach etwas Neuem, die Einsicht in die Notwendigkeit wichtiger Veränderungen im kirchlichen Leben und in der Kirchenstruktur. Für jeden unvoreingenommenen Beobachter wurde die Existenz eines «progressiven Katholizismus» immer klarer. Ohne das Vorhandensein dieses «progressiven Katholizismus» in Rechnung zu ziehen, läßt sich ein Ereignis wie das II. Vatikanische Konzil nicht verstehen.

Die Bestrebungen und Ansichten dieses fortschrittlichen Teiles der katholischen Welt wurden auch von den Linkskreisen der nichtkirchlichen Weltöffentlichkeit positiv eingeschätzt. Dies fand seinen Niederschlag in Artikeln, die auf den Seiten von linksgerichteten Presseorganen erschienen, was besonders instruktiv ist, insofern man dieser Presse keine vorgefaßte positive Einstellung zu den Ideen und Bestrebungen des fortschrittlichen Katholizismus nachsagen kann. Als Beispiel zitieren wir Ausschnitte aus dem in der italienischen kommunistischen Zeitung «Paese Sera» veröffentlichten ganzseitigen Artikel unter dem Titel «Die große Chance Johannes XXIII.»: «Nach Meinung eines Teiles der katholischen Welt», schrieb das kommunistische Presseorgan, «ist es nötig, das Gebäude der katholischen Kirche abzubrechen und es von Grund auf neu zu errichten, damit es der Gegenwart entspricht. Wird das vielleicht die fundamentale Aufgabe des bevorstehenden Konzils sein? Niemand ist imstande, das zu sagen, weder die Kardinäle, noch auch der Papst, obgleich Johannes XXIII. wiederholt vom ‹Aggiornamento› der Kirche sprach, und höchste Vertreter aus der Welt der Geistlichkeit mehrfach die mangelnde Anpassung unterstrichen, mit der die Kirche auf die Wechselwirkung mit der Welt von heute eintreten müsse. Wie es in einer Erklärung der Versammlung der Kardinäle und Erzbischöfe Frankreichs zum Konzil heißt, ‹stellen sich manche unserer Zeitgenossen, einige mit Besorgnis, andere mit Neugier und wieder andere nicht ohne Befriedigung die schwere Frage: ‹Hat die Kirche in der modernen Welt noch Platz? Wird die Kirche angesichts des Fortschritts von Wissenschaft und Technik, der die Bedingungen des menschlichen Lebens rasch verändert und unsere Auffassungen und Denkweisen, die von einer überlebten Epoche inspiriert sind, erneut in Frage stellt, nicht gezwungen sein, ihre Dogmen und ihre Erklärungen der Bibel zu modifizieren oder sogar ganz aufzugeben? Ist sie im Hinblick auf die Umwälzungen, die in den Beziehungen der Völker durch den Gärungsprozeß der Zivilisationen und im wirtschaftlichen und sozialen Leben der Menschheit erfolgen, nicht in ihrer Moral wie auch in den Strukturen und Formen ihrer juristischen Organisation völlig überholt? Und auf welche Weise kann die Kirche ihre Stimme in eine Welt vernehmbar machen, die den Ehrgeiz hat, sich selber zu schaffen, ohne Gott, ohne Moralgesetze und nur auf den Genuß der irdischen Güter bedacht?› Hierin liege, so fuhren die französischen Bischöfe fort, gerade eine der dringlichsten Aufgaben des Konzils, ‹all diese Probleme, welche die Entwicklung einer Welt mit einem, wie die Väter sagen, ‹völlig veränderten Gesicht› stellt, mutig aufzugreifen und mit Klarheit zu studieren . . .› In den vergangenen wenigen Jahrzehnten hat sich das Verhältnis von Kirche und Welt ganz gründlich verändert, und als es schien, daß ein gewisses Gleichgewicht erzielt worden sei, da stellten zwei Weltkriege und die durch sie hervorgerufenen Umwälzungen die Päpste aufs neue vor die beunruhigenden Probleme der Präsenz und des Weiterbestandes der Kirche in der Geschichte. Der Sozialismus triumphiert in beinahe der halben Welt. Bis zu dieser Zeit hatte die oberste kirchliche Hierarchie in der Hoffnung gelebt, daß die Ereignisse irgendwie ihre Bedeutung verlören, die gegenwärtige Welt und die zeitgenössische Ideologie sich wandelten, wie schon ihre Vorgänger umsonst gehofft hatten, daß sich der Liberalismus als etwas Vorübergehendes erweise und daß sich die Kirche über kurz oder lang den früheren dominierenden politischen Einfluß auf das Leben der Völker zurückhole . . . ‹Die Welt hat gigantische geistige Wandlungen durchgemacht›, bekräftigte der deutsche Kardinal Döpfner, und ein anderer deutscher Kardinal, der Kölner Erzbischof Frings, sagte, daß ‹die Welt zusammengeschrumpft sei, und dementsprechend sei in der Menschheit eine Einheit völlig neuer Ordnung entstanden . . .›» – Der Artikel schließt mit den folgenden Worten: «2850 Bischöfe aus der ganzen Welt versammeln sich zum Konzil. Dieses Ereignis gewinnt eine historische, exklusive und einmalige Bedeutung, wenn man bedenkt, daß die Versammlung aller katholischen Bischöfe im Abstand von Jahrhunderten nur ein- oder zweimal zusammentritt. 2850 ‹Konzilsväter› sind in Rom angekommen, um das Schicksal der katholischen Kirche, ihre nahe und ferne Zukunft, frei zu beurteilen und zu beschließen. Wird vielleicht die Gelegenheit ergriffen, um die Struktur dieses uralten Gebäudes den neuen Zeiten anzupassen? Niemand kann die Bedeutung und den Einfluß unterschätzen, den der Katholizismus in der Welt noch hat . . . Alle wissen, daß die Stärke des Katholizismus nicht mit der politischen oder militärischen Macht von Staatswesen verwechselt werden darf. Seine Stärke ist anderen Ursprungs: Sie ist die Fähigkeit, eine mächtige Bewegung der Erniedrigten und Verstoßenen hervorzurufen und zu kontrollieren, die von der uralten Hoffnung auf eine bessere, gerechtere und friedlichere Welt ausgeht. Vor einem Jahrhundert ist neben jener eine andere Bewegung entstanden und hat sich im Lauf der Jahrzehnte die halbe Welt erobert, indem sie die Ungerechtigkeit und Tyrannei stürzte und eine neue sozialistische Gesellschaft errichtete. Und hier bietet sich eine historische Chance. Werden die 2850 Konzilsväter diese nützen?» (Paese Sera, 10. Okt. 1962).

Ebenso schrieb die den kirchlichen Kreisen fernstehende einflußreiche französische Wochenzeitung «France-Observateur», die den Standpunkt der französischen Radikalen (die traditionell antiklerikal sind) vertritt: «Die Einberufung eines jeden Konzils hat letztlich Folgen, die sich auf der ganzen Ebene der Kulturgeschichte auswirken. Daher wäre es zwecklos, den wahren Sachverhalt verschweigen zu wollen: Das Echo des II. Vatikanischen Konzils wird sich in der Geschichte unserer Zeit lange bemerkbar machen. Seine Beschlüsse werden eine positive Auswirkung auf die Entwicklung der Ideen und Strukturen in der modernen Welt haben. Das Konzil hat folglich seine politische Implikation, in der vollen Bedeutung dieses Wortes . . . Johannes XXIII., fast zufällig gewählt, stößt in seiner Umgebung auf die Allmacht römischer ‹Büros›, auf eingewurzelte Gewohnheiten, auf Vorurteile und Traditionen. Bei seinem Versuch, dieser administrativen Maschinerie die Stirn zu bieten, riskiert er, seine Kräfte in einer Art Kleinkrieg zu verschwenden. Es bleibt alles zu überprüfen, frischem Wind Zutritt zu verschaffen und den Anlauf zu nehmen, das Konzil einzuberufen. Doch das hängt nur von ihm ab. Und dieser Mann voll gesunden Menschenverstandes entschließt sich plötzlich und nimmt das Risiko auf sich. Eines schönen Tages spricht er das nötige Wort aus, und die Würfel sind gefallen . . . Johannes XXIII. nimmt ein Risiko auf sich, ein imposantes Risiko: 2850 in Rom versammelte Bischöfe, Konzentrierung aller führenden Theologen – das alles bedeutet, daß eine andere Maschine Gestalt annimmt, eine andere Kraft geschaffen wird . . .»

Die Zeitung «Unità», offizielles Zentralorgan der Kommunistischen Partei Italiens, veröffentlichte am Tag der Konzilseröffnung auf ihrem Titelblatt einen Leitartikel, in dem folgendes gesagt wurde: «Die italienischen Kommunisten, Werktätige und Intellektuelle, Anhänger unserer Bewegung, welche das Gefühl der «Ökumenizität», das Gefühl des universellen Wertes von Solidarität und Brüderlichkeit zwischen allen Völkern der Erde im Blut haben, verhehlen in einer von der trüben Moral bourgeoiser Profitgier und atomarer Erpressung ihrer Verfechter bedrohten Gesellschaft nicht ihr Interesse an der Versammlung von Hunderten und aber Hunderten von Vertretern der katholischen Hierarchie aus allen Enden der Welt in Rom für eine Arbeit, die kraft ihrer Voraussetzungen selbst und durch den Ernst der durchlebten Zeit etwas Neues darstellen könnte, etwas Verschiedenes vom Geist der ideologischen Kreuzzugsmentalität, vom Geist der politischen und sozialen Verurteilung.»

Nach dieser Feststellung des Interesses am Konzil gab das kommunistische Zentralorgan darüber Auskunft, weshalb es gerade im Namen der italienischen Kommunisten dieses Interesse bekundete: «Das Echo des XVI. Ökumenischen Konzils, das in Konstanz den Grundsatz der Superiorität des konziliaren Prinzips über den Papst verkündet und die periodische Einberufung von Konzilien angeordnet hatte, war in der katholischen Welt, wie es schien, verhallt. Der unerwartete Entschluß Johannes XXIII., den er binnen weniger Monate nach dem Ableben des Letzten aus einer Reihe, welche die Kirche auf ›autokratische, höchst zentralistische und unzureichend apostolische‹ Weise (das war die Formulierung eines jungen Katholiken in der September-Ausgabe der Zeitschrift «Quest'Italia») regierten, gefaßt hat, stellt daher einen Aufruf zur Beratschlagung, einen Aufruf zur Methode des Dialogs dar, zu dem sich die bürgerliche Gesellschaft immer stärker gedrängt fühlt . . . Das ‹Aggiornamento›», fuhr die Zeitung fort, wobei sie dieses Wort in Anführungszeichen setzte, «das gewisse Elemente, die heute im Konzil vertreten sind, in den Grenzen einer Erörterung über Fragen der Liturgie und Disziplin zu halten wünschten, erstreckt sich unvermeidlich auf die Bereiche des technischen, politischen, sozialen, nationalen und internationalen Lebens. Die Frage nach der Wechselbeziehung der katholischen Welt mit den andersgläubigen Völkern, mit den Nationen, die sich eben erst vom kolonialen Joch befreit haben, und in erster Linie mit den sozialistischen Ländern, hebt gebieterisch die Notwendigkeit einer friedlichen und fruchtbaren Übereinstimmung zwischen den kommunistischen Idealen und den freien religiösen Gemeinschaften hervor: diese Frage stellt sich der öffentlichen Meinung mit besonderer Eindringlichkeit und zwar als Gegenstand der ‹Erwartungen›, die das Konzil unter den Gläubigen weckt» (Unità, 11. Okt. 1962).

b) Die Vorbereitungskommissionen

Der »Osservatore Romano» veröffentlichte am 17. Mai 1959 eine Verlautbarung, daß Papst Johannes XXIII. eine Kommission zur Vorbereitung des bevorstehenden Konzils unter dem Vorsitz von Kardinal Domenico Tardini ernannt habe.

Dieser Kommission waren folgende Aufgaben gestellt:

a) die nötigen Kontakte mit dem katholischen Episkopat der verschiedenen Nationen aufzunehmen, um dessen Ratschläge und Anregungen zu sammeln,
b) Vorschläge von den Dikasterien der römischen Kurie einzuholen,
c) die Themen, welche auf dem Konzil behandelt werden sollten, nach vorheriger Einholung von Stellungnahmen bei den theologischen und kirchenrechtlichen Fakultäten der katholischen Universitäten in allgemeinen Zügen festzulegen,
d) die Zusammensetzung der verschiedenen Organe (Kommissionen, Sekretariate etc.), die sich später mit der Vorbereitungsarbeit für das Konzil befassen sollten, vorzuschlagen (Vgl. DC, No. 1306, 1959, S. 782–784).

Zum Abschluß des halböffentlichen Konsistoriums, das am 30. Mai 1960 stattgefunden hatte, bat der Papst die Kardinäle in seine Privatbibliothek. In seiner Ansprache machte er einige wichtige Mitteilungen über das Ökumenische Konzil, wobei er einerseits über die von der päpstlichen Vorvorbereitungskommission geleistete Arbeit Auskunft gab und anderseits auf den zwangsläufigen Beginn der zweiten Arbeitsphase zur unmittelbaren Vorbereitung dieser grandiosen Versammlung der katholischen Kirche hinwies. Auf die spezielle Einladung, die im Frühjahr 1959 vom Vorsitzenden der päpstlichen Vorbereitungskommission, Kardinal Domenico Tardini, versandt worden war, hatten über 2000 Prälaten, Patriarchen, Erzbischöfe und Bischöfe, geantwortet. Auf diese Weise konnte die Kommission eine Analyse des wertvollen und umfangreichen Materials vornehmen, das allgemeine Ansichten, aber auch Bemerkungen, Vorschläge und Wünsche umfaßte. Das alles wurde mit großer Sorgfalt studiert, nach Themen eingeteilt und klassifiziert. Sodann ging man an die Aufstellung von nach Ländern zusammengefaßten Berichten, um die bedeutendsten Themen aufzuzeigen, welche die besondere Aufmerksamkeit der Bischöfe in den verschiedenen Ländern und auf der ganzen Welt erweckt hatten.

Die römische Kurie machte sich mit den Antworten der Bischöfe vertraut und arbeitete ihrerseits sorgfältig einzelne Vorschläge aus, die zu den anschließenden Vorbereitungsarbeiten überleiten sollten. Diese sehr gründlich durchgeführte Anfangsphase verdient besondere Beachtung, weil bei den vorangegangenen Konzilien nie so umfangreiche und gründliche Vorbereitungsarbeiten während des Vorstadiums geleistet wurden.

Die über 60 katholischen Universitäten und Fakultäten konsultierten sich gegenseitig und tauschten in bestimmten Zeitabschnitten die Ergebnisse ihrer Untersuchungen aus. Der Papst sprach denn auch seine besondere Genugtuung und Billigung angesichts dieser anerkennenswerten und vielseitigen Arbeit aus. Außerdem teilte er mit, daß der ganze Komplex dieser bedeutsamen Arbeiten in verschiedenen Bänden gesammelt würde, welche die ersten in der Serie der Akten des II. Vatikanischen Konzils sein sollten.

Nach diesen Bemerkungen legte Johannes XXIII. seinen Zuhörern ein Verzeichnis der in Zusammenhang mit der zweiten Vorbereitungsphase des Konzils ergriffenen Maßnahmen vor. Erster Akt werde in naher Zukunft die Veröffentlichung eines Motu proprio über die Einsetzung von Studienkommissionen sein. Die Kommissionen, deren Zahl recht groß sein werde, würden aus Kardinälen und Bischöfen, aber auch aus hervorragenden Vertretern der Welt- und Ordensgeistlichkeit der verschiedenen Länder bestehen.

In einer Sendung von Radio Vatikan wurden am 9. Juni 1960 Angaben über die eingegangenen Antworten der Bischöfe auf die ihnen vorgelegten Fragen gemacht. An erster Stelle stand Europa mit 94% Antworten, dann kamen Zentralamerika – 92%, Afrika – 89%, Nordamerika – 88%, Asien – 86%, Südamerika – 83%, Ozeanien – 71%. Unter den Ländern stand Deutschland an der Spitze: 100% der Bischöfe hatten geantwortet (der Episkopat dieses Landes hatte eine gemeinsame Antwort verfaßt, gleichzeitig waren von 98% der deutschen Bischöfe persönliche Stellungnahmen eingelaufen); es folgten Spanien mit 98,4%, Frankreich mit 96%, Italien mit 94%, die Vereinigten Staaten mit 90%, Indien mit 84% und Argentinien mit 82%.

Am 5. Juni 1960 wurde das Motu proprio «Superno Dei nutu» von Papst Johannes XXIII. veröffentlicht. Darin erwähnte er die Geschichte von der Entstehung der Konzilsidee und erinnerte daran, wozu das Konzil einberufen werden sollte. Dabei zitierte er den bereits hinlänglich bekannten Text aus seiner Enzyklika «Ad Petri Cathedram».

Die überwältigende Menge von Antworten, die auf die Anfragen der Vorbereitungskommission eingetroffen seien, hätten ihm Klarheit darüber verschafft, welche Themen das kommende Konzil vor allem zum Wohl der Kirche aufgreifen sollte. Ferner umriß der Papst in 15 Paragraphen die Vorbereitungsarbeit. Er schrieb:

«1. Zur Vorbereitung des Zweiten Ökumenischen Vatikanischen Konzils werden Kommissionen eingesetzt, die den Namen Vorbereitende Kommissionen führen und die Aufgabe haben, Themen und Materialien, die ihnen von Uns zugewiesen werden, unter Berücksichtigung der Vorschläge der kirchlichen Oberhirten und der Hinweise und Vorlagen der Behörden der Römischen Kurie zu studieren und zu erforschen.

2. Die einzelnen Kommissionen können in verschiedene Sektionen oder Unterausschüsse aufgegliedert werden, wenn das erforderlich ist.

3. Jede Kommission hat einen eigenen Präsidenten und eine bestimmte Zahl von Mitgliedern. Der Präsident ist ein Kardinal. Als Mitglieder werden Bischöfe und hervorragende Geistliche ausgewählt.

4. Den einzelnen Kommissionen werden einige Konsultoren aus dem Kreis der Sachverständigen zugeteilt.

5. Jede Kommission soll einen Aktuar oder Sekretär haben.

6. Die Präsidenten, Mitglieder, Konsultoren und Sekretäre werden kraft Unserer Autorität ernannt.

7. Es werden zehn Vorbereitende Kommissionen gebildet. Wir behalten Uns vor, nötigenfalls weitere zu begründen. Die Kommissionen sind die folgenden:

a) Theologische Kommission. Sie hat die Aufgabe, die Fragen, die sich auf die Heilige Schrift, die Heilige Überlieferung, den Glauben und die Moral beziehen, zu erwägen und zu erforschen.

b) Kommission für die Bischöfe und die Leitung der Diözesen,

c) Kommission für die Disziplin des Klerus und des christlichen Volkes,

d) Kommission für die Ordensleute,

e) Kommission für die Verwaltung der Sakramente,

f) Kommission für die Heilige Liturgie,

g) Kommission für Studien und Seminare,

h) Kommission für die Orientalischen Kirchen,

i) Kommission für die Missionen,

k) Kommission für das Laienapostolat in den Bereichen der katholischen, religiösen und sozialen Aktion.

8. Außerdem wird ein Sekretariat errichtet für die Fragen, die mit den heutigen Publikationsmitteln (wie Druckschriften, Rundfunk, Fernsehen, Film usw.) zusammenhängen. Das Sekretariat wird einen von Uns erwählten Prälaten zum Präsidenten und aufgrund Unserer Autorität ernannte Mitglieder und Konsultoren haben.

9. Damit Unsere Liebe und Unser guter Wille gegenüber den vom Apostolischen Stuhl getrennten Christen noch sichtbarer hervortritt und damit diese die Arbeiten des Konzils verfolgen und leichter den Weg finden können, um jene Einheit zu erreichen, die Jesus Christus von seinem himmlischen Vater in glühendem Gebet erflehte, wird ein besonderer Ausschuß als Sekretariat errichtet, das unter der Leitung eines von Uns zu ernennenden Kardinals in derselben Weise wie die obengenannten Kommissionen konstituiert wird.

10. Endlich wird eine Zentralkommission gebildet, deren Vorsitz Wir selbst oder in Unserm Namen ein von Uns zu bestimmender Kardinal führt. Mitglieder der Zentralkommission sind die Präsidenten der einzelnen Kommissionen, die Leiter der Sekretariate (gem. Nr. 8 u 9) sowie einige andere Kardinäle und Bischöfe aus verschiedenen Teilen der Erde.

11. Der Zentralkommission wird eine gewisse Zahl von Beratern aus dem Kreis der Bischöfe und der hervorragendsten Geistlichen zugewiesen.

12. Die Zentralkommission hat einen Prälaten als Sekretär. Er ist zugleich Generalsekretär.

13. Die Mitglieder und Berater der Zentralkommission sowie der als Sekretär amtierende Prälat werden von Uns ernannt.

14. Aufgabe der Zentralkommission soll es sein, die Arbeiten der einzelnen Kommissionen zu verfolgen, sie nötigenfalls zu koordinieren und ihre Ergebnisse nach gehöriger Prüfung Uns vorzutragen, damit Wir dann die Verhandlungsgegenstände für das Ökumenische Konzil bestimmen.

Die Zentralkommission erhält auch den Auftrag, die Geschäftsordnung des Konzils vorzulegen.

15. Für die ökonomischen und technischen Angelegenheiten des Konzils werden besondere Ausschüsse oder Sekretariate bestellt werden» (HK, XIV, 1959/60, S.514).

Auf diese Weise hatte sich die Vorbereitungsarbeit, wenn auch auf den ersten Blick unbemerkt und in der Presse wenig beachtet, weit entfaltet. Jetzt stand eine überaus zeit- und kraftraubende Arbeit bevor, die der Ausarbeitung der Schemata galt, welche dem Konzil zur Begutachtung vorgelegt werden sollten.

c) Der heilige Josef als Schutzpatron

Am 19. März 1961 erließ Papst Johannes XXIII. ein Apostolisches Schreiben, in dem er verkündete, daß er das bevorstehende II. Vatikanische Konzil unter den Schutz des heiligen Josef des Zimmermanns stelle. Der Papst begann seine Botschaft mit dem Hinweis auf die historische Ungerechtigkeit, derzufolge der heilige Josef im Lauf der Jahrhunderte in der öffentlichen Verehrung «wie eine ornamentale Figur im Lebensbild des Heilands» außer acht gelassen worden sei. Es bedürfe einer gewissen Zeit, damit sein Bild von den Augen der Gläubigen in ihre Herzen vordringe. Unter den verschiedenen «Postulaten», welche die Väter des I. Vatikanischen Konzils Papst Pius IX. vorlegten, hätten sich zwei der ersten auf den heiligen Josef bezogen, sagte Johannes XXIII. Vor allem sei die Bitte ausgesprochen worden, daß seine Verehrung im liturgischen Leben einen höheren Platz einnehmen möge. Unter diesem Gesuch seien die Unterschriften von 153 Bischöfen gestanden. Der zweite Antrag, der durch 43 Generalobere von Ordensgemeinschaften unterzeichnet war, habe das Ziel verfolgt, den heiligen Josef zum Schutzpatron der Gesamtkirche zu erklären.

Pius IX. habe diese beiden Ersuchen mit Wohlgefallen zur Kenntnis genommen. Zu Beginn seines Pontifikats habe er die liturgische Feier des heiligen Josef auf den dritten Sonntag nach Ostern festgelegt. Schon im Jahr 1854 habe dieser Papst den heiligen Josef als stärkste Hoffnung der Kirche nach der Allerheiligsten Jungfrau bezeichnet. Am 8. Dezember 1870, als das 1. Vatikanische Konzil wegen der ungünstigen politischen Lage abgebrochen worden sei, da habe der Papst am Fest der Unbefleckten Empfängnis den heiligen Josef feierlich und offiziell zum Schutzpatron der Gesamtkirche erhoben.

Der Nachfolger von Papst Pius IX., Leo XIII., habe am Maria-Himmelfahrts-Tag 1889 das Rundschreiben «Quamquam Pluries» veröffentlicht. In diesem Dokument sei der Nährvater des Herrn Jesus Christus allen Familienvätern und Werktätigen als Beispiel hingestellt worden. Aus dieser Zeit stamme auch das heute allen vertraute Gebet «Zu Dir, o heiliger Josef», das mit soviel Zartheit die Kindheit Johannes XXIII. beeinflußt habe. Der Papst halte es für nötig und angebracht, diese Seiten der Geschichte gerade an diesem 19. März wieder aufzuschlagen, an dem die Kirche den heiligen Josef verehre.

«Bei der Abhaltung eines Konzils versammeln sich mit den Konzilsvätern die hervorragendsten Persönlichkeiten des kirchlichen Lebens, die reich sind an theologischem und juristischem Wissen, an organisatorischer Begabung und an apostolischem Geist. Dies ist das Konzil: der Papst an der Spitze, um ihn und mit ihm die Kardinäle, die Bischöfe aller Riten und aller Länder und die hervorragendsten Doktoren und Lehrer in den verschiedenen speziellen Bereichen. Aber das Konzil ist geschaffen für das ganze katholische Volk, das sich nach einem möglichst vollkommenen Wirken der Gnade und christlicher Lebenskraft sehnt . . . Und wenn ein himmlischer Beschützer bestellt wird für die Zeit der Vorbereitung und der Dauer des Konzils, jene virtus divina von oben zu erbitten, durch die dieses bestimmt zu sein scheint, eine Epoche in der gegenwärtigen Kirche zu kennzeichnen, so kann es keinem der Heiligen besser anvertraut sein als dem heiligen Josef, dem ehrwürdigen Haupt der Heiligen Familie von Nazaret und dem Beschützer der heiligen Kirche» (HK XV, 1960/61, S. 343).

Im Hinblick auf die Vorbereitungsphase des Konzils stellte der Papst fest, daß sie in einer Atmosphäre ruhiger und arbeitsamer Aktivität verlaufe. Hunderte von Prälaten träfen in der Ewigen Stadt ein, wo man sie auf streng geregelte Sektionen aufteile, von denen jede ihrer Tätigkeit obliege, entsprechend den wertvollen Fingerzeigen, die von oben ausgehen. Indem er sich die Frage stellte, was für ein erfolgreiches Wirken des Konzils nötig sei, antwortete der Papst, daß das Konzil zur Erfüllung seiner Aufgaben und zu seinem Erfolg nichts anderes brauche «als das Licht der Gnade und der Wahrheit, geordnetes Studium und Schweigen, heiteren Frieden des Geistes und der Herzen. Soviel zu unserer menschlichen Seite. Von oben aber kommt die Hilfe des Himmels, die das christliche Volk anrufen muß in lebendigem gemeinsamem Gebet, durch Bemühungen eines beispielhaften Lebens, die in kluger Weise die Ausrichtung von seiten eines jeden vorwegnimmt für die Anpassung und Anwendung der Lehren, die am Schluß des großen Ereignisses bekanntgegeben werden, das jetzt schon glücklich und vielversprechend angelaufen ist.» Zum Schluß rief der Papst den heiligen Josef als Schutzpatron des künftigen Konzils an: «Sei für uns immer ein Beistand. Möge dein innerer Geist des Friedens, der Stille, der guten Arbeit und des Gebets im Dienst der Kirche uns immer beleben und uns im Verein mit deiner gebenedeiten Braut, unserer lieben und unbefleckten Mutter, erfreuen . . .» (HK xv, 1960/61, S. 343f.; DC No. 1349, 1961, S.417–424).

d) Die Aufgaben der Zentralkommission

Die Zentralkommission war im Verlauf der Vorbereitungsperiode der Sammelpunkt für die Arbeitsresultate der anderen Kommissionen. Jede der getrennten Kommissionen summierte die Resultate ihrer Untersuchungen und legte sie in Gestalt von Projekten der Zentralkommission zur Prüfung vor, welche die bei ihr eingegangenen Arbeitsergebnisse der Vorbereitungskommissionen und Sekretariate genau studierte, deren Projekte und Vorschläge auf ihren Sitzungen detailliert erörterte und an ihnen Korrekturen vornahm.

Der Zentralkommission gehörten Vertreter von 57 verschiedenen Ländern beider Hemisphären an. Es war vorgesorgt worden, daß alle Probleme, die für dieses oder jenes Land spezifisch waren, beleuchtet und beurteilt werden konnten. Als Kriterium für die Auswahl der Mitglieder und Konsultoren der Kommission diente eine profunde Kenntnis in theologischen und allgemein-kirchlichen Fragen sowie pastorale Erfahrung. Die Zentralkommission setzte sich aus 108 Mitgliedern und 27 Konsultoren zusammen, deren Präsident der Papst selber war. Unter den Mitgliedern und Konsultoren befanden sich 67 Kardinäle, 5 Patriarchen, 36 Erzbischöfe, 5 Bischöfe, 15 Prälaten der Kurie und 7 Obere von Ordensgemeinschaften; Sekretär der Kommission war der Titularerzbischof von Samosata, Pericle Felici, päpstlicher Vikar des Petersdomes.

Am 14. November 1960 fand im Petersdom eine feierliche Sitzung der Zentralkommission zusammen mit allen speziellen Vorbereitungskommissionen und Sekretariaten statt. Danach begannen die Vorbereitungskommissionen ihre Arbeit, später eröffnete auch die Zentralkommission ihre Sessionen, von denen insgesamt sieben durchgeführt wurden.

Die Zentralkommission versammelte sich im Vatikan im weitläufigen Saal des «Apostolischen Palastes», unweit vom Staatssekretariat. Wenn der Papst nicht selbst den Vorsitz führen konnte, fungierte für gewöhnlich Kardinal Tisserant als Vorsitzender. Die Sitzungen begannen um 9.30 Uhr mit einem Gebet zum Heiligen Geist (Adsumus Domine). Die Kardinäle trugen zu den Themen, die ihnen als Spezialisten zur Beurteilung vorlagen, ihre Berichte vor. Die Diskussion wurde in lateinischer Sprache geführt. Wer jedoch das Lateinische nicht ausreichend beherrschte, dem war es freigestellt, sich einer anderen Sprache zu bedienen. In diesen Fällen wurde meist die französische Sprache benützt.

Die erste Session der Zentralkommission fand vom 12. bis 20. Juni 1961 statt. Auf dieser Session wurden folgende Fragen behandelt: Ausarbeitung der Konzils-Ordnung, Bildung der Konzilskommissionen, Erstellung eines Verzeichnisses jener Personen, die zum Konzil eingeladen werden sollten, einschließlich der theologischen Experten im Kirchenrecht und der Vertreter der getrennten Kirchen. Wie aus der Tagesordnung ersichtlich ist, wurden auf der ersten Session «Anfangsfragen» erörtert.

Am 12. Juni 1961, dem Eröffnungstag der Sitzungen der Vorbereitenden Zentralkommission, hielt Papst Johannes XXIII. vor ihren versammelten Mitgliedern eine Rede. Er äußerte großes Lob über jene Anstrengungen, die in Rom, aber auch in vielen Ländern der Welt für eine erfolgreiche Vorbereitung und Durchführung des II. Vatikanischen Konzils unternommen wurden. Seinen Worten zufolge umfaßten die gesammelten Vorschläge und Wünsche der Bischöfe und Prälaten sowie die Anträge der römischen Kurie und der Universitäten bereits 15 dicke Bände. Aus diesem umfangreichen Material seien verschiedene, die Glaubenslehre und die Praxis betreffende Punkte ausgewählt worden, um den Vorbereitungskommissionen zum Studium vorgelegt zu werden. «In der Tat widmen sich diese und die von Uns geschaffenen Sekretariate», wie Papst Johannes XXIII. des weiteren sagte, «dieser Aufgabe mit Eifer und Sorgfalt, wie Wir selbst durch die Teilnahme an gewissen Arbeitssitzungen feststellen konnten.» Jetzt beginne eine neue Phase dieses schwierigen Weges. Jedes Konzil sei dazu bestimmt, eine unauslöschliche Spur in der Geschichte der Kirche zu hinterlassen. So sei es mit den vorausgegangenen zwanzig Konzilien der Fall gewesen, so werde es sich auch, wie der Papst hoffte, mit dem einundzwanzigsten, dem II. Vatikanischen Konzil, verhalten. Der Papst sprach den Wunsch aus, daß die Arbeiten der Vorbereitungskommissionen der Zentralkommission binnen kürzester Frist mit Hilfe von knappen Berichten der Vorsitzenden der Einzelkommissionen und Sekretariate zur Kenntnis gebracht würden. «Es ist Uns äußerst angenehm, diese Versammlungen zu präsidieren», sagte Johannes XXIII., «aber falls Wir aufgrund unserer pastoralen Verpflichtungen nicht persönlich daran teilnehmen können, so übertragen Wir die Leitung der Diskussionen dem jeweiligen Kardinal-Präsidenten der Kommission oder des Sekretariats, zu denen die betreffende Materie gehört. Nachdem die Gegenstände, die auf den Sitzungen der nächsten Tage zur Behandlung kommen werden, in die ausschließliche Kompetenz der Zentralkommission fallen, wird der rangälteste Kardinal in Unserer Abwesenheit die Diskussion leiten» (Vgl. HK, XV, 1960/61, S. 508 ff.).

Die zweite Session der Zentralkommission fand vom 7. bis 17. November 1961 statt. Auf dieser Session wurden die vorgelegten Projekte zu Fragen der Glaubenslehre, der kirchlichen Disziplin sowie des priesterlichen Lebens und der Seelsorgetätigkeit behandelt. Zudem wurde auch die Frage der Opportunität und der Form der Einladungen erörtert, die den Nichtkatholiken übersandt werden sollten, um sie als Beobachter zur Teilnahme am Konzil einzuladen (Vgl. HK XVI, 1961/62, S.150ff.).

Am 13.Dezember 1961 veröffentlichte der «Osservatore Romano» ein Schreiben Papst Johannes an den Präsidenten des Päpstlichen Instituts für Kirchenmusik. Diese Institution beging den fünfzigsten Jahrestag ihrer Errichtung. Der erwähnte Brief ist deshalb von Interesse, weil viele der darin vom Papst dargelegten Gedanken in der Folge auf dem Konzil behandelt wurden und in den Dekreten ihre Verwirklichung fanden.

Das Institut für Kirchenmusik, das 1911 auf Initiative von Papst Pius X. in Rom gegründet wurde, habe im Verlauf der fünfzig Jahre seines Bestehens die ihm gesetzten Ziele aktiv und klug verfolgt, sagte Johannes XXIII. und vermerkte mit Genugtuung die gebührende Achtung vor der lateinischen Sprache, die das Wirken dieser Einrichtung auszeichne. Doch sogleich fügte der Papst bei, daß das Institut seine volle Zustimmung habe, «wenn es mit besonderer Sorgfalt die religiösen Gesänge in der Volkssprache pflegt und lehrt». Außerhalb der feierlichen Gottesdienste sei dieser liturgische Volksgesang schon lange in Gebrauch und habe viel zur Herausbildung einer tiefen Frömmigkeit beigetragen.

Daneben lobte der Papst die unlängst erfolgte Errichtung eines Lehrstuhles zur Pflege der Musik für die Missionsländer. Es sei eine Aufgabe von vorrangiger Wichtigkeit für jene Gebiete, wo eine missionarische Verkündigung durchgeführt werde, weil diese Völker oft seit längst vergangenen Zeiten verborgene «musikalische Schätze besitzen und sich ganz besonders über ihre einheimischen Gesänge freuen». Man müsse auf die Sammlung und Bearbeitung dieser Gesänge hinwirken, damit sie für den katholischen Gottesdienst brauchbar würden. Damit könne ein Fundament für die Schaffung einer einheimischen Kirchenmusik gelegt werden (Vgl. DC No.1367, 1962, S.37–40).

Vom 15. bis 25.Januar 1962 wurde die dritte Session abgehalten, auf der anhand von Referaten der Kardinäle Alfredo Ottaviani, Benedetto

Aloisi Masella und Amleto Cicognani Fragen besprochen wurden, welche verschiedene Seiten der Theologie, der Sakramente und der Ostkirchen betrafen. Verweilen wir ein wenig bei der Arbeit dieser Session. In seinem Referat «Über das Sittengesetz» unterstrich Kardinal Ottaviani, daß die Moral durch die in der Offenbarung gegebenen Wahrheiten festgelegt werde; daher müsse eine vollkommene Harmonie zwischen dem Glauben und den Werken herrschen, von welchen dieser begleitet sein sollte. Den heutigen Zustand der Moral kennzeichnet nach den Worten des Referenten eine Form der moralischen Verwirrung, wo sich am Ende die Grenzen zwischen Gut und Böse verwischen und sogar verschwinden. Schon Papst Pius XII. habe in einer seiner Reden erklärt, daß es die größte Sünde unserer Zeit sei, nicht mehr an die Sünde zu glauben. Dies führe, so erklärte der Kardinal zu den verschiedenen Theorien und Systemen, die das gottgegebene Sittengesetz durch eine Moral zu ersetzen suchten, die frei ist vom christlichen Verständnis der Sittlichkeit und von der Idee Gottes als dem Urheber und Wahrer des Sittengesetzes. Daher sei es die Aufgabe des Sittengesetzes, den Menschen zu seiner eigentlichen Bestimmung hinzuführen und ihn vor allen schädlichen Lehren und Praktiken zu bewahren, welche den Menschen zum Sklaven von Leidenschaften machten, die seines Verstandes unwürdig seien und seiner Würde widersprächen. Bei der Betrachtung der moralischen Probleme sei die Kommission bestrebt, praktische Wege aufzuzeigen, wie man die verschiedenen Gefahren im geistlich-sittlichen Leben vermeiden könne.

Vom orthodoxen Gesichtspunkt aus muß dieser Punkt in der Arbeit der Kommission Zustimmung hervorrufen, obwohl katagorische Urteile in solchen Fragen den Eindruck erzeugen können, daß das Prinzip vom Vorhandensein eines natürlichen Sittengesetzes bei den Nichtchristen abgelehnt wird, was der Heiligen Schrift widerspräche (Röm 2,14–16).

Entsprechend dem Referat von Kardinal Aloisi Masella wurden während der Session Fragen der Sakramentendisziplin behandelt, speziell die Sakramente der Firmung und der Buße. Die Kommission gelangte zur Schlußfolgerung, daß infolge der modernen Lebensbedingungen den Laien der Zugang zu den Sakramenten möglichst erleichtert werden müsse. Die Kommission sprach sich ebenso dafür aus, daß die Tätigkeit der Geistlichkeit den Bedürfnissen der heutigen Welt besser entsprechen solle. Im Zusammenhang damit wurde die Wiederbelebung von Institutionen, die in der Kirche der ersten Jahrhunderte bestanden hatten, als möglich und wünschenswert anerkannt. Auch die Bildung eines Diakonates als kirchliches Amt mit eigenständigem Charakter wurde in Erwägung gezogen.

Im Anschluß an die Ausführungen Kardinal Cicognanis, des Vorsitzenden der Kommission für die Ostkirchen, schenkte die Zentralkommission den Riten der Kirche große Beachtung, besonders den orientalischen; sodann beschäftigte sie sich mit den Fragen der Sprache in der östlichen Liturgie, der Sakramente in der Ostkirche und der religiösen Kontakte mit den nichtkatholischen orientalischen Christen. Bei der Erörterung der letzten Frage folgte die Kommission dem Rat von Papst Johannes XXIII., vor allem das zu suchen, was eine, und nicht das, was trenne, sowie alle Gelegenheiten auszunützen, um sich häufiger zu treffen, um einander tiefer kennenzulernen, nach gegenseitigem Verständnis zu streben, zusammen im Geist der Brüderlichkeit zu unserem gemeinsamen himmlischen Vater zu beten und einander zu achten und zu lieben. «Der Weg zur Einheit ist lang und beschwerlich. Man zestört nicht in einem Tag die Masse der Voreingenommenheiten und Vorurteile, welche die Jahrhunderte aufgehäuft haben.» Vordringlichste Aufgabe sei, die Hindernisse und das Unverständnis auszuräumen, allerdings ohne darauf zu verzichten, was fundamental ist.

Wie bereits erwähnt, war die dritte Session der Zentralkommission mit einem Referat Kardinal Ottavianis, des Vorsitzenden der Theologischen Kommission eröffnet worden, und mit seinen Ausführungen wurde sie auch beendet. Diese Gruppe von Abschlußreferaten wurde unter der allgemeinen Bezeichnung «Reinerhaltung des Depositum Fidei» zusammengefaßt. Unter dem Begriff «Unterpfand des Glaubens» wird die gesamte göttliche Offenbarung verstanden, wie sie in der Heiligen Schrift und in der Überlieferung enthalten ist, welche Gott seiner Kirche anvertraute, damit dank dem gnadenreichen Beistand des in ihr wirkenden Heiligen Geistes keine einzige Wahrheit verlorengehe oder entstellt und verändert werde. Des weiteren wurden auch noch Fragen der Offenbarung, der Dogmen und der Anthropogenese (der Herkunft des Menschen) behandelt.

Zur Zeit der übernatürlichen Offenbarung war von jener unmittelbaren Art und Weise die Rede, durch welche sich Gott den Menschen durch die Propheten und Apostel, hauptsächlich jedoch durch Jesus Christus, in Form von Belehrungen über besonders erhabene Wahrheiten kundtue, die nicht mit den Mitteln menschlicher Vernunft allein zu begreifen sind. In der Offenbarung des Alten und Neuen Testamentes werde uns alles dargeboten, «was zum Leben und zur Frömmigkeit dient» (2 Petr 1,3). Obwohl gewisse Arten von «Privatoffenbarung» auch in unseren Tagen möglich seien, müßten sie doch, wie in der Entschließung der Kommission unterstrichen wurde, mit außerordentlicher Zurückhaltung und Vorsicht aufgenommen werden, um nicht Mystifikationen, Einzel- oder Massenillusionen sowie menschlicher oder gar teuflischer List zum Opfer zu fallen.

Diesem Offenbarungsbegriff widerspricht nach Ansicht des Referenten eine «Dogmenentwicklung» nicht, sofern diese nicht als quantitative oder qualitative Veränderung der Dogmen verstanden werde, sondern als ihre fortschreitende und stufenweise Erkenntnis dank neuer Möglichkeiten ihres Studiums unter dem segensreichen Beistand des Heiligen Geistes bei der Erklärung, Auslegung und Formulierung der Glaubenslehren. Es gehe jedoch nicht darum, die Dogmen zu erweitern, zu schmälern oder zu verändern.

Die Zentralkommission beschäftigte sich auf dieser Sitzung auch mit Fragen, die mit der Bestimmung des Menschen zusammenhängen, sowie mit der Gnade als jener Kraft, welche die Natur des Menschen vervollkommnet. Der Gnadenzustand müsse als ein besonderes Geschenk Gottes betrachtet werden, das dem geistlichen Bedürfnis des Menschen als Abbild Gottes entspreche. Die Kommission verurteilte den Spiritismus als Irrtum, gefährlich für Glauben und Sittlichkeit. Die Zentralkommission stellte sich auch hinter die mehrfache Verurteilung der eng mit dem Spiritismus verknüpften Theorie von der Reinkarnation, in der alte heidnische Lehren von der Seelenwanderung aufleben.

Hinsichtlich der Lehre der Kirche von der Erbsünde verwies die Zentrale Vorbereitungskommission des Konzils auf den unmittelbaren Zusammenhang dieses Dogmas mit der Lehre von der Einheit des Menschengeschlechts (Monogenismus), die alle Aspekte und Erscheinungsformen des Rassismus von Grund auf zerstört.

Im weiteren Verlauf der Sitzung behandelte die Zentralkommission die Frage der Kindertaufe und sprach sich dafür aus, daß es angebracht und sogar notwendig sei, die Kinder in möglichst frühem Alter zu taufen, damit sie im Fall eines frühen Todes die himmlische Seligkeit erlangten, oder, wenn sie am Leben bleiben, von der Erbsünde befreit und durch die Gnade zu Kinder Gottes würden (Vgl. DC No. 1370, 1962, S. 235–250).

An der Abschlußsitzung der dritten Session der Zentralen Vorbereitungskommission des Konzils vom 23. Januar 1962 nahm auch der Papst teil, wobei er erklärte, daß ihm persönliche Kontakte im Lauf dieser Tage gestattet hätten, alles, was geleistet worden sei, umfassend abzuschätzen. Er schulde seinen Mitarbeitern und Söhnen, die in die geheimen Schlupfwinkel seiner Sorgen um das Konzil einzudringen vermochten, sehr viel. Im Hinblick darauf wünschte der Papst seine Anerkennung mit den Worten des heiligen Johannes Chrysostomus auszusprechen: «Euer Erfolg ist meine Freude, mein Ruhm, meine Krone.»

In letzter Zeit seien viele Arbeiten über das bevorstehende Konzil erschienen, sagte der Papst, die von Geistlichen und Laien veröffentlicht wurden. Der Papst stellte mit Genugtuung fest, daß sich fast alle Autoren bewußt seien, was das Konzil darstelle, was auf ihm voraussichtlich zur Sprache komme und welche Fragen es behandeln werde. Dennoch sprach Johannes XXIII. den Wunsch aus, daß Arbeiten dieser Art sorgfältig und wohlüberlegt verfaßt würden, besonders dann, wenn der Verfasser innerhalb der Kirche eine gewisse Autorität besitze. Ein leichtfertiges Vorgehen könnte zur Ursache von Konfusion und Unruhe werden. Der Papst schloß seine kurzen Ausführungen mit dem Aufruf, das Gebet für das bevorstehende Konzil zu intensivieren (Vgl. DC No. 1370, 1962, S. 231–236).

Am 2. Februar 1962 wurde mit der Veröffentlichung eines Motu proprio des Papstes der Konzilsbeginn definitiv festgesetzt. Er schrieb: «Nach reiflicher Überlegung haben Wir Uns nun, um jenen, die von Rechts wegen daran teilnehmen müssen, alle notwendigen Vorkehrungen in der rechten Weise zu ermöglichen, entschlossen, die Eröffnung des Zweiten Ökumenischen Vatikanischen Konzils für den 11. Oktober dieses Jahres festzulegen. Dieses Datum haben Wir vor allem deswegen gewählt, weil es das Konzil von Ephesus ins Gedächtnis ruft, das in den Annalen der katholischen Kirche einen erstrangigen Platz einnimmt» (Motu proprio «Consilium»; HK XVI, 1961/62, S.271).

Bei der an diesem Tag üblichen Darbringung der Kerzen, die dem Papst jeweils am Fest «Maria Lichtmess» von den Domkapiteln der römischen Basiliken, von den kirchlichen Kollegien und den Ordensgemeinschaften überreicht werden, erklärte der Papst, daß diese Kerzen auf die am meisten verehrten Kirchen der einzelnen Länder verteilt würden. Diese Geste des Papstes bedeute, daß sich die Gläubigen aller Rassen und Völker mit ihm im Gebet vereinigen sollten, «damit die Vorbereitung und die Entwicklung des künftigen Konzils auf alle christlichen Seelen wie ein Vorübergang des Engels des Herrn wirke, um Kräfte zu wecken, die Herzen in Liebe zu entflammen und die Gedanken zur heiligen katholischen und apostolischen Kirche hinzuwenden, so wie das Jesus in der Einheit von Hirt und Herde gewollt hat». An erster Stelle wurden die dem Papst dargebrachten Kerzen an jene Städte verteilt, wo die (nach der Zählung der römischen Kirche) 20 Ökumenischen Konzilien stattgefunden hatten: An Nicäa, wo die erste Allgemeine Kirchenversammlung von 325 und die siebte im Jahr 787 abgehalten wurden, an Konstantinopel, den Versammlungsort von vier Ökumenischen Konzilien in den Jahren 381, 553, 680, 869, an Ephesus (431), Chalzedon (451) und Rom mit seinen fünf Laterankonzilien (1123, 1139, 1179, 1215 und 1512) und dem 1. Vatikanischen Konzil von 1870, an Lyon (1245 und 1274), Vienne (1311), Konstanz (1414), Florenz (1439) und an Trient (1545). Als Empfänger geweihter Kerzen wurden weiter jene Städte bestimmt, die für Papst Johannes besonders denkwürdig waren, sein Geburtsort und jene, in denen er als Oberhirte gewirkt hatte, also: Bergamo, Sofia, Athen, Istanbul, Paris und Venedig. Dieser Liste muß man noch die Kathedrale von Mailand hinzufügen, wo die sterblichen Überreste von Kardinal Karl Borromäus ruhen, dessen Leben Johannes XXIII. eingehend studiert hatte und den er als seinen Schutzpatron betrachtete. Einige alte und neue Gotteshäuser Roms, welche an ein seelsorgliches Wirken des Papstes erinnerten, wurden ebenfalls mit Kerzen bedacht. Doch die ersten der geweihten Kerzen gingen an die Soldatenfriedhöfe in der Nähe von

Rom: Cassino, Anzio, Nettuno. Der Papst erklärte seinen Entschluß damit, daß sich seine Gedanken oft jenen zuwendeten, die im Verlauf der vergangenen Konflikte besonders zu leiden hatten und dabei nicht bloß ihre Jugendkraft, sondern häufig auch das Leben einbüßten. Die Soldatenfriedhöfe stellen nach seinen Worten stumme Zeugen menschlicher Grausamkeit und, zusammen damit, eine ständige Mahnung für alle Lebenden dar.

Auf der vierten Session der Zentralkommission, die vom 20. bis 28. Februar 1962 vor sich ging, stand vor allem das Verhältnis zwischen den Bischöfen und der Kurie zur Diskussion. Auch das später so wichtige Thema der Bischofskonferenzen erschien in den Traktanden. Ein Pflichtenkatalog für die Pfarrer wurde aufgestellt, und Kardinal Valeri befaßte sich in seinen Vorlagen mit den Ordensleuten. Des weiteren wurde über die kirchlichen Lehranstalten beraten.

Vom 27. März bis 3. April 1962 fand die fünfte Session der Zentralkommission statt. Auf dieser Session wurde anhand eines Berichtes von Kardinal Arcadio Larraona, des Vorsitzenden der liturgischen Vorbereitungskommission und Präfekten der Ritenkongregation, die Frage der Liturgie behandelt. Man sagte, daß das Bedürfnis zu einer Reform der Liturgie herangereift sei, um diese den einfachen Gläubigen zugänglicher zu machen. Auf den Sitzungen wurde die Notwendigkeit der beiden folgenden Bemerkungen (der Enzyklika «Mediator Dei» Pius XII., A.d.V.) unterstrichen: Erstens, insoweit die liturgischen Handlungen vor allem durch die Geistlichen im Namen der Kirche vollzogen würden, könne ihre Organisation, Reglementierung und Form von niemand anderem abhängen als von der kirchlichen Obrigkeit. Zweitens wurde genau präzisiert, was gerade in der Liturgie einer Reform unterzogen werden könne und was unverändert bleiben müsse. Weil die heilige Liturgie aus menschlichen und göttlichen Elementen bestehe, dürften letztere als Einrichtungen des göttlichen Erlösers natürlich nicht von Menschen verändert werden. Die erstgenannten Elemente hingegen könnten entsprechend den Bedürfnissen der Zeit, der Umstände und der Seelen verschiedene Veränderungen erfahren, insofern diese von der durch den Beistand des Heiligen Geistes gestärkten kirchlichen Hierarchie gebilligt worden seien. Den Worten Papst Pius XII. (in «Mediator Dei») zufolge sei die Eucharistie «Kulminationspunkt und Zentrum der christlichen Religion». Daraus ergebe sich die Notwendigkeit, daß die Gläubigen an der Feier dieses Sakraments «aktiv teilnehmen, Riten und Gebete gut verstehen, sich ihren Sinn einprägen, sich selber mit der Hostie und dem Wein, welche der Priester darbringt, aufopfern, ihren Geist durch die in den Texten der Heiligen Schrift gelehrten Wahrheiten nähren und ihre Seele durch den häufigen Empfang der Kommunion beleben, indem sie die Kommunion des Priesters begleiten». Um dies zu erreichen, könne eine Revision der Liturgie nützlich sein, in deren Gefolge das Wesen und die Bedeutung der Worte, Gesten und Riten klarer hervorträten, die wesentliche Ordnung der Liturgie jedoch unangetastet bliebe.

Auf der Sitzung wurden ebenfalls einige von Kardinal Gregorio Pietro Agagianian vorgelegte Entwürfe zu Schemata über die Missionen erörtert. In diesen Entwürfen wurde der Verkündungscharakter der Kirche unterstrichen, dessen Grundlage der Auftrag Jesu Christi darstelle: «Geht hin in alle Welt, und predigt das Evangelium allen Geschöpfen» (Mk 16,15). Die Probleme der Mission seien folglich mit dem innersten Wesen der Kirche untrennbar verbunden, die ihrer Natur nach missionarisch sei. – Außerdem wurde anhand eines Referates von Erzbischof Martin John O'Connor über den Einsatz der Massenmedien für kirchlich-religiöse Belange beraten (Vgl. DC No.1375, 1962, S.571–592).

Die Schlußsitzung dieser Session (am 3.April) wurde von Johannes XXIII. mit einer Rede eröffnet. Er erwähnte, daß ihn die anstrengenden Audienzen der letzten Tage nicht daran gehindert hätten, die Kommissionsarbeiten aufmerksam zu verfolgen, deren Wirken von enormem Nutzen sei, um den katholischen Sinn der Kirche auf der Ebene des Glaubens und Denkens herauszuheben, «damit sie eine Erneuerung des Lebens und der Aktivitäten kenne, welche durch die Umstände, in denen die Söhne ihre Religion leben müßten, gefordert werde». Aus den Gesprächen mit Kommissionsmitgliedern habe er geschlossen, daß es zwischen ihnen zu heftigen Diskussionen über Fragen der Lehre und der Praxis gekommen sei, aber immer in einer Atmosphäre des Friedens und der gegenseitigen Achtung. Die Tatsache, daß diese Fragen unter Berücksichtigung der Gesichtspunkte jeder Nation und entsprechend ihrer charakteristischen Besonderheiten untersucht worden seien, ergebe eine wertvolle Vielfalt der Urteile. Eine so aufrichtige Beurteilung aller Fragen, sagte der Papst, erbringe unzweifelhaft gute Resultate und werde auf dem Ökumenischen Konzil eine Übereinstimmung zwischen den Bischöfen erleichtern. Der Kommission seien drei Themen zur Beratung vorgelegen: Liturgie, katholische Missionen und Massenmedien. In der heutigen Zeit sei die Liturgie in viel größerem Umfang als früher zu einem Gegenstand des Studiums von Spezialisten geworden. Das stelle eine nützliche Hilfe für die Arbeit jener dar, die lobenswerte Anstrengungen unternähmen, damit die heiligen Zeremonien ihre ursprüngliche Feierlichkeit wiedererlangten und die Gläubigen zu intensiver Frömmigkeit, Heiligkeit und Vollkommenheit anspornten, welche dem Geist des Evangeliums entspricht.

Die Probleme der Mission gehörten zu den täglichen Sorgen des Papstes. Er sei besonders darüber betrübt, daß in zahlreichen Ländern Mißstände auf politischem und sozialem Gebiet die hoffnungsvolle Arbeit im missionarischen Bereich fast zunichte machten. An diesen Fragen müsse viel und beharrlich gearbeitet werden.

Der Papst äußerte auch sein Interesse an Fragen der Presse und der Darbietungen, und er gab der Hoffnung auf ihre glückliche Lösung Ausdruck. Jedem sei der Einfluß bekannt, den diese auf die Menschen und besonders auf die Jugend ausübten, indem sie diese oft genug Gefahren für ihren noch ungeformten Intellekt aussetzten. Darum tue hier Wachsamkeit der Eltern, aber auch der staatlichen Organe Not. Von jenen, die darüber wachten, werde große Klugheit, Ausdauer, Behutsamkeit und Rücksichtnahme verlangt. Der Papst hatte jedoch nicht die Absicht, darüber ausführlicher zu sprechen, da er dieses Thema seinerzeit schon mehrfach vor den verschiedensten Auditorien behandelt hatte.

Er ließ wissen, daß die künftigen Konzilsväter viele wichtige Fragen zu erwägen hätten, die zur Behandlung auf anderen Sessionen vorlägen. Dabei hätten sie nicht nur Licht in alle Fragen zu bringen, die das Leben und die Mission der Kirche betreffen, sondern auch Verordnungen und Gesetze für eine wirkungsvollere und fruchtbarere Wirksamkeit der Geistlichen zu erlassen (ibid. S. 567–572).

Auf der sechsten Session vom 3. bis 12. Mai 1962 kamen erneut theologische und pastorale Probleme sowie Fragen der Disziplin zur Sprache, die der Zentralkommission von den Kardinal-Vorsitzenden der entsprechenden Vorbereitungskommissionen bereits vorgelegt worden waren.

Die Vorbereitung des II. Vatikanischen Konzils trat in ihre Schlußphase. Am 12. Juni 1962 begann unter dem Vorsitz von Kardinal Eugène Tisserant die siebte und letzte Session der Vorkonziliaren Zentralkommission. Nach dem Referat von Kardinal Giuseppe Pizzardo, dem Vorsitzenden der Kommission für die Seminarien, begann eine Diskussion über Organisation und Einrichtung des Lehrbetriebes an den Priesterseminarien, welche die überaus schwierigen Probleme in diesem Bereich offenbarte. Bei den Vorbereitungen für das Konzil wurde dem Charakter der künftigen Geistlichen ebenso wie auch den Eigenschaften ihrer Erzieher besondere Aufmerksamkeit geschenkt.

Die Väter der Vorkonziliaren Kommission kamen einmütig zum Schluß, daß bei der Arbeit auf dem kirchlichen Wirkungsfeld nicht die Quantität, sondern die Qualität eine Rolle spiele, wobei man in Zweifelsfällen besser das Risiko eingehe, eine echte Berufung abzulehnen, als die Herde einem Mietling statt einem guten Hirten anzuvertrauen. Bei der Vorbereitung auf den priesterlichen Dienst lauere, wie man auf der Sitzung dieser Kommission sagte, noch eine andere Versuchung, den «Priester von morgen» auszubilden und darüber alte und gute Traditionen zu verwerfen. Es sei jedoch notwendig, den unerschütterlichen Grundsätzen zu folgen, die im Verlauf der Zeit erprobt wurden.

Am Morgen des 13. Juni 1962 befaßte sich die Zentralkommission mit den katholischen Schulen und deren Unterordnung unter das kirchliche Lehramt in Fragen, die den Unterschied in den religiösen Disziplinen betreffen.

Das Schulwesen sei eine der fundamentalen Aufgaben der Kirche, die sich dem Befehl ihres göttlichen Meisters nicht entziehen dürfe: «Geht hin, und macht alle Völker zu Jüngern» (Mt 28,19). Indem sie die freie Schule verteidige, schütze die Kirche die Freiheit der Familie, der die Sorge für die erste Erziehung des Menschen anvertraut sei. Die Kirche begnüge sich nicht mit der Rolle eines passiven Beobachters, sondern beharre darauf, daß ihre Schulen und Erzieher, die sich ihres Christseins rühmten, auf der Höhe ihrer Berufung stünden.

Das Schema, das auf der Sitzung des 14. Juni 1962 vorgelegt wurde,

Auch Königin Elizabeth II. und Prinzgemahl Philip machten dem Papst am 5. Mai 1961 ihre Aufwartung. Foto: Publifoto

Weltweites Aufsehen und nicht immer freundliche Kommentare erregte der Besuch des Chefredakteurs der sowjetischen Zeitung «Iswestija», Alexej Adschubej, und seiner Frau (der Tochter von Parteichef Nikita Chruschtschow) bei Papst Johannes XXIII., am 7. März 1963. Foto: Photopress

Vorgänger und Nachfolger auf einem Bild: Papst Pius XII. (1939–1958) mit dem damaligen Kardinalpatriarchen von Venedig, und Johannes XXIII. (1958–1963) mit dem Erzbischof von Mailand, Giovanni Battista Kardinal Montini, dem späteren Papst Paul VI. (1963–1978).
Foto oben: Photopress.
Foto unten: Publifoto

An der Lösung der sogenannten «Kuba-Krise» vom Herbst 1962 nahm Papst Johannes XXIII. aktiven Anteil. Am 25. Oktober 1962 richtete er über «Radio Vaticana» einen dramatischen Appell an die Staatsmänner, den Frieden zu erhalten und so der Welt die Schrecken eines Krieges zu ersparen, dessen mögliche furchtbare Folgen niemand absehen könne. Foto: Bilderdienst Süddeut-

befaßte sich mit dem Verhältnis der Ordensleute zu den jeweiligen Ortsordinarien. Das offensichtlich wichtige Thema der Orden fand sich auch noch am 15. Juni auf der Tagesordnung.

Um ihre Heilsaufgabe erfüllen zu können, bedürfe die Kirche der Mitarbeit von Welt- und Ordenspriestern, die ihrerseits würdige Gehilfen der Bischöfe zu sein hätten und diesen in ihrer pastoralen Tätigkeit Hilfe leisten sollten. Die hauptsächliche Berufung der Ordensleute bestehe in Gebet und Buße. Dennoch komme für viele von ihnen auch noch das Apostolat hinzu, das sie im Einvernehmen mit dem Bischof ausübten. Das allerwichtigste und interessanteste Problem stelle aus juristischer Sicht ein Privileg dar, dessen sich die Ordensleute erfreuten. Es bestehe darin, daß einige von ihnen nicht jenen Bischöfen unterstellt seien, deren Diözese sie angehörten, sondern ausschließlich vom Heiligen Stuhl abhingen. Der Papst, unter dessen Jurisdiktion sich die gesamte Kirche befinde, könne dank der sogenannten «Exemtion» der Ordensleute diese Kräfte besser einsetzen und ihnen nach Maßgabe der Bedürfnisse nicht nur Aufgaben im begrenzten Gebiet einer Diözese, sondern im Raum der Gesamtkirche im weitesten Sinn dieses Wortes zuweisen.

In der Diskussion vom 15. Juni 1962 wurde den Fragen der Vollkommenheit besondere Beachtung geschenkt. Die Worte Christi «Seid vollkommen wie euer himmlischer Vater» seien die Quelle, aus der viele Menschen im Verlauf einer zweitausendjährigen Existenz des Christentums Kraft für den Kampf mit den irdischen Leidenschaften geschöpft hätten, indem sie ihr Leben dem Ideal der Heiligkeit weihten, das von den Menschen die Befolgung der drei evangelischen Räte: Armut, Keuschheit und Gehorsam verlange. Die Väter der vorkonziliaren Kommission legten besonderes Gewicht darauf, daß die äußere Aktivität der Ordensleute nicht den innerlichen Geist des Gebetes dämpfe.

Im Verlauf der Erörterungen wurde bemerkt, daß der Stand der Vollkommenheit für den Menschen das höchste Lebensideal darstelle, edler und Gott wohlgefälliger als die Ehe. Dennoch sei das Streben nach dem Mönchtum nicht etwa ein geeignetes Mittel, um den Widerwärtigkeiten des Lebens zu entgehen, denn es auferlege einem Menschen, der diesen Weg gewählt habe, ständige und schwere Opfer.

Ungeachtet aller Schwierigkeiten gelangten die Väter der Zentralkommission zur einmütigen Ansicht, daß das Mönchtum und alle christlichen Vollkommenheitsformen für die Kirche überaus nötig und nützlich seien und daß man diese nach Kräften entwickeln müsse. Im Verlauf der Beratungen wurde ein entscheidender Akzent darauf gelegt, daß, und das war nicht schwer zu bemerken, die Ordensgemeinschaften enger mit dem Episkopat verbunden und unter dessen Kontrolle sein sollten.

Auf der Sitzung vom 16. Juni 1962 standen zwei Entwürfe über die erforderlichen Voraussetzungen für die Priesterweihe und die Ehe zur Debatte, welche von Kardinal Aloisi Masella vorgelegt worden waren. Wegen der großen Verantwortung, die der Geistlichkeit vor Gott und den Menschen auferlegt sei, müsse die Vorbereitung auf den Empfang des kirchlichen Weihesakraments besonders sorgfältig sein.

Zu Beginn der Diskussion über die Ehe stellten die Kommissionsmitglieder einmütig die Wichtigkeit dieses Sakraments in der Gegenwart fest. Mit der Eheschließung begännen Mann und Frau ein neues Leben, das ihnen in ihrer Einheit und Unauflöslichkeit gegenseitige Aufgaben und dauernde Verpflichtungen auferlege. Das erlaube keine Leichtfertigkeit. Die Ehe dürfe nicht wegen irgendeinem besonderen Interesse, aus Leidenschaft oder aus einer Laune heraus geschlossen werden, weil sich hier das Glück von Mann und Frau und auch das ihrer Kinder entscheide.

Nach einer kurzen Sonntagspause nahm die Zentrale Vorbereitungskommission für das Konzil ihre Arbeiten unter dem Vorsitz von Kardinal Tisserant aufs neue auf. Am Morgen des 18. Juni behandelte sie ein umfangreiches Projekt, das von Kardinal Fernando Cento vorgelegt worden war und sich auf das Laienapostolat bezog. Dieser Entwurf wurde in einigen Punkten kritisiert, doch in seiner Gesamtheit gutgeheißen.

Die Kommission für die Angelegenheiten der Laien stand vor keiner leichten Aufgabe: sie hatte jene Richtlinien auszuarbeiten, nach denen die Laien in der heutigen Gesellschaft zu jenem Sauerteig werden sollten, von dem das Evangelium spricht. Wer Gott liebe, der fühle das brennende Bedürfnis, dies in die Öffentlichkeit zu bringen. Wer den Wert der ihm erwiesenen Gnade erkenne, der sei auf jede Weise bemüht, diese Gabe allen mitzuteilen, die ihm auf dem Weg, bei der Arbeit und in der Gesellschaft, in der er lebt, begegnen. Daraus ergebe sich die Notwendigkeit für die Laien, die sich ihrer Pflicht bewußt sind, am Heilsauftrag der Kirche mitzuwirken, bereit zu sein, um ihre beruflichen Qualitäten, Kultur, Erfahrung und als wichtigstes ihren im individuellen, familiären und sozialen Bereich ständig gelebten Glauben der Kirche zur Verfügung zu stellen. Wenn zu dieser Form des Apostolats, das vor allem ein Glaubenszeugnis darstelle, noch ein Apostolat im eigentlichen Sinn hinzukomme, dann bedürfe es eines Auftrags der Hierarchie, die solcherart die Verantwortung übernehme. Dem Priester obliege die Sorge, die Laien für das Apostolat heranzubilden und sie geistlich zu führen.

Zum Abschluß der Diskussion erklärten die Versammelten: «Die Kirche, deren Auftrag das ewige Heil eines jeden Menschen betrifft, weiß, daß es ihre Aufgabe ist, ihn zu retten, indem sie sich aller menschlichen Mittel, die ihr zur Verfügung stehen, bedient, ohne ihn von der Welt, in der er lebt, zu lösen, sondern indem sie ihn in der Gesellschaft, der er angehört, heiligt und gleichzeitig damit, dank der Wirksamkeit der Besten, auch die Gesellschaft selbst» (DC No.1380, 1962, S.918).

Auf der vorletzten Sitzung der Zentralkommission, die am 19.Juni stattfand, hielt Kardinal Ottaviani ein Referat, in dem er sich zum zweiten Teil der Konstitution über die Kirche äußerte. (Der erste Teil war auf der sechsten Session im Mai 1962 durchberaten worden.) Die letzten Kapitel des Konstitutionsentwurfes über die Kirche behandelten die Autorität der Kirche, das Verhältnis zwischen Kirche und Staat, ihre Pflichten und die Notwendigkeit, das Evangelium allen Völkern zu verkünden, sowie Fragen der Ökumene.

Diese Sitzung war somit ganz der Klärung ekklesiologischer Fragen gewidmet. Es existiere in der Kirche ein vom Heiligen Geist geleitetes lebendiges, ständiges und authentisches Lehramt, dessen Aufgabe es sei, im Namen Christi die Wahrheit zu lehren. Die Gläubigen sollten auch dann sehr aufmerksam auf den Papst hören, wenn er nicht «ex cathedra» spreche. Wenn man die Autorität des Papstes und der Bischöfe mit den Augen des Glaubens betrachte, dann sei es leicht, darin Christus selbst zu erblicken und ihm zu gehorchen. Außer der Lehrautorität verfüge die Kirche auch über eine Rechtsgewalt. Sie erstrecke sich auf alles, was mit dem Heil der Seelen zusammenhänge. Alles, was die zeitlichen Güter der Menschen betreffe, unterliege der Autorität der Staatsgewalt, und die Kirche, die zwar ihre eigenen Rechte eifersüchtig hüte, aber gleichzeitiig auch die Rechte der anderen achte, mische sich nicht in Fragen ein, welche sie nichts angingen. In Fragen hingegen, die gleichzeitig sowohl die Kirche wie den Staat berührten, wie z. B. Ehe, Jugenderziehung und ähnliches, bestehe sie darauf, daß man sie nicht an der Erreichung ihrer eigenen Ziele hindere.

Parallel mit der Frage des Verhältnisses von Kirche und Staat legte Kardinal Bea einen durch das von ihm geleitete Sekretariat für die Einheit der Christen vorbereiteten Entwurf vor. In dieser Vorlage wurde gesagt, daß die religiöse Freiheit, auf welche die Kirche ein Recht habe, nicht nur in der Meinungsfreiheit oder in der Freiheit zur Abhaltung religiöser Kulthandlungen bestehe, sondern auch in der Möglichkeit, alle öffentlichen und privaten Pflichten, die Gott und die Menschen betreffen, zu erfüllen und zu verkünden.

Im zweiten Teil der Sitzung vom 19. Juni wurde von der Zentralkommission ein Entwurf über die Einheit der Kirchen, der sich im konkreten Fall allerdings nur auf die Ostkirchen bezog, begutachtet. Dabei wurde unter anderem betont, daß die sichtbare Einheit der Kirche ihren Mittelpunkt in der Person Petri habe, der durch seine Nachfolger im Namen Christi regiere, Gesetze erlasse und richte. Diese Art von Einheit könne nur auf dem Weg der Unterwerfung aller Gläubigen unter die von Christus auf Erden errichtete Autorität, das heißt den Papst und die mit ihm in Gemeinschaft stehenden Bischöfe, bewahrt werden. Eine derartige Einheit bedeute jedoch nicht Gleichförmigkeit, weil sie eine Verschiedenheit in Traditionen, Bräuchen, Besonderheiten, die dem einen oder anderen Volk eigen sind, zulasse. Doch sei in diesem Fall eine einheitliche Autorität nötig, die alles leite und die Einheit der Gläubigen zusammenhalte.

Die Zentralkommission verweilte auch am Schlußtag, dem 20. Juni 1962, beim Problem der christlichen Einheit und deren Untersuchung von einem theologischen Gesichtspunkt aus. Hierauf ergriff Kardinal Bea das Wort, um über einen anderen Entwurf zu diesem Thema zu referieren, in dem die Ökumene unter einem pastoralen Aspekt betrachtet wurde. Das Wort «ökumenisch» komme aus dem Griechischen und bedeute «universal, allgemein», ein Begriff, wie er beim «Ökumenischen Konzil» voll zutreffe. In dem Sinn hingegen, wie es heute von den Nichtkatholiken und besonders von den Protestanten gebraucht werde, weise das Wort «ökumenisch» auf irgendeine Übereinkunft besonderer Art, auf eine Föderation von gleichberechtigten christlichen Kirchen hin. Nach dieser Theorie könne keine einzige Kirche behaupten, die alleinige wahre Kirche Christi zu sein, sondern nur einer ihrer Teile. Die Kirche der Zukunft werde als Resultat der Vereinigung der heute bestehenden Kirchen eine völlig neue Kirche bilden. Von diesen Prinzipien seien auch die allchristlichen Konferenzen ausgegangen, an denen die katholische Kirche nicht teilgenommen habe: 1910 in Edinburgh, 1925 in Stockholm, 1927 in Lausanne, 1937 in Oxford. 1946 sei der Ökumenische Rat der Kirchen gegründet worden, dessen Versammlungen 1948 in Amsterdam, 1954 in Evanston (USA) und 1961 in Neu Delhi stattfanden. Die Arbeiten dieser letzten Vollversammlung seien auch von katholischen Beobachtern verfolgt worden. Wie die Zentralkommission betonte, habe die katholische Kirche allerdings bei ihrer Suche nach Wegen zur Einheit nicht auf eine ökumenische Bewegung protestantischen Einschlags gewartet. Zum Beweis wurde auf die von katholischer Seite seit dem Zweiten Konzil von Lyon (im Jahr 1274) unternommenen Einigungsbemühungen und ökumenischen Initiativen bis zur Errichtung des «Sekretariats für die Einheit der Christen» (im Jahr 1960) verwiesen.

Vor Abschluß der letzten Session der Zentralkommission hielt Papst Johannes XXIII. am 20. Juni eine Rede. Nachdem er seine freudige Bewegtheit angesichts des unmittelbar bevorstehenden Konzils zum Ausdruck gebracht hatte, lenkte er die Aufmerksamkeit seiner Zuhörer auf jene Aufgaben, die ihnen in den folgenden drei Monaten bis zur Eröffnung der ersten Konzilssession gestellt sein würden. Die verbleibende Frist sollte nach seinen Worten ernsten Überlegungen dienen. Die Konzilsväter könnten sich auf dieses durch die Lektüre und Erwägung der zur Behandlung stehenden Fragen vorbereiten, die im weiteren allen zugestellt würden. Es sei sehr wünschenswert, daß jeder Konzilsteilnehmer rechtzeitig und schriftlich dem Generalsekretariat oder dem Kardinalstaatssekretär alles mitteile, was ihm anläßlich des

Konzils in Anbetracht der Umstände mitteilenswert erscheine. «Man kann dem Ökumenischen Konzil, das am 11. Oktober beginnen wird, keinen größeren Dienst erweisen, damit es gute Früchte bringt», sagte der Papst. «All das wird dazu beitragen, daß die Fragen weise geprüft und ins rechte Licht gestellt werden und alles unter Vermeidung von Unannehmlichkeiten friedlich verläuft» (ibid. S. 902).

Der Papst erklärte, er wolle die gute Arbeit mit um so größerem Eifer weiterführen, als er mit großer Freude sehe, wie sich die Verheißungen des Erfolgs abzuzeichnen begännen und sich entwickelten. Indem er sich an die Väter der Präkonziliaren Zentralkommission wandte, bat sie der Papst, allen, mit denen sie in Berührung kommen würden, zu sagen, welch bemerkenswerte Arbeit bei der Vorbereitung des Konzils geleistet worden sei, und die Gläubigen zu eifrigem Gebet aufzufordern. Das nahende Konzil sei auch eine Gelegenheit zu vielfältigen Publikationen. Diese verdienten Achtung und seien eine Freude fürs Herz. Und der Papst gestand: «Wir haben die Gewohnheit, sie – soweit möglich – mit größter Befriedigung zu lesen.» Er forderte die Konzilsväter auf, täglich das Johannesevangelium zu meditieren, insbesondere das letzte Gebet Jesu im XVIII. Kapitel: «Daß sie eins seien» (ibid. S. 904).

Die Sessionen der Vorkonziliären Zentralkommission waren zu Ende. 70 Berichte im Gesamtumfang von 2060 Seiten waren einer kritischen Prüfung unterzogen worden. Außerdem hatte die Zentralkommission 6 Konstitutionsentwürfe behandelt, die von der Theologischen Kommission mit Kardinal Ottaviani als Referenten vorbereitet worden waren.

Die äußerst wirkungsvolle Arbeit der Zentralkommission war natürlich nur dank der durch die einzelnen Vorbereitungskommissionen und Sekretariate erbrachten Leistungen möglich. Diese Kommissionen setzten sich aus den kompetentesten Gelehrten auf theologischem, biblischem, kanonischem, sozialem, historischem und pastoralem Gebiet zusammen, die verschiedensten Nationen angehörten. Ihnen oblag die Aufgabe, das Material vorzubereiten, das die Konzilsväter sorgfältigst zu prüfen hatten. Die Gesamtzahl der Mitglieder aller Kommissionen und Sekretariate betrug 833. Davon waren 67 Kardinäle (27

Kurienkardinäle und 40 Diözesanoberhirten), 5 Patriarchen, 116 Erzbischöfe, 135 Bischöfe, 220 Weltpriester, 282 Ordensleute und 8 Laien.

Jede Kommission und jedes Sekretariat arbeiteten an ihren bestimmten Aufgaben. Einen im voraus genau erstellten Arbeitsplan gab es nicht. Bei der Zuteilung der Arbeit und ihrer Organisation sowie in den zu benützenden Methoden wurde große Freiheit gewährt. Nachdem die allgemeinen Linien skizziert waren, denen bei der Arbeit gefolgt werden mußte, wurden die Unterausschüsse gebildet. Nach einem sorgfältigen Studium ihres Gegenstandes hatten die Unterausschüsse Pläne zur Vorlage an das Kommissionsplenum zu erstellen. Den Bemerkungen und Ratschlägen entsprechend wurden sie korrigiert und umgearbeitet und hierauf nach Billigung durch die Mehrheit der Zentralkommission vorgelegt. Im Fall, daß zusammenfallende oder miteinander zusammenhängende Fragen auftauchten, wurden gemischte oder vereinigte Kommissionen gebildet, um ein wiederholtes Studium ein und derselben Fragen zu vermeiden und die verschiedenen Aspekte ihres Studiums aufeinander abzustimmen. Die Mitglieder und Konsultoren der Unterausschüsse, die sich in Rom befanden, versammelten sich häufig, manchmal jede Woche. Die Vollversammlungen aller Mitglieder der Kommissionen und Sekretariate wurden an zuvor bestimmten Tagen abgehalten.

Während der Vorbereitungszeit des Konzils erlitten Papst Johannes XXIII. sowie seine Weg- und Gesinnungsgenossen einen schweren Verlust. Am 30. Juni 1961 verstarb der Staatssekretär Kardinal Domenico Tardini. Der an seiner Stelle ernannte Kardinal Amleto Cicognani konnte es, oblgeich auch er in die Fußstapfen des Papstes trat, weder an Format und wahrscheinlich auch nicht an Erfahrung, noch an Autorität und Arbeitsfähigkeit mit dem verstorbenen Kardinal Tardini aufnehmen, weshalb ein großes Quantum Arbeit unmittelbar auf die Schultern Johannes XXIII. gelegt wurde.

e) Die Enzyklika «Aeterna Dei Sapientia»

Etwas weniger als ein Jahr vor Eröffnung des Konzils richtete Papst Johannes XXIII. ein Rundschreiben an die gesamte katholische Kirche.

Am 11. November 1961 wurde die dem 1500. Todestag des heiligen

Leo des Großen gewidmete Enzyklika Johannes XXIII. veröffentlicht. Im Vorwort zur Enzyklika sagte der Papst ohne Umschweife, daß er, von der göttlichen Vorsehung auf den Stuhl des Apostels Petrus berufen, es als seine Pflicht erachte, des heiligen Leo zur 1500jährigen Wiederkehr seines Todestages zu gedenken und an seine Tugenden und seine unsterblichen Verdienste zu erinnern. «Wir vertrauen darauf, daß Wir dadurch zum gemeinsamen Nutzen der Seelen und zur Verherrlichung und Festigung des katholischen Glaubens nicht wenig beitragen können» (HK XVI, 1961/62, S.219).

Die Enzyklika «Aeterna Dei Sapientia» wurde am «Vorabend» des II. Vatikanischen Konzils publiziert. Sie war dem Andenken eines der hervorragendsten Päpste des Altertums gewidmet, der auch im Osten große Autorität genießt. Der Hauptakzent dieser Enzyklika lag auf der Persönlichkeit Leos des Großen, dem römischen Papst, Hirten und Lehrer der ökumenischen Kirche sowie der unanfechtbaren Autorität des Altertums. Dabei wurde auch die Lehre Leos über den Bischof von Rom als Zentrum der sichtbaren Einheit der Kirche dargelegt. Das alles geschah nicht zufällig. Mit seiner Enzyklika gab Johannes XXIII. zu verstehen, daß die Wiederherstellung der christlichen Einheit von seiten der nicht-römischen christlichen Bekenntnisse auch die Anerkennung des päpstlichen Primats beinhalten müsse. Er ließ erkennen, daß die ökumenische Aktivität der katholischen Kirche, welcher das II. Vatikanische Konzil einen starken Impuls gebe, in Richtung auf eine Vereinigung mit dem römischen Stuhl erfolgen werde. Im Bewußtsein, daß die Einheit nur entsprechend der Verheißung Christi von der einen Herde und dem einen Hirten zu verwirklichen sei, bete der Papst« zu unserem Mittler und Fürsprecher beim Vater, (...) daß er der ganzen Christenheit die Gnade der Erkenntnis erbitten möge, die unterscheidenden Kennzeichen der wahren Kirche zu erkennen und sich als treue Söhne zu ihr zu bekennen» (ibid. S.224).

Anbei die Biographie von Papst Leo I., wie sie Johannes XXIII. in seiner Enzyklika darstellte: Der heilige Leo der Große, der aus der Toscana stammte, wurde gegen Ende des 4. Jahrhunderts geboren. Seit früher Kindheit lebte er in Rom und trat hier bereits in jugendlichem Alter dem römischen Klerus bei, indem er zum Diakon geweiht wurde. In der Zeit zwischen 430 und 439 war er Mitarbeiter von Papst Sixtus III. und übte großen Einfluß auf den Gang der kirchlichen Angelegenheiten aus. Während Leo in Gallien weilte, wo er einen Konflikt zu schlichten hatte, verstarb Papst Sixtus III. Die römische Kirche fand keinen würdigeren Nachfolger für den verstorbenen Papst als den Diakon Leo, der sich durch große Kompetenz in Fragen der Theologie wie auch in Angelegenheiten der Gesellschaft auszeichnete. Am 29. September 440 wurde er zum Bischof der Stadt Rom geweiht. Sein Pontifikat war nicht nur äußerst lang, sondern auch sehr ruhmvoll. Als er im November 461 seinen Lebensweg beendete, wurden seine sterblichen Überreste zuerst unter dem Eingang der vatikanischen Basilika beigesetzt.

Um die Mitte des 5. Jahrhunderts, so schrieb Papst Johannes, habe Leo der Große wie ein strahlender Stern am christlichen Himmel geleuchtet, insbesondere in der Glaubenswissenschaft. «Hier muß sein Name neben denen des heiligen Augustinus von Hippo und des heiligen Cyrill von Alexandrien genannt werden. (. . .) Wenn die gesamte Kirche Augustinus als den Lehrer der göttlichen Gnade feiert und Cyrill als den Lehrer der Inkarnation, so sehen in Leo alle übereinstimmend den Lehrer der kirchlichen Einheit» (ibid. S. 219).

Durch sein energisches Eingreifen in die Auseinandersetzung, ob Christus außer seiner göttlichen Natur auch über eine menschliche Natur verfügt, habe der heilige Leo zum Sieg der unerschütterlichen Lehre der Kirche von der Menschwerdung des göttlichen Wortes beigetragen. In seinem Brief an Flavian, den Bischof von Konstantinopel, habe Leo mit bewundernswerter Klarheit und Verständlichkeit das Dogma der Menschwerdung des Gottessohnes dargelegt. Des weiteren zitierte Papst Johannes XXIII. einen Auszug aus diesem Schreiben Leos des Großen: »Unbeschadet der substantiellen Verschiedenheit der beiden Naturen wurden beide Naturen in einer Person vereinigt. So wurde von der Majestät die Demut, von der Stärke die Schwachheit und von der Ewigkeit die Sterblichkeit angenommen. Und um den Zustand unserer Schuld zu beenden, hat sich die unverletzbare (göttliche) Natur vereinigt, in der Weise, daß, unserem Heilsbedürfnis entsprechend, ein und derselbe Mittler zwischen Gott und den Menschen, der Mensch Jesus Christus, aufgrund seiner einen Natur sterben konnte und aufgrund seiner anderen nicht. Indem er die vollkommene und ganze menschliche Natur annahm, wurde der wahre Gott Mensch. Er war aufgrund seiner Eigenschaften ganz Gott, aufgrund unserer Eigenschaften ganz Mensch» (M PL 54, 759; zit. nach HK XVI, 1961/62 S. 220).

Als Verteidiger der kirchlichen Einheit habe Papst Leo der Große das im Jahr 449 in Ephesus versammelte Konzil verurteilt, dessen Teilnehmer mit allen Mitteln die Irrlehre des Eutyches zu verbreiten suchten, der lehrte, daß Christus der Erlöser nur über eine göttliche Natur verfüge. Der Papst habe von einer «Räubersynode» gesprochen. Der Name Leos sei jedoch besonders eng mit dem Konzil von Chalzedon, das im Jahr 451 stattfand, verbunden, dessen 28. Kanon er allerdings nicht bestätigte, in welchem die Konzilsväter, sei es dem Protest des römischen Legaten zum Trotz, sei es, um sich das Wohlwollen des byzantinischen Kaisers zu erschleichen, dem Stuhl von Konstantinopel den höchsten Vorrang unter allen morgenländischen Kirchen zuerkannt hatten. Der heilige Leo habe dem Kaiser eine Botschaft gesandt, in welcher er die Beweisführung der Konzilsväter zurückwies und mahnte: «Etwas anderes ist die Ordnung der weltlichen Dinge und etwas anderes die Ordnung der göttlichen. Es wird kein festes Fundament geben außer jenem Felsen (gemeint ist der römische Stuhl, A.d.V.), durch den der Herr selbst das Fundament gelegt hat (vgl. Mt 16,18). Wer nach dem strebt, was ihm nicht zukommt, kompromittiert seine eigenen Rechte» (Ep. 104,3 ad Marcianum imperatorem; zit. nach HK XVI, 1961/62 S. 220). Bei der Analyse der historischen Fakten gelangte Papst Johannes XXIII. zum Schluß: «Die schmerzvolle Geschichte des Schismas, durch das in der Folgezeit so viele hochangesehene Kirchen des Ostens vom Apostolischen Stuhl getrennt wurden, ist leider ein klarer Beweis für die Berechtigung der in der zitierten Stelle ausgedrückten Voraussicht und Furcht vor der zukünftigen Spaltung innerhalb der Christenheit» (ebd.).

Der heilige Leo habe gelehrt, daß die Kirche eins sein müsse, weil der Herr Jesus Christus, ihr Bräutigam, einer sei. Diese bemerkenswerte Einheit nehme in der Menschwerdung des göttlichen Wortes ihren Anfang. Der heilige Leo habe das folgendermaßen erläutert: «Die Geburt Christi ist auch die Geburt des christlichen Volkes, die Geburt des Hauptes ist auch die Geburt des Leibes. Wohl kommt jedem, der berufen ist, sein eigener Rang zu, wohl unterscheiden sich die Kinder der Kirche durch das zeitliche Nacheinander, aber die Gesamtheit der Gläubigen ist doch geboren aus dem Wasser der Taufe, mit Christus gekreuzigt in seiner Passion, auferweckt in seiner Auferstehung und in seiner Himmelfahrt zur Rechten des Vaters erhoben. So sind sie auch alle mit ihm geboren in seiner Geburt» (Serm. 26,2, in Nativitate Domini; zit. ibid. S.221). Dieser geheimnisvollen Geburt des «Leibes der Kirche» habe Maria ihre Jungfräulichkeit zum Opfer gebracht, als sie vom Heiligen Geist empfing. Sie preist der heilige Leo als «Jungfrau, Magd des Herrn und Mutter», als Gottesgebärerin und immerwährende Jungfrau. Anderseits habe Leo unterstrichen, daß das Sakrament der Taufe jenen Menschen, über den das Taufwasser ausgegossen wird, nicht nur zum Glied des Leibes Christi mache, sondern auch zum Teilhaber an seiner Königswürde und an seinem Priestertum. Ferner erreichten alle jene, die durch die Firmung gestärkt und Christus ähnlich geworden seien, die vollkommene Einigung dank dem Sakrament der Eucharistie. Denn die Teilnahme am Leib und Blut Christi bewirke nichts anderes, «als daß wir in das verwandelt werden, was wir empfangen, und daß wir dem Leib und dem Geist nach den ganz in uns tragen, mit dem wir gestorben, begraben und auferstanden sind» (Serm. 64,7 de Passione Domini; zit. ibid. S.221). Dennoch dürfe nicht außer acht gelassen werden, daß die Einheit der gläubigen Glieder des lebendigen und sichtbaren Leibes mit dem Erlöser als dem gemeinsamen Haupt nur dann vollkommen zu sein vermöge, wenn ein und derselbe Glaube sie vereine. «Damit aber die Einheit im Glauben wirklich erhalten bleibe, müssen die Lehrer der göttlichen Wahrheit, die Bischöfe, unter sich eins sein, im Geist und im Zeugnis, und zwar in Gemeinschaft mit dem römischen Papst« (ibid. S.221). Etwas weiter finden sich Erwägungen Leos des Großen, in denen direkt auf den Primat des Nachfolgers des Apostels Petrus als dem organisatorischen Beginn der Kirche hingewiesen wird: die Verbindung aller Glieder des Leibes sei die Voraussetzung für seine Gesundung und Schönheit, und diese Einheit erfordere natürlich die Eintracht des ganzen Leibes und die Übereinstimmung zwischen allen Bischöfen. Sie besäßen zwar gleichen Rang und gleiche Würde, nicht aber gleiche Vollmachten: »Denn auch unter den Aposteln bestand zwar volle Gleichheit des Ansehens, aber

Verschiedenheit der Gewalten, sofern zwar allen die Gnade der Auserwählung, aber einem einzigen der Vorrang vor allen andern verliehen wurde» (Ep. 14,11, ad Anastasium, episc. Thessal.; zit. ibid. S.221f.).

Nach Ansicht des heiligen Leo sei die Säule und das Haupt der sichtbaren Einheit der Kirche der römische Bischof als Nachfolger des Apostels Petrus, wie die folgenden Sätze beweisen: «Aus der ganzen Welt wird ein Petrus erwählt, der den Gläubigen unter allen Völkern, allen Aposteln und allen Vätern der Kirche vorstehen soll. Denn obwohl es viele Priester und viele Hirten im Volke Gottes gibt, ist doch im eigentlichen Sinne Petrus der Leiter all derer, über die in erster Linie Christus herrscht. Einen hohen und bewundernswerten Anteil an ihrer Macht gab also, Geliebteste, die göttliche Gnade diesem Manne. Und wenn auch nach ihrem Willen die übrigen Häupter der Kirche manches mit ihm teilen sollen, so hat sie doch alles, was sie den andern nicht vorenthielt, diesen nur durch ihn gegeben. (. . .) Es ging wohl auch auf die andern Apostel das Recht über, von dieser Vollmacht (d. h. der Binde- und Lösegewalt) Gebrauch zu machen; auch gilt für alle Vorsteher der Kirche die in dieser enthaltene Bestimmung. Trotzdem wird nicht ohne Grund das, woran alle Anteil haben sollen, einem einzigen anvertraut. Denn gerade deshalb wird diese Vollmacht dem Petrus gesondert übertragen, weil allen Leitern der Kirche die Person des Petrus vorangestellt wird» (Serm. 4,2, de natali ipsius; zit. ibid. S.222).

Es ist ganz natürlich, daß Papst Johannes XXIII. mit den Aussagen des heiligen Leo des Großen voll und ganz einverstanden war und den Standpunkt des Primates der römischen Bischöfe vertrat. Aber um seine Leser davon zu überzeugen, daß dies die Ansicht aller Ostkirchen gewesen sei, zitiert er in seiner Enzyklika einen Ausschnitt aus einer Epistel des Bischofs Theodoret von Cyrus. Bei der Lektüre dieses Briefes läßt sich feststellen, daß Theodoret zwar den Primat des römischen Bischofs als Nachfolger der Apostel Petrus und Paulus anerkannte, jedoch gleichzeitig nicht klar von diesem als sichtbarem Haupt der ganzen Kirche spricht, obwohl auch er »den Ausgang des wahren Glaubenslichtes» mit dem «Sitz» des Nachfolgers der Apostelfürsten in Rom verband. Im Jahr 449 schrieb der Bischof von Cyrus dem heiligen Leo: «Euch kommt es zu, in allem den ersten Platz einzunehmen. Durch viele Vorzüge ist ja Eure Stadt ausgezeichnet. Mögen andere

Städte berühmt sein wegen ihrer Größe, ihrer Schönheit und der Zahl der Bewohner, Euch hat der Spender aller Gaben Güter im Überfluß geschenkt; denn Eure Stadt ist von allen die größte und berühmteste durch ihre weltumspannende Herrschaft und die Zahl ihrer Bürger. Sie birgt in sich überdies die Gräber von unser aller Väter und Lehrer, Petrus und Paulus. Diese sind für die Gläubigen Stätten der Erleuchtung. Die beiden heiligen, von Gott geschenkten Männer stammten zwar aus dem Osten und verbreiteten ihr Licht auf der ganzen Erde. Aber aufgrund freier Entscheidung blieben sie bis zum Ende ihres Lebens im Westen. Von da aus strahlen sie jetzt in die ganze Welt aus. Sie verleihen Eurer Stadt einen hohen Adel. Darin liegt Euer höchstes Gut. Aber ihr Gott zeichnet auch jetzt ihren einstigen Satz aus, weil er von dort aus durch Eure Heiligkeit das Licht des wahren Glaubens ausstrahlt» (Ep. 52,1, Theodoreti episc. ad Leonem, episc. Romae; zit. ibid. S.223).

Nachdem er der Heiligkeit Leos des Großen «hohes Lob» gezollt hatte, ging Johannes XXIII. zur Behandlung modernerer Probleme über, die sich der katholischen Welt stellten. Die erste Stelle bei seinen Betrachtungen nahm dabei das bevorstehende Ökumenische Konzil ein, das zur Vereinigung aller Christen einschließlich der Nichtkatholiken, um den »erhabenen Hirten der Herde» (Hebr. 13,20) beitragen sollte, «der dem Petrus und seinen Nachfolgern seine Herde für immer zur Führung anvertraut hat» (vgl. Joh. 21,15–17). Mit großer Zustimmung äußerte sich der Papst auch über die Ökumenische Bewegung, die für ihn «einen Grund des Trostes und der zuversichtlichen Hoffnung» bilde, weil in verschiedenen Teilen der Welt wachsende Anstrengungen zur Wiederherstellung der sichtbaren Einheit der Gläubigen unternommen würden, welche der Verwirklichung der «Absichten und Gebote des göttlichen Erlösers» entsprächen.

f) Die Apostolische Konstitution «Humanae salutis»

Am 25. Dezember 1961, dem Christtag, wurde von Papst Johannes XXIII. die Apostolische Konstitution «Humanae Salutis» (Heil der Menschen) veröffentlicht. In einer kurzen Einleitung sprach Johannes XXIII. über das historische Wesen der christlichen Kirche und meinte, daß sie selbst in den schwersten Zeiten, welche die Menschheit durchlebte, immer eine Lehrerin der Wahrheit und eine Sachwalterin des Heils gewesen sei. Gebet, Opfer und Leiden zur Ehre Gottes seien ihr zu allen Zeiten eigen gewesen. Und heute, wo die menschliche Gesellschaft auf den Wegen bedeutsamer Veränderungen wandle, wo sich die Menschheit an der Wende zu einer neuen Ära befinde, stellten sich der Kirche gewichtige Aufgaben, wie das gewöhnlich auch in vergangenen Übergangsperioden der Fall zu sein pflegte. Von der Kirche werde heute verlangt, daß sie die verästelten Strukturen der heutigen Gesellschaft mit dem Leben des Evangeliums erfülle. Diese Aufgabe ist ihr gestellt in einer Welt, die sich zwar ihres modernen wirtschaftlichen und technischen Fortschritts rühmt, die aber an einer gesellschaftlichen Krise leidet, die sie ohne Gott zu beheben versucht hat. Wir müssen zudem feststellen, daß die Menschen unserer Tage in ihrer geistigen Entwicklung mit den äußeren, materiellen Errungenschaften nicht Schritt gehalten haben (HK XVI, 1961/62, S. 225). Ganz augenfällig sei die Vernachlässigung der geistigen und unvergänglichen Werte. Gleichzeitig sei eine große Neigung zu leicht erschwinglichem materiellem Genuß zu verzeichnen, dessen Erlangung durch den heutigen Fortschritt leicht gemacht werde. Der technische Fortschritt habe es dem Menschen auch gestattet, schreckliche Waffen für die eigene Vernichtung zu erzeugen, was ebenfalls große Unruhe und viele Befürchtungen wachrufe. Das habe die Menschen zum Nachdenken gezwungen und sie zur Einsicht in die Begrenztheit ihrer Möglichkeiten geführt. Dadurch sei auch der Wunsch nach Frieden und geistigen Werten geweckt worden. Und dies beschleunigt nach Ansicht des Papstes den bereits begonnenen Entwicklungsprozeß zu engerer Zusammenarbeit und gegenseitiger Hilfeleistung.

Die Kirche ihrerseits sei der Entwicklung der Menschheit, dem technischen und wissenschaftlichen Fortschritt sowie den sozialen Veränderungen niemals untätig gegenübergestanden. «Sie konnte (. . .) aus sich selbst reiche Kräfte des Apostolates, des Gebetes und der Aktion auf allen Gebieten des menschlichen Lebens schöpfen: zunächst durch das Wirken eines Klerus, der sich durch Bildung und Heiligkeit immer mehr auszeichnet, aber auch durch das Werk der Laien, die sich ihrer Bedeutung innerhalb der Kirche (. . .) stärker bewußt geworden sind» (ibid. S. 225). Indem er die katholische Kirche mit der menschlichen Gesellschaft verglich, vermerkte der Papst ihre parallelen Veränderungen. Die Kirche bleibe ebenfalls nicht stehen, sie verändere und erneuere sich, ihre innere Einheit werde fester, und ihre geistliche Wirkungskraft nehme zu. «Sie scheint deshalb gegenwärtig für den heiligen Glaubenskampf durchaus gerüstet zu sein», schrieb der Papst. Der Gedanke, daß die Kirche heute befähigt werden müsse, die Probleme der Menschen unserer Zeit zu lösen, habe ihn seit Beginn seines Pontifikates ständig bewegt, und von dieser Sorge werde ihm auch die Notwendigkeit zur Einberufung des II. Vatikanischen Konzils diktiert.

Dem Konzil würden Fragen der Glaubenslehre sowie all dessen zur Begutachtung vorgelegt, was mit dem Leben und der Tätigkeit der Kirche zusammenhänge, damit seine Verordnungen und Beschlüsse der realen Situation der Kirche in der Welt entsprechen und zur Erfüllung ihrer Mission beitragen. Diese Fragen umfaßten «die Heilige Schrift, die Tradition, die Sakramente der Kirche, die Gebete, die Kirchendisziplin, die karitativen Hilfswerke, das Laienapostolat und die missionarischen Aufgaben» (ibid. S. 226). Obwohl die Kirche keine irdischen Ziele verfolge, könne sie sich nicht an den Angelegenheiten der weltlichen Ordnung desinteressiert zeigen, die sie auf ihrem Weg antreffe. Sie wisse um den Einfluß, den die Umstände des menschlichen Lebens auf die unsterblichen Seelen ausübten. Die Kirche sei sich bewußt, daß sie den Menschen, wenn sie ihnen das Licht Christi bringe, zu besserer Selbsterkenntnis verhelfe, indem sie ihnen helfe, ihre eigenen Wünsche und jenes letzte Ziel, das sie verfolgen müßten, zu erfassen. Daher habe sie eine Soziallehre über die Familie, die Schule, die Arbeit, die staatliche Gemeinschaft, das menschliche Zusammenleben und andere Fragen dieser Art ausgearbeitet, was ihr großes Ansehen bei den Volksmassen eingetragen habe. «Deswegen hoffen Wir», erklärte der Papst, «daß die Beratungen der ökumenischen Versammlung eine solche Wirkung haben werden, daß sie nicht nur den inneren Gewissensbereich des Menschen mit dem Licht göttlicher Wahrheit erfüllen und mit neuer Kraft stärken, sondern sich auf das ganze menschliche Leben auswirken» (ibid. S. 226f.).

Papst Johannes XXIII. gedachte der ersten Ankündigung des Konzils am 25. Januar 1959. Die verflossenen drei Jahre seien eine Zeit intensiver Vorbereitungsarbeit gewesen, schrieb der Papst und betonte, daß er sich glücklich schätze, das Ende dieser langwierigen Arbeit ankündigen zu können. Nachdem er feierlich die offizielle Einberufung des Zweiten Ökumenischen Vatikanischen Konzils für das Jahr 1962 proklamiert hatte, fuhr er fort: «Wir bestimmen außerdem und legen fest, daß an der von Uns einberufenen ökumenischen Versammlung teilnehmen sollen Unsere Söhne, die Kardinäle, Patriarchen, Primaten, Erzbischöfe und alle Residential- und Titularbischöfe aus der ganzen Welt, sowie alle Kirchenmänner, die von Rechts wegen dem Ökumenischen Konzil beiwohnen müssen» (ibid. S.227). Der Papst äußerte auch die Hoffnung, daß die von Rom getrennten christlichen Kirchen ihre Beobachter zu den Konzilssitzungen entsenden möchten. Das Dokument schloß mit einem Gebet zum Geist Gottes: «Erneuere in dieser unserer Zeit durch ein neues Pfingsten deine Wunder, und gewähre deiner heiligen Kirche, mit Maria, der Mutter Jesu, einmütig im Gebet zu verharren und unter der Führung des heiligen Petrus das Reich des göttlichen Heilands auszubreiten, das Reich der Wahrheit und Gerechtigkeit, das Reich der Liebe und des Friedens» (ibid. S.227). Auf diese Weise wurde in «Humanae Salutis» mitgeteilt, daß das Konzil 1962 zusammentreten würde, doch noch kein genaues Datum für seine Eröffnung festgesetzt.

Erst am 2.Februar 1962 nannte Papst Johannes XXIII. in einem neuerlichen Motu proprio den Tag der Konzilseröffnung: den 11.Oktober 1962. «Nachdem Wir also alles reiflich überlegt haben», schrieb der Papst, «bestimmen Wir aus eigenem Antrieb und aufgrund Unserer apostolischen Autorität und legen fest, daß das Zweite Ökumenische Vatikanische Konzil am 11.Oktober dieses Jahres eröffnet werden soll» (ibid. S.271).

Bis zur Veröffentlichung der Apostolischen Konstitution «Humanae Salutis» und des genannten Motu proprio hatte niemand ein so nahes Datum für den Konzilsbeginn erwartet. Für alle war das etwas Unvorhergesehenes. Die allgemeine Ansicht war die, daß für die endgültige Vollendung der Vorbereitungen noch zwei Jahre erforderlich seien. Die Gespräche drehten sich nur darum, ob das Konzil 1963 oder erst 1964 beginnen werde. Als Eröffnungsdatum für das Konzil hatte

Papst Johannes das katholische Fest der Gottesmutterschaft der Allerheiligsten Jungfrau Maria ausgewählt, die bekanntlich auf dem Dritten Ökumenischen Konzil von Ephesus endgültig als Gottesgebärerin und als Gottesmutter verherrlicht worden war; die diesbezügliche dogmatische Lehre wurde von den Vätern des Dritten Ökumenischen Konzils dargelegt und bestätigt. Das Konzil wurde vom Papst unter den Schutz der Allerreinsten Gottesmutter gestellt.

Dank aktiver persönlicher Beteiligung von Papst Johannes XXIII. war die Vorbereitungsarbeit verhältnismäßig rasch beendet worden. Offensichtlich hatte er schon damals das nahende Ende seines irdischen Lebens geahnt, und deshalb die Vorbereitungsarbeiten nach Kräften beschleunigt. Der Papst besuchte die einzelnen Kommissionen und Sekretariate, führte auf fast allen Sitzungen der ersten Session der Zentralkommission den Vorsitz und eröffnete und schloß die übrigen sechs Sessionen jeweils mit einer Ansprache. Im April 1962 hatten alle Kommissionen und Sekretariate ihre Arbeit praktisch erfüllt, die aus 70 Projekten für Verordnungen und Dekrete bestand, welche 119 Faszikel mit einem Gesamtumfang von 2045 Seiten umfaßten.

Das von allen Ecken und Enden der Welt während der Vorbereitungsarbeit in Form von Vorschlägen, Anregungen, Plänen und Projekten eingegangene Material wurde auf zahlreichen Sitzungen der Kommissionen und Unterausschüsse sorgfältig überprüft und füllte 16 Bände mit einem Gesamtumfang von rund 10000 Seiten. Das alles war in lateinischer Sprache abgefaßt, um dem Konzil zur Behandlung vorgelegt zu werden. Die Vorbereitungsarbeit wurde rasch, doch ohne Hast, in kaum mehr als drei Jahren bewältigt.

g) Motu proprio «Appropinquante concilio»

Mit seinem Motu proprio «Appropinquante concilio» vom 6. August 1962 gab Papst Johannes XXIII. die Geschäftsordnung des bevorstehenden Konzils bekannt. Dieser Geschäftsordnung zufolge sind in der Struktur des Konzils vor allem drei «hierarchische Ebenen» zu unterscheiden, das heißt, die gesamte Konzilsarbeit mußte drei Instanzen durchlaufen und dabei der Reihe nach von der einen auf die andere übergehen. Diese Instanzen waren: Konzilskommissionen, Generalkongregationen (Plenarsitzungen) und öffentliche Sitzungen.

Aus der Retrospektive betrachtet, bot die Geschäftsordnung in ihrer Anwendung folgendes Bild: Die erste Instanz, die unterste Ebene des Konzils, bildeten die *Konzilskommissionen*. Durch die Geschäftsordnung war die Bildung von 10 Konzilskommissionen vorgesehen, welche so der Zahl der präkonziliaren Vorbereitungskommissionen entsprachen. Und wie die Bezeichnung der Kommissionen mit denjenigen der Vorbereitungskommissionen identisch war, so blieb auch der Aufgabenbereich der gleiche. (Bei der Errichtung dieser eigentlichen Konzilskommissionen wurde also das Schema beibehalten, das schon in der Zeit der Vorbereitung des Konzils angewandt worden war.) Doch zum Unterschied von den früheren präkonziliären Kommissionen waren die Konzilskommissionen Organe des Konzils und bildeten einen untrennbaren und organischen Bestandteil seiner Struktur.

Hinsichtlich ihrer Zusammensetzung zählten die Konzilskommissionen weniger Mitglieder als die Vorbereitungskommissionen, und zum Unterschied von ihnen hatten sie alle die gleiche Zahl an Mitgliedern. Von der Geschäftsordnung wurde vorgeschrieben, daß jeder Kommission 16 Mitglieder angehören sollten, die von den Konzilsvätern aus ihrer Mitte gewählt würden, sowie acht vom Papst Ernannte. (Aber bald erhöhte der Papst die Zahl der von ihm ernannten Mitglieder auf neun). Die Vorsitzenden wurden vom Papst ernannt. Der Regel nach waren es die Kardinäle, die an der Spitze der entsprechenden Vorbereitungskommissionen gestanden hatten. Die Konzilskommissionen waren die maßgeblichen Arbeitsstellen des Konzils, hing doch von ihnen in wesentlichem Maß das Schicksal der zu behandelnden Fragen ab.

In den Konzilskommissionen wurden die für das Konzil ausgearbeiteten und vorbereiteten Schemata behandelt. Jedes Schema gelangte seiner Thematik entsprechend zur zuständigen Konzilskommission. Dort mußte das Schema erörtert und in einer abschließenden Redaktion, die der Annahme durch eine Zweidrittelmehrheit unterlag, zur weiteren Behandlung an die folgende Instanz übergeben werden (die Schemata wurden dort von dem einen oder anderen Kommissionsmitglied, ihrem «Relator», vorgelegt). Wenn es gefordert wurde, konnten die Schemata an die Kommissionen zur Überarbeitung zurückgesandt werden. Die Kommissionen hatten die Bemerkungen, Vorschläge und

Korrekturen zu berücksichtigen und diesbezügliche Entscheidungen zu fällen, die hierauf wieder den General-Kongregationen zugeleitet werden mußten. Die Geschäftsordnung bestimmte, daß die Konzilskommissionen nicht im Petersdom selbst tagen sollten, wie die beiden anderen höheren Konzilsinstanzen, sondern an anderen, ihnen speziell angewiesenen Orten. Den Kommissionen wurde das Sekretariat zur Förderung der christlichen Einheit gleichgestellt. Dieses Sekretariat hatte die Vollmacht, darüber zu wachen, daß es bei den Arbeiten der Konzilskommissionen nichts dergleichen gebe, was dem Werk der Einheit schaden oder ihm Abbruch tun könnte. Anfänglich bestand das Sekretariat aus zwölf Mitgliedern, deren Zahl auf 20 erhöht wurde.

Die zweite Instanz des Konzils – seine mittlere hierarchische Ebene – bildeten die *Generalkongregationen*, wobei es sich um Arbeitssitzungen des Konzilsplenums handelte. Der Papst nahm auf diesen Sitzungen nicht teil. Den Vorsitz führte deshalb der Reihe nach einer der Kardinäle aus dem «Konzils-Präsidium». Auf den General-Kongregationen (den Allgemeinen Versammlungen) wurde die Erörterung der von den Konzilskommissionen eingereichten Schemata vorgenommen. Daran konnten sich alle Konzilsväter in der Reihenfolge ihrer Eintragung in die Rednerliste beteiligen. Auf diesen Sitzungen wurde in Diskussionen und Debatten der endgültige Text der Verfügungen ausgearbeitet, der dann dem Konzil und dem Papst zur Billigung vorgelegt wurde.

Die höchste Ebene oder die höchste Instanz des Konzils stellen die *öffentlichen Sitzungen* dar. Das waren gleichfalls Plenarsitzungen, allgemeine Versammlungen, doch nicht Arbeitssitzungen, wie die vorerwähnten, sondern feierliche General-Versammlungen. Hier führte der Papst selbst den Vorsitz. Auf den öffentlichen Sitzungen wurden keine Projekte beurteilt, welche in den Konzilskommissionen und General-Kongregationen beraten und allseitig überprüft worden waren. Hier gab es weder Diskussionen noch Debatten, sondern nur Abstimmungen über die endgültige Fassung der Beschlüsse. Die öffentlichen Sitzungen begannen mit einer Messfeier. Hierauf kam der endgültige, gemeinsam bereinigte Text dieser oder jener Verordnung zur Verlesung, über den daraufhin abgestimmt wurde. Die Ergebnisse der Abstimmung wurden unverzüglich dem Papst mitgeteilt, durch dessen

Billigung die Konzilsbeschlüsse Gültigkeit erlangten. In jenen Fällen, wo sich der Papst persönlich an die Konzilsväter wenden wollte, geschah dies anläßlich der öffentlichen Sitzungen. – Soweit die am 6. September 1962 veröffentlichte Geschäftsordnung des Konzils, wie sie sich aus ihrer nachfolgenden praktischen Anwendung präsentiert.

Gleichzeitig mit dem Erlaß der Geschäftsordnung war von Papst Johannes XXIII. auch das Konzilspräsidium bekanntgegeben worden. Von den zehn Mitgliedern des Konzilspräsidiums waren die ersten drei noch von Papst Pius XI. zur Kardinalswürde erhoben worden, die folgenden sechs durch Papst Pius XII., der letzte von Papst Johannes XXIII. Hinsichtlich ihrer Orientierung widerspiegelten die Kardinal-Präsidenten die verschiedenen Strömungen im Katholizismus. Die Kardinäle Liénart, Frings und Alfrink waren profilierte Repräsentanten der progressiven Richtung. Ihnen standen auch die gemäßigteren Kardinäle Tisserant, Tappouni, Caggiano, Gilroy und Pla y Deniel nahe. Die Kardinäle Spellman und Ruffini waren klar ausgeprägte Konservative. Auf diese Weise verfügte die fortschrittliche Richtung im Konzilspräsidium über die Mehrheit. Es bildete sich dort ein recht starker «progressiver Block», der die Linie des Papstes unterstützte.

Papst Johannes XXIII. schuf noch eine weitere Institution des Konzils, das «Konzilssekretariat für außerordentliche Fragen». Zu seinen Aufgaben gehörte die einleitende Beurteilung neuer Fragen und Themen, die nicht in den vorbereiteten Schemata enthalten waren oder von den Konzilsvätern zur Sprache gebracht werden konnten, aber auch die Koordination von Fragen, die in die Kompetenz verschiedener Kommissionen fielen (sowie besonders umstrittene Fragen). Dieses Sekretariat setzte sich anfänglich aus sieben Kardinälen zusammen: Cicognani, Montini, Siri, Confalonieri, Meyer, Döpfner und Suenens, denen bald darauf auch noch Kardinal Wyszyński beigestellt wurde. Das «Konzilssekretariat für außerordentliche Angelegenheiten» erstattete unmittelbar dem Papst über seine Tätigkeit Bericht.

Zur Unterstützung des Konzilspräsidiums wurde vom Papst ein «Generalsekretariat des Konzils» mit Erzbischof Pericle Felici an der Spitze geschaffen, dem fünf Assistenten an die Seite gestellt wurden, zu deren Pflichten die Sorge für die Ordnung auf dem Konzil und die Verwahrung der Konzilsakten gehörte. Ein wenig vorgreifend muß noch bemerkt werden, daß sich im Lauf der Konzilsarbeiten, zu Ende der ersten Session, die Notwendigkeit offenbarte, noch ein leitendes Konzilsorgan zu schaffen, die «Koordinations-Kommission». Diese Kommission wurde eingesetzt, um die Arbeiten der Konzilskommissionen aufeinander abzustimmen. Zum Vorsitzenden der Kommission wurde der Kardinalstaatssekretär Cicognani ernannt.

Zu Beginn des Zweiten Vatikanischen Konzils setzten sich die stimmberechtigten Konzilsteilnehmer (die »Konzilsväter«, wie sie gemäß Geschäftsordnung bezeichnet wurden) wie folgt zusammen:

1. Kardinäle	84
2. Patriarchen	6
3. Residierende Erzbischöfe	327
4. Residierende Bischöfe	1379
5. Titularerzbischöfe und -bischöfe	775
6. Apostolische Vikare und Administratoren	136
7. Äbte und Prälaten «nullius»	95
8. Ordens-Generalobere	65
Insgesamt	2867

Zur Teilnahme am Konzil waren aber auch Personen berechtigt, die über kein Stimmrecht verfügten. Es waren dies Experten, Theologen, Kirchenrechtler und andere Personen, die in den auf dem Konzil zu behandelnden Fragen wohlbewandert waren, und die der Papst ernannte, um beim Studium und der Bearbeitung verschiedener zur Beurteilung anstehender Themen zu helfen, darunter auch einige Laien. Außerdem wurden zum Konzil auch Beobachter aus den nichtkatholischen Kirchen eingeladen.

Offizielle Arbeitssprache auf dem Zweiten Vatikanischen Konzil war das Lateinische. Die Redezeit bei den Generalkongregationen wurde auf zehn Minuten begrenzt. Für die Beschlußfassung des Konzils war eine Zweidrittelmehrheit erforderlich. In den Konzilskommissionen und auf den General-Kongregationen wurde in den drei folgenden Formen «Ja», «Nein» und «bedingtes Ja» (placet juxta modum) abgestimmt. Ein Votum in der dritten Form hatte anzugeben, welche Verbesserung vorgeschlagen wurde und auf Grund welcher Motive so «iuxta modum» abgestimmt wurde. Bei den öffentlichen Sitzungen durfte nur noch mit «Ja» oder «Nein» gestimmt werden. In Artikel 26 der Geschäftsordnung war bestimmt worden: «Die Konzilsväter sind verpflichtet, über die Konzilsdiskussionen und die Erklärungen eines jeden Schweigen zu bewahren» (DC No. 1385, 1962, S. 1231). Die Konzilsbeobachter, die ebenfalls unter die Bestimmung dieses Artikels fielen, durften entsprechende Angaben und Berichte nur den Oberen ihrer Religionsgemeinschaften zukommen lassen. Dennoch wurde in der Praxis das Konzilsgeheimnis sehr bald durchbrochen. Einige seriöse Zeitungen boten eine vollständige Wiedergabe dessen, was sich auf dem Konzil abspielte.

h) Die Enzyklika «Paenitentiam agere»

Am 1. Juli 1962 war die Enzyklika «Paenitentiam agere» veröffentlicht worden, die zur religiösen Vorbereitung der katholischen Welt auf das bevorstehende Konzil beitragen sollte. Darin rief der Papst seine Kinder auf, ihre Seelen würdig auf das große Ereignis des bevorstehenden Konzils vorzubereiten. «Das Ökumenische Konzil», schrieb er, «ist die Versammlung der Nachfolger der Apostel, denen der Erneuerer des menschlichen Heils den Auftrag gegeben hat, alle Völker zu lehren und von ihnen zu verlangen, alles, was er sie gelehrt hat, zu halten. So wird das Konzil vor dem Angesicht und den Augen aller einerseits die Rechte Gottes gegenüber der durch das Blut erlösten Menschheit, anderseits die Pflichten der erlösten Menschheit gegenüber ihrem Gott und Erlöser neu bestärken» (HK XVI, 1961/62, S. 546).

Wenn man die Bücher des Alten und Neuen Testaments aufschlage, so sei es nicht schwer festzustellen, daß sich Gott den Sterblichen niemals geoffenbart habe, ohne sie zuvor zu Gebet und Buße aufzufordern. So habe sich Mose geweigert, dem jüdischen Volk die Gesetzestafeln zu übergeben, bevor er nicht Buße getan hatte für die Sünden des Götzendienstes und der Undankbarkeit (vgl. Ex 32, 6–35). Die Propheten hätten ebenfalls die Israeliten unaufhörlich zur Buße aufgerufen, und unter diesen Prophetenworten sei die Stimme des Propheten Joel von besonderem Ernst, der gemahnt habe: «Von ganzem Herzen bekehret euch zu mir mit Fasten, Weinen und Klagen. Zerreißt eure Herzen und nicht eure Kleider. (...) Zwischen Halle und Altar sollen weinen die Priester, die Diener des Herrn, und beten: Erbarme dich,

Herr, deines Volkes! Gib nicht der Schande dein Erbteil preis, daß die Heiden darüber spotten» (Joel 2, 12f./17).

Diese Aufforderungen zur Buße seien im Neuen Testament noch eindringlicher geworden. Johannes der Täufer, der Vorläufer des Herrn, habe seine Predigt mit den Worten begonnen: «Tut Buße, denn das Reich Gottes ist nahe» (Mt 3,1). Und Jesus selbst habe sein Erlösungswerk von Anfang an mit der Aufforderung eingeleitet, sich von der Sünde zu reinigen, welche den Weg zum Heil behindere. Von seinen Zuhörern habe er ständig eine innere Bekehrung und die Anerkennung der Rechte Gottes gefordert. Dann erst habe er verkündet: «Seht, das Reich Gottes ist mitten unter euch» (Lk 17,21).

Es irre, wer da denke, daß sich die Aufforderung zur Buße nur an diejenigen richte, die zum ersten Mal in das Reich Gottes aufgenommen werden wollen. Sie sei für alle Christen notwendig, um die durch die Sünde verlorene Gnade wiederzuerlangen. Durch die Taufe seien wir eine neue Kreatur geworden und hätten die volle Vergebung aller Sünden erlangt. Doch dazu gelangten wir von unserer Seite nicht ohne besondere Reue und Buße, denn das verlange die göttliche Gerechtigkeit. Die heiligen Väter hätten die Buße mit Recht eine Art «mühevolle Taufe» genannt.

Den Worten des Papstes zufolge ist es nicht erstaunlich, daß sich seine Vorgänger bei der Vorbereitung von Ökumenischen Konzilien angelegen sein ließen, die Gläubigen zur Buße aufzurufen. So habe Innozenz III. vor dem IV. Lateran-Konzil erklärt: «Das Gebet soll mit Fasten und Almosen verbunden werden, damit es auf diesen beiden Flügeln um so leichter und schneller vor das huldvolle Antlitz Gottes gelange und er uns zur rechten Zeit gütig erhöre» (vgl. HK XVI, 1961/62, S. 547). Gregor X. habe in einem Schreiben an alle Prälaten und Kleriker die Einhaltung eines strengen dreitägigen Fastens vor der Eröffnung des II. Konzils von Lyon vorgeschrieben. Schließlich habe auch Papst Pius IX. darauf gedrängt, daß sich alle Gläubigen würdig auf das I. Vatikanische Konzil vorbereiteten, indem sie ihr Gewissen reinigten, «weil offenbar das Gebet der Menschen Gott wohlgefälliger ist, wenn es aus reinem Herzen, d. h. aus von aller Schuld gereinigten Seelen zu ihm emporsteigt» (ebd.).

Dem Beispiel seiner Vorgänger folgend, forderte Papst Johannes

XXIII. ebenfalls, daß sich die Katholiken, Geistlichkeit wie Laien, durch Gebet, gute Werke und Buße auf das kommende Konzil vorbereiteten und gemeinsam zu Gott beteten, damit dieses wichtige Ereignis die segensreichen Früchte bringe, die alle von ihm erwarteten. Der Papst schrieb für alle Pfarreien und Diözesen eine Gebetsnovene zum Heiligen Geist um Beistand für die Konzilsväter vor. Zugleich wurde allen Teilnehmern an diesen Gebeten ein vollkommener Ablaß gewährt.

Auf Weisung des Papstes mußte in allen Diözesen eine öffentliche Bußandacht abgehalten werden, die zur Erneuerung des christlichen Lebens beitragen sollte, wobei er Papst Pius XI. zitierte: «Gebet und Buße sind zwei wirksame Geistesgaben, damit die erbarmungswürdige Menschheit, die bald da, bald dort abirrt, zu sich selbst zurückfinden kann. Gebet und Buße beseitigen und sühnen die erste Ursache aller Unordnung, nämlich die Auflehnung des Menschen gegen Gott» (ibid. S. 547). Für einen Katholiken könne es nichts Ehrenvolleres geben, als am ewigen Heil der Menschen mitzuwirken, die so oft vom Weg der Wahrheit und der Tugend abirrten. Statt Enthaltsamkeit zu üben, frönten heute Viele allen Arten von Vergnügungen und stumpften so die Regungen des Herzens ab. «Die Christen müssen also unbedingt eine solche unwürdige Lebensweise, durch die oft die Leidenschaften aufgepeitscht werden und das ewige Heil gefährdet wird, mit jener Entschiedenheit von sich weisen, durch welche die Märtyrer und die anderen Heiligen zu jeder Zeit der katholischen Kirche ihren Glanz verliehen», bemerkte der Papst. «Wenn so jeder das für ihn Mögliche tut, so können die Christen viel zu einem glücklichen und erfolgreichen Ausgang des Zweiten Ökumenischen Konzils beitragen, das dem christlichen Leben neuen Glanz verleihen soll» (ibid. S. 548).

Der Papst wies zum Abschluß darauf hin, daß er bei der Abfassung dieser Enzyklika auf weiten Widerhall von Seiten seiner geistlichen Kinder hoffe. Er gab außerdem der Hoffnung Ausdruck, daß das bevorstehende Konzil zu einer noch größeren Festigung und Ausbreitung des Gottesreiches führen werde. «Bemüht Euch, ehrwürdige Brüder, deshalb eifrig mit allen Euch zu Gebote stehenden Mitteln», mahnte er, «daß die Euch anvertrauten Gläubigen sich durch Bußwerke reinigen und von frommem Eifer entflammt werden, damit der gute Samen, der in jenen Tagen weithin ausgesät werden wird, nicht zertreten, sondern mit bereitem und festem Willen aufgenommen werde und jene Versammlung viel zur Rettung der Menschen beitragen könne« (ebd.).

i) Rundfunkbotschaft «Ecclesia Christi, lumen gentium»

Einen Monat vor Eröffnung des II. Vatikanischen Konzils, am 11. September 1962, richtete Papst Johannes XXIII. an die ganze Welt eine Rundfunkbotschaft: «Ecclesia Christi, lumen gentium». Das bevorstehende Konzil, so sagte er, bewege die Herzen aller Kinder der katholischen Kirche. Das Konzil solle die Zahl der Siege des Heiligen Geistes weiterführen, Siege der Wahrheit über die Irrtümer, Siege des Guten über das Böse, Siege der Liebe und des Friedens über die Spaltungen und Gegensätze. Derartige Gegensätze, wie zwischen Gut und Böse existierten und würden auch in Zukunft bestehen, da der mit einem freien Willen begabte Mensch immer über die Möglichkeit verfügen werde, sich für eines von beiden zu entscheiden. Das Konzil werde zur Begegnung der Kirche mit dem auferstandenen Christus beitragen, dem König der Ehren, der die ganze Menschheit und alle Völker heiligt, heilt und beseelt.

Die Welt brauche Christus, und es sei die Kirche, welche Christus der Welt bringen müsse. Die Welt habe ihre Probleme, nach deren Lösung sie oft ängstlich suche. Der Mensch suche die Liebe einer Familie am häuslichen Herd sowie das tägliche Brot für sich und die Seinen, für seine Frau und die Kinder! Er spüre die Verpflichtung, sowohl mit seiner Gemeinschaft als auch mit der übrigen Welt in Frieden zu leben. Er sei auch für das Geistige aufgeschlossen, das ihn antreibe, sich zu vervollkommnen. Eifersüchtig auf seine Freiheit bedacht, anerkenne er doch deren gerechtfertigte Grenzen aus Achtung vor den sozialen Verpflichtungen. Der Papst schrieb, daß diese äußerst schwerwiegenden Probleme der Kirche seit je am Herzen lägen. «Sie hat sie deshalb zum Gegenstand eines sorgfältigen Studiums gemacht, und das Ökumenische Konzil wird in klarer Sprache Lösungen anbieten können, die von der Würde des Menschen und dessen christlicher Berufung gefordert werden. Hier einige davon: Die grundsätzliche Gleichheit aller Völker in der Ausübung der Rechte und Pflichten innerhalb der gesamten

Völkerfamilie; die wachsame Verteidigung des heiligen Charakters der Ehe, der den Ehegatten bewußte und großmütige Liebe auferlegt. Damit hängt die Zeugung der Kinder unter ihrem religiösen und sittlichen Aspekt zusammen im Rahmen weitestgehender sozialer Verantwortung für Zeit und Ewigkeit» (HK XVIII, 1962/63, S.44).

Indem er seine Enzyklika «Mater et Magistra» als eine Synthese des kirchlich-sozialen Gedankengutes von zwei Jahrtausenden bezeichnete, betonte der Papst, daß sie sich in erster Linie gegen jene Lehren richte, die einen religiösen Indifferentismus verkündeten oder Gott und die übernatürliche Ordnung leugneten, also gegen jene, die den Einzelmenschen über Gebühr verherrlichten und danach strebten, ihn seiner sozialen Verantwortung zu entziehen. Im Licht von «Mater et Magistra» sei es die Pflicht eines jeden Katholiken, sich über die Bedürfnisse der anderen Rechenschaft zu geben und dafür Sorge zu tragen, daß die Güter zum Vorteil aller verwaltet und verteilt würden.

Was die Probleme der Religionsfreiheit anbelangt, so sagte Papst Johnannes XXIII., sei dies eines der Grundrechte, das nicht bloß in der Freiheit des Kultes bestehe. Die Kirche könne auf diese Freiheit nicht verzichten, weil sie wesentlich zur Natur ihrer Mission gehöre. Diese Sendung bestehe darin, den Menschen auf den Weg der Wahrheit zu führen, weil die Wahrheit und die Freiheit die beiden Ecksteine bildeten, auf denen die menschliche Kultur ruhe.

Das Ökumenische Konzil werde 17 Jahre nach dem Zweiten Weltkrieg einberufen. Zum ersten Mal in der Geschichte der Kirche würden die Konzilsväter alle Nationen der Erde repräsentieren. Jeder von ihnen trage seinen Teil zur Heilung jener Wunden bei, die von zwei weltweiten Konflikten geschlagen worden sind und große Veränderungen im Antlitz aller Länder verursacht hatten. Mütter und Väter verabscheuten den Krieg. Als Mutter aller Menschen habe auch die Kirche ihre Stimme durch alle Jahrhunderte zugunsten des Friedens erhoben, eines Friedens, der kriegerische Konflikte vermeide und der in der Seele eines jeden Menschen wurzle. Natürlich habe auch das Konzil bei Ausarbeitung von Lehren ein gewichtiges Wort mitzureden, welche auf den Triumph des Friedens auf Erden ausgerichtet sind. Der Papst sagte: «Bischöfe, die Hirten der Herde Christi ‹aus allen Völkern unter dem Himmel› (Apg 2,5), werden den Begriff des Friedens nicht nur unter seinem negativen Aspekt entfalten, als Verabscheuung bewaffneter Konflikte, sondern mehr in seinen positiven Erfordernissen . . . Zusammenleben, Zusammenarbeit und Integration sind sehr edle Vorhaben, die in internationalen Versammlungen ihr Echo finden, Hoffnung erwecken und Mut einflößen» (ibid. S.45). Brüderlichkeit und Liebe gehörten zur menschlichen Natur. Sie lägen der Wechselbeziehung zwischen den einzelnen Personen und Völkern zugrunde. Deshalb würden diese Prinzipien noch einmal feierlich auf dem Ökumenischen Konzil verkündet werden.

j) Die Zulassung nichtkatholischer Beobachter

Von Anfang an hatte Papst Johannes XXIII. beschlossen, Vertreter der christlichen Kirchen und Denominationen, die sich nicht in Gemeinschaft und Kommunion mit der römisch-katholischen Kirche befinden, als Beobachter zum Zweiten Vatikanischen Konzil einzuladen. Der Konzils-Ordnung zufolge wurde den Beobachtern die Anwesenheit auf allen Plenarsitzungen gestattet, während sie bei den Sitzungen der Konzilskommissionen nur mit einer Sondererlaubnis zugegen sein durften. Von den Organen des Konzils hatte das Sekretariat zur Förderung der christlichen Einheit für den Kontakt mit den Beobachtern zu sorgen. Es war der Mittler zwischen Konzil und Beobachtern und stellte ihnen die nötige Information zur Verfügung, damit sie den Konzilsarbeiten leicht und effektiv folgen könnten. Das Sekretariat arrangierte Begegnungen der Beobachter mit kompetenten Persönlichkeiten, während die Beobachter ihrerseits dem Sekretariat ihre Vorschläge und Wünsche unterbreiten konnten.

Die Einladung von Beobachtern aus den nichtkatholischen Konfessionen kann nicht anders denn als Umschwung in den gegenseitigen Beziehungen zwischen der römisch-katholischen Kirche und den übrigen christlichen Kirchen oder Denominationen gewertet werden. «Der Verfolgung eines Wegs der Spaltungen und der Trennung überdrüssig, der zum Individualismus und gegenseitiger Unkenntnis führt», sagte der bekannte katholische Autor, der Dominikaner P. Antoine Wenger, «hatten die Kirchen beschlossen, ihren früheren Weg zu ändern, um einander näher zu kommen und einander im Geiste gegenseitiger Liebe und Achtung über den Glauben zu befragen.«

Das Sekretariat zur Förderung der christlichen Einheit benützte 1962 die Monate vor Konzilsbeginn dazu, die christlichen Kirchen und Gemeinschaften über die Absichten Roms zu unterrichten und offizielle Einladungen zu versenden. Msgr. Jan Willebrands, Sekretär dieses Konzilsorgans, begab sich in viele Länder der Welt. Er war in Istanbul, Athen, Alexandria, Genf, London und Moskau.

Die protestantischen Kirchen nahmen im ganzen die Einladung aus Rom sehr verständnisvoll auf. Hier zeigte sich zweifellos ihre langjährige ökumenische Erfahrung, da die ökumenische Bewegung in ihrer Mitte entstanden und herangewachsen war. Der Ökumenische Rat der Kirchen faßte auf der Sitzung seines Zentralkomitees in Paris im August 1962 den Beschluß zur Entsendung von Beobachtern ans Konzil. Der Generalsekretär des Weltkirchenrates, W. Visser 't Hooft, stand dieser Idee besonders wohlwollend gegenüber.

Die Beobachter wurden als Vertreter des Ökumenischen Rates der Kirchen entsandt und durften auf dem Konzil nicht als Repräsentanten ihrer eigenen Bekenntnisse aufscheinen. Sie hatten keine Vollmacht, im Namen des ÖRK oder seiner Mitgliedskirchen aufzutreten oder irgendwelche Gespräche offizieller Art aufzunehmen. Noch durften sie Erklärungen inoffizieller Art über Standpunkte des ÖRK in der Form abgeben, wie sie in den Beschlüssen der Vollversammlung oder der Sitzungen des Zentralkomitees dargelegt wurden.

Verschiedene protestantische Bekenntnisse, die Anglikanische Kirche, die Evangelischen Kirchen Deutschlands, Lutheraner, Presbyterianer, Methodisten und andere, entsandten getrennt ihre eigenen Beobachter. Ebenso handelten auch die altkatholische, die koptische, die syrisch-jakobitische, die äthiopische und die armenische Kirche.

Die Frage der Entsendung von Beobachtern aus den orthodoxen Kirchen erwies sich als komplizierter. Die russisch-orthodoxe Kirche betrachtete das Zweite Vatikanische Konzil stets als eine innere Angelegenheit der römisch-katholischen Kirche und zeigte anfänglich eine gewisse Zurückhaltung in der Frage der Entsendung von Beobachtern zum Konzil. Die folgenden Umstände, beziehungsweise Handlungen und Vorhaben von Papst Johannes XXIII., trugen mehr und mehr zu einer positiven Entscheidung dieser Frage bei: Die russische Kirche konnte die Entsendung ihrer Beobachter nur als ernsthaften Schritt zur

Annäherung zwischen beiden Kirchen betrachten. Daher verfolgte sie aufmerksam den Gang der Vorbereitungsarbeiten zum Konzil und war, sobald sich nur günstige Perspektiven abzeichneten, bereit, sich seriös mit einer möglichen Einladung für die Entsendung ihrer Beobachter zum Konzil zu befassen. Der Vorsteher der russisch-orthodoxen Kirche, Patriarch Alexi, gab im August 1962 einem französischen Journalisten zur Antwort, daß «die Tür für eine eventuelle Einladung offengelassen worden sei» (ŽMP No.2, 1963, S.63). Die römisch-katholische Kirche selbst erklärte in der Person ihrer Autoritäten wiederholt, daß das Konzil eine innere Angelegenheit sei und die Entsendung orthodoxer Beobachter zum Konzil keineswegs als Anerkennung des römischen Primats durch die orthodoxen Kirchen betrachtet werde.

Rom richtete anfänglich eine allgemeine Einladung an alle orthodoxen Kirchen, ihre Beobachter zum Konzil zu entsenden. Diese Einladung war dem Patriarchen von Konstantinopel, Athenagoras, überreicht worden, der, wie man es in Rom offensichtlich voraussetzte, alle orthodoxen Ortskirchen davon in Kenntnis setzen sollte. Das tat er auch mit seinem Schreiben vom 18.April 1962, in welchem zur Kenntnisnahme der Vorsteher der autokephalen Kirchen eine Beschreibung des Besuches gegeben wurde, den der Sekretär des Sekretariats zur Förderung der christlichen Einheit, Jan Willebrands, Konstantinopel abgestattet hatte, sowie von seinen Gesprächen mit einer Gruppe von Vertretern des Patriarchats von Konstantinopel mit Metropolit Maximos von Sardes an der Spitze. In dem Brief wurde um Stellungnahme zu den drei Fragen ersucht, die Gegenstand der Erörterungen bei der Begegnung von Konstantinopel gewesen waren. In dem darauf folgenden Briefwechsel mit dem Patriarchen Athenagoras gab Patriarch Alexi zu verstehen, daß man alles, was auf diese Weise aus Konstantinopel zugesandt werde, einfach als Information betrachte. Patriarch Athenagoras und andere seiner Repräsentanten fuhren in dieser Korrespondenz fort, darauf zu drängen, daß eine Antwort des Oberhirten der russisch-orthodoxen Kirche in dieser Angelegenheit wünschenswert sei, wie die russische Kirche zur Frage der Entsendung von orthodoxen Beobachtern zum Zweiten Vatikanischen Konzil stehe. Aus Moskau erfolgte eine feste Antwort: Das Moskauer Patriarchat werde erst nach dem Eintreffen von Vertretern der katholischen Kirche aus Rom in

Moskau und nach einer direkten Einladung definitiv Stellung beziehen. Bis zu diesem Zeitpunkt werde es keinerlei Klarheit über den Standpunkt in dieser Frage geben, weil nichts über die Reaktion auf die Einladung vor Erhalt der Einladung gesagt werden könne.

Das Moskauer Patriarchat fand es als autokephale Kirche und als gleichberechtigt mit allen orthodoxen Ortskirchen, darunter auch mit der Kirche von Konstantinopel, unmöglich, zu der Einladung Stellung zu nehmen, da der Stuhl von Konstantinopel und sein Oberhirte über keinen anderen Primat als die Ersterwähnung in den Diptychen der orthodoxen Kirchen und folglich über keinen Ehrenprimat verfügen. Von Vertretern des Moskauer Patriarchats wurde wiederholt bei verschiedenen Anlässen klargestellt, daß das Moskauer Patriarchat die Frage nach Entsendung seiner Beobachter zum Zweiten Vatikanischen Konzil nur unter der Bedingung des Empfanges einer direkten Einladung und des Eintreffens von offiziellen Repräsentanten aus Rom zu Gesprächen über diesen Anlaß prüfen werde, wie dies auch mit Konstantinopel geschehen sei. Rom hatte offensichtlich gegen diese Äußerung nichts einzuwenden und fand sie vielmehr ganz natürlich. Die Zeitung «La Croix» (vom 7. Oktober 1962) schrieb: «Dieser Entschluß verletzt die orthodoxe Glaubenseinheit und Eintracht nicht . . . In Fragen dieser Art scheint es natürlich, daß die autokephalen orthodoxen Kirchen, die ihre Unabhängigkeit eifersüchtig bewahren, auch völlig eigenständige Entscheidungen treffen.» Am 27. September 1962 traf aus Rom der engste Mitarbeiter Kardinal Beas, der Sekretär des Sekretariates zur Förderung der Einheit der Christen, Msgr. Jan Willebrands, in Moskau ein. Es fanden Begegnungen mit Mitgliedern des Heiligen Synods und mit Angehörigen der Synodalkommission für die zwischenchristlichen Beziehungen statt. Msgr. Willebrands informierte über Aufgaben und Ziele des Konzils, über die zur Behandlung gestellten Fragen und die Konzilsprozedur, über den Gang der Konzilsvorbereitungen und ihre abschließende Phase. Während der Gespräche legte Msgr. Willebrands in all seinen Antworten auf die zahlreichen, ihm gestellten Fragen stets den offiziellen Gesichtspunkt der römisch-katholischen Kirche dar. Auf diese Weise empfing die russische orthodoxe Kirche die nötige volle und gründliche Information über das Zweite Vatikanische Konzil aus erster Hand.

Im Westen rief die Nachricht von der Reise Msgr. Willebrands nach Moskau eine Sensation hervor. Am Vorabend des Konzils gab es in breitesten Gesellschaftskreisen viele Gespräche über diese Reise und die Möglichkeit des Eintreffens von Beobachtern aus der russisch-orthodoxen Kirche. Es waren die widersprüchlichsten Gerüchte im Umlauf. In dem Kommuniqué, das den Journalisten vom Sekretariat zur Förderung der christlichen Einheit übergeben wurde, war festgehalten, daß die Entscheidung der Frage über die Entsendung russischer Beobachter zum Konzil beim Heiligen Synod der russisch-orthodoxen Kirche liege.

Nach Rom zurückgekehrt, erstattete Msgr. Jan Willebrands Kardinal Augustin Bea über seine Reise und die Begegnungen in Moskau Bericht. Am 1.Oktober 1962 richtete Kardinal Bea ein Telegramm folgenden Inhalts an Erzbischof Nikodim von Jaroslawl und Rostow: «Ich danke Eurer Exzellenz für den unserem Sekretär erwiesenen Empfang. Heute richten wir an Seine Heiligkeit den Patriarchen die Einladung, zwei oder drei Beobachter-Delegierte an das Konzil zu entsenden. Mit aufrichtiger Hochachtung – Kardinal Bea.»

In dieser an den Patriarchen Alexi gerichteten Einladung hieß es: «Eure Heiligkeit, im Namen Seiner Heiligkeit des Papstes Johannes XXIII., der so viel guten Willen bezüglich der Christen bekundet, die nicht in Gemeinschaft mit dem Heiligen Apostolischen Stuhl stehen, hat unser Sekretariat die Ehre, als Folge der Kontakte, die sein Sekretär, Msgr. Jan Willebrands mit Ihrer Kirche durch die Vermittlung des Hochwürdigen Erzpriesters Witali Borowoj anknüpfte und unmittelbar mit S. Exzellenz Nikodim, Erzbischof von Jaroslawl und Rostow, fortsetzte, sowie nach einem persönlichen Besuch des erwähnten Msgr. Willebrands bei Ihrer Heiligen und Ehrwürdigen Russischen Kirche vom 28.September bis 1.Oktober, Eure Heiligkeit einzuladen, zwei oder drei Vertreter des Klerus oder Theologen Ihres Vertrauens in der Eigenschaft von Beobachter-Delegierten an das II. Vatikanische Konzil zu entsenden, deren Namen Sie uns bitte mitteilen wollen . . . Im beigelegten Statut für Beobachter-Delegierte sind deren Rechte und Pflichten niedergelegt. Unser Sekretariat wird dafür sorgen, ihnen jede nur mögliche Information zur Verfügung zu stellen, die sie brauchen können. Wir beten und bitten zum Herrn darum, daß die Anwesenheit der Beobachter ein wirkungsvoller Beitrag zu einer stets wachsenden Verständigung und Achtung zwischen allen sei, die den Namen Christen tragen und geistig in der Eucharistie vereint sind. Die Gnade unseres Herrn Jesus Christus, die Liebe Gottes des Vaters und der Beistand des Heiligen Geistes seien mit Ihnen. Mit diesen Gefühlen ersuche ich Eure Heiligkeit, den Ausdruck meiner wohlgeneigten Ehrerbietung und brüderlichen Liebe im Herrn entgegenzunehmen. Augustin Kardinal Bea.»

Der Hl. Synod der russischen orthodoxen Kirche nahm auf seiner Sitzung vom 10. Oktober 1962 unter Vorsitz des Hochheiligen Patriarchen Alexi diese Einladung aus Rom entgegen und erörterte einen Bericht von Erzbischof Nikodim über die Vorbereitung des Zweiten Vatikanischen Konzils der römisch-katholischen Kirche und die Gespräche mit Msgr. Willebrands. Als Ergebnis der Darlegungen von Erzbischof Nikodim faßte der Heilige Synod die folgenden Beschlüsse (die später als historisch qualifiziert wurden):

«1. Die Einladung zur Entsendung von Beobachtern des Moskauer Patriarchats zum Zweiten Vatikanischen Konzil der römisch-katholischen Kirche anzunehmen.

2. Zu Beobachtern des Moskauer Patriarchats auf dem Zweiten Vatikanischen Konzil den Repräsentanten der russischen orthodoxen Kirche beim Ökumenischen Rat der Kirchen, den Professor der Leningrader Geistlichen Akademie, Erzpriester Witali Borowoj, und den Stellvertretenden Leiter der Russischen Geistlichen Mission in Jerusalem, Archimandrit Wladimir (Kotljarow) zu ernennen.

3. Folgende Ordnung für die Beobachter des Moskauer Patriarchats auf dem Zweiten Vatikanischen Konzil zu verfügen:

a) Die Beobachter informieren ausführlich das Moskauer Patriarchat über die Arbeit des Zweiten Vatikanischen Konzils und über die Reaktionen auf diese Arbeit in kirchlichen und gesellschaftlichen Kreisen, indem sie regelmäßig, mindestens einmal pro Woche, über die laufende Konzilsarbeit dem Leiter des Kirchlichen Außenamtes, Erzbischof Nikodim von Jaroslawl und Rostow, berichten und mit den Berichten gedruckte Materialien des Konzils sowie entsprechende Zeitschriften und Publikationen übersenden.

b) Die Beobachter erläutern im Rahmen ihres Status als Konzilsbeobachter nötigenfalls bei den zuständigen Institutionen der römisch-katholischen Kirche die genaue Position des Moskauer Patriarchates.

4. Den Leiter des Kirchlichen Außenamtes des Moskauer Patriarchats, Erzbischof Nikodim von Jaroslawl und Rostow, zu beauftragen, den Heiligen Synod regelmäßig über die Arbeit des Zweiten Vatikanischen Konzils zu informieren» (ŽMP No. 11, 1962, S. 9f.).

In Rom wurde am Abend des 10. Oktobers 1962, am Vorabend der Konzilseröffnung, bekannt, daß die russisch-orthodoxe Kirche den Beschluß gefaßt hatte, ihre Beobachter aufs Konzil zu entsenden. In gewissen ausländischen orthodoxen Kreisen wurde die Ansicht geäußert, daß diese unabhängige Entscheidung der russisch-orthodoxen Kirche ein Verstoß gegen die Einheit der Orthodoxie sei und beinahe einen Bruch zwischen den orthodoxen Ortskirchen bedeute. Über ihren Mitarbeiter Spyros Alexiou (einen Vertrauensmann von Patriarch Athenagoras I., A.d.Ue.) stellte die Athener Tageszeitung «Ethnos» dem Moskauer Patriarchat eine Reihe von diesbezüglichen Fragen, wobei der Akzent auf «Störung der Einheit» und «Bruch zwischen den orthodoxen Kirchen» gelegt wurde. Darauf antwortete Erzbischof Nikodim, der Leiter des Kirchlichen Außenamtes des Moskauer Patriarchats, folgendes: «Im Aufruf an die einzelnen orthodoxen Ortskirchen mit dem Vorschlag zur Entsendung ihrer Beobachter aufs Konzil erblicken wir nichts, was – wie Sie schreiben – einen Bruch zwischen uns herbeiführen könnte. Wir halten die Frage der Präsenz von orthodoxen Beobachtern auf dem Konzil nicht für ein Problem, das einer gesamtorthodoxen Prüfung bedarf, sondern im Geist des aktuellen ökumenischen Wirkens der einzelnen Ortskirchen zu betrachten ist. Und in der Tat gehört es, wie wir sagen, nicht zur Aufgabe der Beobachter, das Problem einer Wiederherstellung der kanonischen Gebetsgemeinschaft zwischen unserer und der römisch-katholischen Kirche oder andere derartige Fragen zu erörtern, deren Entscheidungsvorrecht völlig unter gesamtorthodoxe Kompetenz und nicht in die Kompetenz einer beliebigen Kirche fällt; daher sind wir der Ansicht, daß die unterschiedliche Entsendung ihrer Beobachter auf das Zweite Vatikanische Konzil nicht zu einer eventuellen Ursache oder Folge einer Spaltung irgendwelcher Art zwischen ihnen werden kann, da jede autokephale orthodoxe Ortskirche in ihren inneren Angelegenheiten und äußeren Beziehungen unabhängig von den anderen Kirchen ist» (ŽMP No.2, 1962, S.21f.). Hierbei gilt es zu bemerken, daß in der Folge auf der Panorthodoxen Konferenz von Rhodos im Jahr 1963 die Frage der orthodoxen Beobachter auf dem Zweiten Vatikanischen Konzil geprüft wurde und sich die Ansicht durchsetzte, daß die autokephalen orthodoxen Ortskirchen diese Frage eigenständig entscheiden sollten (vgl. ŽMP No.11, 1963, S.34).

2. *Die Eröffnung des II. Vatikanischen Konzils*

Am 11.Oktober 1962 fand die Eröffnung des II.Vatikanischen Konzils statt. Schon um halb sieben in der Frühe hatte sich eine vielzählige Heerschar von Journalisten am Eingang zum Territorium der Vatikanstadt am Arco delle Campane eingefunden und wartete ungeduldig auf das Öffnen der Pforten. Etwa um sieben Uhr öffnete die Wache die Tore, und die Journalisten wandten sich, indem sie die Apsis des Petersdomes umrundeten, dem Rezzonico-Portal zu. Nach Betreten der Basilika nahmen sie ihre Plätze auf den Seiten der Tribünen der heiligen Helena und des heiligen Longinus ein. Um acht trafen im Dom auch die ersten Bischöfe ein, nämlich jene, die wegen ihres hohen Alters nicht am feierlichen Einzug der Konzilsväter in das Gotteshaus teilnehmen konnte. Dennoch war die Zahl dieser Bischöfe ausgesprochen gering. Bald trafen auch die Beobachter ein, denen Ehrenplätze vor den Tribünen des heiligen Longinus und des heiligen Andreas gegenüber dem päpstlichen Thron reserviert worden waren, der vor dem Altar des Bekenntnisses des Apostels Petrus im Zentrum des Mittelschiffes errichtet worden war. Bei den Beobachtern befanden sich Msgr. Willebrands und die Dolmetscher. Auf der Tribüne des heiligen Longinus hatten weltliche Gäste Platz genommen: die offiziellen Vertreter von 86 Staaten und internationalen Organisationen.

Das Hauptschiff des Petersdomes war zum Sitzungssaal des II.Vatikanischen Konzils umgestaltet und Sitzplätze für 3200 Teilnehmer aufgestellt worden. Sie hatten die Form eines Rechtecks mit abgeschnittenen Ecken, hundert Meter lang und fünfundzwanzig Meter breit. Diese Sitzplatzgruppen waren in vierzig Blöcke zu je achtzig Plätzen aufgeteilt. Die Sitzplätze waren mit Kopfhörern für simultane Übersetzung ausgestattet. Die Redner konnten ihre Ansprachen halten, ohne sich weit von ihren Sitzen zu entfernen, da in den Gängen zahlreiche Mikrophone aufgestellt waren.

Der eigentlichen Eröffnungsfeier des Konzils ging eine vormals nie gesehene Prozession voraus: der feierliche Zug der gesamten katholischen Hierarchie von den Sälen des Apostolischen Palastes über die Scala Regia, durch das Bronzetor, über den Petersplatz und durch das Hauptportal in die vatikanische Basilika, in deren Langschiff die Aula des Zweiten Vatikanischen Konzils eingerichtet worden war. Die Prozession wurden von Mitgliedern des päpstlichen Hofes eröffnet. Dann folgten die Konzilsväter in aufsteigender Rangordnung: Äbte, Bischöfe, Erzbischöfe, Primaten und Patriarchen im weißen Rauchmantel und mit weißer Mitra, sowie die Kardinäle, bekleidet mit den liturgischen Gewändern ihres jeweiligen Standes. Die Kardinaldiakone in der Dalmatik, die Kardinalprister im Meßgewand und die Kardinalbischöfe im Rauchmantel. Auch sie trugen die weiße Mitra. Um 8.30 Uhr durchschritt die Spitze der Prozession das Bronzetor. Genau eine Stunde später erreichte Papst Johannes XXIII., der sich zur Anbetung des Allerheiligsten in die paulinische Kapelle im Apostolischen Palast begeben hatte, ebenfalls das Bronzetor.

Er trug nicht die päpstliche Tiara, sondern ebenfalls eine Mitra, womit er nicht den päpstlichen Primat, sondern die bischöfliche Würde zu unterstreichen wünschte. Eigentlich wollte er wie alle Konzilsväter an diesem Tag zu Fuß gehen, aber die Schreie des Volks, das ihn zu sehen verlangte, bewogen ihn, sich auf dem Tragsessel, der «Sedia gestatoria», über den Petersplatz tragen zu lassen, begleitet von den Begrüßungsrufen einer hunderttausendköpfigen Menge. Dem Papst folgten in der Prozession die übrigen Mitglieder des päpstlichen Hofes, die Ordensgenerale, sowie die Bediensteten und Offizialen des Konzils. Beschlossen wurde der Zug von den 42 Konzilsstenographen. Die Prozession sang den Hymnus zu Ehren der Gottesmutter «Ave maris stella». Eineinhalb Stunden dauerte der Einzug der Konzilsväter (von denen 2540 an der Eröffnungszeremonie teilnahmen), des Papstes und seines Gefolges. Die Konzilsteilnehmer begrüßten das Erscheinen des

Papstes mit Applaus. Der Papst begab sich zu seinem Thron und stimmte den Hymnus «Veni Creator Spiritus» an, in welchen alle Anwesenden mit mächtiger Stimme einfielen.

Kurz nach 10 Uhr begann Kardinaldekan Tisserant mit der Feier der Messe vom Heiligen Geist. Nach dem Schlußevangelium folgte die Eröffnungssitzung des 21. Konzils der katholischen Kirche. Der Papst empfing die Huldigung der Konzilsväter und sprach anschließend, vor seinem Thron kniend, das Glaubensbekenntnis, wie es vor jedem Konzil vorgeschrieben ist. Daraufhin wurde es vom Generalsekretär vorgelesen, und alle Konzilsväter sprachen gemeinsam die Schlußformel: «Ich, N.N., verspreche, gelobe und schwöre gemäß der verlesenen Formel. So wahr mir Gott helfe.» Stehend sprach dann der Papst zum ersten Mal das Gebet «Adsumus», das in der folgenden Zeit zu Beginn aller öffentlichen Sitzungen und Generalkongregationen des Konzils gebetet wurde: «Wir erscheinen vor dir, Herr, Heiliger Geist. Wir sind mit der Last der Sünde beladen, aber in deinem Namen haben wir uns versammelt (. . .). Sieh, du allein bist der Lenker unserer Urteile. Du liebst die Fülle der Gerechtigkeit. Laß nicht zu, daß wir Unrecht tun. Unsere Unwissenheit lasse uns nicht in Irrtum fallen. Keine falsche Gunst soll uns beeinflussen, keine Gabe und kein Ansehen der Person soll uns verwirren. Verbinde uns mit dir und der Kraft deiner Gnade, damit wir in dir eins seien und in nichts vom Weg der Wahrheit abweichen . . .»

Anschließend knieten der Papst und die Konzilsväter nieder, um gemeinsam die Allerheiligenlitanei zu singen. Die einzelnen Anrufungen wurden teils lateinisch, teils griechisch, slawisch und arabisch gebetet. Die Litanei nach östlichem Ritus wurde ebenfalls in griechischer, kirchenslawischer und arabischer Sprache gesungen. Für die Lesung des Evangeliums in griechischer Sprache war nach Programm jener Text aus dem 16. Kapitel des Evangelisten Matthäus vorgesehen, in welchem vom Bekenntnis des Apostels Petrus und vom Gelöbnis Jesu («Du bist Petrus, und auf diesem Felsen will ich meine Kirche bauen») die Rede ist. Aber Papst Johannes XXIII., der angesichts der östlichen Christen nicht zu unterstreichen wünschte, daß er auf besondere Rechte und Privilegien Anspruch erhebe, trug auf Griechisch jenen Text vor, der für die lateinische Lesung vorgesehen war, in welchem vom apostolischen Missionsauftrag berichtet wird, der dem Augenblick der Konzilseröffnung besonders entsprach: «Gehet hin, und machet alle Völker zu Jüngern, und taufet sie auf den Namen des Vaters und des Sohnes und des Heiligen Geistes, und lehret sie alles halten, was ich euch befohlen habe» (Mt 28,19f.). Die Zeremonie schloß mit der Ansprache des Papstes.

Nach allgemeiner Auffassung war die Rede des Papstes vom 11. Oktober 1962 ein echtes Programm für das Konzil. Diese Rede, die mehr als nur eine Tagesordnung darstellte, schuf auf dem Konzil und in seiner Umgebung eine ganz bestimmte Atmosphäre. Sie legte die Richtung fest, die eingeschlagen werden mußte. Ihrem Geist nach war sie zweifellos kühn, sogar, wie sie von vielen genannt wurde, «revolutionär». Dennoch spürte man in allen Teilen dieser Rede ein absolutes Gleichgewicht zwischen einer vollkommenen Treue zur Tradition und einer kräftig betonten Hinwendung zu unserer Welt von heute. Johannes XXIII. gebrauchte eine hoffnungsvolle Sprache und gab seinen Gegensatz zu den «Unglückspropheten» klar zu verstehen. Wie sich Kardinal Montini in einem in der Zeitung «Italia» veröffentlichten «Brief vom Konzil» (am 14. Oktober 1962) ausdrückte, «war das die Stimme eines Vaters und Propheten, die Stimme eines Oberhirten, der die Welt liebt. Diese Rede ist ein Schlüssel zum Verständnis alles Übrigen.»

«Ehrwürdige Brüder», begann Papst Johannes XXIII. seine Rede, «es jubelt die Mutter Kirche, weil durch besondere Gnade der göttlichen Vorsehung dieser hochersehnte Tag angebrochen ist, an dem hier am Grab des heiligen Petrus unter dem Schutz der jungfräulichen Gottesmutter, deren Mutterwürde heute festlich begangen wird, das Zweite Vatikanische Ökumenische Konzil seinen Anfang nimmt» (HK, XVII, 1962/63, S. 85). Die Konzilien, ob ökumenische oder lokale, bezeugten – wie der Papst erklärte – die Lebenskraft der katholischen Kirche und säumten wie leuchtende Sterne ihre Geschichte, denn der demütige Nachfolger des heiligen Petrus «wollte bei der Einberufung dieser hochansehnlichen Versammlung wiederum, daß das kirchliche Lehramt, das niemals fehlte und bis ans Ende der Tage bestehen wird, befestigt wird; es soll, indem es den Irrtümern, den Notwendigkeiten und Chancen unserer Zeit Rechnung trägt, durch dieses Konzil allen Menschen auf Erden in außerordentlicher Weise vorgestellt werden» (ebd.). Der Papst bemerkte, daß es zu Beginn dieses Konzils erforderlich sei, den Blick der Vergangenheit zuzuwenden, aus welcher man ermutigende Stimmen hören könne, die uns das Zeugnis der alten Konzilien überlieferten. «Sie verkünden beständig den Ruhm dieser göttlichen und menschlichen Institution, der Kirche Christi, die vom göttlichen Erlöser Namen, Gnade und jede Vollmacht erhält» (ebd.). Nachdem er erwähnte, wie bei ihm der Gedanke gewachsen sei, ein Konzil einzuberufen, äußerte der Papst sein festes Vertrauen, daß die Kirche, vom Licht des Konzils erleuchtet, mit geistlichen Gütern bereichert und von daher mit neuen Kräften gestärkt, unerschrocken in die Zukunft schauen werde, weil die Kirche durch eine angemessene Erneuerung und kluge Organisation der gegenseitigen Zusammenarbeit erreiche, daß die Menschen, Familien und Völker ihren Sinn wieder mehr den himmlischen Dingen zuwenden würden.

Der Papst betonte besonders, daß in der täglichen Ausübung seines Hirtenamtes bisweilen betrübliche Stimmen solcher Personen an sein Ohr drängen, die zwar von religiösem Eifer erfüllt seien, aber nicht über den nötigen Sinn für eine kluge Beurteilung der Dinge verfügten. Diese Leute sähen in unserer modernen Zeit nur Unglück und Niedergang. Sie sagten ständig, unsere Zeit habe sich im Vergleich zur Vergangenheit dauernd zum schlechteren gewandelt. Sie würden sich so betragen, als ob sie nichts aus der Geschichte gelernt hätten, die doch die Lehrmeisterin des Lebens sei. Und der Papst erinnerte daran, daß auch zur Zeit der früheren Konzilien keineswegs alles unter dem Zeichen eines Triumphs der christlichen Lehre, des christlichen Lebens und der rechten Freiheit des Glaubens gestanden habe. «Wir aber sind völlig anderer Meinung als diese Unglückspropheten, die immer das Unheil voraussagen, als ob die Welt vor dem Untergang stünde. In der gegenwärtigen Entwicklung der menschlichen Ereignisse, durch welche die Menschheit in eine neue Ordnung einzutreten scheint, muß man viel eher einen Plan der göttlichen Vorsehung anerkennen. Dieser verfolgt mit dem Ablauf der Zeiten, durch die Werke der Menschen und meist über ihre Erwartungen hinaus sein eigenes Ziel, und alles, auch die entgegengesetzten menschlichen Interessen, lenkt er weise zum Heil der Kirche» (ibid., S.86).

Der Papst äußerte auch seinen Schmerz darüber, daß manche Bischöfe am Konzil fehlten, weil sie wegen ihrer religiösen Überzeugung eingekerkert seien oder durch sonstige Hindernisse festgehalten würden. «Dennoch erkennen Wir nicht ohne Hoffnung und zu Unserem großen Trost, wie die Kirche heute, endlich von so vielen Hindernissen irdischer Art befreit, aus dieser Vatikanischen Basilika wie aus einem neuen apostolischen Abendmahlssaal durch Euch ihre Stimme in voller Majestät und Größe erheben kann» (ebd.).

Im weiteren Verlauf seiner Rede kam Papst Johannes XXIII. auf die Aufgabe des Konzils zu sprechen, auf das Verhältnis von Kirche und Welt. Er zeichnete gewissermaßen ein Bild der Kirche und des Konzils in der modernen Epoche und rief dazu auf, die Welt nicht für ihre Fehler zu verurteilen, sondern ihr die echten Werte der Kirche zu zeigen, die Wahrheit und die barmherzige Liebe. Die Kirche dürfe sich nicht auf sich selber zurückziehen, sie müsse vorausschreiten und nicht hinter der Zeit zurückbleiben. Das Konzil habe die Gegenwart der Kirche in der Welt zu verwirklichen und darzustellen und ihre Heilsbotschaft Verstand und Herz des modernen Menschen zugänglich machen. Es habe in der Kirche immer Menschen gegeben, und es gebe sie jetzt noch, welche mit allen Kräften nach der evangelischen Vollkommenheit strebten und es dabei auch nicht versäumten, der Gemeinschaft zu dienen. Durch das beständige Beispiel ihres Lebens und ihrer Werke der Nächstenliebe bestärkten und bereicherten sie all das Hohe und Edle der menschlichen Gesellschaft.

Auf das Verhältnis von Kirche und Wissenschaft eingehend, sagte der Papst: «Darum hat die Kirche den wunderbaren Entdeckungen menschlichen Geistes und dem Fortschritt der Erkenntnisse, die wir uns heute zunutze machen, nicht untätig zugesehen, noch hat sie es an der rechten Wertschätzung fehlen lassen. Aber in der wachsamen Sorge um diese Entwicklung hat sie es nicht versäumt, die Menschen zu mahnen, über diese Art irdischer Erwartungen hinaus auf Gott zu schauen, die Quelle aller Weisheit und Schöheit, damit sie, denen gesagt wurde: ‹Macht euch die Erde untertan› (Gen 1,28), niemals jenes erste Gebot vergessen: ‹Du sollst den Herrn, deinen Gott, anbeten und ihm allein dienen!› (Mt 4,10; Lk 4,8). Sonst würde der flüchtige Zauber des Irdischen den wahren Fortschritt verhindern» (ibid., S.87).

Die Pflicht des Christen von heute erschöpfe sich nicht allein darin, den wertvollen Schatz des Glaubensgutes zu hüten, sondern er müsse sich vielmehr furchtlos dem Werk widmen, das unsere Epoche erfordere, und den Weg fortsetzen, den die Kirche seit zwanzig Jahrhunderten gegangen sei. Der entscheidende Punkt des Zweiten Vatikanischen Konzils bestehe nicht darin, den einen oder anderen Satz der kirchlichen Lehre zu erörtern und die Lehre der Väter und der Theologen aus alter und neuer Zeit ständig zu wiederholen, denn dafür müßte man nach Ansicht des Papstes «kein Ökumenisches Konzil einberufen. Heute ist es wahrhaftig nötig, daß die gesamte christliche Lehre ohne Abstrich in der gegenwärtigen Zeit von allen durch ein neues Bemühen angenommen werde. Heiter und ruhigen Gewissens müssen die überlieferten Aussagen, die aus den Akten des Tridentinums und des I. Vaticanums hervorgehen, daraufhin genau geprüft und interpretiert werden. (. . .) Ja, diese sichere und beständige Lehre, der gläubig zu gehorchen ist, muß so erforscht und ausgelegt werden, wie unsere Zeit es verlangt. Denn etwas anderes ist das Depositum Fidei oder die Wahrheiten, die in der zu verehrenden Lehre enthalten sind, und etwas anderes ist die Art und Weise, wie sie verkündet werden; und wenn es not tut, muß geduldig daran gearbeitet werden, das heißt, alle Gründe müssen erwogen werden, um die Fragen zu klären, wie es einem Lehramt entspricht, dessen Wesen vorwiegend pastoral ist» (ibid., S.87).

Zu Beginn des Ökumenischen Konzils sei es eindeutig klar, daß die Wahrheit des Herrn in Ewigkeit gelte. Es zeige sich ja, wie im Lauf der Zeiten die widersprechendsten Meinungen der Menschen sich gegenseitig ablösten und wie die Irrtümer, kaum entstanden, sich wie Nebel in der Sonne verflüchtigten. Und die Kirche sei diesen Irrtümern stets entgegengetreten. Oft habe sie diese sogar mit größter Schärfe verurteilt. «Heute dagegen möchte die Braut Chrisi», den Worten Johannes XXIII. zufolge, «lieber das Heilmittel der Barmherzigkeit anwenden, als die Waffe der Strenge erheben. Sie glaubt, es sei den heutigen Notwendigkeiten angemessener, die Kraft ihrer Lehre ausgiebig zu erklären als zu verurteilen.» (. . .) Die Leute «erkennen selber mehr und mehr, daß es sehr auf die Würde der menschlichen Person und die daraus folgenden Verpflichtungen ankommt. Was aber am meisten zählt: sie haben aus Erfahrung gelernt, daß die Anwendung äußerer Gewalt gegen andere, das Potential der Rüstungen und politische Vorherrschaft nicht genügen, um die ihnen aufliegenden schweren Probleme glücklich zu lösen» (ebd.).

Der Papst sprach ebenfalls davon, daß die Kirche mittels des Konzils die Fackel der religiösen Wahrheit erhebe. Sie wolle sich dabei als liebende, gütige und geduldige Mutter zeigen, voller Erbarmen und Güte auch gegenüber den von ihr getrennten Kindern. Sie wende sich an das notleidende Menschengeschlecht mit jenen Worten, die einst der Apostel Petrus zu einem Armen gesprochen habe, der ihn um ein Almosen bat: «Gold und Silber besitze ich nicht, doch was ich habe, gebe ich dir: Im Namen Jesu Christi von Nazaret: Steh auf, und geh umher» (Apg 3,6). Mit anderen Worten, die Kirche biete den heutigen Menschen keine zeitlichen Güter an. Sie verspreche ihnen nicht ein rein irdisches Glück. Das tat Papst Johannes unmißverständlich kund. Vielmehr vermittle die Kirche den Menschen die Güter der göttlichen Gnade, die sie zur Würde der Gotteskindschaft erhebe. Die Kirche sei die beste Stütze und Hilfe zur Förderung eines menschenwürdigen Lebens. Sie trage dazu bei, daß die Leute ihre Würde und ihr Lebensziel besser verstehen. Schließlich verbreite sie überall die Fülle der christlichen Liebe, die am besten geeignet sei, die Zwietracht zu beseitigen und die Eintracht zu stärken.

Indem er auch das Problem der christlichen Einheit berührte, stellte der Papst mit Bedauern fest, daß die christliche Familie als ganze die sichtbare Einheit in der Wahrheit noch nicht erlangt habe. Es würden jedoch von der katholischen Kirche große Anstrengungen zur Erreichung dieser Einheit unternommen. Außerdem bereite das Zweite Vatikanische Konzil den Boden für jene Einheit des Menschengeschlechts, die das notwendige Fundament dafür bilde, daß die «irdische Stadt» der himmlischen ähnlich werde.

Zum Abschluß seiner Rede richtete Johannes XXIII. seine Worte unmittelbar an die Konzilsväter. Man dürfe wohl sagen, daß sich Himmel und Erde zur Feier des Konzils in gemeinschaftlichem Werk vereinten: «Die Heiligen des Himmels schützen unsere Arbeit, die Gläubigen auf Erden beten unablässig zu Gott, und Ihr folgt gewissenhaft den Eingebungen des Heiligen Geistes und gebt Euch eifrig Mühe, daß Eure Arbeit den Erwartungen und Bedürfnissen der verschiedenen Völker in höchstem Maß entspricht. Damit dies geschehe, werden von

Euch ein erhabener Friede des Geistes, brüderliche Eintracht, Mäßigung in den Vorschlägen, Würde in den Beratungen und weise Überlegungen gefordert. (. . .) Allmächtiger Gott», so schloß der Papst seine Rede mit einem Gebet, «auf dich setzen wir unser ganzes Vertrauen, da wir uns nicht auf unsere eigene Kraft verlassen können. Sieh gnädig auf diese Hirten deiner Kirche. Das Licht deiner Gnade helfe uns, wenn wir Beschlüsse fassen und Gesetze erlassen. Und erhöre die Gebete, die wir in einmütigem Glauben, mit einiger Stimme und einigem Herzen an dich richten» (ibid., S.88).

Die Ansprache Papst Johannes XXIII. hinterließ einen tiefen Eindruck in der Welt und lenkte die Aufmerksamkeit von Gläubigen wie Ungläubigen auf Rom. Vor allem überraschte alle der Optimismus, der in der Rede des Papstes zum Ausdruck kam. Dazu ist zu bemerken, daß sich die Welt damals (mit der Kuba-Krise) am Rand eines Krieges befand. Das offizielle Organ der italienischen kommunistischen Partei, die Zeitung «Unità», hob in ihrer ersten nach der Konzilseröffnung erschienenen Nummer den zuversichtlichen Optimismus des Papstes als Hauptcharakteristikum seiner Ansprache zum Konzilsbeginn hervor. In der Korrespondenz der amerikanischen Nachrichtenagentur «United Press International» (UPI) aus Rom war davon die Rede, daß die Ansprache des Papstes «vielleicht das Optimistischste von allem gewesen sei, was von den Päpsten im Verlauf eines Jahrhunderts gesagt wurde. Der achtzigjährige, aus einem Bergdorf gebürtige Papst vertraut nicht nur auf die Hilfe Gottes und auf das ewige Heil: Er ist auch ein Optimist bezüglich dieser Welt, dieses Jahrhunderts und dieses Lebens. Er macht sich über die Propheten der Mutlosigkeit und der Finsternis lustig, die ewig Unglück vorhersagen, wenn nicht sogar das Ende der Welt. Er fürchtet weder die Atombombe noch Teilnahmslosigkeit und Verfolgung.»

Einer kirchlicheren Sprache bei seiner Würdigung des Optimismus von Johannes XXIII. bediente sich der Konzilsberichterstatter der katholischen Pariser Zeitung «La Croix», P. Antoine Wenger. Er schrieb: «Die Welt macht eine Krise durch. Doch diese Krise kündet keine Katastrophe an, wie pessimistische Stimmen behaupten. Es war die Absicht des Papstes, gegen diesen Pessimismus aufzutreten.» Unter Hinweis auf einen Artikel mit dem Titel «Die Zuversicht des Papstes», der im «Osservatore Romano», dem offiziellen Organ des Vatikans am Vorabend der Konzilseröffnung (d. h. am 10. Oktober 1962) erschienen war, sprach Antoine Wenger davon, daß bereits schon in jenem Artikel der unbegründete Pessimismus erwähnt wurde, der prophezeit, daß die Welt einer Katastrophe entgegengehe. Außerdem zitierte er aus diesem Artikel die von Papst Johannes XXIII. auf der zweiten Session der Zentralkommission gesprochenen Worte: «Es ist Unser Bestreben, daß auch das vor uns liegende Werk so vollbracht und von der ebenso demütigen wie entschiedenen Absicht geleitet werde, ein wenig dazu beizutragen, daß den Menschen wieder Vertrauen eingeflößt, einträchtige Zusammenarbeit angeregt, die Achtung vor der menschlichen Person, die ja doch von Christus erlöst worden ist, erhöht und zum Nutzen aller Menschen der Friede gefestigt werde» (zit. nach HK, XVI. 1961/62, S. 151).

In Zusammenhang mit dem Optimismus von Johannes XXIII. machte P. Wenger noch die folgende Bemerkung: «Das Konzil war frei. Frei war seine Einberufung, frei war auch sein Beginn. Frei wird auch der Verlauf der Konzilsdebatten sein. In der Vergangenheit haben Könige und Kaiser geheim oder offen auf die Konzilien Einfluß ausgeübt. Noch nie in der Geschichte ist ein Konzil unter so günstigen Voraussetzungen zusammengetreten» (Vgl. Antoine Wenger, Le deuxième Concile du Vatican, Teil 1, Kap. II., p. 10f.).

3. Aufruf zur Rettung des Friedens

An dem auf die Konzilseröffnung folgenden Tag (am 12. Oktober 1962) gewährte Papst Johannes XXIII. in der Sixtinischen Kapelle eine Audienz für die 86 Delegationen der Staatsregierungen und internationalen Organisationen, die an den Eröffnungsfeierlichkeiten des Konzils teilgenommen hatten. Der «Osservatore Romano» gab zur Mitteilung dieser feierlichen Audienz und der Rede des Papstes in großen Lettern den folgenden Kommentar: «Angesichts einer außerordentlichen Vertretung der Völker bekräftigt der Papst die moralische Kraft der Christenheit: Die Frohbotschaft von Wahrheit, Gerechtigkeit und Frieden» (O.R., 13.10.1962). Die Zeitung «La Croix» schickte ihrem

Artikel über dieses Ereignis die folgenden Worte voraus: «Der Papst bittet: Mögen die Staatsmänner zu allen Opfern bereit sein, um auf der ganzen Welt den Frieden zu retten» (La Croix, 13.10.1962).

Der Papst sprach den Anwesenden seinen Dank für ihre Teilnahme an der Konzilseröffnung aus, «deren erhebliche Bedeutung ihren Teil beigetragen hat zur Größe des Ereignisses und zu seinem Widerhall in der Welt bei allen Menschen guten Willens». Deshalb wollte der Papst auf das einmalige Ereignis auch mit einem außergewöhnlichen Akt antworten, indem er die Diplomaten in der Sixtinischen Kapelle empfing, die – wie er sagte – «für gewöhnlich den liturgischen Zeremonien vorbehalten ist, und in der sich auch (...) die Kardinäle versammeln, um den neuen Papst zu wählen». Johannes XXIII. sagte ferner, er empfinde ein Gefühl der Bewegtheit bei der Erinnerung, daß er, der bescheidene Patriarch von Venedig, vier Jahre zuvor an diesem Ort durch Gottes Vorsehung auf den päpstlichen Stuhl gewählt worden sei. «Und siehe, nach vier Jahren schenkt Uns die gleiche gütige Vorsehung die Freude, das Ökumenische Konzil zu eröffnen, und die große Mehrzahl der Völker der Erde durch Ihre erlauchten Persönlichkeiten bei diesem Ereignis vertreten zu sehen, das schon überall die Aufmerksamkeit auf die katholische Kirche lenkte» (HK, XVII, 1962/63, S.94).

Der Papst bemerkte, daß die gegenwärtige Begegnung einen besonderen Platz unter den Konzilsfeierlichkeiten einnehme, weil sie deutlich offenbare, daß dem Konzil neben seiner religiösen auch eine soziale Bedeutung zukomme. Obwohl es in erster Linie die katholische Kirche und ihre wesentlichen Aufgaben betreffe, sei es eine Demonstration ihrer Lebenskraft und ihrer geistlichen Sendung. Doch das Konzil wolle gleichfalls nach Mitteln suchen, damit die Lehre des Evangeliums würdig gelebt und leichter von den Völkern aufgenommen werde. «Das Konzil will endlich», fuhr der Papst fort, «der Welt zeigen, wie die Lehre ihres göttlichen Gründers, des Friedensfürsten, in die Tat umgesetzt werden soll. Denn wer tatsächlich immer nach dieser Lehre lebt, trägt dazu bei, den Frieden zu befestigen und eine wirkliche Wohlfahrt zu fördern» (ebd.).

Dann wies Papst Johannes auf das in der Sixtinischen Kapelle befindliche Meisterwerk Michelangelos, das Jüngste Gericht, hin, dessen Ernst nachdenklich und besinnlich mache. «Ja», sagte er, «wir werden

Gott Rechenschaft ablegen müssen, Wir und alle Staatsoberhäupter, die wir die Verantwortung für das Schicksal der Völker tragen. Alle mögen sich daran erinnern, daß sie eines Tages über ihre Handlungen werden Rechenschaft ablegen müssen vor dem Herrn und Schöpfer, der auch ihr oberster Richter sein wird. Mit der Hand auf dem Herzen mögen sie den Angstschrei hören, der aus allen Teilen der Welt, von den unschuldigen Kindern bis zu den Alten, von den einzelnen bis zu den Gemeinschaften, aufsteigt zum Himmel: Friede, Friede! Möchte dieser Gedanke an ihre Rechenschaft bewirken, daß sie keine Mühe scheuen, um dieses Gut zu erlangen, das für die Menschheitsfamilie einen höheren Wert bedeutet als alle übrigen Güter! Mögen sie fortfahren, sich zu treffen, zu beraten und zu ehrlichen, großmütigen und gerechten Vereinbarungen zu gelangen. Mögen sie auch bereit sein zu den notwendigen Opfern, um den Frieden der Welt zu retten. Dann werden die Völker in einem Klima der inneren Ruhe arbeiten können, alle Entdeckungen der Wissenschaft werden dem Fortschritt dienen und dazu beitragen, daß der Aufenthalt auf dieser Erde immer liebenswerter wird, die ohnehin schon von vielen anderen unvermeidlichen Leiden gezeichnet ist» (ibid., S.94f.).

Zum Abschluß sagte Papst Johannes XXIII.: «Das Konzil, das gestern in Ihrer Anwesenheit eröffnet wurde, offenbarte in eindeutiger Weise die Universalität der Kirche. Man kann nicht daran zweifeln, daß diese eindrucksvolle Versammlung ‹aus allen Völkern, Sprachen und Nationen› (vgl. Apk 4,9) durch eine Kundgabe des guten Willens für die Rettung einer seit einem Jahrhundert in jeder Hinsicht erschütterten Welt nicht auch die lichtvolle Antwort Gottes auf die beängstigenden Probleme von heute bringen und Hilfe bieten würde mit dem wahren Fortschritt der einzelnen und der Völker. Dies auf alle Fälle ist, Exzellenzen und werte Herren, Unser glühendster Wunsch. Aus ganzem Herzen erflehen Wir für Sie und all die Völker, deren erlauchte Vertreter Sie sind, die Fülle der göttlichen Segnungen.» (ibid., S.95).

Am selben Tag, dem 12. Oktober, spielte sich ein Ereignis ab, das in der Weltpresse große Beachtung fand. An diesem Tag trafen in Rom die Beobachter der russisch-orthodoxen Kirche ein, die durch eine Verfügung des Patriarchen und des Heiligen Synods der russischen Kirche zum Konzil delegiert worden waren. Am Flughafen von Fiumicino wurden die Repräsentanten der russisch-orthodoxen Kirche, Erzpriester Witali Borowoj und Archimandrit Wladimir (Kotljarow), von Msgr. Jan Willebrands und Msgr. G. Arrighi empfangen. Als sie auf der Fahrt vom Flughafen nach Rom an der Basilika St. Paul «extra muros» vorbeikamen, sprachen die Abgesandten des Moskauer Patriarchats den Wunsch aus, anzuhalten und diesen für alle Christen heiligen Ort zu besuchen, wo nach der Überlieferung der große Völkerapostel den Martertod erlitten hat. Am folgenden Tag nahmen die russisch-orthodoxen Beobachter an der Messe vor Beginn der Konzilssitzung teil und wurden Zeugen der bedeutungsvollen ersten General-Kongregation des Konzils. Die progressive französische Zeitung «Témoignage Chrétien» schrieb: «Das Eintreffen von zwei orthodoxen russischen Beobachtern in Rom, auf das man in diesem Moment schon kaum mehr hoffte, hat wie eine Bombe eingeschlagen. Was auch immer die Gründe für den Entschluß des Heiligen Synods der russisch-orthodoxen Kirche sein mögen, Beobachter zum Zweiten Vatikanischen Konzil zu entsenden, so ist das doch ein Anzeichen für ein völlig neues Klima.»

Am selbigen Tag empfing Papst Johannes XXIII. die nichtkatholischen Beobachter und Gäste, die zum Zweiten Vatikanischen Konzil eingeladen worden waren, in Sonderaudienz, wobei der Papst nicht auf seinem Thron, sondern im Kreis mit den Audienzteilnehmern saß. Der Papst begrüßte jeden einzelnen Vertreter der nichtkatholischen Kirchen und hielt dann eine Ansprache: «Unsere heutige so erwünschte Begegnung hat einen familiären und vertraulichen Charakter. Sie möchte durchaus von Hochachtung und Einfachheit geprägt sein. Das Wort, das von meinem Herzen aufsteigt, ist ein Gebet: Es ist eine Unterweisung aus dem Psalm 67, nützlich für alle: ‹Gepriesen sei der Herr alle Tage; er trägt uns, Gott, unser Heil› (Ps 67,20). Im Jahr 1952 bat mich Papst Pius XII. mit einem unvorhergesehenen und überraschenden Wink, Patriarch von Venedig zu werden. Ich ließ ihn wissen, daß ich nicht nötig hatte, lange zu überlegen, um anzunehmen. Mein Wille trat in keiner Weise in diesen Vorschlag ein, in meiner Seele war gar kein Verlangen, eher auf diese Aufgabe oder auf jenes Amt hingelenkt zu werden. Mein bischöflicher Wahlspruch genügte als Antwort: ‹Gehorsam und Friede›!» (HK, XVII, 1962/63, S.90). Hier sei noch angemerkt, daß sich der Papst in seiner französischen Ansprache nicht des üblichen «Wir» bediente, sondern in der Einzahl sprach. Wahrscheinlich wollte er damit eine Atmosphäre der Einfachheit und Ungezwungenheit schaffen. Der Papst erwähnte die Vorgeschichte des Konzils und sagte seinen Zuhörern: «Was meine bescheidene Person angeht, so liebe ich es nicht, mich auf besondere Eingebungen zu berufen. Ich halte mich an die Lehre, die besagt, daß alles von Gott kommt. Auf dieser Linie liegt es, daß ich den Gedanken an das Konzil, das am 11. Oktober begann, als eine himmlische Eingebung betrachtet habe. Ich kann Ihnen versichern, daß ich an diesem Tag innerlich stark bewegt war. (...) Ohne der Zukunft vorgreifen zu wollen, begnügen wir uns heute, die Tatsache festzustellen: Gepriesen sei Gott alle Tage. Was Sie betrifft, so mögen Sie in meinem Herzen lesen: Sie werden da vielleicht mehr finden als in meinen Worten» (ebd.).

Während seines Dienstes in der kirchlichen Hierarchie habe er, wie sich der Papst erinnerte, zahlreiche Begegnungen mit Christen verschiedener Bekenntnisse gehabt, doch «niemals gab es unter uns, soweit ich weiß, Meinungsverschiedenheiten in den Prinzipien, noch einen Streit auf dem Gebiet der Liebestätigkeit in der gemeinsamen Arbeit, die uns die Umstände auferlegten, um den Leidenden Beistand zu leisten. Wir haben nicht lange verhandelt, sondern miteinander gesprochen, wir haben nicht diskutiert, sondern waren einander gut gesinnt. (...) Ihre liebe Gegenwart hier, die innere Bewegung, die mein Priesterherz (...) erfüllte, die Bewegung meiner Mitarbeiter und auch, dessen bin ich sicher, die Ihre, laden mich ein, Ihnen meinen Herzenswunsch anzuvertrauen; ich brenne darauf, zu arbeiten und zu leiden für das Herannahen der Stunde, wo sich für alle das Gebet Jesu im Abendmahlssaal verwirklichen wird» (ibid., S.90f.).

Bei dieser Audienz waren die am Vortag eingetroffenen russischen Beobachter als einzige Vertreter der orthodoxen Ostkirchen zugegen. Den Worten von P. Antoine Wenger zufolge wurde ihnen bei der Audienz besondere Beachtung geschenkt. «In Rom», schrieb er, «schauten, was auch immer geschah, die Korrespondenten, Fotoreporter und selbst die Konzilsväter nur auf die Russen. Dieses Verhalten war im Hinblick auf das ungewöhnliche Faktum ihrer Anwesenheit völlig natürlich» (op. cit., II/2, S.30). Dazu sei angemerkt, daß die Beobachter im Konsistoriumssaal nach dem Protokoll Platz genommen hatten, demzufolge die Beobachter der russisch-orthodoxen Kirche den ersten Platz einnahmen, darauf folgten die Vertreter der koptischen, äthiopischen, der syrischen und armenischen Kirche. Nach ihnen die Delegation der Anglikanischen Kirche und hierauf die Repräsentanten der verschiedenen protestantischen Denominationen.

Am folgenden Tag wurde diese Audienz in vielen Zeitungen erwähnt. Insbesondere die Zeitung «Il Tempo» (14.10.1962) gab die Eindrücke einiger Audienzteilnehmer wieder: «Der Papst? Das ist ein Mann Gottes, der mit seiner Schlichtheit die Menschenseelen erobert, ein Mann des Gebetes, ein Bischof, der zu jedem Opfer bereit ist» – sagten die Protestanten. «Der Papst macht den Eindruck großer Gelassenheit, Herzlichkeit und pastoraler Weisheit. Es ist eine große Ehre, so herzlich, wie im Familienkreis, empfangen zu werden» – sagten die Anglikaner. In der französischen Zeitung «Figaro» (14.10.1962) bemerkte der Journalist Jean Guitton: «Die Verbeugung der Repräsentanten Moskaus (d. h. der Beobachter der russisch-orthodoxen Kirche. A.d.V.) vor dem Nachfolger des Heiligen Petrus unterschied sich von der Begrüßung der Quäker und Methodisten.» Diese Worte bedürfen einer Erklärung. In Anbetracht der Tatsache, daß die Vertreter der russisch-orthodoxen Kirche in Papst Johannes XXIII. einen Hierarchen und Nachfolger der Apostel sowie einen Träger sakramentaler Gewalt erblickten, küßten sie zu Beginn der Audienz dem Papst die Hand, während die Vertreter der protestantischen Kirchen und Denominationen sich damit begnügten, dem Papst die Hand zu schütteln. Dies hatte den französischen Journalisten offensichtlich erstaunt.

Die Zeitschrift «Réforme» veröffentlichte einen Bericht von Pastor Hébert Roux über diese Audienz. Roux schrieb u. a.: «Zum ersten Mal in der Geschichte hat das Haupt der römischen Kirche offiziell Vertreter nicht-katholischer Konfessionen empfangen. (Diese Behauptung stimmt nicht mit den Tatsachen überein, da Papst Johannes XXIII. wiederholt offizielle Audienzen für Vertreter verschiedener nicht-katholischer Kirchen gab. A.d.V.) Der bescheidene Ton, der geistliche Inhalt der Ansprache, die sich am 68.Psalm inspirierte . . . und schließlich die der Begegnung gesetzten vernünftigen Grenzen (‹Die katholische Kirche ist . . . an ihrer Arbeit, Sie sind es in Ihrer Eigenschaft als Beobachter›), all das, scheint mir, trägt zur Zerstreuung gewisser Zweideutigkeiten bei. Wir sind nicht hier, um uns mit der römischen Kirche zu vereinigen, sondern um aufmerksame Zeugen der immensen Arbeit zu sein, die sie leistet, um sich im Hinblick auf ihren eigenen Glauben und ihre Mission in der Welt zu prüfen» (DC, No. 1387, 1962, S. 1397, Anm. 3).

Am selben Tag wünschte Johannes XXIII. ungeachtet einer starken Übermüdung, in der Sixtinischen Kapelle die Konzilsjournalisten zu empfangen, denen er auf diese Weise dieselbe Ehre wie den Mitgliedern der diplomatischen Vertretungen erwies. Der Papst gewann die Journalisten nach allgemeiner Ansicht durch seine Einfachheit. Es wurde auch besonders zur Kenntnis genommen, daß ein Korrespondent der sowjetischen Agentur TASS, wie das der Vertreter von «Il Tempo» notierte, in einem prächtigen Sessel in der vordersten Reihe, ganz in der Nähe des päpstlichen Thrones saß. Man hatte ihn sogar im Gespräch mit dem Substituten des Staatssekretariates Msgr. Dell'Acqua gesehen.

In seiner Ansprache an die Journalisten sprach der Papst von ihrer Pflicht gegenüber der Kirche, dem Konzil und der Wahrheit. Er erinnerte daran, daß er bereits am Tag nach seiner Wahl Journalisten aus aller Welt empfangen habe. Im Verlauf der vier Jahre seines Pontifikates habe er wiederholt die Gelegenheit zu einem Treffen mit Vertretern der Presse gehabt.

Der Papst erwähnte, die Presse stehe in erster Linie im Dienst der Wahrheit. Einst habe die Presse nur eine kleine Elite erreicht, heute jedoch orientiere sie die Gedanken und Empfindungen eines großen Teils der Menschheit. Die Entstellung der Wahrheit durch die Nachrichtenorgane könne deshalb unberechenbare Folgen haben. Es bestehe für die Journalisten die Versuchung, ihr gutes Gewissen dem Geschmack eines bestimmten Publikums zu opfern, indem sie sich mehr um die Sensationen als um die objektive Wahrheit besorgt zeigten. Gelegentlich messe man einer rein äußerlichen Angelegenheit viel zu große Bedeutung bei, während man gleichzeitig die wirklichen Ereignisse vertusche. «Darin liegt», sagte Papst Johannes XXIII., «wie Sie verstehen, auch eine Art, die Wahrheit zu verdunkeln. Und wenn das auf jedem Gebiet schwerwiegend ist, wieviel mehr, wenn es sich um das Intimste und Heiligste handelt, das es auf dieser Welt gibt: das Gebiet der Religion, der Beziehungen der Seele mit Gott!» (ibid., S.95). Ein Ökumenisches Konzil habe zweifellos auch nebensächliche Aspekte, welche die Neugierde des Publikums nähre. Aber in erster Linie sei es doch ein wichtiger religiöser Faktor. Und der Papst äußerte seinen innigen Wunsch, daß die Journalisten diese Tatsache klar herausstellen möchten. Die katholische Kirche habe ein Recht, von einem Berichterstatter Takt, Zurückhaltung, Verständnis und Genauigkeit zu erwarten. Der Papst sagte, daß über ihn in letzter Zeit viel geschrieben worden sei; er sei mit dem Großteil dieser Artikel einverstanden, doch würde es ihm bei jeder Gelegenheit genügen, wenn sie als einzigen und wahren Ehrentitel für ihn schreiben könnten: «Das war ein Priester vor Gott und vor den Völkern, ein zuverlässiger und aufrichtiger Freund aller Nationen» (ibid., S.96).

Zum Abschluß dieser Begegnung erteilte Johannes XXIII. allen Anwesenden seinen Segen, da – nach seinen Worten – «der Segen des Vaters das Haus der Kinder stützt» (Sir 3,11).

4. Die Arbeit der Generalkongregationen

Die Konzilsväter traten am 13. Oktober 1962 zu ihrer ersten Generalkongregation zusammen, welche von Kardinal Tisserant präsidiert wurde. Erzbischof Pericle Felici schlug als Generalsekretär des Konzils den anwesenden Vätern die Wahl von Kommissionsmitgliedern vor (wie bereits erwähnt, konnte das Konzil 16 der jeweils 26 Mitglieder selber bestimmen), deren Namen auf vorbereiteten und zuvor den Konzilsvätern ausgeteilten Listen standen. Dagegen wandte sich Kardinal Liénart mit seinem Vorschlag, diese Wahl auf die nächste Generalkongregation zu vertagen, um den Bischöfen Gelegenheit zu geben, sich besser kennenzulernen und im Kreis von nationalen Gruppen mögliche Kandidaten zu erörtern. Kardinal Liénart, der damit auch die Meinung der französischen Bischöfe aussprach, erntete rauschenden Applaus.

Nachdem sich auch der Kölner Erzbischof Kardinal Frings sowohl in seinem wie auch im Namen der Kardinäle Döpfner und König dem Vorschlag des französischen Episkopats angeschlossen hatte, was die

Konzilsväter wiederum mit großem Applaus quittierten, entschloß sich das zehnköpfige Präsidium, dem Antrag auf Vertagung der Wahl stattzugeben.

So begann das Zweite Vatikanische Konzil seine Arbeit. Der konservative Teil der «alten Garde» hatte eine klare Niederlage erlitten. Der Versuch, ihnen genehme Kandidaten in die Konzilskommissionen einzubringen, der aus diesen Kommissionen reine Ausführungsorgane der römischen Kurie gemacht hätte, war gescheitert.

Diese erste Plenarversammlung des Konzils und ihre außergewöhnliche Kürze riefen allgemeine Aufmerksamkeit hervor. Schon in den Abendzeitungen des gleichen Tages erschienen Kommentare hierzu mit sensationellen Schlagzeilen wie «Das Konzil lehnt sich gegen die Kurie auf», «Liénart an der Spitze eines Angriffs auf die Kurie», «Die französischen Bischöfe entfachen einen Aufstand auf dem Konzil» usw. Aber selbst wenn man diese Sensationsmeldungen der westlichen Presse beiseite läßt, so gilt es doch anzuerkennen, daß in der Tat etwas Bedeutungsvolles geschehen war. Wie die französische Zeitung «Libération» (14.Okt.) schrieb, «weigerten sich die Konzilsväter, ihre Versammlung in ein Parlament zur bloßen Registrierung von Gesetzen umzuwandeln; sie wünschten kein verfälschtes Konzil». Nach Auffassung von P. Antoine Wenger offenbarte sich am 13.Oktober auf dem Konzil eine neue Realität: «die Realität der ihrer Verantwortung und ihrer Macht vollauf bewußten Bischofskonferenzen. Und diese Vorstellung der bischöflichen Kollegialität hörte im Verlauf des Konzils nicht auf, immer deutlichere Konturen anzunehmen» (A.Wenger, Le deuxième Concile du Vatican, 1/3, S.7).

«Die Geste von Kardinal Liénart», schrieb Yves Congar, einer der bedeutendsten Theologen der römisch-katholischen Kirche, «hatte eine große Bedeutung und bestimmte in ganz bedeutendem Maß die weitere Entwicklung des Konzils. Es war der erste konziliäre Akt, nicht im Sinn eines banalen Akts, der im Rahmen des Konzils vollzogen wurde, nicht im Sinn irgendeiner unannehmbaren und unzulässigen Parodie auf die Konziliarität, sondern im Sinn einer freien konziliären Erörterung und Entscheidung.»

Zwei Tage nach dieser Sitzung empfing Johannes XXIII. alle Mitglieder des Präsidiums zu einem dreistündigen Gespräch. Die Zeitung

«France-Observateur» schrieb am 18. Oktober 1962, der Papst habe offen seine Freude und seine Zustimmung für die Entscheidung der Generalkongregation geäußert.

Auf diese Weise blieb die Wahl der Kommissionsmitglieder in den Händen der Konzilsväter. Dem Vorschlag von Kardinal Liénart entsprechend versammelten sich alsbald die verschiedenen Bischofskonferenzen (insgesamt konstituierten sich 47 solcher Gremien mit teils nationalem, teils supranationalem Charakter, A.d.H.). Diese Auseinandersetzung um die Wahl der Kommissionsmitglieder war sowohl in ihrer Bedeutung wie auch in ihren Resultaten durchaus positiv. So oder anders, jedenfalls offenbarte er die Existenz eines konziliären Aufbruchs in der römisch-katholischen Kirche.

Auf der dritten Generalkongregation vom 20. Oktober befaßten sich die Konzilsväter mit einer *«Botschaft an die Welt»*, deren Entwurf (der zuvor vom Papst gebilligt worden war) ihnen im Namen des Präsidiums vorgelegt wurde. Es gibt Gründe anzunehmen, daß die Idee selbst von Papst Johannes XXIII. stammte, aber realisiert wurde sie vom französischen und kanadischen Episkopat unter Leitung der Kardinäle Achille Liénart und Paul Emile Léger. Kardinal Liénart wurde vom Papst empfangen, und obwohl die Einzelheiten dieses Treffens nicht bekannt wurden, soll der Papst dieses Unternehmen wärmstens unterstützt haben.

Bei der überaus kurzen Erörterung des Textes schlug einer der Konzilsteilnehmer (Kardinal Giuseppe Ferretto) vor, in den Text eine Erwähnung der «Kirche des Schweigens» – oder zumindest eine Anspielung darauf – einzufügen, aber dieser Vorschlag wurde vom Konzil nicht angenommen. Das Faktum ist bemerkenswert! Die Konzilsväter wollten, daß ihre «Botschaft» eine Stimme der Hoffnung und ein Aufruf zur Brüderlichkeit sei und keinerlei Anlaß zur Spaltung gebe. Bei der Abstimmung erhoben sich alle Mitglieder des Präsidiums und beinahe alle Konzilsväter als Zeichen dafür, daß sie mit «Ja» stimmten. Nur einige ukrainische Emigrantenbischöfe erhoben sich aus Protest nicht von ihren Sitzen.

Die «Botschaft» war im Stil Johannes XXIII. gehalten und befand sich unzweifelhaft unter dem Einfluß seiner Reden vom 11. und 12. Oktober, insofern sie ein Echo auf die in diesen Reden enthaltenen Gedanken darstellte. Das Erscheinen dieses Dokuments war einer der wichtigsten und positivsten Akte zu Beginn des Zweiten Vatikanischen Konzils. Die «Botschaft» wurde in der ganzen Welt von den führenden Leuten der unterschiedlichsten religiösen und politischen Anschauungen wohlwollend aufgenommen. In der Tat wollte das Dokument die Sorge der Kirche um die materiellen und geistlichen Bedürfnisse der Völker sowie die Aufmerksamkeit gegenüber ihren Leiden und Hoffnungen zum Ausdruck bringen. Die «Botschaft» enthielt drei Aspekte, einen religiösen, einen sozialen und einen politischen.

Der erste Teil war religiösen Fragen gewidmet. Die Konzilsväter verkündeten der Welt die unaussprechliche Liebe des göttlichen Vaters für die Menschen, das Erlösungsopfer des Gottessohnes und die gnadenvolle Führung des Heiligen Geistes, unter dessen Zeichen sich auch das Konzil versammelt habe. «An alle Menschen und an alle Nationen möchten wir die Botschaft des Heiles, der Liebe und des Friedens senden, die Jesus Christus, der Sohn des lebendigen Gottes, der Welt gebracht und der Kirche anvertraut hat. Aus diesem Grund haben wir uns auf Wunsch des Heiligen Vaters, Papst Johannes XXIII. hier versammelt, wir, die Nachfolger der Apostel, ‹im Gebet mit Maria, der Mutter des Herrn, einträchtig vereint›, die wir eine einzige apostolische Körperschaft bilden, deren Haupt der Nachfolger Petri ist» (HK, XVII, 1962/63, S.102).

Sodann kamen die Konzilsväter auf die Erscheinungen der sozialen Mißstände in der heutigen Welt zu sprechen: «Aus allen Völkern unter der Sonne vereint», sagten sie, «tragen wir in unseren Herzen die Nöte der uns anvertrauten Völker, die Ängste des Leibes und der Seele, die Schmerzen, die Sehnsüchte, Hoffnungen. Alle Lebensangst, die die Menschen quält, brennt uns auf der Seele. Unsere erste Sorge eilt deshalb zu den ganz Schlichten, zu den Armen und Schwachen. In der Nachfolge Christi erbarmen wir uns über die vielen, die von Hunger, Elend und Unwissenheit geplagt sind. Ständig stehen uns jene vor Augen, die noch kein menschenwürdiges Leben führen können, weil es ihnen an der rechten Hilfe fehlt. Deswegen legen wir bei unseren Arbeiten besonderes Gewicht auf jene Probleme, die mit der Würde des Menschen zusammenhängen, auf alles, was damit zusammenhängt, die wahre Völkergemeinschaft zu fördern. ‹Christi Liebe drängt uns› (2

Kor 5,14); denn ‹wer seinen Bruder Not leiden sieht und doch sein Herz vor ihm verschließt, wie kann die Liebe Gottes in ihm bleiben?› (1 Joh 3,17)» (ebd.).

Unter Bezugnahme auf die Radiobotschaft Papst Johannes XXIII. vom 11.September 1962 hoben die Konzilsväter insbesondere zwei Punkte hervor: «Erstens: Die Frage des Völkerfriedens. Es gibt niemanden auf der Welt, der nicht den Krieg verabscheut. Es gibt niemanden, der nicht mit glühendem Herzen nach dem Frieden verlangt. Aber von allen ersehnt ihn am dringlichsten die Kirche, die aller Mutter ist. Sie hat nie aufgehört, durch den Mund der römischen Päpste in aller Öffentlichkeit ihre Liebe zum Frieden zu bekunden. Sie war stets bereit, jede ernsthafte Bemühung um den Frieden aufrichtig zu unterstützen. Sie ist bemüht, mit allen Kräften die Menschen miteinander zu verbinden und sie zu gegenseitiger materieller Hilfe und menschlicher Wertschätzung zu führen. Bezeugt nicht unser Konzil wie ein leuchtendes Zeichen in seiner großartigen Mannigfaltigkeit der Rassen, der Völker und Sprachen die Gemeinschaft brüderlicher Liebe? Wir bekennen, daß die Menschen insgesamt Brüder sind, gleich welcher Nation und Rasse» (ebd.). Die Konzilsväter stellten die Frage: Wozu ist die Kirche heute nötig? Und sie gaben folgende Antwort: «Zweitens drängt der Heilige Vater auf die Verwirklichung der sozialen Gerechtigkeit. Die Lehre der Enzyklika ‹Mater et Magistra› beweist in aller Klarheit, wie sehr die heutige Welt der Botschaft der Kirche bedarf, um die Ungerechtigkeiten und unwürdigen Ungleichheiten bloßzustellen und die rechte Ordnung des Besitzes und der Wirtschaft herzustellen, damit das Leben, gestaltet nach den Grundsätzen des Evangeliums, menschenwürdiger werde» (ebd.). Die Kirche besitze keine menschlichen Reichtümer und keine irdische Macht, aber sie setze ihr Vertrauen in die Kraft des Heiligen Geistes, den Christus seiner Kirche verheißen habe. «Darum rufen wir nicht nur unsere Brüder», heißt es zum Abschluß der «Botschaft», «denen wir als Hirten dienen, sondern auch alle jene Brüder, die an Christus glauben, sowie alle anderen Menschen guten Willens, ‹die Gott erlösen und zur Erkenntnis der Wahrheit führen will› (1 Tim 2,4), in aller Demut, aber auch in aller Dringlichkeit, mit uns ans Werk zu gehen, eine gesündere und brüderlichere Ordnung der menschlichen Gesellschaft in der Welt zu bauen. Das ist nämlich Gottes Ratschluß, daß durch die Liebe in einem ersten Aufleuchten bereits hier auf Erden das Reich Gottes in etwa sichtbar werde, wie ein verhülltes Aufleuchten des ewigen Gottesreiches. Inmitten dieser Welt – noch so sehr entfernt vom ersehnten Frieden, bedroht von einem an sich bewundernswerten Fortschritt der Wissenschaften, aber nicht immer orientiert an einem höheren Sittengesetz – bitten wir flehentlich, es möge das Licht einer großen Hoffnung aufstrahlen in Jesus Christus, unserem einzigen Erlöser» (ibid., S. 102f.).

Dazu sei angemerkt, daß der vorliegende Akt des Konzils äußerst symptomatisch war. Es genügt, daran zu erinnern, daß sich die ganze Vorbereitung des Zweiten Vatikanischen Konzils in einer überaus gespannten internationalen Situation abspielte, die sich zum Zeitpunkt der Konzilseröffnung (wegen der Kuba-Krise) noch mehr zugespitzt hatte. Daher war die «Botschaft», abgesehen von ihren sonstigen Qualitäten, auch sehr zeitgemäß und hatte eine wahrhaft vitale Bedeutung.

Auf der vierten General-Kongregation des Konzils vom 22. Oktober 1962 begannen die Diskussionen über das Liturgieschema, welche erst mit der 18. General-Kongregation am 13. November ihren Abschluß fanden.

Daß ausgerechnet das Liturgieschema der erste Gegenstand war, der dem Konzil zur Erörterung vorgelegt wurde, war keineswegs zufällig. Diese Wahl ergab sich vielmehr aus dem Ziel, das der Papst bei der Einberufung dem Konzil gesteckt hatte, nämlich – wie wir bereits mehrfach andeuteten – die innere Erneuerung der römischen Kirche. Sowohl der Papst als auch die Konzilsväter definierten in ihren Äußerungen den Charakter des Zweiten Vatikanischen Konzils als «pastoral». Es ist durchaus natürlich, daß das Schema über den Gottesdienst dem Endziel des Konzils und den seelsorglichen Notwendigkeiten der Kirche besonders entsprach. Berücksichtigt man, das die Liturgie (und vor allem die Eucharistie) das Zentrum des kirchlichen Lebens ist, dann bedeutete auch das Studium der liturgischen Fragen eine erstrangige Angelegenheit. Es stimmt, das breite Publikum und die Weltpresse waren von der Wahl dieses Themas etwas enttäuscht. Sie erwarteten die Behandlung von «aktuelleren» Fragen. Papst Johannes XXIII. und seine Mitkämpfer sowie die ganze Spitze des fortschrittlichen Teils der römischen Kirche hörten zwar genau auf die öffentliche Meinung, aber sie taten alles mit Verstand und waren nicht geneigt, in erster Linie die Neugierde zu befriedigen.

Doch bevor wir uns eingehender mit den Fragen um das erwähnte Schema beschäftigen, muß noch ein Beschluß von Johannes XXIII. erwähnt werden, der auf der vierten Generalkongregation vom 22. Oktober 1962 bekanntgegeben wurde, zu Beginn der Arbeitssitzungen gefaßt. Er gab den Erörterungen auf dem Konzil eine besondere Ausrichtung. Erzbischof Felici verkündete die Verfügung des Papstes, das Sekretariat für die Einheit der Christen in seinen Funktionen und Vollmachten den übrigen zehn Konzilskommissionen gleichzustellen. Das Einheitssekretariat erhielt das Recht, die Arbeiten der übrigen Kommissionen dahingehend zu verfolgen, daß nichts aufkomme, was der Sache der christlichen Annäherung schaden könnte. Das Sekretariat wurde bevollmächtigt, Vorschläge an die entsprechenden Kommissionen zu unterbreiten und, falls es nötig würde, direkt den Papst um Beistand zu bitten. Auf diese Weise stand das Einheitssekretariat de facto höher als die zehn Kommissionen und glich seiner Bedeutung nach dem Sekretariat für außerordentliche Angelegenheiten.

Das vorgelegte Schema hatte die liturgische Erneuerung zum Ziel, und wenn es hier auch nicht darum ging, die frühere Lage der Dinge zu zerstören, so galt die Aufmerksamkeit nichts desto weniger einer Reinigung des bestehenden römischen Gottesdienstes von den verschiedenen jahrhundertealten Ablagerungen und einer Wiederherstellung der frühkirchlichen Praxis (so zum Beispiel in der Frage nach der Kommunion unter beiden Gestalten), sowie dem Wunsch, die Liturgie dem Verständnis, den Bedürfnissen und der Psychologie der Gläubigen unserer Zeit näherzubringen.

Bei der Erörterung des liturgischen Schemas äußerten sich die Väter vor allem über das Wesentliche, nämlich über das Verständnis der göttlichen Liturgie im Plan Gottes. Die Väter waren dabei einig in ihrer Beurteilung der Natur und der Ziele des christlichen Gottesdienstes, insbesondere was seine höchste Äußerung, die Eucharistie, anbelangte. Alle anerkannten, daß die Kirche durch das gnadenvolle liturgische Handeln und Leben das Werk der Erlösung und Errettung, das im Alten Testament vorgezeichnet und im Neuen Testament durch Jesus Christus, den Sohn Gottes, verwirklicht wurde, in der Zeit fortsetzt.

Die Akten des Zweiten Vatikanischen Konzils ergeben, daß sich die Väter in manchen Fragen nicht einig waren. Die «alte Garde» der Kardinäle und Bischöfe war nicht bereit, ihre Positionen kampflos aufzugeben. Die Äußerungen der progressiv eingestellten Väter stießen öfter auf starken Widerstand. Es kam zu ausführlichen Diskussionen, an denen manche Bischöfe teilnahmen, doch die Debatten führten nicht immer zu den gewünschten Resultaten. Papst Johannes, der den Verlauf der Konzilserörterungen (am Fernsehschirm) genau verfolgte, erlaubte nicht, daß fruchtlose Debatten uferlos weitergeführt wurden. Auf der 13. Generalkongregation vom 6. November 1962, als es um die Kommunion unter beiden Gestalten ging, ermächtigte der Papst das Konzilspräsidium, die Diskussion über das zweite Kapitel des Schemas abzubrechen und nach Abstimmung zum dritten Kapitel überzugehen. Charakteristischerweise erfolgte dieser Abbruch der Debatte gerade in dem Moment, als der Metropolit der ukrainischen Uniaten in Kanada, Maxim Hermaniuk, das Haupt der ukrainischen Bischöfe, in die Diskussion eingreifen wollte und bereits auf dem Weg zum Mikrophon war. Diese Ukrainer waren der Russischen Orthodoxie gegenüber sehr feindlich eingestellt (und hatten auch ein Flugblatt auf dem Konzil vorbereitet). Viele erwarteten mit Beunruhigung, daß Metropolit Maxim bei seinem Auftreten gegenüber der russischen Kirche und auch gegenüber den sozialistischen Ländern ausfällig würde, was natürlich nicht zur Schaffung einer Atmosphäre des gegenseitigen Verständnisses beigetragen hätte. Es ist schwer zu glauben, daß der Diskussionsabbruch in diesem Augenblick einfach ein Zusammentreffen oder ein Zufall war. Hier fühlte man deutlich das Wirken der weisen Hand von Papst Johannes XXIII.

Dennoch war bei der Beurteilung des Liturgieschemas manches unklar. Die fortschrittlichen Bischöfe, aber auch die Bischöfe aus Afrika und dem Osten forderten grundsätzliche Änderungen, während sich vor allem Bischöfe aus Italien, Spanien und Portugal mit Unterstützung des konservativen Teils der Kurie diesen Änderungen widersetzten. Es stellte sich die Frage, entweder für die ganze Kirche verpflichtende neue Bestimmungen anzunehmen oder keine Neuerungen einzuführen und sich auf einige kleine Änderungen zu beschränken. Der Papst fällte ein wahrhaft «salomonisches Urteil», das die Billigung aller fand. Es wurde bestimmt: «Das Recht, die heilige Liturgie zu ordnen, steht einzig der Autorität der Kirche zu. Diese Autorität liegt beim Apostolischen Stuhl und nach Maßgabe des Rechtes beim Bischof.» Diesem sollte nämlich im konkreten Fall die Anwendung und Verwirklichung der Prinzipien der Reform anvertraut werden. «Auch den rechtmäßig konstituierten, für bestimmte Gebiete zuständigen Bischofsvereinigungen verschiedener Art steht es aufgrund einer vom Recht gewährten Vollmacht zu, innerhalb festgelegter Grenzen die Liturgie zu ordnen» (Konstitution über die heilige Liturgie, SC 22, §§ 1 und 3).

Im Petersdom begann ein frischer Wind zu wehen. Dies schien auch vielen Bischöfen notwendig, welche den Gottesdienst den breiten Massen des gläubigen Volkes näherbringen wollten. Im gegebenen Fall ging es in erster Linie um die Liturgiesprache. Bekanntlich wurde in der römischen Kirche seit dem 3. Jahrhundert die Liturgie nach römischem Ritus in lateinischer Sprache vollzogen. Die positive Bedeutung dieses Faktors wurde auch nicht bestritten. Selbst Johannes XXIII. trat noch kurze Zeit vor Konzilsbeginn im Petersdom vor einer zahlreichen Versammlung, welche die «Blüte» der katholischen Universitäten repräsentierte, für die Bewahrung der lateinischen Sprache als Sprache der römischen Kirche sowie als Faktor ihrer weltweiten Einheit und der inneren gegenseitigen Verständigung ihrer einzelnen Teile ein. Nach Ansicht des Papstes war die lateinische Sprache ein klassisches Mittel internationaler Gemeinschaft, ein klarer und genauer Ausdruck des theologischen Denkens sowie eine Notwendigkeit der modernen Welt. Der Papst rief auch die Seminaristen und jungen Priester dazu auf, sich die lateinische Sprache vollkommen anzueignen, aber trotzdem war dieser Papst keineswegs ein Befürworter der lateinischen Sprache als alleiniger Liturgiesprache des römischen Ritus. Er anerkannte, daß es vernünftig und notwendig sei, in einer ganzen Reihe von Ländern die örtlichen Sprachen für den Gottesdienst zu übernehmen. Er selbst hatte ja seinerzeit in der Türkei die Einführung der Landessprache im Gottesdienst gefördert. Sehr oft hatte Johannes XXIII. die östlichen liturgischen Riten gerühmt, wobei er deren Vielsprachigkeit als Zeichen der Universalität der Kirche hervorhob. Und sein Gesinnungsgenosse Kardinal Montini (der spätere Papst Paul VI.) erklärte, nachdem er auf dem Konzil an einer vom melkitischen Erzbischof von Beirut zelebrierten Liturgie im byzantinischen Ritus teilgenommen hatte: «Dieser herrliche, aber auf unerwartete Weise geheimnisvolle Gottesdienst gab dem Konzil einen anschaulichen Hinweis dafür, daß es für einen Teilnehmer an der Liturgie notwendig ist, diese zu verstehen und ihrem Ablauf folgen zu können.»

Auf dem Konzil führte die Frage über die Liturgiesprache nicht nur zu heftigen, sondern gelegentlich auch zu erbitterten Debatten. Ganz allgemein zeigten sich drei Strömungen. Eine Gruppe, die zahlenmäßig nicht sehr stark war, wollte die Umgangssprache überhaupt nicht zulassen. Die meisten, und dazu gehörten wohl auch Vertreter dieser Gruppe, waren für die Einführung der modernen Sprachen bei den sakramentalen Riten, keinesfalls aber für die Feier der Messe. Andere vertraten das entgegengesetzte Extrem und wünschten, das Lateinische völlig aus den Gottesdiensten zu «vertreiben». Doch die Mehrheit der Väter unterstützte eine gesunde mittlere Ansicht, welche auch der Meinung von Papst Johannes entsprach, nämlich die Bewahrung des Lateins bei gleichzeitiger freier und weitherziger Zulassung der modernen Sprachen in der kirchlichen Praxis. Nach langen und lebhaften Debatten nahmen die Konzilsväter einen Beschluß an, der seinen Niederschlag in Artikel 36 des Liturgieschemas fand.

«§ 1. Der Gebrauch der lateinischen Sprache soll in den lateinischen Riten erhalten bleiben, soweit nicht Sonderrecht entgegensteht.

§ 2. Da bei der Messe, bei der Sakramentenspendung und in den anderen Bereichen der Liturgie nicht selten der Gebrauch der Muttersprache für das Volk sehr nützlich sein kann, soll es gestattet sein, ihr einen weiteren Raum zuzubilligen, vor allem in Lesungen und Hinweisen und in einigen Orationen und Gesängen gemäß den Regeln, die hierüber in den folgenden Kapiteln im einzelnen aufgestellt werden.

§ 3. Im Rahmen dieser Regeln kommt es der für die einzelnen Gebiete zuständigen kirchlichen Autorität zu, im Sinn von Art. 22 §2 – gegebenenfalls nach Beratung mit den Bischöfen der angrenzenden Gebiete des gleichen Sprachraums – zu bestimmen, ob und in welcher Weise die Muttersprache gebraucht werden darf. Die Beschlüsse bedürfen der Billigung, das heißt der Bestätigung durch den Apostolischen Stuhl.»

Die Konzilsbeschlüsse über die Liturgiesprache hatten eine wahrhaft historische Bedeutung, deren positive Auswirkungen offensichtlich sind. Der Konzilsbeschluß bedeutete die harmonische Verbindung eines gesunden Traditionalismus mit einem rationalen Reformismus. Es war ein entscheidender Schritt in Richtung auf ein gegenseitiges ökumenisches Verständnis. Überaus positiv war auch der Vorschlag zum gemeinsamen Vollzug des Gottesdienstes, das heißt zur Konzelebration.

Bei der Erörterung des Liturgieschemas sprachen sich viele Väter für einen Verzicht auf übermäßigen Prunk in der Kirche sowie für größere Einfachheit und Bescheidenheit aus. (Und sie hatten darin im Papst einen Gleichgesinnten). Besonders hervorstechend und eindrücklich war in diesem Zusammenhang das Auftreten des Bischofs von Talca (Chile), Manuel Larraín Errázuriz, welcher sein bischöfliches Palais in ein Armenhaus umgewandelt hatte. Dieser rief dem Konzil zu, daß für Gott nichts zu teuer sei, aber man solle auch das Wort des heiligen Augustinus bedenken: «Schönheit ist der Glanz der Wahrheit und nicht der Glanz des Reichtums.» Die Armut sei ein charakteristischer Zug der Inkarnation gewesen. Und so sei doch auch der Gottesdienst nichts anderes als die Weiterführung des Mysteriums der Menschwerdung, des Mysteriums jenes Gottes, welcher sich entäußerte und die Gestalt des Knechtes annahm. Die Bischöfe sollten begreifen, daß sie nicht Fürsten, sondern Hirten, nicht Herren, sondern Diener seien.

Am 28. Oktober 1962 waren vier Jahre seit der Erwählung Papst Johannes XXIII. auf den römischen Stuhl vergangen. Die Konzilsväter entboten dem Papst zu diesem Anlaß ihre Glückwünsche, der in seiner Antwort nebst seinem Dank auch den Wunsch ausdrückte, daß das um das Grab Petri versammelte Ökumenische Konzil den strahlenden Stern der Einheit über der menschlichen Gesellschaft leuchten lasse. «Vor allem», schrieb er, «bitten Wir den Friedensfürsten ohne Unterlaß, daß sein Friede, der alles Begreifen übersteigt, Herz und Sinn der Menschen bewahre und alle den Frieden bedrohenden Gefahren abwende, Gefahren, die unzählige Ruinen und Tränen ohne Ende hervorrufen können, wenn sie nicht rechtzeitig und mit größter Klugheit gebannt werden» (DC No 1388, 1962, S. 1455 f.).

Nachdem auf der 19. Generalkongregation vom 14. November 1962 die Leitgedanken des Liturgieschemas mit 2162 Ja-, 46 Nein- und 7 ungültigen Stimmen angenommen worden war, ging die Versammlung zur Prüfung des Schemas über die Quellen der göttlichen Offenbarung über, das von der theologischen Kommission unter Leitung von Kardinal Ottaviani ausgearbeitet worden war. Die Relation übernahm Msgr. Salvatore Garofalo, ein bedeutender Vertreter der Kurie, ein gelehrter Priester, der eine ganze Reihe von wichtigen Funktionen ausübte (Rektor einer päpstlichen Universität, Konsultor einiger Kongregationen, Mitglied der päpstlichen Bibelkommission u.a.m.) und eine Säule der konservativen Richtung war.

Dieser 14. November war ein «historischer Tag» des Zweiten Vatikanischen Konzils. Nach allgemeiner Ansicht war dieser Tag in theologischer Hinsicht einer der interessantesten der ganzen ersten Konzilssession. Die Bedeutung des Diskussionsgegenstandes und die Äußerungen der hervorstechendsten Autoritäten unter den Konzilsvätern der verschiedenen Strömungen verwandelte diese Sitzung in einen Disput auf höchster Ebene, was unter anderem auch die Pariser Zeitung «Le Monde» (16.11.1962) bestätigte, welche die Äußerung eines Konzilsteilnehmers widergab, der sagte: «Das Konzil hat in Wirklichkeit erst an diesem Mittwoch begonnen . . .»

Insgesamt meldeten sich an diesem Tag 15 Konzilsväter, davon 11 Kardinäle, ein östlicher Patriarch und drei Erzbischöfe zu Wort. Gleich von Anfang an zeichneten sich verschiedene Meinungen ab. Drei der Väter (die Kardinäle Siri und Ruffini sowie Erzbischof Morcillo Gonzalez) sprachen sich für das Schema aus, während einer, Kardinal Quiroga y Palacios, eine Neubearbeitung wünschte. Nicht weniger als elf aber waren dagegen. Den ersten Schlag führte Kardinal Liénart, der seine Rede mit den Worten eröffnete: «Dieses Schema ist für mich unannehmbar.» Der amerikanische Kardinal Ritter erklärte, das Schema sei in seiner Darlegung veraltet, zweideutig, voller Pessimismus, negativ und geeignet, statt Liebe zur Heiligen Schrift knechtische Furcht zu wecken. Er schloß seine Intervention mit dem Satz: «Das Schema muß überarbeitet oder zurückgewiesen werden.»

Ganz entschieden trat auch der melkitische Patriarch Maximos IV. (Saigh) auf. In seiner französischen Rede (er benutzte diese Sprache bei seinen Äußerungen immer, obwohl er des Lateinischen durchaus mächtig war) sagte er, daß die Formulierungen des Schemas überholt und veraltet seien, geeignet für die Zeit der Gegenreformation oder des Antimodernismus, nicht aber für unsere Tage. Der Text atme durchwegs Polemik, er sei beschränkt und negativ, hart und abfällig. Doch das Volk erwarte tröstende und positive Worte, die sich aus dem christlichen Bewußtsein nährten und den Weg für den ökumenischen Dialog bereiteten. «Wir können das Schema nicht billigen», fuhr der Patriarch fort, «das von theologischen Streitigkeiten ausgeht, die das Konzil entschieden vermeiden sollte und die ihm fremd sein müssen.» Und er schloß seine Rede mit der Aufforderung: «Ich schlage vor, dieses Schema einfach vollständig zurückzuweisen.»

Auch die Kardinäle Frings, Léger, König, Alfrink, Suenens und Bea nahmen gegen das Schema Stellung. In ihren Reden verurteilten sie das von Kardinal Ottaviani vorbereitete Schema, weil es nur den Gesichtspunkt einer bestimmten theologischen Schule widerspiegle und weil in ihm die neuesten Ergebnisse der Exegese wie auch der theoretischen Wissenschaften überhaupt vernachlässigt würden.

Wie auch die Reden am folgenden Tag zeigten, war sich die Mehrzahl der Konzilsväter in ihrer Ablehnung des Schemas einig. In ihrer Argumentation stützten sich die verschiedenen Redner auch auf wiederholte Aussagen von Papst Johannes, daß der unveränderliche Inhalt der Glaubenslehre in neue Formen gegossen werden müsse, um damit die ökumenischen Beziehungen auszuweiten. Das vorliegende Schema sei zu scholastisch, die Formulierungen trügen einen gesetzgeberischen, statt einen pastoralen Charakter.

Kardinal Ottaviani und seine Gesinnungsfreunde konnten das alles im Prinzip nicht leugnen. Aber es schien ihnen, daß mit der Verletzung irgendeines Buchstabens der Lehre die gesamte Kirche vom Anker losgerissen werde. Ihre Opponenten wiesen zu Recht darauf hin, daß bei aller Richtigkeit des Vergleichs der Kirche mit einem Schiff nicht vergessen werden dürfe, daß die Bedeutung eines jeden Schiffs, und folglich auch des kirchlichen, nicht darin bestehe, vor Anker zu liegen. Die Kritiker des Schemas bestritten die Heiligkeit und Unveränderlichkeit der Glaubenslehre nicht, aber sie waren der Ansicht, daß deren Darlegung für den heutigen Menschen anders sein müsse, als im vorgelegten Schema, wo diese Glaubenswahrheiten «professoral und scholastisch» präsentiert würden. In dieser Form könnten diese auch nicht von den Christen anderer Konfessionen verstanden werden, was heutzutage keineswegs wünschenswert erscheine, wo eine Strömung zur christlichen Einheit bestehe.

In der Diskussion erhob auch das Sekretariat für die Einheit der Christen seine Stimme. Diese Stimme war gewichtig und entscheidend. Im Auftrag von Kardinal Bea sprach Msgr. De Smedt. Er sagte, das Angebot des gegenwärtigen Konzils solle den Geist der Ökumene atmen. Doch in dieser Hinsicht weise das vorgelegte Schema wesentliche Mängel auf. Für den Dialog mit den Nichtkatholiken stelle es nicht einen Schritt nach vorn, sondern einen zurück, keine Hilfe, sondern ein Hindernis dar.

Nachdem es offensichtlich wurde, daß die Mehrheit der Konzilsväter gegen das Schema in der vorliegenden Form negativ Stellung nahm, erschien eine Fortsetzung der Debatte sinnlos. Deshalb wurde am 20. November über den Abbruch der Diskussionen abgestimmt. Zwar waren die Befürworter eines Abbruchs in der Mehrzahl, aber sie vermochten die notwendige Zweidrittelmehrheit nicht zu erlangen. Damit war eine schwierige, wenn nicht gar ausweglose Situation entstanden. Die fruchtlosen Debatten konnten endlos weitergeführt werden.

Auch hier faßte Papst Johannes XXIII. den einzig richtigen Entschluß, der das Konzil aus dem Engpaß herausführte. Indem er die Äußerung der Mehrheit (mit welcher er natürlich übereinstimmte) für ausreichend hielt, ignorierte er die formalen Resultate der Abstimmung und ordnete an, die Diskussion abzukürzen und eine neue, spezielle Kommission einzusetzen, die das umstrittene Schema neu bearbeiten sollte. Diese Kommission setzte sich aus Mitgliedern der theologischen Kommission und dem Einheitssekretariat zusammen. Als Kopräsidenten wurden die Kardinäle Ottaviani und Bea ernannt. Gleichzeitig mit der Errichtung dieser gemischten Kommission wurde auch die Bezeichnung des Schemas geändert. Sie sollte künftig nicht mehr «Über die Quellen der göttlichen Offenbarung» lauten, sondern einfach «Über die göttliche Offenbarung». Dies entsprach dem Wunsch vieler Väter, welche eine Aufteilung der Quellen zu vermeiden trachteten.

In den folgenden Generalkongregationen wurde vor allem – und bis zum Ende der ersten Session – das in dogmatischer Hinsicht wichtigste aller Schemata über die Kirche behandelt. Im Verlauf der ekklesiologischen Diskussionen offenbarte sich ein beinahe allgemeines Bestreben, in der Kirche nicht eine statische, sondern eine dynamische Realität zu sehen, die sich in Zeit und Raum entwickle, um die unsichtbaren Grenzen der Kirche im Licht der universellen Bedeutung der Menschwerdung und Erlösung maximal auszuweiten. Man fühlte die Überzeugung der Konzilsteilnehmer, nicht nur an die Rechte der Kirche zu denken, sondern auch an ihre Verpflichtungen gegenüber der gesamten Menschheit, für die sie zu sorgen habe, ohne jemanden zu vergessen.

Bei den Debatten über dieses Schema erhoben sich auch scharfe Kritiken. Diese betrafen sowohl das Schema als ganzes wie auch einzelne seiner Teile. Als positive Züge des Schemas wurden hervorgehoben: das Bestreben, eine klare, auf der Heiligen Schrift basierende theologische Vorstellung von der Kirche zu geben, welche den Dialog mit den nichtkatholischen Brüdern erleichtern könnte, aber auch die Katholiken selbst in ihrer Liebe zu ihrer geistlichen Mutter zu bestärken vermöge; das Bedürfnis, die Lehre über die Rechte und Pflichten von Klerus und Laien zu vertiefen, sowie die Präsentation des ökumenischen Problems. Hingegen wurde der unzureichende Zusammenhang der einzelnen Teile, der Juridismus bei der Behandlung verschiedener Fragen und das unzureichende Verständnis für die Rolle des Episkopats und die Aufgaben der Laien in der Kirche scharf kritisiert.

Auch eine Reihe von Wünschen wurde vorgebracht: Erstens, daß die theologische Kommission bei der Überprüfung des Schemas in den einen oder anderen Fragen die verschiedenen anderen interessierten Kommissionen konsultiere, um zu vermeiden, daß solche Fragen mehrfach behandelt werden müßten. Zweitens sollte bezüglich der Laien ausdrücklicher auf deren Würde als Glieder des Leibes Christi (der Kirche) hingewiesen werden, denen die Aufgabe obliege, das Reich Gottes in der modernen Welt zu errichten, wobei sie hier in eigener Autorität handeln müßten und nicht bloß Direktiven der Hierarchie auszuführen hätten. Drittens sollte hinsichtlich der bischöflichen Gewalt das Band der Liebe unterstrichen werden, das den Episkopat mit dem Papst verbinde, statt sich nur auf den Hinweis der juristischen

Am 11. Oktober 1962 konnte Papst Johannes XXIII. das II. Vatikanische Konzil eröffnen, dessen Einberufung und Vorbereitung zu den historischen Taten seines Pontifikates zählen. Foto: Photopress

2 867 Konzilsväter aus aller Welt versammelten sich bei Konzilsbeginn im Petersdom. Noch nie hatte die katholische Kirche im Laufe ihrer Geschichte eine so repräsentative Versammlung gesehen. Foto: Photopress

Der kurz vor Erscheinen des vorliegenden Buches verstorbene Autor, Nikodim Rotow (geb. 1929), russisch-orthodoxer Metropolit von Leningrad und Nowgorod sowie Exarch für Westeuropa, der damalige Leiter des kirchlichen Außenamtes des Moskauer Patriarchates, war der eigentliche «Architekt» der sich anbahnenden Verständigung der russisch-orthodoxen mit der römischen Kirche. Er hatte in Papst Johannes XXIII. einen kongenialen Gesprächspartner gefunden (A. d. H.). Foto: World Council of Churches

Als Ereignis von besonderer Bedeutung wurde die Ankunft der zwei Konzilsbeobachter des Moskauer Patriarchates, Archimandrit Wladimir Rotljarow und Erzpriester Witali Borowoj (v. l. n. r.) am 12. Oktober 1962 empfunden. Foto: Bilderdienst Süddeutscher Verlag

Abhängigkeit vom Papst zu beschränken. Auch müßten die Erörterungen über die Wechselbeziehungen von Kirche und Staat unter Berücksichtigung der realen gegenwärtigen Gegebenheiten formuliert werden.

In den Beiträgen der Konzilsväter äußerte sich auch der Wunsch nach einer kollegialen Leitung der Kirche. So wurde unter anderem darauf hingewiesen, daß der Episkopat nach göttlichem Recht existiere. Deshalb sollten auch die Bischöfe bei der Leitung der universellen Kirche eine Rolle spielen. Der Papst sei Papst, weil er der Bischof Roms sei, und nicht umgekehrt. Christus habe die Apostel auf gleiche Weise erwählt, wie er sich an Petrus gewandt habe.

Die Kürze der verbleibenden Zeit erlaubte keine Abstimmungen über die einzelnen Punkte des Schemas. Deshalb beschloß man, die Erörterungen auf der zweiten Session des Konzils fortzusetzen. Auf der 35. Generalkongregation (am 6. Dezember 1962) wurde – wie wir bereits erwähnten – die Bildung einer Koordinierungskommission bekanntgegeben, welche die Arbeiten der Konzilskommissionen in den folgenden neun Monaten bis zur Eröffnung der zweiten Konzilssession (die für den 8. September 1963 vorgesehen war) koordinieren und leiten sollte. Diese Kommission bestand aus Vertretern des «progressiven Flügels» des Konzils, den Kardinälen Liénart, Suenens und Döpfner, die als Anhänger des «Aggiornamento» galten. Johannes XXIII. ernannte auch noch den Kardinal Urbani (seinen Nachfolger auf dem Stuhl von Venedig) und den Kurienkardinal Confalonieri, die sich durch Kompromißbereitschaft und Verständigkeit auszeichneten, sowie den konservativen amerikanischen Kardinal Spellman zu Mitgliedern dieser Kommission.

Am 8. Dezember 1962, dem Fest der «Unbefleckten Empfängnis«, fand die erste Session des Konzils mit einem feierlichen Gottesdienst im Petersdom und einer Ansprache des Papstes ihren Abschluß. Johannes XXIII. war körperlich sehr schwach, seine Krankheit hatte sich verschärft, und es stand ihm eine schwere Operation bevor. Ungeachtet der Ratschläge seiner Ärzte erschien er im Petersdom, und alle Anwesenden sahen, wie er sich erschöpft und mit totenbleichem Gesicht bewegte und mit großer Anstrengung sprach. Und dennoch atmete die Schlußrede des Papstes Optimismus. In dieser ging er kurz auf die Ergebnisse der ersten Session ein, doch in der Hauptsache beschäftigte er sich mit der Zukunft.

«Ehrwürdige Brüder!», so wandte sich der Papst an die Konzilsväter. «Die Erste Sitzungsperiode der ökumenischen Versammlung, die am Fest der Gottesmutterschaft Mariens eröffnet wurde, schließt heute am Tag der Unbefleckten Empfängnis, im Glanz der Gnaden, der von der Mutter Gottes und unserer Mutter ausgeht» (HK, XVII, 1962/63, S. 191). Viele große Ereignisse der Kirche hätten sich im Licht Mariens abgespielt, gleichsam als Zeugnis ihres mütterlichen Schutzes.

Das Konzil sei seiner Wirklichkeit nach ein Akt des Glaubens und des Gehorsams gegenüber dem Willen Gottes, das Bestreben, in Entsprechung mit seinen göttlichen Plänen zu leben. Während die Bischöfe in ihre Diözesen heimkehrten, weilten seine Gedanken bei der bisher geleisteten Arbeit. Und indem er neuen Mut schöpfe, schaue er in Erwartung des Weges, der bis zur Vollendung des Werkes noch zurückzulegen sei, in die Zukunft.

«Die Erste Sitzungsperiode», fuhr der Papst fort, «ist gleichsam eine bedachtsame und feierliche Einleitung zu dem großen Werk des Konzils gewesen. Sie war ein Anfang für die Väter, um mit bereitem Herzen sich in die Materie einzuarbeiten und zum Kern dieses Ereignisses und des göttlichen Ratschlusses vorzudringen. Es war notwendig, daß die Brüder, die von ferne gekommen sind, um sich um diesen ehrwürdigen Sitz zu versammeln, sich aus nächster Nähe kennenlernten. Sie mußten sich erst in die Augen sehen, um die gegenseitige Gesinnung zu erkennen. Das Wissen, das aufgrund eigener Erfahrung ein jeder erworben hat, mußte den anderen bedachtsam und in wirksamer Weise zugänglich gemacht werden (. . .). Es ist auch leicht einzusehen, daß in einer so breit angelegten Versammlung ein gutes Stück Zeit dafür verwendet werden mußte, um zu einem Einvernehmen zu gelangen über das, was, ohne gegen die Liebe zu verstoßen, zu kaum verwunderlichen, aber doch ein wenig erregenden Meinungsverschiedenheiten führte. Auch das entspricht übrigens dem Plan der göttlichen Vorsehung, die Wahrheit ins rechte Licht zu stellen und vor aller Welt die heilige Freiheit der Kinder Gottes zu offenbaren (. . .) Man kann also mit Recht sagen, daß ein solider Anfang gesetzt worden ist für die Fragen, die noch zu behandeln sein werden» (ibid., S. 192).

«Wir wissen», meinte der Papst, «daß Ihr nach der Rückkehr aus dieser Stadt dem Euch anvertrauten Volk die Fackel des Vertrauens und der Liebe weiterreichen werdet. Und noch tiefer werdet Ihr mit Uns im Gebet vereint sein (. . .). Wie Ihr also seht, geht Unsere Arbeit weiter, verbunden durch das gemeinsame Gebet und den gemeinsamen Willen. Das gemeinsame Werk wird durch diese Feier nicht unterbrochen. (. . .) Auch die Einsetzung einer neuen Kommission (eben der Koordinierungskommission, A.d.V.), in die hervorragende Männer aus dem Kardinalskollegium und dem Episkopat stellvertretend für die Gesamtkirche berufen worden sind, beweist, daß die Arbeiten des Konzils nicht ruhen werden. Es wird Aufgabe dieser Kommission sein, die Arbeit während der nächsten Monate zu überwachen und zu koordinieren. Sie wird in gemeinsamer Beratung mit den anderen Kommissionen die geeigneten Voraussetzungen schaffen für einen glücklichen Abschluß der ökumenischen Versammlung. Unser Konzil wird also während der Zwischenpause der nächsten neun Monate den eingeschlagenen Weg mit Energie fortsetzen. Die einzelnen Bischöfe werden trotz ihrer seelsorglichen Beanspruchung die ihnen zur Verfügung gestellten Schemata und alles, was ihnen sonst noch zu gegebener Zeit zugesandt werden wird, aufmerksam prüfen und vertiefen. (. . .) Wenn Wir nun mit Unserem geistigen Auge den übergroßen Aufgabenbereich überblicken, dem wir uns in gemeinsamer Arbeit vertrauensvoll zuwenden, sind Wir voller Erwartung und hoffen sehr, daß jene wichtigen Beratungen das Ziel erreichen, das Wir vor Augen hatten, als Wir sie einberiefen (. . .)» (ibid., S. 192f.).

Auch wenn vor Ende des Konzils keine Konzilserlasse vorlägen, bemerkte der Papst, so sei es doch jetzt schon sinnvoll, nach den positiven Früchten Ausschau zu halten, die hoffentlich nicht bloß bei den Katholiken, sondern auch von jenen Brüdern, die Christi Namen tragen, ein Echo fänden. Wenn dann die Zeit gekommen sei, die Erlasse des Konzils im kirchlichen wie auch im sozialen Bereich anzuwenden, hätten die Bischöfe ihre Kräfte mit dem Klerus und den Ordensleuten, sowie auch mit den Laien zu vereinen. Indem er in die Zukunft blickte, welche er, wie er wohl verstand, nicht mehr erleben würde, sagte Papst Johannes XXIII.: «Dann wird ohne Zweifel jenes heißersehnte ‹neue Pfingsten› aufleuchten, das die Kirche mit größerer geistiger Kraft erfüllen und ihre mütterliche Sorge und ihre heilbringende Kraft in allen Tätigkeitsbereichen besser zur Geltung bringen wird. Dann wird das Reich Christi auf Erden einen neuen Aufschwung erfahren. Dann endlich wird auf dem Erdkreis heller und vernehmbarer die Frohbotschaft von der Erlösung des Menschen widerhallen in den höchsten Rechten des allmächtigen Gottes, in den Banden der Liebe zwischen den Menschen, und der Friede, der auf dieser Welt den Menschen guten Willens versprochen worden ist, neu erstarken. (. . .)

Ein weiter Weg bleibt noch zurückzulegen. Aber Ihr sollt wissen, daß der oberste Hirte an einen jeden von Euch mit übergroßer Liebe denkt, während Ihr Euren seelsorglichen Aufgaben obliegt. Diese werden uns in der Sorge um das Konzil immer gegenwärtig sein. (. . .) Durch den strahlenden Beginn des Konzils ist ein erster Zugang eröffnet worden zu jenem großen Unternehmen. Die gemeinsame Arbeit wird in den nächsten Monaten eifrig und mit Bedacht fortgeführt werden, damit die ökumenische Versammlung einmal der Menschheitsfamilie die heißersehnten Früchte des Glaubens, der Hoffnung und der Liebe bringen kann, die so sehr davon erwartet werden. (. . .) Es erwarten uns also schwierige Arbeiten und große Mühen. Doch Gott selbst wird uns auf dem Weg beistehen» (ibid., S. 193).

5. Die ökumenische Bedeutung der ersten Konzilssession

Die erste Konzilssession, welche am 8. Dezember 1962 ihren Abschluß gefunden hatte, war zweifellos ein hervorragendes und bedeutsames Ereignis in der Geschichte des Christentums. Von orthodoxer Seite, insbesondere von der russisch-orthodoxen Kirche, erhielt dieses Ereignis nur eine positive Bewertung. Auf dem Konzil wurde das echte Bestreben der römisch-katholischen Kirche fühlbar, bei der Schaffung eines allumfassenden Friedens mitzuwirken. Außerdem eröffnete diese Session günstige Voraussetzungen für einen konstruktiven Dialog zwischen den Katholiken und den nichtkatholischen Christen. Das allgemeine «Klima», das auf der ersten Session herrschte, war überaus gemäßigt. Hierzu trug der Einfluß von Papst Johannes XXIII. sehr viel bei. Die Reden des Papstes waren von der Sorge um die Erhaltung des

Friedens in der Welt sowie von einem festen Glauben an den Sieg dieses Friedens durchdrungen. Und diese Reden gaben auch den Ton im Verhältnis des Konzils gegenüber den politischen Problemen an. Vor allem in den Reden des Papstes wurden irgendwelche Ausfälle gegen die sozialistischen Länder völlig vermieden. Diejenigen, welche meinten, daß das Konzil einen antikommunistischen Charakter tragen würde, erlebten eine Enttäuschung. Auch die «Botschaft des Konzils an die Welt» war von einem außerordentlich menschlichen und wahrhaft christlichen Geist durchdrungen, der dem Ton der päpstlichen Äußerungen entsprach.

Bereits auf der ersten Generalkongregation offenbarte sich, wie wir im Zusammenhang mit der Frage um die Wahl der Kommissionsmitglieder sahen, daß die Konzilsteilnehmer in ihren Willensäußerungen voll und ganz frei waren. Dies gab berechtigten Grund zur Annahme, daß das Konzil nicht einfach zu einer passiven Bestätigung päpstlicher Beschlüsse einberufen worden sei, wie dies wahrscheinlich die konservativsten katholischen Kreise wünschten, sondern dazu, um der ganzen katholischen Kirche die Möglichkeit zu freier Äußerung zu geben. Msgr. Emile Guerry. Erzbischof von Cambrai vermerkte in diesem Zusammenhang, daß die Beobachter erstaunt gewesen seien, die «Kollegialität des Episkopats» in Aktion zu sehen. «Sie hörten – nicht ohne Erstaunen –, wie die Bischöfe auf den Generalkongregationen völlig frei und ganz klar redeten, selbst wenn die Ansichten verschieden und entgegengesetzt waren. Sie haben gesehen, wie sich die Bischöfe aus allen Rassen und Nationen einander annäherten . . . Auf diese Weise wurde durch die mit dem Papst vereinte bischöfliche Kollegialität vielen die Katholizität der einen und apostolischen Kirche geoffenbart. (. . .) Sicherlich sind wir erst am Beginn einer sehr großen Entdekkung. Doch bereits bevor die Lehre von der Kollegialität in den Texten erwähnt wurde, war sie bereits in den Fakten und im Leben der Kirche eingeschrieben. (. . .) Die Bischöfe sind sich mit Freude und Ernst ihrer Kollegialität bewußt geworden. Es ist leicht vorauszusehen, daß sich die verschiedenen Formen kollegialer Aktion mehr und mehr vervielfachen und präzisieren werden» (DC, No. 1393, 1963, S. 175–179).

Ähnliche Urteile waren von vielen Konzilsvätern zu hören. So äußerte beispielsweise der niederländische Primas, Kardinal Alfrink, nach der ersten Session die Meinung, daß die Zentralisation der höchsten kirchlichen Macht in der Vergangenheit wirklich notwendig gewesen sei, um der Gefahr des Nationalismus vorzubeugen. Jetzt aber müßten die Vollmachten der Ortsbischöfe verstärkt und viele Fragen des kirchlichen Lebens den Bischofskonferenzen überlassen werden. Auf der Session sei öfters von den Ostkirchen die Rede gewesen und gewisse Momente ihrer kirchlichen Praxis zur Nachahmung empfohlen worden. So seien viele für die Kommunion unter beiden Gestalten eingetreten. Kardinal Alfrink bemerkte, daß eine solche Kommunion Zeichencharakter haben könnte. Sie könnte bereits in ihrer äußeren Form das Bemühen der Kirche ausdrücken, bei feierlichen Anlässen die Eucharistie so zu vollziehen, wie dies zuerst durch unseren Herrn, Jesus Christus, geschehen sei. Und Kardinal Bea unterstrich, wie sehr die Kommunion unter beiden Gestalten bei bestimmten Anlässen die Perspektiven einer ökumenischen Annäherung mit den übrigen Christen, insbesondere mit den Orthodoxen, begünstigen würde.

In der Rede von Msgr. De Smedt, dem Bischof von Brügge, auf der 22. Generalkongregation vom 19. November 1962 fanden die ökumenischen Bestrebungen ihren deutlichsten Ausdruck. Der Bischof erklärte im Namen des Sekretariats für die Einheit der Christen: «Darin kommen alle Christen überein, daß sie Jesus Christus anerkennen. Was der Herr selbst uns mitgeteilt hat, macht das Glaubensgut aus und ist unser Heil. Zu dieser einzigen Quelle treten wir alle hinzu, Katholiken und Nichtkatholiken. Sobald man aber fragt , wie wir zu Jesus Christus hinzutreten, beginnt die Uneinigkeit. Wir sind getrennte Brüder. Bereits seit einigen Jahrhunderten sind wir gespalten. Wir wissen, daß diese unsere Uneinigkeit dem Willen Christi widerspricht. Wann endlich wird unsere Trennung ein Ende nehmen? Durch mehrere Jahrhunderte glaubten wir Katholiken, eine klare Darlegung unserer Lehre genüge. Die Nichtkatholiken glaubten dasselbe. Beide Teile legten ihre Lehre in ihrer Terminologie, in ihrer Sicht dar; was von den Katholiken gesagt wurde, verstanden die Nichtkatholiken nicht recht und umgekehrt. Mit der Methode ‹der klaren Wahrheit› kam man auf dem Weg der Wiederversöhnung keinen Schritt weiter. Im Gegenteil: Auf beiden Seiten nahmen die Vorurteile, die Verdächtigungen, die Streitigkeiten und die polemischen Auseinandersetzungen zu.

In den letzten Jahrzehnten kam eine neue Methode auf. Man nennt sie den ‹Ökumenischen Dialog›. Worin besteht er?

Das Charakteristische dieser Methode liegt darin, daß man sich nicht nur um die Wahrheit bemüht, sondern auch um die Art und Weise, wie eine Lehre dargelegt werden muß, damit sie von den andern richtig verstanden werden kann. Die Christen der verschiedenen Bekenntnisse helfen sich gegenseitig, damit die einen wie die anderen die Lehre, der sie nicht anhängen, besser verstehen können. Der Ökumenische Dialog bedeutet also nicht eine Überlegung oder eine Verhandlung über die Wiedervereinigung, er ist kein Unionskonzil, kein Bekehrungsversuch. Er besagt beiderseits die klare, sachliche, durchsichtige, psychologisch angepaßte Bezeugung des eigenen Glaubens.

Diese neue Methode kann nach dem Willen des Papstes auf diesem unserem Konzil angewendet werden. Unsere Konzilserklärungen können dann ökumenisch genannt werden und für den Ökumenischen Dialog von großem Gewinn sein, wenn wir die wirklich geeigneten Mittel anwenden, damit die Nichtkatholiken in die Art und Weise, wie die katholische Kirche das Geheimnis Christi sieht und lebt, besseren Einblick erhalten.»

Zum Abschluß seiner Rede warnte Bischof De Smedt, daß das Konzil nicht die große und unermeßliche Hoffnung all jener zunichte machen dürfe, «die – an der Spitze Papst Johannes XXIII. – mit Beten und Fasten erwarten, daß jetzt endlich ein ernsthafter und nennenswerter Schritt getan wird zur brüderlichen Einigung all jener, für die Christus, unser Herr, gebetet hat: ‹Daß alle eins seien.›» (Zit. nach Mario von Galli, Bernhard Moosbrugger, Das Konzil und seine Folgen, Luzern/Frankfurt M., 1966, S. 245 f.).

Ähnliche Reden ertönten nicht nur auf dem Konzil, sondern auch in seiner Umgebung. Sie fanden eine klare Billigung durch Papst Johannes XXIII. und waren auch von ihm selbst beeinflußt. Auf diese Weise zeigte die erste Session des Konzils, daß sich die katholische Kirche auf dem Weg der Ökumene befand, auf dem Weg einer Annäherung zu allen Christen der Welt, und dafür hatte sie neben der göttlichen Fürsorge dem «gütigen Papst Johannes» zu danken, dessen Pontifikat zu den kürzesten der Kirchengeschichte gehörte.

Daniel Rops würdigte die Zurückhaltung, die sich der Papst auferlegte, indem er die Diskussionen der Generalkongregationen an einem Fernsehgerät verfolgte, das in seinem Arbeitszimmer eingerichtet worden war, und niemals in die Debatten eingriff, um Entscheidungen zu beeinflussen. Er habe sich nur eingemischt, um endlose Interventionen zu beenden, welche um so fruchtloser geworden seien, als sich die Mehrheit der Versammlung ohnehin bereits eine klare Meinung zu einem bestimmten Thema gebildet hatte. Dies seien Akte der Weisheit und des Realismus im Geist dessen gewesen, was der Papst vom Konzil zum Problem der kirchlichen Erneuerung erwartet habe. (Vgl. das Vorwort zu Loris Capovilla, Johannes XXIII. – der gute Papst.)

Das Moskauer Patriarchatsjournal würdigte die Resultate der ersten Konzilssession mit den Worten: «Nach der ersten Session des Konzils (vom 11. Oktober bis 7. Dezember 1962) wird die Bedeutung des Zweiten Vatikanischen Konzils bereits von allen anerkannt, insbesondere wegen der bedeutenden, ja sogar grundlegenden Änderungen, die sich nicht nur im inneren Leben der katholischen Kirche, sondern auch in ihrer Wechselbeziehung mit der äußeren Welt abzeichnen.

Es genügt, sich den Zahlenangaben zuzuwenden, welche in letzter Zeit von der Weltpresse publiziert wurden, um sich zu überzeugen, daß eine einigermaßen bedeutende Veränderung in der Tätigkeit und Struktur der römischen Kirche die Menschenmassen, die davon berührt werden, nicht unbeeinflußt lassen kann. Im Jahr 1962 erreichte die Herde dieser Kirche nach katholischer und protestantischer Statistik 558 Millionen Menschen (d. h. 18,2% der gesamten Weltbevölkerung). Als Mittelpunkt der höheren Hierarchie der römischen Kirche, deren Episkopat, der sich von allen Enden der Erde in Rom einfand, rund 2800 Mitglieder zählt, ist das Konzil berufen, der höchste Ausdruck ihres liturgischen, exegetischen und konstitutionell-kanonischen Lebens zu sein. Das Konzil der Bischöfe der Apostolischen Kirche ist in sich eine sakramentale, liturgische und gottesdienstliche Erscheinung. Gleichzeitig stellt es eine neue Etappe in der Auslegung der kirchlichen Lehre und in ihrer Beziehung zu den verschiedenen Gebieten des allgemeinmenschlichen Lebens dar. Und schließlich müssen seine Entscheidungen die weitere Gestaltung des kirchlichen Lebens bestimmen und die eine oder andere Reform der kirchlichen Ordnung herbeiführen.

Nach den eigenen Worten von Papst Johannes XXIII. wurde das Konzil von ihm dazu einberufen, damit die innere Organisation der römischen Kirche ‹neue Kraft› erlange. Der Papst drang wiederholt darauf, daß sich die Kirche an die neuen Bedingungen ihres Dienstes anpassen müsse. Durch die veränderten Umstände des religiösen Lebens der Gläubigen sei eine Erneuerung erforderlich. Die christliche Lehre müsse, wobei sie ihr Wesen unverändert bewahre, in neue Formulierungen gekleidet werden, die dem modernen Bewußtsein des Menschen entsprechen. Als kirchliches Konzil, als eine weltumfassende Versammlung des katholischen Episkopats, hatte es sich vor allem mit Glaubensfragen zu befassen. Die dogmatische Seite des kirchlichen Lebens forderte von den Konzilsvätern gerade jene neuen Formulierungen, von denen Papst Johannes XXIII. sprach. Auf dem Gebiet einer Erneuerung des christlichen Lebens der riesigen Herde mußte sich das Konzil in die Bedürfnisse und Anfragen, welche unsere Epoche vorbringt, vertiefen. Dies erforderte auch die Anpassung der kirchlichen Disziplin an die Erfordernisse unserer Zeit» (ŽMP, No 5, 1963, S.75f.).

Auf die Frage des Korrespondenten P. Bransi vom italienischen Rundfunk und Fernsehen über das Verhältnis der russisch-orthodoxen Kirche zum Zweiten Vatikanischen Konzil, antwortete der Präsident des kirchlichen Außenamtes, Erzbischof Nikodim: «Die russisch-orthodoxe Kirche reagierte auf die Einladung, ihre Beobachter auf die erste Session des Zweiten Vatikanischen Konzils zu entsenden, im Geist ungeheuchelter Bruderliebe (1 Petr 1,22). Ihre Beobachter verfolgten eifrig den Verlauf der Konzilserörterungen und zeigten für alles ein lebhaftes Interesse, was in Zukunft für die Errichtung brüderlich-christlicher Beziehungen mit der römischen Kirche auf dem Boden gegenseitigen Verständnisses und gemeinsamer Bestrebungen zur Leistung eines Beitrages an die Sache des Friedens und für den Fortschritt der Menschheit geeignet sein könnte.

Die soeben zu Ende gegangene erste Session des Zweiten Vatikanischen Konzils hinterließ einen positiven Eindruck, da die römisch-katholische Kirche das Bestreben zeigte, bei der Errichtung eines allgemeinen Friedens und bei der Lösung anderer gesellschaftlicher Probleme mitzuwirken. Neben den mehrfachen Äußerungen von Papst

Johannes XXIII. in diesem Sinn, enthält auch die einstimmig angenommene ‹Botschaft an die Welt› einen Aufruf an die Menschheit, sich um die Probleme zur Annäherung der Völker und zur Festigung des internationalen Friedens zu bemühen.

Es ist überaus bedeutsam, daß die erste Session des Konzils gleichsam die Perspektive eines konstruktiven Dialogs zwischen Katholiken und Nichtkatholiken im Geiste christlicher Liebe eröffnete . . .» (ŽMP, No 7, 1963, S.11).

Damit beenden wir das Kapitel über das Zweite Vatikanische Konzil, da die weitere Entwicklung der Ereignisse, die mit diesem in einem Zusammenhang stehen, erst nach dem Hinschied von Papst Johannes XXIII. stattfand.

5. Kapitel

DER FRIEDENSDIENST PAPST JOHANNES XXIII.

Es wäre keine Übertreibung zu sagen, daß das ganze Pontifikat Papst Johannes XXIII. ein Dienst am Frieden war. Darin stimmen alle Erforscher seines Lebens sowie Vertreter aller ideologischen Strömungen der Gegenwart überein. So schrieb zum Beispiel die «Literaturnaja Gaseta» (vom 8. August 1963) in ihrem Artikel «Die Summe Johannes XXIII.» über sein Wirken: «Die Sache des Friedens war für Johannes XXIII. kein abstraktes Problem . . . Der Papst sagte, daß er bei der Niederschrift der Enzyklika («Pacem in terris») von dem geheimsten Wunsch aller Menschen guten Willens geleitet worden sei: von dem Wunsch, den Frieden auf Erden zu bewahren. Dieser Überzeugung lag ein klares Verständnis für eine unanfechtbare Wahrheit zugrunde: In der thermonuklearen Epoche muß die Menschheit lernen, gemeinsam zu leben, wenn sie nicht gemeinsam in der Hölle auseinanderfallender Atome umkommen will. In vatikanischen Kreisen wird gesagt, daß Kardinal Bea bei seiner Aprilreise in die Vereinigten Staaten dem Präsidenten eine persönliche Botschaft des Papstes überreichte, in der die Stellungnahme des Vatikans noch offener als in der Enzyklika ‹Pacem in terris› ausgedrückt war. In Fragen der Abrüstung machte der Papst konkrete Vorschläge, die sich in deutlichem Gegensatz zur offiziellen Linie Washingtons befanden. Die englische Zeitung ‹Daily Mirror› riet in diesem Zusammenhang den amerikanischen Katholiken, ‹die Empfehlungen Johannes XXIII. nicht ernst zu nehmen.›»

1. Der Friedensappell in den päpstlichen Ansprachen

Zahlreiche Äußerungen des Papstes bei Audienzen, vor Pilgern, im Radio und Fernsehen sowie alle seine Weihnachts- und Osterbotschaften waren von Vorstellungen des Friedens und der friedlichen Koexistenz durchdrungen. Gleich wie die Enzyklika «Mater et Magistra» eine Art Schlußakkord seiner Stellungnahmen zu den sozialen Fragen darstellte, so war seine Enzyklika «Pacem in terris» eine Art «Schwanengesang» des päpstlichen Friedensstifters.

In der Osterwoche des Jahres 1959 hielt Johannes XXIII. beim Pontifikalamt im Petersdom eine Predigt, die in ihrem Umfang wesentlich über seine Osterbotschaft im Radio hinausging. Der Papst begann seine Rede mit einer Beleuchtung der Ereignisse, die Christi Auferstehung vorausgegangen waren. Wenige Tage vor seinem Opfer, das ihn in den Augen der Welt mit Schmach bedeckte, habe Christus einen triumphalen Einzug in seine Stadt gehalten. Von der Menge sei er als Wundertäter ausgerufen worden, die ihn zum König machen wollte. Die rechtschaffenen und ehrlichen Leute hätten ihn als Messias begrüßt, während ihn seine engsten Jünger als Christus, den Sohn des lebendigen Gottes, verehrten. Die Kinder der Juden hätten ihm mit dem Gesang «Hosanna Sohn Davids» und mit Palmzweigen das Geleit gegeben. Heute, nach so vielen Jahrhunderten, sei es erfreulich, die große Zahl von Kindern und Jugendlichen zu erblicken, die an diesen Feierlichkeiten teilnehmen, «junge Leute, voll Enthusiasmus und Ergebenheit, wie es sich gute Mütter als Erzieherinnen erträumen.»

Vor dem geistigen Auge der Gläubigen erscheine im Verlauf der Karwoche ein zweites Bild, das große Leiden der Menschheit. Und heute höre man das Seufzen Christi, der mit der ganzen Menschheit weine, zu einer Stunde, wo auf weiten Gebieten der Erde die Freiheiten erstickt, zerstört oder zumindest einer ständigen Bedrohung ausgesetzt seien. In diesen heiligen Tagen lieferten sich Tod und Leben einen fürchterlichen Kampf. Der Herr des Lebens habe über den Tod triumphiert und ihn besiegt. Dieser Sieg sei auch der Sieg der Kirche für alle Zeit. Deshalb sollten wir die Angst aus unserem Bewußtsein vertreiben und unser Herz den herrlichen Zukunftshoffnungen öffnen, auch wenn die Welt Druck auf uns ausübe und wir diesen auch künftig zu erdulden hätten.

Jeder Christ vertraue auf Christus und erfülle seine Pflicht in Übereinstimmung mit seinem religiösen Gewissen. Seine wesentliche Aufgabe auf diesem Weg sei die Mitwirkung bei der Erlangung des Friedens. «Wir wissen», rief der Papst aus, «daß Christus wahrhaft von den Toten auferstanden ist. Der Sieg Christi über den Tod ist die Gewähr für den Triumph über die Hindernisse, denen die menschlichen Bemühungen um die Verteidigung der Gerechtigkeit, der Freiheit und des Friedens begegnen (. . .) Auf dem glorreichen Grab Christi wollen Wir den Wunsch niederlegen, daß in seinem Licht als Quelle des Lebens und als Bezwinger des Todes der gute Wille aller Menschen, die direkt für das Geschick der Völker verantwortlich sind, in einem Geist, in dem Gerechtigkeit und Zusammenarbeit vorherrschen, eine harmonische Lösung jedes Konfliktes im höchsten Interesse des Weltfriedens finden möge» (DC, No. 1302, 1959, S. 519–524).

Der «Osservatore Romano» vom 24. Dezember 1959 veröffentlichte die Weihnachtsbotschaft Papst Johannes XXIII., die am 23. Dezember um die Mittagsstunde auf den Wellen von Radio Vatikan und von zahlreichen europäischen und außereuropäischen Sendern übertragen worden war. Das Leitmotiv dieser Botschaft war das Problem des Friedens auf der ganzen Welt. Den Worten des Papstes zufolge hat der Friede drei Aspekte. *Der Friede der Herzen* als innerer Seelenzustand, der auf einer kindlichen Abhängigkeit vom göttlichen Willen beruht. Alles, was diese Übereinstimmung und diese Vereinigung des Willens schwäche, zerbreche und zerstöre, stehe dem Frieden entgegen, vor allem die Schuld und Sühne. «Wer böte Ihm Trotz und bliebe heil?» (Ijob 9,4). Der gute Wille seinerseits sei der aufrichtige Wunsch, das ewige Gesetz Gottes zu achten, sich seinen Geboten anzugleichen und seinen Wegen zu folgen, kurz, sich an die Wahrheit zu halten. Eine solche Einstellung erwarte Gott vom Menschen.

Der soziale Frieden: Er finde eine solide Basis in der gegenseitigen Achtung der Menschenwürde. Der Sohn Gottes sei Mensch geworden, und seine Erlöung betreffe nicht nur die Gesamtheit, sondern auch den einzelnen Menschen. Und wenn Gott den Menschen so sehr geliebt habe, so bedeute das, daß der Mensch ihm gehöre und daß die menschliche Person geachtet werden müsse. Die Kirche habe in ihrer Soziallehre immer verkündet, daß die Dinge und Einrichtungen (Güter, Wirtschaft, Staat) für den Menschen geschaffen seien und nicht der Mensch für sie. Die Unruhen, die den Frieden der Nationen erschüttern, hätten ihre Ursache hauptsächlich darin, daß mit dem Menschen wie mit einem Werkzeug, einer Ware, einem kleinen Rädchen in einer großen Maschine, wie mit einem gewöhnlichen Produktionsfaktor umgegangen worden sei. «Nein: der Friede kann keine solide Grundlage haben», sagte der Papst, «wenn in den Herzen kein Gefühl der Brüderlichkeit genährt wird, wie es doch bestehen muß zwischen Menschen, die den gleichen Ursprung und die gleiche Bestimmung haben. Das Bewußtsein, einer einzigen Familie anzugehören, erstickt in den Herzen Habsucht, Gier, Hochmut, Herrschsucht, welche die Wurzeln von Zwietracht und Krieg sind. Der Friede verbindet alle durch ein Band höherer, freigiebigerer Solidarität» (HK, XIV, 1959/60, S.227).

Der internationale Frieden: Er beruhe vor allem auf der Wahrheit. Denn auch in den internationalen Beziehungen gelte die christliche Devise: «Die Wahrheit wird euch frei machen» (Joh 8,32). Daraus folge, daß gewisse unrichtige Vorstellungen zu vermeiden seien: die Mythen der Gewalt, des Nationalismus und alles, was das Zusammenleben der Völker vergiftet. Gleichzeitig mit der Wahrheit und von ihr erleuchtet müsse sich auch die Gerechtigkeit ausbreiten, welche die Ursachen für Konflikte und Kriege beseitige. Die Gerechtigkeit löse strittige Fragen, bestimme die Zuständigkeiten, präzisiere die Pflichten, gebe jedem sein Recht. Die Gerechtigkeit ihrerseits müsse durch die christliche Liebe ergänzt werden. «Die Liebe zum Nächsten und zur eigenen Nation», bemerkte Johannes XXIII., «darf nicht selbstbezogen bleiben, nicht zu einem in sich verschlossenen Egoismus werden, der dem Wohl des anderen mißtraut, sondern sie muß weit und offen in spontanem Gemeinschaftsgefühl alle Völker umfangen und mit ihnen lebendige Beziehungen anknüpfen. Dann wird man von Zusammenleben und nicht bloß von Koexistenz reden können; denn diese errichtet, eben weil ihr das Gefühl der Solidarität fehlt, Schranken, hinter denen sich gegenseitiges Mißtrauen, Angst und Terror einnisten» (ebd.).

Die Nachkriegssituation habe zwei Blöcke mit allen sich daraus ergebenden nachteiligen Folgeerscheinungen geschaffen. Das sei zwar kein Kriegszustand, aber ebensowenig jener Friede, nach dem sich die Völker so innig sehnten. Zur Erreichung des Friedens müsse man unaufhörlich die Hindernisse beseitigen, die von der menschlichen Bosheit aufgerichtet werden. Solche Hindernisse seien: die Propagierung der Immoralität, die sozialen Ungerechtigkeiten, die Arbeitslosigkeit, das Elend, das mit den Privilegien jener kontrastiere, die vergeuden könnten, sowie das zügellose Wettrüsten.

In den Menschenherzen sei die Hoffnung auf Frieden tief eingewurzelt. «Auf daß dieses allgemeine Verlangen bald erfüllt werde, betet die Kirche voll Vertrauen zu dem, der die Geschicke der Völker lenkt und die Herzen der Regierenden zum Guten wenden kann.» Die Kirche «drängt ihre Söhne dazu, aktiv an der Verwirklichung des Friedens mitzuarbeiten, indem sie an die berühmte Warnung des heiligen Augustinus erinnert: ‹Es ist ein größerer Ruhm, die Kriege mit dem Wort zu töten, als die Menschen mit dem Eisen; und wahrer Ruhm ist es, Frieden durch Frieden zu erlangen› (Aug., Epist. CCXXIX,2)» (ebd.). Die Kirche unterstütze eine jede Initiative, die imstande sei, die Menschheit vor neuen Metzeleien und vor neuen unermeßlichen Zerstörungen zu bewahren. Hingegen dürfe das von der Kirche gewünschte Friedenswerk nicht mit einem Nachgeben oder einer Lockerung ihrer Festigkeit gegenüber Ideologien und Lebensformen verwechselt werden, die in offenem Widerspruch zur katholischen Glaubenslehre stehen.

Das Weihnachtsgeheimnis gebe allen die Gewißheit, daß nichts von dem, was sie mit gutem Willen täten, verlorengehe, denn der irdische Staat sei nach dem Vorbild des Gottesstaates geschaffen. Johannes XXIII. erinnerte an seine Erhebung auf den päpstlichen Stuhl und bemerkte, daß seine Namenswahl den entschlossenen Ausdruck seines guten Willens darstellte, die Wege des Herrn zu bereiten, die Täler aufzufüllen und die Berge abzutragen. «Die Aufgabe des demütigen Papstes Johannes ist es, dem Herrn ein vollkommenes Volk zu bereiten (Luk 1,17), genau wie es die seines Namensgenossen und Schutzpatrons, des Täufers, war. Eine höhere und teurere Vollkommenheit läßt sich nicht denken als die des christlichen Friedens; er ist Friede des Herzens, der sozialen Ordnung, des Lebens, des Gedeihens, der gegenseitigen Achtung, der Brüderlichkeit aller Nationen» (ibid., S.229).

Am 10.September 1961 feierte der Papst für die beim Vatikan akkreditierten Diplomaten die heilige Messe, in deren Anschluß er sich mit einem Friedensappell an die Anwesenden wandte. Diese Ansprache des Papstes wurde auch im Radio übertragen. Er begann damit, daß er die Zuhörer auf die Botschaft vom Frieden Christi hinwies, die ihm um so bewegter über die Lippen komme, je mehr sich am Horizont die Wolken ballten. Der Papst sagte ferner, die Kirche könne dem menschlichen Schmerz selbst dann nicht gleichgültig gegenüberstehen, wenn es sich um eine bloße Unruhe oder Angst um die Zukunft handle. «Gerade deshalb», so erklärte er, «laden Wir die Regierenden ein, sich ihrer schrecklichen Verantwortung zu stellen, die sie vor der Geschichte und, was noch mehr zählt, vor dem Gericht Gottes tragen, und Wir beschwören sie, dem verlogenen und trügerischen Druck nicht zu erliegen». Es hänge in vielem von der menschlichen Weisheit ab, daß nicht die Gewalt vorherrsche, sondern – dank freien und ehrlichen Gesprächen – das Recht, und daß sich die Wahrheit und Gerechtigkeit durchsetzten.

Die Menschen, welche die tragische Geschichte der letzten fünfzig Jahre nicht vergessen hätten, zitterten vor Grauen beim Gedanken, was ihnen und der Welt als Resultat einer kriegerischen Auseinandersetzung widerfahren könnte. Jeder bewaffnete Konflikt reiche aus, um das Antlitz von Menschen, Völkern und Ländern bis zur Unkenntlichkeit zu entstellen. Die Anwendung neuer Vernichtungs- und Zerstörungswaffen könnte zu ungeheuerlichen Resultaten führen. Die Anwesenden sollten daran denken, daß sich die über den ganzen Erdball zerstreute katholische Kirche zu ihrer weltumspannenden Versammlung, zum Ökumenischen Konzil rüste, das im Dienst wahrer Brüderlichkeit unter den Völkern stehen sollte. (Vgl. DC, No 1361, 1961, S.1201–1206; HK XVI, 1961/62, S.26ff.)

Am 29.September 1961 wurde ein Apostolischer Brief Papst Johannes XXIII. über den Rosenkranz veröffentlicht, in welchem dieser gleich zu Beginn an die religiöse Versammlung vom 10.September in Castel Gandolfo erinnerte, auf der er seine große Besorgnis über das Problem der Erhaltung des Weltfriedens zum Ausdruck gebracht hatte, sowie an seinen nur wenige Tage später erfolgten Besuch der Callistus-Katakomben in der Nähe seiner Sommerresidenz, um an dieser Begräbnisstätte von 14 Päpsten und Märtyrern zu beten und ihre himmlische Fürsprache zu erbitten, um den «großen Schatz des Friedens» zu erlangen. «Jetzt», schrieb Johannes XXIII., «im Monat Oktober, der von einer frommen Tradition christlicher Liebe dem Kult und der Verehrung Marias, der Königin des Rosenkranzes, geweiht ist, wird uns erneut eine sehr günstige Gelegenheit geboten, für diese gleiche, große

Intention, welche die einzelnen Personen wie auch die Familien und Völker betrifft, ein allgemeines Gebet an den Herrn zu richten» (DC, No 1362, 1961, S.1265f.).

«Der Rosenkranz», so schrieb der Papst, «ist eine fromme Form der Vereinigung mit Gott und immer ein Mittel zur rechten Erhöhung der Seele.» Auf diese Weise werde der Rosenkranz zum universellen Gebet der einzelnen Menschen, die sich von allen Punkten der Erde in einem Gebet vereinten, sei es als privates Bittgebet, um die gnädige Hilfe für persönliche Anliegen zu erflehen, sei es, um in dem gewaltigen und einstimmigen Chor der ganzen Kirche für die Interessen der gesamten Menschheit zu beten.

Die gegenwärtigen Veränderungen, die sich in allen Bereichen des menschlichen Gemeinschaftslebens vollzögen, die wissenschaftlichen Erfindungen und die Vervollkommnung in der Organisation der Arbeit, die den Menschen einen größeren Weitblick für das Wesen der heutigen Welt eröffne, hätten neue Empfindungen gegenüber Funktionen und Formen des christlichen Gebets geweckt. Von nun an sei kein betender Mensch mehr allein und ausschließlich mit seinen eigenen geistigen und materiellen Interessen beschäftigt. Er werde sich stärker und besser als in der Vergangenheit bewußt, daß er einem großen gesellschaftlichen Organismus angehöre, dessen Verantwortung er teile, dessen Vorteile er genieße und für den er Unsicherheiten und Gefahren fürchte (Vgl. DC, No 1362, 1961, S.1270).

Unter dem Titel «Der Friede Christi in der Güte» wurde am 21. Dezember 1961 die Weihnachtsbotschaft Johannes XXIII. vom Rundfunk ausgestrahlt. Es war die vierte Botschaft, die der Papst an die katholische Kirche sowie an alle Menschen guten Willens richtete. Wie bereits der Titel besagt, war darin in erster Linie vom Frieden unter den Menschen die Rede. Der Herr und Schöpfer habe in seinem Plan der Vorsehung die Menschen dazu bestimmt, sich zu verstehen, einander zu helfen und sich in brüderlicher Zusammenarbeit bei den einzelnen Vorhaben zusammenzuschließen, in geduldiger Überwindung der Gegensätze und in gerechter Verteilung der irdischen Güter.

Die Worte der Propheten und der Psalmisten machten uns die Güte und die Liebe zur Pflicht: «Löse die beschwerlichen Lasten; befreie die

Bedrückten, und zerbrich jedes Joch. Brich dein Brot mit den Hungernden, und führe die Armen und Obdachlosen in dein Haus; wenn du einen Nackten siehst, bekleide ihn, und verachte nicht dein eigenes Fleisch. (. . .) Und der Herr wird dir immer Ruhe geben und deine Seele mit Glanz erfüllen» (Jes 58,6f.; 11).

Dennoch habe die Menschheit diese Aufrufe nicht beachtet und ihnen mit schrecklicher Halsstarrigkeit zuwidergehandelt. Selbst in unserer Zeit bewirkten Angst und Schrecken eine Verwirrung des Geistes, die zu Störungen des familiären, sozialen, bürgerlichen und internationalen Lebens führten. Im Alten Testament bedeute alles eine Einladung zum Frieden, hier aber zeige sich oft hinter schönen Worten ein Geist, der in Widerspruch zum Frieden stehe. Auf der Erde herrschten der Hochmut und die Unterdrückung bei den Mächtigen, die gegenüber den Nöten ihrer Brüder taub seien, die Teilnahmslosigkeit der Genießer, welche die Schreie der Notleidenden überhörten, und der Egoismus der Selbstsüchtigen. Hier fehle ständig die Güte Christi, die das Gegenmittel gegen diesen Geist wäre.

«Wir müssen das Gute wollen, vollbringen und verherrlichen», sagte der Papst. Die Güte solle vor dem Angesicht der Welt verkündet werden, um in diese auszustrahlen und den einzelnen wie auch die verschiedenen Einrichtungen des gesellschaftlichen und wirtschaftlichen Lebens zu durchdringen, damit ein geordnetes Zusammenleben der Bürger in Ruhe, gegenseitiger Achtung und in Eintracht gesichert werde.

In diesem Sinn rief Johannes XXIII. die Mächtigen der Wirtschaft auf, «alles zu wagen, nur nicht den Frieden und das Leben der Menschen», und jedes Mittel zur Verbesserung von Wohlstand und Sicherheit zu nutzen. Er richtete auch eine «Einladung an die verantwortlichen Führer der Völker, an jene, die das Schicksal der Menschheit in der Hand haben: Auf Euch, die Ihr gebrechliche und sterbliche Menschen seid, blicken mit Angst jene, die zunächst Eure Brüder und nicht Eure Untergebenen sind. Mit der Autorität, die Uns von Christus gegeben wurde, sagen Wir Euch: Haltet die Versuchung zur Gewalt von Euch fern. Zittert vor der Möglichkeit, eine unabsehbare Kette von Fakten, Urteilen und Stimmungen zu schaffen, die unüberlegte und nicht mehr gutzumachende Folgen haben könnten. Die große Macht ist Euch nicht gegeben worden, um zu zerstören, sondern um aufzubauen, nicht um zu trennen, sondern zu einen, nicht um Tränen hervorzurufen, sondern um allen Arbeit und Sicherheit zu geben.»

Mit einem Wort des Trostes und der Ermunterung wandte sich der Papst auch an alle, die physisch und psychisch litten, und an alle, die Gerechtigkeit und Liebe erwarteten. Große Beunruhigung wecke in seinem Herzen die Tatsache, daß es noch immer Völker ohne Frieden, Sicherheit und religiöse Freiheit gebe, die durch das Gespenst von Hunger und Krieg geängstigt würden. Der Papst endete seine Ansprache mit dem Wunsch, es möge gerade hier nach gerechten Lösungen gesucht werden.

Am 2. Juli 1962, d. h. an dem Tag nach dem Referendum, durch das Algerien seine Unabhängigkeit erlangte, wandte sich Johannes XXIII. über Radio Vatikan an die Bevölkerung dieses Landes. Er sagte, daß ihn die Nöte, die das algerische Volk zu erdulden hatte, durch viele Monate bewegt hätten. Die gegenwärtigen Ereignisse weckten Hoffnung. «Möge der allmächtige Gott das Haus erbauen und von ihm alle Stürme fernhalten. Er erleuchte die Seele der Regierenden und lenke den guten Willen aller für den friedlichen Triumph der unzerstörbaren Prinzipien des ewigen Gesetzes, das Gott in die Herzen aller Menschen eingeprägt hat. Auf diese Weise sichert die göttliche Vorsehung allen das Brot und die Arbeit, die Ruhe der Familien und die Sicherheit der Personen ebenso wie die Ausübung von Aktivitäten, auf denen das wahre soziale Gedeihen aufbaut» (DC, No. 1381, 1962, S. 977f.). Dann rief der Papst Gottes Segen auf das algerische Volk herab.

Zwei Wochen nach Eröffnung des Konzils befand sich die Welt durch den Ausbruch der Kuba-Krise am Rand eines Krieges. Aus diesem Grund richtete der Papst am 25. Oktober 1962 einen flammenden Appell an alle Völker der Welt und ihre Führer, der bei den fortschrittlichen Ländern einen positiven Widerhall fand. «Während soeben das Zweite Vatikanische Ökumenische Konzil unter der freudigen Anteilnahme und Erwartung aller Menschen guten Willens eröffnet wurde, beginnen von neuem drohende Wolken den internationalen Horizont zu verfinstern und in Millionen von Familien Furcht zu säen. Der Kirche (. . .) liegt nichts so sehr am Herzen wie der Friede und die Brüderlichkeit unter den Menschen, und sie arbeitet ohne Unterlaß an deren Verwirklichung. Wir erinnerten bei jener Gelegenheit an die schweren Pflichten derer, die Verantwortung tragen, und fügten hinzu: ‹Mit der Hand auf dem Herzen mögen sie den Angstschrei hören, der aus allen Teilen der Welt, von den unschuldigen Kindern bis zu den Alten, von den einzelnen bis zu den Gemeinschaften, aufsteigt zum Himmel: Friede, Friede!›

Wir erneuern heute diesen feierlichen Aufruf. Wir beschwören alle Regierenden, diesem Schrei der Menschheit gegenüber nicht taub zu bleiben. Mögen sie alles, was in ihrer Macht steht, tun, den Frieden zu erhalten. Sie werden so der Welt die Schrecken eines Krieges ersparen, dessen mögliche furchtbare Folgen niemand absehen kann. Mögen sie fortfahren zu verhandlen, denn ein solch loyales und offenes Verhalten hat eine große Zeugniskraft vor dem Gewissen des einzelnen und vor der Geschichte. Verhandlungen vorzuschlagen, zu ermöglichen und anzunehmen auf jeder Ebene und zu jeder Zeit, ist eine Weisheits- und Klugheitsregel, die den Segen des Himmels und der Erde auf sich zieht.

Mögen alle Unsere Kinder, mögen alle, die das Zeichen der Taufe tragen und sich von der christlichen Hoffnung leiten lassen, mögen schließlich alle, die mit Uns eins sind im Glauben an Gott, ihr Gebet mit dem Unsrigen vereinen, um vom Himmel das Geschenk des Friedens zu erlangen. Eines Friedens, der nur wahr und dauerhaft sein wird, wenn er auf Gerechtigkeit und Billigkeit gegründet ist.

Allen, die an diesem Frieden bauen, und allen, die mit ehrlichem Herzen zum wahren Wohl der Menschen arbeiten, werde der große Segen zuteil, den Wir ihnen in Liebe im Namen dessen übermitteln, der ‹Friedensfürst› (Jes 9,6) genannt werden wollte» (HK, XVII, 1962, 1963, S. 119f.).

Verfolgt man die Erklärungen des Papstes vom Moment seiner Erwählung an, so springt unwillkürlich die Tatsache ins Auge, daß er im Lauf der Zeit in seinen Reden und Rundschreiben dem Problem einer friedlichen Existenz der Menschen auf Erden immer mehr Platz einräumte. Seine Weihnachtsbotschaft vom 22. Dezember 1962 war gleichfalls ihrem Inhalt nach nichts anderes als eine Hymne auf den Frieden. «. . .

mit der Ehre Gottes in Höhen des Himmels», sagte er, «verbindet das Geheimnis der Geburt Christi und deren Gedächtnisfeier für uns Pilger hienieden den Wunsch nach Frieden für die ganze Welt» (ibid., S.232).

Der Ausdruck «Himmel» begegne im Alten und Neuen Testament häufig, doch noch häufiger werde dort das Wort «Erde» gebraucht. Und für die Erde stelle der Friede das kostbarste und erstrebenswerteste Gut dar. «Friede auf Erden, so singen wir mit den Engeln in Betlehem, Friede den Menschen auf Erden, die guten Willens sind.» Unter allen Werten des Lebens und der Geschichte von einzelnen wie ganzen Völkern sei der Friede der wichtigste und wertvollste. Das Vorhandensein des Friedens und das Streben zu seiner Erhaltung garantierten die Ruhe in der Welt. Doch hänge der Friede vom guten Willen aller und eines jeden ab, da man ohne diesen Willen vergeblich auf Freude und Ruhe hoffe. Es sei Aufgabe der Menschen, nach Frieden zu suchen und ihn zu verwirklichen, damit er sich über den ganzen Erdkreis ausbreite, ihn vor jeder Bedrohung zu bewahren und nicht zu kompromittieren. Der Papst erneuerte seinen Aufruf vom 25.Oktober 1962. «Wir beschwören alle Regierenden, diesem Schrei der Menschheit gegenüber nicht taub zu bleiben. Mögen sie alles, was in ihrer Macht steht, tun, den Frieden zu erhalten. (. . .) Mögen sie fortfahren zu verhandeln, denn ein solches loyales und offenes Verhalten hat eine große Zeugniskraft vor dem Gewissen des einzelnen und vor der Geschichte. Verhandlungen vorzuschlagen, zu ermöglichen und anzunehmen auf jeder Ebene und zu jeder Zeit ist eine Weisheits- und Klugheitsregel, die den Segen des Himmels und der Erde auf sich zieht» (ebd.).

Am 11.April 1963 kam es zu einem bemerkenswerten Ereignis im Leben der römisch-katholischen Kirche. An diesem Tag wurde die letzte Enzyklika Papst Johannes XXIII. *«Pacem in terris»* veröffentlicht, ein Dokument, das nicht nur im Schoß der Kirche, sondern auch fern von ihren Grenzen weiten Widerhall auslöste. Bei der Unterzeichnung der Enzyklika am 9.April sagte Johannes XXIII. in Gegenwart der Mitarbeiter des Staatssekretariates, daß dieses Dokument «nicht nur an den Episkopat der universellen Kirche, an Klerus und Gläubige der gesamten Welt, sondern auch an ‹alle Menschen guten Willens› gerichtet» sei.

«Der allumfassende Friede ist ein Gut, das alle Menschen angeht, und folglich haben Wir Unser Herz allen ohne Unterschied geöffnet» (DC, No. 1399, 1963, S. 582).

Am Tag der Veröffentlichung der Enzyklika (es war der Gründonnerstag) fanden sich die Mitglieder des beim Vatikan akkreditierten diplomatischen Corps in der Sixtinischen Kapelle ein. Nach der Messe «Coena Domini» hielt der Papst den Diplomaten eine Ansprache, die er damit eröffnete, daß er die Liturgie des Gründonnerstags als eine der ergreifendsten in ihrer Schlichtheit bezeichnete.

Vom Herrn seien beim Abendmahl vor allem drei Gedanken ausgesprochen worden, die seine Schüler erleuchten sollten, nachdem er sie verlassen hatte: Liebe, Eintracht und Opferbereitschaft. Von daher entspringe eine neue Methode zur Ausbreitung der Wahrheit, die besondere Methode der Kirche, die in keiner anderen menschlichen Gemeinschaft auf Erden etwas Ebenbürtiges finde. Tatsächlich seien die Apostel mit rein geistlichen Mitteln und mit dem Preis ihres Blutes allen Gefahren entgegengetreten, die ihnen in den verschiedenen Ländern begegneten. Die Kirche fahre fort mit den gleichen Methoden, diese Frohbotschaft durch die Zeiten auszubreiten. Heute wie auch gestern rufe sie die Menschen unablässig zur Einheit in der Liebe auf. «Und das ist es, was die Enzyklika ‹Pacem in terris› in einer Sprache wiederholen will, die – wie Wir hoffen – von Allen vernommen und verstanden wird», sagte der Papst. « Wir wollten, daß sie an jenem Tag erscheine, an dem von den Lippen Christi die göttlichen Worte zu vernehmen waren: ‹Liebet einander› (Joh 13,34)» (ibid., S. 584).

Die Enzyklika sei ein Appell zur Liebe, der an alle Menschen unserer Zeit gerichtet werde, damit sie erneut ihren gemeinsamen Ursprung erkennen möchten, der sie zu Brüdern mache. Durch die Liebe, die in ihre Herzen eindringe, sollten auch die Regierenden zu neuer Energie angespornt werden. Am Gründonnerstag sei der Menschheit in der Person Jesu Christi das erhabenste Beispiel der Demut gegeben worden. Gott wolle: daß heute auch jene, auf denen die Verantwortung für die menschliche Gemeinschaft ruhe, diese letzte Lehre des Gründonnerstags aus ganzem Herzen annehmen und einsehen möchten, daß ihre Gewalt vom Volk desto bereitwilliger anerkannt werde, je demütiger und selbstloser sie dem Wohl aller dienten.

2. Worte, die den Taten entsprechen

Zuweilen taucht vielen Menschen der Gedanke auf: Über den Frieden kann man gut reden. Darüber haben schon viele Politiker der verschiedensten Strömungen gesprochen. Doch leider entsprechen oft die Taten den Worten nicht. Bevor wir zur Analyse der «Friedensbotschaft» von Papst Johannes XXIII. übergehen, wollen wir deshalb einige Züge aus seinem Leben aufführen, die beweisen, daß die Appelle des «guten Papstes Johannes», wie ihn viele seiner Zeitgenossen nannten, auch mit seiner Handlungsweise übereinstimmten.

Im Januar 1960 besuchte der Kanzler der deutschen Bundesrepublik, Konrad Adenauer, den Vatikan. Dem deutschen Kanzler, einem treu ergebenen Anhänger Papst Pius XII., wurde eine Audienz beim neuen Papst gewährt. Adenauer erwartete aufgrund von Informationen aus unbekannter Quelle, daß Papst Johannes XXIII. eine wichtige politische Rede halten werde, die, wie behauptet wurde, von Kardinal Tardini in dreitägiger Arbeit vorbereitet worden sei. In dieser Rede sollte der Papst angeblich den offiziellen Gesichtspunkt des Vatikans zu den Fragen der Grenzen, zum Verhältnis zwischen West und Ost, zur deutschen Wiedervereinigung und zur Berlinfrage definieren. Natürlich hatte der Kanzler seinerseits eine entsprechende Antwort vorbereitet.

Statt dessen, was absichtlich und – vielleicht auch böswillig – gesagt worden war, zeigte sich Johannes XXIII. einfach liebenswürdig. Er begann mit einem Kompliment an Adenauer über die «frische und energische Aktivität», mit der er fortfahre, sich der hohen Aufgabe seines Dienstes zu widmen. Sodann lobte der Papst die religiöse Gesinnung, welche die Familie des Kanzlers auszeichne (ein Sohn des Kanzlers, Paul, ist Geistlicher), und leitete schließlich in seiner Rede auf das ganze deutsche Volk über. Er erwähnte dessen Geschichte, Kultur, Gläubigkeit, Arbeitseifer und Intelligenz, die hohe Achtung angesichts ihrer Errungenschaften auf den Gebieten der Wissenschaft und Kunst verdienten: «Wir drücken dem teuren Volk Deutschlands Unsere väterlichen Wünsche aus», schloß der Papst seine Rede, «indem Wir ihm eine immer gedeihlichere Zukunft in einer fruchtbaren Zusammenarbeit wünschen, wie sie durch den guten Willen eines jeden seiner Söhne und durch den Entschluß, im Geist der Gerechtigkeit und Liebe den höchsten Idealen der Zivilisation und des Friedens großmütig zu dienen, entstehen kann» (DC, No 1322, 1960, S.224f.).

Adenauer lauschte aufmerksam der Übersetzung und gab sich allmählich darüber Rechenschaft, daß jedes politische Thema aus der Rede ausgeklammert war. Daher mußte er seine Antwort abkürzen und sich auf die Erklärung beschränken, daß die guten Beziehungen zwischen der Bonner Regierung und dem Heiligen Stuhl das Werk der Zivilisation und des Friedens förderten. Doch um den Kern seiner Rede, die er im Sinn hatte, nicht völlig zu opfern, sagte er abschließend: «Ich glaube, daß Gott dem deutschen Volk in diesen Zeiten der Not die besondere Aufgabe anvertraut hat, der Wächter des Westens gegenüber den mächtigen Einflüssen des Ostens zu sein, die auf uns lasten» (Informations Catholiques Internationales No.114, 1960, S.10). Obwohl das kein eigentlicher Aufruf zu einem Kreuzzug war, konnte dennoch der teutonische Begriff von der «Wacht im Osten nach Gottes Willen» Papst Johannes XXIII. in keiner Weise gefallen. Tatsächlich akzeptierte er ihn auch nicht und fand sehr geschickt ein Mittel, um auf gebührende Weise zu antworten. Er begann, seine Erinnerungen an Deutschland mitzuteilen, und meinte, daß er im Unterschied zu seinem Vorgänger Papst Pius XII. niemals als Nuntius in Deutschland gewesen sei, aber nichtsdestoweniger gute Freunde unter den Deutschen habe. Als ob er zweifellos dem Faden der Erinnerung folgte, erwähnte der Papst darauf die Zeit seines Wirkens als Apostolischer Nuntius in Paris, als er sich mit dem Los der deutschen Kriegsgefangenen beschäftigt hatte und für die Seminaristen unter ihnen erreichte, daß sie in Chartres zusammengelegt wurden und so ihr Studium weiterführen konnten.

Auf diese Weise erlitt der Versuch Adenauers, sich den Segen des Papstes für die Wiederaufrüstung Deutschlands zu erschleichen, eine Abfuhr. Papst Johannes XXIII. stand der Welt Adenauers völlig fern, er war immer gegen jede Art von Rassismus und ungesunden Nationalismus. Seine Antwort an den Kanzler war nicht improvisiert. In seinem Tagebuch hatte er unter dem Datum des 26.November 1940 das Folgende notiert: «Manche maßen sich an zu verlangen, Gott müsse diese oder jene Nation vor dem Krieg bewahren oder ihr – wegen der Gerechten, die in diesem Volk leben, und wegen des Guten, das auch dort geschieht – Unverletzlichkeit und den Sieg schenken. Sie vergessen dabei, daß Gott die Nationen zwar geschaffen hat, die Bildung der Staaten aber dem freien Willen der Menschen überließ. Er hat allen die Gesetze eines friedlichen Zusammenlebens gegeben: das Evangelium ist dafür die Richtschnur. Nicht aber hat er den gläubigen Nationen, die insgesamt die heilige Kirche ausmachen, die Versicherung und das Vorrecht seines besonderen Schutzes gegeben» (Johannes XXIII. Geistliches Tagebuch, S.261). Diese Sätze aus den Kriegsjahren dokumentieren, wie sehr ihm chauvinistischer Nationalismus und nationale Ausschließlichkeit zuwider waren. Zum gleichen Thema notierte der Papst am 25.Oktober 1942: «Die heilige Kirche, die ich vertrete, ist die Mutter aller Nationen. Alle Menschen, mit denen ich in Berührung komme, müssen im Stellvertreter des Papstes die achtungsvolle Haltung gegenüber einer jeden Nation bewundern, voll Wohlwollen und Milde des Urteils, die allgemeines Vertrauen erweckt» (ibid., S.285).

Wenn die Kirche so ist, wie sie Papst Johannes XXIII. verstand, so darf man sich nicht wundern, daß er mit allen Kräften bemüht war, ihr Antlitz der ganzen Welt zu zeigen. Und mehr als je versuchte er das in seiner Enzyklika ‹Pacem in terris› zu tun, die er an alle Menschen guten Willens zu adressieren wünschte, auch an die Ungetauften, selbst an jene, die sich als Feinde des Glaubens betrachten: «Der Friede ist das primäre Anliegen der Menschheitsfamilie», sagte der Papst am 9.April in seiner Erläuterung zu «Pacem in terris». «Die Enzyklika trägt auf ihrer Stirne das Licht der göttlichen Offenbarung, das dem Gedanken seine lebendige Substanz verleiht. Aber die Linien der Doktrin haben ihren Ursprung auch in den innersten Bedürfnissen der menschlichen Natur und gehören vor allem dem Bereich des Naturrechts an» (DC, No.1399, 1963, S.582).

Der Papst erläuterte friedlich, daß die falschen Lehren über Natur und Bestimmung des Menschen (wie zum Beispiel die atheistischen Lehren) nicht mit historischen oder politischen Bewegungen identifiziert oder verwechselt werden dürften, die von ihnen inspiriert sein mögen. Denn die Lehren blieben, nachdem sie ausgearbeitet worden seien und ihren abschließenden Ausdruck gefunden hätten, unverändert. Die oben erwähnten Bewegungen hingegen, die ihre Tätigkeit in den sich ständig weiterentwickelnden historischen Situationen entfalteten, könnten sich deren Einfluß nicht entziehen und müßten daher Veränderungen erfahren, sogar sehr tiefgreifende. Und wer könnte schon leugnen, daß in diesen Bewegungen, in dem Maß, wie sie den Ausdruck begründeter Hoffnungen der menschlichen Persönlichkeit darstellten, positive Elemente enthalten seien, die Beifall verdienten?

Aus dieser logischen Voraussetzung ergab sich die politische Schlußfolgerung, daß sich eine Annäherung oder Begegnung praktischer Art, die gestern noch als unpassend und unergiebig betrachtet wurde, heute und morgen schon als angemessen und fruchtbringend erweisen könnte. Johannes XXIII. hatte immer empfohlen, in der Politik eine «friedliebende und gegenüber allen respektvolle Sprache» zu gebrauchen. Schon in der Enzyklika «Ad Petri Cathedram» im Jahr 1959 war die weise Feststellung enthalten: «Wir wollen niemanden kränken», – und alle seine wiederholten Aufrufe zur Abrüstung, zum Frieden sowie zur Absage an die Gewaltanwendung waren in freundlichem und friedlichem Ton gehalten. Diese Sprache war so ungewohnt, daß die internationale öffentliche Meinung darauf verständnislos und gleichsam überrumpelt reagierte. Einigen schien diese Sprache beinahe einen Verrat an der Kirche darzustellen. Man braucht gar nicht weit zu gehen, um ein Beispiel hierfür zu finden: In Italien, in der Zeitung «Corriere d'Informazione», wurde der Titel der Enzyklika durch eine satirische Vignette von «Pacem in terris» in «Falcem in terris» (Sichel auf Erden) verfälscht, wodurch der Papst indirekt der Propaganda für den Kommunismus beschuldigt wurde (welcher ja bekanntlich durch Hammer und Sichel versinnbildlicht wird). Wie sich Leute aus der Umgebung des Papstes erinnern, sagte dieser, als er jene Überschrift erblickte, mit einem schweren Seufzer: «Oh, in der Tat, sie verstehen mich wirklich nicht. (...) Nein, sie betrüben mich nicht damit, was sie über mich schreiben und reden. (...) Dazu habe ich die glückliche Eigenschaft, alles schnell zu vergessen.» Und wenn auch nicht alle bereit waren, rasch auf die Kreuzzugsterminologie zu verzichten, die sich in den Jahren des Kalten Krieges ausgebreitet hatte, so blieb Papst Johannes XXIII. trotzdem fest bei seiner echt christlichen Denkart: «Wenn wir einander Brüder nennen und es tatsächlich sind, wenn wir zu ein und demselben Schicksal berufen sind, wie ist es da möglich, sich gegenseitig als Feinde und Widersacher zu behandeln?»

Einige meinten, die Vorstellungen Johannes XXIII. von der internationalen Politik seien zu geradlinig und sogar einfältig. Wie jedoch das Leben beweist, so waren die Urteile über seine Tätigkeit einfältig, nicht aber seine Vorstellungen. Nachdem er beobachtete, wie die zwei Blökke, der westliche und der östliche, ihr atomares Potential steigerten, wobei sie erklärten, das für ihre Verteidigung zu tun, nahm er das zur Kenntnis und sagte: «Ich kann weder der einen noch der anderen Seite Unaufrichtigkeit zuschreiben. Wenn ich das täte, so gäbe es keinen Dialog mehr, und alle Tore wären verschlossen.»

Im Bestreben, bei der Beurteilung der politischen Weltlage aufrichtig zu sein, war Papst Johannes XXIII. manchmal zu offen, so daß gewisse katholische Autoren geneigt waren, diese Offenheit als Zeichen mangelnder politischer Einsicht zu werten. So bereitete Johannes XXIII. Kardinal Wyszyński und den polnischen Bischöfen, die zur ersten Konzilssession nach Rom gekommen waren, einen sehr herzlichen Empfang. Als Italiener äußerte er seine Freude darüber, daß auch seine Landsleute am polnischen Freiheitskampf teilgenommen hatten. Mit einem Gefühl des Stolzes für seine Diözese erwähnte er Francesco Nullo, den Garibaldiner aus Bergamo, der 1862 aufbrach, um für Polens Unabhängigkeit zu kämpfen, wo er auch bald heroisch ums Leben kam. «Man sagte mir», fügte er hinzu, «daß das wiedererstandene Polen diesem edlen Oberst ein Denkmal errichtete und eine Straße von Breslau nach ihm benannte, in jenen Westgebieten, die sie nach Jahrhunderten aufs neue erlangt haben.» Dann fuhr der Papst fort: «Ich verfolge die Bemühungen Ihres Volkes, das um die Unantastbarkeit seiner Grenzen kämpft. Ich verfolge mit Wohlwollen alle heroischen Anstrengungen Ihres Volkes.»

Diese Worte wurden mitstenographiert und in die polnische Sprache übersetzt. Bald kam das Dokument auf den Konzilssitzungen an die Öffentlichkeit und wurde schließlich der deutschen Botschaft beim Vatikan zur Kenntnis gebracht. In Deutschland befand sich zu dieser Zeit Konrad Adenauer an der Macht. Er verlangte, daß der Botschafter der BRD im Vatikan, van Scherpenberg, im Staatssekretariat eine Protestnote überreichte, da die Bonner Regierung in der Rede des Papstes eine Anerkennung der Oder-Neisse-Linie erblickte, welche die BRD (damals) noch nicht anerkannte und somit Anspruch auf einen Teil des polnischen Territoriums erhob. Van Scherpenberg wurde vom Substituten des Staatssekretärs, Msgr. Angelo Dell'Acqua, empfangen, der den Protest des Botschafters mit Bedauern entgegennahm. Später erkundigte sich der Papst, wie diese diplomatische Unannehmlichkeit geendet habe, die ihm die erneute Feindseligkeit Adenauers eingetragen hatte, und bemerkte zu Msgr. Dell'Acqua: «Wir sagten die Wahrheit, daß wir den Nationalismus nicht lieben, und Wir wurden belohnt. Möge Uns der Herr immer so helfen.»

Vom Bemühen um die Herstellung guter Beziehungen war die Geste Papst Johannes XXIII. diktiert, den Redakteur der sowjetischen Zeitung «Iswestija», A. Adschubej, zu empfangen. Doch war das nicht nach dem Sinn aller, weder in Italien noch in anderen Teilen der Welt. Kaum war die Audienz, die in der päpstlichen Privatbibliothek stattgefunden hatte, bekanntgeworden, erhob sich ein solcher Sturm, daß es die Zeitschrift der Gesellschaft Jesu, «La Civiltà Cattolica», für nötig erachtete, einen Artikel zur Erklärung und Rechtfertigung der Geste des Papstes zu veröffentlichen. Wie üblich, wurde der Umbruch dieser Nummer dem Papst zur Lektüre und Billigung übersandt. Doch Johannes XXIII. wünschte das nicht zu tun. Er sagte, daß die Sorge zur Rechtfertigung des Papstes in diesem Fall unangebracht sei: «Ich bedarf keiner Verteidigung.» Er hielt es für sein Recht, jene Audienzen zu gewähren, die er für nötig hielt, und fürchtete dabei keineswegs unangenehme Auswirkungen. «Ein Atheist?», fragte Johannes XXIII., «nun, was kann er mir schlimmstenfalls schon sagen? Daß die Kirche am Ende, daß sie gestorben ist. Doch ich werde ihm antworten, daß das nicht wahr ist.» Sogar Kurienkardinäle richteten ihre Kritik an die Adresse des Papstes. So erklärte zum Beispiel Kardinal Ottaviani in einer Rede an italienische Offiziere: «Heute bedroht uns die allerschlimmste Gefahr. Was kann die Italiener mehr davon überzeugen, daß keine kommunistische Gefahr mehr besteht, als die Audienz des Papstes für Adschubej und der Appell zur Einführung der Unterscheidung zwischen Irrtümern und Irrenden?» (Literaturnaja Gaseta,

8.8.1963). Große amerikanische Zeitungen beunruhigte und empörte die Tatsache, daß Papst Johannes XXIII. die ganze, im Westen noch vorherrschende Theorie von der «atomaren Überlegenheit» ablehnte. Die «New York Times» schrieb von «utopischen Träumen des Papstes hinsichtlich einer allgemeinen Abrüstung». Eine entsprechende Position bezog die «New York Herald Tribune», während «Daily News», die auflagenstärkste Zeitung in den Vereinigten Staaten, bedauerte, daß die Position des Papstes in Fragen der Abrüstung dem sowjetischen Standpunkt näher sei als dem amerikanischen. Die Zeitung fügte hinzu, daß das Gewicht, das Papst Johannes XXIII. auf das Prinzip der Nichteinmischung in die inneren Angelegenheiten anderer Staaten lege, in Wirklichkeit eine Kritik der amerikanischen Politik in Zusammenhang mit Kuba bedeute. Sehr bezeichnend ist die Tatsache, daß der Papst die moderne internationale Lage und die Friedenssehnsucht der Völker nüchtern zu werten verstand. In den viereinhalb Jahren seines Pontifikats hielt Johannes XXIII. viele Reden und veröffentlichte eine ganze Reihe Botschaften, in denen er an die Staatsmänner appellierte, dem Rüstungswettlauf ein Ende zu setzen und alle Streitfragen am Verhandlungstisch zu lösen. In der bekannten Radioansprache vom 10.September 1961 «Für den Frieden der Welt» entfaltete der Papst den Gedanken, daß es nötig sei, zur Beseitigung aller Konflikte und vor allem der Kriege, dieser Geißel der Völker, zusammenzuarbeiten. Zu einem wahrhaft politischen und geistlichen Testament Papst Johannes XXIII. sollte seine letzte Enzyklika «Pacem in terris» werden, die vor Ostern 1963 veröffentlicht wurde. Aus diesem Anlaß sagte er: «Möge die Enzyklika ‹Frieden auf Erden› Unser Ostergeschenk für das Jahr des Herrn 1963 sein.»

Die ganze Karwoche dieses letzten Jahres seines Erdenlebens widmete sich Johannes XXIII. der Verkündigung des Friedens. Bereits am 3.April sagte er in seiner Botschaft an die Pilger bei der allgemeinen Audienz im Petersdom, daß er in den heiligen Tagen der Erinnerung an die Leiden und die glorreiche Auferstehung Christi nur vom Frieden reden werde.

Am Palmsonntag, den 7.April 1963, zog der Papst feierlich in den Petersdom ein; darauf besuchte er eine Reihe von Pfarrkirchen. Und überall sagte er, daß er allen frohe Ostern wünsche, Katholiken wie Nichtkatholiken, da alle Menschen Brüder seien und unser Herr Jesus Christus sein kostbares Blut für alle vergossen habe.

Wie wir bereits bemerkten, unterzeichnete Papst Johannes XXIII. am Dienstag der Karwoche die Enzyklika und stellte diese am Gründonnerstag dem diplomatischen Corps in einer langen Aussprache vor. Die Friedensarbeit Johannes XXIII. gipfelte gewissermaßen in diesem geschichtlich wichtigen, ja epochalen Dokument.

Die Enzyklika «Pacem in terris» hält die Gewährleistung des allgemeinen Friedens für die Hauptaufgabe unserer Zeit. Das bereits in der Überschrift aufscheinende Thema: «Über den Frieden unter allen Völkern in Wahrheit, Gerechtigkeit, Liebe und Freiheit» bezeugt das tiefe Verständnis Johannes XXIII. für die aktuelle Weltlage und sein Bemühen, die allerbesten Wege zur Errichtung eines dauerhaften Friedens auf Erden zu finden.

Wie wurde diese Enzyklika von der fortschrittlichen öffentlichen Weltmeinung aufgenommen? Zur Illustrierung zitieren wir einige Äußerungen zu diesem Thema. Die Agentur TASS kommentierte am Tag der Veröffentlichung der Enzyklika: «Die neue Enzyklika, mit der sich Papst Johannes XXIII. an Klerus und Gläubige sowie an alle Menschen guten Willens wandte, hat in aller Welt einen gewaltigen Widerhall ausgelöst, da sie einer Frage gewidmet ist, welche die Menschheit bewegt, nämlich der Bewahrung des Friedens auf unserem Planeten» (Iswestija, 11.4.1963).

UNO-Generalsekretär U Thant erklärte auf einer Pressekonferenz am 11. April 1963: «Ich habe die Enzyklika ‹Pacem in terris› Seiner Heiligkeit, Papst Johannes XXIII., mit tiefer Genugtuung und Bewegung gelesen. (. . .) Ich begreife die tiefe Bewegtheit, die Papst Johannes XXIII. bei der Unterzeichnung dieses Dokumentes von großer Bedeutung ausdrückte, voll und ganz, weil er seine Gedanken dem Frieden in der Welt in diesem unklaren Jahrhundert gewidmet hat. Er hat in der Tat an das Überleben der Menschheit appelliert, an die Anwendung des menschlichen Wissens nicht zum Tod, sondern zum Leben und zur Menschenwürde in einer Gemeinschaft des Verständnisses. Die Enzyklika befürwortet vor allem eine Stärkung der Vereinten Nationen, und indem sie das macht, zieht sie die Aufmerksamkeit auf die

Tatsache, daß der Friede von einer internationalen Verantwortung abhängt. (...) Sie leistet einen hochbedeutsamen Beitrag an die Bestrebung all jener, die überzeugt sind, daß das Menschengeschlecht mit genügend Weisheit begabt ist, um sein eigenes Überleben sicherzustellen ...» (DC, No. 1400, 1963, S. 666f.).

Prof. John Bernal, Vorsitzender des Weltfriedensrates, wandte sich mit einer besonderen Botschaft an Papst Johannes XXIII., in der er schrieb: «Die Anhänger des Friedens in aller Welt begrüßen mit großer Freude Ihre historische Enzyklika ‹Pacem in terris›. Sie hat ihnen eine außerordentliche Ermutigung gebracht und ihnen neue Energie zur Verfolgung der großen humanitären Ziele eingeflößt, die von Ihnen aufgezählt werden: Sofortige Einstellung der Atomversuche, Verbot der Atomwaffen, Beendigung des Wettrüstens, Voranschreiten zu einer globalen, allgemeinen und kontrollierten Abrüstung, Ende der Rassendiskriminierung und Anerkennung der Gleichheit aller Menschen. Ihr bewegender Appell für eine Lösung aller strittigen Punkte zwischen den Völkern auf dem Verhandlungsweg wie auch Ihre Mahnung zu Eintracht und Zusammenarbeit zwischen allen Menschen guten Willens zum Wohl des Friedens und im Namen der Menschheit, der wir alle angehören, zeugt von großem Scharfblick und tiefer Liebe zum Menschengeschlecht. Die Menschen werden immer mit großer Dankbarkeit Ihres Appells gedenken, der nicht nur jene inspiriert, die für den Frieden arbeiten, sondern auch Millionen menschlicher Wesen, denen bis zu diesem Zeitpunkt das Vertrauen und die Hoffnung fehlte, so zu handeln» (ibid., S. 668).

3. Die Enzyklika «Pacem in terris»

a) Der Inhalt der Enzyklika

Papst Johannes begann seine Enzyklika mit der Feststellung, daß der Friede auf Erden, nach dem alle Menschen zu allen Zeiten sehnlichst verlangten, nur dann begründet und gesichert werden könne, wenn die von Gott gesetzte Ordnung gewissenhaft beobachtet werde. Aus den Fortschritten der Wissenschaften und den Erfindungen der Technik lasse sich klar ersehen, daß in den Lebewesen und in den Naturkräften eine wunderbare Ordnung herrsche. Dieser Fortschritt offenbare jedoch vor allem die unendliche Größe Gottes, der aus dem Nichts die Gesamtheit der Dinge erschaffen habe und auf sie die Fülle seiner Weisheit und Güte verschwende. «Daher lobt der Psalmist Gott mit den Worten: ‹Herr, Herr, wie wunderbar ist Dein Name auf dem ganzen Erdenrund› (Ps. 8,2); und an einer anderen Stelle: ‹Wie zahlreich sind Deine Werke, Herr! Alles hast Du mit Weisheit gemacht› (Ps. 103,24). Den Menschen aber schuf Gott ‹nach seinem Bild und Gleichnis› (Gen 1,26), ausgestattet mit Verstand und Freiheit, und bestellte ihn zum Herrn aller Dinge, wie der Psalmist es bekennt: ‹Und Du hast ihn nur wenig unter die Engel gestellt, mit Ruhm und Ehre ihn gekrönt; Du hast ihm Macht verliehen über Deiner Hände Werk, alles hast Du seinen Füßen unterworfen› (Ps 8,5f.)» (E,3).

Zur vorzüglichen Ordnung des Universums stehe jedoch die Unordnung unter den einzelnen wie unter den Völkern in krassem Widerspruch, als ob ihre Beziehungen nur mit Gewalt geregelt werden könnten. «Jedoch hat der Schöpfer der Welt die Ordnung ins Innere des Menschen eingeprägt, die sein Gewissen ihm kundtut und unbedingt ihm einzuhalten befiehlt: ‹Sie zeigen, daß der Inhalt des Gesetzes ihren Herzen eingeschrieben ist, indem ihnen ihr Gewissen Zeugnis gibt› (Röm. 2,15). Wie könnte es auch anders sein? Denn was Gott auch immer gemacht hat, offenbart Seine unendliche Weisheit» (E,5). Wer aber meine, die Beziehungen, die zwischen den einzelnen Menschen und dem Staat bestehen, könnten durch dieselben Gesetze geregelt werden, durch welche die vernunftlosen Kräfte und Elemente des Universums gelenkt werden, der irre. Die Normen der zwischenmenschlichen Beziehungen können nach den Worten des Papstes nur dort gefunden werden, wo sie der Schöpfer aller Dinge eingeschrieben hat, nämlich in der Natur der Menschen. Nur diese Gesetze zeigten den Menschen deutlich, wie sie ihre gegenseitigen Beziehungen im Zusammenleben mit anderen Menschen gestalten sollten; wie die Beziehungen zu regeln seien, die zwischen den Staatsbürgern und den staatlichen Behörden bestehen; ferner, wie die Staaten einander begegnen sollten; schließlich, in welcher Weise die einzelnen Menschen und Staaten und anderseits die Gemeinschaft aller Völker sich gegeneinander zu verhalten hätten zum allgemeinen Wohl der Welt.

Die Grundlage jeder wohlgeordneten menschlichen Gemeinschaft müsse das Prinzip anerkennen, daß jeder Mensch eine mit Vernunft und Willensfreiheit ausgestattete Person sei. Dieser Mensch sei das Objekt allgemein gültiger, unverletzlicher Rechte und Pflichten. Wenn wir die Würde der menschlichen Person im Licht der Offenbarungswahrheiten betrachteten, dann müßten wir sie noch viel höher einschätzen, denn die Menschen seien ja durch das Blut Jesu Christi erlöst, durch die himmlische Gnade zu Kindern und Freunden Gottes gemacht und zu Erben der ewigen Herrlichkeit eingesetzt worden.

Der Papst bemerkte nachdrücklich, daß jedes menschliche Wesen ein Recht auf Leben, auf die Unversehrtheit des Leibes sowie auf die geeigneten Mittel zu angemessener Lebensführung habe. Dazu gehörten Nahrung, Kleidung, Wohnung, Erholung, ärztliche Behandlung und soziale Fürsorge. Daraus folge auch, daß der Mensch ein Recht auf Beistand habe im Fall von Krankheit und Arbeitslosigkeit oder wenn er ohne sein Verschulden sonst der zum Leben notwendigen Dinge entbehren müsse.

Von Natur aus habe der Mensch außerdem das Recht, daß er gebührend geehrt und sein guter Ruf gewahrt werde, daß er frei nach der Wahrheit suchen und seine Meinung äußern sowie einen beliebigen Beruf ausüben dürfe. Zudem habe er ein Recht auf objektive Information. Niemand dürfe an der Erlangung einer allgemein-menschlichen Kultur gehindert werden, wozu auch der Empfang einer Allgemeinbildung sowie der Fach- und Berufsausbildung gehöre. Der Papst bemerkte, daß man eifrig darauf hinarbeiten müsse, «daß Menschen mit entsprechenden geistigen Fähigkeiten zu höheren Studien aufsteigen können, und zwar so, daß sie, wenn möglich, in der menschlichen Gesellschaft zu Aufgaben und Ämtern gelangen, die sowohl ihrer Begabung als auch der Kenntnis entsprechen, die sie sich erworben haben» (I,No.12).

Besonders genau sollte das Recht auf Gewissensfreiheit beachtet werden. Jeder habe ein Recht, Gott seinem Gewissen entsprechend zu verehren und seine Religion privat und öffentlich zu bekennen. Papst Johannes XXIII. zitierte den frühchristlichen Apologeten Lactantius, der schrieb: «Wir werden mit der Bestimmung geboren, dem uns erschaffenden Gott den gerechten und schuldigen Gehorsam zu erweisen; Ihn allein sollen wir anerkennen, Ihm folgen. Durch dieses Band kindlicher Achtung sind wir Gott verpflichtet und verbunden; und daher hat auch die Religion ihren Namen (Divinae Institut. IV,28,2; zit. I,13). Der Papst fand es in diesem Zusammenhang für angebracht, eine Aussage seines Vorgängers, Papst Leo XIII., über die Gewissensfreiheit zu zitieren: «Diese wahre und der Kinder Gottes würdige Freiheit, welche die Würde der menschlichen Person in vornehmster Weise schützt, ist größer als alle Gewalt und alles Unrecht; sie ist der Kirche immer erwünscht und besonders teuer. Diese Art von Freiheit haben die Apostel ständig für sich in Anspruch genommen, die Apologeten in den Schriften unverbrüchlich gemacht, die Märtyrer in unermeßlicher Zahl durch ihr Blut geheiligt» (Litt. Enzykl. Libertas praestantissimum; zit. I,13).

Darüber hinaus habe jeder Mensch das unantastbare Recht zur Wahl seines Lebensstandes. Er könne entweder eine Familie gründen, in welcher Mann und Frau gleiche Rechte und Pflichten haben, oder das Priestertum oder den Ordensstand ergreifen. Die Familie, die auf einer frei geschlossenen Ehe beruhe, sei eins und unauflöslich. Sie bilde die erste und natürliche Keimzelle der menschlichen Gesellschaft. Deshalb hätten alle Staaten ohne Ausnahme die Pflicht, auf wirtschaftlichem und sozialem Gebiet wie auch in kultureller und sittlicher Hinsicht dafür zu sorgen, daß die Familie gefestigt und in der Erfüllung ihrer Aufgabe unterstützt werde. Pflege und Erziehung der Kinder aber seien an erster Stelle das Recht der Eltern.

Indem er sich mit den menschlichen Rechten auf wirtschaftlichem Gebiet befaßte, schrieb der Papst, daß der Mensch nicht nur ein Recht auf Arbeit, sondern auch zur Entfaltung freier Initiativen im Bereich der Arbeit habe. Mit diesen Rechten sei auch untrennbar das Recht auf solche Arbeitsbedingungen verbunden, unter denen weder die Körperkräfte geschwächt noch der moralischen Entwicklung der Jugendlichen Schaden zugefügt werde. Bezüglich der Frauen gelte, daß ihnen solche Arbeitsbedingungen zugestanden werden, die den Bedürfnissen und Pflichten der Ehefrau und Mutter entsprechen.

Daraus folge auch, was der Papst besonders unterstrich, der Anspruch des Arbeiters auf gerechten Lohn. Das Salär müsse dem Arbeiter und seiner Familie eine menschenwürdige Lebenshaltung gestatten.

Johannes XXIII. verwies dabei auf die Erklärung seines Vorgängers Pius XII., der an Pfingsten 1941 im Rundfunk gesagt hatte: «Mit der Pflicht zur Arbeit, die in der Natur begründet ist, stimmt auch das Naturrecht überein, kraft dessen der Mensch fordern kann, daß aus der geleisteten Arbeit ihm und auch seinen Kindern das Lebensnotwendige zufließt; so grundlegend befiehlt die Natur die Erhaltung des Menschen» (Pfingstbotschaft vom 1.6.1941; zit.1,19).

Im folgenden berührte Papst Johannes XXIII. das Recht auf Privateigentum an allen Gütern, darunter auch an den Produktionsmitteln. Seinen Worten zufolge hilft dieses Recht wirksam, «die Würde der menschlichen Person und die freie Berufsausübung in allen Tätigkeitsbereichen zu schützen; schließlich festigt es die Verbindung der häuslichen Gemeinschaft und das friedliche und gedeihliche Wachstum im öffentlichen Leben» (Mater et Magistra; zit.1,19). Zudem müsse noch bemerkt werden, daß «dem Recht auf Privateigentum eine soziale Funktion innewohnt» (ebd., zit.1,20). Es ist unschwer zu bemerken, daß Papst Johannes XXIII. in dieser seiner letzten Enzyklika noch zurückhaltender über das Privateigentum sprach und ihm keine Bedeutung als «geheiligtes» Element in den gegenseitigen menschlichen Beziehungen mehr schenkte, wie er das früher getan hatte.

Aufgrund dessen, daß die Menschen gemeinschaftsbezogene Wesen seien, ergebe sich das Recht, sich mit anderen Leuten zu versammeln, um die gesellschaftlichen Verantwortungen erfolgreich übernehmen zu können. Außerdem müsse jedem Menschen das Recht zugestanden werden, seinen Wohnsitz zu behalten oder zu ändern und innerhalb einer beliebigen politischen Gesellschaft zu leben. Aber auch als Bürger eines bestimmten Staates höre er in keiner Weise auf, «Mitglied der Menschheitsfamilie zu sein als Bürger der universalen Gemeinschaft und des Zusammenschlusses aller Menschen» (1,23).

Mit der Würde der menschlichen Person sei auch das Recht zur Teilnahme am öffentlichen Leben und zur Entwicklung des Gemeinwohls eng verknüpft. «Weit davon entfernt», schrieb Johannes XXIII. (indem er die Weihnachtsbotschaft Papst Pius XII. von 1944 zitierte) «daß der Mensch als solcher für ein Objekt oder ein untätiges Element des sozialen Lebens angesehen werden darf, muß er vielmehr dessen Subjekt, Fundament und Ziel sein» (1,24). Zur menschlichen Person gehöre auch der gesetzliche Schutz ihrer Rechte, der wirksam unparteiisch zu sein habe und den objektiven Normen der Gerechtigkeit entsprechen müsse. Indem er sich wieder auf Pius XII. berief, sagte der Papst: «Aus der gottgewollten Rechtsordnung folgt das dem Menschen eigene und unveränderliche Recht, das einem jedem Rechtssicherheit verbürgt und einen klar umrissenen Bereich ausweist, der jedem willkürlichen Zugriff entzogen ist» (Pius XII., Weihnachtsbotschaft 1942; zit.1,25).

Nachdem der Papst bisher von den Menschenrechten gesprochen hatte, legte er in der Folge auch die Pflichten dar, die der menschlichen Person zusammen mit den Rechten aus dem Naturrecht erwachsen. So verlange zum Beispiel das Recht auf Leben auch dessen Bewahrung, das Recht auf menschenwürdiges Dasein auch ein ehrenhaftes Leben. Und mit dem Recht, frei nach der Wahrheit zu forschen, sei die Pflicht verbunden, immer tiefer in diese Wahrheit einzudringen.

In der menschlichen Gemeinschaft entspreche dem natürlichen Recht des einen die Pflicht der anderen, jenes Recht anzuerkennen und zu achten. Jedes Recht lege eine entsprechende Pflicht auf. Wer nur die eigenen Rechte in Anspruch nehme, aber seine Pflichten vergesse oder nicht entsprechend erfülle, der riskiere, das, was er mit der einen Hand aufbaue, mit der anderen wieder zu zerstören. Da die Menschen von Natur aus soziale Wesen seien, müßten sie miteinander leben und ihr gegenseitiges Wohl anstreben. Jeder habe seinen Beitrag zu leisten, um jenes soziale Milieu zu schaffen, in welchem die Rechte und Pflichten immer vollkommen gewährleistet würden. Es genüge nicht, dem Menschen nur das Recht auf das Lebensnotwendigste zuzugestehen, denn es sollte auch das zum Lebensunterhalt Gehörende in ausreichendem Maß zur Verfügung stehen. Das Leben in der Gemeinschaft dürfe sich nicht allein durch Ordnung auszeichnen, es müsse seinen Gliedern auch Vorteile bieten.

Die Würde der menschlichen Person verlange, daß jeder aus eigenem Entschluß und in Freiheit handeln könne. Im Zusammenleben habe er deshalb guten Grund, Rechte zu pflegen, Pflichten zu erfüllen und aus eigenem Antrieb bei den zahlreichen Werken Gemeinschaftsdienst zu leisten. Und zwar sollte jeder nach seiner eigenen Überzeugung und aus eigener Initiative im Bewußtsein seiner Pflicht und nicht aus Zwang und Druck handeln. Wenn eine Gemeinschaft von Menschen allein auf der Gewalt basiere, so sei sie nicht menschlich. Statt zur Entfaltung des Lebens und zur Vollkommenheit anzuspornen, gebe es keine Freiheit mehr. Wenn die Gesellschaft nicht auf der Wahrheit gründe, wie der Apostel Paulus mahnte: «Darum leget ab die Lüge, redet die Wahrheit im gegenseitigen Verkehr, denn wir sind Glieder untereinander» (Eph, 4,25), dann sei das Zusammeleben in dieser Gesellschaft nicht richtig geordnet, die menschliche Würde nicht geachtet. Rechte und Pflichten gegenüber den anderen müßten anerkannt werden. Die menschliche Gesellschaft habe auf der Gerechtigkeit zu gründen, was bedeute, die Rechte anderer zu achten und die eigenen Pflichten zu erfüllen. Die Menschen sollten sich, von der Liebe beseelt, darum bemühen, die Nöte der anderen wie ihre eigenen zu empfinden und die anderen an ihren Gütern teilnehmen zu lassen und somit danach streben, daß auf der Welt die höchsten geistigen Werte unter allen verbreitet würden.

Das Zusammenleben der Menschen sei deshalb vor allem als ein geistiges Geschehen zu betrachten. «Die Menschen sollen im hellen Licht der Wahrheit Erkenntnisse untereinander austauschen; sie sollen ihre Rechte wahrnehmen und ihre Pflichten erfüllen können; sie sollen angespornt werden, die geistigen Güter zu erstreben; aus jeder schicklichen Sache, wie immer sie beschaffen sein mag, sollen sie eine gemeinsame rechtschaffene Freude schöpfen; in einem beständigen Willen sollen sie dahin neigen, das Beste, was sie haben, einander mitzuteilen. Diese Güter beleben und lenken alles, was sich auf die Wissenschaften, die Wirtschaft, die sozialen Einrichtungen, die Entwicklung und die Ordnung des Staates, die Gesetzgebung und schließlich auf alle übrigen Dinge bezieht, die äußerlich das menschliche Zusammenleben ausmachen und es in seinem ständigen Fortschritt zum Ausdruck bringen» (1,35). Der Papst wies nachdrücklich darauf hin, daß die Ordnung, die im menschlichen Zusammenleben walte, durchaus geistiger Art sei, denn die intensive Entwicklung der Gesellschaft zu einer täglich menschwürdigeren Harmonie sei nur möglich, wenn die Prinzipien der menschlichen Wechselbeziehungen ihr Fundament im persönlichen und die menschliche Natur übersteigenden Gott hätten, der die erste Wahrheit aller Dinge, das höchste Gut und die erhabene Quelle für das Leben einer geordneten, fruchtbaren und menschenwürdigen Gemeinschaft sei. Zur Bekräftigung zitierte Papst Johannes

XXIII. einen Ausspruch des heiligen Thomas von Aquin: «Daß aber die menschliche Vernunft die Richtschnur des menschlichen Willens sei, nach der seine Güte zu messen ist, das hat sie aus dem ewigen Gesetz, welches die göttliche Vernunft ist . . . Deshalb ist deutlich, daß die Güte des menschlichen Willens viel mehr vom ewigen Gesetz abhängt als von der menschlichen Vernunft» (S.th. Ia–IIae, g. 19, a. 4; cf. I,37).

Im Kapitel «Zeichen der Zeit» sprach der Papst von den Hauptmerkmalen unserer Epoche. Als wichtigstes Merkmal betrachtete er den wirtschaftlich-sozialen Aufstieg der Arbeiterklasse, die all ihre Kräfte auf die Erlangung der sozialen Rechte ausgerichtet hatte und auch eine politische Aktivität entfaltete. Heute seien die Arbeiter auf der ganzen Welt besonders darauf bedacht, nie nur als Sache ohne Verstand und Freiheit gewertet zu werden, von andern willkürlich ausgebeutet, sondern als Menschen, die in allen Bereichen des gesellschaftlichen Lebens, d. h. auf wirtschaftlichem, sozialem, politischem und kulturellem Gebiet tätig seien.

Der zweite charakteristische Zug sei die Teilnahme der Frau am öffentlichen Leben, was wahrscheinlich bei den christlichen Völkern rascher vor sich gehe. Indem sie sich ihrer Menschenwürde immer mehr bewußt werde, sei die Frau nicht mehr bereit, sich als seelenlose Sache oder bloßes Werkzeug einschätzen zu lassen. Sie fordere nicht bloß im häuslichen Leben, sondern auch im Staat, daß sie der Würde ihrer menschlichen Person entsprechend behandelt werde.

Im Vergleich zu früher habe die Menschheitsfamilie im sozialen wie im politischen Leben eine völlig neue Gestalt angenommen. Es werde bald keine herrschenden und keine unterjochten Völker mehr geben, denn die Menschen aller Länder und Völker seien entweder bereits Bürger eines freien Staatswesens oder würden es bald sein. Niemand wolle in Zukunft noch unter fremder Herrschaft stehen. Bei vielen schwinde das Bewußtsein der Minderwertigkeit, das so viele Jahrhunderte geherrscht habe, während sich andere nach und nach vom Gefühl der Überlegenheit ihrer wirtschaftlichen oder sozialen Stellung, ihrer Abstammung oder ihres gesellschaftlichen Ranges befreiten. Heute dagegen sei weitgehend die Auffassung verbreitet, daß alle Menschen in der Würde ihrer Natur unter sich gleich sind, wodurch auch der Rassendiskriminierung ihre Wurzeln entzogen würden. Und dies sei von größter Bedeutung und größtem Gewicht für die Entwicklung eines menschlichen Zusammenlebens nach den erwähnten Prinzipien. «Wenn also in einem Menschen das Bewußtsein seiner Rechte entsteht», sagte Papst Johannes XXIII., «muß in ihm auch notwendig das Bewußtsein seiner Pflichten entstehen, so daß, wer bestimmte Rechte hat, zugleich auch die Pflicht hat, sie als Zeichen seiner Würde zu beanspruchen, in den übrigen Menschen aber die Pflicht, diese Rechte anzuerkennen und hochzuschätzen» (I,42).

Im Teil II über die «Beziehungen zwischen den Menschen und der Staatsgewalt innerhalb der politischen Gemeinschaften» unterstrich der Papst die Notwendigkeit einer Staatsgewalt: «Die menschliche Gesellschaft kann weder gut geordnet noch fruchtbar sein, wenn es in ihr niemanden gibt, der mit rechtmäßiger Autorität die Ordnung aufrechterhält und mit der notwendigen Sorgfalt auf das allgemeine Wohl bedacht ist. Alle Autorität aber leitet sich von Gott her, wie der heilige Paulus lehrt: ‹Es gibt keine Gewalt, außer von Gott› (Röm. 13, 1–6)» (II,44). Mit anderen Worten: «Gott hat (. . .) die Menschen ihrer Natur nach als Gemeinschaftswesen geschaffen, und weil keine Gemeinschaft ‹bestehen kann, außer wenn einer allem vorsteht und jeden durch einen wirksamen und einheitlichen Impuls auf ein gemeinsames Ziel hinlenkt, so folgt daraus, daß für die bürgerliche Gemeinschaft eine Autorität nötig ist, die sie lenkt; sie stammt wie die Gesellschaft selbst aus der Natur und deshalb von Gott als deren Urheber› (Leo XIII., Enzyklika ‹Immortale Dei›).» Dennoch sei auch diese Autorität an eine Norm gebunden. Sie existiere zu dem Zweck, sich befehlend an die rechte Vernunft zu wenden und leite ihre Gewalt, Verpflichtungen aufzuerlegen, aus der sittlichen Ordnung her, die ihrerseits Gott als Ursprung und Ziel habe. Deshalb habe schon Pius XII. (in seiner Weihnachtsansprache von 1944) erklärt: «Die absolute Ordnung der Lebewesen und selbst das Ziel des Menschen – Wir meinen den freien Menschen, der verbindliche Pflichten hat und mit unverletzlichen Rechten ausgestattet ist als Ursprung und Zweck der menschlichen Gemeinschaft – umfassen auch den mit Autorität ausgestatteten Staat als gleichsam notwendige Gemeinschaft, ohne die er weder sein noch leben könnte» (zit. II,44).

Wenn sich die Befehlsgewalt nur oder hauptsächlich auf Drohung und Furcht vor Strafen stütze, dann sporne sie nicht dazu an, das gemeinsame Wohl aller zu verwirklichen; und sollte es ihr doch gelingen, dann mit Mitteln, welche der Würde eines freien und vernunftbegabten Menschen fremd seien. Die Autorität sei hauptsächlich eine moralische Kraft. Folglich müßten ihre Vertreter «an das Gewissen, d. h. an die Pflicht eines jeden appellieren, sich bereitwillig für das gemeinsame Wohl aller einzusetzen» (II,45). Weil aber alle Menschen in der natürlichen Würde unter sich gleich seien, sei es keinem erlaubt, einen anderen innerlich zu verpflichten. Dieses Recht komme allein Gott zu, der die geheimen Ratschlüsse des Herzens durchforsche und richte. Nur wenn ihre Autorität mit Gottes Autorität in Einklang stehe, sei die Staatsgewalt verpflichtend. Dieses Prinzip garantiere auch die Würde der Bürger, weil der Gehorsam gegenüber den Regierungen sich keineswegs bloß auf die Menschen als solche beziehe. Es sei eine Pflicht gegen Gott, der den Beziehungen unter den Menschen eine von ihm bestimmte Ordnung gegeben habe.

Die staatliche Gewalt gründe auf moralischen Prinzipien, die von Gott ausgingen. Deshalb, so bemerkte der Papst, könnten Gesetze und Anordnungen der Regierungen nicht verpflichten, wenn sie dieser Ordnung und folglich Gottes Willen widersprächen, denn «man muß Gott mehr gehorchen als den Menschen» (Apg. 5,29). In diesem Fall werde die Autorität hinfällig und zum Mißbrauch, wie Thomas von Aquin lehre: «Zum zweiten ist zu sagen, daß das menschliche Gesetz nur insoweit die Beschaffenheit eines Gesetzes hat, als es der rechten Vernunft gemäß ist; und demzufolge ist offenbar, daß es vom ewigen Gesetz abgeleitet wird. Insofern es aber von der Vernunft abweicht, wird es als ungerechtes Gesetz bezeichnet und hat nicht die Bewandtnis eines Gesetzes, sondern eher die einer Gewalttätigkeit» (S.th. Ia – IIae, q.93, a.3 ad 2; zit. II, 48).

Die göttliche Herkunft der Autorität von Gott nehme den Menschen keineswegs das Recht, ihre Regierung zu wählen, die Staatsform zu bestimmen und den Umfang sowie die Art und Weise der Gewaltausübung abzugrenzen. Daher könne diese Lehre mit jeder demokratischen Regierungsform in Einklang gebracht werden. Der Papst wiederholte ständig, daß die Vorschriften der Obrigkeit in sich korrekt, sittlich gut und auf das allgemeine Wohl ausgerichtet sein müßten.

Indem er auf die grundlegenden Aspekte des Gemeinwohls zu sprechen kam, erklärte der Papst, daß dieses zwar durch die besonderen Eigenschaften eines Volkes bestimmt werde, ohne daß diese dessen ausschließlichen Inhalt bildeten. «Denn weil es wesentlich mit der Menschennatur zusammenhängt, kann es als solches nicht doktrinär oder gar historisch bestimmt werden, sondern muß immer die ganze menschliche Person unter dem Blickpunkt ihrer innersten Natur und Aufgabe berücksichtigen» (II, 52). Schon die Natur dieses Gutes verlange, daß alle Bürger nach Maßgabe ihrer Aufgaben, Verdienste und Verhältnisse daran teilhätten. Deshalb müßten die Staatslenker den Interessen aller dienen und das gemeinsame Wohl ohne Privilegien für bestimmte Bürger oder einzelne Bevölkerungsschichten fördern, wie schon Leo XIII. bekräftigt habe: «Auf keinen Fall darf zugelassen werden, daß die Staatsgewalt dem Vorteil eines einzelnen oder nur weniger diene, während sie doch für das Wohl aller eingesetzt ist» (Enz. «Immortale Dei»). Papst Johannes XXIII. räumte jedoch ein: «Es können allerdings Gründe der Gerechtigkeit und Billigkeit zuweilen fordern, daß die Behörden sich um die Unbemittelten sorgsamer kümmern, da diese selbst weniger in der Lage sind, ihre Rechte geltend zu machen und die ihnen zustehenden Interessen wahrzunehmen» (II, 53).

Hier hielt es der Papst für angebracht, die Aufmerksamkeit auf die Tatsache zu lenken, daß das Gemeinwohl sich auf den ganzen Menschen erstrecke und somit seine materiellen wie auch seine geistigen Bedürfnisse betreffe. Das erfordere von der Regierung eine Politik, die auf die Einhaltung der «rechten Wertordnung» ausgerichtet sei und sowohl die materielle Wohlfahrt wie auch die geistigen Güter vermittle. Papst Johannes XXIII. schrieb, indem er «Mater et Magistra» (no. 62) zitierte, daß das Gemeinwohl «den Inbegriff jener Bedingungen des gesellschaftlichen Lebens umfaßt, die den Menschen die volle Entfaltung ihrer Werte ermöglichen oder erleichtern» (II, 54). Die Menschen, die aus Leib und unsterblicher Seele bestünden, könnten in ihrem irdischen Leben «weder ihr Dasein voll ausschöpfen noch ein vollkommenes Glück erreichen» (II, 55). Deshalb sei das Gemeinwohl so zu verwirklichen, daß es das ewige Heil der Menschen nicht hindere, sondern ihm vielmehr diene.

Die Staatsmacht habe die Anerkennung und Achtung der Menschenrechte zu garantieren. Wenn sie das nicht tue, dann erfülle sie nicht nur ihre Aufgabe nicht, sondern dann seien auch ihre Anordnungen ohne jede rechtliche Verpflichtung. Folglich obliege den Staatsorganen die vordringliche Pflicht, die gesellschaftlichen Rechte der Menschen derart aufeinander abzustimmen, daß die Ausübung der Rechte durch die einen nicht die der anderen störe oder sie von der Erfüllung ihrer Pflichten abhalte. Die Obrigkeit müsse dafür sorgen, daß die Rechte aller unversehrt gewahrt blieben und im Fall ihrer Übertretung wiederhergestellt würden. Wenn die Staatsmacht auf dem Gebiet der Wirtschaft, Politik und Kultur nicht richtig vorgehe, dann entstünden unter den Bürgern Unstimmigkeiten, welche die Verwirklichung der Rechte und der entsprechenden Pflichten verhindere.

Die Regierung müsse auch die Rechte der einzelnen fördern, wobei sie allerdings zu vermeiden habe, daß privilegierte Gruppen entstünden. «Denn dies muß immer festgehalten werden», erklärte der Papst in Erinnerung an einen Text aus «Mater et Magistra» (No. 55). «Die Sorge des Staates für die Wirtschaft, soweit und tief sie auch in das Gemeinschaftsleben eingreift, muß dennoch dergestalt sein, daß sie den Raum der Privatinitiative der einzelnen Bürger nicht nur nicht einschränkt, sondern vielmehr ausweitet, allerdings so, daß die wesentlichen Rechte jeder menschlichen Person gewahrt bleiben» (II, 62). Und der Papst fügte hinzu: «Daran müssen sich auch die verschiedenen Bemühungen halten, die von den Staatsbehörden in der Absicht unternommen werden, daß die Bürger leichter sowohl ihre Rechte gebrauchen wie auch in allen Bereichen des gesellschaftlichen Lebens ihren Pflichten nachkommen können» (II, 63).

Es könne nicht ein für allemal entschieden werden, welche Staatsform die geeignetere und welche Art der Regierung die angemessenste sei. Um das festzustellen, gelte es, den konkreten Zustand und die nach Ort und Zeit verschiedene Lage eines jeden Volkes in Betracht zu ziehen. Allerdings dürfe der Gesetzgeber im Staat trotz der sich ständig verändernden Lage niemals die sittlichen Normen und die verfassungsmäßigen Grundsätze außer acht lassen noch die Bedürfnisse des Gemeinwohls vernachlässigen. Ebenso müssen die Richter integer und unparteiisch jedem zu seinem Recht verhelfen.

In dem mit «Rechtsordnung und sittliches Gewissen» betitelten Abschnitt sprach Papst Johannes XXIII. von der untrennbaren Verbindung der beiden Begriffe. Die mit den Geboten der Moral verbundene Rechtsordnung trage in hohem Maß zur Verwirklichung des Gemeinwohls bei. In unseren Tagen sei jedoch das gesellschaftliche Leben so vielfältig und so dynamisch, daß die rechtliche Ordnung, auch wenn sie das Produkt großer Klugheit und vorausschauender Umsicht sei, sich gelegentlich als unzureichend erweise. «Überdies sind die Beziehungen zwischen den einzelnen Bürgern, wie die der Bürger und Verbände zu den Behörden innerhalb des Staatswesens, zuweilen so heikel und schwierig, daß sie sich nicht in genauen Rechtsbestimmungen festlegen lassen», sagte der Papst. «Wenn in solchen Fällen, wie die Sache selbst es erfordert, die Staatslenker die gegebene Rechtsordnung – sowohl in sich selbst wie auch in ihren tieferen Grundlagen – unversehrt bewahren wollen, wenn sie aufgeschlossen sein wollen für die wesentlichen Forderungen des sozialen Lebens, wenn sie die Gesetze an die Gegebenheiten und Gebräuche des heutigen Lebens anpassen und die neuen Probleme lösen wollen, dann müssen sie selbst klare Begriffe haben über Natur und Umfang ihrer Aufgaben; und sie müssen eine solche geistige Ausgeglichenheit und Rechtschaffenheit und so viel praktischen Sinn und Ausdauer des Willens besitzen, daß sie unverzüglich erfassen, was geschehen muß, und dies rechtzeitig und tatkräftig durchführen» (II,69).

Indem er die Frage über die Teilnahme der Bürger am öffentlichen Leben beleuchtete, sagte Johannes XXIII., daß eine solche aktive Teilnahme aus der Würde des Bürgers als Person entspringe, wobei diese Teilnahme allerdings nur entsprechend dem Zustand des Staatswesens ausgeübt werden könne, dessen Glieder sie sind. Die Kontakte und der Meinungsaustausch mit den leitenden Amtsträgern lasse diese leichter erfahren, was zum Gemeinwohl beitrage. Zudem bewahre die regelmäßige Erneuerung des Staatsapparats vor einer Überalterung der Behörden und sorge für deren Auffrischung zum Fortschritt der Gesellschaft.

Was die neuen Tendenzen bei der rechtlichen Organisation der politischen Gemeinschaften in der heutigen Zeit anbelangt, so sagte Papst Johannes XXIII., daß diese die Forderung beinhalteten, in klaren und bestimmten Sätzen eine Charta der menschlichen Grundrechte aufzustellen, die nicht selten in die Staatsverfassung übernommen werde. Ferner werde verlangt, daß die Verfassung eines Staates in exakter juristischer Form angebe, wie die staatlichen Behörden ernannt würden, auf welche Weise diese untereinander verbunden und welches ihr Zuständigkeitsbereich und ihre Kompetenzen seien. Der Papst schrieb, «daß die Menschen in unserer Zeit sich immer mehr ihrer eigenen Würde bewußt und sich dadurch angetrieben fühlen, aktiv am öffentlichen Leben teilzunehmen und zu fordern, daß die eigenen, unverletzlichen Rechte in der Verfassung des Staates festgehalten werden. Überdies fordern die Menschen heute noch, daß die Staatsbehörden gemäß den in der Verfassung festgelegten Richtlinien gewählt werden und daß sie ihre Ämter in den dort bestimmten Grenzen ausüben» (II,76).

Nachdem er seine Ansichten über die Rechte und Pflichten der Einzelpersonen dargelegt und die Normen der gegenseitigen Beziehungen zwischen Einzelpersonen und Staat aufgesetzt hatte, ging der Papst zum Problem der Beziehungen zwischen den politischen Gemeinschaften über, einem der Hauptprobleme, weshalb diese Enzyklika verfaßt wurde: «Es bestehen zwischen den Nationen gegenseitige Rechte und Pflichten», erklärte der Papst. «Deshalb sollen auch ihre Beziehungen von den Richtlinien der Wahrheit, der Gerechtigkeit, der tatkräftigen Einheit und der Freiheit bestimmt werden. Das gleiche Naturgesetz, das die Lebensbeziehungen unter den einzelnen Bürgern regelt, soll auch die gegenseitigen Beziehungen zwischen den Staaten leiten» (III,77). Die Staatslenker, welche im Namen und für die Interessen ihrer Gemeinschaft wirkten, dürften in keinem Fall ihre natürliche Würde verlieren und das sie verpflichtende Naturgesetz verletzen. Es sei ganz undenkbar, daß die zur Leitung des Staates berufenen Leute ihr Menschsein aufgäben. Sie hätten gerade deshalb diese höchste Würde erlangt, weil man sie für die vortrefflichsten Glieder des Staates halte. Die moralische Ordnung erfordere in jeder Gemeinschaft eine Autorität. Eine auf diese Ordnung gegründete Autorität könne nicht gegen die Gemeinschaft ausgespielt werden, ohne sich selbst zu zerstören. Zur Bestätigung seiner Auffassung zitierte der Papst eine Stelle aus dem Buch der Weisheit Salomons: «Höret nun, ihr Könige, und merket wohl, lernet, ihr Richter der Enden der Erde! Lauschet, ihr Herrscher über die Volksmenge, die ihr euch brüstet mit Völkermassen! Denn vom Herrn ward euch die Macht gegeben und die Herrschaft vom Höchsten, der eure Werke prüfen und eure Pläne untersuchen wird» (Weish 6, 2–4).

Auch bei der Regelung der internationalen gegenseitigen Beziehungen habe die Autorität für das Gemeinwohl aller einzutreten. Das sei ihre primäre Berufung. In den gegenseitigen Beziehungen der Staaten müsse in erster Linie die Wahrheit herrschen. Diese Wahrheit verlange aber auch, daß es dabei keine Rassendiskriminierung gebe. Es müsse anerkannt werden, daß alle politischen Gemeinschaften durch die Würde der Natur untereinander gleichgestellt seien. Deshalb habe jede ein Recht auf Dasein, auf Entfaltung und auf den Besitz der dazu notwendigen Mittel. Jeder Staat könne rechtmäßig verlangen, daß er geachtet und ihm die gebührende Ehre erwiesen werde.

Die Erfahrung lehre, daß bei den Menschen oft beträchtliche Unterschiede in ihren intellektuellen Fähigkeiten und ihren materiellen Mitteln bestünden. Diese Tatsache gebe den Privilegierten allerdings kein Recht, die Schwächeren auszubeuten. Dieser Unterschied sollte vielmehr alle dazu anspornen, den andern durch gegenseitiges Bemühen zur Vervollkommnung zu verhelfen. «So kann es vorkommen», schrieb der Papst, «daß auch unter den Nationen die einen den anderen voraus sind an wissenschaftlichem Fortschritt, an menschlicher Kultur und an wirtschaftlicher Entwicklung. Doch diese Vorzüge erlauben es ihnen keineswegs, in ungerechter Weise andere zu beherrschen, sondern sollen ihnen vielmehr ein Ansporn sein, mehr zum gemeinsamen Fortschritt der Völker beizutragen» (III,85).

Wie die Menschen den anderen nicht überlegen sein können, so sei es auch mit den politischen Gemeinschaften, die sich ebenfalls nicht durch die ihnen von Natur aus innewohnende Würde unterschieden. Die Erfahrung zeige, daß nichts die Völker so sehr berühre, wie die Mißachtung ihrer natürlichen nationalen Würde. Durch den Fortschritt der modernen Publikationsmittel sollte die gegenseitige Kenntnis der Völker gefördert werden. Deshalb seien jene Formen der Nachrichtengebung abzulehnen, «durch die unter Mißachtung der Gebote der Wahrheit und Gerechtigkeit der Ruf eines Volkes verletzt» werde (III,87).

Ein besonders wichtiges Problem unserer Zeit betreffe das Schicksal der nationalen Minderheiten. Der Papst erwähnte, daß sich seit dem 19. Jahrhundert überall die Tendenz verbreitete, «daß die Menschen gleicher Abstammung politisch selbständig und zu einer Nation vereint sein wollen» (III,91). Aus verschiedenen Gründen sei es aber nicht immer möglich, daß die politischen Grenzen mit den ethnischen Grenzen zusammenfielen, woraus für die nationalen Minderheiten eine Menge Schwierigkeiten entstünden. Papst Johannes XXIII. schrieb: «Hierzu muß offen gesagt werden: Was immer gegen diese Völker zur Unterdrückung der Lebenskraft und des Wachstums ihres Stammes unternommen wird, ist eine schwere Verletzung der Gerechtigkeit, und dies um so mehr, wenn derartige Versuche auf die Ausrottung des Stammes selbst abzielen. Hingegen entspricht es vollkommen den Geboten der Gerechtigkeit, wenn die Staatslenker sich tatkräftig bemühen, die Lebensbedingungen der Minderheit zu heben, namentlich in dem, was deren Sprache, Kultur, Herkommen und Gebräuche sowie wirtschaftliche Unternehmungen und Initiativen betrifft» (III,92/93).

Allerdings bestehe bei den nationalen Minderheiten aufgrund ihrer Lage nicht selten die Neigung, die Besonderheiten ihres Stammes über Gebühr hervorzuheben, als ob das Wohl der Menschheitsfamilie nur dem Wohl des eigenen Stammes zu dienen habe und nicht umgekehrt. Es entspreche gesunder Vernunft, auch die Vorteile nicht aus den Augen zu verlieren, die den Minderheiten aus ihrer besonderen Lage erwüchsen, nämlich die Vervollkommnung ihres Geistes und Herzens durch den täglichen Umgang mit Bürgern einer anderen Kultur. «Doch dies wird nur dann eintreten, wenn die Minderheiten eine gewisse Gemeinschaft mit den sie umgebenden Völkern eingehen und an deren Gebräuchen und Einrichtungen teilzunehmen suchen, nicht aber, wenn sie Zwistigkeiten säen, die unzählige Verluste verursachen und den Fortschritt der Nationen aufhalten» (III,94).

Zur Förderung des Gemeinwohls müsse der Austausch zwischen den Bürgern und Körperschaften begünstigt werden. Da es in vielen Teilen der Welt sehr unterschiedliche Volksgruppen gebe, müsse man Vorsorge treffen, diese nicht am gegenseitigen Umgang und damit an ihrer Vervollkommnung zu hindern. Dies wäre ein Widerspruch zur Zeit, in der die Entfernungen unter den Völkern aufgehoben seien.

Derzeit sei mancherorts auf Erden ein sehr ungleiches Verhältnis zwischen Anbaufläche und Einwohnerzahl sowie zwischen Bodenschätzen und verfügbaren Mitteln zu deren Ausbeutung festzustellen. Dies zwinge die Völker zur Zusammenarbeit, um den Austausch der Güter, Kapitalien und menschlichen Arbeitskräfte zu erleichtern. Der Papst war der Überzeugung, daß das Kapital die Arbeit suchen sollte und nicht die Arbeit das Kapital. Nur so werde die Lage der Arbeiter verbessert, ohne daß sie ihre Heimat verlassen, einen andern Wohnsitz suchen und sich in einem neuen Milieu assimilieren müßten.

Der Papst betonte gleichfalls, daß seine väterliche Sorge auch denen gelte, die aus politischen Gründen aus ihrer Heimat vertrieben worden seien und viele und unglaubliche Leiden zu erdulden hätten. Diese Erscheinung zeige, daß gewisse Regierungen die Grenzen der gerechten Freiheit allzusehr einengten, innerhalb derer die einzelnen Bürger ein menschenwürdiges Leben führen können. Eine solche Beschränkung der Freiheit stürze die rechte Ordnung der Gesellschaft völlig um, denn die Staatsgewalt sei ihrer Natur nach zum Schutz des Wohles der Gemeinschaft bestimmt. Es sei angezeigt, daran zu erinnern, daß auch diese Flüchtlinge «mit der Würde einer Person ausgestattet sind, und daß ihnen die Rechte einer Person zuerkannt werden müssen» (III, 102). Jeder Mensch besitze das Recht, sich in jene politische Gemeinschaft einzureihen, in der er hoffe, für sich und seine Angehörigen bessere Lebensbedingungen zu finden. Deshalb ist es nach Ansicht des Papstes Pflicht der Staatslenker, die Emigranten aufzunehmen, die sich der Gesellschaft neu eingliedern wollen.

Schließlich ging Johannes XXIII. zu einer der brennenden Fragen, die sich der Welt von heute stellen, über, nämlich zur Frage der Abrüstung. Mit Schmerz, so sagte er, sehe er auf die wirtschaftlich entwikkelten Staaten, in denen unter Einsatz der größten geistigen und materiellen Güter ungeheure Kriegsrüstungen geschaffen worden seien. Einerseits würden damit den Bürgern dieser Nationen schwere Lasten auferlegt, und andererseits müßten jene Länder, «die sich wirtschaftlich und sozial entwickeln sollten, der notwendigen Hilfeleistungen entbehren» (III, 106).

Gewöhnlich werde das Wettrüsten damit gerechtfertigt, daß unter den gegenwärtigen Umständen der Friede nur durch das militärische

Gleichgewicht gesichert werden könne. Das wachsende Kriegspotential eines Landes bewirke, daß auch anderswo die Rüstung gesteigert werde. Und wenn eine Nation Atomwaffen besitze, so gebe dies eben deshalb auch anderen Nationen Anlaß, sich solche Waffen zu verschaffen.

Dementsprechend lebten die Völker in ständiger Furcht, wie vor einem Sturm, der jeden Augenblick mit erschreckender Gewalt losbrechen könne. Und dazu bestehe Grund, denn an Waffen fehle es tatsächlich nicht. Nach Meinung des Papstes ist es unwahrscheinlich, daß es Menschen gibt, die es wagten, die Verantwortung für die Vernichtung und das Leid auf sich zu nehmen, die ein Krieg mit sich bringe. Trotzdem lebten die Leute unter der ständigen Bedrohung, daß unversehens und unerwartet ein Kriegsbrand entstehen könnte. Doch selbst wenn die Menschen davor zurückschreckten, einen Krieg zu beginnen, so bedrohten schon die für Kriegszwecke unternommenen Kernwaffenexperimente, wenn sie nicht aufhörten, die verschiedenen Arten des Lebens auf Erden.

«Deshalb fordern Gerechtigkeit, gesunde Vernunft und Sinn für die Menschenwürde dringend», schrieb Papst Johannes XXIII., «daß der allgemeine Rüstungswettlauf aufhört; daß ferner die in verschiedenen Staaten bereits zur Verfügung stehenden Waffen auf beiden Seiten und gleichzeitig vermindert werden; daß Atomwaffen untersagt werden; und daß endlich alle nach Vereinbarung zu einer entsprechenden Abrüstung mit wirksamer gegenseitiger Kontrolle gelangen. ‹Es ist mit allen Kräften zu verhindern›, mahnte Unser Vorgänger seligen Andenkens Pius XII., ‹daß das Grauen eines Weltkrieges mit seiner wirtschaftlichen Not, seinem sozialen Elend und seinen sittlichen Verirrungen zum drittenmal über die Menschheit komme›. (Weihnachtsansprache 1941)» (III,109).

Natürlich sei eine Abrüstung so lange unmöglich, als sich nicht alle einmütig und aufrichtig bemühten, die Furcht und die angstvolle Erwartung eines Krieges aus den Herzen zu bannen, weil der wahre Frieden unter den Völkern ohne gegenseitiges Vertrauen nicht fest und sicher bestehen könne.

Der Papst äußerte die Hoffnung, daß dieses Ziel erreichbar sei, da es «nicht nur von den Gesetzen der gesunden Vernunft befohlen wird, sondern auch höchst wünschenswert und überaus segensreich wäre» (III,110). Es müßte eigentlich allen klar sein, daß die gegenseitigen Beziehungen der Staaten nicht durch Waffengewalt, sondern allein nach den Gesetzen von Wahrheit, Gerechtigkeit und tätiger Solidarität geregelt werden könnten. Der Papst sagte: «Wir halten es für Unsere Aufgabe, alle Menschen, und besonders jene, die den Staat lenken, zu bitten und zu beschwören, keine Sorge und keine Mühe zu scheuen, bis endlich der menschlichen Dinge Lauf mit des Menschen Vernunft und Würde übereinstimmt. In den Beratungen der Männer, die durch ihre Stellung und Autorität hervorragen, soll gründlich geprüft werden, wie auf der ganzen Welt die gegenseitigen Beziehungen der Staaten in menschlicherem Gleichgewicht neu zu gestalten sind; Wir meinen ein Gleichgewicht, das auf gegenseitigem Vertrauen, auf aufrichtigen Verträgen und auf unverletzlichen Vereinbarungen gegründet ist. Aber diese Frage soll so von allen Seiten erwogen werden, daß eine Grundlage gefunden wird, auf der freundschaftliche, feste und nützliche Bündnisse entstehen können. Was Uns betrifft, so unterlassen Wir es nicht, Gott zu bitten, daß Er durch seine himmlische Kraft diesen Arbeiten Erfolg verleihe und sie fruchtbar mache» (III,114–116).

Nach diesem flammenden und weisen Appell ging Papst Johannes XXIII. zur Frage der gegenseitigen Beziehungen der Staaten über, die, wie er erklärte, in Freiheit zu ordnen seien. Dieses Prinzip schließe jede ungerechte Unterdrückung und jede ungebührliche Einmischung in deren Angelegenheiten aus. Vielmehr sollten alle den anderen helfen, damit sie Verantwortungsbewußtsein entwickelten, um selber neue Initiativen zu ergreifen und auf allen Gebieten Fortschritte zu machen. Die Gemeinsamkeit des Ursprungs und die gemeinsame Bestimmung der Menschheit berufe diese dazu, eine einzige christliche Familie zu bilden. So empfahl der Papst den wirtschaftlich fortgeschrittenen Staaten, den Entwicklungsländern jede nur mögliche Hilfe zu gewähren. Er hege die Hoffnung, daß seine Mahnungen in Zukunft noch weiter aufgegriffen würden, «damit die wirtschaftlich bedürftigen Völker bald so weit voranschreiten, daß ihre Bewohner ein Leben führen können, das der Menschenwürde entspricht» (III,119).

Johannes XXIII. ließ jedoch auch wissen, daß die diesen Völkern geleistete Hilfe ihre Freiheit unangetastet lassen müsse. Die höherentwickelten Staaten sollten in ihren Hilfeleistungen für die bedürftigeren die besonderen Eigenarten und Bräuche eines jeden Volkes unbedingt achten und sich hüten, eine Vorherrschaft ausüben zu wollen. Indem er die Bilanz aus dem Gesagten zog, bemerkte der Papst: «Mehr und mehr verbreitet sich in unseren Tagen die Überzeugung unter den Menschen, daß die Streitigkeiten, die unter Umständen zwischen Völkern entstehen, nicht durch Waffengewalt, sondern durch Verträge und Verhandlungen beizulegen sind. (. . .) Deshalb ist unser Atomzeitalter nicht davon überzeugt, daß der Krieg das geeignete Mittel sei, um verletzte Rechte wiederherzustellen» (III, 123/124). Leider gebe es oft Völker, die der Furcht verfallen seien und deshalb größte Summen für die Rüstung ausgeben. Trotzdem sei, wie der Papst meinte, darauf zu hoffen, daß die Völker durch wechselseitige Beziehungen und Verhandlungen die Bande der menschlichen Natur besser anerkennten und einsähen, daß es zu den hauptsächlichsten Pflichten der menschlichen Natur gehört, Beziehungen der Liebe und nicht der Furcht zwischen den einzelnen Menschen und den Völkern zu schaffen, denn nur die Liebe vermöge die Menschen zu einer fruchtbaren äußeren und inneren Verbundenheit zu führen.

Die neueren Fortschritte in Wissenschaft und Technik übten einen großen Einfluß auf die Menschen aus und regten zu immer größerer Zusammenarbeit und innerer Verbundenheit an. Der Austausch von Gütern, Ideen und Menschen habe stark zugenommen. Nicht nur die gegenseitigen Beziehungen zwischen den einzelnen, den Familien und den internationalen Verbänden seien häufiger geworden, sondern auch die Fühlungnahme zwischen den Staatsoberhäuptern. Indessen wachse auch die wirtschaftliche Verflechtung ständig, so daß gewissermaßen eine Wirtschaftsgemeinschaft der ganzen Welt entstehe. Schließlich hänge sozialer Fortschritt, Ordnung, Sicherheit und Ruhe jedes einzelnen Staates ebenfalls mit denselben Gegebenheiten in allen übrigen Nationen zusammen. Dies beweist nach Ansicht Papst Johannes XXIII., daß die Staaten als einzelne keineswegs in der Lage seien, ihre Interessen wahrzunehmen und sich entsprechend zu entwickeln, da der Wohlstand und der Fortschritt des einen Staates «aus dem Wohlstand und dem Fortschritt aller anderen Staaten folgt und diesen zugleich mitbewirkt» (IV, 128).

Kein Zeitalter werde die Einheit der menschlichen Gemeinschaft zerstören, da diese aus Menschen bestehe, die gleichberechtigt an der naturgegebenen Würde teilhaben. Folglich ergebe sich aus der Natur des Menschen die Notwendigkeit, das umfassende Gemeinwohl anzustreben, das die gesamte Menschheitsfamilie betreffe. In den vergangenen Zeiten konnten die Staatslenker hinreichend für das universelle Gemeinwohl sorgen. Sie hätten versucht, das auf diplomatischem Weg, durch Zusammenkünfte und Gespräche auf höchster Ebene und durch Abschluß von Konventionen und Verträgen zu erreichen, mit Mitteln also, die sich aus dem Natur- und Völkerrecht herleiteten. In unseren Tagen aber hätten sich die gegenseitigen Beziehungen der Staaten stark verändert. Das gemeinsame Wohl der Völker werfe einerseits schwierige Fragen von höchster Tragweite auf, besonders bezüglich der Wahrung von Sicherheit und Frieden in der ganzen Welt. Andererseits könnten die Lenker der einzelnen Nationen, da sie unter sich gleichberechtigt seien, trotz zahlreicher Kongresse und der Intensivierung ihrer Anstrengungen zur Schaffung geeigneter Rechtsmittel, die Probleme doch nicht ausreichend lösen. Dabei fehle es ihnen weder an gutem Willen noch an Unternehmungsgeist, sondern es mangle ihrer Autorität an der nötigen Macht.

Wer aufmerksam beobachte, sagte der Papst, der vermöge zu erkennen, daß das Gemeinwohl und die Natur und Wirksamkeit der politischen Gewalt aufeinander abgestimmt sein müßten. «Denn wie die moralische Ordnung die öffentliche Gewalt erfordert zur Förderung des Allgemeinwohls im Zusammenleben, so fordert sie auch, daß die öffentliche Gewalt dies wirklich durchführen kann» (IV,133). Die staatlichen Einrichtungen, in denen die öffentliche Gewalt Gestalt annimmt, wirkt und ihr Ziel verfolgt, seien so organisiert, daß sie, den jeweiligen Umständen entsprechend, zum Gemeinwohl führen.

Deshalb erklärte der Papst: «Da aber heute das allgemeine Wohl der Völker Fragen aufwirft, die alle Nationen der Welt betreffen; da diese Fragen nur durch eine öffentliche Gewalt geklärt werden können, deren Macht und Organisation und deren Mittel einen dementsprechenden Umfang haben, und da ihre Wirksamkeit sich somit über den ganzen Erdkreis erstrecken soll, so folgt daraus vor allem, daß die moralische Ordnung es erheischt, daß eine universale öffentliche Gewalt eingesetzt werde» (IV,134). Diese sollte überall auf Erden Geltung haben, müsse allerdings durch die Übereinkunft aller Völker und nicht mit Gewalt errichtet werden. Ihr Sinn bestehe darin, daß sie sich allen gegenüber unparteiisch verhalte und bestrebt sei, das allgemeine Wohl der Völker zu fördern. Würde dagegen diese allgemeine Autorität von den mächtigeren Nationen gewaltsam eingesetzt, dann bestünde die Gefahr, daß sie entweder nur den Interessen einiger weniger diente oder von einer einzigen Nation abhinge, was die Kraft und Wirksamkeit ihres Handelns kompromittieren würden.

Ungeachtet ihrer wirtschaftlichen und militärischen Verschiedenheit seien doch alle Nationen sehr darauf bedacht, ihre Rechtsgleichheit und die Werte ihres Eigenlebens zu wahren. Das sei ein ausreichender Grund, daß sich politische Gemeinschaften nur unwillig einer Gewalt unterordneten, die ihnen aufgezwungen worden sei oder die sie weder mitbegründet noch freiwillig anerkannt hätten. Die öffentliche Gewalt einer Weltgemeinschaft könne sich nicht nur auf die Erlangung des Allgemeinwohls beschränken. Sie habe auch für die Anerkennung, Achtung, Verteidigung und Entwicklung der Menschenrechte zu sorgen. Dies könne sie entweder unmittelbar selber tun, wo das möglich sei, oder sie könne auf der Welt solche Lebensbedingungen schaffen, durch welche den nationalen Regierungen geholfen werde, ihre Aufgabe zu erfüllen.

Die Frage nach einer weltumspannenden Macht, nach einer Weltregierung, ist ein ganz neues und überaus delikates Problem. Wenn darunter irgendein internationales Organ verstanden wird, das die Souveränität der Staaten und Regierungen beschränkt, dann wird eine solche Idee von überaus zahlreichen Ländern bereits im voraus abgelehnt werden.

Papst Johannes XXIII. versäumte es nicht, auf die am 26.Juni 1945 vollzogene Gründung der Organisation der Vereinten Nationen hinzuweisen, der in der Folgezeit verschiedene internationale Institutionen beigefügt wurden. Ihnen seien, so betonte der Papst, große und weltumspannende Aufgaben im wirtschaftlichen, sozialen, kulturellen, erzieherischen und hygienischen Bereich übertragen worden. Die Hauptaufgabe der Vereinten Nationen sei es jedoch, «den Frieden unter den Völkern zu schützen und zu festigen, sowie freundschaftliche

Beziehungen unter ihnen zu pflegen und zu entwickeln, die auf den Grundsätzen der Gleichheit, der gegenseitigen Hochachtung und der vielfältigen Zusammenarbeit auf allen Gebieten menschlichen Zusammenlebens gründen (IV, 139).

Einer der bedeutendsten Akte der UNO sei die «Allgemeine Erklärung der Menschenrechte» gewesen, die am 10. Dezember 1948 von der Vollversammlung der Vereinten Nationen angenommen wurde. In der Präambel dieser Erklärung werde dazu aufgerufen, daß die allen Völkern und Nationen allgemein zukommenden Rechte und Formen der Freiheit, die in der Erklärung beschrieben wurden, tatsächlich anerkannt und unverletzt gewahrt bleiben. Er verkenne nicht, schrieb der Papst, daß gegenüber einigen Kapiteln dieser Erklärung «Einwände und begründete Zurückhaltung geäußert worden sei. Aber nichtsdestoweniger ist diese Erklärung gleichsam als Stufe und als Zugang zu der zu schaffenden rechtlichen und politischen Ordnung aller Völker auf der Welt zu betrachten» (IV, 141). Diese Deklaration anerkenne nämlich feierlich die Würde der Person für alle Menschen. Sie bestätige für jeden Menschen das Recht, die Wahrheit frei zu suchen, den Normen der Sittlichkeit zu folgen, die Pflichten der Gerechtigkeit auszuüben sowie ein menschenwürdiges Dasein zu führen. Daneben würden auch noch andere Rechte erwähnt, die mit diesen in Zusammenhang stünden.

«Es ist daher zu wünschen», verkündete Johannes XXIII., «daß die Vereinten Nationen immer mehr dazu gelangen, ihre Verfassung und die Mittel, die ihnen zur Verfügung stehen, der Weite und Vortrefflichkeit ihrer Aufgaben anzupassen, damit bald die Zeit komme, in der diese Versammlung die Rechte der menschlichen Person wirksam schützen kann; Rechte, die deswegen allgemein, unverletzlich und unveränderlich sind, weil sie unmittelbar aus der Würde der menschlichen Person entspringen. Und das um so mehr, weil die Menschen heutzutage in ihrer Nation mehr im öffentlichen Leben stehen, mit lebhafterem Interesse die Anliegen aller Völker ununterbrochen verfolgen und sich immer mehr bewußt sind, daß sie als lebendige Glieder zur allgemeinen Menschheitsfamilie gehören» (IV, 142).

Zum Abschluß gab der Papst einige pastorale Weisungen und sagte: «Nochmals ermahnen Wir Unsere Söhne, sie möchten sich für die

Verwaltung der öffentlichen Aufgaben einsatzbereit zur Verfügung stellen und mitwirken, das Wohl der gesamten Menschheit und der eigenen politischen Gemeinschaft zu fördern. Ebenso sollen sie im Licht des Glaubens und in der Kraft der Liebe es sich angelegen sein lassen, daß die wirtschaftlichen, sozialen, dem Unterricht und der Kultur dienenden Einrichtungen – weit davon entfernt, den Menschen Hindernisse zu bereiten – ihnen vielmehr helfen, sich im Bereich des Natürlichen wie des Übernatürlichen zu vervollkommnen» (v, 143).

Was die Rolle der Katholiken im gesellschaftlichen Leben der Länder anbelangt, so vertrat der Papst die Ansicht, daß es nicht genüge, vom Glauben erleuchtet zu sein und beseelt vom Wunsch, Gutes zu tun, um eine Kultur mit gesunden Prinzipien zu durchdringen und sie im Geist des Evangeliums zu beleben. Vielmehr sei es erforderlich, am gesellschaftlichen Leben teilzunehmen und von innen her tatkräftig auf dieses einzuwirken. Da die moderne profane Kultur ganz besonders durch den wissenschaftlichen und technischen Fortschritt geprägt sei, sei eine solche Einflußnahme ohne entsprechende fachliche Kompetenz und berufliche Qualifikation unmöglich. Es sei hinlänglich bekannt, daß in Ländern mit alter christlicher Kultur der wissenschaftliche und technische Fortschritt zwar unbestreitbar einen hohen Grad erreicht habe, aber oft keineswegs auf christlicher Grundlage. Der Papst warf die Frage auf, wie es dazu kommen konnte, da doch viele Christen an der Schaffung dieser Lebensbedingungen erheblich beteiligt gewesen seien. Und er antwortete, daß der Grund dafür wohl darin liege, daß «ihr Handeln keinen Zusammenhang mit ihrem Glauben» aufweise. «Für sie gilt also das Gebot der Einheit von Geist und Charakter, daß in ihrem Handeln das Licht des Glaubens und die Kraft der Liebe vereint herrschen mögen» (v, 149).

Wenn in den Christen der Glaube vom Handeln so oft abweicht, dann weist das, nach Ansicht des Papstes, darauf hin, daß diese Menschen in der christlichen Lebensführung und der christlichen Lehre nicht genügend gebildet seien. Zu oft fehle ein Gleichgewicht zwischen religiöser und profaner Ausbildung. Während die wissenschaftliche Ausbildung die höchsten Stufen erreiche, gingen die Kenntnisse in der Religion kaum über den Elementarunterricht hinaus. Deshalb müsse die religiöse Erziehung der Jugend so gestaltet werden, daß die religiöse Bildung und die sittliche Festigung mit der wissenschaftlichen Ausbildung und der technischen Vervollkommnung Schritt zu halten vermöge.

Bei Behandlung der Frage nach den Beziehungen zwischen Katholiken und Nichtkatholiken auf dem wissenschaftlichen, sozialen und politischen Sektor verwies Papst Johannes XXIII. auf die Tatsache, daß die Katholiken sowohl mit den von Rom getrennten Christen wie auch sogar mit Nichtchristen, sofern sie von vernünftigem Denken bestimmt und von natürlich untadeligem Charakter seien, bei der Lösung jener Fragen, welche die Menschheit beschäftigen, vielfältig zusammenarbeiteten. Johannes XXIII. fand es im Unterschied zu seinen Vorgängern nicht für nötig, eine solche Tätigkeit seinen Kindern zu untersagen. Aber er verlangte, daß in einem solchen Fall die Katholiken darauf achten sollten, «sich selber immer treu zu bleiben und nicht zu jenen halben Verhaltensregeln herabsteigen, durch welche die Reinheit der Religion oder der Sitten Schaden leidet. Ebenso gilt aber auch: Sie sollen die Meinung der anderen Seite mit echtem Wohlwollen, sachlich und selbstlos prüfen und bereit sein, mit vereinten Kräften zu schaffen, was seiner Natur nach gut ist oder zum Guten gewendet werden kann» (V,154).

Es müsse stets auch zwischen dem Irrtum und den Irrenden unterschieden werden, meinte der Papst, selbst wenn es sich beim Irrtum oder der ungenügenden Kenntnis der Leute um Dinge handle, die sich auf religiös-sittliche Werte bezögen: «Denn der dem Irrtum Verfallene hört nicht auf, Mensch zu sein, und verliert nie seine persönliche Würde, die doch immer geachtet werden muß. In der Natur des Menschen geht auch nie die Fähigkeit verloren, sich vom Irrtum frei zu machen und die Wahrheit zu suchen. Hierin fehlt dem Menschen auch nie die Hilfe der göttlichen Vorsehung» (V,155). Es sei durchaus möglich, daß jemand, der heute der Klarheit des Glaubens ermangle oder falschen Lehren anhange, morgen, dank einer göttlichen Erleuchtung, befähigt werde, die Wahrheit anzunehmen. Wenn nämlich Gläubige zur Erreichung weltlicher Ziele mit Menschen in Berührung kämen, die noch nicht zur Fülle des christlichen Glaubens gelangt seien, so könnten solche Kontakte doch ein Anlaß für diese sein, zur Wahrheit zu gelangen. Deshalb dürfen bestimmte historische Bewegungen, die wirtschaftliche, soziale, kulturelle, oder politische Ziele verfolgen, nicht einfach mit falschen philosophischen Theorien über das Wesen, den Ursprung sowie das Ziel der Welt und des Menschen identifiziert werden, auch wenn diese Bewegungen von solchen Lehrmeinungen ihre Anregung empfangen hätten. Diese Bewegungen könnten sich der Entwicklung einer Situation nicht entziehen, während der einmal festgelegte wissenschaftliche Begriff nicht mehr geändert werden könne. «Wer könnte übrigens leugnen», sagte der Papst, «daß in solchen Bewegungen, soweit sie sich den Gesetzen einer geordneten Vernunft anpassen und die gerechten Forderungen der menschlichen Person berücksichtigen, etwas Gutes und Anerkennenswertes sich findet?» (v.156).

Er empfahl auch, allseitige und wenn möglich öftere Begegnungen zu fördern, die vielleicht früher für sinnlos gehalten wurden, heute oder morgen jedoch fruchtbringend sein könnten. Was die Katholiken betreffe, so sollten die Entscheidungen über Kontakte dieser Art primär bei den Männern liegen, die in der politischen Gemeinschaft am kompetentesten seien, wobei sie sich an die Grundsätze des Naturrechts und an die Soziallehre der Kirche in Übereinstimmung mit den Richtlinien des kirchlichen Lehramts zu halten hätten. Niemand dürfe außer acht lassen, «daß es Recht und Pflicht der Kirche ist, nicht nur die Glaubens- und Sittenlehre treu zu bewahren, sondern ihre Autorität auch im Bereich diesseitiger Dinge einzusetzen, wenn nämlich die Anwendung der kirchlichen Lehre auf konkrete Fälle zur Entscheidung steht» (v,157).

Indem er die Situation in einer Reihe von Ländern der Welt beurteilte, stellte Papst Johannes XXIII. fest, es fehle nicht an hochgemuten Leuten, die angesichts von Verhältnissen, welche der Gerechtigkeit widersprächen, darauf brennen, alles neu zu gestalten, so daß es einer Revolution gleichkäme. Der Papst verurteilte diese Leute nicht, aber er empfahl ihnen, die menschlichen Einrichtungen durch ein behutsames Vorgehen zu verbessern, wobei revolutionäre Methoden zu vermeiden seien, die – nach seinen Worten – «die Leidenschaft entfachen, nie beruhigen» (vgl. v,159).

In dem mit «Eine gewaltige Aufgabe» überschriebenen Abschnitt bemerkte der Papst: «Allen Menschen guten Willens ist hier eine große Aufgabe gestellt: unter dem Leitstern der Wahrheit, der Gerechtigkeit, der Liebe und der Freiheit in der menschlichen Gesellschaft neue Wege der gegenseitigen Beziehungen zu finden; Beziehungen der einzelnen untereinander; zwischen den einzelnen und den Verbänden; der politischen Gemeinschaften untereinander; schließlich einerseits Beziehungen unter den einzelnen, den Familien, den gesellschaftspolitischen Organisationen, den Staaten, anderseits dieser aller zur Gemeinschaft aller Menschen in der Welt. Ein solches Werk ist gewiß außerordentlich bedeutsam, da aus ihm der wahre Friede nach der gottgewollten Ordnung erwachsen kann» (v, 160). An diesem edlen Werk arbeiteten viele Menschen, und sie verdienten billigerweise öffentliche Anerkennung. Der Papst äußerte seine Hoffnung, daß diese Menschen noch intensiver tätig würden, aber auch andere, vor allem gläubige Christen, sich in großer Zahl aus Pflichtbewußtsein und Liebe ihnen zugesellten. Allen Gläubigen aber obliege die besondere Verpflichtung, Licht und Liebe in die menschliche Gesellschaft zu tragen und wie Sauerteig in der Masse zu wirken. Dies werde um so mehr der Fall sein, je enger sich das Herz eines jeden an Gott binde.

Der Papst gab zu Recht seiner Überzeugung Ausdruck, daß es keinen Frieden zwischen den Menschen geben werde, wenn er nicht zuerst im Herzen eines jeden herrsche, das heißt, wenn nicht jeder bei sich die gottgewollte Ordnung befolge. Zur Bestätigung seiner Ansicht zitierte er die Worte des heiligen Augustinus: «Will dein Geist fähig sein, deine Leidenschaften zu besiegen? Er ordne sich selbst dem Höheren unter und mache das Niedere sich untertan. Dann wird in dir ein wahrer, sicherer und geordneter Friede herrschen. Wie sieht diese Friedensordnung aus? Gott herrscht über die Seele, die Seele beherrscht den Leib. Eine bessere Ordnung gibt es nicht» (Sermones post Maurinos reperti).

Im Abschlußkapitel seiner Enzyklika mit dem Titel «Der Friedensfürst» schrieb Papst Johannes XXIII., daß die Fragen, welche die menschliche Gesellschaft gegenwärtig so beunruhigten und die mit dem Fortschritt der Menschheitsfamilie eng zusammenhingen, seinem Herzen jene Sehnsucht eingegeben hätten, von der alle Menschen guten Willens entflammt seien: «daß auf dieser Erde der Friede gesichert werde» (v, 163). Gerade dieser Gedanke und diese Hoffnung hätten den Papst veranlaßt, zur Feder zu greifen. Deshalb «halten Wir es für

Unsere heilige Pflicht», schrieb er, «Unsere sorgenden Überlegungen und Unsere ganze Kraft der Förderung dieses allumfassenden Gutes zu weihen. Der Friede muß jedoch ein leeres Wort bleiben, wenn er sich nicht in jenem Ordnungsgefüge entwickelt, das Wir voller Hoffnung in diesem Rundschreiben in den Umrissen angedeutet haben: Wir meinen ein Ordnungsgefüge, das in der Wahrheit begründet, nach den Richtlinien der Gerechtigkeit erbaut, von lebendiger Liebe erfüllt ist und sich schließlich in der Freiheit verwirklicht» (v, 164). Zweifellos handle es sich hier um ein so hohes und bedeutendes Unterfangen, daß es die Kraft eines Menschen, auch wenn er vom besten Willen beseelt sei, übersteige, sofern er sich nur auf seine eigene Kraft verlasse. Damit die menschliche Gesellschaft soweit als möglich ein Abbild des Gottesreiches werde, dazu brauche es, wie der Papst klarmachte, einer Hilfe von oben. «Es ziemt sich, in diesen heiligen Tagen das flehentliche Gebet an den zu richten, der in seinem bitteren Leiden und Sterben nicht nur unsere Schuld, den Quell der Zwietracht, des Elends und der Ungerechtigkeiten getilgt, sondern auch durch sein Blut das Menschengeschlecht mit seinem himmlischen Vater versöhnt hat: ‹Er selbst ist ja unser Friede, Er hat das Getrennte vereint, . . . und so kam Er, euch, den Fernen wie auch den Nahen, den Frieden kundzutun› (Eph 2,14–17). (. . .) Diesen uns vom göttlichen Erlöser gebrachten Frieden müssen wir von Ihm in eindringlichem Gebet erbitten. Christus möge von den menschlichen Herzen entfernen, was immer den Frieden gefährdet; Er möge alle zu Zeugen der Wahrheit, der Gerechtigkeit und der brüderlichen Liebe machen. Er möge auch den Sinn der Regierenden erleuchten, daß sie mit gedeihlichem Wohlstand ihren Bürgern auch das schöne Geschenk des Friedens sichern. Endlich möge Christus selbst den Willen aller Menschen entzünden, daß sie die Schranken zerbrechen, die die einen von den andern trennen; daß sie die Bande gegenseitiger Liebe festigen, einander besser verstehen; daß sie schließlich allen verzeihen, die ihnen Unrecht getan haben. So werden unter Gottes Führung und Schutz alle Völker sich brüderlich umarmen, und in ihnen wird immer der ersehnte Friede herrschen. Zum Schluß wünschen Wir, ehrwürdige Brüder, daß dieser Friede zu der Euch anvertrauten Herde gelange, zum Nutzen vor allem jener, die der Hilfe und des Schutzes besonders bedürfen. So erteilen Wir Euch, den Welt- und

Ordenspriestern, den gottgeweihten Männern und Frauen, allen Christgläubigen, namentlich denen, welche Unseren Ermahnungen hochherzig Folge leisten, in väterlicher Liebe den Apostolischen Segen. Allen Menschen guten Willens aber, an die sich Unser Brief ebenfalls richten will, erflehen Wir Heil und Segen von Gott dem Allmächtigen» (v,166; 168/169).

b) Gedanken zur päpstlichen Enzyklika «Pacem in terris»

Im vorangegangenen Abschnitt wurde die Enzyklika «Pacem in terris» wegen ihrer weitreichenden Bedeutung sehr ausführlich wiedergegeben. Um den Gesamteindruck nicht zu stören, haben wir dabei auf den Einschub eigener Kommentare verzichtet. Deshalb seien nun einige Erläuterungen gestattet. Wir haben bereits auf die weltweiten Reaktionen hingewiesen, die das Erscheinen dieses Dokuments in der Öffentlichkeit auslöste. Bekanntlich waren diese Reaktionen ihrem Inhalt nach völlig gegensätzlich.

Der Kampf für den Frieden, für den Triumph der Prinzipien friedlicher Koexistenz und für den Fortschritt beherrscht das Bewußtsein der Menschheit mit jedem Tag mehr und mehr. Die besten Vertreter dieser Anliegen bewegt es dazu, beharrlich nach Wegen zu einem breiteren gegenseitigen Verständnis zu suchen, zum Austausch der Meinungen, zur Bereicherung der Erfahrungen, zu nützlichen Diskussionen und – was das Wichtigste ist – zu enger und fruchtbarer praktischer Zusammenarbeit in allen Lebensbereichen, und diesen Wegen eine Bahn zu brechen. So entwickeln sich zahlreiche Kontakte, so kommt ein lebendiger, allseitiger, vielversprechender allgemeinmenschlicher Dialog zustande. In der Enzyklika Papst Johannes XXIII. sind viele wertvolle Gedanken enthalten, die als eine gute Basis für die Entwicklung der gegenseitigen Beziehungen im Geist der Brüderlichkeit und des Friedens dienen können. Aber es finden sich in ihr auch Grundsätze, die jenen Christen eine gewisse Schwierigkeit bereiten, deren soziales Denken in der sozialistischen Gesellschaft, im Vergleich zur Enzyklika, etwas anders geformt wurde.

Nach Ansicht von Papst Johannes XXIII. liegen dem Aufbau des

Friedens vier Ideen als Fundament zugrunde: Wahrheit, Gerechtigkeit, Liebe und Freiheit. Diese Ideen bilden eine Verwirklichung jener Ordnung, die der Welt von Gott bei der Schöpfung zugrundegelegt wurde und von der göttlichen Vorsehung bewahrt wird. Sie werden durch die göttliche Offenbarung sowohl auf übernatürliche wie auf natürliche Weise kundgetan. Es ist außerordentlich wichtig, daß diese Ideen im praktischen Leben aufgedeckt werden, weil wir uns nur unter der Voraussetzung einer beständigen Bewußtwerdung der praktischen Äußerungen von Wahrheit, Gerechtigkeit, Liebe und Freiheit wirklich etwas unter den Rechten und Pflichten der Persönlichkeit, der einzelnen Gesellschaften, der nationalen und staatlichen Gruppierungen sowie der ganzen weltumspannenden Menschheit vorstellen können. Es dürfte dies eine allgemein christliche Ausgangsbasis sein, um dieses Problem anzugehen.

Da die Enzyklika an alle Menschen guten Willens gerichtet wurde, an die Glaubenden wie die Nichtglaubenden, tritt eine Interpretation der Wahrheit an die erste Stelle.

Im Kontext der Klärung dieses Begriffs sind für uns die Worte des Evangeliums wertvoll, die in der Bergpredigt ausgesprochen wurden: «Selig sind, die da hungern und dürsten nach der Gerechtigkeit (prawda); denn sie werden gesättigt werden. Selig sind, die um Gerechtigkeit (prawda) willen verfolgt werden; denn ihrer ist das Reich der Himmel.» (Mt 5, 6.10) – (Zum Verständnis der folgenden Auslegungen muß man sich bewußt sein, daß im Russischen der Begriff «prawda» sowohl «Gerechtigkeit» wie auch «Wahrheit» bedeuten kann. A.d.H.). Das Suchen nach Gerechtigkeit (und Wahrheit) sowie das Leiden für die Wahrheit (und Gerechtigkeit) stellen ein Gebot der göttlichen Offenbarung dar. Die Erfüllung des Gebotes ist das Los der Christenheit, das die Wahrheit im Glauben enthält. Deshalb ist es für das christliche Bewußtsein natürlich, die Vorstellung von Gerechtigkeit (prawda) der Vorstellung von Wahrheit (istina) einander anzunähern. Papst Johannes XXIII. verfährt bei vielen Gelegenheiten so, wenn er nach dem letzten Kriterium der Wahrhaftigkeit oder dem letzten Kriterium des Heils sucht. In diesem Zusammenhang berührt sich der Begriff der Gerechtigkeit eng mit dem, was im Begriff der Wahrheit enthalten ist, als deren Äquivalent der Glaube dienen könnte. Vom christlichen Gesichtspunkt aus ist das richtig, weil tatsächlich unserem Glauben zufolge die gesamte Ordnung des irdischen Lebens, gleich wie die des Universums, ihren Anfang und ihr Ende, Alpha und Omega, in Gott, der Quelle jeglicher Wahrheit, haben. Die Heilige Schrift weist, wenn sie von der Heilswahrheit spricht, auf Christus hin, welcher «der Weg, die Wahrheit und das Leben» (Joh 14,6) ist, aber auch auf den Glauben an den Gottessohn. Das ist die Bestimmung der Wahrheit aus dem Glauben.

Beim Dialog des Christentums mit der Welt hingegen, den die Enzyklika »Pacem in terris» im Auge hat, ist jedoch weniger die Bestimmung der letzten Wahrheit aus dem Glauben von Bedeutung als vielmehr die Realisierung der Gerechtigkeit im Leben von Mensch und Gesellschaft sowie in den zwischenmenschlichen Beziehungen. Wichtig ist hier ein Gerechtigkeitsverständnis, wie es objektiv in der Welt erscheint. Auf diese Weise ist es nötig, in der Terminologie zwischen der absoluten Wahrheit und der Gerechtigkeit in ihrer praktischen Äußerung zu unterscheiden.

Wenn in der Heiligen Schrift von Gerechtigkeit die Rede ist, dann faßt sie damit die rechte menschliche Verfassung und das sich daraus ergebende Verhalten ins Auge. Hier wird ein moralischer Aspekt berührt. Christus sagte in Zusammenhang mit der Taufe: «Denn so gebührt es uns, alle Gerechtigkeit zu erfüllen» (Mt 3,15). Der Apostel Paulus schrieb an Timotheus: «Du aber, o Mensch Gottes, fliehe dies (d. h. Geldgier und andere Sünden), jage aber der Gerechtigkeit nach, der Frömmigkeit, dem Glauben, der Liebe, der Geduld, der Sanftmut» (I Tim 6,11). Offensichtlich besteht der Inhalt der Gerechtigkeit in einer Widerspiegelung der göttlichen Liebe im Menschenherzen, in einem Zustand der Tugend oder Rechtschaffenheit, in der Erhaltung des natürlichen Gewissensgesetzes, das anregt zu gerechten Urteilen und Handlungen sowie zur Herstellung aufrichtiger Beziehungen und echter Kenntnisse über das Universum und seine Gesetze sowie über die Geschichte der Welt und der Menschheit; das anregt zum Verständnis der tatsächlichen Lage und Würde des Menschen und seiner Wechselbeziehungen mit der Gesellschaft und zur Beurteilung von Tendenz und Zielen der sozialen Prozesse u.s.f.

Wenn wir uns der Enzyklika zuwenden, sehen wir, daß Johannes

XXIII. im dritten Teil von «Pacem in terris», wo er von der Gerechtigkeit spricht, diese in der Beseitigung der «Rassendiskriminierung» (III,83) in den Beziehungen zwischen den politischen Gemeinschaften findet. Die Gerechtigkeit besteht nach der Enzyklika darin, daß »die Menschen nicht ihrer Natur nach anderen überlegen sein können, da alle mit der gleichen Würde der Natur ausgezeichnet sind» (III,86). Die Gerechtigkeit verlangt außerdem, sich von «vornehmer Sachlichkeit» leiten zu lassen, der entsprechend «jene Formen der Nachrichtengebung abzulehnen sind, durch die unter Mißachtung von Wahrheit und Gerechtigkeit der Ruf eines Volkes verletzt wird» (III,87).

Die terminologische Differenzierung zwischen Gerechtigkeit (prawda) und Wahrheit (istina) oder dem Glauben (wera) ist möglich. Und sie muß vollzogen werden, damit es im praktischen Wirken zum Wohl der Welt möglich wird, eine Brücke vom Christentum zu den Nichtchristen zu schlagen, d. h. von jenem, was unter dem Einfluß von Glauben und Religion geschieht, zu dem, was auf Eingebung des inneren Gewissensgebotes erfolgt und sich aus Motiven erklärt, die außerhalb der christlichen Weltauffassung liegen. Das tat Papst Johannes XXIII. in jenen Punkten der Enzyklika «Pacem in terris», welche die moderne Gerechtigkeit des Lebens widerspiegeln, d. h. in ihren bekannten «Zeichen der Zeit».

Der erste Teil der Enzyklika «Die Ordnung unter den Menschen» vermerkt drei Erscheinungen, die für unsere Epoche charakteristisch sind: Erstens den wirtschaftlichen und sozialen Fortschritt der Arbeiterklasse, aufgrund dessen die Werktätigen die Achtung ihres Verstandes und ihrer Freiheit verlangen und die Willkür der Ausbeutung ablehnen. Zweitens die Teilnahme der Frau am öffentlichen Leben, die das Ende ihrer rechtlosen Lage, beziehungsweise der Situation eines «Werkzeugs», wie die Enzyklika sagt, bedeutet. Auch die Frau nimmt sowohl im häuslichen Leben wie im Staat viel mehr jene Rechte und Pflichten in Anspruch, die der Würde der menschlichen Person entsprechen. Drittens die tiefe Veränderung der sozial-politischen Konfiguration, durch welche das Gefühl nationaler Minderwertigkeit oder nationaler Überlegenheit schwindet und sich statt dessen die Überzeugung ausbreitet, daß alle Menschen in der Würde ihrer Natur gleich sind. Dieser Teil der Enzyklika ist in sozialer Hinsicht sehr ergiebig, weil er die Realität der Sozialisierung der Welt widergibt sowie die Tiefe der sich entwickelnden sozialen Veränderungen zeigt, welche die früheren Formen sozialer Existenz als mit der Gerechtigkeit unvereinbar ablehnen und neue, erhabenere Formen übernehmen, die auf einer echten Gerechtigkeit beruhen, in deren Licht die soziale Ungerechtigkeit und Ausbeutung des Menschen durch den Menschen, die benachteiligte Situation des weiblichen Teiles der Menschheit und jede Art von rassistischer oder nationalistischer Perversion als Widersprüche zur Gerechtigkeit betrachtet werden.

Der zweite Teil – «Die Beziehungen zwischen den Menschen und der Staatsgewalt innerhalb der politischen Gemeinschaften» – schlägt vollkommenere und demokratischere Strukturen der staatlichen Einrichtungen vor, die durch die soziale Erneuerung bedingt sind. Hier werden drei Punkte herausgestellt: das Bemühen, in genauer und klarer Formulierung eine Charta der fundamentalen Menschenrechte zu erarbeiten; das Bestreben, für das Wirken der Staatsgewalt konstitutionelle Bedingungen zu schaffen, aber auch für die Beziehungen zwischen Staatsbürgern und Regierung, wobei die Hauptaufgabe darin besteht, die Rechte und Pflichten der Bürger anzuerkennen, zu respektieren, zu koordinieren, zu beschützen und zu bekräftigen; und schließlich die Negierung solcher Aktivitäten von Einzelpersonen oder kleinen Gruppen, die ihren Willen und ihre Ordnung der Mehrheit undemokratisch aufzwingen möchten. «Die erwähnten Bestrebungen», sagt die Enzyklika, «bezeugen deutlich, daß die Menschen in unserer Zeit sich immer mehr ihrer eigenen Würde bewußt werden und sich dadurch angetrieben fühlen, aktiv am öffentlichen Leben teilzunehmen und zu fordern, daß die eigenen, unverletzlichen Rechte in der Verfassung des Staates festgehalten werden. Überdies fordern die Menschen heute noch, daß die Staatsbehörden gemäß den in der Verfassung festgelegten Richtlinien gewählt werden, und daß sie ihre Ämter in den dort bestimmten Grenzen ausüben» (II,76).

Im dritten Teil unter dem Titel «Die Beziehungen zwischen den politischen Gemeinschaften» wird die für unsere Zeit durchaus augenfällige Wahrheit festgestellt, daß sich die Menschheit ausschließlich friedlich weiterentwickeln müsse. Die Enzyklika vermerkt, daß sich unter den Menschen immer mehr die Überzeugung ausbreitet, daß Streitfragen zwischen den Völkern nicht mit Hilfe der Waffen entschieden werden können, sondern nur auf dem Weg von Verhandlungen; daß der Gedanke an einen Krieg als Mittel zur Lösung internationaler Konflikte im Atomzeitalter, wo ein Einsatz von Atomwaffen gewaltige Zerstörungen und maßloses Leid mit sich brächte, ausgeschlossen werden müsse; daß leider die Furcht die Menschen veranlasse, sagenhafte Mittel für die neueste Bewaffnung zu verschwenden; daß dennoch auf ein besseres Einvernehmen der Leute gehofft werden dürfe, die bei Begegnungen und Verhandlungen der verantwortlichen Führer der Völker ihre Bande knüpften; daß die Menschen nicht von der Furcht, sondern von der Liebe bestimmt seien, der es vor allem eigen ist, «die Menschen zu einer aufrichtigen und vielfachen Zusammenarbeit zu führen, aus der so viele materielle und geistige Güter hervorsprießen» (III, 126).

Im vierten Teil «Die Beziehungen zwischen den einzelnen politischen Gemeinschaften und der Völkergemeinschaft» ist vom Wert der Organisation der Vereinten Nationen die Rede, die sich die Bewahrung und Festigung des Friedens unter den Völkern sowie die Entwicklung gegenseitiger, freundschaftlicher Beziehungen auf der Grundlage von Gleichheit, gegenseitiger Achtung und vielfältiger Zusammenarbeit auf allen Gebieten des Zusammenlebens als wesentlichstes Ziel gestellt haben. Hier wird unterstrichen, daß die Erklärung der Menschenrechte den wichtigsten Akt der UNO darstelle.

Zwei Momente dieser Enzyklika verdienen hervorgehoben zu werden. Das erste bezieht sich auf die hohe internationale Autorität, die nicht durch Gewalt und Unterdrückung von Freiheit und Unabhängigkeit der Völker, sondern dank gegenseitigem Vertrauen, dank Achtung und Eintracht zustande kommt. Wir sehen hier einen Protest des Papstes gegen den Totalitarismus überstaatlicher Regime, welche die Freiheit und Unabhängigkeit der Völker unterdrücken und sie ihrer nationalen Würde und Souveränität berauben. Das zweite ist das Leitmotiv der Enzyklika, das sie vom Anfang an bis zum Ende nicht verläßt und das sich wie ein roter Faden durch alle Kapitel zieht: es ist der Mensch, die Hauptperson der modernen Geschichte, dessentwillen die Politik eine Politik des Friedens zu sein hat, und dem Wirtschaft, Technik und Kultur dienen müssen.

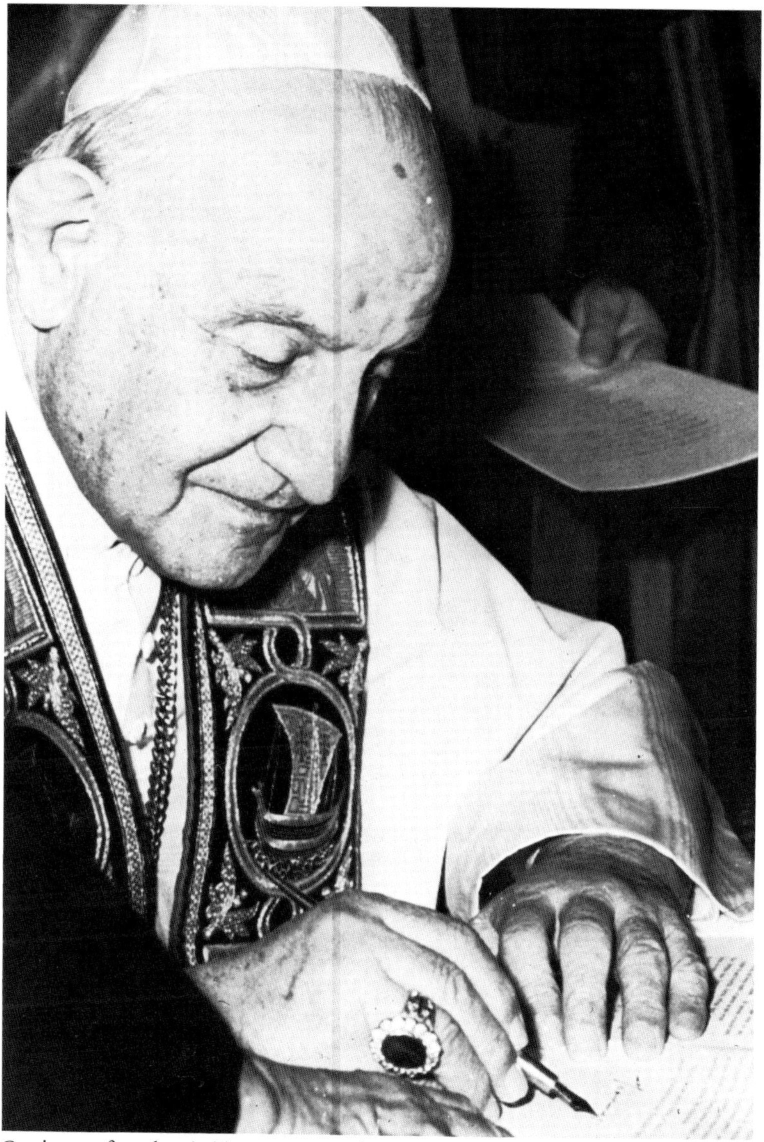

Gewissermaßen als sein Testament veröffentlichte Papst Johannes XXIII. die Enzyklika «Pacem in terris», deren feierliche Unterzeichnung am 9. April 1963 das Bild festhält. Foto: Photopress

Als letzte Krönung seines Friedenswirkens wurde Papst Johannes XXIII. vom italienischen Staatspräsidenten Antonio Segni am 10. Mai 1963 der Friedenspreis der Balzan-Stiftung überreicht. Foto: Publifoto

Bereits vom Tode gezeichnet, zeigte sich der Papst am 23. Mai 1963 nochmals am Fenster seines Arbeitszimmers, um die versammelten Pilger auf dem Petersplatz zu segnen. Foto: Photopress

Am 3. Juni 1963 starb Papst Johannes XXIII., auch von Nichtkatholiken betrauert und selbst von Nichtchristen in seinem Wirken gewürdigt. Foto: Bilderdienst Süddeutscher Verlag

Eine so geartete Auffassung von Gerechtigkeit, wie sie Papst Johannes XXIII. zeichnete, stellt ein reales Fundament für einen allgemeinmenschlichen Dialog und für eine allgemeinmenschliche Zusammenarbeit auf der Suche nach Frieden und allumfassendem Wohl dar. Der Wille Gottes wird von den Christen dann erfüllt, wenn die Menschen «ihn fürchten und Gerechtigkeit üben», wenn sie ihn «in jedem Volk» suchen und finden (vgl. Apg 10,35) sowie in allen Umständen und Entwicklungen des Lebens.

Wenn hingegen in der Enzyklika auch von einer wirklichen Darstellung der aktuellen Gerechtigkeit die Rede ist, so muß man doch darauf hinweisen, daß die Feststellung eines so augenfälligen Faktums in der heutigen Entwicklung der Welt, wie es die Existenz des sozialistischen Systems darstellt, in dem zahlreiche Elemente der aktuellen Gerechtigkeit auf vorbildliche Weise realisiert werden, fehlt. Dieses Schweigen über den sozialistischen Weg der Entwicklung kann zwar durch gewisse ideologische Vorurteile erklärt werden, doch gibt die Tatsache, daß dies Papst Johannes XXIII. in einem Dokument tut, das sich an breite Massen außerhalb der katholischen Kirche wendet, zu Bedauern Anlaß.

Der Enzyklika «Pacem in terris» entsprechend sollte sich die Gerechtigkeit bezüglich der Person, der Gemeinschaft, dem Volk und dem Staat in der Harmonie der Rechte und Pflichten äußern. Die Verbindung von Rechten und Pflichten stellt ein notwendiges Element der Verantwortlichkeit dar. Diese Verantwortlichkeit, die sich sowohl auf Einzelpersonen als auch auf Gemeinschaften und Staatswesen bezieht, trägt zum Bewußtsein der Menschen von ihrer Zugehörigkeit zur gesamtmenschlichen Familie und zur weltweiten Menschheit bei, in der alle Elemente und Teile aufeinander angewiesen sind. Leider ist das Bewußtsein der Menschen nicht immer diszipliniert genug für eine verantwortungsvolle Ausübung der Rechte und Erfüllung der Pflichten. Die Gerechtigkeit wird häufig dadurch verletzt, daß die Menschen hauptsächlich an ihre Rechte denken und ihre Pflichten vergessen. Es ist offensichtlich dieser Tatbestand, der Papst Johannes XXIII. zu der bitteren Feststellung veranlaßte, die vorzügliche Ordnung des Universums stehe mit der Unordnung unter den einzelnen wie unter den Völkern in krassem Widerspruch, «wie wenn die Beziehungen, die sie untereinander verbinden, nur mit Gewalt geregelt werden könnten» (E,4). Nachdem er nicht auf eine Regelung des Mißverhältnisses zwischen Rechten und Pflichten auf der Basis bewußter Verantwortlichkeit von Menschen und Völkern hoffte, schlug der Papst die Einführung eines juridischen Rechtssystems vor, in dem die Beziehungen innerhalb der menschlichen Gemeinschaft durch Autorität und Gesetz geregelt würden. Auf diese Weise stellt die gesamte Menschheit nicht nur einen sittlich-verantwortlichen Organismus, sondern auch eine juridische Organisation dar.

Man muß damit übereinstimmen, daß die Verbindung von Rechten und Pflichten tatsächlich ein Wesenselement der Gerechtigkeit ist; dabei sei allerdings festgehalten, daß das Rechtsprinzip nicht das einzige und ausschließliche Prinzip der Struktur einer menschlichen Gesellschaft darstellt. Die sozialistische Gesellschaft ist nicht geneigt, die gesamte Menschheit, die weltweite menschliche Gemeinschaft, als ein juridisches Rechtssystem zu betrachten.

Wenn Papst Johannes XXIII. von den Rechten der Persönlichkeit spricht, verbindet er diese Rechte mit Pflichten gegenüber dem Nächsten, oder, was dasselbe ist, gegenüber der Gesellschaft. Nachdem die Enzyklika jedem Menschen das Recht auf Existenz und würdige Lebensbedingungen, auf den Besitz von moralischen und kulturellen Werten, auf dem Gewissen entsprechende Gottesverehrung, auf freie Wahl der Lebensweise, auf Versammlungs- und Vereinsfreiheit, auf Auswanderung und Einwanderung sowie auf Teilnahme am politischen Leben zuerkannt hat, erklärt sie außerdem, daß jedes natürliche Recht der einzelnen Person eine entsprechende Pflicht für alle anderen einschließe: die Pflicht, jenes Recht anzuerkennen und zu achten.

Da die Menschen von Natur aus Gemeinschaftswesen sind, müssen sie miteinander leben und ihr gegenseitiges Wohl anstreben, d. h. sie müssen in Wahrheit, Gerechtigkeit und Liebe zusammenleben, und dieses Gemeinschaftsleben muß sich in jener moralischen Ordnung verwirklichen, welche ihre objektive Grundlage in Gott hat. Diese Verbindung des Privaten und Öffentlichen entspricht jenem Lebensrecht, das ungeachtet der im Menschenherzen schlummernden egoistisch-egozentrischen Gefühle und Triebe sich in unserer Zeit immer lauter kundtut.

Der von der Enzyklika betonte Zusammenhang zwischen Privatem und Öffentlichem darf mit Genugtuung vermerkt werden, obwohl wiederum festgestellt werden muß, daß hier erneut jene Elemente ausgeklammert sind, die mit der sozialistischen Entwicklung der sozialistischen Länder zusammenhängen. Aufgrund langjähriger Erfahrung kann gesagt werden, daß dort die sozialen revolutionären Umgestaltungen des Lebens nichts von dem außer Kraft setzen, was die menschliche Persönlichkeit betrifft. Ohne die Bedeutung der Persönlichkeit zu mindern, hat die sozialistische Revolution jedoch den Akzent auf die Wechselbeziehungen zwischen der Einzelperson und der Gesellschaft verschoben. Und diese Akzentverschiebung trägt zu einer Entwicklung der Persönlichkeit bei, in welcher der Egoismus auf ein Minimum reduziert wird, während maximale Möglichkeiten zur Erwerbung guter Lebensgewohnheiten zum Nutzen der Nächsten, beziehungsweise zum Nutzen der Gesellschaft bestehen, was die Rolle der Gesellschaft bei der Errichtung einer neuen Ordnung der menschlichen Beziehungen unterstreicht. In der Enzyklika hätte unserer Ansicht nach der harmonischen Verbindung von Privatem und Öffentlichem beim Aufbau einer Weltfamilie der Menschheit größere Bedeutung geschenkt werden sollen, welche nicht nur den Menschen, sondern auch die Gesellschaft als Ausgangspunkt hat.

Bei der Entwicklung seines Konzeptes vom Rechtsstaat mußte Papst Johannes XXIII. der Autorität einen großen Platz einräumen. Die Autorität ist nach Darstellung des Dokumentes berufen, über der Gesellschaft zu stehen und in dieser gesellschaftsunabhängigen Position auf das allgemeine Wohl bedacht zu sein sowie vor allem die Rechte und Pflichten der Personen zu kontrollieren und sicherzustellen. Sie hat eine juridisch-politische Organisation zu sein, die gegenüber einem Druck, von welcher Seite auch immer dieser erfolgt, unbeugsam bleibt. Auf diese Weise ist nach Darstellung der Enzyklika die Norm der Autorität die Rechtsordnung in Übereinstimmung mit dem Sittengesetz und entsprechend der «Entwicklungsstufe der politischen Gemeinschaft».

Es gibt keinen Zweifel daran, daß Papst Johannes XXIII. nicht ohne Grund versuchte, einen idealen Zustand der Autorität vorzustellen: weise, unbestechlich, objektiv und in Übereinstimmung mit Vernunft und Gewissen. Derartige Äußerungen des Papstes regen die öffentliche Meinung an, bestehende Autoritäten unter dem Gesichtspunkt ihrer maximalen positiven Eigenschaften zu akzeptieren und auf dieser Basis den Anspruch an sie zu steigern. Auf der anderen Seite sollen damit den Machtinhabern ihre hohe Bestimmung und die Eigenschaften, die in ihrer Tätigkeit und ihren Handlungen vom Volk verlangt werden, in Erinnerung gerufen werden. Das in der Enzyklika erwähnte Wachstum des gesellschaftlichen Bewußtseins spricht zugunsten letzterer Form. Tatsächlich stellt die Übergabe staatlicher Prärogativen an die Gesellschaft eine effektive Bedingung für die Realisierung der Gerechtigkeit sowie für die Herstellung einer Harmonie zwischen den Rechten und Pflichten in einer bewußten und verantwortlichen Gesellschaftsstruktur dar.

Bei den gegenseitigen Beziehungen der Staaten hebt die Enzyklika solche Forderungen der Gerechtigkeit hervor, welche jenen entsprechen, die in unserer Zeit von der fortschrittlichen öffentlichen Meinung in Anspruch genommen werden. Die Staaten müssen einander als freie, unabhängige und souveräne Glieder der Weltgemeinschaft achten. Es ist nicht gestattet, daß einige Staaten ihre Eigeninteressen auf Kosten anderer verfolgen. Gleichfalls ist auch keine Entwicklung zulässig, die mit der Unterdrückung und Unterjochung anderer Staaten verbunden ist. In der Enzyklika werden die Probleme der nationalen Minderheiten, die Zusammenarbeit zwischen Staaten verschiedener politischer Systeme sowie die Situation der politischen Flüchtlinge gestreift und die Abrüstung sowie der notwendige Fortschritt jener politischen Gemeinwesen behandelt, die sich in der Phase wirtschaftlicher Entwicklung befinden.

Die Ansichten des Papstes zu allen Fragen, die in der Enzyklika berührt werden, stellen einen echten Beitrag zum Verständnis der Gerechtigkeit und der gegenseitigen Abhängigkeit von Rechten und Pflichten der Staatswesen dar. Sie haben Johannes XXIII. den Ruhm eines Friedensstifters und die Dankbarkeit der fortschrittlichen Menschen der Welt erworben.

Als überaus wichtig erweist sich die Frage der Garantierung von Rechten und der Realisierung von Pflichten. Obgleich wir in Übereinstimmung mit der Lehre des Apostels Paulus und mit dem, was in der

Enzyklika gesagt wurde, die Autorität der rechtmäßigen Gewalt anerkennen, haben wir eine Vielzahl von Beispielen des modernen Lebens vor Augen, bei denen in Widerspruch zu den konstitutionellen Deklarationen Rechte und Pflichten in der Praxis nicht garantiert werden. Das zwingt, mit Vorsicht von solchen Garantien zu sprechen.

Auf dieser Ebene muß das dritte geistige Prinzip des soziologischen Denkens der Enzyklika zur Sprache gebracht werden, die Freiheit. Die Ordnung als solche, in die der Mensch zur Entfaltung seines Wirkens gerufen wurde, fordert diese Freiheit, die durch persönliche und gesellschaftliche Pflichten begrenzt wird. Nur jene Freiheit ist wahr und authentisch, die auf das Wohl ausgerichtet ist. Die Beispiele für die Anwendung der Freiheit, die in der Enzyklika geboten werden, zeigen einen Doppelcharakter: nämlich einerseits, daß die Freiheit eine Wesenseigenschaft des Menschen und der Gesellschaft ist, andererseits, daß sie auf natürliche Weise ihre Grenzen in den Rücksichten auf das Allgemeinwohl findet. Die Freiheit erhält ihre Erklärung in der Ordnung, von der in der Enzyklika gesagt wird, daß es sich um ein Ordnungsgefüge handle, «das in der Wahrheit gegründet, nach den Richtlinien der Gerechtigkeit erbaut, von lebendiger Liebe erfüllt ist und sich schließlich in der Freiheit verwirklicht» (v, 164). Ein solches Freiheitsverständnis ist unbestreitbar fortschrittlich und für die Menschen charakteristisch. Wenn wir uns der Freiheit als Methode bedienen, haben wir die Möglichkeit, viele Schwierigkeiten unseres Lebens so zu lösen, daß die sittliche Lebensordnung nicht nur nicht entstellt, sondern im Gegenteil augenfälliger und zwingender wird. Zwei Beispiele können für die Möglichkeit der Überwindung von Schwierigkeiten durch die Freiheit angeführt werden.

Die Freiheit zur Wahrheitssuche verlangt von jenen, die glauben, die Verehrung Gottes. Sie kommt aber auch jenen zu, welche keinen Glauben haben und Gott nicht verehren, jedoch bestrebt sind, selbst in ihrem Unglauben die Wahrheit zu erfassen. Gläubige und Ungläubige haben das Recht auf Freiheit gemäß den Prinzipien ihrer Weltanschauung. Das erzeugt einen gewissen ideologischen Gegensatz. Bei der Suche nach dem allgemeinen Wohl, nicht nur dem materiellen, sondern auch geistigen, ist es offensichtlich notwendig, den springenden Punkt für das gegenseitige Verständnis zu finden. Dem kann sowohl die Anerkennung der Freiheit eines jeden, nach der Wahrheit zu trachten, förderlich sein, als auch eine Zusammenarbeit praktischer Art bezüglich der Lebensrechte. Das Kapitel der Enzyklika «Beziehungen zwischen Katholiken und Nichtkatholiken auf dem wirtschaftlichen, sozialen und politischen Sektor» stellt einen grundsätzlichen Kommentar zum Gesagten dar. Der Papst schrieb, die Katholiken sollten «darauf achten, sich selber immer treu zu bleiben und nicht zu jenen halben Verhaltensmaßregeln herabzusteigen, durch welche die Reinheit der Religion oder der Sitten Schaden leidet. Ebenso gilt aber auch: Sie sollen die Meinung der anderen Seite mit echtem Wohlwollen, sachlich und selbstlos prüfen und bereit sein, mit vereinten Kräften zu schaffen, was seiner Natur nach gut ist oder zum Guten gewendet werden kann» (v,154). Und etwas später schrieb er: «Wenn nämlich Gläubige profaner Belange wegen mit Menschen in Verbindung stehen, die überhaupt nicht oder, weil im Irrtum, nicht richtig glauben, so können sie ihnen Anlaß oder Antrieb sein, für die Wahrheit gewonnen zu werden» (v,155). In den weltlichen Bewegungen kann es positive und für einen Christen anerkennenswerte Elemente geben, «soweit sie sich den Gesetzen einer geordneten Vernunft anpassen und die gerechten Forderungen der menschlichen Person berücksichtigen» (v,156).

Die Gegenüberstellung der Gedanken von «Pacem in terris» bringt es an den Tag, daß die Freiheit von Gläubigen wie Ungläubigen im Bemühen um das Wohl der Welt eine gemeinsame Bahn finden kann und den Gegensatz in Zusammenarbeit zu verwandeln vermag, indem die ideologischen Grundsätze dem freien Gewissensentscheid jedes Menschen anheimgestellt werden. In einer solchen Gegenüberstellung könnte auch bereits der Beginn eines echten, wirklichen und fruchtbringenden Friedens auf der ganzen Welt gesehen werden.

In der Enzyklika «Pacem in terris» werden eine Reihe von Rechten aufgezählt, die dem Menschen zukommen, so das Recht auf verantwortliche und bewußte wirtschaftliche und politische Aktivität. Diese Rechte setzen die Freiheit voraus, sie zu nutzen und ihre Garantierung zu fordern. Dabei verpflichtet die Enzyklika alle Katholiken zur Herstellung von sozialen Verhältnissen, die den Erfordernissen der Gerechtigkeit und der konkreten Lage der Dinge entsprechen. Dabei kann sich von seiten der herrschenden Gruppen und von seiten der von ihnen inspirierten Autorität ein aktiver Widerstand gegen die Verwirklichung der Freiheiten und Rechte ergeben, was auch tatsächlich vorkommt und die soziale Entwicklung hemmt.

Der Widerstand gegen die Entwicklung, dessen Ergebnis Stagnation bedeutet, bewirkt eine Bremsung. Der Ausweg aus dieser Situation kann nur in einer revolutionären Umwälzung bestehen. Entsprechend den Vorstellungen des Papstes von der Notwendigkeit einer Übereinstimmung der sozialen Wirklichkeit mit den Forderungen der Gerechtigkeit, müssen wir die Legalität einer Revolution in jenen Fällen anerkennen, wo kein anderer Weg zur Veränderung existiert und alle Versuche zu einer friedlichen sozialen Entwicklung am Widerstand der herrschenden Klassen oder der herrschenden Macht gescheitert sind. Davon sprach bereits der Nachfolger des entschlafenen Papstes Johannes XXIII., Papst Paul VI., in seiner Enzyklika «Populorum Progressio» klar und deutlich. Papst Johannes XXIII. bestand auf einer stufenweisen Entwicklung. Bei einer revolutionären Entwicklung sei es wichtig, daß die Christen auf die Aussichten der Freiheit auf das wirkliche Wohl der Gesellschaft sowie auf die Schaffung und Erlangung jenes Niveaus der sozialen Ordnung achteten, dessentwegen die Revolution unternommen wurde.

In den betrachteten Fällen tritt die Freiheit als Methode in Erscheinung, verbunden mit der Wahrheit (Gerechtigkeit) und Liebe. Daher darf sie nicht als selbständige Größe betrachtet werden. In der richtigen Orientierung der Freiheit besteht ihre regelnde Wirkung bei möglichen Kollisionen im Verständnis der Wahrheit (Gerechtigkeit).

Die zuverlässigste gemeinsame Plattform für ein gemeinschaftliches Handeln zur Erlangung des Friedens ist die Liebe. Papst Johannes XXIII. nannte die Liebe die treibende Kraft gemeinschaftlichen Lebens in einer wahrhaft menschlichen Ordnung, eine belebende und lebensschaffende Kraft. Er rief jeden Gläubigen auf, ein Herd der Liebe zu sein. Er selbst bezeugte, daß die Enzyklika «von lebendiger Liebe erfüllt» (V,164) sei, und er wandte sich mit einem Gebet an Gott, «Er möge alle zu Zeugen der Wahrheit, der Gerechtigkeit und der brüderlichen Liebe machen» und die trennenden Schranken unter den Menschen zerbrechen, «daß sie die Bande gegenseitiger Liebe festigen und einander besser verstehen» (V,168).

In jenen Stellen der Enzyklika, wo von subjektiver Liebe die Rede ist, macht die persönliche Ebene der gesellschaftlichen und echt allgemein menschlichen Ebene Platz. Das menschliche Zusammenleben ist geordnet und fruchtbar; es entspricht der Würde der Menschen, «wenn sie von solch liebevollem Eifer beseelt sind, daß sie die Nöte der anderen wie ihre eigenen empfinden, die anderen an ihren Gütern teilnehmen lassen, und somit danach streben, daß auf der Welt die höchsten geistigen Werte unter allen verbreitet werden» (1,34).

Die Frage ist nur, wie diese Basis für die gesamte Menschheit annehmbar gemacht werden kann. In einer säkularisierten Welt wird der Begriff «Liebe» nicht immer verstanden, da er ein religiöses Gepräge hat. Ist es unter solchen Verhältnissen möglich, einen äquivalenten Ausdruck zu finden? Doch das, was im weltlichen Wortschatz unter «Freundschaft» und «Brüderlichkeit» gemeint ist, drückt den gleichen oder zumindest beinahe den gleichen Sinn aus, den die Christen mit dem Wort «Liebe» umschreiben. In der Freundschaft wie auch in der Liebe gibt es keine blinden und unvernünftigen Gefühle; in beiden Begriffen ist vielmehr ein Element der Einsicht, der Verantwortlichkeit, der Forderung und der Gegenseitigkeit enthalten. Wenn sowohl Freundschaft wie Liebe zu Selbstlosigkeit aufrufen, so verlangt diese Selbstaufopferung eine Antwort, einen Widerhall solcher Art, daß er das bewußte Zusammenwirken der Objekte von Liebe und Freundschaft bedeuten würde, d. h. die Erlangung des höchsten Gutes.

Wenn wir eine solche Doppeldeutigkeit des Wortes «Liebe» in den Kontakten mit der säkularisierten Welt zulassen, vereinen sich der Weg der christlichen Liebe und der Weg menschlicher Freundschaft, um jedes Werk lebensfähig zu machen, das der Schaffung von Frieden und Wohl für die Menschen dient. Im Endergebnis kann man sagen: Jene Gerechtigkeit, über die Papst Johannes XXIII. seine Betrachtungen angestellt hat, und die den Menschen, seine sittliche Natur, seine Würde und hohe Berufung betrifft, ist auch eine Gerechtigkeit, welche die gegenseitige Verbindung der Menschen betrifft. In ihrem Rahmen ist jeder berufen, seinem Nächsten zu dienen. Jene Gerechtigkeit, die eine gegenseitige Entsprechung von Rechten und Pflichten fordert, die eine ständige und lebendige Erneuerung und Vervollkommnung verlangt, ist die Gerechtigkeit in bezug auf den Menschen und die Gesellschaft. Jene Freiheit, mit deren Hilfe die Erreichung des Allgemeinwohls möglich ist, ist die Freiheit für den Menschen unter den Bedingungen seiner gesellschaftlichen, kulturellen und politischen Umwelt; es ist die Freiheit für die Gemeinschaften, Staatswesen und die weltweite Menschheitsfamilie, um dem Menschen zu dienen und ihm zu helfen, in der Welt die ihm gebührende Stellung zu erlangen. Schließlich sind Liebe und Freundschaft das, was den Menschen befähigt, über sich selbst emporzusteigen und an den Platz zu gelangen, den ihm Gott vorherbestimmt hat; Liebe und Freundschaft, das ist es, was die Verbindung des Menschen mit den anderen Leuten stärkt, was die Kraft der Menschheit darstellt, und gerade davon muß bei der Ordnung der gegenseitigen Beziehungen im gemeinschaftlichen Leben der Menschen ausgegangen werden. Das Ordnungsgefüge der Welt erfordert auch eine gesamtmenschliche Solidarität, eine Solidarität zwischen den Menschen, die von der Verschiedenheit ihrer Überzeugungen unabhängig ist. Alle diese wertvollen und für die menschlichen Beziehungen wichtigen Gedanken sind in der Enzyklika «Pacem in terris» enthalten, einer Enzyklika, die von allen Menschen guten Willens weltweit begeistert aufgenommen wurde.

Besonders breiten Widerhall haben jene Worte des Papstes über die Abrüstung gefunden: «Deshalb fordern Gerechtigkeit, gesunde Vernunft und Sinn für die Menschenwürde dringend, daß der allgemeine Rüstungswettlauf aufhört; daß ferner die in verschiedenen Staaten bereits zur Verfügung stehenden Waffen auf beiden Seiten und gleichzeitig vermindert werden; daß Atomwaffen untersagt werden; und daß endlich alle nach Vereinbarung zu einer entsprechenden Abrüstung mit wirksamer gegenseitiger Kontrolle gelangen» (III, 109). Alle Menschen guten Willens konnten diese guten Thesen der Enzyklika nur begrüßen und in ihnen ein Zeichen von realistischem Verständnis für die politische Situation und die Nöte der modernen Menschheit erblicken. Die völlige Abrüstung sollte nach Ansicht des Papstes allerdings nicht nur die kriegerischen und politischen Arsenale betreffen, sondern auch die menschliche Gesinnung. Der Papst rief dazu auf, einmütig und aufrichtig dafür zu sorgen, «daß die Furcht und die angstvolle Erwartung eines Krieges aus den Herzen gebannt werden» (III, 110), das heißt, das falsche Axiom zu verwerfen, daß unter den gegenwärtigen Umständen der Friede nur durch das Gleichgewicht der Rüstung gesichert werden könne. An die Stelle dieses Axioms sollte nach den Worten des Papstes das Bewußtsein treten, daß der wahre Frieden unter den Völkern nur durch gegenseitiges Vertrauen erreicht und bewahrt werden könne.

Auf diese Weise berührte die Enzyklika ein tiefes moralisches Problem. Es ist ganz natürlich, für die Abrüstung zu wirken, weil der heutige Mensch mit seinem ganzen Sein nach dem Frieden verlangt. Den Frieden gebietet als erstes die Vernunft des Menschen. Daher muß danach getrachtet werden, daß die internationalen Beziehungen «nach den Gesetzen der gesunden Vernunft» geregelt werden, «also nach den Gesetzen der Wahrheit, Gerechtigkeit und der tätigen Solidarität» (v,111). Zweitens fesselt die Idee des Friedens das Menschenherz. Nachdem der Friede ein Wunsch aller ist, sollte der Friede und nur der Friede unsere Gefühle lenken, indem er eine gute Gesinnung weckt und feindselige Gedanken unterdrückt. Drittens ist der Friede von höchstem Nutzen für alle: für das Wohlergehen der einzelnen, der Familien, der Völker und der gesamten Menschheit.

Die nicht nur an die Katholiken, sondern an alle Menschen guten Willens gerichtete Enzyklika Papst Johannes XXIII. hat in der weltweiten Gemeinschaft breitesten Widerhall gefunden. Die Appelle des Papstes zu allgemeiner Abrüstung, zu gegenseitigem Vertrauen und zu friedlicher Koexistenz der Staaten waren ein unanzweifelbarer Beitrag, um der internationalen Spannung Einhalt zu gebieten. Auch die russisch-orthodoxe Kirche begrüßte die wichtigen Schritte aufrichtig, die von Papst Johannes XXIII. zur Sicherung des Friedens auf Erden unternommen wurden.

Im offiziellen Presseorgan der russisch-orthodoxen Kirche, dem «Moskauer Patriarchatsjournal», stand geschrieben: «. . . Schon das Thema der Enzyklika ‹Über den Frieden unter allen Völkern in Wahrheit, Gerechtigkeit, Liebe und Freiheit› beweist, daß dieses Dokument die Sicherung des internationalen Friedens als die Hauptaufgabe unserer Zeit betrachtet. Die Enzyklika zeugt vom tiefen Verständnis Papst Johannes XXIII. für die heutige Lage und vom Bestreben, aus seiner Sicht bessere Wege zur Herstellung eines echten und dauerhaften Friedens zu finden. (. . .) Diese grundsätzlich friedliebende Position bestimmt sowohl das Verhältnis der orthodoxen Gläubigen zum friedensstiftenden Wirken des Zweiten Vatikanischen Konzils als auch zu den Äußerungen Papst Johannes XXIII. zum Schutz des Friedens. In der russisch-orthodoxen Kirche wurden diese Anstrengungen des Papstes und des Vatikanischen Konzils insgesamt als ein bedeutender Beitrag zur Errichtung des Friedens auf Erden gewürdigt und als eine sichere Gewähr für eine Vereinigung der Anstrengungen der gesamten christlichen Welt aufgenommen, die auf die Erlangung des Friedens und der Brüderlichkeit unter den Menschen, Völkern und Staaten gerichtet sind, sowie als augenfälliges Zeugnis der lebensspendenden Kraft des Heiligen Geistes, des Trösters» (ŽMP, No. 6, 1963, S. 74). Das «Moskauer Patriarchatsjournal» sprach auch sonst mehrmals mit Genugtuung von der realistischen Position, die Papst Johannes XXIII. eingenommen hatte. So wurde in einem Artikel unter dem Titel «Das Zweite Vatikanische Konzil und die heutige Menschheit» bemerkt: «. . . Wenn der Papst davon spricht, daß es hohe Zeit sei, entscheidende Schritte zum Frieden zu unternehmen, den alle Menschen ersehnen und um dessentwillen sie so viel leiden, erkennen wir in seinen Worten unsere eigenen Appelle, die unsere russisch-orthodoxe Kirche seit Jahren wiederholt. Man hat gerade hinsichtlich dieser Appelle mehrfach versucht, uns einer politischen und geradezu unchristlichen Inangriffnahme dieser wichtigsten Frage der Gegenwart ‹anzuklagen›. Dieser Aufruf zu Frieden, Liebe, Brüderlichkeit und Vernunft aus dem Mund des Ersthierarchen der römischen Kirche zwingt einige von diesen ‹Anklägern› im Westen zum Schweigen. Doch für uns dient der gesamtchristliche Klang seiner Aufrufe als ein wertvolles Zeugnis der christlichen Einheit, in der sich die segensreiche Kraft des göttlichen Willens verwirklicht» (ŽMP, No. 5, 1963, S. 77).

Papst Johannes XXIII. erklärte, daß er es angesichts der ihm von Gott anvertrauten Autorität als seine Pflicht erachte, alle Menschen und besonders die Regierungen zu beschwören, keine Anstrengungen zu scheuen, um die Entwicklung der Ereignisse auf einen Weg hinzulenken, welcher der Vernunft und Menschlichkeit entspreche. Solcher art ist die friedensstiftende Konzeption der Enzyklika «Pacem in terris». So dachte und handelte Papst Johannes XXIII. seligen Angedenkens.

Und so lautete auch sein letztes Wort, dargelegt in seinem letzten Rundschreiben, das eine Art Vermächtnis für seine Kinder innerhalb der katholischen Kirche und ein Appell an alle Menschen guten Willens war.

Abschluß

Kardinal Suenens sagte in seiner Papst Johannes XXIII. gewidmeten und am 28. Oktober 1963 gehaltenen Ansprache, als am Jahrestag der Erwählung des verstorbenen Papstes auf den römischen Stuhl ein besonders feierliches Totengedächtnis gehalten wurde: «Am Tag nach seiner Wahl konnte Johannes XXIII. wie ein ‹Übergangspapst› erscheinen. Und sicher war er es, aber auf eine überraschende Weise, die man mit diesem Ausdruck gewöhnlich nicht verbindet. Aus der Sicht der Geschichte wird es ohne Zweifel erlaubt sein zu sagen, daß er für die Kirche ein neues Zeitalter eröffnete und daß er für den Übergang vom 20. zum 21. Jahrhundert die Grenzpfähle absteckte . . .» Indem er aus seinen Erinnerungen an die letzten Tage, die dem verstorbenen Papst auf Erden vergönnt waren, erzählte, bemerkte der Kardinal: «Fernsehen, Rundfunk und Presse haben seinen Tod einem jeden von uns so nahegebracht, daß wir gleichsam in Familientrauer lebten. Noch nie hat die ganze Welt so unmittelbar die schmerzlichen Phasen eines Todeskampfes miterlebt. Niemals gab es eine solche Einmütigkeit der Teilnahme: Der Tod Johannes XXIII. war auch für die Welt kostbar. Der Papst wandelte ihn um in eine letzte Verkündigung des Glaubens und der Hoffnung. Einige Wochen vor dem großen Abschied sagte er während einer Audienz: «Alle Tage sind gut, um geboren zu werden, alle Tage sind gut, um zu sterben: Ich weiß, wem ich geglaubt habe.» Er ging seinem Ende entgegen mit der Unbeschwertheit eines Kindes, das zum Vaterhaus zurückkehrt.» (Mario von Galli/B. Moosbrugger, Das Konzil, Bd. II, Olten 1964, S. 3).

Bevor wir eine Würdigung des Pontifikates Papst Johannes XXIII. zu geben versuchen, halten wir es für notwendig und angebracht, bei den letzten Tagen seines Erdendaseins ausführlich zu verweilen. Papst Johannes rechnete, wie angenommen werden kann, nicht damit, den Konzilsabschluß zu erleben. Doch er fuhr nach dem Abschluß der ersten Session des Konzils fort, an dessen erfolgreicher Vollendung zu arbeiten. Die letzten paar Monate zeugten von außerordentlich intensiven Arbeiten und Anstrengungen des römischen Oberhirten, der mit seinen einundachtzig Jahren an einer Krankheit mit unvermeidlich tragischem Ausgang litt.

Der Papst arbeitete an der Enzyklika «Pacem in terris». Er beeilte sich, sie zu veröffentlichen. Im Dezember sagte ihm Monsignore Capovilla, sein ‹Lieblingsjünger›, seinem Versprechen getreu, die Wahrheit über seine Krankheit. In der Tat tat er das mit schonenden Ausdrücken, sprach das Wort «Krebs» nicht aus, erweckte aber auch keine falschen Hoffnungen. Der Papst überraschte durch seine Magerkeit, die sein früher lächelndes Gesicht ernst und streng machte. Eine Gruppe von Theologen und Soziologen mit Msgr. Pavan an der Spitze bereitete die Materialien und Entwürfe des Textes vor, doch der Enzyklika lagen Gedanken und Intuitionen zu Grunde, die der Papst sein ganzes Leben mit sich herumgetragen hatte: die dominierende Rolle und geistige Vorherbestimmung des Friedens sowie die mystische Bedeutung des irdischen Wirkens der mit dem Blut Christi erlösten Menschen, unabhängig davon, ob sie zur sichtbaren Kirche gehören oder nicht, und die Autonomie der geistlichen und der weltlichen Ebene. Der Papst hielt es für zeitlich richtig, die Enzyklika in der Zwischenzeit zwischen den Konzilssessionen herauszubringen.

Schon am zweiten Tag nach dem Abschluß der ersten Session des Konzils fand eine Heiligsprechung statt, wurden die Audienzen aufs neue aufgenommen. Am Weihnachtsmorgen wandte sich der Papst noch einmal an die Kinder im Spital «Gesù Bambino». Am folgenden Tag war er beim Weihnachtskonzert zugegen, das vom päpstlichen Knabenchor im Clementinen-Saal des Vatikans zugunsten von kinderlähmungsgeschädigten und verkrüppelten Kindern dargeboten wurde. Im Februar 1963 empfing Johannes XXIII. viele Persönlichkeiten, darunter den britischen Premierminister Harold Macmillan (2.Februar), den Präsidenten der Methodisten-Konferenz Großbritanniens, Dr. Leslie Davison (8.Februar), zwei Brüder der evangelischen Mönchs-Kommunität von Taizé mit ihrem Vorsteher Roger Schutz (26.Februar) und andere.

Am Nachmittag des 10. Februar 1963 empfing Papst Johannes XXIII. den griechisch-katholischen Metropoliten Joseph (Slipyj) in ausgedehnter Privataudienz. An diesem Tag war dieser in Begleitung der Kardinäle Cicognani und Testa aus dem Kloster Grotta Ferrata in den Vatikan gekommen. Gleich zu Beginn der Unterredung forderte der

Papst den Metropoliten auf, ihn zu gemeinschaftlichem Gebet in seine Privatkapelle zu begleiten.

Darüber schrieb die Zeitung «La Croix» (vom 13.2.63) auf der Basis von Nachrichtenmaterial der Agentur «France Presse»: «Msgr. Willebrands, Sekretär des Sekretariats für die Einheit der Christen, hatte sich nach Moskau begeben, um den achtzehn Jahre zuvor in Haft genommenen Metropoliten ausfindig zu machen. Es ist bekannt, daß Msgr. Willebrands schon am Vorabend des Konzils, gegen Ende des vergangenen Septembers, in die sowjetische Hauptstadt gesandt worden war, um dort die Entsendung von Konzilsbeobachtern des Moskauer Patriarchats zu erreichen. Diese beiden Beobachter, Erzpriester Witali Borowoj und Archimandrit Wladimir Kotljarow hatten sich – wie es scheint – zu Fürsprechern bei der sowjetischen Regierung gemacht wegen der Betrübnis, die dem Papst und den Mitgliedern der katholischen Hierarchie die anhaltende Einkerkerung von Msgr. Slipyj bereitete, der inzwischen schon siebzig Jahre zählte. Gewissen Andeutungen von Kardinal Testa, dem persönlichen Freund des Papstes und Sekretär der Ostkirchenkongregation, wie auch von Kardinal Bea, dem Leiter des Sekretariates für die Einheit der Christen, zufolge, hätten sich diese mit den beiden Beobachtern anläßlich ihres Aufenthaltes in Rom über die Frage unterhalten. Sie hätten den brüderlichen Geist betont, in dem diese in Rom empfangen worden waren, wie auch die Tatsache, daß sich die verantwortlichen Kreise offen mit jenen Zeitungsartikeln desolidarisierten, die vom Kontrast zwischen der Haft von Msgr. Slipyj und der Anwesenheit von Beobachtern des Moskauer Patriarchats in Rom profitierten, um die Aufrichtigkeit der Absichten und den religiösen Geist letzterer in Zweifel zu ziehen, indem sie sich auf das Projekt einer Erklärung stützten, das den ukrainischen Bischöfen im Exil vorgeschlagen worden war. Im Januar hätten die beiden Beobachter wissen lassen, daß sie den zuständigen Behörden einen entsprechenden Bericht vorgelegt hatten. Dann wurde Rom in einem Telegramm mitgeteilt, daß Msgr. Slipyj den Ort seiner Gefangenschaft, wo er sich aufgehalten hatte, verlassen habe, um sich nach Moskau zu begeben. Darauf reiste Msgr. Willebrands mit dem Flugzeug in die sowjetische Hauptstadt, von wo er zusammen mit Msgr. Slipyj am 5. Februar mit der Bahn abreiste. In Wien wurde der Metropolit mit Freuden von den sich im österreichischen Exil befindlichen ukrainischen Geistlichen empfangen. Am Abend des vergangenen Samstags trafen die beiden Prälaten in Rom ein. Um der Neugier der Menge zu entgehen, stiegen sie auf dem kleinen Bahnhof von Orucon, achtzig Kilometer vor Rom, aus, wo sie von Msgr. Capovilla, dem Privatsekretär des Heiligen Vaters, empfangen wurden. Mit einem Auto des Vatikans begaben sie sich nach Rom. Der Papst hatte Msgr. Capovilla beauftragt, Metropolit Slipyj ein kostbares Brustkreuz zu überreichen» (DC, No.1395, 1963, S.301).

Wir wollen nicht nachprüfen, was an der vorliegenden Veröffentlichung der Zeitung «La Croix» zutrifft, und was nicht. Wir begnügen uns nur mit der Wiedergabe obigen Zitats. Worüber Papst Johannes XXIII. mit dem in Rom eingetroffenen Metropoliten sprach, blieb unbekannt, und keinerlei offizielle Organe des Vatikans brachten eine diesbezügliche Information. Zwar empfing der Papst an demselben Tag Pilger aus Mailand, an die er eine Ansprache richtete. Er erwähnte seine Aktivität im Osten und bemerkte, daß er von dort eine «bewegende Freude» empfangen habe, für die er dem Herrn demütig danke.

Das hervorragende Ereignis jener letzten Monate war die Zuerkennung des Balzan-Friedenspreises an Papst Johannes XXIII., die am 1.März 1963 bekanntgegeben wurde. Die Verleihung selbst fand am 10.Mai 1963 statt, insgesamt zehn Tage vor seinem letzten Auftreten. Es brachen die letzte Fastenzeit und die letzten Ostern im Leben des Papstes an. In dieser Zeit besuchte er viele Kirchen. Zuerst begab er sich nach der Kirche der heiligen Sabina, einer alten Basilika, die das Zentrum des Dominikanerordens ist. Am 3.März 1963 nahm er an einem Bußgottesdienst in der neuen Pfarrei Carticciolo teil, am 10.März in einer anderen Kirche des Stadtviertels Laurentino. Die Märzmitte war voll von Begegnungen mit den Teilnehmern am Kongreß der Organisation zur internatioalen Zusammenarbeit in der Ernährungswirtschaft (FAO), mit amerikanischen Pilgern, die an der Seligsprechung von Elizabeth Seton teilnahmen sowie mit Pilgern aus Bergamo, die sich zur Seligsprechung von Aloysius Palazzolo eingefunden hatten, eines Bergamasker Priesters, von dessen Heiligkeit Papst Johannes noch als kleiner Junge von seinem Pfarrer in Sotto il Monte gehört hatte. Seinem Geburtsort widerfuhr übrigens eine hohe Ehre, als der Papst am 18. März 1963 im Clementinensaal den Grundstein für das Missionskolleg «Johannes XXIII.» weihte, das an das Haus angebaut werden sollte, in dem der Papst geboren worden war.

Die Visiten der Fastenzeit wechselten mit Sitzungen der Konzilskommissionen und Audienzen während des ganzen Monats März ab. Im selben Monat (am 24. März) besuchte Johannes XXIII. die Pfarrkirche in Ostia Lido, das in früherer Zeit der römische Hafen gewesen war. Dann verweilte er kurz in der Kirche des Dorfes San Basilio. Am 29. März konstituierte der Papst die Kommission für die Revision des Kirchenrechts, was von überaus großer Bedeutung für die Schaffung eines soliden Fundamentes zur praktischen Verwirklichung der Konzilsbeschlüsse war.

Am Dienstag der Passionswoche (9. April) unterschrieb der Papst die Enzyklika «Pacem in terris», und am Gründonnerstag feierte er die Messe in der Sixtinischen Kapelle in Anwesenheit der beim Vatikan akkreditierten Diplomaten, denen er einige Worte in Zusammenhang mit der Promulgierung der Enzyklika sagte. Am Karfreitag leitete Johannes XXIII. den Gottesdienst in der vatikanischen Basilika. Zu Ostern erteilte er den Segen «Urbi et Orbi» vom Balkon des Petersdomes. Den Widerhall, den seine Enzyklika in der ganzen Welt gefunden hatte, berührte den Papst tief, und er kam im Verlauf seiner nächsten Audienzen häufig darauf zu sprechen.

Es scheint ganz natürlich, daß die außerordentlich aktive Tätigkeit Papst Johannes XXIII. und die Fotos mit seinem lächelnden Gesicht während der Ausfahrten durch Rom viele Leute über seinen Gesundheitszustand täuschten. Ungeachtet aller möglichen Gerüchte war der eigentliche Charakter seiner Krankheit den breiten Massen verborgen geblieben. Ein Besucher Roms, der den Papst kurz nach Ostern auf einer Audienz im Petersdom sah, war von seinem äußeren Anblick furchtbar überrascht. «Die außerordentliche Blässe des Antlitzes», sagte er, «war ein Beweis dafür, daß wir einen Sterbenden vor uns hatten. Und nur seine Augen, wie auch früher tiefdringend und hell, leuchteten lebendig mit dem Licht der Begeisterung. Wie auch in früheren Jahren richtete er sie mit Interesse auf jene, die zu seinem Segen herantraten. Seine Stimme, die zu Beginn leicht heiser klang, verriet Festigkeit und Überzeugungskraft. Wie es schien, überwand er beim Reden seine Schwäche, und plötzlich, mit einer energischen Geste, faßte er das Mikrophon mit der Hand. Er war voll österlicher Freude und Hoffnung, während er Tausenden von Pilgern aus allen Ländern die Notwendigkeit darlegte, zu Hause, am Arbeitsplatz, im eigenen Land und in der Welt Friedensstifter zu sein» (La Croix, 17.8.1963).

Mit seinem öffentlichen Auftreten übertrat Papst Johannes XXIII. die Ratschläge der Ärzte und verschlimmerte damit den Zustand seiner Gesundheit noch mehr. Doch obgleich er sich in einer schlimmen Verfassung befand, machte er sich kraft seines Charakters häufig über seine Krankheit lustig. Der Sekretär des Papstes, Msgr. Capovilla, der zweimal so jung war wie der Papst, schrieb, daß Johannes XXIII. einmal infolge eines plötzlichen Unwohlseins seines Sekretärs gezwungen war, diesem beim Erreichen eines Sessels behilflich zu sein. «Sie wollen wohl früher als Ihr Vorgesetzter ‹dorthin› gehen?», fragte ihn der Papst ironisch. Ein anderes Mal, als Johannes XXIII. sehr blaß war, fragte Msgr. Capovilla, wie sich der Papst fühle. Die Antwort lautete: «Wie der heilige Laurentius auf dem Marterrost!»

Im Jahr 1963 waren 1100 Jahre vergangen, seit die heiligen Slawenapostel Cyrill und Method zur Verkündigung in Groß-Mähren eingetroffen waren. Am 1. Mai 1963, dem Festtag der «apostelgleichen» Heiligen, veröffentlichte Papst Johannes XXIII. seinen Apostolischen Brief «Magnifici Eventus», der an die Bischöfe der slawischen Völker gerichtet war.

Der Brief begann mit der Feststellung, daß es für jedes beliebige Volk nichts Freudigeres und Nützlicheres gebe, als den Empfang der Frohbotschaft und Einverleibung in die Christenheit. Dieser Ehre seien die slawischen Völker dank der zu ihnen gekommenen Heiligen Cyrill und Method gewürdigt worden, die bemerkenswerte Männer gewesen seien. «Deswegen wollten wir Euch, Ehrwürdige Brüder, Bischöfe der slawischen Völker, diesen Brief senden, um dadurch an dieses so wichtige Ereignis zu erinnern und Euch mit väterlichen Worten zu ermuntern, es gemeinsam mit den Euch anvertrauten Gläubigen zu begehen. Es soll jetzt Euer Anliegen sein, durch entsprechende Feiern Eure Landsleute auf das Leben, die Tugenden, die Reisen, die Unternehmungen, Mühen und Anstrengungen hinzuweisen, die die heiligen Cyrill und Method auf sich genommen haben, um jene Völker zu Christus zu bekehren und deren zivilisatorischen und kulturellen Zustand zu heben» (HK, XVII, 1962/63, S.492).

Derartige Versuche sind nach Meinung des Papstes auch von anderen unternommen worden, aber gerade die Bemühungen der heiligen Brüder hätten die erwünschten Früchte gebracht. Worin erblickte Papst Johannes XXIII. die apostolische Fruchtbarkeit der heiligen Cyrill und Method? Sie bestand seinen Worten zufolge in ihrer Anhänglichkeit und grenzenlosen Ergebenheit gegenüber dem Stuhl Petri sowie in ihrer aufrichtigen Katholizität. – Dann folgt in dem Brief eine kurze Beschreibung des Lebens und der Bildungsarbeit der heiligen Brüder sowie ein Hinweis auf deren Verehrung durch die römische Kirche, die nach Veröffentlichung der Enzyklika Leo XIII. «Grande munus» begann, in der vorgeschrieben wurde, die beiden Slawenmissionare «gleichsam wie Apostel zu ehren» (ibid., S.493).

In dem Brief war eine Weisung des Papstes an die slawischen Bischöfe enthalten, die das Problem der Einigung der Kirchen berührte. Er schrieb: «Ihr wißt, Ehrwürdige Brüder, daß es Unser brennender Wunsch und Unsere Sorge ist, daß die von dem Apostolischen Stuhl getrennten orientalischen Christen nach der Wiederherstellung der Einheit streben möchten, damit der Wunsch Christi nach dem einen Schafstall und dem einen Hirten verwirklicht werden kann» (ibid. S.493). Die Feststellung entsprach unstreitig genau dem Denken Papst Johannes XXIII., daß für die getrennten Christen auf der einen wie der anderen Seite das, was beide Teile eine, ungleich größer sei als das, was sie trenne. Die Wiedervereinigung sei nur in jenem Fall möglich, wo beide Seiten gegenseitige Achtung und Liebe zum Maßstab des Handelns machten. «Es gilt jetzt von beiden Seiten, Wege zu finden, die auf einem soliden Fundament zum angestrebten Ziel führen können, wenn auf beiden Seiten Hochachtung und brüderliche Liebe gewahrt bleiben» (ebd.). Zur Erreichung des heiligen Zieles der Einheit sei viel Anstrengung und Mühe erforderlich. Damit diese aber leichter ertragen werden könnten, müßten beständig die Hilfe und der Beistand der heiligen Cyrill und Method angerufen werden. Sie glichen zwei Sternen, die den Weg weisen, der noch zu gehen sei.

Bei der festlichen Feier dieses Ereignisses sei es nötig, Gott für sein unsagbar gnadenreiches Wirken zu danken, wie es die Ankunft der heiligen Brüder bei den Slawenvölkern dargestellt habe. «Unter dem Einfluß des Evangeliums entfalteten sie jene großen natürlichen Gaben, die diesen Völkern eigen sind: lebendigen Sinn für das Göttliche, Charakterfestigkeit, reiche Geistesgaben, gepflegte Menschlichkeit, gehobenen Kunstsinn, Gastfreundlichkeit und viele andere guten Eigenschaften, die durchaus die Hoffnungen rechtfertigen, die in sie gesetzt werden» (ibid., S.494).

Auf ein interessantes Detail sei ebenfalls noch hingewiesen. Einige Veröffentlichungen dieses Dokuments versahen einen Teil des Briefes mit dem Untertitel: «Die schweigende Kirche.» Wenn wir aber aufmerksam die Worte des Papstes lesen, die unter diesem Titel veröffentlicht wurden, dann merken wir alsbald, daß er eine «Kirche des Schweigens» mit keinem einzigen Wort erwähnte, mochte er auch schreiben, daß ihn die weite Verbreitung atheistischer Ideen in den slawischen, oder, wie er es formulierte, in «diesen» Ländern (d. h. in den sozialistischen Ländern, A.d.V.) sehr beunruhige. Der größeren Überzeugungskraft wegen zitieren wir die Aussagen Papst Johannes XXIII. wörtlich: «Leider – Wir sagen das mit Schmerzen – trägt man in einer Reihe dieser Länder den so großen übernatürlichen Wohltaten, der glorreichen Überlieferung der Väter und dem Adel des christlichen Namens nicht Rechnung. Möge man doch aufhören, mit Füßen zu treten, was man achten und lieben sollte. Mögen sich, wie Wir hoffen, die Regierenden eines Besseren besinnen, damit der gegenwärtige Sturm sich in eine leichte Brise verwandle. Damit die christliche Religion bei Euren Völkern unversehrt erhalten bleibe, bitten Wir Euch, in diesem Jahr die Gebete, Bitten, Opfer, Tränen und die guten Werke zu vermehren, damit Ihr das Geheimnis des Glaubens in einem reinen Gewissen bewahrt (vgl. 1 Tim 3,9)» (ebd.). Das waren die authentischen

Worte Papst Johannes XXIII., die von einigen Redaktionen mit der Schlagzeile «Die Kirche des Schweigens» versehen wurden, was die ganz bestimmten Tendenzen und die Sensationshascherei dieser Verlagshäuser beweist.

Der Brief endet mit den folgenden Worten: «Der Herr und Lenker aller Zeiten und Dinge möge aufgrund Eures inbrünstigen Gebetes Eure Trübsal und Trauer beenden und allen, die auf seine Hilfe und seinen Schutz vertrauen, beistehen, da seine Hilfe um so willkommener ist, je unerwarteter sie kommt» (ebd.). Zum Schluß erteilte der Papst den Bischöfen und Völkern der slawischen Länder den traditionellen Segen.

Seine letzte Messe zelebrierte der Papst am 17.Mai. Fortan nahm er an den Messopfern teil, die sein Sekretär in dem Kabinett neben seinem Schlafzimmer feierte. Vom Sekretär empfing der Papst auch die hl. Kommunion. Am 20.Mai erwartete Papst Johannes XXIII. den Primas von Polen, Kardinal Wyszyński, und drei polnische Bischöfe. Msgr. Capovilla schlug vor, sie im Schlafzimmer zu empfangen, doch der Papst bestand auf der Bibliothek: «So weit ist es mit mir noch nicht», sagte er. Zu Ende des Gespräches bemerkte Kardinal Wyszynński: «Auf September, Heiliger Vater.» Papst Johannes antwortete: «Im September werden Sie hier entweder mich oder einen anderen finden. Sie wissen, in einem Monat läßt sich alles erledigen – den einen Papst beerdigen und den anderen wählen.» Er sagte das mit einem Lächeln, das die Leute irreführte, da es ihnen suggerierte, daß er gar nicht so krank sei, wie er es in Wirklichkeit war.

In der Nacht auf den 21.Mai 1963 erlitt Papst Johannes XXIII. einen heftigen Blutsturz. Am 22.Mai 1963 folgte ein offizielles Kommuniqué über die Einstellung der Audienzen, in dem auch, allerdings nicht detailliert, auf die Krankheit des Papstes hingewiesen wurde. Am folgenden Tag, dem 23.Mai 1963, war das Himmelfahrtsfest. Zur Freude der unüberschaubaren Menge zeigte sich Papst Johannes XXIII. wiederum am Fenster seines Zimmers, um die Versammelten zum letzten Mal in seinem Leben zu segnen. Es wurden ihm Bluttransfusionen gemacht, und einige Tage fühlte er sich besser. Zu dieser Zeit ging die Nachricht von seiner Krankheit um die ganze Welt. Die Reaktion von Millionen Menschen auf diese Kunde war überaus stürmisch. Sie verfolgten den Lauf der Krankheit des Papstes Tag für Tag und fühlten mit ihm solcherart mit, als ob es sich um ein Mitglied ihrer Familie handle. Staatssekretär Kardinal Cicognani setzte den Papst davon in Kenntnis und sagte, daß die Menschen in so vielen Ländern für ihn beteten. Darauf antwortete Papst Johannes: «Wenn die ganze Welt am Beten ist, muß unsere Absicht glaubwürdig sein.»

Am Mittwoch, den 29. Mai 1963 um 9 Uhr abends, zu Ende der zweiten Begegnung mit dem Staatssekretär, gab der Papst, nachdem er sich mit den Botschaften, die aus jedem Land im Vatikan eingetroffen waren, vertraut gemacht hatte, seiner Freude Ausdruck: «Oh, wie groß ist meine Dankbarkeit! Diese Tatsache, daß ich der Gegenstand einer liebevollen Aufmerksamkeit bin, bewegt mich, ohne meine übliche Einfachheit zu stören, während ich mich gleichzeitig wie nie zuvor mit jenen verbunden fühle, die am eigenen Leib die vielfältigsten Leiden erdulden. Dieses dem Papst als dem demütigen Stellvertreter Christi bezeugte Interesse soll in eine neue Woge von Gebeten, Überlegungen und Bemühungen um den Frieden münden und die feste Überzeugung ausdrücken, daß das, was die Hauptsache im Leben ist: Milde, Güte und Liebe, immer dem Geist der Frohbotschaft entspricht. Ich wünsche, daß alle ein Zeichen meiner Dankbarkeit empfangen, damit sie daraus Grund und Ansporn zu gegenseitiger brüderlicher Liebe schöpfen, wie sie mit mir vereint sein wollen» (vgl. H. Fesquet, Les fioretti du bon pape Jean, Paris 1963, S. 191 f.). Nach einem verhältnismäßig ruhigen Abend erlitt der Papst einen neuen Anfall, worauf umgehend Prof. Mazzotti gerufen wurde.

Am Freitag, den 31. Mai 1963, hörte Papst Johannes XXIII. wie gewöhnlich um 6.30 die Messe, die man neben seinem Schlafzimmer feierte, und empfing die hl. Kommunion. Anschließend stellte Prof. Valdoni, der an das Krankenlager des Papstes gerufen wurde, eine ernste Verschlimmerung des Gesundheitszustandes fest. Um 11.15 traf der Beichtvater des Papstes, Msgr. Cavagna, der ihn fast jeden Tag besuchte, alle nötigen Vorbereitungen zur Krankensalbung. Auf Wunsch des Kranken spendete ihm Msgr. van Lierde das Sakrament der Krankenölung nach dem besonderen päpstlichen Ritual. Im Augenblick der Salbung mit dem heiligen Öl bat der Papst Msgr. Cavagna, mit der Heiligen Schrift in Händen an seinem Lager zu stehen. Der Papst sprach zu den Umstehenden vom Glauben, von der Liebe, die er zur Kirche und zu den Menschen hege. Er wandte sich besonders an die Väter des Konzils und äußerte seine Zuversicht für dessen erfolgreichen Ausgang. Papst Johannes XXIII. segnete das Heilige Kollegium, seine geliebte römische Diözese, die päpstliche Kurie, alle Städte von Bergamo bis Venedig, die Zeugen seines Wirkens gewesen waren. Er wandte sich an seine Angehörigen und die Gläubigen von Sotto il Monte. Inmitten dieser Äußerungen wiederholte er mehrfach: «Daß alle eins seien!». Der Papst bat alle um Verzeihung, die er versehentlich beleidigt haben mochte, und wiederholte, daß er allen gegenüber voller Liebe sei. Er gedachte seines ersten Staatssekretärs, Kardinal Tardini, sprach Kardinal Cicognani seine Anerkennung aus und trug ihm auf, seine Weisungen und Ideen dem Heiligen Kollegium, den Missionaren sowie allen Diözesen der Welt zu übermitteln. Sich an seinen Neffen Giovanni Battista Roncalli wendend, bat Papst Johannes XXIII., allen Verwandten und Pfarrangehörigen in Sotto il Monte seinen besonderen apostolischen Segen zu übermitteln.

Von allen Enden der Welt trafen im Vatikan Telegramme ein, die gute Wünsche enthielten. Von 58 Staatsoberhäuptern der Welt gingen Depeschen persönlichen Charakters ein. Viele Telegramme waren von Nichtkatholiken und sogar von ungläubigen Leuten abgesandt. Hier einige von ihnen:

«Ich bete für Ihre Gesundheit. Ein Buddhist.»

«In dem Maß, wie ich als Atheist zu beten imstande bin, bete ich um Ihre rasche Wiedergenesung.»

«Ich bete für Sie als einen Menschen, der sowohl für mich wie auch für andere Protestanten ein Gegenstand hoher Verehrung ist. Ihre Weisheit zusammen mit Ihrer Güte haben Einfluß auf den Weg der Menschheitsgeschichte genommen. Möge Sie der Herr segnen.»

«Ihre australischen Herzen sind mit Ihnen.» (4 Protestanten)

Am 31. Mai 1963 wurde aus Moskau folgendes Telegramm des Hochheiligen Patriarchen Alexi abgesandt:

«Mit Trauer habe ich von der Krankheit Eurer Heiligkeit vernommen und bete zum allmächtigen Herrn, Ihnen langjährige Gesundheit für den Dienst der Kirche Christi zu schenken sowie für die Fortführung Ihrer Anstrengungen bei der Verkündigung und Festigung des wahren Friedens auf Erden. Mit brüderlicher Liebe» (ŽMP, No.6, 1963, S.3).

Am 2.Juni 1963 erhielt der Hochheilige Patriarch Alexi aus dem Vatikan die von Kardinal Cicognani, dem Staatssekretär, unterzeichnete Antwort:

«Mir ist aufgetragen, Eurer Seligkeit die Dankbarkeit des Heiligen Vaters für die innigen Gebete und liebenswürdigen Wünsche auszurichten. Gebe der Herr, daß die Leiden Johannes XXIII. in Verbindung mit dem heißen Gebet des Heilands ‹daß alle eins seien› der heiligen Kirche Segen bringe und sowohl der erfolgreichen Vollendung des Ökumenischen Konzils als auch der Errichtung eines umfassenden Weltfriedens diene. Seine Heiligkeit grüßt Sie mit Liebe in Christus» (ebd.).

Die anhaltenden Schmerzen, die sich als Ergebnis der fortschreitenden Krankheit einstellten, verließen den Papst nicht mehr. In der Nacht vom 31.Mai auf den 1.Juni 1963 und im Lauf des folgenden Tages wachten die dem Papst nächststehenden Mitglieder des Heiligen Kollegiums und des Staatssekretariates, indem sie miteinander abwechselten, zu Häupten des Kranken. Auf dem Petersplatz und in den angrenzenden Straßen verharrten Volksmengen Tag und Nacht im Gebet.

Der Gesundheitszustand Papst Johannes XXIII. verschlechterte sich besonders nach einer Bauchfellentzündung. Er fiel in Ohnmacht. Erst um drei Uhr nachts erlangte er das Bewußtsein wieder. Er erkannte seine Brüder, die Schwester Assunta und drei Neffen, die an seinem Kopfende standen. Der Papst dankte den Ärzten wärmstens, die ihn mit liebevollem Eifer pflegten. Auf ihre tröstenden Worte erwiderte der Papst: «Ja, ich fühle mich gut, ich bin bereit, dorthin zu gehen, wohin mich der Herr ruft!» Darauf unterhielt er sich lange mit Kardinalstaatssekretär Cicognani. Während dieser unerwarteten Besserung seines Zustandes zitierte Papst Johannes XXIII. wiederholt das Evangelium und unterstrich besonders die Worte des Heilands: «Ich bin die Auferstehung und das Leben» (Joh 11,25).

Um Mitternacht hatte Msgr. Capovilla eine Messe gelesen, an der die gesamte Familie Roncalli, die dank der Fürsorge von Kardinal Montini nach Rom gekommen war, sowie die den Papst umgebenden Mönche teilnahmen. Um drei Uhr zelebrierte Msgr. Giovanni Roncalli noch eine Messe, und eine Stunde später Kardinal Cicognani. Der Papst hörte alle diese Gottesdienste.

Nach zehn Uhr früh am 2. Juni 1963 verschlimmerte sich der Gesundheitszustand des Papstes rasch: Die Temperatur stieg auf 39°. Perioden wachen Verstandes wechselten mit völliger Bewußtlosigkeit. Nichtsdestoweniger erkannte, wie die Augenzeugen bestätigten, Papst Johannes XXIII., wenn er seine Augen öffnete, seine Umgebung und suchte häufig mit dem Blick das auf dem Tisch stehende Porträt Papst Pius X., das dieser dem jungen Priester Angelo Roncalli am Dreifaltigkeitstag des Jahres 1905 geschenkt hatte.

Um 20 Uhr erfolgte ein neuer Anfall, doch trat nach rechtzeitiger Hilfe eine gewisse Besserung ein. In der Nacht kam ein neuerlicher Anfall, doch der kräftige Organismus des Papstes rang mit dem Leiden. Im Verlauf der folgenden zwölf Stunden verlor der Kranke wiederholt das Bewußtsein, der Todeskampf hatte begonnen. Davon berichtet der Neffe Papst Johannes XXIII., Msgr. Roncalli: «Wir waren vom Schmerz erdrückt, das Ende nahte. Die Ärzte eilten zwischen Zimmer und Apotheke hin und her. Das Gerät für die Bluttransfusion arbeitete ununterbrochen. Dem Papst wurde eine physiologische Lösung eingeflößt, die Nadel einer Spritze drang in seine rechte Hand . . . Die Stunde der Trennung steht bevor, doch er scheint nicht traurig, da der Heilige Vater sein ganzes Leben lang ruhig an den Tod gedacht hat. Große Stille herrscht in dem ruhigen Zimmer. Wir weinen unaufhörlich. ‹Hört auf zu weinen›, spricht der Papst, ‹Pfingsten ist ein Tag der Freude.› In seinen Händen hält er ein Kruzifix. Er blickt nach dem Fenster, aus dem er das Volk von Rom zu segnen pflegte. Er äußerte den Wunsch, in der Gruft der römischen Bischöfe begraben zu werden. Acht Uhr abends, Montag. Schon seit einigen Stunden hat der Papst kein einziges Wort mehr gesprochen. Seine Lippen bewegen sich. Wir versuchen, jede Regung seiner Lippen zu erfassen, die Bedeutung der unausgesprochenen Laute. Wir verstehen, daß er jetzt schreckliche Schmerzen leidet. Im Zimmer befinden sich Mönche, seine Schwestern Angela und Anna, die aus Asmara eingetroffen sind, die Brüder, eine Krankenschwester, Msgr. Capovilla, Msgr. Dell'Acqua, Kardinal Cicognani. (. . .) Der Papst erkennt uns nicht mehr, das Thermometer zeigt 42°. Professor Valdoni sagt: ‹Johannes XXIII. befindet sich in der Hand Gottes. Klinisch ist er bereits tot.› Doch jetzt geschieht etwas Unerwartetes. Plötzlich fällt die Temperatur fast auf das Normale. Wir wissen, daß das ein Vorzeichen des Endes ist. Betroffen sehen wir einander an. Doch jetzt ereignet sich etwas, das unseren Augen und unserem Gedächtnis für immer eingeprägt bleiben wird. Der Papst, der völlig entkräftet dagelegen hatte, macht plötzlich mit der Hand kaum bemerkbare Zeichen und bewegt den Kopf. Sein Blick scheint auf einen bestimmten Punkt im Zimmer fixiert zu sein und heftig um etwas zu flehen: irgendeine Gunst, irgendeine Hilfe. Die Zeichen werden immer nachdrücklicher. Seine Brust hebt sich, als ob er sprechen wolle. Seine Augen, die eine Minute zuvor väterlich gut und ermutigend waren, scheinen zu bitten und zu flehen. Er blickt auf seinen Bruder Saverio, der vor ihm steht, erweckt den Eindruck, daß er ihn rufe. Was war geschehen? Die Gesten des Papstes sind von schmerzlicher Beredsamkeit. Der Papst bittet ihn, sich auf die Seite zu stellen. Plötzlich, als ob in unseren Köpfen eine Erleuchtung eingetreten sei, wird uns alles klar: unabsichtlich stand Saverio vor dem Kruzifix, das Angelo Roncalli, als er Papst geworden war, über dem Betstuhl anbringen ließ, um es vom Moment des Erwachens an und den ganzen Tag über zu sehen. Saverio verdeckt im Augenblick das Kruzifix. Sofort begreift er den letzten Wunsch des Papstes und geht auf die Seite. Im Halbdunkel des Zimmers tritt das leidende Antlitz Christi hervor. Ein Lächeln erhellt die Gesichtszüge des Papstes. Johannes XXIII. beruhigt sich aufs neue, blickt auf das Kruzifix und kreuzt die ausgemergelten Hände auf der Brust . . . Vom Platz ist der Gesang der Menge zu hören, die in der Vorhalle des Petersdomes die Messe feiert. 19 Uhr 49 Minuten. Jetzt können wir unseren Tränen freien Lauf lassen, – der Papst hatte ausgelitten.»

Das alles geschah am Montag, den 3. Juni 1963. Um 19.49 Uhr stellten die Ärzte den Tod des 263. Oberhauptes der römisch-katholischen Kirche fest. Zum letzten Mal küßten Verwandte und engste Mitarbeiter den «Fischerring» (einen Ring mit der Darstellung des heiligen Petrus als Fischer), das Zeichen seiner päpstlichen Würde, an der Hand des Verstorbenen. Darauf näherte sich der Camerlengo der römischen Kirche, Kardinal Benedetto Aloisi Masella, dem Totenbett und rief den Verstorbenen dreimal bei seinem Taufnamen. Bei jedem dieser Anrufe wurde dem Toten mit einem silbernen Hämmerchen auf die Stirne geklopft. Der Papst blieb stumm. Darauf verkündete der Kardinal-Camerlengo: «Vere Papa mortuus est» (der Papst ist wirklich tot).

Noch nie hatte ein römischer Papst (und das kann mit aller Bestimmtheit behauptet werden) um das Bett seiner letzten Leiden so viele Menschen versammelt, und noch nie war der Tod eines römischen Papstes von allen Menschen guten Willens als so schwerer Verlust empfunden worden. Das Pontifikat Papst Johannes XXIII. war das kürzeste im 20. Jahrhundert, es hatte nur vier Jahre, sieben Monate und sechs Tage gedauert.

Am 4. Juni 1963 traf auf den Namen von Kardinal Amleto Cicognani ein Beileidstelegramm vom Vorsteher der russisch-orthodoxen Kirche, dem Hochheiligen Patriarchen Alexi, ein, in dem gesagt wurde: «Die russisch-orthodoxe Kirche und ich sind über das Ableben seiner Heiligkeit Papst Johannes XXIII. tief betrübt. Von Herzen teilen wir die Trauer der Kirche, die in der Person des verstorbenen Papstes ihres höchsten Hauptes und Ersthierarchen beraubt wurde. Wir glauben, daß in den Herzen aller Menschen, die nach dem Frieden trachten, stets eine dankbare Erinnerung an die eifrigen Bemühungen des Verstorbenen um die Erhaltung und Stärkung des Friedens auf Erden zurückbleiben wird. Wir bringen innige Gebete dar für die ewige Ruhe der lichten Seele des entschlafenen Heiligen Vaters in den Gefilden der Gerechten» (ŽMP, No. 6, 1963, S. 3).

Am 5. Juni richtete der Hochheilige Patriarch Alexi ein neuerliches Telegramm an Kardinal Cicognani, in dem er schrieb: «Mit seelischer Anteilnahme an der Trauer über den Hinschied des in Gott verstorbenen Papstes Johannes XXIII. entsenden Wir mit unserem Segen Seine Exzellenz, den Bischof von Swenigorod Wladimir (Kotljarow), Erzpriester Prof. Witali Borowoj und Nikolaj Pawlowitsch Anfinogenow zur Beisetzung Seiner Heiligkeit» (ebd.).

Auf die Beileidstelegramme des Hochheiligen Patriarchen Alexi trafen in Moskau die vom Kardinal-Camerlengo Aloisi Masella unterzeichneten Antworten ein. Im Telegramm vom 7. Juni 1963 hieß es: «Am 6. Juni wurde Ihre liebenswürdige Botschaft mit dem Ausdruck des tiefen Schmerzes anläßlich des seligen Ablebens von Papst Johannes XXIII. sowie der Vereinigung im Gebet für den von Gott Erwählten empfangen. In dieser Stunde der Trauer und des Schmerzes strahlt seine Lehre mehr als je zuvor und belebt die Erinnerung an die von ihm zum Wohl der Kirche und der gesamten Menschheit vollbrachten Werke.

Die erbauliche Aufopferung der letzten Leiden seines Lebens durch den Summus Pontifex Maximus für den erfolgreichen Abschluß des Ökumenischen Konzils, für die heilige Kirche und für den Frieden unter den Völkern möge reiche Gaben Gottes erwirken, auf daß alle Menschen, und besonders die Christen, sich an den kostbaren Früchten freuen mögen, die sein erleuchteter Sinn prophezeit hat.

Das Heilige Kollegium der Kardinäle drückt Eurer Seligkeit durch mich seine Ehrerbietung anläßlich der gesegneten Verehrung aus, die Sie dem Andenken Papst Johannes XXIII. erwiesen haben, und dankt Ihnen zutiefst für die Teilnahme an dieser großen Trauer« (ŽMP, No. 7, 1963, S. 8).

Am 10. Juni 1963 sandte Kardinal Aloisi Masella noch ein Telegramm folgenden Inhalts an den Hochheiligen Patriarchen Alexi:

«Das Heilige Kollegium spricht seine tiefe Dankbarkeit für die edlen Worte christlichen Beileids zum Anlaß des seligen Ablebens von Papst Johannes XXIII. aus. Wir begrüßen wärmstens den Entschluß, zum Begräbnis Seiner Heiligkeit eine Delegation mit S.E. Bischof Wladimir von Swenigorod an der Spitze zu entsenden. Diese Entscheidung ist von derselben Liebe in Christus beseelt, die auch das Wirken des verstorbenen Papstes durchdrungen hat» (ebd.).

Die Zeitung «Iswestija» äußerte sich in Nr. 132 (14295) vom 5. Juni 1963 in Form eines speziellen Artikels auf ihrer zweiten Seite unter dem Titel «Der Tod Johannes XXIII.» zu diesem traurigen Ereignis. Hier der Inhalt dieses Artikels:

«Gestern um 19.49 Uhr Ortszeit ist zu Rom im Alter von 81 Jahren Papst Johannes XXIII. verstorben. Angefangen mit dem heutigen Tag werden auf allen öffentlichen Gebäuden zum Zeichen der Trauer die Nationalflaggen auf Halbmast gesetzt. Es schließen sich die Tore der Theater und Kinos, die Fernsehprogramme werden abgekürzt. Trauer in ganz Italien, so ist es Brauch. So wurden vermutlich alle Päpste zu jeder Zeit beerdigt. Es gab 262 Vorgänger von Papst Johannes XXIII. in der Geschichte der katholischen Kirche. Aber nicht einer von ihnen, und darüber schreiben alle Zeitungen, erwarb zu Lebzeiten so viele Sympathien der einfachen Leute und bei seinem Tod eine so unverfälschte Trauer.

Angelo Giuseppe Roncalli, der am 28. Oktober 1958 auf dem Konklave der Kardinäle zum römischen Papst gewählt wurde und daraufhin den Namen Johannes XXIII. annahm, wurde 1881 in der italienischen Provinz Bergamo in einer Bauernfamilie geboren.

Weshalb hat das Wirken Johannes XXIII. eine so positive Würdigung bei gläubigen und ungläubigen Menschen der unterschiedlichsten Stände und politischen Überzeugungen gefunden? Der verstorbene Papst hatte sich die Aufgabe gestellt, eine Welt ohne Krieg aufzubauen, auf Erden einen echten und wirklichen Frieden zu errichten, einen Frieden, an dem heute Menschen der verschiedensten religiösen, politischen und sozialen Überzeugungen interessiert sind. Er hat diese Aufgabe aufs neue und mit großem Mut gestellt. (. . .) Und gerade deshalb, weil er sich diese Aufgabe stellte, kämpfte er auch für ihre Verwirklichung im Leben, wobei er Hindernisse überwand, die für unüberwindbar gegolten hatten, und eröffnete Perspektiven, die noch gestern unrealistisch schienen. Johannes XXIII. behauptete sich als eine der bemerkenswertesten Persönlichkeiten der modernen Welt – das sagte der Generalsekretär der italienischen Kommunistischen Partei, Palmiro Togliatti, in seiner Presseerklärung über Johannes XXIII.»

Der Vorsitzende des Ministerrates der UdSSR richtete an Kardinal Cigognani ein Telegramm, in dem es hieß:

«Nehmen Sie bitte unser tiefes Beileid zum Tod Papst Johannes XXIII. entgegen. Wir bewahren Johannes XXIII. ein gutes Andenken, dessen fruchtbare Tätigkeit für die Festigung und Stärkung des Friedens weite Anerkennung erhielt und ihm die Achtung der friedliebenden Völker erwarb» (Iswestija, No. 132 (14295), 5.6.1963, S. 2).

Der Camerlengo, Kardinal Aloisi Masella, antwortete mit einer Depesche:

«Das Heilige Kardinalskollegium dankt Ihrer Exzellenz für die liebenswürdige Botschaft mit der Äußerung des Beileids zu dem schmerzlichen Ereignis, dem seligen Ableben Papst Johannes XXIII. Die unermüdlichen Anstrengungen, die er für die Erreichung eines gerechten Friedens zwischen den Völkern aufwandte, leuchten über seinem Pontifikat. Die Wertschätzung Ihrer Exzellenz für sein Werk verbindet sich mit der ergreifenden Beweinung und tiefen Verehrung der ganzen Welt» (Iswestija, No. 134, (14297), 7.6.1963, S. 3).

Es ist unmöglich, im Detail bei allen Herzensergüssen zu verweilen, die in diesen Trauertagen aus allen Enden der Welt im Vatikan eintrafen. Hier einige von ihnen, die wir aus dem Buch «Kirche und Frieden» von Abbé François Houtart zitieren: «Wir haben unseren Papst verloren», sagen Protestanten im Süden der Vereinigten Staaten, wo die antipäpstliche Tradition tief verwurzelt ist. «Ich habe am Tag seines Todes geweint», bestätigt eine französische Jüdin, eine Repräsentantin der Intelligenz, «doch wenn man mir noch vor ein paar Jahren gesagt hätte, daß ich den Tod eines Papstes beweinen würde, wäre ich empört gewesen» (...). Auf Kuba wurde nach seinem Ableben eine dreitägige Nationaltrauer angekündigt. An der Messe, die in der Kathedrale gefeiert wurde, nahmen Vertreter von Fidel Castro, dem Präsidenten der Republik, des Außenministers und fast alle diplomatischen Vertretungen der Oststaaten teil. «Er hat sich als erster ohne vorhergehende Äußerungen der Aggressivität an die Kommunistische Welt gewandt», sagte ein neutraler Beobachter, der weder Kommunist noch Christ war. Ein kommunistischer Autor nannte ihn in einem Radio-Kommentar «den Papst aller». In Pakistan zeigten sich erste Anzeichen eines gewissen Interesses der Intelligenz an der Kirche in Zusammenhang mit der Tätigkeit Johannes XXIII. An einer großen brasilianischen Universität mit alter positivistischer Tradition erklärte eine Gruppe junger Linkssoziologen: «Ihr könnt nicht glauben, wie sehr sich das Bild der Kirche seit einiger Zeit, seit dem Auftreten Johannes XXIII. für uns gewandelt hat.» – «Noch lange wird man von Papst Johannes sprechen», fährt François Houtart fort, «nicht nur unter den Christen, sondern auch bei jenen, die in ihm einen ihrer Nächsten erkannten, einen Menschen, der den Frieden liebte. Johannes XXIII. war ein Symbol des Dialogs mit den Menschen, mit allen Menschen. Er wandte sich an die Menschheit, und dieses Zeichen wurde verstanden. Er hat die Türe etwas geöffnet. Sie zuzustoßen wäre ein Akt der Untreue gegen den Heiligen Geist. Dank Johannes XXIII. ist der Dialog eröffnet. Die Kirche, oder mit anderen Worten all jene, die an Jesus Christus glauben, müssen diesen weiterführen . . .» (F. Houtart, L'Eglise et la paix, Paris 1964, S.7f.).

Am 17.Juni 1963 wurde im Petersdom zu Rom ein feierliches Pontifikalamt gefeiert, das Requiem für den verstorbenen Papst Johannes XXIII. Den Gottesdienst zelebrierte Kardinal Tisserant, der Dekan des Kardinalskollegiums. An dem Requiem nahmen die Vertreter vieler Kirchen und konfessioneller Vereinigungen teil, darunter aus dem Moskauer Patriarchat Bischof Wladimir von Swenigorod, Prof. Erzpriester Witali Borowoj, Stellvertretender Leiter der Abteilung für auswärtige kirchliche Beziehungen, und N.P. Anfinogenow, Sekretär der Vertretung der russisch-orthodoxen Kirche beim Ökumenischen Rat der Kirchen.

Am selben Tag wurde in der Kreuzkirche der Moskauer Patriarchenresidenz eine Totenliturgie für den verstorbenen Papst Johannes XXIII. gefeiert, an der auch Mitglieder des Heiligen Synods, leitende Bischöfe der Patriarchatsabteilungen und ihre Mitarbeiter betend teilnahmen.

Im Moskauer Patriarchatsjournal erschien die folgende Würdigung über die Persönlichkeit und die Tätigkeit des verstorbenen Papstes Johannes XXIII. in einem ihm gewidmeten Nekrolog, den wir gekürzt anführen:

«Am 3.Juni 1963 verschied ein hervorragender Hierarch der römisch-katholischen Kirche, ihr Vorsteher Papst Johannes XXIII. Der Verstorbene hinterließ ein dankbares Andenken. Zeitgenossen nannten ihn den ‹Papst des Friedens›, da sich das Pontifikat Johannes XXIII. durch ein tief christliches und realistisches Herangehen des Hauptes der katholischen Kirche an die Probleme der modernen Menschheit und einen konsequenten Kampf für den Frieden auszeichnete. Mit

Recht wurde daher in fortschrittlichen Kreisen Italiens die Meinung ausgesprochen, daß sich Papst Johannes XXIII. ‹als eine der bemerkenswertesten Persönlichkeiten der Gegenwart bestätigt habe›. Diese Meinung wird dadurch bekräftigt, daß der Papst zu Lebzeiten die Sympathien der einfachen Leute auf der ganzen Welt für sich gewann. Sein Tod rief bei vielen echten Schmerz hervor. Auch in der russisch-orthodoxen Kirche begegnete man der Persönlichkeit Johannes XXIII. mit tiefer Verehrung. Die Nachricht von seinem Hinschied wurde von den orthodoxen Gläubigen mit großem Kummer aufgenommen. (. . .)

Die friedensstiftende Tätigkeit von Papst Johannes XXIII. hat sein Andenken nicht nur in den Herzen der Katholiken, sondern ganz allgemein bei allen friedliebenden Menschen verewigt» (ŽMP, No.7, 1963, S.75).

Schon zu Beginn seines Pontifikats hat Papst Johannes XXIII. einen Gedanken ausgesprochen, der zum Programm seines Wirkens wurde und mit dem nach seinem Tod alle einverstanden waren: «Möge jeder von mir sagen können: Ich habe keine Gräben der Spaltung und des Mißtrauens gegraben. Ich habe nicht die unsterblichen Seelen betrübt, indem ich Argwohn und Furcht säte. Ich war offen, loyal und vertrauensvoll. Ich habe selbst dem mit brüderlicher Sympathie in die Augen geschaut, der meine Ideale nicht teilt, um nicht zu verhindern, daß sich zur rechten Zeit das große Gebot Jesu erfülle: unum sint! Daß sie eins seien!» (Henri Fesquet, *Les fioretti*, Paris 1963, S.166).

Das geistige Antlitz des Papstes, seine Mentalität und Zielstrebigkeit traten für alle, die ihn nur wenig gekannt hatten, sehr bald nach seiner Erwählung zu Tage. Für viele «wurde es völlig klar, daß die römisch-katholische Kirche in seiner Person durchaus nicht einen ‹provisorischen› farblosen Führer für eine ‹Übergangsperiode› gewählt hatte, wie einige aus seinem vorgerückten Alter schlossen, sondern einen der hervorragendsten Hirten, die sie in ihrer ganzen Geschichte gekannt hatte, welcher den Übergang von einer Lebensperiode der katholischen Kirche zur anderen vollzog und mit einer neuen Epoche der Kirchengeschichte den Anfang machte. Bei der väterlichen, wohlmeinenden und milden Bescheidenheit seines Umgangs mit den Menschen zeigte sich Papst Johannes XXIII. sogleich als Mann großer Weisheit und eines weiten Horizontes, der über Eigenschaften verfügte, die sich selten in ein und derselben Persönlichkeit vereint finden: Wagemut und Umsicht. Es kann daher ohne Übertreibung gesagt werden, daß das Zweite Vatikanische Konzil in unseren Tagen größtenteils dank der persönlichen Qualitäten seines Inspirators eine solche Bedeutung erlangt hat« (ŽMP, No.5, 1963, S.76f.).

«Demjenigen, der ihn gut kannte», schrieb Daniel Rops, Mitglied der Französischen Akademie der Wissenschaften, «stellte er sich als ein völlig anderer Mensch dar: ein erstaunlich heller und scharfer Geist, der das eigentliche Wesen der Leute und Situationen verstand und begriff, der niemals Heuchlern und weltlicher Eitelkeit auf den Leim ging. Maßvolle, aber feste Urteile in Fragen, denen er wesentliche Bedeutung beimaß, verbanden sich bei ihm mit nachsichtiger Einstellung gegenüber der Dummheit und Prahlerei der gewöhnlichen Sterblichen. Seine bäuerliche Herkunft zeigte sich bei ihm in Form eines gelassenen Realismus und einer Klugheit, so alt wie die Welt selbst; das alles näherte ihn einem anderen Mann aus dem Volk an: seinem Vorgänger auf dem Stuhl von Venedig, Papst Pius x., der mehr geneigt war, der Tradition zu folgen, als mit ihr zu brechen, und der es außerdem liebte, die Unabhängigkeit zu bewahren. Die treffendste Kennzeichnung seines Charakters gab der Präsident der französischen Republik, Vincent Auriol: ‹ein anziehender Rebell›. Aber neben seinem Scharfsinn überraschte an Roncalli der Edelmut des Herzens. Es ist nicht leicht, klar über die Menschen zu urteilen und ihnen weiterhin mit Liebe zu begegnen . . . Bei ihm geschah das ganz selbstverständlich. Er gestand mit Vergnügen ein, daß es nichts Verdienstliches sei, wenn jemand von Geburt an geneigt ist, seinem Nächsten zu vertrauen und ihn in hohem Maß zu lieben, statt ihm zu mißtrauen und ihn zu hassen. Und gerade diese Verbindung von realistischem Scharfsinn mit Güte stellt letzten Endes die Größe seines Pontifikates dar.»

In seiner ersten Enzyklika «Ad Petri Cathedram» schrieb Papst Johannes xxiii.: «Das Hauptziel des Konzils besteht darin, die Entwicklung des katholischen Glaubens zu fördern, das christliche Leben der Gläubigen zu erneuern und die kirchliche Disziplin den Bedingungen unserer Zeit anzupassen. Das Konzil wird sicherlich ein großartiges Schauspiel der Wahrheit, Einheit und Liebe sein, ein Schauspiel, dessen Anblick für diejenigen, die von diesem Apostolischen Stuhl getrennt sind, eine milde Einladung sein wird, diese Einheit zu suchen und zu finden . . .» (HK, XIII, 1958/59, S.542). Über die Schaffung der Einheit unter den Christen sprach er mehrmals als von einer «äußerst schwierigen Aufgabe», deren Lösung die Jünger Christi all ihre Kräfte weihen müßten. Die Kirche könne ihrerseits nur in dem Fall etwas dazu beitragen, wenn sie allen den Frieden bringe, die nach Sicherheit und Ruhe lechzten, sowie Brot für alle Bedürftigen und Hungernden. Es ist voll verständlich, daß derartige Äußerungen des Vorstehers der römisch-katholischen Kirche in religiösen wie auch in areligiösen Kreisen wärmste Zustimmung fanden.

«Von Papst Johannes XXIII. wurde häufig gesagt, daß er sich als ein ‹Papst vieler Überraschungen› erwiesen habe. Beinahe die Hauptüberraschung, die er öfters von der Höhe des römischen Stuhles wiederholte, war für eine beachtliche Zahl von Leuten seine entschiedene Verurteilung nicht nur des Krieges, sondern auch des Wettrüstens und der Kriegsvorbereitungen, auf die ein gewisses ‹Gleichgewicht› auf dem Erdball zu gründen man für vernünftig gehalten hatte» (ŽMP, No.1, 1963, S.72f.).

Nur wenige Zeitgenossen von Papst Johannes XXIII. sahen ein, wie sehr sich dieser Mann in einer Epoche eines gewissen Niedergangs des Glaubens eine deutliche Abgrenzung zwischen innerem Gehalt und äußerer Form vornahm. Wenn ihm zum Beispiel über Deutschland mitgeteilt wurde, daß dort niemals in allen Jahrhunderten seit der Christianisierung so viele Kirchen gebaut worden seien wie heutzutage, daß die Kirche ihre caritativen Aktivitäten vervierfachte und sich mit ihrer Verkündigung auch an die Leute auf den Autobahnen und Sportplätzen wende, dann interessierte er sich bei allem aufrichtigen Beifall für die aufgewandten Bemühungen auch für ganz weltliche Fragen und insbesondere für Fragen der Finanzierung. Dabei interessierte den Papst nicht die eigentliche Abrechnungsseite, sondern die Relation zwischen den freiwilligen Spenden der Gläubigen und den feststehenden staatlichen Zuschüssen. Sein Interesse galt dem Wesen der Angelegenheit: Wer unterstützte die «Gemeinschaft der Heiligen» – Überzeugung und Glaubenskraft oder staatliche Finanzressorts?

Bei seiner Einschätzung des Kommunismus nahm Papst Johannes

XXIII. eine klare Abgrenzung zwischen dessen politischem und wirtschaftlichem Gehalt auf der einen und dem Atheismus auf der anderen Seite vor. Als erster auf dem römischen Stuhl trat er nicht gegen den Kommunismus als sozial-ökonomisches Programm auf. Er machte nie einen Hehl aus seiner Überzeugung, daß die Kirche zur Zeit von Karl Marx große Unterlassungen in ihrer christlichen Sendung zur Führung des Kampfes der sozial erniedrigten Menschen begangen habe. Was hingegen den Atheismus betrifft, konnte sich der Papst als gläubiger Mensch und Christ zu diesem nicht wohlwollend verhalten. Gleichzeitig war er überzeugt, daß nur ein lebendiger Glaube und ein echt christliches Leben als Gegenkraft zum sich ausbreitenden Atheismus dienen können. Hingegen vermengte Papst Johannes XXIII. niemals den ideologischen Gegensatz gegenüber dem Atheismus mit einem antikommunistischen Kreuzzug. Er unterstrich im Gegenteil wiederholt den Gedanken, daß Verschiedenheit im Bereich weltanschaulicher Fragen kein Hindernis für die gemeinsame Zusammenarbeit aller Menschen guten Willens sein könne und dürfe, welchen gesellschaftlichen Gruppen sie auch immer angehörten. Dabei stellt sich die Frage: Fand diese realistische Einstellung Papst Johannes XXIII. zu den brennenden Problemen der Gegenwart irgendeinen Widerhall in den Herzen der Katholiken? Besser als jeder andere antwortet darauf der kommunistische Journalist R. Dalton aus Salvador in seinem Artikel «Katholiken und Kommunisten in Lateinamerika», der in der Zeitschrift «Probleme des Friedens und des Sozialismus» veröffentlicht wurde, wo es heißt: «Die Eigenart der gegenwärtigen Etappe besteht darin, daß heute viele Katholiken in Lateinamerika am sozialen Kampf gerade in ihrer Eigenschaft als Gläubige teilnehmen, oder mit anderen Worten, gerade ihre religiöse Überzeugungen eine große Rolle für ihre Einbeziehung in diesen Kampf spielen. Wenn daher wir Kommunisten sagen, daß die Annahme oder Ablehnung Gottes keine Schwierigkeiten in Fragen der Politik schaffen dürfe, antworten sie, daß sie an der Bewegung für den Fortschritt gerade als ‹Leute Gottes› teilnehmen wollen. Immer häufiger spiegeln derartige Ansichten mit aller Augenfälligkeit das Bestreben bestimmter sozialer Schichten zur Verteidigung revolutionärer Prinzipien wider, ohne von ihrer Religion abzugehen und ohne die geistliche Natur zu verraten. Derartige Positionen konnten sich nur im

Verlauf einer wesentlich gewandelten Einstellung der Kirche gegenüber den Grundproblemen der Gesellschaft einen Weg bahnen, gegenüber den Problemen der sozialen Veränderungen, das heißt, um unsere Terminologie zu gebrauchen, gegenüber Problemen des Klassenkampfes» (op. cit., No.1 (113), 1968, S.85f.).

Der Sonderkorrespondent der «Literaturnaja Gaseta» aus der Sowjetunion, der bei der ersten Session des Zweiten Vatikanischen Konzils zugegen war, M. Mtschedlow, hat Papst Johannes XXIII. so charakterisiert:

«Man muß Papst Johannes XXIII. zugestehen, daß er in einer Reihe von aktuellen Gegenwartsfragen eine realistische Haltung einnahm. Während seines Pontifikats hat sich eine Reihe neuer Tendenzen in der Politik des Vatikans abgezeichnet. In den Briefen und Enzykliken des Papstes dokumentierte sich die Abkehr von einer offenen und grimmigen Verurteilung des Kommunismus, von der kategorischen Unterstützung für solche Blöcke wie NATO, CENTO u.a.m. sowie von Appellen zur Anwendung einer ‹harten› Politik der Westmächte gegenüber den sozialistischen Ländern. Und doch wurde noch unlängst unter dem vorigen Papst Pius XII. all das in den Rang ‹gottgefälliger› Akte erhoben und galt für die Funktionäre der römischen Kurie als ein Kennzeichen guten Tons. Dabei wäre es ungerecht, alle in der Politik des Vatikans eingetretenen Veränderungen nur mit dem Charakter von Angelo Giuseppe Roncalli in Verbindung zu bringen. Hier äußern sich tiefere und objektivere Faktoren. Problem Nummer eins der katholischen Kirche ist der Kampf um die Erhaltung ihres Einflusses auf die Massen. Daher sah sie sich genötigt, der veränderten Situation der zweiten Hälfte des 20. Jahrhunderts Rechnung zu tragen.

Bei seinem Auftreten zur Eröffnung des Ökumenischen Konzils erwähnte der Papst, daß die Kirche in der Vergangenheit alle ‹Irrtümer› und ‹Fehler› mit äußerster Strenge verurteilt habe (und dieses Mal nannte der Papst den Kommunismus nicht direkt). Heute hingegen, fuhr er fort, möchte die Kirche ‹lieber das Heilmittel der Barmherzigkeit anwenden als die Waffe der Strenge erheben. Sie glaubt, es sei den heutigen Notwendigkeiten angemessener, die Kraft ihrer Lehre ausgiebig zu erklären als zu verurteilen› . . .

Eine neue Einstellung ist im Vatikan auch zur Frage des Friedens zu bemerken. Eine Reihe von positiven, den Erwartungen der Gläubigen entsprechenden Erklärungen Papst Johannes XXIII. ist unseren Lesern schon bekannt. Eine positive Einschätzung dieser Akte wurde auch vom Haupt der sowjetischen Regierung gegeben ... Diese Linie einer realistischen Einstellung zu den grundlegenden internationalen Problemen wurde vom Papst auch während des Konzils fortgesetzt. Auf der Audienz in der Sixtinischen Kapelle des Vatikanischen Palastes zu Ehren der Vertreter von 86 offiziellen staatlichen Missionen, die an der Zeremonie zur Konzilseröffnung teilgenommen hatten, sprach der Papst bewegt über die Notwendigkeit des Friedens und der Beseitigung aller Konflikte, ‹besonders des Kriegs, dieser Geisel der Völker, die heute die Vernichtung der Menschheit bedeuten würde›. Er unterstrich besonders die Pflichten aller Staatsoberhäupter, welche ‹die Verantwortung für die Geschicke der Völker tragen›. Der Papst sprach von der Notwendigkeit ihrer Begegnungen, Gespräche und Diskussionen, die es gestatten könnten, zu ‹ehrlichen, großmütigen und gerechten Vereinbarungen› zu gelangen ...

Entsprechende Ideen wurden von Johannes XXIII. auch bei einer Reihe anderer Anlässe geäußert.

Außerdem geben sich einige weitblickende Verantwortliche im Vatikan offensichtlich Rechenschaft darüber, welche Katastrophe ein moderner Atomkrieg nach sich ziehen würde. Wie könnte man sich in diesem Zusammenhang nicht der besonnenen Botschaft des Papstes in den beunruhigenden Tagen der Kuba-Krise erinnern, mit ihrem Appell, Weisheit und Vorsicht an den Tag zu legen, den Frieden zu retten und auf allen Ebenen und jederzeit zur Aufnahme von Verhandlungen bereit zu sein! Wie wir sehen, entsprach eine derartige Haltung völlig den Interessen der friedliebenden Kräfte sowie der Position des gesunden Menschenverstandes. Nicht zufällig begegnete die rechte bourgeoise Presse diesen Äußerungen des Papstes ohne Begeisterung und verschwieg sie sogar gelegentlich.

Ungeachtet des heftigen Widerstandes konservativer Gruppierungen in der kirchlichen Führung nahm das Konzil eine besondere Botschaft an die gesamte Menschheit an. Diese Botschaft war ebenfalls frei von den üblichen Formulierungen, von ‹Verurteilungen› und der Belegung mit ‹Bannflüchen› der fortschrittlichen, demokratischen Kräfte.

Sie erklärte sich im Prinzip mit den päpstlichen Aussagen zum Nutzen des Friedens, für loyale Zusammenarbeit, gegenseitiges Verständnis und Annäherung zwischen den Völkern solidarisch; in ihr ist von der drohenden Gefahr die Rede, welche die modernen Mittel zur Massenvernichtung mit sich bringen. Auf die Kirchenpolitik spezialisierte Journalisten, die am Konzil teilnahmen, werteten diese Botschaft als Niederlage der römischen Kurie, die sich der ‹Erneuerungspolitik› Johannes XXIII. widersetzte . . .

Die Idee des politischen Neutralismus sowie das Bemühen des Papstes und seiner engsten Umgebung, einen solchen Kurs zu realisieren, damit die Kirche nicht wie ein politischer Bundesgenosse des Imperialismus wirke, findet bei den offenen Reaktionären eine geharnischte Aufnahme» (Lit. Gaseta, No.145, [4578], 8.12.1963).

Es gibt keinen Zweifel, daß der lebensnahe Realismus Papst Johannes XXIII. und sein Wirken als Friedensstifter zur Belebung der Beziehungen zwischen dem Vatikan und der UdSSR beitrugen. Das Moskauer Patriarchat und die römisch-katholische Kirche fanden ebenfalls Berührungspunkte für eine Zusammenarbeit und die Anbahnung eines brüderlichen Dialoges zwischen ihnen.

Das alles war hauptsächlich deshalb möglich geworden, weil auf dem Konklave des Jahres 1958 der venezianische Kardinalpatriarch Angelo Giuseppe Roncalli zum römischen Papst gewählt wurde, der den Namen Johannes XXIII. annahm und mit Wort und Tat einen eigentlichen Umschwung im innerkirchlichen Bewußtsein auslöste.

Der Verfasser des Buches «Johannes XXIII., Hinter den Mauern des Vatikans», Dr. Henry Picker, schrieb, daß schon die ersten Entwürfe einer neuen kirchenpolitischen Linie auf Weltebene davon zeugen, auf welches Risiko sich Papst Johannes um des Glaubens willen, wobei er sich auf sein eigenes Verständnis der Dinge stützte, mit seinem Kurswechsel bezüglich des Kommunismus und der kommunistischen Länder einließ. – Selbstredend war damit ein gewisses Risiko verbunden, weil man, auch wenn im Osten die Aufrufe des Papstes mit Genugtuung vernommen wurden, im Westen den Ärger über die Erklärungen des Papstes nicht verbarg, welche von einigen als Schwächung der westlichen «Front» und klarer «Linksrutsch» des Papstes betrachtet wurden. Papst Johannes XXIII. aber vertraute auf die ewige Existenz und Dauerhaftigkeit der katholischen Kirche und faßte daher als gläubiger Mensch von außergewöhnlicher Vernunft den Entschluß, mit dem Kommunismus in der einen Welt zu koexistieren.

Wir irren uns wohl nicht, wenn wir sagen, daß die Einberufung des II. Vatikanischen Konzils durch den Papst nicht so sehr und nicht nur zur Lösung der inneren Probleme der römischen Kirche erfolgte, sondern auch dazu, um die Blicke aller Menschen auf die katholische Kirche, auf Christus und das Evangelium, zu lenken. Seine Gedanken und Erwartungen galten allen Teilen der Welt, nicht nur dem Westen mit seiner Glaubensschwäche und dem praktischen Atheismus materieller und irdischer Sorgen, sondern auch dem Osten sowie gleichfalls, in nicht geringerem Maß, jenen zwei Dritteln der Menschheit, die in den sogenannten Ländern der Dritten Welt lebten.

Der Papst unterstrich des öfteren, daß eine schlichte Afrikanerin die Glaubensverkündigung der einen, heiligen, christlichen Kirche nicht ernst nehmen könne, wenn die Missionare der verschiedenen Konfessionen versuchten, einander in der Verkündigung des Evangeliums zu konkurrenzieren. Schon mit seinen ersten Worten vom 29. Oktober 1958 bestimmte Papst Johannes XXIII. deutlich, daß sein Pontifikat der Erfüllung des hohepriesterlichen Gebets des Heilands Christus um die Einheit aller seiner Jünger dienen solle. Nie zuvor hatte der römische Stuhl einen so klaren Kurs zur Wiederherstellung der christlichen Einheit eingeschlagen. Gewiß waren im Lauf der Jahrhunderte Versuche zur Überwindung der Spaltung unternommen worden. Und diese Versuche wurden bisweilen auch von vorübergehendem Erfolg gekrönt, doch dann gewannen die Meinungsverschiedenheiten erneut die Oberhand.

Die Tatsache, daß der römische Papst bewußt sein ganzes Pontifikat unter das Zeichen der christlichen Einheit stellte, hatte ein völlig neues Klima in den gegenseitigen Beziehungen der Katholiken mit den nichtrömischen Christen zur Folge. In der Enzyklika «Mortalium Animos» (1928) hatte sich Papst Pius XI. äußerst negativ über die Ökumenische Bewegung ausgesprochen. Sein Nachfolger Papst Pius XII. fühlte zwar, daß etwas Neues heranwuchs, mit dem die römisch-katholische Kirche irgendwelche Kontakte aufnehmen sollte, doch er wünschte, daß diese

Kontakte auf die höchste Ebene beschränkt blieben. Das Äußerste, was dieser Papst tat, war die Streichung der Worte «Schismatiker» und «Häretiker» aus dem offiziellen Sprachgebrauch der Kirche und ihre Ersetzung durch die Bezeichnung «getrennte Brüder», was die Orthodoxen und Protestanten betraf, wobei der Akzent auf dem Wort «getrennte» blieb. Papst Pius XII. ignorierte die Tätigkeit des 1948 in Amsterdam gegründeten Ökumenischen Rates der Kirchen völlig.

Es ist verständlich, daß sich Erzbischof Roncalli während seines Aufenthaltes in Istanbul das Mißfallen des Vatikans zuzog, als er den Akzent vom Begriff «getrennte» auf das Wort «Brüder» verschob. In Rom wurde bemerkt, daß mit dem «Gehorsam» des Bischofs nicht alles zum besten stehe. (Man muß sich erinnern, daß Erzbischof Roncallis bischöfliches Motto «Gehorsam und Friede» lautete. A.d.V.). In der Kurie war man sich allerdings bewußt, daß Erzbischof Roncalli damit keinerlei Schaden anrichten konnte, solange er sich im Orient befand, und so wurde er nicht daran gehindert, als er in Bulgarien, Griechenland und der Türkei mit den Orthodoxen nahezu christlich familiär verkehrte. Daran muß man sich erinnern, um die Äußerungen, Erklärungen und Schreiben Papst Johannes XXIII. zu Fragen der christlichen Einheit richtig zu würdigen. «Alle Gläubigen und Getauften sind wahre Christen! Sie sind unsere Brüder!», wiederholte er häufig, obwohl er gleichzeitig mit Nachdruck unterstrich, daß Rom «das Vaterhaus für alle Christen» darstelle. Dieser neue Geist Papst Johannes XXIII. veranlaßte ein konservatives Kurienmitglied zu der sarkastischen Bemerkung: «Früher wurden die Ketzer verbrannt, heute reißen wir vor ihnen die Türen auf!»

Dieser neue Geist war nicht zuletzt das Ergebnis der zwanzigjährigen Tätigkeit von Erzbischof Roncalli in Ländern, wo Orthodoxe lebten. Es ist nur natürlich, daß der Papst, der Kirchenhistoriker war, die Meinungsverschiedenheiten ausgezeichnet verstand, die sich zwischen den verschiedenen christlichen Bekenntnissen in ihrem Verhältnis zu Rom herausgebildet hatten. Und wenn er ständig nicht das hervorhob, was sie trennt, sondern nur jenes, das sie eint, so war das eine Äußerung seiner ökumenischen Gesinnung. Bei der Einberufung des Zweiten Vatikanischen Konzils empfahl er dem katholischen Episkopat, den Blick nicht auf die Vergangenheit und auf die Zeit der Spaltung zu wenden, sondern der Zukunft in die Augen zu blicken, ohne im geschichtlichen Ablauf nach Schuldigen und Unschuldigen zu suchen. Er rief dazu auf, die Diskussionen, welche die Christen trennen, einzustellen und allen Brüdern mit dem Ruf Christi die Hand zu reichen: «Daß alle eins seien.» Indem er den gesamten Episkopat der katholischen Kirche in Rom versammelte, zeigte Papst Johannes XXIII. allen, daß Rom nicht einfach ein monolithischer Block, sondern eine Einheit ist, wo eine Vielfalt von theologischen Meinungen existiert, wo es verschiedene, ja gegensätzliche Ansichten gibt sowie verschiedene Riten, Sprachen und Formen der Gottesverehrung und Frömmigkeit.

Der Ton in den Beziehungen zwischen Rom und den anderen christlichen Bekenntnissen hat sich gewandelt. Das, was früher als Streben zu herrschen und zu gebieten erschien, gehört der Vergangenheit an. Die Begrüßung Kardinal Beas für die andersgläubigen Konzilsbeobachter mit «Meine lieben Brüder in Christus» und die Bezeichnung dieser Begegnung als eine Art «Agape» sprach deutlich von der völlig verwandelten Atmosphäre in Rom.

Schließlich war Papst Johannes XXIII. klug genug, auf diesem Gebiet keine Hast und Ungeduld zu zeigen. In seiner Botschaft vom 22. Dezember 1962 sagte er: «Das charakteristische Ereignis des Ökumenischen Konzils war das spontane, von nahezu allen unerwartete Sich-Öffnen des Sinnes für die Einheit, besser würde man sagen: für eine bewußte, anerkannte und gut aufgenommene Ausrichtung auf die christliche Brüderlichkeit, die im Apostolischen Glaubensbekenntnis der einen, heiligen, katholischen und apostolischen Kirche überzeugend ausgedrückt ist, einer Kirche, die nicht zur Herrschaft über die Völker, sondern zum Dienst an den Völkern da ist . . .

Sicher ist, von genauerer Erklärung und Anwendung abgesehen, daß in den Beziehungen zum überlebenden geistigen Erbe der Kirche auch dort, wo es nicht in seiner Fülle gegeben ist, wenige Male nur in der christlichen Ära von zwei Jahrtausenden eine so drängende Hinneigung in den Herzen zu der vom Herrn gewollten Einheit verspürt worden ist. (. . .)

Daß sie eins seien! Es ist der Plan des göttlichen Erlösers, den wir verwirklichen müssen, Ehrwürdige Brüder! Das ist die große Aufgabe, die dem Gewissen eines jeden einzelnen gestellt ist. Am letzten Tag des besonderen und allgemeinen Gerichts wird dieses Gewissen nicht danach gefragt werden, ob es die Einheit geschaffen hat, sondern ob es dafür gebetet, gearbeitet und gelitten hat. Ob es sich weise, kluge, geduldige und weitblickende Zurückhaltung auferlegt hat und ob es den Regungen der Liebe Auftrieb gegeben hat» (HK, XVII, 1962/63, S.233).

Papst Johannes XXIII. war als ein Mann der Tat weit von leichtfertigem Optimismus entfernt. Er verbarg seine Treue zur katholischen Glaubenslehre nicht, verschwieg auch das nicht, was die christlichen Bekenntnisse unterscheidet, doch war es seine Aufgabe, eine Aufgabe von erstrangiger Wichtigkeit, den ökumenischen Geist der katholischen Kirche zu wecken und zu aktivieren. Als an Pfingsten 1960 die Vorbereitungskommissionen eingesetzt wurden, gab Papst Johannes XXIII. die Schaffung des Sekretariates zur Förderung der christlichen Einheit bekannt. Dieses war vollständig seine eigene Idee. Die neue Institution war weder eine Unterabteilung der Kurie noch eine Konzilskommission (obwohl ihr später der Status einer letzteren gegeben wurde), sondern ein unabhängiges Organ. Ihre Unabhängigkeit von der bestehenden kirchlichen Verwaltung gestattete es ihr, zum geschmeidigsten und einflußreichsten Instrument der ökumenischen Linie des Papstes sowie zu einem Mittel für die Realisierung von Kontakten mit den christlichen Kirchen und Gemeinschaften zu werden.

Seine gute ökumenische Gesinnung hat Papst Johannes XXIII. wiederholt unter Beweis gestellt. So während der Sonderaudienz am 13.Oktober 1962, die von ihm im Clementinensaal des Vatikans in völlig ungewöhnlicher Art den zum Konzil eingetroffenen Beobachtern gewährt wurde. Der Papst saß nicht, wie es dem Audienzzeremoniell entsprochen hätte, auf seinem Thron, sondern nahm mitten unter seinen Gästen auf einem Sessel Platz. Im Gespräch gebrauchte er nicht das majestätische «Wir», das er, wie er einmal in den ersten Wochen seines Pontifikats bekannte, nur mit großer Mühe über die Lippen brachte. Er sprach in der «Ich»-Form, um den Delegierten darzutun, daß sie seine Brüder seien, und daß er dieses Zusammentreffen als eine Begegnung von einander nahestehenden Leuten betrachtete. Viele Katholiken und Nichtkatholiken schrieben diesem Ereignis historische Bedeutung zu, Papst Johannes XXIII. hingegen war nicht zu eilfertigen Konsequenzen geneigt. Im Gegenteil machte er allen, die derartige

Gedanken verfochten, klar, daß Vernunft und Geduld nötig seien. Man muß anmerken, daß diese Vorsicht begründet war. In gewissen nichtkatholischen Kreisen wurde die Meinung ausgesprochen, daß Rom nur seine Taktik geändert habe. Man beschuldigte die Beobachter auf dem Konzil und warf ihnen vor, leichtgläubig und voller Illusionen der berechnenden Diplomatie des routiniertesten Nachfolgers Petri in der ganzen Geschichte des Papsttums auf den Leim gegangen zu sein.

Auch in der katholischen Kirche war nicht alles ruhig. So hatte Kardinal Ottaviani dem Konzil ein Schema über die Göttliche Offenbarung vorgelegt, das von antiökumenischem Geist durchdrungen war. Außer ihm unternahmen auch andere konservativ oder allzu traditionell-mystisch eingestellte Konzilsväter oder Mitglieder der römischen Kurie verschiedene Schritte, um alles zu erhalten, was in vorkonziliärer Zeit Bestand gehabt hatte. Dennoch blieb Papst Johannes XXIII. fest bei seiner Linie. Den nichtkatholischen Beobachtern ließ er durch Kardinal Bea mitteilen, daß sich das Konzil gerade bemühe, die konfessionellen Barrieren abzubauen, die der christlichen Einheit hinderlich seien. Das Schema über die Göttliche Offenbarung setzte Papst Johannes wegen seines unökumenischen Inhalts und des heftigen Widerspruchs von Seiten der Konzilsväter von der Tagesordnung ab und übergab es einer gemischten Konzilskommission zur Überarbeitung. Zum Vorsitzenden dieser Kommission wurde Kardinal Bea (mit Kardinal Ottaviani als Ko-Präsidenten, A.d.Ü.) ernannt.

In seiner Erklärung bei der Konzilseröffnung stellte der Papst fest, daß das Konzil nicht dazu einberufen werde, um sich mit langen Wiederholungen der Lehre der Kirchenväter und alter theologischer Systeme abzugeben, sondern gerade im Gegenteil dazu, um das unerschütterliche Wesen des Glaubens im Licht der Gegenwart darzustellen und neu zu formulieren. Mit Beginn der Konzilsarbeiten verfügte Papst Johannes XXIII., daß auf jeder Sitzung, gleich nach der Messe, von einem der Konzilsväter auf einem besonderen Podest das Evangelium als Zeugnis dafür verkündet werden sollte, daß diese grandiose ökumenische Versammlung unter der Führung von Gottes Wort vor sich gehe. Die tägliche Wiederholung der Zeremonie mußte jedem klarmachen, daß die vom Konzil gefaßten Entschlüsse von der Bibel inspiriert sein sollten, jener Schrift, die allen Christen heilig ist.

Nur wenige gaben sich schließlich der Illusion hin, daß das Zweite Vatikanische Konzil neben der innerkirchlichen Erneuerung des Katholizismus zur ökumenischen Vereinigung aller Bekenntnisse führen würde. Doch die ständige Mahnung Papst Johannes XXIII. zu Vernunft und Geduld ließ viele verstehen, daß der Weg zur Einheit nur stufenweise, Schritt um Schritt gegangen werden könne, und daß die innerkirchliche katholische Erneuerung unter der Losung des Papstes, «Ergreifen wir die Heilige Schrift und den Kelch als Mittelpunkt des kirchlichen Lebens», auf diesem Weg von großer Bedeutung sei.

Nach dem Tod Papst Johannes XXIII. wurde selbst vielen Skeptikern klar, daß dieser Papst auf dem Weg zur Einheit ein guter Führer, ein Mann mit aufrichtigem Herzen war. Der Schmerz der Christen verschiedener Bekenntnisse über den Hinschied Papst Johannes XXIII. bestätigte, daß sein Primat für sie der «Primat eines Familienvaters» gewesen war.

Im Gegensatz zu seinen Vorgängern nannte Papst Johannes XXIII. den Ökumenischen Rat der Kirche ein Geschenk Gottes. Schon im Februar 1961 ließ er durch Kardinal Bea erklären, daß unter seinem Pontifikat eine katholische Zusammenarbeit mit dem Weltkirchenrat in Genf durchaus wünschenswert wäre, sofern dieser zur Wiederherstellung der christlichen Einheit beitrage und nicht in der Eigenschaft einer «Überkirche» auftrete. Die entsprechende Kooperation hätte nach Ansicht Papst Johannes XXIII. im Bereich der sozialen Tätigkeit beginnen können, beim Wirken für die Festigung des Friedens auf der ganzen Erde, einschließlich des Kampfes für eine allgemeine Abrüstung.

Die Debatten der Konzilsväter anläßlich des Schemas «Über die Kirche» waren vom ökumenischen Geist durchdrungen. Papst Johannes XXIII. wies beharrlich darauf hin, daß eine Glaubens- und Gewissensfreiheit nur dann gefordert werden könne, wenn die katholischen Länder selbst mit dem guten Beispiel vorausgingen. Diese Hinweise fanden auch in entsprechenden Maßnahmen zugunsten nichtkatholischer Christen, vornehmlich der Protestanten in Italien und Spanien, ihren Ausdruck. Wie stark der Einfluß des neuen ökumenischen Geistes auf die Arbeit des Zweiten Vatikanischen Konzils war, bezeugte die Tatsache, daß sich die Konzilsväter im Verlauf der letzten Beratungen bei der Behandlung der Schemata nicht nur auf die prinzipiellen Fragen beschränkten, ob das Schema richtig und für die Kirche nützlich sei, sondern mit nicht geringerer Grundsätzlichkeit die Frage stellten: Ist das Schema auch ökumenisch, d. h. wird es der gesamtchristlichen Einheit förderlich sein?

Offensichtlich war Papst Johannes XXIII., wenn er während seiner Krankheit den Gang der Konzilssessionen beobachtete, mit dem dort herrschenden ökumenischen Geist zufrieden. Dabei darf man nicht vergessen, daß die ökumenische Atmosphäre auf dem Konzil weitgehend sein persönliches Verdienst oder die Frucht seiner Mühen und Sorgen war. Er verfügte, daß die Beobachter von nichtkatholischen Kirchen und Bekenntnissen beim Ruf des Konzilssekretärs: «Geht alle hinaus!» in der Aula blieben und die Diskussionen der Konzilsväter hörten. Er gab Weisung, daß ihnen bei Sitzungsbeginn vom Sekretariat zur Förderung der christlichen Einheit die Schemata samt den für sie bestimmten Erläuterungen ausgehändigt wurden, daß ihnen während der mündlichen Debatten Dolmetscher zur Verfügung standen, und daß sie ihre Meinungen in dem von Kardinal Bea geleiteten Einheitssekretariat zum Ausdruck brachten. Die Konzilsbeobachter erhielten die Möglichkeit, mit einer so großen Zahl von Vätern Kontakt aufzunehmen, daß es für sie praktisch kein Geheimnis hinsichtlich der Konzilsarbeit mehr gab, während die Väter ihrerseits aus erster Hand die entsprechenden Ansichten der Beobachter erfuhren.

Der Mann jedoch, dem das Konzil seine Einberufung und jenen Geist verdankte, der auf seinen Sitzungen Gestalt annahm, freute sich über diesen Erfolg, obwohl sich der Zustand seiner Gesundheit immer mehr verschlechterte. 1963 nahm der Papst, nur wenige Monate vor seinem Tod, an der Gebetswoche für die christliche Einheit teil, die vom 18. bis 25. Januar stattfand. Papst Johannes XXIII. wählte für seine katholischen Söhne Gebete und entsprechende Bibelstellen aus, die vom Weltkirchenrat vorbereitet und publiziert worden waren. Der Papst erlebte noch jenen Moment, in dem fast eine Milliarde Christen mit ein und denselben Worten um die Gewährung von Eintracht und Einheit beteten.

«Der brüderliche Dialog mit den anderen christlichen Konfessionen, den er in Verbindung mit den Aktivitäten des Zweiten Vatikanischen Konzils möglich gemacht hatte», schreibt einer der Biographen

Papst Johannes XXIII., «führte dazu, daß Orthodoxe und Protestanten, Anglikaner und Kopten, Vertreter von reformierten und von Freikirchen an der Schwelle seines Todes den römisch-katholischen Christen die Hände reichten. So etwas hatte es im Lauf der Jahrhunderte noch nicht gegeben» (vgl. H. Picker, Johannes XXIII., Hinter den Mauern des Vatikans, Kettwig 1963).

Die Vertrautheit mit dem Leben Papst Johannes XXIII. zeigt, daß all sein bewußtes Wirken bei aller Treue zur katholischen Kirche, in der er geboren und getauft und deren Oberhirte er gegen Ende seiner Jahre geworden war, der Förderung von Liebe, Brüderlichkeit, Einheit und Frieden unter allen Menschen galt.

Zum Abschluß dieses Werkes wünscht der Verfasser, daß aus all dem Gesagten klar ersichtlich wurde, wer derjenige war und wie er lebte, wirkte und starb, der nicht nur einen wesentlichen Einfluß auf die dynamische Entwicklung und die Zukunft der katholischen Kirche ausübte, sondern in bedeutendem Maß auf die gesamte Christenheit, weil er eine neue Atmosphäre in den gegenseitigen Beziehungen des katholischen Rom mit der Mehrzahl der nichtrömischen Christen und mit allen Menschen guten Willens schuf.

Und wir wiederholen, indem wir dem im Herrn entschlafenen Papst Johannes XXIII. ein ewiges Gedenken wünschen, aufs neue die Worte der Frohbotschaft: «Ein Mann trat auf, von Gott gesandt, sein Name war Johannes» (Joh 1,6).

Namenregister

Sachregister

Orts- und Länder-Verzeichnis

Bibliographie

Algisi L.: Johannes XXIII. München 1960
Capovilla Loris: Johannes XXIII. – der gute Papst. Nürnberg 1964
DC = La Documentation Catholique, Paris
Discorsi, Messaggi, Colloqui del Santo Padre Giovanni XXIII., Bd. I–V, Vaticana 1963/64
Fesquet H.: Les fioretti du bon Pape Jean, Paris 1963 (Humor und Weisheit Johannes des Guten. Frankfurt 1965)
Franz von Sales: Introduction à la vie dévote.
Galli Mario, von, und Moosbrugger Bernhard: Das Konzil und seine Folgen. Luzern/Frankf./M. 1966
dies.: Das Konzil, Bd. I–IV, Olten
Garrett Randall: Papst Johannes XXIII. Essen 1963
Giovanetti A.: Unser Heiliger Vater Johannes XXIII. Freib./U 1959
Hatch Alden: A Man Named John. Image Books 1965
HK = Herder-Korrespondenz, Freiburg/Br.
Houtart François: L'église et la paix. Paris 1964
Hünermann W.: Der Pfarrer der Welt. Innsbruck 1965
ICI = Informations Catholiques Internationales
Johannes XXIII.: Geistliches Tage-Buch. Basel/Wien 1964
ders.: Erinnerungen eines Nuntius. Freiburg:Br. 1965
ders.: Vermächtnis seines Pontifikats. München 1965
siehe auch: Roncalli; Discorsi
Klinger Kurt: Ein Papst lacht. Frankfurt/M 1963
Lazzarini Andrea: Johannes XXIII. Basel/Freiburg/Br. 1958
Lercaro Giacomo Kardinal: Johannes XXIII., Entwurf eines neuen Bildes. Freiburg/Br. 1967
Picker Henry: Johannes XXIII., Hinter den Mauern des Vatikans. Kettwig 1963
Prima Romana Syn. Vaticana 1960
Roncalli Angelo G. Cardinale: Scritti e Discorsi
Rüegg R. B.: Johannes XXIII. Solothurn 1963
Wenger Antoine: Le Deuxième Concile du Vatican.
ŽMP = Žurnal Moskovskoj Patriarchii, Moskva (Moskauer Patriarchats-Journal)

Anmerkung: Da sich der Autor im russischen Original vor allem auf die in Documentation Catholique (= DC) publizierten Texte abstützte, wurde dies – soweit möglich – auch in der vorliegenden deutschen Fassung getan. Hingegen wurde bei der Übersetzung auf die im Original enthaltenen Verweise auf Archivmaterialien des Moskauer Patriarchats (OVCS MP), die sich besonders auf Berichte der russisch-orthodoxen Konzilsbeobachter beziehen, verzichtet.